U0586641

全世界无产者，联合起来！

列宁全集

第二版增订版

第五十四卷

关于帝国主义的笔记

1912—1916年

中共中央 马克思 恩格斯 列宁 斯大林 著作编译局编译

人民出版社

《列宁全集》第二版是根据中国共产党中央委员会的决定，由中共中央马克思恩格斯列宁斯大林著作编译局编译的。

凡　　例

1. 笔记卷的文献编排，根据各卷的具体情况，采取不同方式：有的卷系按时间顺序排列，有的卷分类后各按时间顺序排列，而另一些卷则保持列宁原笔记本的顺序。

2. 文献标题下括号内的日期是编者加的。编者加的日期，公历和俄历并用时，俄历在前，公历在后。

3. 1918 年 2 月 14 日以前俄国通用俄历，这以后改用公历。两种历法所标日期，在 1900 年 2 月以前相差 12 天（如俄历为 1 日，公历为 13 日），从 1900 年 3 月起，相差 13 天。

4. 列宁笔记原稿中使用的各种符号，本版系根据俄文版本照录。原稿中的不同着重标记，在俄文版本中用多种字体表示，本版则简化为黑体或黑体加着重号。

5. 笔记卷中列宁作批注的非俄文书籍、报刊以及其他文献的摘录或全文，本版系根据俄译文译出，有的参考了原文。

6. 在引文中尖括号〈　〉内的文字和标点符号是列宁加的。

7. 未说明是编者加的脚注为列宁的原注。

8.《人名索引》、《文献索引》条目按汉语拼音字母顺序排列。在《人名索引》条头括号内用黑体字排的是真姓名；在《文献索引》中，带方括号［　］的作者名、篇名、日期、地点等等，是编者加的。

目　　录

关于帝国主义的笔记
（1915—1916 年）

插　图

前　　言

本卷是列宁笔记卷部分的首卷。本卷收载列宁在1915—1916年所写的20本关于帝国主义问题的笔记以及列宁1912—1916年就同一问题作的一些单独的札记，通称《关于帝国主义的笔记》。

《关于帝国主义的笔记》反映了资本主义在世界范围内发展为帝国主义这样一个历史时期。列宁对帝国主义问题的研究是以马克思和恩格斯关于资本主义的基本矛盾为出发点的。马克思和恩格斯在其生活的时代已看到资本主义发展中出现的若干新现象，并对这些新现象初步作了评述。列宁进一步系统地研究并总结了《资本论》问世后半个世纪中世界资本主义发展的新变化、新情况，明确指出资本主义已经发展到一个新阶段——帝国主义阶段，第一次在马克思主义发展史上创立了关于帝国主义的理论。

列宁在第一次世界大战期间深入研究帝国主义问题，完全是出于革命斗争的需要。早在大战以前，他就留心这方面的研究。他在1895—1913年期间所写的一系列著作对此有零星片段的论述。大战爆发后他认为，如果不从经济方面和政治方面彻底弄清帝国主义的实质，就根本谈不上具体地历史地评价当时的战争和政治。他考察了第一次世界大战前夜全世界资本主义经济在其国际相互关系上的总的情况。他从经济到政治,对帝国主义的实质进行了全面探索。

列宁对帝国主义的研究所使用的马克思主义方法具有重要意义。为了证实自己的论点,他引用的不是个别材料,而是关于全世界经济基础的各方面材料。他在研究工作中利用了大量文献资料。他阅读了经济史、科学技术史、政治史、外交史、战争史、殖民史、民族解放运动史、工人运动史等方面的许多文献,收集了世界经济地理和国际贸易等方面的重要资料。他查考过的用多种文字出版的各国的书籍、学术论文、报刊文章和统计资料有几百种。他从 148 部书籍(其中德文的 106 本,法文的 23 本,英文的 17 本,译成俄文的 2 本)和 49 种期刊(其中德文的 34 种,法文的 7 种,英文的 8 种)上的 232 篇文章(其中德文的 206 篇,法文的 13 篇,英文的 13 篇)中作了摘录。他非常注意使用图书目录和资料索引、获取新书信息。他在研究某一本书时总是标出书中所引用的资料,然后再研究这些资料。他有时自己动手把零散的资料加以综合后制成表格。尽管本笔记是列宁为自己使用而不是为发表而作的,所以不像那些正式写成的完整的著作那样,具备严密的逻辑结构,但它展示了列宁的研究过程,同样具有较高的科学价值。

列宁对帝国主义问题的创造性研究所取得的成果,既体现在本笔记中,也体现在他利用笔记的材料写成的《帝国主义是资本主义的最高阶段》一书(见本版全集第 27 卷)和其他一些重要文章中。本笔记可视为该书的准备材料,这些准备材料占了本笔记的主要篇幅。但本笔记的内容比该书广泛,是该书基本原理的更细致的补充和说明。列宁对该书框架结构的设想,从最初确定主题的简略提纲到开列出各章细目的详细提纲都保留在本笔记中(见本卷第105—106、194—195、200—202、239—258页)。

列宁在本笔记中通过对资料的选取和摘录、对资料所含思想的转述和概括、对资料的评论和批注，指出了现代帝国主义的产生过程及其基本特征:生产和资本集中的高度发展必然造成在经济生活中起决定作用的垄断组织的出现;银行资本与工业资本融合为金融资本并在此基础上形成金融寡头;与商品输出不同的资本输出具有重要的意义;资本家的国际垄断同盟已经形成;最大的资本主义列强已把世界领土分割完毕。笔记中的资料对帝国主义作了全面评述，说明帝国主义是垄断的资本主义，是寄生的或者腐朽的资本主义，是过渡的或者垂死的资本主义。列宁写作《帝国主义是资本主义的最高阶段》一书时，由于顾虑沙皇政府的书报检查，所以只作纯理论性的、经济上的分析，在提到政治方面时，不得不极其谨慎。而本笔记对帝国主义的政治方面则有更多的涉及，它用明确的语言表述了关于帝国主义是社会主义革命的前夜、关于社会帝国主义彻底背叛社会主义并完全站到资产阶级方面、关于工人运动的分裂同帝国主义的客观条件相联系这样一些思想。

本笔记表明了列宁的帝国主义学说的理论渊源，表明了列宁在研究过程中对前人的思想材料的充分利用。他阅读和摘引过的既有马克思主义者的著作，也有非马克思主义者的著作，而大量的是资产阶级学者的著作以及资产阶级官方的各种报告、统计资料。即使资产阶级政治家的观点，他也给予充分重视。

列宁在本笔记中不止一次提到英国政府大臣约·张伯伦和塞·罗得斯。这两个资产阶级政治家并无专门的学术著作，但他们当时的施政言论说明他们清楚地知道帝国主义的经济根源和社会政治根源之间的联系。列宁撇开资产阶级学者维护资产阶级利益的立场,利用他们揭示客观事实的材料。德国资产阶级经济学家雅·里塞尔的主要著作《德国大银行及其集中》为研究自由资本主义向垄断资本主义过渡提供了许多有用的资料。里塞尔通过银行的作用及其发展看出了资本主义社会中生产的社会化趋势,但他攻击马克思主义,说什么社会主义者所希望的"生产资料社会化"未必能实现。列宁就此加批语嘲讽他:"哈哈!!'驳倒了'"(见本卷第402页)。另一位德国资产阶级经济学家格·舒尔采-格弗尼茨的著作对研究资本主义发展的最新阶段很有用。列宁认为他的《不列颠帝国主义》一书"收集了一些非常有意义的关于英国帝国主义的事实"(见本卷第496页),又说他的《德国信用银行》一书虽然废话很多,却也有可取之处。但他的书贯穿着"帝国主义"精神(见本卷第37页),遭到列宁的批判。还有,德国资产阶级经济学家罗·利夫曼在《参与和投资公司》、《卡特尔与托拉斯》等书中对资本主义企业组织的发展过程进行了研究,列宁认为他收集的"实际材料很有用,大部分都是原始材料"(见本卷第414页)。利夫曼是马克思的劳动价值论的反对者,列宁揭露了他的"资产者辩护士的观点"(见本卷第35页)。列宁还指出他的《战争是不是使我们接近社会主义?》一书说的"都是些极其庸俗的反对社会主义的道理"(见本卷第837页)。奥·瓦尔特斯豪森是"一个十分明显的德国帝国主义爱国者"(见本卷第639页),但列宁还是从他的《国外投资的国民经济制度》一书"选择了一些最重要的东西"(见本卷第635页)。列宁在摘录格·希尔德布兰德的《工业统治地位和工业社会主义的动摇》一书时说该书"对了解社会民主党**内部**的机会主义倾向和帝国主义倾向是有用的东西"(见本卷第101页),

但这位德国经济学家拥护帝国主义。此外，美国资产阶级历史学家亨·莫里斯的主要著作《殖民史》作为“从上古到1899年的历史概论”，是“枯燥无味的事实罗列”，但“汇集的统计材料很有意思”（见本卷第275、268页），因此多次出现于列宁所开列的参考书目，并为列宁所摘引。

列宁所利用过的关于帝国主义的文献，其中有一些出自小资产阶级民主反对派之手。这些人用小资产阶级观点批评帝国主义，他们把自由竞争和民主同帝国主义对立起来，虽然说明帝国主义必然引起战争，表示了维护和平的天真愿望，但他们不能科学地说明帝国主义的经济基础何在。尽管如此，列宁仍然采撷了他们著作中的精华。本笔记中列宁对德国经济学家欧·阿加德的《大银行与世界市场》一书所作的笔记（见本卷第106—127页）就说明了这点。属这一类的学者还有德国的阿·兰斯堡和路·埃施韦格，前者是当时德国金融界的重要杂志《银行》的发行人。在本笔记所载的《银行》杂志摘录（见本卷第60—78页和第172—193页）中，列宁对这二人刊登在该杂志上的多篇文章作了批注。法国政论家维·贝拉尔的《英国与帝国主义》是一本肤浅的文集，但列宁从中选取了有用的例子（见本卷第230—231页）。列宁将法国统计学家阿·奈马尔克在《国际统计研究所公报》上引用的关于全世界发行有价证券的材料与瓦·措林格尔《国际有价证券转移对照表》进行比较和核对，并作了计算（见本卷第140—146页和第430—431页）。

列宁把英国资产阶级经济学家约·霍布森作为小资产阶级民主反对派的一位代表人物来看待。本笔记提到的他的著作不下六种，其中的《帝国主义》一书最为重要，是在列宁以前的研究帝国主义问题的著作中具有系统性的一部。列宁认为他的这部"论述帝国主义的书一般说来是有益的"(见本卷第105页)。本笔记中编号为希腊文字母"卡帕"的那一本笔记即专门为该书而作。"帝国主义"是一古老的概念,霍布森指出现代帝国主义的特征是:一、在帝国主义时期存在着几个帝国主义国家以及他们之间的相互斗争;二、金融资本家统治着商业资本家。而后一特征在霍布森看来反映了帝国主义的本质。列宁认为霍布森阐明了"**新帝国主义和老帝国主义的区别**"(见本卷第475页)。霍布森对帝国主义的"经济寄生性"(见本卷第466页)所作的分析引起列宁的极大注意。但总的说来,霍布森不了解帝国主义的矛盾由以产生的经济根源。尽管他提出了"金融资本"的概念,看见了金融资本的统治,但他不明白金融资本到底是怎样产生的。他把帝国主义仅仅看成国家在金融寡头的诱迫下所采取的一种政策,是一种以暴力强行掠夺投资场所的政策。列宁指出了他"**对帝国主义的庸俗批评的实质**"(见本卷第461页)。

在社会民主党人关于帝国主义问题的著作中,受到列宁重视的首先是德国社会民主党的理论家鲁·希法亭的《金融资本》一书。该书的副标题为《资本主义发展的最新阶段》,副标题的这一提法为列宁所接受,并被列宁用于自己关于帝国主义问题的专著的最初书名中。列宁认为该书对资本主义发展的最新阶段作了极有价值的理论分析。本笔记多处引用希法亭的论述,标为希腊文字母"太塔"的笔记中专门有对《金融资本》一书的摘录和批注。希法亭把帝国主义看做资本主义的一个合乎规律的发展阶段,从而正确地说明了帝国主义的历史地位。希法亭提出:"金融资本=‘由银行支配而由工业家运用的资本’"(见本卷第372—373页)。

这一定义为列宁所肯定，但它的不足是未能说明金融资本产生的主要因素在于生产集中和垄断，尽管希法亭已看出资本家垄断组织的作用。希法亭通过对金融资本的分析说明，争夺经济领土的斗争是帝国主义的一个特点。他还指出了金融资本在政治上的反动性：“金融资本要的不是自由，而是统治”；“寡头统治代替民主”（见本卷第 374 页）。列宁赞赏他的如下说法：“无产阶级对金融资本的经济政策的回答，对帝国主义的回答，不可能是贸易自由，而只能是社会主义”（见本卷第 374 页）。希法亭指出，恢复贸易自由是“反动的理想”。在本笔记中，列宁认为希法亭的理论有如下缺点：1.关于货币的理论错误；2.忽视世界的瓜分；3.忽视金融资本与寄生性的关系；4.忽视帝国主义与机会主义的关系（见本卷第 202 页）。

列宁在研究帝国主义问题时，对第二国际的领袖人物卡·考茨基的言论给予了极大的注意。从本卷可以看出，列宁的几个笔记本中都有对考茨基观点的评述。第一次世界大战前夕和大战期间，考茨基在《帝国主义》、《民族国家、帝国主义国家和国家联盟》、《两本用于重新学习的书》等文中论述了帝国主义的本质、特征及其矛盾。列宁认为他给帝国主义下的定义“根本要不得”（见本卷第 286 页）。列宁指出他企图粉饰资本主义，“只谈好的，不谈坏的”，“这是新的蒲鲁东主义”，是“小市民的改良主义：主张纯洁的、平静的、温和和谨慎的资本主义”（见本卷第 194、105、106 页）。所以列宁认为他不仅比希法亭后退了一步（虽然希法亭极力拥护他），而且比社会自由主义者霍布森也后退了一步。列宁一再批判他的“超帝国主义”论，说明这一理论同霍布森早已提出的“国际帝国主义”论是一回事。列宁说，考茨基的“超帝国主义”和资本主义基础上的欧洲联邦会形成什么东西：形成“国际帝国主义”（见本卷第 479 页)。列宁本来打算写专文来清算考茨基主义,并已拟出了提纲(见本卷第 852—854 页)。尽管专文未写出,但列宁在其论帝国主义的专著以及大战期间所写的一系列文章中都对考茨基主义作了批判。

德国社会民主党左派的代表罗·卢森堡(笔名:尤尼乌斯)就“欧洲联邦”问题同考茨基的论战,以及她和其他左派人物对考茨基主义的批判,在本卷中也有所反映。卢森堡关于帝国主义的理论是从她对资本积累的研究中引申出来的,早在世界大战之前她就写出了这方面的专著。对帝国主义的看法,列宁同她并不一致,但列宁给她的观点以应有的注意。她因反对帝国主义大战而被投入监狱,在狱中写了《社会民主党的危机》一书。该书受到列宁的重视,本卷中有列宁阅读该书时所作的笔记(见本卷第 339—346 页),列宁的《论尤尼乌斯的小册子》一文(见本版全集第 28 卷)是专门评述该书的。

本笔记在揭示帝国主义的普遍特征时,说明了英国、法国、美国、德国、日本等帝国主义国家所独具的特征。在帝国主义条件下,各国经济生活日趋均等化,但差别还是不小。当时,年轻的资本主义国家如美国、德国、日本进步非常快,而老牌资本主义国家如法国、英国进步则慢得多。列宁十分注意俄国。俄国作为一个“军事封建帝国主义”国家,同其他帝国主义国家相比,其特征是:经济上最落后,被资本主义前关系的密网紧紧缠绕着。在《关于辛迪加的论文的提纲》(见本卷第 831 页)中,列宁把俄国的垄断组织称为“农奴主-地主辛迪加”。列宁就阿加德《大银行与世界市场》一书以及 A.扎克《俄国工业中的德国人和德国资本》、B.伊施哈尼安《俄国国民经济中的外国成分》等有关书籍所作的笔记(见本卷第106—127、264—266、291—292页）充分说明了俄国帝国主义所独具的特征。关于沙皇俄国的侵略政策，列宁在《帝国主义是资本主义的最高阶段》一书中是被迫用暗示的方法来论述的，而在本笔记中则以大量鲜明确凿的事实来揭露。

本笔记收载了大量反映帝国主义实行对外扩张、劫掠殖民地的材料。从列宁对齐·施尔德尔《世界经济发展趋势》（第1卷）、亚·苏潘《欧洲殖民地的扩展》、奥·许布纳尔《地理统计表》、阿·维尔特《世界现代史》等文献资料的摘录和引用（见本卷第82—98、322—336、569—583页）可以看出当时亚洲、非洲、大洋洲、拉丁美洲的国家和人民遭受新老帝国主义侵略和压迫、争取民族解放的情况。列宁十分关注中国、波斯、土耳其这三个半殖民地国家的命运。上述文献资料，还有已经提到的霍布森的《帝国主义》、莫里斯的《殖民史》等书籍，都真实地记载了帝国主义列强争夺和瓜分中国的事实。列宁对弗·克瓦德弗利格《1774—1914年俄国的扩张政策》一书的摘录（见本卷第761—768页）揭露了沙皇俄国对中国的侵略。在阅读哥·埃格尔哈夫《现代史》一书时所作的《"埃格尔哈夫"笔记》中，列宁把镇压中国义和团起义的俄国、日本、德国、法国、英国、美国的联军讥讽地称为"文明世界的联邦"（见本卷第773页）。列宁根据这本书的资料以及其他资料编制的表格《1870—1871年以后列强国际政策中的主要危机》、《1870年以来世界历史主要资料综合试作》（见本卷第775—799页）列举了在帝国主义时代中国的多次重大民族灾难：1895年日本对中国的侵略（中日甲午战争）、1904—1905年日俄两个帝国主义强盗为瓜分中国和朝鲜而进行的战争以及上述1900—1901年义和团运动受到的镇压。列宁在阅读B.马凯的《中国，中华民国。它的问题和前途》一书时的摘录,同样揭露了列强对中国的掠夺。同时愤激地指出该书拼凑材料对孙中山所领导的中国民主运动进行诽谤(见本卷第625页)。列宁关于A.杰克斯《中国的反动派》一文的评述(见本卷第600—601页)说明了列宁对中国早期社会主义运动的关注和思考。

本卷中的全部材料是在上世纪30年代由苏联收集起来、陆续加以发表的,后又以《关于帝国主义的笔记》这一书名出了单行本。《列宁全集》中文第1版第39卷收载的《关于帝国主义的笔记》是根据全集俄文第4版第39卷翻译的。本版本卷中材料的编排基本上同于第1版第39卷。本卷中列宁的20本笔记,其中前15本依次有列宁按希腊文字母所作的编号(从"阿尔法"到"奥克米隆"),后5本列宁未作编号,在本卷中是按时间顺序编排在有编号的笔记后面的。全部笔记标题都是列宁加的,笔记中书籍、文章、草稿、参考书目的摘录的标题,有的是按照列宁编的笔记目录加的,有的是从引文中摘出的。列宁作笔记时,对文献、资料的摘录系分别使用原文,俄文编者把这些摘录译成了俄文。《单独的札记》部分对文献的收载在本版本卷中和在第1版第39卷中略有不同:本版本卷增加了关于揭露资本主义制度下消费"平等"谬论的、摘自《国民饮食状况。群众饮食状况》一书的材料,还增加了摘自《巴塞尔前进报》的《瑞士的国外投资》这一材料;第1版第39卷的《短评:论本国在帝国主义战争中的失败》、《〈帝国主义和民族自决权〉演讲的提纲》、《关于〈帝国主义和社会主义运动中的分裂〉一文提纲》、《帝国主义和对帝国主义的态度》分别编入了本版全集第26、27和28卷。

弗·伊·列宁

（1914年）

关于帝国主义的笔记[1]

（1915—1916年）

笔　记

“α”

（“阿耳法”）

目　录

笔记 **α**，第 **1**—**48** 页

最新的经济著作

目录：

1—**3**[1]。**舒尔采-格弗尼茨**著作的结尾部分（《**社会经济**》摘录）+**31**—**35**（福格尔施泰因）。

4。论同“泥潭派”的斗争一文的草稿。（（简评考茨基主义。））

5。参考书目。

6。拉维斯泰因论巴尔干问题（«Die Neue Zeit»[2]，1913）。

7—8。**威纳尔**论鲁尔采矿工业的集中（«Die Neue Zeit»，1913）。

9。迈耶尔（投资）和参考书目。

10。——

① 列宁笔记的手稿页码。——俄文版编者注

② 《新时代》杂志。——编者注

11—12。**利夫曼**论法兰克福的五金贸易。

13—14。资产阶级学者论同帝国主义的斗争。(《从属种族》。)

15。莫里德——《公司及分公司》。

16。参考书目。

17。同上。

18。**施尔德尔**。«Weltwirtschaftliches Archiv»①第5卷(不是他的文集)。

19。《我们的言论报》摘录……

20。——

21。参考书目。

22。股份公司的资本总额。

23—28。**克斯特纳**:《强迫加入组织》。

29。维也纳«Arbeiter-Zeitung»②论维也纳的银行。

30。«The Annals of the American Academy»③。

31—35。《**社会经济**》摘录的结尾部分。

36。——

37。参考书目。

38。**施蒂利希**:《货币银行业》。

+**41**—**42**。

39—**40**。**利夫曼**:《卡特尔与托拉斯》。

43—48。《社会经济》摘录……(**舒尔采-格弗尼茨**)

{+ 1— 3}
{和31—35}

① 《世界经济文汇》。——编者注

② 《工人报》。——编者注

③ 《美国学院年刊》。——编者注

参考书目：

第5页。	第21+**32**页‖	第44页。
第9页。	第**37**页‖ 注意	第46页。
第17+**16**页。	第38页。	第48页。

论同"泥潭派"作斗争的文章的草稿

(简评考茨基主义)[2]

我们同"泥潭派"的斗争。

泥潭派=卡·考茨基、胡斯曼等人。

区别普列汉诺夫、海德门、海涅和卡·考茨基、王德威尔得等人的意义。两种"色彩"。

用折中主义代替辩证法。"中庸"：把两个极端"调和"起来，缺乏清楚、肯定、明确的结论，摇摆不定。

实际上阶级矛盾日益尖锐，**在言论上**却调和和缓和这种矛盾。

同机会主义和好。

抹杀同机会主义在理论上和政治实践上的鸿沟。

背弃(背叛)《取得政权的道路》[3]的观点和巴塞尔宣言[4]的革命实质(和革命策略)……

区别"马克思主义中派"(=**独立的**政策、独立的思想、独立的理论)和"泥潭派"(=摇摆不定、毫无原则、"回转器"("Drehscheibe")、风向仪)这两个概念。

非法组织。

军队工作。

‖ **官场的乐观主义**：事物的客观进程……一切都**一定会**变好。

支持和发展群众的行动	“无产阶级”和“一般”“阶级斗争”。
	“过程”
注意	参看马尔托夫，他说社会主义“没有希望”，**假如**……机会主义不可救药！！！①

“同泥潭派斗争”的实质不应当是**否定**合法活动和争取**改革**的**斗争**，而应当是前面所说的承认**革命**活动。

按新的、更深一层的界限来划分，社会主义和工会运动有可能融合。

议会活动及其另一种概念。“不合法的议会活动”。

参 考 书 目

苏黎世**州立**图书馆中的一部分**哲学**书籍：

吉德翁·斯皮克尔：《论自然科学和哲学的关系》(特别要对照一下康德的著作和朗格的《唯物主义史》)，8开本，柏林，1874。

黑格尔：《现象学》(博兰德版，1907)。

埃里希·考夫曼：《美国的对外实力和殖民威力》，莱比锡，1908(载于《国家法和国际法丛书》，第1编)。**法学**著作。

帝国主义政策产生了美洲殖民地的问题。

① 参看本版全集第27卷第437页。——编者注

州立图书馆(苏黎世)。

«Journal asiatique»[①](巴黎,1857—**1913 和第 10 类统计表**。+第 11 类,第 1、2 卷。)

«Giornale della società asiatica italiana»[②],第 1 卷(1887)——第 26 卷(1913/4)。

库兹涅佐夫:《中亚不同文明和语言的斗争》(学位论文),8 开本,巴黎,1912。

列曼-豪普特:《亚美尼亚》,8 开本,柏林,1910。

毕希勒:《刚果——利奥波德的国家》,苏黎世,1912,1914。

弗雷斯:《刚果河流域附属国的国际地位及其瓜分情况》,1907。

凯特·布鲁索:《美国黑人的教育》,学位论文,巴黎,1904。(《美国**教育问题**论文报告集》。)

《印度调查》。(1911。孟买,1911。)

莫菲特:《加拿大的美国化》,学位论文,纽约,1907。

帕图叶:《美国帝国主义》(学位论文,第戎,1904)。

爱·德特曼:《德国人所说的巴西繁荣》,1908。

菱田政治:《日本作为强国的国际地位》,纽约,1905。

勒弗夫尔:《铁路是渗入中国南部的途径》,学位论文,巴黎,1902。

吕西埃:《大洋洲的瓜分》,学位论文,巴黎,1905。

① 《亚洲杂志》。——编者注

② 《意大利亚洲学会会刊》。——编者注

拉维斯泰因论巴尔干问题

威·万·拉维斯泰因：《巴尔干问题》,«Die Neue Zeit»[①],1913(第31年卷,第1册),1912.11.15。

注意 “这样的联盟”(包括土耳其在内的巴尔干国家联盟)“就会有可能满足这个在地理上连成一片的地区的文化需要,用无法克服的障碍来阻挡欧洲帝国主义和俄国这个世界强国的推进。对巴尔干问题的其他任何解决办法都只能是暂时性的,不能在一个长时期内满足居住在那里的一切种族和民族的利益。”(第228页)

注意 “欧洲帝国主义和沙皇政府自然要竭尽全力来反对巴尔干国家的联盟。无论过去和现在,它们共同注意的是如何加剧巴尔干国家人民和土耳其之间相互的仇视和纷争,以便更容易地把这些地区当做殖民地来剥削。土耳其和巴尔干国家的政治家们是否会认识到他们的共同利益,是否

注意 会互相接近起来,结束这种毁灭性的战争呢？如果他们不这样做,那就是为了欧洲资本主义和巴尔干各国王朝的利益而牺牲本国人民的利益。”(第229页)

威纳尔论鲁尔采矿工业的集中

G.威纳尔：《鲁尔采矿工业的资本集中》,«Die Neue Zeit»,1913,第

① 《新时代》杂志。——编者注

138 页(1912. 10. 25.)。

鲁尔区:

1) 德意志银行集团

4 个人在下面 **4 家**银行中担任经理和监事的职位:

(α) 德意志银行 ………………………… 所有 4 人
(β) 埃森信用公司……………………… 其中的 2 人
(γ) 埃森联合银行……………………… 〃 〃 〃 2 人
(δ) 贝尔格-马尔克银行 ……………………… 2 人

在这个银行"势力范围"内的矿山:

20 个矿山——**66 233** 工人;**1 860** 万吨(1907)
72 594 工人;**1 930** 万吨(1910)

2) 德累斯顿银行和沙夫豪森联合银行集团 9 个人在**两家银行**中担任经理和监事的职位。

受这个集团支配的:

7 个矿山:……**23 269** 工人——**598** 万吨(1907)
27 963 工人——**720** 万吨(1910)

矿山?
"Werke"①或
"Zechen"②

资本巨头	主要银行	公司,矿山数目及其他		1910 工人(单位千)	1910 吨数(单位百万)
4 个人——4 家银行的"人事结合"	德意志银行+3 家其他银行	(德意志银行康采恩)(**20** 个矿山)	***α***	72. 6	19. 3

① "工厂"。——编者注
② "矿山"。——编者注

汉尼尔		私人财产和好希望公司矿山(**2** 个矿山)	γ 35.1	9.9
基尔多夫	贴现公司	盖尔森基兴矿业股份公司	δ(**1**)34.4	8.5
斯汀尼斯	贴现公司	私人财产和德意志—卢森堡公司	δ(**2**)34.6	9.1
	柏林贸易公司	哈彭内采矿股份公司	ε(**1**)25.9	7.1
“人事结合”的 9 个人	德累斯顿银行,沙夫豪森联合银行	德累斯顿—沙夫豪森银行	β(**7**)28.0	7.2
	柏林贸易公司	海伯尼阿股份公司	ε(**1**)18.3	5.4
		蒂森 γ	(1)16.2	3.9
		克虏伯 γ	(1)12.2	3.1
		国库	(1)11.1	2.3
		Σ[①] =	288.5	75.9
		鲁尔区共计	354.2	89.3
		这些公司所占的%	81.5	85

	矿山数目	工人(单位千)	吨数单位百万	
(α)	20	72.6	19.3	德意志银行
(β)	7	28.0	7.2	德累斯顿银行+沙夫豪森联合银行
(γ)	4	63.5	16.9	3 个资本巨头
(δ)	3	69.0	17.6	贴现公司
(ε)	2	44.2	12.5	柏林贸易公司
(国库)	1	11.1	2.3	

‖ “在鲁尔采矿工业中,全体人民的利益同一小撮为数不到一百的资本家的利益发生着冲突。”(第 144 页)

① 总数。——编者注

这篇文章还谈到了辛迪加是否会重新建立起来的问题。查这一时期的康拉德年鉴[5]的大事记(1912 年 10—12 月份及其他月份)。

迈耶尔(投资)和参考书目

参考书目

阿·迈耶尔博士:«Neue Zürcher Zeitung»①商业栏的编辑,《投资》。(苏黎世,1912。)

一个"实践家"写的小书:对资本家的劝告。

股份公司的利润统计第 130—132 页。

英国在 1893/1902 年建立了 **38 928 个**公司。其中倒闭的有 14 538 个=37%!!法国破产的公司约占 10%(勒鲁瓦-博利厄)。

注意下列参考书目:

威廉·盖尔登:《交易所成功的秘密》,柏林。(社会民主党人?)

一位德国非职业的投机家谈"自己的经验"。第 139 页:在交易所中获利的人只是"极少数"。
第 149 页:靠差额来赚钱的 50 桩交易中的 1 桩。((举了大量的关于欺骗等等的例子。))

阿弗里卡努斯:《购买金矿股票作为投资手段》,莱比锡,第 2 版,1911。

维·鲁佩尔:《采矿工业有价证券的业务》,耶拿,1909。

① 《新苏黎世报》。——编者注

勒内·努埃尔:《股份公司》,巴黎,1911。

?J. 施泰格尔。《瑞士国内和国外的托拉斯和卡特尔》,苏黎世。

赫·阿尔伯特:《德国历年的利率(1895—1908)》。

柯尔:《世界的金矿》,伦敦,1902。

龚佩尔:《金矿有价证券的投机》(弗赖堡,1903)。

泰·胡贝尔:《应当怎样看平衡表?》(斯图加特,1910)。

罗伯特·施特恩:《商业平衡表》(莱比锡,1907)。

亨·布罗西乌斯:《平衡表》(莱比锡,1906)。

利夫曼论法兰克福的五金贸易

罗伯特·利夫曼:《法兰克福五金贸易的国际组织》,«Weltwirtschaftliches Archiv»[①],第1卷,耶拿,1913,第108页及以下各页。

从**梅尔顿**的企业(英德家族)中产生了梅尔顿康采恩。

“投入梅尔顿康采恩的资本(当然不包括它的那些后台老板的私人财产)总共也许有**2亿多马克**。”(第121页)

“法兰克福的五金贸易还包括其他一些很重要的公司,因此它的企业,特别是梅尔顿康采恩的企业实际上遍布于全世界。”(第122页)

图表(第120页):[见第13页。——编者注]

城市名称是我填的。

在这里,商业资本(梅尔顿的)变成了生产资本。

① 《世界经济文汇》。——编者注

箭头指的是被控制的公司。

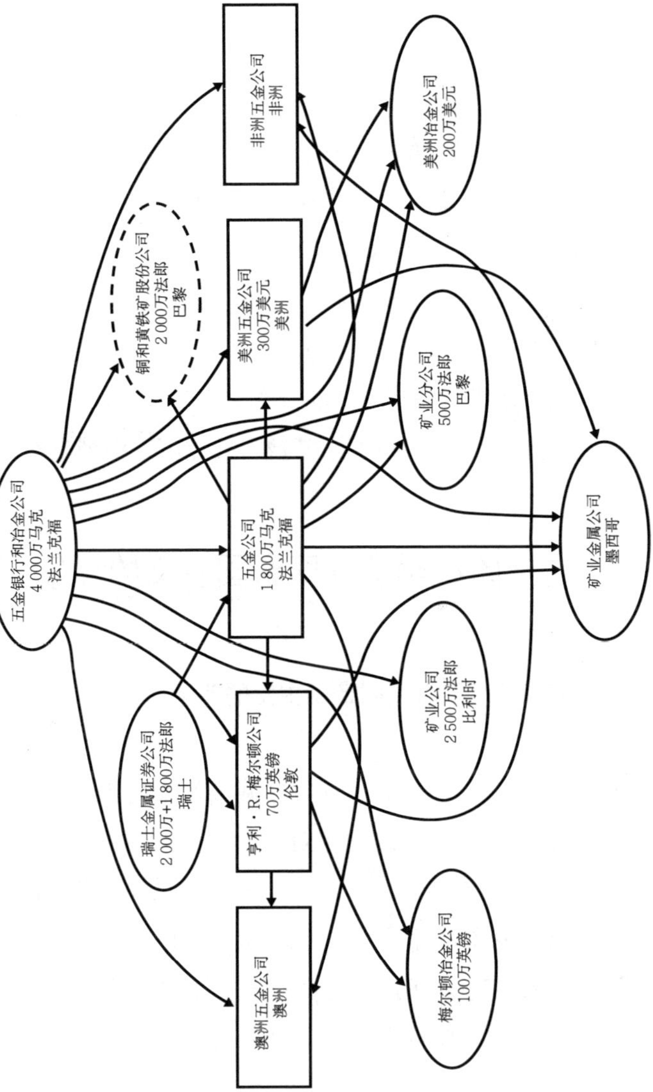

五金银行和冶金公司
4 000万马克
法兰克福

五金公司
1 800万马克
法兰克福

铜和黄铁矿股份公司
2 000万法郎
巴黎

美洲五金公司
300万美元
美洲

非洲五金公司
非洲

美洲冶金公司
200万美元

矿业分公司
500万法郎
巴黎

矿业金属公司
墨西哥

矿业公司
2 500万法郎
比利时

瑞士金属证券公司
2 000万+1 800万法郎
瑞士

亨利·R. 梅尔顿公司
70万英镑
伦敦

澳洲五金公司
澳洲

梅尔顿冶金公司
100万英镑

"现代批发商业的特点就是几乎在一切批发商业部门中，它都在**渗入生产领域**。"（第111页）

除了**电力**工业（德国电气总公司、美国通用电气公司[6]等等）而外，据说"德国最具有国际性的企业部门"（109）就要数五金贸易了（特别是铜、锌、铅、贵金属等的贸易——以法兰克福为中心）。

目前的首脑**威廉·梅尔顿博士**（多数公司的董事）在法兰克福，他的父亲**亨利·R.梅尔顿**在伦敦。

所有这些公司和其他同类公司的主要区别，就是领导业务的资本家们现在还**直接**（第119页）参与各商业企业和生产企业。他们用公众的资本来"补充"自己的资本。

当然，他们所"参与"的"公司"数目要比图表中列出的多得多。

资产阶级学者论同帝国主义的斗争

注意　资产阶级学者论同**帝国主义**的斗争。

《民族和从属种族》。

关于1910年6月28—30日在威斯敏斯特卡克斯顿厅举行的代表会议的报告，伦敦，1911（XII+178页）。

评论载于«*Weltwirtschaftliches Archiv*»①，第2卷，第193页，署名**赫·耶·尼布尔**（海牙）。评论的作者指出，这份报告收入了"受异族统治的各国人民的"代表的简短发言，他们代表"埃及人、印度人、摩洛哥人、格鲁吉亚人、非洲的黑人部落、南美的印第安

① 《世界经济文汇》。——编者注

人,以及欧洲的一些民族,如爱尔兰人和波兰人等"(第194页)。

"据称,必须同帝国主义作斗争;统治国应当承认从属民族的独立权;国际法庭应当监督大国同弱小民族订立的条约的履行。除了表示这些天真的愿望以外,代表会议并没有继续前进。我们看不出他们对下面这个真理有丝毫的了解:帝国主义同目前形式的资本主义有不可分割的联系,所以同帝国主义作直接的斗争是没有希望的,除非仅限于反对某些特别可恶的过火现象。"(第195页)[①] 注意 注意 !! 注意 !!

值得指出的是,一些资产阶级"帝国主义者"在«*Weltwirtschaftliches Archiv*»中也在考察殖民地(至少是那些非德属殖民地)的民族解放运动[②]。

譬如第3卷第2册

印度的风潮和抗议运动(第230页)

对印度人的移民入境限制在纳塔尔(非洲)引起了同样的事件(230—1)。

第4卷第1册第130页——**荷属印度**的要求自治的运动[③]。

莫里德:《公司及分公司》

皮埃尔·莫里德:《法国国内和国外的公司及大批分公司》,巴黎,1913(阿尔坎)。(书评载于«Weltwirtschaftliches Archiv»,第

① 见本版全集第27卷第422页。——编者注

② 同上书,第421页。——编者注

③ 同上。——编者注

4卷,第1册,第286页。)

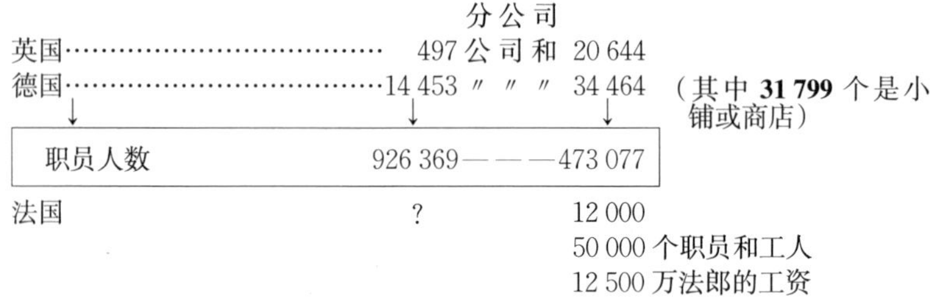

	分公司		
英国…………………………	497 公司和	20 644	
德国…………………………	14 453 〃 〃 〃	34 464	(其中 **31 799** 个是小铺或商店)
↓	↓	↓	
职员人数	926 369———	473 077	
法国	?	12 000 50 000 个职员和工人 12 500 万法郎的工资	

———“商业中所出现的集中过程也和工厂工业中的情况一样”(第286页)。

参考书目

藏于博物馆

注意:«The Edinburgh Review»①

1915年10月:

《工厂和战争》。

【一篇论述工人阶级对战争及其经济后果(工人状况的改善;失业现象的减少等等)的态度的很有意思的文章】

«The Atlantic monthly»②,1916年,似乎是6月号,**怀特**:《战后的另一个世界》。

注意:«*Schmoller's* Jahrbuch»③,第37年卷。马尔克斯论德国国内

① 《爱丁堡评论》。——编者注

② 《大西洋月刊》。——编者注

③ 《施穆勒年鉴》。——编者注

和国外的**证券发行的统计**。

? 阿尔宾·**盖尔**:«Jahrbuch der Weltgeschichte»①,1913—**14**年卷,莱比锡,1914。(«Karl Prochaska's Illustrierte Jahrbücher»②。)

【这不是文件汇编,也不是参考书,而是对一年情况的生动概述。】

[查·肯·]**霍布森**:《资本输出》,伦敦,1914。

[约·阿·霍布森]:《帝国主义》。

〃 〃 〃〃〃:《南非战争》。

巴洛德:《统计原理》,柏林,1913。

伊施哈尼安:《高加索各民族的民族成分……》,1914(共81页)。

泰罗(1914年德文版)。

迪特里希:《企业的组织》。

伊利:《垄断组织和托拉斯》。

詹克斯。载于«*Schmoller's Jahrbuch*»或另外一本经济杂志。康拉德的«Jahrbücher für Nationalökonomie und Statistik»③。((第三类,第1卷))

哈尔姆斯。

阿加德:《大银行与世界市场》,1914。

里塞尔:《大银行》,1906。

马克罗斯蒂:《托拉斯》,1910。

沙德韦尔:《英国、德国和美国》,柏林,1908。

---

① 《世界历史年鉴》。——编者注

② 《卡尔·普罗哈斯卡插图年鉴》。——编者注

③ 《国民经济和统计年鉴》。——编者注

耶德尔斯:《大银行与工业的关系》,«Schmoller's Forschungen»①,第24卷,莱比锡,1905。

施尔德尔。

莱维:《垄断组织和托拉斯》。

契尔施基。

利夫曼:《卡特尔与托拉斯》。

福格尔施泰因:《资本主义组织形式》。

施尔德尔。《世界经济文汇》第5卷

齐格蒙德·**施尔德尔**:《世界大战的世界经济前提》。«Weltwirtschaftliches Archiv»②,第5卷(Ⅰ)(第1—22页)。

一篇很好的概论(当然,有亲德倾向)。

其他国家纷纷实行保护主义,使19—20世纪的**英国**不得不转向战争计划。

奥地利。它对巴尔干的野心。

值得注意的是:1908/9年(正当波斯尼亚-黑塞哥维那被兼并的时候),**塞尔维亚**有人**主张**对奥匈帝国作战,其理由是:如果我们战胜了,我们就会使塞尔维亚人脱离奥匈帝国。如果我们战败了,**塞尔维亚将被划入**奥匈帝国的**关税范围**。**这样也好**。反正我们没有什么可丧失的(第11页)。

!! 注意

说**俄国**>“首先是”“军事官僚统治阶级私人经济的利益”

① 《施穆勒丛书》。——编者注

② 《世界经济文汇》。——编者注

(12)。例外:对达达尼尔海峡的野心。

在**法国**,人们对 1911 年 11 月 4 日关于摩洛哥—刚果的协定表示不满。

比利时只有依靠英国才能保持自己的刚果,法国根据**1895 年 2 月 5 日**的条约获得了在刚果“优先购买的权利”(第 16 页)。 注意

日本力图**统治**中国。

1913 年以前的**土耳其**“与其说是世界政治的主体,不如说是世界政治的客体”(19)。

葡萄牙依附于英国。

西班牙获得了(1912 年 11 月 27 日同法国签订的条约)摩洛哥北部的一块土地(法国**反对**,英国**赞成**)。西班牙在 1898—1914 这 16 年中大踏步地前进了。

《我们的言论报》摘录

《我们的言论报》№11(191**5**.2.10)。

扎列夫斯基的文章《论民族问题》。赞同§9。[7]引证了《火星报》№**44**: 注意

“……但是,无条件地承认争取民族自决的自由的斗争,这丝毫也不意味着我们必须支持任何民族自决的要求。社会民主党作为无产阶级的政党,其真正的主要的任务不是促进各民族的自决,而是促进每个民族中的无产阶级的自决。”[①]№82(1915.5.6)。社论:《帝国主义和民族思想》。

① 见本版全集第 7 卷第 218 页。——编者注

(反对爱尔威。“赤裸裸的民族思想是**反动的**。”20世纪＝帝国主义的世纪;19世纪是民族主义的世纪。)

№116(1915.6.17)《卡·考茨基论普列汉诺夫》
和№117(　15.6.18)(摘录保加利亚的杂志)。
和№118(　　6.19)№130(1915.7.3)H.托洛茨基的《民族和经济》+№135(7.9)

№170(1915.8.21)尔·马尔托夫反对《**社会民主党人报**》
和171(　　22(关于失败)。
172(　……24)

№192(1915.9.16)马尔丁诺夫论“**欧洲联邦**”。

№209(1915.10.8)H.托洛茨基论齐美尔瓦尔德。

参考书目

录自**州立**图书馆(苏黎世)。

注意:**阿特兰蒂库斯**:《社会国家的生产和消费》,1898。**考茨基的序言**。

亨利·德马雷斯特·**劳埃德**:《与公共福利相对立的财富》,纽约,1901。

? «*Statistisches Jahrbuch für das Deutsche Reich*»①(1915)。

施蒂利希:《大工业企业的政治经济研究》,第1卷和第2卷,1904和1906。

① 《德意志帝国统计年鉴》。——编者注

«*Bulletin* de I' institut international de statistique»[①]（第 1—19 卷）。

克拉克:《澳大拉西亚的工人运动》,1906。

安德列·利埃斯:《社会问题》,巴黎,1895。

格伦采尔:《论卡特尔》,1902。

鲍姆加滕和梅斯勒尼:《卡特尔》,1906。

尤拉舍克:《世界经济概论》。

诺伊曼-施帕拉尔特:“评论”,1879/80……1883/4 年卷。

昆坦斯:《农业机器对生产和劳动的影响》,1904,(学位论文。)

约·普伦格:《从贴现政策到统治金融市场》,1913。

舒尔采-格弗尼茨:《不列颠帝国主义》,1906。

? **埃米尔·布雷齐加尔**:《德国经济危机的征兆》,柏林,1913（1.80 马克）

预测 1913/4 年的危机

伯恩哈特·**梅伦斯**:《法国大信用机关的产生和发展》,1911。

利西斯:《论反对法国的金融寡头》,1908。

安德列·利埃斯:《几个金融家的传略》,1909。

特斯蒂斯:《利西斯著作的真相》,1908。

埃·泰里:《法国的经济进步》。

皮埃尔·博丹:《冲动》。

莫里斯·施沃布:《搏斗之前(商业战争)》,巴黎,1904。‖

鲁·克劳斯:《俄国的银行》,1908(«Schmoller's Forschungen»[②],

---

① 《国际统计研究所公报》。——编者注

② 《施穆勒丛书》。——编者注

第 **131** 编)。

门托尔·布尼亚蒂安博士:《经济危机和过度资本化》,慕尼黑,1908。

埃·泰里:《欧洲和美国。一般统计》,巴黎,1899。

凯尔蒂:《非洲的瓜分》,1895。

注意: **O. 施瓦尔茨**:《列强的财政体制》(格申版丛书),两卷本,莱比锡,1909。

注意 【关于 70 年代至 1900 年这一时期发展情况的值得注意的表格。注意】《社会经济概论》,蒂宾根,1914 年及以后各年。

股份公司的资本总额

“它们”操纵着多少资本?

«Bank-Archiv»[①],第 13 年卷。1914. 6. 15。

《1907/8—1911/12 年间德国股份公司的业务总结》……

1911/2…………… 股份公司的数目 —— 4 712

股份公司的股份资本………… 1 488 000 万马克

实际准备金…………………… 351 500 〃 〃 〃

收入…………………………… 147 000 〃 〃 〃

支付股息的公司数目………… 3 481

股息总额……………………… 122 000 万马克=8.39%

资本的增长额:

---

① 《银行文汇》。——编者注

从 1907 到 1912(5 年)

=+276 600 万马克(票面价值)

+334 600 〃 〃 〃(按行情)

!! ||| 超过票面价值 +57 900 〃 〃 〃(!!)

克斯特纳:《强迫加入组织》

弗里茨·**克斯特纳**博士:《强迫加入组织》。

《卡特尔与局外人斗争情形的研究》,柏林,1912。

作者系统地考察了卡特尔与“局外人”的冲突和卡特尔内部的冲突以及“斗争”的手段:

(1)剥夺原料……

(2)用同盟方法剥夺劳动力……

(3)剥夺运输……

(4)〃 〃销路……

(5)用排他性条件来固定买主。

(6)有计划地压低价格

(7)剥夺信贷……

(8)宣布抵制①

【摘自《卡特尔调查》(1903—06 年共 5 卷)及其他】

一大堆例子。极其详尽地议论国家和法律的作用……

“莱茵—威斯特伐利亚煤业辛迪加在 1893 年成立时,集中了该地区总采煤量的 86.7%……到 1910 年则达到 95.4%(第 11

① 见本版全集第 27 卷第 341—342 页。——编者注

页）……[①] 美国钢铁托拉斯在1911年集中了生铁产量的45%……”（其他一些例子：98%—85%，等等）

“加入卡特尔的问题在单个企业看来，是一件需要考虑赢利才能决定的生意上的事情。和卡特尔的一般作用一样，单个企业采取这一步骤的意义主要也表现在萧条时期。卡特尔活动的必然结果是限制销路，这种限制对于单个企业具有不同的意义，这一点就成了卡特尔和局外人冲突的主要原因。特别是那些有发展能力的企业对这种限制更是难以忍受，因此它们的反抗也最强烈……”（第25—26页）

“……要知道这两个概念〈卡特尔和托拉斯〉的区别表现在所有权方面：卡特尔有各式各样的所有者，托拉斯则只有一个所有者”（第53页和引证利夫曼的话）。

“我们不止一次地看到，——这可以看做是一种普遍现象，——由于卡特尔化能够获利，新的企业主和新的资本就被吸引到这个工业部门来了。”（57）譬如钾业辛迪加提高价格的结果就是这样：

在1879年有 4个企业
〃 1898 〃 〃13个
〃 1909 〃 〃52个（第57页）

议定对于局外人**提高**价格的条件，有时则是**降低**他们应得的回扣（第73页）……

图书联合交易所禁止售书给“按倾销价格出售的商人”（84）。

“除用排他性条件来固定买主（这在以后还要谈到）而外，剥夺原料也应当看做是强迫加入卡特尔的最重要手段

① 见本版全集第27卷第338—339页。——编者注

之一……”(91)

……输出奖金……(107)

建立“商人的附属组织……”(109)

(煤——煤油……)

压低价格…… 汽油工业降低了价格,从40马克降低到20—22马克(118)——在上西里西亚,酒精的价格降低到49.5马克(在布雷斯劳,价格是62.2马克)……

拒绝信贷:凤凰公司拒绝同钢厂联盟合并。该公司的经理反对合并。银行收买了股票——剥夺了输出奖金——由股东大会通过合并!!(第124—5页)

同卡特尔**内部**各成员所缔结的合同……(罚金;以仲裁法庭代替一般法庭)……

最好的监督手段——“统一的销售组织……”(153)

“耶德尔斯(他的书上第87页)断言在德国不可能再建立独立的大银行,这话无疑是对的。”(第168页)

“甚至在纯粹经济的活动方面,也在发生某种转变,原先意义上的商业活动转变为投机组织者的活动。获得最大成就的,不是最善于根据自己的技术和商业经验来判断购买者需要,找到并且可以说是‘开发’潜在需求的商人,而是那些善于预先估计到,或者哪怕只是嗅到组织上的发展,嗅到某些企业与银行可能发生某种联系的投机天才。”(第241页)①

“大企业的领导人随时都能够招雇一些精明能干的律师为自己服务,如果他们自己不善于料理纯粹商业性的业务,他们可以找一些十分内行的商人来帮忙。大家知道,在

① 见本版全集第27卷第342页。——编者注

!! 大企业的总公司工作的,有一批同企业本身毫无关系的人员,甚至包括为公司进行经济宣传的政治经济学博士。”(第242页)

“在此以前,卡特尔的组成,通常会引起价格和收入的变动,**给**重工业或**原料工业**带来**好处**,使加工工业蒙受损失。由卡特尔的组成引起的价格长期上涨,至今还只出现在最重要的生产资料方面,特别是煤、铁和钾碱等方面,而在成品方面则从来没有过。随之而来的收益的增加,同样也只限于生产生产资料的工业。对此还要作一点补充:原料(而不是半成品)加工工业不仅因组成卡特尔而获得高额利润,使那些进一步加工半成品的工业受到损失,而且它还取得了对这一工业的一定的统治关系,这是自由竞争时代所没有的。”(第254页)①

注意

卡特尔并不总是引起集中(它可以“拯救”加入卡特尔的小企业),但是它经常引起“资本的强化”(274)……加强资本雄厚的企业的作用(272和274)。

在研究卡特尔的作用问题时,不应当忘记下面两种组织的差别:一种是所谓消费者的组织(这就是社会主义,第282页),即生产成品的工业组织,另一种是原料工业组织:

“愈来愈多的工业部门依附于原料生产的这种现状,表面上看来同它〈即消费者团体等等〉有某些相似之处,实际上却完全相反。”(第282页)((利夫曼经常忘记这种差别——**注释,第282页**。))

“现在人们在争论:卡特尔是否引起了工人状况的改善(有些

① 见本版全集第27卷第342—343页。——编者注

人肯定,有些人否定),卡特尔是否体现了合作制和民主制的原则”((契尔施基!! 作者反对他:注释,第 285 页))“或者,对德国来说,由于重心移到了敌视工会组织的重工业方面,卡特尔是否证实它的反民主立场……”(285)

维也纳《工人报》论维也纳的银行

维也纳«*Arbeiter-Zeitung*»[①],1916(1916.4.11),№101。

关于银行的数字(8 家大银行:信用公司;联合银行;交通银行;尼奥贴现公司;联营银行;土地信用公司;美尔库尔+普通存款银行)。

资本 ——	65 740 万克朗
准备金 ——	38 320 〃 〃 〃
	104 060
他人资金	483 380 〃 〃 〃
纯利	8 140 〃 〃 〃
存款增加额(与 1914 年相比)	106 790

《美国学院年刊》

«*The Annals of the American Academy of Political & Social Science*»[②],第 57—59 卷(**1915**)

① 《工人报》。——编者注

② 《美国政治和社会科学学院年刊》。——编者注

回头还要看

（包括几个单行本＋书目等等。第59卷（1915年，**5月**）：《**美国工业的潜力**》，文集。）

美国工资总结[8]
1/10——1 000美元和>（第115页）
2/10——750—1 000美元
7/10——　<　750〃〃

顺便参考一下**威廉·S.基斯**的文章：《银行分行和我国的对外贸易》（第301页）。

“英国在外国办理业务的40家银行拥有1 325个分行；在南美，5家德国银行有40个分行，5家英国银行有70个分行……　最近25年来，英德两国在阿根廷、巴西和乌拉圭投资约40亿美元，从而支配了这3个国家全部贸易的46%。”①

（（接着谈到纽约也想占据这块地盘的野心和企图……））

注　意	对美国在战争情况下扩大同**南美**的贸易等等的“可能性”问题的专门分析。

2 000亿法郎
400**亿美元**
{=1 600亿马克}
参看本笔记第2页④

第331页（在另一篇文章中）……　“据乔治·佩什先生在《*The Statist*》②上发表的最近一篇年度评论的计算，英、德、法、比、荷5个世界债权国向比较不发达的国家输出的资本总额是400多亿美元……”③

① 见本版全集第27卷第380页。——编者注
② 《统计学家报》。——编者注
③ 见本版全集第27卷第380页。——编者注
④ 见本卷第47—48页。——编者注

在另一篇论述"南美的市场"的文章中写道:"另一个主要因素,也是美国同南美的贸易额增长的一切因素中最重要的因素,就是由美国贷款,向建筑业和有关企业投资。向南美某个国家输出资本的国家接到大批建筑材料、铁路建筑材料等等的订货,并且大量承包当地政府举办的公共建筑。英国向阿根廷的铁路和银行投资、贷款给阿根廷等事实,极好地证实了这一事实……"(314)

注意

110个公司拥有的资本=73亿美元,股东=626 984。

另有**1910年**"有价证券和证券交易所"的情况。美国的有价证券总额=345亿美元,(除去重复的数字,大约)=244亿美元,而全部财富=1 071亿美元。

参 考 书 目

摘自**洛桑的**图书目录(洛桑州立图书馆)。续1902年。

德沙内尔:《人民和资产阶级》,巴黎,1881。

戈丹:《劳动共和国和议会改革》,巴黎,1889。

莱·拉勒芒:《**革命和贫民**》,巴黎,1898。

沙·雷诺:《**罢工史**》,巴黎,1887。

尤·斯凯勒:《美国的外交》,纽约,1886。

约奥里:《尼德兰殖民地概论》,列日,1883。

索·罗杰斯:《价格史》,共6卷。

马尔霍尔:《1850年以来的价格史》,伦敦,1885。《以战争对付战争》。(文集。)

稻垣满次郎:《日本和太平洋》,1890。

斯威夫特:《帝国主义和自由》,洛杉矶,1899。

维阿拉特:《新旧大陆的政治生活》,第7年(1912/3)及以前各年。

保尔·费埃尔:《19世纪政治史》,巴黎,1914,共2卷。

卡米耶·瓦洛:《土地和国家(社会地理)》,巴黎,1911。

勒卡庞蒂埃:《国际贸易》,巴黎,1908。

〃 〃 〃 〃 〃 《海上贸易和商船》,巴黎,1910。

圣莱昂·马丁:**《卡特尔和托拉斯》,巴黎,1909**。

奇泽姆:《商业地理指南》,伦敦,1911。

埃克尔特:《商业地理概论》,共2卷。莱比锡,1905。

赖希伦:《法德在瑞士的竞争》,1908[也一定在伯尔尼?]。

拉法洛维希:《金融市场》,1911/2((第21年))。

万德尔·勒夫:《对世界和平的渴求》,1916。鹿特丹,1915。

委员会:《**印度的鼠疫**(1899—1900)》,第4卷和第5卷,结束语。

阿弗内尔:《最近700年来的农民和工人》,巴黎,1907。

〃 〃 〃 〃 《最近700年来的富豪》,巴黎,1909。

法布尔:《亚洲的竞争》(和欧洲的工人),巴黎,尼姆,1896。

朗哈尔德:《瑞士的无政府主义运动》,柏林,1903。

最新参考书目:

埃尔甘:《机器排挤工人》,«***Technik und Wirtschaft***»①,第**4**年卷,

① 《技术和经济》。——编者注

第10编。

卡梅雷尔:《发展技术的方针》,同上,第**3**年卷+«Schriften des Vereins für Sozialpolitik»[①],第**132**卷。

格伦采尔:《工业主义的胜利》,1911。

拉特瑙:见第**32**页[②]。

埃尔甘:《对国民经济学说中机器问题的研究》,1911。

曼施泰特:《资本主义对机器的使用》,1905。

A.里德勒尔:《论技术在历史上和在将来的作用》,柏林,1910。

厄希尔霍泽尔:《从前和现在的技术工作》,柏林,1906。

E.赖尔:《动力。从经济、技术等方面来研究国家威力的增长》,莱比锡,1908。

诺伊豪斯:《大规模生产的技术前提》,«*Technik und Wirtschaft*»,1910(第**3**年卷)。

马·格拉:《论机器的运用》,巴黎,1911。

万·米特:《20世纪的技术》,1911/12。

F.马塔雷:《劳动资料:机器……》,1913。

勒瓦瑟尔:《手工劳动同机器劳动的比较》,1900。

施蒂利希:《货币银行业》

奥斯卡尔·施蒂利希博士《货币银行业》,柏林,1907。

极其通俗的东西。

---

① 《社会政治协会学报》。——编者注

② 见本卷第52页。——编者注

蒲鲁东分子 傻瓜,银行家反对货币 ‖ 第95页。银行家**尤利乌斯·胡克**:《货币问题和社会问题》(第5版),1903。

第143页:"没有任何一种银行业务能够获得像发行业务**那么高的利润**[1]。发行证券的贴水比什么都高…… 关于发行工业股票的贴水,人们企图拿发行费用,拿利润率可望提高这两点来解释,但是这种贴水从经济上来看,基本上是一种不应有的利润,根据«Der Deutsche Oekonomist»[2]的材料,这种贴水的每年平均如下:

注意 ‖ 1895——38.6%
1896——36.1
1897——66.7
1898——67.7
1899——66.9
1900——55.2%

注意	这个材料在桑巴特的著作中更完全。《19世纪的德国国民经济》(1909年**第2版**),第**526**页,附录8

注意 ‖ 在1891—1900年的10年间,仅靠发行德国工业证券'赚到'的钱就有10亿以上。"[3]

第138页:"**整理**…… 股票进行统一清理,它的票面价值日益下降。这种股份资本下降的典型例子就是贴现公司所建立的多特蒙特联合公司。我在拙著《大工业企业的政治经济研究》第1卷(莱比锡,1904)中,详细地考察了这家银行的不幸产儿的金融史。在30年中,由于多次降低股票价值,结果这个公司的账簿上消失了7 300多万马克。现在,这个公司原先的

注意 ‖
好例子 !!! ‖

① 见本版全集第27卷第370页。——编者注
② 《德国经济学家》杂志。——编者注
③ 见本版全集第27卷第370页。——编者注

股东们手里的股票价值,只有票面价值的 5%了”!!(138)[①] !!!

往来账是对工业施加影响的一种手段。

“至于银行对它的往来关系的影响大到什么程度,**德累斯顿银行**于 1901 年 11 月 19 日给西北德—中德水泥辛迪加管理处写的一封信可以说明,这封信是我从«Kuxenzeitung»[②]上抄下来的,信中写道:‘兹阅贵处本月 18 日在«Reichsanzeiger»[③]上登载的通知,我们不得不考虑到贵辛迪加定于本月 30 日召开的全体大会,可能通过一些改革贵企业而为敝行所不能接受的决议。因此我们深感遗憾,不得不停发贵辛迪加所享有的贷款。我们请贵辛迪加停止向敝行提出贷款的要求,并敬请贵辛迪加于本月底以前归还应付给敝行的款额。但如此次大会不通过敝行不能接受的决议,并向敝行提出将来也不通过这种决议的相应保证,敝行仍愿就给予贵辛迪加以新的贷款问题举行谈判。’”[④](146—147) 好例子! !! !!!

“……在我们的大银行里,有相当多的职员每天无非是计算往来账目的利息。久而久之,他们在这方面的技术已经达到了高度熟练的程度…… 他们是资本制服个人、把个人变成机器的例证……”(148) !!! !! 好例子

① 见本版全集第 27 卷第 371 页。——编者注

② 《矿业股票报》。——编者注

③ 《帝国新闻报》。——编者注

④ 见本版全集第 27 卷第 359 页。——编者注

注意 ‖ “‘**任何银行都是交易所**’——这是一句现代的名言。银行愈大,银行业的集中愈有进展,这句名言所包含的真理也愈多。”(169)[1]

哈哈!!(参看卡·考茨基) ‖ “**贝列拉兄弟**〈动产信用公司的创办人〉想通过女儿银行……在金融方面把各国人民联结起来,并用这种办法来促进世界和平……”(180)

“银行资本的”“业务范围”

70 年代——德国的**铁路**(在 70 年代末收归国有)

80 年代——莱茵—威斯特伐利亚的**重**工业

90 年代——**电力**工业(和机器制造业)。

对职员的态度 ‖ “1906 年,柏林 4 家 D 字银行[2](德意志银行、贴现公司、德累斯顿银行、达姆施塔特银行)签订了一项协定,根据这项协定的规定,它们互相保证不录用正在这四家银行中的任何一家供职而没有被解雇的职员!”(203)由于职员们的反对,不得不对这项协定作了“重大的〈??〉修改。”(??)((在哪些方面? 怎样修改的????))

完

注意: **哈·威瑟斯**:《英国的货币和信贷》,1911。

菲力波维奇

桑巴特

《**社会经济概论**》(毕歇尔、舒尔采-格弗尼茨等人)。

---

① 见本版全集第 27 卷第 354 页。——编者注

② 这四家银行的原文名称都是以字母 D 开头的。——编者注

利夫曼:《卡特尔与托拉斯》

教授罗·利夫曼博士:《卡特尔与托拉斯以及国民经济组织今后的发展》,第2版,斯图加特,1910。法学和国家学丛书。

一本对材料作了很好概述的通俗读物。观点却是愚蠢的、自满的、扬扬得意的资产者辩护士的观点。

取材还不错,当然是从辩护士的观点来取舍的。

注意:**第161页**:

"德国曾经实行过很多非〈???〉垄断性的合并……　火药工业就是一个典型的例子(它与早先的许多例子完全不同)。还在70年代时,19个火药工厂就合并成了一个股份公司。后来在1890年,它又同自己的一个劲敌合并为一个股份公司:科隆—罗特威尔联合火药工厂。这个大股份公司随后不仅同其他一些火药工厂组成了卡特尔,并且还同上面提到的那个代那买特炸药工厂托拉斯组成了卡特尔。这样就组成了一个德国所有炸药厂的最新式的紧密同盟,后来这些炸药厂与法美两国用同样的方法组织起来的代那买特炸药工厂一起,可以说是共同瓜分了整个世界。"(第161页)①

瓜分世界

① 见本版全集第27卷第387页。——编者注

德国的工业卡特尔在1905年有**385个**(实际上还要多些:**第25页**)①。

注意 |||| **里塞尔**(**第137页**)在引证这个统计时,又作了一个补充:“‘直接’参加这些卡特尔的企业**约有12 000个**”。**里塞尔**:《德国大银行及其集中》,第3版,耶拿,1910。

国际卡特尔(有德国参加的)**接近100个**(**第**30**页**:在1897年共有将近40个)②。

钾碱工业。

第一个卡特尔	1879:	4个企业
价格上涨	1898:	10个企业
“制钾的狂热”:	1901——	**21**个企业
	1909——	**52**个

(“有些破产了”)。

美国**钢铁托拉斯**(在1908年有165 211个工人)在1907年有210 180个工人(16 100万美元的工资)、17 000万美元的纯利、110 000万美元的资本(第124页)。

德国最大的采矿工业企业盖尔森基兴矿业公司在1908年有1 705个职员+44 343个工人(7 050万马克的工资)。

(第135页。)**施瓦布**在1902年(1902.6.17)建立了一个**造船公司**,资本7 090万美元,其中2 000万美元是施瓦布的。后来这个公司**破产了**,公众遭到了掠夺!

(173及其他各页。)“交织”、“参与”(散见各处)、“不存在孤立

① 见本版全集第27卷第338页。——编者注

② 同上。——编者注

状态”(第155页)——这就是利夫曼为了回避(和模糊)马克思的“社会化”[9]概念所使用的一些“**字眼**”。

((利夫曼著作摘完))

《社会经济概论》摘录

《社会经济概论》,作者为S.阿尔特曼……卡·毕歇尔和其他许多人。

第5篇,第2部分:**《银行》**(舒尔采-格弗尼茨和雅费),蒂宾根,1915。

I. 舒尔采-**格弗尼茨**:《德国信用银行》(1—190)。

II. 埃德加尔·**雅费**:《英国、美国和法国的银行业》(191—231)。

(像一本教科书,在各节中,废话和“分类法”居多。)

> 也有**可取之处**。“**帝国主义**”精神**贯穿于全书**。

第53页:在1914年,柏林8大银行握有的

股份资本 ——	124 500 万马克
其中德意志银行	25 000
贴现公司	30 000
德累斯顿银行	20 000
准备金……	43 200
	167 700
他人资金……	532 800
(“全部资本”)……	700 500

第 140 页:营业范围:“货币贸易和信用贸易”。

	1882	1907
机构……	5 879	13 971
从业人员……	21 633	66 275
(其中妇女)……	244	3 089

在 1907 年有 3 个企业各有 **1 000** 以上职员
德意志银行在 1912 年有 **6 137** 个职员
德累斯顿银行在 1912 年有 **4 638** 个职员

参看第 11 页:在 1907 年,德国有 14 000 个“银行机构”,其中有 4 000 个是辅助机构……

第 145 页:“……大银行成了**在经济上**统一德意志帝国的最重要的手段……”

“十来个人”

“如果领导德国银行的责任归根到底是落在十来个人身上,那么现在他们的活动对于人民福利说来,就比大多数国务大臣的活动还要重要。”(145—146)[①]

哈哈!!

“但是果真如此,那我国民族生存的利益就要求产生新的精神类型的银行掌权者,在他对利润的抽象〈哈哈!〉追求中浸透了对国家政治的因而也是对**国民**经济的种种考虑……

如果把我们所看到的那些趋势的发展情况彻底想一番,那么结果就会是:一国的货币资本汇集在银行手里;银行又互相联合为卡特尔;一国寻找投资场所的资本都化为有价证券。到那时就会实

① 见本版全集第 27 卷第 438 页。——编者注

现**圣西门**的天才预言:‘现在生产的无政府状态是同经济关系的发展缺乏统一的调节这个事实相适应的,这种状态应当被有组织的生产所代替。指挥生产的将不是那些彼此隔离、互不依赖、不知道人们经济要求的企业家;这种事情将由某种社会机构来办理。有可能从更高的角度去观察广阔的社会经济领域的中央管理委员会,将把这种社会经济调节得有利于全社会,把生产资料交给适当的人运用,尤其是将设法使生产和消费经常处于协调的状态。现在有一种机构已经把某种组织经济工作的活动包括在自己的任务以内了,这种机构就是**银行**。’我们现在还远远没有实现圣西门的这些预言,但是我们已经走在实现这一预言的道路上:这是和马克思本人所设想的马克思主义不同的马克思主义,不过只是形式上不同!”(146)[①]

圣西门

也是马克思主义!!!

“当然,像英国那样靠政治实力进行投资,例如对苏伊士运河的投资(英国在 1876 年用 **400** 万英镑购买的股票,现在竟值 **3 000** 万英镑),德国现在还办不到……”(159—160)

好例子!
(真叫人羡慕)
400 和
3 000

第 164 页上引证了**伊·伊·列文**:《德国在俄国的资本》,圣彼得堡,1914。

---

① 见本版全集第 27 卷第 438—439 页。——编者注

"银行的国民经济职能就是**管理人民财产**,这
注意 一点已经讨论得很多了。〈引自兰斯堡在1908年
«Die Bank»[①]杂志上发表的一篇文章〉在目前,信
用经济愈发展,流到银行选定的企业家那里去的
资本,在资本总额中所占的比重就愈大。现在银
行不仅为每年的储蓄开辟渠道,而且也为以前积
累下来的(处于不断更新过程中的)资本总额开辟
渠道。首先回想一下'他人资金'大量增长的情
形。在1891年底,德国股份银行中的这种资金为
注意 128 000万马克;到1906年底已达630 500万马
100亿 克;现在估计约有**100**亿马克。

50亿 1913年底,单是柏林9家大银行就有51亿
马克[②]。但与此同时,银行成了证券业中更大的
资本运动的流通渠道。因而银行尽管有极好的愿
望也可能**犯错误**;它们可能把几十亿资金投错了
方向,以致在某种情况下损失净尽。现在几家大
注意 银行可以在某种程度上左右我国的经济发展。这
样,它们对股东们所负的私人经济的责任就变成
为对国家整体所负的国民经济的责任。实际上它
们把资本纳入了商业和工业的轨道,而且首先是
纳入大的重工业企业,其次是纳入地产(从前是贵
注意 族的庄园,现在是大城市中的出租的房产)。因
此,德国的炼铁工业和大城市获得了急剧的发展,

① 《银行》杂志。——编者注
② 见本版全集第27卷第347页。——编者注

前者仅次于美国,后者甚至在赶上美国这个样板……”(第 12 页)

第 27 页:“1908 年底的他人资金(债权人的资金和存款):信用银行有 **825 000** 万马克,储金局有 **150** 亿马克,互贷协会有 **30** 亿马克。∑=2 625 000 万马克。” ‖ 注意

“‘私人银行’的数目在增加(1892 年有 2 180 家;1902 年有 2 564 家;1912 年计有 3 500 家),作用在降低。”(第 16 页) ‖ 注意

舒尔采-格弗尼茨的全书处处(passim)都是兴高采烈的德国帝国主义的调子,扬扬得意的蠢猪的调子!!!!

第 35 页:1870—— 31 家银行有 37 600 万马克资本

1872——139 〃 〃 〃 〃 111 200 〃 〃 〃 〃 〃

‖(1873)—— 73 由于危机而损失了 43 200 万

‖ 危机的说明!! ‖

国家银行的转账和结算周转额(单位 **10** 亿马克)

	1891	1901	1913
‖	98.7	196.6	452.8

其中现金支付周转额

‖ 24.3(=24.7%)29.7(=15.1%)43.4(=9.6%)

‖ 注意

“……1909 年,法兰西银行贴现的票额 100 法郎以下的票据共 750 万张,而德国国家银行贴现的票额 100 马克以下的票据却只有 70 万张。”(第 54 页) ‖

银行业的“民主化”[10]!! 把英国和德国比较一下,英国有一英镑一张的股票,在德国最低是 1 000 马克(第 111 页)①。贴现票据的平均票面额:德国是 **2 066** 马克(国家银行);法国是 **683** 法郎(法兰西银行)。

注意 || “冯·西门子先生于 1900 年 6 月 7 日在帝国国会中声称,一英镑的股票是不列颠帝国主义的基础。”(第 110 页)①

|| “英国这个工业国比德国更少依靠信贷,更多依靠自己的资本。”(55)

“英国作为国际支付中介人每年在承兑方面所获得的佣金目前似乎仍达 **8 000** 万马克。据说,欧洲的海外贸易,每年通过英国支付的款额有 **60 亿**马克。”(83)

第 100 页:§标题:《是银行统治交易所吗?》——这有些夸大,但是“它的〈银行的〉影响是广泛的……”

“十分有组织” |||| “从前,在 70 年代,像年轻人那样放荡的交易所利用股票有利可图的机会,开辟了德国的工业化时代,而现在银行和工业已经能‘独立应付’了。我国大银行对交易所的统治(同证券授受展期交易有关,但不仅仅与此有关)正表明德国是一个十分有组织的工业国。如果说这样就缩小了自动起作用的经济规律的作用范围,而大大扩大了

① 见本版全集第 27 卷第 364 页。——编者注

通过银行进行有意识的调节的范围,那么少数领导人在**国民**经济方面所负的责任也就因此而大大加重了。"(101)[①]

(引证)**阿·勒文施坦**:《符腾堡信用银行制度史及其同大工业的关系史》……«*Archiv für Sozialwissenschaft*»[②]。增刊**第 5 期**,蒂宾根,**1912**。 ‖ 注意

证券发行(第 104 页):

国内有价证券	1909	1910	1911	我的计算 Σ÷3=
德国及其殖民地	3.2	2.5	2.2	7.9÷3=2.6
英国〃〃〃〃〃	1.9	3.1	1.8	6.8÷3=2.3
法国……………	1.4	0.7	0.6	2.7÷3=0.9

外国有价证券	1909	1910	1911	我的计算 Σ÷3=	我的计算 ΣΣ
德国及其殖民地	0.3	0.5	0.5	1.3÷3=0.4	3.0(单位+亿马克)
英国〃〃〃〃〃	1.8	2.3	2.0	6.1÷3=2.0	4.3(单位+亿马克)
法国〃〃〃〃〃	2.0	3.8	3.1	8.9÷3=2.9	3.8(单位+亿马克)

---

① 见本版全集第 27 卷第 354 页。——编者注

② 《社会科学文库》。——编者注

德国的证券发行(根据兑换价值)

单位十亿马克

	公共贷款(国家债券和市政债券)	农业贷款(抵押贷款)	工商业贷款	国内有价证券总额	外国有价证券总额
[1886—1890]	1.8	1.2	1.3	4.3	2.3
[1891—1895]	1.8	2.2	0.8	4.8	1.5
[1896—1900]	1.7	1.9	4.3	8.2	2.4
[1901—1905]	3.3	2.3	2.6	8.3	2.1
[1906—1910]	6.0	2.6	4.8	12.6	1.5

作者总结起来说:

"证券发行的统计最清楚地表明了德国国民经济的国家社会主义色彩和工业主义色彩。"(104)

德国"普鲁士铁路系统"是"世界上最大的经济企业……"(104)

1911 年普鲁士股份公司的情况:

(单位百万马克)

	公司数目	投入的资本 票面价值	兑换价值	%(行情)	年利 单位百万马克	占票面价值的%	占兑换价值的%	157 − 88
177.9%	890	8 821	15 696	177.9	952	10.8%	6.1%	69 亿

"……主张发行小额股票的人首先认为,这种股票可以使工人参加工业,从社会政治观点看来,这是把工人的利益同企业主的利益结合起来的最好办法,也是使工人以现代形式分享利润的最好办法。"(第 110—111 页)——(关于一英镑

注意

的股票）

在论“有价证券的投机”的一节（第111页及以下各页）中，坏蛋舒尔采-格弗尼茨不是去**揭露**银行的投机活动（（参看«Die Bank»[①]杂志，埃施韦格等人）），而是用一些空话来支吾搪塞：“如果我国的银行都成了投机公司……那就是……德国国民经济的破产……”（112）（（“如果”））……挽回我国“实业界”的“体面”，而且我国的银行职员被禁止在**别家**银行进行投机活动（在大城市里，这当然是容易对付的！！）……而**银行经理呢**？要知道他们都是一些“知道底细的人”（“Wissenden”）！！这里靠法律也无济于事，必须“加强商人的荣誉感，使他们更加意识到自己的身份……”（113）

空话和谎言！！

！！

“1909年年底，柏林9家大银行及其附属银行，支配着113亿马克，即约占德国银行资本总额的**83**%。德意志银行及其附属银行支配着约**30亿**马克，与普鲁士国有铁路管理局同为旧大陆上资本聚集最多、而且分权程度很高的企业……”（137）[②]

9家银行占总数的83%！！

银行之间的协定：达姆施塔特银行想同柏林市就“有利地使用”泰姆佩尔霍夫区问题缔结一项协定，利润为10%。后来德意志银行缔结这项协

① 《银行》杂志。——编者注

② 见本版全集第27卷第347页。——编者注

倾向于建立银行卡特尔

定时，达姆施塔特银行已经参加它的集团了！！（第139页）“……这样的银行团自然倾向于达成价格协定……”

（1913）

“1913年夏季缔结的‘一般协定’所涉及的范围极其广泛，因此实行之后，在银行业务方面就很难再谈什么自由竞争了……”（139）

25个人监督……

“譬如贴现公司有一个25人组成的常设的总部，负责监督业务的账目和手续。”（143）

银行和军队！！

“普鲁士-德国的兵役制训练人们有纪律地集体劳动，从而为大企业，特别是银行业，做了重要的准备工作。即使从政治上考虑这种制度已经没有必要，那么，为了提高经营强度，把它当做资本主义大企业的预备学校，还是应当实行的……”（144—145）

注意 注意 注意

“在30年前，不属于‘工人’体力劳动范围以内的经济工作，9/10都是由自由竞争的企业家来做的。现在，这种经济上的脑力工作9/10都是由**职员们**来担任了。在这一发展中处于领先地位的是银行业（151）[①]。在大银行企业中，职员就是一切，甚至经理也不过是本机关的‘仆役’……”

……«Frankfurter Zeitung»[②]（1914.5.2）就贴

① 见本版全集第27卷第355页。——编者注

② 《法兰克福报》。——编者注

现公司和沙夫豪森联合银行合并一事发表了如下的评语：

"随着银行的日益集中，只能向愈来愈少的机构请求大宗贷款了，这就使大工业更加依赖于少数几个银行集团。在工业同金融界联系密切的情况下，需要银行资本的那些工业公司活动的自由受到了限制。因此，大工业带着错综复杂的感情看待银行的日益托拉斯化〈联合成或转变为托拉斯〉；的确，我们已经多次看到各大银行康采恩之间开始达成某种限制竞争的协议。"（第155页）[①] ‖ 注意

154—5：问题：谁更加依赖谁？是银行更加依靠工业呢，还是相反……

维武罗夫斯基：《德国银行的集中对危机的影响》（"弗赖堡学位论文"），柏林，1911。

弗尔克尔：《德国大工业的联合形式和分占利润的形式》，莱比锡，1909（（«*Schmoller's Jahrbuch*»[②]，第33卷，第4编））。 ‖ 注意

第10章：《国外投资》。

"要使我国的银行能够把流到它手中的资本转入国外投资的轨道，从主顾方面来说，必须有 ‖ 注意
相应的私人经营的前提。主要的刺激因素就是

① 见本版全集第27卷第356页。——编者注

② 《施穆勒年鉴》。——编者注

注意 ‖ 要使这样的投资比国内投资的利润率更高；在国
注意 ‖ 内，资本财富日益增加，利率不断下降……

……在这种情况下，银行首先力求从那些资
注意 ‖ 本少而原料多的国家获得证券发行利润，因为这种利润通常总比国内高……”（158）

注意【参看前面第 **44** 页，摘自第 159—160 页的一段引文[①]】注意

“根据国外投资的数字估计，英国的投资额
700 有 **700** 亿，法国有 350 亿（1910），而德国在 1913
350
200 年才有 **200** 亿马克。”（160）

舒尔采-格弗尼茨在引用一些事实来证明“输出的附带条件”，证明工业从国外投资中所得到的好处，还说法国也在利用这一点：

“因此法国这个食利国现在正在经历着第二次的工业繁荣”。它于 **1910** 年发行土耳其债券时
很能说明 ‖ 提出了这样的条件：土耳其对**任何一**国的订货都
问题!!! ‖ 不能**超过**法国……（第 163 页）。

“现在德国是一个典型的‘在国外经营的企业主’，而法国正在形成一个食利国，英国也有这种苗头。……如果说现在的世界具有盎格鲁撒克逊的面貌，那我国银行所做的却是靠铁路、矿山、种
注意 ‖ 植园、运河及灌溉工程等等，使这种面貌具有德意志精神的特征……”（164）

① 见本卷第 39 页。——编者注

（注意：第 1 页，注释："写于战**前**"。）

在第 10 章中。

C.《对国外投资的政治估价》。 ‖ 注意

"资本输出是实现对外政策的目的的一种手段，而对外政策又决定着资本输出能否获得成功。

(a)**法、英、德三国都是债权国**。英国和法国这两个世界上最大的债权强国是**政治**银行家。那里，国家和银行界二位一体。譬如，法国政府和里昂信贷银行就是这样。爱德华七世和厄·卡斯尔[11]爵士的友谊也是这样。法国想在政治赌博中赢得头彩，把几十亿的金钱压在俄国这**一张**牌上。俄国拿到了法国的钱，竟以政治债主的身份出现于远东（中国、波斯）。作为债主的法国，紧紧地抓住西班牙和意大利，使它们在阿尔赫西拉斯像债户那样为法国效劳。法国曾经打算贷款给科苏特内阁而拒绝贷款给屈恩伯爵，要贷款，就要'以退出三国同盟作为条件'。英国这个政治债权国把不列颠世界帝国重新联合了起来，所以它不怕自己的统一公债的行情受到压力。宗主国对发行殖民地国家债券给予充分保障，使得像纳塔尔这样半开发的新地区竟能享受到比早就获得巩固的堂堂普鲁士更为优惠的贷款，虽然普鲁士有大量铁路、国有土地等财富。这种信贷联系是'各种利益的结合'，而这种结合的力量也许比张伯伦的优惠关税在任何时候所能具有的力量更为强大。

不列颠债权国越出帝国内部联系的范围,使日本成为自己的政治藩属,使阿根廷处于殖民地的附属地位,使葡萄牙受到公开的债务奴役。葡属非洲那些佩金绦带的总督不过是不列颠的傀儡而已……”(165)

注意 ‖ “……总额〈德国在俄国的资本总额〉估计有**30**亿。如果注意到使我国银行获得高额利润的正是俄国的有价证券,那就会了解,为什么我国的银行要偏爱这个世界历史上最大的债务国。”(166)

妙论!!! ‖ “毫无疑问,世界上至今还没有被作为殖民地加以瓜分的那些半文明的国家,在争取政治独立和经济独立时,无论从哪一个欧洲强国都不可能得到像德国这样无私的援助。中国、波斯、土耳其都知道德国没有任何领土野心。”(167) ‖ 妙论!!

{帝国主义 和 民主制} 妙论!(也要注意) ‖ “……国内敌视自由思想的环境,也有碍世界政治思想深入人心。我们离实现‘imperium *et* libertas’[①]这一口号还远得很,而盎格鲁撒克逊人(从克伦威尔到罗得斯)所取得的那些丰功伟绩,都应归功于这一口号!”(168)

收买**广大**小资产阶级阶层和无产阶级上层分子的方法更加巧妙,更加狡猾了

① “帝国和自由”。——编者注

"德国在国外的银行到处遇到早已在那里建立起来的英国'国外银行'的竞争,这些银行即使在今天,无论就业务范围或股份资本数量来说,也都远远超过德国银行……"(173)

"……我们希望更清醒地来承认这样一个事实:我们登上舞台已经晚了。德国国外银行的活动很像一个渴望有所作为的青年的极有前途的活动,但是世界上大部分地方已被那些幸运的人所占有,这位青年人已经无法插足了。在不列颠这个世界帝国(法国和俄国就根本不用说了)内,简直找不到**一个**德国的银行机构,然而却硬说,不列颠人控制全世界是为了**一切人**的利益。德国国外银行体系的前途在很大程度上取决于下述**政治任务**解决得如何:即开放世界上尚未被人占领的地区,复兴穆斯林世界,在非洲建立德意志殖民帝国……"(174)

妙论!!!

注意

该书第 2 部分是**雅费**的著作,对英美和法国的银行业作了枯燥无味的概述。毫无价值。

《社会经济概论》第 6 篇:《工业、采矿业、建筑业》,蒂宾根,1914。

很多参考书目(参看**第 37 页**[①])。

关于大工业的一些统计数字,见有格的笔记[②]。

① 见本卷第 29—31 页。——编者注

② 指笔记"μ"。见本卷第 516—517 页。——编者注

摘自**该书**第 **34** 页和第 **143** 页,1882 年和 1907 年的工业

摘自**莫·鲁·魏尔曼**的文章:《现代工业技术》

注意 引证**库·拉特瑙**的著作:《资本和产品的增加对德国机器制造业生产费用的影响》,1906。

例子如下:

	(水泵)水泵的型号		
产值约增加	**A**	**B**	**C**
50%	197	880	1 593 马克
	162	738	1 345

打字机(第 157 页)

生产 100 架	价格=200 马克
〃 〃 500 〃	〃 〃 160
〃 〃 1 000 〃	〃 〃 140
〃 〃 2 000 〃	〃 〃 125

德国工业股票的发行情况{根据«Frankfurter Zeitung»[①]和《政治学词典》}((“发行业”))

高涨与危机对比

1903——19 530 万 开始高涨
1904——26 760 〃 〃 〃 〃 〃
1905——49 250 〃 高涨
1906——62 430 〃 高涨顶点
1907——24 020 〃 危机
1908——32 670 〃 (开始恢复)

① 《法兰克福报》。——编者注

根据**贝尔**的统计材料，美国鞋的消费量如下（第175页）：

1880——平均每个居民2.5双
1905——〃 〃 〃 〃 〃 〃3.12〃

注意

摘自**泰·福格尔施泰因**的文章：《资本主义工业的金融组织和垄断组织的形成》。

"从1873年5月9日这一天到现在已经有10年了，用**舍恩兰克**的夸张说法，这一天是卡特尔产生的日子，是经济高涨的丧钟敲响的日子，也是弗·克莱因韦希特发表他那关于卡特尔的著作的日子。"(216)

注意

卡特尔历史片断：

"我们可以从1860年以前的时代里举出资本主义垄断组织的个别例子；从这些例子可以看出现在极常见的那些形式的萌芽；但是这一切无疑还是卡特尔的史前时期。现代垄断组织的真正开始，最早也不过是19世纪60年代的事。垄断组织的第一个大发展时期，是从19世纪70年代国际性的工业萧条开始，一直延续到19世纪90年代初期。"(222)

注意

"如果从欧洲范围来看，60年代和70年代是自由竞争发展的顶点。当时，英国建成了它的那种旧式资本主义组织。在德国，这种组织同手工业和家庭工业展开了坚决的斗争，开始建立自己的存在形式。"(同上)

注意

“大转变是从1873年的崩溃时期，确切些说，是从崩溃后的萧条时期开始的；这次萧条在欧洲经济史上持续了22年，只是在80年代初稍有间断，并在1889年左右出现过异常猛烈然而为时甚短的高涨……”（222）

“……在1889—1890年短促的高涨期间，人们大力组织卡特尔来利用行情。轻率的政策使价格比没有卡特尔时提高得更快更厉害，结果所有这些卡特尔差不多全都不光彩地埋葬在‘崩溃这座坟墓’里了。后来又经过了5年不景气和价格低落的时期，但是这时笼罩在工业界的已经不是从前那种情绪了。人们已经不把萧条看成什么当然的事情，而认为它不过是有利的新行情到来之前的一种间歇。

卡特尔的第二个时期 ‖‖ 于是卡特尔运动进入了第二个时期。卡特尔已经不是暂时的现象，而成了全部经济生活的基础之一。它占领一个又一个的工业部门，而首先是占领原料加工部门。早在19世纪90年代初，在组织焦炭辛迪加（后来的煤业辛迪加就是仿照它建立的）时，卡特尔就创造了后来基本上再没有发展的组织卡特尔的技术。19世纪末的巨大高涨和1900—1903年的危机，至少在采矿和钢铁工业方面，都是第一次完全在卡特尔的标志下发生的。（注意）当时人们还觉得这是一种新现象，而现在社会上则普遍认为，经济生活的重大方面通常不受自由竞争的支配，是一种不言而喻的事情了……”（224）①

① 见本版全集第27卷第336—337页。——编者注

卡特尔的形式：

(a)规定发货条件(销售条件、期限、支付款额等等……)的卡特尔

(b)规定销售地区的卡特尔

(c)规定产量的卡特尔

(d)规定价格的卡特尔

(e)分配利润的卡特尔

辛迪加是统一的销售组织(Verkaufsstelle)

托拉斯是全部企业的**所有权**

统一的和绝对的权力

看一下**康特**

林登贝格

赛乌

施特勒

施蒂利希

瓦尔绍埃尔

维贝尔

笔 记

"β"

("贝塔")

目 录

笔记β,**第 1—106 页**(108)

① 《银行》杂志。——编者注

② 见本版全集第 55 卷第 331 页。——编者注

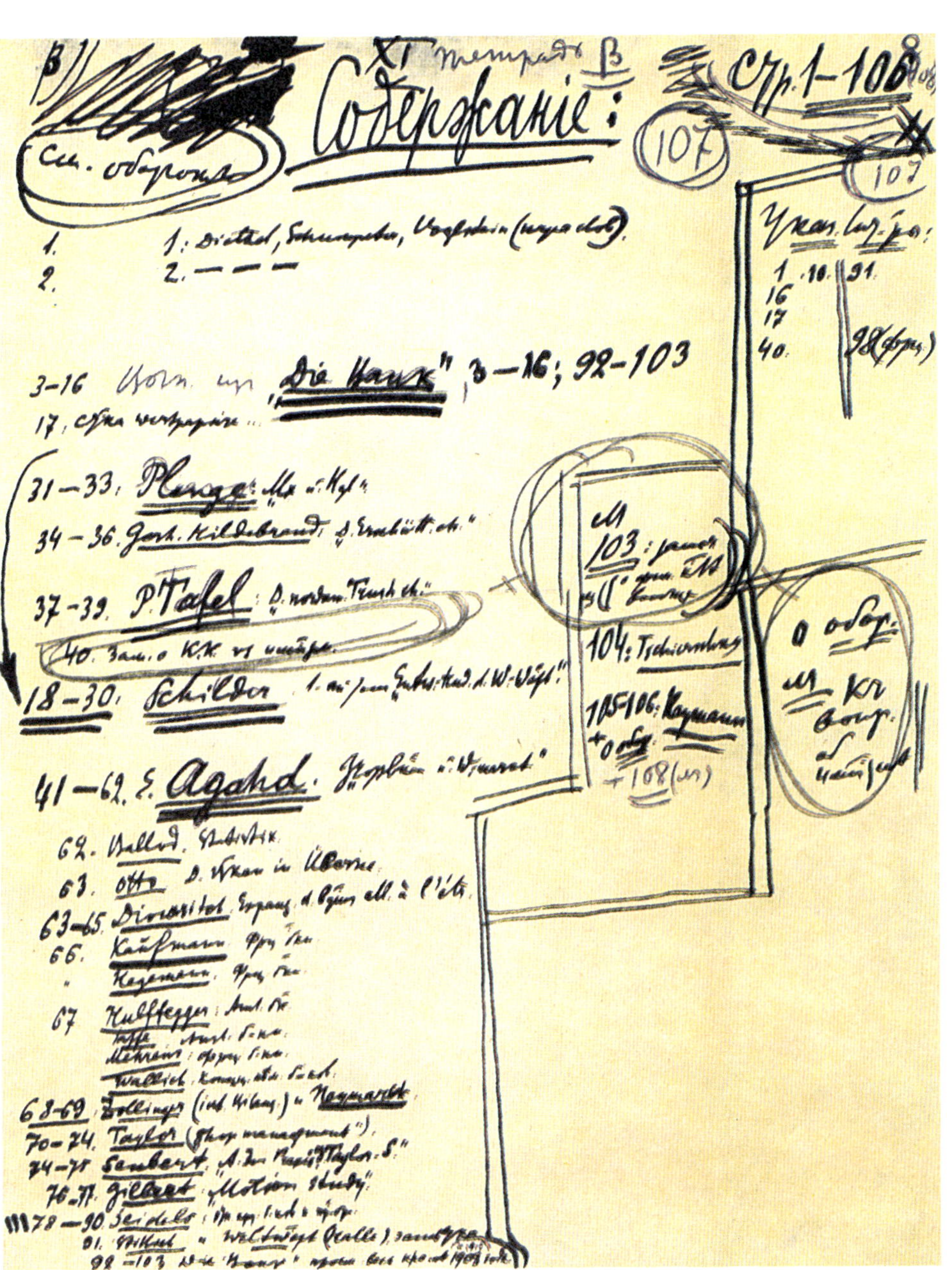

笔记“β”(“贝塔”)的第 107 页

63。**奥托**:德国银行在海外。

63—65。**迪乌里奇**:德国银行在国外的扩张。

66。**考夫曼**:法国的银行。

66。**赫格曼**:法国的银行。

67。**胡尔夫特格尔**:《英格兰银行》。

雅费:英国的银行。

梅伦斯:法国的银行。

瓦利希:德国银行的集中。

68—69。**措林格尔**(国际对照表)和**奈马尔克**。

70—74。**泰罗**(《企业的管理》)。

74—75。**佐伊伯特**:《泰罗制的实行情况》。

76—77。**吉尔布雷思**:《对动作的研究》。

78—90。**耶德尔斯**:《大银行与工业的关系》。

91。**施蒂利希**和《**世界经济**》(哈雷),短评。

92—103。«Die Bank»杂志都看了,**只有 1908** 年和 1915 年的**没有看**。

× 注意第 **103** 页的评述
注意((关于一般的金融资本))

104。**契尔施基**

105—106+0 **反面**+**108**。(注意)**海曼**

× 0 **反面**
注意　关于帝国主义问题

参考书目:1、10、16、17、40、91、98(法文的)。

迪策尔、熊彼特、福格尔施泰因

苏黎世州立图书馆。

亨利希·迪策尔博士:《**世界经济和国民经济**》,德累斯顿,1900。

(=«Jahrbuch der Gehe-Stiftung»[①],第5卷。)

{{没有什么值得注意的。粗看了一下,只有反对自给自足而**主张**世界经济的争论。毫无价值。(“国有化”)}}

约瑟夫·熊彼特博士:《经济发展论》,莱比锡,1912。

((同样**毫无价值**。标题是骗人的。粗看了一下,像是“社会学”那套胡言乱语。也许还要回头来看,可是关于发展问题没有讲出什么名堂。))

泰奥多尔·福格尔施泰因:《英美钢铁工业和纺织工业的组织形式》,莱比锡,1910。

这是**第1**卷,主要是讲历史,没有多大意思,**罗列**事实。

见另一本笔记中摘录的福格尔施泰因的几小段话[②]。

弗兰克:《符腾堡农业的变化》,学位论文,1902。

参考书目

参考书:

? **约翰奈斯·胡贝尔**:《不列颠生产协作社中的工人参加投资和管

① 《盖赫基金会年鉴》。——编者注

② 见本卷第53—54页。——编者注

理》。1912,斯图加特。(《巴塞尔国民经济调查》第4编。)

格茨·布里夫斯:《酒精卡特尔》,卡尔斯鲁厄,1912。(《巴登高等学校国民经济研究》第7编。)

库尔特·戈尔德施米特:《论德国煤炭工业的集中》,卡尔斯鲁厄,1912。

尤利乌斯·沃尔弗:《现在和将来的国民经济》,莱比锡,1912。毫无价值。

伊·列文:《俄国商业股份银行的现状(1900—1910)》,布莱斯高的弗赖堡,1912。(学位论文。)

K. 多费:《经济地理》,莱比锡,1911。(《自然和精神世界》。)

〃 〃 〃 《德国殖民地经济地理》,1902。

库尔特·施瓦伯:《在德属金钢石之国》,柏林,1910。(南非和德国在殖民地的经济。)

鲁·伦茨:《辛迪加和托拉斯影响下的铜市场》,柏林,1910。

莱昂·巴雷蒂:《法国地方银行的集中》,巴黎,1910。(文章载于«*Annales des sciences politiques*»[①]。) ‖ 注意

古斯塔夫·鲁兰德:《文选》,1910(农村业主协会出版。反对德国的财阀!!)。

A. G. 劳尼希:《工农业的平衡》,维也纳,1910。

瓦尔特·**孔特**博士:《我国海外贸易的前途》,柏林,1904。毫无价值。胡扯。

① 《政治学年鉴》。——编者注

《银行》杂志摘要

«Die Bank»[1]，“金融和银行业月刊”（出版者：阿尔弗勒德·**兰斯堡**），1914，下（半年），第1042页。

根据（伦敦）贸易部的统计材料，输入额和输出额（单位百万英镑）如下：

（上）**半 年**

（[2]7 个 月 1/I—1/VIII）	输入 1912	输入 1913	输入 1914	输出 1912	输出 1913	输出 1914
英国	296.1	319.7	375.9	225.3	257.1	255.4
德国	260.6	267.0	269.3	205.4	243.1	249.2
美国*	215.3	212.2	237.7	255.6	271.8	245.7
法国*	192.2	196.4	198.6	149.0	156.4	153.8

银行和邮局 ‖ （同上，第713页。）短评《**银行与帝国邮政**》。银行和——比如说——储金局的界限“日趋消失”。因此银行**怨声不绝**。**爱尔福特的**商会**拥护**银行而**反对**“邮局最近侵入了货币流通”（以“发行邮局信用券”的方式）。编辑部指出，邮局信用券只在德意志帝国内部起作用，而银行信用券则主要是为在国外旅行的人服务，“要知道公众终究不只是为了银行而存在的”（714）。

（这个“不只是”太妙了!!! ‖

在《从十亿公债所想到的》一文（第932页）中指出：“凡是认

① 《银行》杂志。——编者注

② 旁边标有星花的国家的材料是1—7月的统计数字，其余则是1—6月的统计数字。——编者注

购公债的人都有一些游资，但多半不是现金，而是银行中的活期存款或储金局、储金会及其他机构中的存款。这些机构在德国握有的流动资金约 350 亿马克，其中将近一半，所有者随时可以提取，而另一半，要预先通知（一般在一个月以前）才能提取。”（933）

这么说，问题的实质在于把财产从私人的账上**转到**国家的账上（在向存户付款时，情形则相反，如此等等）。

各信用机构握有的货币，把“它们的现金和在国家银行中的存款”都算在内，“不超过 5 亿”（933）。

法国在 1871 年时付出了 50 亿的款额，其中只有 74 230 万是用黄金、白银和银行券支付的，其余的（424 830 万）则是用**票据**支付的。（法国在 1870/71 年间所以恢复得那样快，正是由于它保护了自己的货币，没有发行过多的“缺乏准备金的银行券”。）

第 903 页及以下各页：**阿尔弗勒德·兰斯堡的《伦敦这个世界票据交换所的被排挤》**。

一篇很好的文章，它说明了英国强盛的**原因**。主要原因是：“英国的商业流通和货币流通对其他各国的商业居于绝对的优势”（909）。比德国的贸易额“约”多“50%”（同上）。其次还有同殖民地的贸易！！

“世界贸易的四分之三都属于英国”（910） ‖ 注意

“这就是说，全部国际支付的四分之三都直接间接地通过英国”（910）。

日本，其次是中国、智利、秘鲁、波斯南部和“土耳其的大部分”都还是“主要”“用英镑来计算的”（910）——“在商界普遍都懂英语”（910）。

然后，英国便为全世界的贸易**提供资金**（最低的利率；最稳定的金本位；1英镑=7⅓克的**黄金**，等等等等）。

英国的“巨额”货币资金，它的**60**家殖民地银行（911），等等等等。

银行（巴西银行）经理**克梅雷尔**（德国人）的名言：

‖注意！‖（913）“创办海外银行企业所必需的首要条件就是要有信用，要有伦敦的银行家做承兑人。”

第912页，注释：“关于德国海外银行在南美采用马克票据所遇到的困难，可参看雅费的《英国的银行业》，第2版，98—101；«Frankfurter Zeitung»①，1914.8.29；«Hamburger Nachrichten»②，1914.9.15”（其他引证从略）。

“每一个改用金本位制并且握有（几乎到处都是这样）大量的英国票据来代替黄金的国家，不仅使自己的大部分国际支付周转额都受到伦敦票据交换所的控制，而且还直接以此加强了英国货币在世界上的势力；要知道经常握有大量的英国票据，这实际上意味着这个国家把大量的资金交给伦敦支配，伦敦则可以利用而且也确实在利用这些钱进一步为外国的对外贸易提供资金，从而巩固自己的货币和自己的结算职能。由于英镑具有黄金价值，因此英国除了用自己的巨额资本而外，还经常能利用几十亿马克的外资来为自己的信用系统服务。”（913—914）

要排除英国的作用，就需要“巨额的货币资金和低额利率”（916）。“……不仅要能拿出巨额货币资金，而且要能够保证代替英

① 《法兰克福报》。——编者注
② 《汉堡消息报》。——编者注

国货币的那种货币绝对稳定,就是说,要随时准备用黄金来支付。”

因此,花旗银行(摩根银行)[12]或一些瑞士银行的计划是“空想”,因为“这些银行认为,只要有一点善良的心愿,就足以把国际结算职能的全部或大部从伦敦那里夺走,——这个目的诚然是极其合乎心愿的,但要实现它,除非有另外一个国家能够像英国,至少像战前的英国那样,提供那样多的信贷,在商业、银行和利息方面提供那样多的优惠和那样可靠的货币基础,来为世界贸易服务……”(920)

(1914 年,**11 月**和 **12 月**。)《军费的抵补和抵补的来源》,**阿尔弗勒德·兰斯堡**的文章。

作者引证劳合-乔治的话(1914 年 9 月):“我认为最后的 1 亿英镑将决定战争的结局。最初的 1 亿英镑,我们的敌人可以像我们一样顺利地弄到手,感谢上帝,这最后的 1 亿,他们是弄不到手的。”(第 998 页)

作者接着回答道:劳合-乔治错了。要知道抵补军费的来源有四个:(1)“一级”准备金＝现金(法俄两国比德国多;英国较少。德国在这方面较弱)。(2)“二级”准备金:世界贸易中的短期债款。(英国强得多:“英国是使自己的货币处于流动状态的世界**银行家**,法国则是把自己的资金用于投资的世界**金融家**。”)(1001)(3)国内生产的纯收入＋(4)总收入中用于折旧(或用于积累)的部分。正是在这方面我们并不弱。

同时作者还把希望寄托在秘密进行(通过“秘密途径”)、然而是不会消失的**输出**上。

我国(德国)的汇兑率低证明(1914 年 12 月!!!)我国的输出

不足,这同“我们在国外的耗费”不相称(1103)。

注意 ‖ 参看第1112页:“只有当输出完全能够抵偿输入和国外的军费时,国民经济才算真正建立在军事基础之上了。”

1914,1(5月)。《**一家有三亿资本的银行**》,阿·兰斯堡的文章。

贴现公司吞并了**沙夫豪森联合银行**,使自己的**股份资本**增加到**3亿**马克(第415页)[①]。

“这样,德国一家真正巨大的银行第一次在集中过程中成了牺牲者。”(415)

德意志银行把自己的资本增加到**25 000**万马克。**贴现公司**对付的办法是同沙夫豪森联合银行实行“合并”,从而使资本增加到**3亿**[①]。

“这个拥有3亿马克股份资本的贴现公司,目前不仅在德国是而且在全世界也是最大的银行。”(422)

“争夺霸权的斗争”似乎是解决了,**德意志银行**取得了胜利,现在这一斗争又重新展开了:

注意 ‖ “其他银行也会跟着走上这条道路的……现在在经济上统治着德国的300人,将会逐渐减到50人、25人甚至更少一些。不要以为最新的集中运动将仅限于银行业。各个银行间的紧密联系,自然会使这些银行所保护的工业家的辛迪加也接近起来。辛迪加以及涨落不定的行情正在引起进一步的联合,会有一天,我们一觉

---

① 见本版全集第27卷第351页。——编者注

醒来,将惊奇地发现我们面前尽是托拉斯,到那时我们必须以国家垄断来代替私人垄断。然而,除了听凭事情自由发展、让**股票**稍稍加速这种发展以外,我们实在是没有什么别的可以责备自己的。”(426)[①](全文完。)

注意

《**女儿公司**》,**路德维希·埃施韦格**的文章,第544页及以下各页(1914年5月)。

1912年初,一些**大银行**(向国家银行的压力让步)采用了**新的**资产负债表。但是有**几千个股份公司**仍然在法律许可的范围内,公布简略的(“knappe”)资产负债表,——似乎资产负债表简略一些就可以杜绝投机行为!!! 而事实上:

“其实这样〈“表报简略”〉只会使少数比较熟悉内情的人可以**靠一大批股东**发财致富,由于表报简略,特别是由于采用了巧妙的分类制,采用这种制度,一些重要的数字一般股东就看不出来了。在这种情况下,董事会及其亲密的朋友们就有双重好处:情况顺利时,一切有关行情上涨的消息只有他们知道,情况快要变坏时,他们能及时地卖掉股票,避免预料中的损失。

这里有一个例子:**卡塞尔的弹簧钢股份公司**在几年以前算是德国最赚钱的企业之一。后来因为管理得很糟糕,几年之间,股息从15%跌到0%。原来,董事会没有通知股东就出借了600万马克给自己的一个女儿公司**哈西亚**,而哈西亚是个有限公司,它的名义资本只有几十万马克。这笔几乎比母亲公司的股份资本大

好例子!

① 见本版全集第27卷第351页。——编者注

两倍的借款，根本没有记入母亲公司的资产负债表；在法律上，这样的隐瞒是完全合法的，而且可以隐瞒整整两年，因为这样做并不违反任何一条商业法。以负责人的资格在这种虚假的资产负债表上签字的监事长，当时是，现在也仍旧是卡塞尔商会的会长。这笔借款被发现是个错误，知道底细的人开始把‘弹簧钢’的股票脱手而使股票价格几乎下跌了100%，在这以后很久，股东们才知道有借款给哈西亚公司这回事。这笔账是在资产负债表的编制方法改变后才被发现的。这种在股份公司里极常见的、在资产负债表上玩弄平衡把戏的典型例子，向我们说明为什么股份公司董事会干起冒险勾当来心里要比私人企业家轻松得多。编制资产负债表的最新技术，不但使董事会能够把所干的冒险勾当瞒过普通的股东，而且使主要的当事人在冒险失败的时候，能够用及时出卖股票的办法来推卸责任，而私人企业家却要用自己的性命来为自己所做的一切事情负责。”（545）

!!!

注意

“许多股份公司的资产负债表，就跟中古时代一种有名的隐迹稿本”（羊皮稿本）“一样，要先把上面写的字迹擦掉，才能发现下面的字迹，看出原稿的真实内容……”（545）

\#

\# 涂掉原来的字迹、写上别的内容的羊皮稿本。

"……最简单、因而也是最常用的一种把资产负债表弄得令人捉摸不透的办法,是成立女儿公司或合并女儿公司,把一个统一的企业分成几部分。从各种合法的或非法的目的看来,这种办法的好处是十分明显的,所以现在不采用这种办法的大公司简直是一种例外。"[1](545—546)

就是这样把"自己的业务弄得在某种程度上令人捉摸不透……"(同上)

特别突出的例子就是**电气总公司**(女儿公司的资本有好几十亿)……

(参看1908年。第8期:"拉特瑙制"。«*Die Bank*»[2]谈**电气总公司**的方法)

((……税更多,因为对它们(女儿公司)要课以特别税,但利润也更多,而且还保守着**秘密!!** ……))

作者加上着重号:"女儿公司是一种用来编制客观上虚假的资产负债表而又能不违反商业法条例的理想的手段。"(549)

"……有决定意义的是,采用最新的分类制造成了弄虚作假的可能性……"(同上)

再举一个例子:

上西里西亚炼铁工业股份公司(第550—551页)在资产负债表中标出的"参与"=520万马克。

什么样的"参与"? 作者私下了解到:60%的股票——格莱维茨煤矿

① 见本版全集第27卷第365页。——编者注

② 《银行》杂志。——编者注

（而这个公司却有 2 000 万马克的债务！！）

（（完））

同上，第 340 页（4 月）（柏林大银行 1914 年 2 月 28 日）。

柏林大银行的资产负债表。

资产负债表：**1914 年** 2 月 28 日 8 家银行（德意志银行、贴现公司、德累斯顿银行、达姆施塔特银行、沙夫豪森联合银行、德国国民银行、商业贴现银行＋中德信用银行）。

单位百万马克

股份资本	=1 140.0（单位百万）	准备金	=350.82
票据及其他	=1 956.16	联合性的参与	=278.29
负债项	=3 036.63	长期参与	=286.81
资产负债表Σ	=8 103.71		

储金局（1910）（包括邮政储金局在内）[13]（第 446 页）

	单位百万马克		单位百万马克
德国	16 780	丹麦	603
奥地利	5 333	卢森堡	49
匈牙利	1 876	瑞典	961
意大利	3 378	挪威	570
法国	4 488	西班牙	340
大不列颠	4 518	罗马尼亚	50
俄国	3 019	保加利亚	36
芬兰	190	美国	17 087
瑞士	1 272	澳大利亚	1 213
荷兰	464	新西兰	319
比利时	830	日本	662

第**496**页:对“证券发行的统计”的批评:

这种统计(«Frankfurter Zeitung»[①]和«Der Deutsche Oekonomist»[②]的统计中有很多估计数)大部分很不准确,他提供的是最高估计数,而不是实际情况。发行股票＝可以使债券转换成**另一种**形式。　注意

参看**赫尔曼·克莱纳博士**:《德国证券发行的统计》,柏林,**1914**
和**马·马尔克斯**(**学位论文**):《德国和几个外国证券发行的统计》,阿尔滕堡,**1913**。

1914,1,第316页(兰斯堡的文章)。**交易所与银行**:

……“交易所早已不再是必要的流通中介人了,它过去曾经是,因为过去银行还不能把发行的大部分有价证券推销到自己的顾客中间去。”[③]　注意

(1914年3月)第298—9页(银行业中)“**集中的新纪元**”——由于行情变坏等等。

(贝尔格-马尔克银行,这个拥有8 000万资本的莱茵企业连同它的35个分行不久就要并入德意志银行:298。)

“虽然实行联合并不是任何时候都会使力量强大,但是它却能在外面掩盖很多缺点和弊病”(299)——关于合并的意义问题……

---

① 《法兰克福报》。——编者注
② 《德国经济学家》杂志。——编者注
③ 见本版全集第27卷第354页。——编者注

第 94 页：“**破产统计**”[14]——它对估计行情的意义。

（摘自《德意志帝国统计季度评论》）尤其是“极端严重的经济破产，在这种情况下，由于缺乏清偿的财产，破产程序或者根本不能开始，或者只好停止”（第 94 页）。

注意 ‖

［见第 71 页上的表。——编者注］

在这个期间，大城市由 28 个增加到 48 个（而这些城市的人口增加得更多），但是极端严重破产（由于清偿的财产不足而了结的破产案件）的百分比，从前**低于**平均数，现在则**高于**平均数。

第 1 页（1914.1），在兰斯堡的文章（《危机的起因》）中：（注意：行情）。

即从 **1913** 年起 ‖‖ “德国行情的显著**恶化**已经将近一年了。”

1914 年的危机 ‖‖ “我们所处的时期暴露出危机的许多特征，虽然不是所有的特征……”

“危机最有决定性的起因是……进步……”（11）

对付的手段呢？“比较有效的（同卡特尔比）手段是**托拉斯**，因为它可以有意识地压制一切发明和改进，或者进行收买，譬如德国的一些大玻璃厂对欧文斯的制瓶发明专利权就是这样，它们为了收买自己认为极其危险的发明专利权而联合成为某种有目的的托拉斯。”（15）①

注意 好例子！！ ‖

---

① 见本版全集第 27 卷第 411 页。——编者注

我的补充		在全德意志帝国						在各大城市					
		申请破产的			了结的			申请破产的			了结的		
根据里塞尔		共计	其中被拒绝的	%	共计	由于清偿财产不足	%	共计	其中被拒绝的	%	共计	由于清偿财产不足	%
高涨初期	1895	7 111	680	9.6	6 362	395	6.2	1 823	243	13.3	1 724	104	6.0
	1897	6 997	639	9.1	6 077	381	6.3	1 777	251	14.1	1 466	92	6.3
行情高的时期	1899	7 742		8.8									
危机	1901	10 569		10.9									
	1903	9 627		15.1									
复苏	1905	9 357		17.6									
美国的危机	1907	9 855		17.8									
	1908	11 571		19.0									
	1909	11 005		21.6									
	1910	10 783		22.2									
“繁荣”1)	1911	11 031	2 351	21.3	8 092	682	8.4	3 603	1 238	34.3	2 325	220	9.5
	1912	12 094	2 885	23.9	8 356	784	9.4	4 060	1 563	38.5	2 395	241	10.1

1) «Die Bank»(《银行》杂志。——编者注),1914 年,第 5 页(1914 年 1 月)。

《**运输业托拉斯**》短评,载于«*Die Bank*»[1]杂志,1914,1,第89页。

好例子! 将要(可能在最近)组织一个柏林“运输业托拉斯,即由柏林的架空铁路、城内有轨电车和公共汽车公司这三个运输企业组成一个利益共同体。当公共汽车公司的大部分股票转到其他两个运输公司手里的消息传出时,我们就知道有这种打算了…… 完全可以相信,抱着这种目的的人希望通过统一调整运输业来节省一些费用,最终能使公众从中得到些好处。但是这个问题复杂化了,因为站在这个正在创建的运输业托拉斯背后的是这样一些银行,它们可以任意使自己所垄断的交通运输业服从自己的土地买卖的利益。(!!)只要回想一下下面这件事情,就会相信这种推测是十分自然的:在创办城市电气铁路公司的时候,鼓励创办该公司的那家大银行的利益就已经渗透进来了。就是说,这个运输企业的利益和土地买卖的利益交织在一起了,甚至成了这个运输企业产生的重要前提。(注意)因为这条铁道的东线要经过银行的土地,当该路的建设已经有保证时,银行就把这些土地卖出去,使自己和申豪塞大街车站土地公司的合伙人获得了巨额的利润……[2] (!!)因为谁都知

① 《银行》杂志。——编者注

② 见本版全集第27卷第372页。——编者注

道，开垦新土地，从而提高土地的价值，最好的办法就是开辟新的交通路线”。(再一个例子是：通向泰姆佩尔霍夫区的至少有**11条路线**。不是太多了吗？这是因为那里住着许多的经理和监事！！！第90页)…… “交通的垄断引起了居住的垄断……” 注意

《**煤油喜剧**》。«Die Bank»，1913，№4(第388页)。

一篇非常出色的短评，它揭示了在德国争夺煤油垄断权的斗争的**实质**。

在1907年以前。“在1907年以前，德意志银行的煤油康采恩曾经同美孚油公司发生过尖锐的冲突。”(389)结局是很清楚的：德意志银行失败了。1907年时，它只有这样的抉择：或者是放弃自己的“煤油利益”，损失数百万；或者是屈服。结果德意志银行选择了后者，同美孚油公司订立了一项**合同**(对德意志银行“不很有利的”合同)。按照这项合同，德意志银行保证“不做任何损害美国利益的事情”，但是……如果德国通过煤油垄断法，这项合同即告失效。

注意：德意志银行[15]和美孚油公司[16]的斗争

于是**冯·格温纳先生**(德意志银行的一位经理)通过**自己的**(私人)**秘书**(施陶斯)(«Die Bank»，1912，2，第1034页)发动了一场**主张**煤油垄断的宣传！！这家大银行的整个机构都开动起来了……可是搞乱了。政府担心(它已经准备好了一项法案，并提交国会)不通过美孚油公司**德国**

是否能够获得煤油。

见1913年，第736页及以下各页。

军事法案救了政府(1913.7.3)，把这个问题搁下来了。美孚油公司**获得了胜利**，因为垄断(暂时)没有通过①。

注意　**德意志银行**和**德国**同**美孚油公司**的斗争。

«Die Bank»，1913，№8(8月)。

阿尔弗勒德·**兰斯堡**：**《五年来的德国银行业》**。

集中的增长：

存款(所有股份资本在**100**万马克以上的银行)

1907/8——698 800万马克
1912/3——980 600
+28亿+40%
{ 9家柏林大银行
{ 48家资本在1 000万马克以上的银行
57
+115家资本在100万以上的银行

57家大银行的存款增加了275 000万

5年中的增加额(单位百万马克)

	存款	股份资本	准备金
所有资本在**100**万以上的银行	+2 818	+390	+148
57家资本在**1 000** 〃〃〃〃〃	+2 750	+435	+153

① 见本版全集第27卷第384—385页。——编者注

{小银行的存款绝对地减少了,由于合并等等}

在存款总额中所占的百分比(第728页)

	柏林大银行(9)	其余资本在1 000万马克以上的银行(48)	资本在100万至1 000万马克的银行(115)	资本不到100万马克的银行		注意
1907/8	47	32.5	16.5	4	‖100	
1910/11	49	33.5	14	3½	‖100	
1912/13	49	36	12	3	‖100①	

1913年,№7,第628页及以下各页。

《**国家与外国债券**》(阿尔弗勒德·兰斯堡)。

德国政府不是禁止发行外国债券吗？是什么原因促使银行这样做的呢？是因为它已经"**陷进去了**"(墨西哥、中国、土耳其等国有破产的危险)。

最初是什么东西促使银行贷款给**这些**国家呢？是追逐暴利!

"……在发行外国债券的时候担任中介人,能够获得很高的利润,国内没有任何一种生意能够获得哪怕是同它相近的利润……"(630)② 注意 重要

承包价和认购价的差额达7%—8%;有各种各样的条件,譬如保证金——以半年的利息作"担保",等等等等。

关于帝国主义问题!!

其次是"崇高的政策"(尤其是法国和德国,为了获得盟国等等

① 见本版全集第27卷第346页。——编者注

② 同上书,第370页。——编者注

而提供贷款)

说得好! 法国对俄国的依赖("俄国有价证券行情每下跌百分之一都要使法国损失1亿。俄国只要拿停止付息相威胁,对于俄国的主要债权国来说,就比丧失整整一个军还严重"——第633页)。

说得好! 在实行这种贷款的情况下,"不知道究竟谁支配谁",同上。

墨西哥(第628页)曾经屡次不履行自己的义务(没有彻底破产);但是别人还是贷款给它,因为否则情况将更糟!!

《外国债券引起的竞争》(1913,№10,第1024页及以下各页,编辑部的短评)。

"在国际的资本市场上,近来正在上演一出可以和阿里斯托芬的作品相媲美的喜剧。国外的很多国家,从西班牙到巴尔干,从俄国到阿根廷、巴西和中国,都在公开或秘密地向巨大的金融市场要求贷款,有时还要求得十分急迫。现在金融市场上的情况并不怎么美妙,政治前景也未可乐观。但是没有一个金融市场敢于拒绝贷款,唯恐邻居抢先同意贷款而换得某种报酬。("好处")在缔结这种国际契约时,债权人几乎总要占点便宜:获得贸易条约上的让步,开设煤站,建设港口,得到利益丰厚的租让,接受大炮订货……"(1025)[1](注意)

① 见本版全集第27卷第379页。——编者注

对于垄断组织和金融资本的问题很重要;帝国主义的"好处"

1913 年,8 月,第 811 页,短评**《储金局和银行》**……

"……储金局和银行这两个迥然不同的机构,双方都企图越出自己的业务范围而侵入对方的业务范围,因此早在几年以前这两个机构就展开了尖锐的竞争,现在这种竞争仍在我们的商会中进行。"例如**波鸿**的商会就要求采取措施来对付储金局,如禁止储金局经营票据贴现,办理活期存款等业务(只允许它管理"保险柜",支付支票,办理转账手续等)[①]。

同一个题目:《储金局的银行业务》(第 1022 页及以下各页)。

储金局日益变成为富人设立的机构:1909 年,在普鲁士的 103 亿马克存款中有 478 000 万=46⅓%是每户在 3 000 马克以上的存款(其中 15%是每户在 1 万马克以上的存款)。富翁们的存折通常都不止一个。储金局进行由竞争引起的(要付 4%和 4.25%的利息!!)冒险业务(票据业务、抵押业务,等等)。建议加以"禁止……"

!! 他们想"退"向小资本主义(而不是走向社会主义)

《泥潭》一文(路·埃施韦格)(1913 年,第 952 页及以下各页)谈到了土地投机者的骗人勾当(按高价出卖土地,建筑商的破产,领不到工资的工人的破产,等等等等)。匪帮头子哈伯兰德力图垄

① 见本版全集第 27 卷第 353 页。——编者注

断"建筑咨询处",即垄断整个建筑业。值得注意的是最后几句话:

"遗憾的是现代文化发展的必然进程,看来是使生产力日益被个别强有力的人所控制,所垄断。德国宪法所保证的经济自由,在经济生活的许多方面,已经成了失去内容的空话。在这种情况下,那些没有被收买的、认识到自己责任的官员就成了保护公共福利不受自私者侵犯的中流砥柱。如果这个中流砥柱也被冲垮的话,那即使有最广泛的政治自由,也不能使我们免于变成非自由民的民族[①],那即使是君主制度也可能起纯粹装饰的作用。"(第962页)

哈哈!

只是"可能"吗???

注意 | 作者写了一本书:《土地问题和抵押问题》,1913(共2卷)。 | 注意

参 考 书 目

?? **欧根·施维德兰德**:《在外部世界影响下的国民经济》(1913)(1克朗)。摘自有关《殖民地和国家联盟》的章节。

《冯·德尔·**海特**殖民地手册》(弗·门施和尤·赫尔曼版),1913

① 见本版全集第27卷第373页。——编者注

(第7年卷)(16马克)。关于殖民地的一切银行和股份公司的(金融)统计材料。

? 列奥波特·**约瑟夫**:《德国银行的发展情形》,伦敦,1913。也许是里塞尔的复述？或者不是?

埃·**许贝纳**:《德国的钢铁工业》,1913(5.60马克)(《高等商业学校丛书》第14卷)。

保尔·**豪斯迈斯特尔**:《德国银行业中的大企业和垄断组织》(1912),(2马克)。

阿尔蒂尔·拉法洛维希:《金融市场》,1911/2,巴黎,第22卷,1912/3。

«Compass»[①],**第46**年卷,1913(奥地利金融年鉴;第2卷中的国际统计),**R.哈内尔**版。

有价证券的统计

《**有价证券及其发行的**国际**统计**》。齐默尔曼博士的«*Bank-Archiv*»[②]。1912.7.1。

根据"国际统计研究所"的刊物(阿尔弗勒德·奈马尔克),"流动有价证券"统计。

按**法郎**计算(单位十亿法郎)。

① 《指南针》。——编者注
② 《银行文汇》。——编者注

1897年1月1日——446.3（单位十亿）。

		1897年1月1日	1901年1月1日	1907年1月1日（第302页）
1897年的**不准确**（第301页）1901年的已订正	大不列颠	182.6——	215———	125—130（**真正**现有的有价证券）
	荷兰——	13.6——	15	
	比利时……	6.1——	8	
	德国………	92.0——	80———	60—75
	奥匈帝国	24.5——	30———	20—22
	意大利……	17.5——	17———	10—12
	罗马尼亚—	1.2——	1.5	
	挪威………	0.7——	1.0	
	丹麦——	2.7——	2.2	
	法国—	80.0——	135———	95—100
	俄国………	25.4——	35———	20—25
	西班牙	——	10	
	瑞士——	—————	8	
	瑞典**及其他国家**	————	5	
		∑=446.3	∑=562.7	
	美利坚合众国	————————————		110—115
	日本	———————————————		——5
	其余的国家	———————————————		30—35

单位十亿：

1897——446.3

1899——460

1901——562.7（342.4）

1907——732（475—514）

1911——815（570—**600**）**17**

括号内的数字＝试图扣去算重的数字（约占前面数字的⅔）（第301页）（“在一些国家买卖的和掌握的实有的有价证券”）。

见本**笔记**第**68**页①。

① 见本卷第140页。——编者注

（第317页）

	各个五年内发行的证券**总额**:		单位十亿法郎
奈马尔克，第19卷，第2编，第206页	1871/5	——	45.0
	1876/80	——	31.1
	1881/85	——	24.1
	1886/90	——	40.4
	1891/5	——	40.4
	1896/900	——	60.0
	1901/5	——	83.7
	1906/1910	——	114.1[②]

见本笔记第**68—69**页[①]

格伦采尔:《贸易差额、支付差额和经营差额》

教授约瑟夫·**格伦采尔**博士:**《贸易差额、支付差额和经营差额》，维也纳,1914**。

注意　**第26—29页:资本**输出等统计材料的简单总结。(大部分材料是大家都知道的。)

外国资本

奥匈帝国:	980 900万克朗(其中德国有465 300万 法国有327 000万)
阿根廷	90亿马克
中　国	373 700万马克(国债:投入铁路的有**5 000**万**英镑**以上,投入 银行的有**3 400**万)
日　本	176 500 〃日元(这是国债;投入企业的有3 300万日元)
加拿大	175 000万美元(其中英国有105 000万;美国有5亿)
墨西哥	100 000 〃 〃 〃美国的+英国的7亿

① 见本卷第140—143页。——编者注

② 见本版全集第27卷第374页。——编者注

施尔德尔:《世界经济发展趋势》第1卷

齐格蒙德·施尔德尔博士:《世界经济发展趋势》,第1卷,柏林,1912。(第1卷:《对世界经济有计划的?! 影响》。)

大标题过于广泛,小标题简直是骗人,因为作者所专门研究的是关税政策,看,这就是有计划的影响!!

作者是商业博物馆的秘书。

第4页——不同意桑巴特的“出口限额”降低论。他说,这种“限额”**在扩大**。

第6页。1910—1911年保护主义似乎削弱了(“这方面的标志”)。

第6页——1911年8、9两月法国“物价昂贵所引起的风潮”。**日期(注意)**:1911年9月17日在维也纳。

27—28。农业**也在发展**(不只是工业),“甚至是”(“sogar”)(第28页,倒数第8行)“在欧洲各工业国”。(这个“甚至是”真是妙!)

(注意:**对于**适应问题的提法——“全世界的农业购买力”够不够,第27页。)

28—29。农业协作社的发展(甚至在**印度**:根据«The Times»[①]

① 《泰晤士报》。——编者注

1911年7月27日的报道,有3 498个,社员231 000人)。

美国的农业发展得特别快。

20世纪,在**罗得西亚**、

30:在加拿大、在苏丹(埃及的)、在美索不达米亚也可望出现这种情况

31——一些国家的政府发展殖民地的农业,“以便获得工业品的买主”。(在印度(不久前)和埃及,英国为了这种目的**有意**“阻碍”工业的发展。)

35—6——害怕农产品不足是没有根据的。注意。热带和亚热带。**菲律宾**。在7 400万英亩土地中,耕种的只有300万—500万英亩。(每平方公里有27个居民。)

38:“甚至可以作出一个在某些人看来也许是怪诞不经的论断,就是说,城市人口和工业人口的增长,在较近的将来与其说会遇到食品缺乏的障碍,远不如说会遇到工业原料缺乏的障碍。” ‖ 注意

木材缺乏,因而价格日益昂贵;**皮革**是这样,纺织工业的原料也是这样。(39)

“工业家同盟企图在整个**世界经济**的范围内造成农业和工业的平衡;1904年几个主要工业国家的棉纺业工厂主同盟成立的国际同盟就是一个例子;后来在1910年,欧洲**麻纺业厂主**同盟也仿照它成立了一个同盟。”(42)[1] ‖‖ 注意 日期! ‖‖ 注意

各国内——**甜菜**生产者同工厂主缔结的协定。

① 见本版全集第27卷第396页。——编者注

"东欧"(一个经济和政治的概念……)

19 世纪 **70—90** 年代的农业危机,价格下跌。原因——美国的竞争? +"**东欧**"和印度的农民处于受限制的地位。(参看恩格斯)

说得好!

(43—4)"只是由于组织了农业合作社,改进了农村中的国民教育事业,解放农民法的条文才变成了活生生的事实。"

47:1907 年(春天)的罗马尼亚农民起义,对于改善农民状况所起的作用,同 1905—1907 年俄国的革命一样。

注意

51:只有**新西兰**"**实际**"运用了(从 19 世纪 90 年代开始)"亨利·乔治的学说,即不列颠土地国有化的学说"(大多数居民都是小土地所有者农户)…… 澳大利亚从 **1910** 年起也走上了"同样的道路"……

卡特尔 1882—1912

63:**卡特尔**"在将近 30 年中"所起的作用(倾销政策和对实行自由贸易的国家的斗争)……

英国保护主义派的论据。注意

【注意:这就使**英国**、**比利时**和**荷兰**产生了保护主义派:67。】

66:**布鲁塞尔的**糖业协定(1902 年 3 月 5 日;1907 年 8 月 28 日恢复)使国家的食糖输出奖金不再和**卡特尔**的同类奖金结合了。

注意

72。极端的保护主义同自由贸易日益接近,**因为**这种政策使国内的销售日益困难(物价昂贵),这样就促进了**对外**贸易(输入(α)廉价的原料等等)(在国外销售(β),因为本国居民日益贫困)。

87——他说,"贸易条约"遭到"破产"的说法是不对的……

这位谈**关税**政策问题的作者,谈了许多无用的、枯燥的细枝末节;从略。

98——贸易条约的例子:农业国需要廉价的机器(而它的对方则需要廉价的粮食):1911年3月6/19日保加利亚的税率——奥德条约(1905年)(化工产品;人造靛蓝,等等)

(99)——相互让步(1908年11月30日德葡贸易条约)等等。

第4章的副标题,《关税战争》:

118——"某些关税战争对国际商品流通的发展起了非常有益的影响的例子"……1893/4年的俄德战争,——1893/5年的法国和瑞士的战争。

1906年瑞士和西班牙的关税战争(从1906年6月到9月1日)(使得税率**降低**)

奥地利和罗马尼亚的(1886—1894)
〃 〃 〃 〃 塞尔维亚的(1906—1910)

以缔结条约而结束
:1909
:1910

127。关税战争愈来愈少了,但是威胁、谈判等等起着关税战争的作用。

145。英国的自由贸易**也是**以它的**军事**威力(海军)和殖民地为后盾的。

诚然,直到19世纪60年代,英国还普遍地对保持和扩大殖民地漠不关心(1864年,英国甚至不要政治上和**经济上的**报酬把**伊奥尼亚群岛白白地**让给希腊)。

146—8:从**19世纪80**年代起，英国加紧夺取殖民地。((参看**霍布森**。))英国对其殖民地的输出约占它的总输出的⅓;这个数字是不小的，**注意:这种**输出“特别有利”

注意（149）
因为:(1) 可以在殖民地投入**资本**
(2) 可以在那里得到“**供应**”(“官方的供应”)(**很**重要!!)
(3) “不列颠的产品在殖民地享有优惠关税”:(在**大多数**殖民地)

151:对投资很重要的还有国家政权(租让、城市机构和国家机构等)和**信任**，在这方面

(在“帝国主义”的因素中)

注意
151 “……不列颠帝国的领导集团和英国报刊不顾爱尔兰、也不顾在印度和埃及的某些措施等等而细心地加以保持的那种神话，是有利于英国人的”(便于投资)，“这就是所谓英国制度随时随地都抱有特殊的**自由主义**和**人道主义**的神话。”(写于1912年。)

154:“殖民地之间的优惠关税”在英国的殖民地里也很盛行。

(((注意:建立整个帝国的关税同盟的一个步骤。**我的补充**。)))

英国对**葡萄牙**、部分地对西班牙(1901—1910)……**挪威**(从1905年起)……**暹罗**(19世纪60年代至1904年;1904年同法国缔结的条约;它们的**共同保护**)**事实上的**保护……

“还有一些别的事例，比前面提到的例子，即亚热带或热带的半文明的国家经过较短的、约几十年的过渡阶段就变成或显然正在变成英国真正的殖民地的例子〈埃及、桑给巴尔……〉更

有意义,可能还更为重要。这里指的是**一个欧洲文明的国家**可以在几十年甚至几百年的长时间内事实上处在不列颠的保护之下,虽然没有失去,至少在形式上没有失去享有充分主权的任何外部标志。

这方面尽人皆知的、最重要的例子就是**葡萄牙**。自从西班牙王位继承战争(1700—1714)以来,大不列颠几乎一直都在调动自己的海军,有时甚至调动自己的陆军去保护葡萄牙在欧洲或海外的属地,以粉碎西班牙、法国和其他国家的进攻和野心。保护国不列颠和受保护国葡萄牙偶尔也发生过的一些冲突,在某种程度上只是属于家庭纠纷的性质……譬如,不列颠于1890年1月11日为反对葡萄牙当时企图建立它自己在非洲西部和东部的殖民地的领土联系而发出的最后通牒就是这样。

面对在南亚和东亚进行得那样激烈的世界政治竞争,葡萄牙无论如何只有依靠大不列颠的支持才能保住它在印度西岸、中国南部(澳门)和帝汶等地的那些面积虽然不大但对葡萄牙这样一个小国仍然很重要的属地。在葡属东非,除了存在着英国对葡萄牙在政治上的保护而外,还存在着一种同英属南非的关税同盟〈1901年12月18日的条约〉……　这种关税同盟至今在经济上对于上述葡萄牙殖民地还是极有利的,诚然,它同时又是英属南非因而也是大不列颠的一个十分宝贵的收获,不仅目前是如此,将来也是如此。

大不列颠对葡萄牙的这种事实上的保护,在其存在的200多年间,对英国的贸易和航海是极其有利的"(1703年同葡萄牙的条约)……

"但是自从大不列颠改行和平的自由贸易以来,它可以通过外交来影响葡萄牙的关税率，这种影响是别的国家即使采取像提供商业优惠条件或用关税战争相威胁这样的措施也未必能够达到的。此外，大不列颠依靠自己的统治国的地位，能够特别广泛地利用输出和投资的一切机会，这样做需要有葡萄牙政府的租让权"(葡属非洲的铁路，等等)……

"大不列颠又是依靠自己对葡萄牙的保护，间接地保持住自己在南非的地位和在刚果国的势力，不仅如此，而且还间接地保持住自己的海上霸权，保持住它的殖民实力和世界政治经济实力的这个坚固支柱。譬如，葡萄牙在战时或平时，把自己的港口和岛屿交给不列颠的海军，作为教练站或航海和电缆的中间站等等……"(159—161)[①]

俾斯麦的名言 ‖ 169——英国在战争中把欧洲各国当做"**优良的步兵**"("按照俾斯麦的说法，是世界政治中的'愚蠢的壮汉'")来利用。

170——英国支持比利时同荷兰分离(把荷兰这个竞争对手"一分为二")，为的是不让在离伦敦不远的地方有一个强国存在。

175—6。在 1908 年 6 月 9 日的**协定**达成前，(**英国**)同俄国争夺波斯的(长期)斗争。

在 1904 年 4 月 8 日的**协定**达成前，(**英国**)同法国争夺暹罗的(长期)斗争。

178 及以下各页。"不列颠的世界政策的**四**个时期"(它们的标志，第 184 页)：

(1)第一个亚洲时期(反对俄国)，大约在 1870—1885。

---

① 见本版全集第 27 卷第 398—399 页。——编者注

{ 1870——反对俄国在黑海的权利。
1885——关于阿富汗边界的协定。

(2)非洲时期(反对法国,部分地反对葡萄牙和德国),大约在1885—1902(1898年的"法索达事件")

{ 1885——关于刚果的协定:"独立"(英国企图侵吞)
1902——布尔战争结束

(3)第二个亚洲时期(反对俄国):大约在1902—1905。

{ 1902年同日本的条约。
1904/5年的日俄战争

(4)"欧洲"时期(反对德国),大约在1903———("反德的")[①]

1903:巴格达铁路引起的摩擦。

194:不列颠帝国(及其殖民地)占"国际贸易额的>¼"(引自第2卷,附录9)

少了:参看兰斯堡:¾[②]

214。布哈林的图表+日本?+葡萄牙(216)——2.18平方公里——1300万居民。

220。边境往往占有特殊的(关税的)地位(即使对现代技术来说,距离也太长了)。

——俄国的东西伯利亚

——美国的菲律宾及其他

226。俄国的6个"特殊经济区":(1)波兰(波兰人说的"向俄

① 见本版全集第27卷第432页。——编者注

② 见本卷第61页。——编者注

国输出");(2)南部;(3)阿尔汉格尔斯克;(4)乌拉尔;(5)莫斯科;(6)波罗的海沿岸地区(+芬兰)。

注意 237 ……1911年,"显露了"在南美北部建立"大哥伦比亚"以对付美国的企图。

237 **及其他各页**。把现代世界各大国联合成为一个经济整体就是"接近"于"**普遍的自由贸易**"。

"早在18世纪,由于北美殖民地脱离大不列颠,比较有远见的殖民地人民就已经清楚地看出,仅仅注意到宗主国工厂主输出的实际利益和虚假利益的这种强制性的殖民政策〈**抑制**殖民地的一切工业〉是执行不了多久的。至少在居民积极而有觉悟、生活条件与欧洲各国人民没有很大差异的温带地区是如此。但是在居民的文化发展水平较低、军事政治力量和能力较薄弱的热带和亚热带,这一旧的殖民政策虽有削弱,但仍旧保留着。诚然,现在这一政策在热带和亚热带总的说来也远不是粗暴地压抑萌芽中的工业活动。但是,各殖民地的地方政府对于发展农业和矿产原料的生产,往往比对某些工业政策问题更加重视。它们这样做多半能够不使这些热带和亚热带地区的经济发展受到重大的损害,这一情况将决定殖民政策能否长久适用,所以这一情况的意义就更大。因为在目前世界政治竞争尖锐化和大洋彼岸出现强国(美国、日本)的形势下,热带和亚热带的居民因看到本国经济发展受到强制性的、**有害的**限制而感受到很大的刺激,他们毕竟有办法给压迫者制造困难,打消后者实行残暴统治的兴趣。"(240—241)

注意

注意

例如,英国把埃及愈来愈变成一个**仅仅**生产棉花的国家(1904 年埃及 230 万公顷耕地中就有 60 万公顷种植棉花),**使**工业发展**遭到困难**(例如,1901 年在埃及建立的两个棉花加工厂要交纳棉花**税**,即政府征收棉花"消费税"!!!)。(244—245) 注意

"当今的殖民政策"。

"当代的"殖民地政策一般是这样的:鼓励原料生产,而发展工业却遭到"冷遇,甚至是仇视"(247)。

"然而,对于地处温带、体力和智力较强的民族,实行这种殖民政策看来是不再可能了;这种政策只能用于热带地区和部分亚热带地区较弱的民族,就是在那里,也只有那些较强的欧洲宗主国,如大不列颠、法国、德国才能够采用。相反,荷兰、西班牙和葡萄牙已经部分地丧失了自己原有的殖民地,它们所以还能部分地保留殖民地,只是因为较强大的殖民强国出于自愿,只是因为它们互相在进行竞争。比利时对它的殖民地的统治尤其如此。 注意 注意

……然而,甚至最强大的殖民主义国家大不列颠,在它最大的和最主要的殖民地**印度**,也不得不在很大程度上避免严格奉行上述贸易和工业的殖民政策的原则,以免在受到人们欢迎的敌对宣传面前处于比现在实际情况更加困难的地位……"(247—248) 注意

247,注释。

"尽管美国同起义的土著人进行了多年顽强的流血斗争,但最后还是让菲律宾成立了拥有广 注意 注意 美国人在

菲律宾 泛权力的**议会制的代表机关**(国会),这一点很好地证明了北美政治家推行殖民政策的本领。然

注意 而北美人在菲律宾建立大地产的**土地政策**却是这种本领稍差的证明。"

殖民剥削的方法:任命统治民族的人员担任**官吏**;——让该民族的富豪们掠夺土地;课以重税("劳动教育")……

"对于亚热带殖民地人民……如对于印度北部的印度人和埃及人(他们中间有教养的阶层已经接受欧美的文明)来说,受外国统治这一事实

!!! 本身就是一种屈辱,是他们难以忍受、极其痛恨的。"(249)

埃及的居民比印度单纯得多(就语言、民族等等而言),"该国(埃及)比欧俄某些地区更加欧化"(252)。

(锡兰、海峡殖民地("Straits Settlements")、阿尔及利亚、突尼斯等地的居民同样也是"半文明的"。)(258)

注意 **荷兰**和英国一样……在自己的殖民地奉行的"既是自由贸易、又是以发展农业和矿产原料生产为主要目标的政策"(259)。

由于英国享有优惠关税,德国同加拿大进行了关税战争(1898年7月31日至1910年3月1日)。最后保留了这种优惠关税并签订了加拿大同德国的关税条约。

"多少可以预料",英国、荷兰、德国的大部分殖民地仍将采取

对**一切**国家开放门户的制度(271)。**特雷舍尔**曾反驳过这一点(《优惠关税》1908年版),而施尔德尔说他**缓和了**自己的结论。

关于国家**供应**的问题(269—270),到处有这样的风气:以"**自己**"国家为重。

"'**门户开放**'**地区**"(旧式的有土耳其(1908年以前)、罗马尼亚、保加利亚、埃及、摩洛哥、波斯;新式的有刚果、阿富汗)"几乎都是独立的地区,至少在形式上是独立的国家,但大部分都只是半文明的国家……"(274)

(**1**)这些国家通常得不到**主权**。它们通常落到大国的手中:这些地区的个别部分正在**挣脱出去**。

(**2**)"'门户开放'国家的个别地区正在挣脱原来统治它们的国家,经过或长或短的过渡时期,在政治和经济方面获得全部主权;巴尔干的中小国家正是如此。总的来讲,这并不是第1条所说的那种常有的现象。"(274)　‖ 注意

(3)完全独立更是**绝无仅有**(日本)。

关于**2**。独立的增长:

19世纪90年代的日本。

1897—19**09**年的保加利亚(拥有全部主权!)。

现在的暹罗。

§6的标题:"列强侵吞'门户开放'的地区:这一历史过程的世界经济效益,已为波斯尼亚、阿尔及利亚……福摩萨①、比属刚果等例子所证实……"　‖ 辩护者!!

① 即我国台湾省。——编者注

{这些优点(正如过去的"门户开放"地区独立的好处:§7——作者认为是在于贸易的增长!! 仅此而已!! 该书**主要**是谈**关税政策**)。}

特别是在1904/5年日俄战争以后,**暹罗**正在向着独立方面发展(第318页及以下各页)。

中国、波斯、阿拉伯、埃及(第329页)民族运动的增长,如此等等。

§9:"'门户开放'地区的消失,——这是无法抑制的、然而对世界经济是有益的过程"(337)……这些地区是"半开化的",大部分是半文明的…… "列强之间引起纠纷的苹果[18]"(337—8)……

第9章:《**国外投资**》。

已经**不是**自由竞争 ‖ (第1篇的小标题:《国外投资是**促进出口的手段**》。) ‖ 注意

通常的条件:部分贷款用于购买债权国的**产品**("非常常见",342)。

举例:巴黎于1909年12月取消了给保加利亚的贷款;于1910年9月取消了给匈牙利的贷款。

注意 | "……正因为有这些贷款条件,**才消除了世界市场上的极端尖锐的竞争**。国际竞争被比较有限的竞争所代替;这种竞争只包括债权国的有关工

说得"很婉转" ‖ 厂企业,甚至用**接近于收买**①的办法也只能包括一些因某些原因被认为是情况特别好的企业……如德国的克虏伯、法国克勒佐的施奈德公司等

① 见本版全集第27卷第379页。——编者注

等……”(346)　“尽管可以设想,不能过分滥用这种**垄断**”……因为可以向其他国家求助,然而在事实上选择是不容易的……(346)　“垄断”

法国在最近20年来**尤其多地**采用这种手段。

348,注释,每年“积累的资本”……

法国＞30亿—40亿法郎

德国　50亿法郎

(1911年2月12日德尔布吕克在帝国国会的讲话。)

奥地利同塞尔维亚的“关税战争”(自1906年7月7日到1911年1月24日,在1908/9年间有过**7个月的休战**)**部分**是由奥地利和法国(两国都是落后国家)在供应塞尔维亚**军用物资**方面的竞争引起的。1912年1月保尔·德沙内尔在议会里说,法国公司在1908—1911年间供给塞尔维亚的军用物资,价值达4 500万法郎。(350)①　注意

另一种方法:在贷款的时候(或者考虑到贷款)从**贸易条约**中为自己争“利”:

例如,英国根据1865年12月16日的贸易**条约**“掠夺”、“敲诈”……(这是我的说法)奥地利

法国〃〃1905年9月16日

(直到1917年)的 —— 〃 —— 俄国

〃〃〃〃1911年8月19日的 —— 〃 —— 日本

有时,借进资本的国家又把资本转借给**其他**国家,“做资本生意”:例如,美国向英国借来,又转借给南美等等(第365页及以下

① 见本版全集第27卷第380页。——编者注

各页)。

瑞士情愿把资本借给别的国家(利息较高),在实行**保护主义的**国家里开办工厂等等。(第367页)

"……1909年奥匈帝国驻**圣保罗**(巴西)领事在报告中说:'**巴西**修筑**铁路**,大部分用的是法、比、英、德的资本;这些国家在办理有关修筑铁路的金融业务时已规定由它们供应铁路建筑材料'"①……(371)

奥匈帝国驻布宜诺斯艾利斯领事馆在1909年的报告中统计了在**阿根廷**的资本。(第371页)

不列颠……………………………… 875 000万法郎(=35 000万英镑)②
法国……………………………… 80 000 〃 〃 〃
德国……………………………… 100 000 〃 〃 〃

——在**加拿大**的外国资本(1910)有1 268 700万法郎(第373页)

其中不列颠有976 500万
美国有219 000万
法国有 37 200万

——在**墨西哥**的外国资本(1886—1907)有334 300万

其中美国有177 100万
不列颠有133 400万

(其余是)德国、法国、西班牙等国的。

① 见本版全集第27卷第380页。——编者注
② 同上书,第398页。——编者注

大不列颠(381—2)
单位百万英镑

平　均	**毛**　输 入　额	**净**输入额 不包括 逆输出	输出额 不包括 逆输出	外贸净 逆　差	不列颠在国外和殖民地的投资 单位百万英镑 (第386—387页) (7年)
1855—59	169	146	116	33[①]	
1860—64	235	193	+138	55	235(1856—62)
1865—69	286	237	+181	=56	196(1863—1869)
1870—74	346	291	+235	=56	+288(1870—76)
1875—79	375	320	−202	+118	−94(1877—83)
1880—84	408	344	+234	110	
1885—89	379	318	−226	−92	+430(1884—1890)
1890—94	419	357	+234	123	
1895—99	453	393	+239	+154	−223(1891—1897)
1900—04	533	466	+290	+176	−107(1898—1904)
1905—09	607	522	+377	−143	+792(1905—1911)
1910	678	575	+431	144	我的总计:Σ=
1911		578	454	−124	=(1856—1911) **236 500**万英镑。

作者只提供了第381—2页的统计表(没有+号和−号),引自«The Statist»[②]的其余数字(投资)只是在正文中才有,而且(奇怪!)是列了1870—1911年逐年输入的统计数字,没有按7年计算!

作者的结论是:尽管投资的统计不完全确切(没有**私人的**投资),逆差的**减少**和投资的**增加**是相当符合的。(第392页)

第392—3页:英国、法国、德国、比利时、瑞士这**5个**工业国家,是“**明显的债权国**”。**荷兰**“**工业不大发达**”

① 施尔德尔的原文如此。——编者注
② 《统计学家报》。——编者注

("industriell wenig entwickelt"(393)),而**美国**仅仅是美洲的债权国[①];意大利和奥地利"只是在逐渐变为债权国"(393)。

‖ 第1卷完 ‖

注意 第384页,注释。1910年年底不列颠在国外投资的总数=163 800万英镑(=4 095 000万法郎),其中在美国有70 900万英镑(=1 772 500万法郎)=43.3%,+在不列颠殖民地的155 400万英镑(=3 885 000万法郎);国外投资+私人资本+180 000万英镑(=4 500 000万法郎)。

希尔德布兰德:《……动摇》

格尔哈德·希尔德布兰德:《工业统治地位和工业社会主义的动摇》,1910(耶拿)。

关于"农民国家在工业方面独立的增长"的统计数字总结(多半是**罗列**)(第88页)——"至今仍旧是农民国家的国家本身的工业发展……"(138)

§11。"中国的危险……" 中国到1920—1925年不知会走向何处,等等。

"……西欧文化范围内的工业垄断注定要破灭……"(203)

① 见本版全集第27卷第413页。——编者注

第 207 页。问题归结为:各工业国的无产阶级能否“代替或保住正在消失的供应吃穿的农民这一基础”?

“对于这个明确提出的问题应该果断地、明确地、斩钉截铁地回答说:**不能**!”(207)

209:(在欧洲)决不能得到 20 000 万头绵羊

1 500 万—2 000 万包棉花等等。

“它〈无产阶级〉无须再要求剥夺资本家,因为工业生产资料已经不能更多地被利用”(210),而它又不**可能**转入农业(211)……

“这样一来,由一无所有而又统治着一切的群众来统一地、同外界隔绝地调节整个生产,这种民主社会主义是不可能的…… 农民民主派对工业生产的统治比工业民主派对农业生产的统治的可能性要大得多。”(213) !!

“然而,期待工业民主派来实现民主的社会主义是根本不可能的,如果承认:

1. 农民经济在各个最重要的有机的生产部门中保持第一位; ?

2. 农民群众坚持私有经济基础;

3. 对于农民国家来说,自然力求把尽可能多的工业生产吸收到自己的范围中来;

4. 在国际竞争占统治地位的条件下,特别是在占世界总人口四分之一的中国进入世界经济体系,其他一些过去的农业国变为工业国以后,它们可以完全自由地支配已经不是由它们自己垄断的工业收入(215); ?

5. 相反,工业国家在食品和服装生产的原料供应方面愈来愈依赖国外农民这一基础……”(216)

!?! “……不幸就在于，西方的技术文化渗入东方以后，东方的工业化比西方（工业过于紧张的西方，也可以坦然地说是工业退化的西方）的农业化要快得多……”（219）

“有示范作用的农业垦殖地”（224）——“国内农民的垦殖”（225）——这就是作者提出的“办法”。

!!! **结论**（即最后一章）：**“西欧联邦”**（229）……[①]

非洲各民族“在今后一个不可预计的时期内”仍然需要“领导和教育”（232）……再过20—30年俄国＋英国＋法国将难于“对付中日联盟”（231）……

!! “大伊斯兰教运动”在非洲是可能发生的，这个运动将“既是革命的，又是反动的”。（233）

!!!! “抑制”（第233页末尾）这个运动是西欧“迫切的利益”

原文如此!! 234——“因此”“西欧各国在非洲”采取“共同行动”**是必要的**

原文如此!!! 注意 234——俄国（＋日本、中国、美国）参加协定（关于废除武装等）**是没有指望的**，——**西欧**各国必须团结起来。

! 235：应该“放慢”（verlangsamen）“西欧资本形成的速度”……“缓和”“工业的速度”……“加强农民这一基础”……关税同盟……累进所得税等等……

236——粮食税是需要的，但是要“适当”。

238——**工人**（打倒**“共产主义空想”**）**和农民**结成民

① 见本版全集第27卷第416页。——编者注

主同盟。(238)

239——“当然”,“西欧联邦”**需要强大的陆海军**。

240——英国宁愿联合,而不愿处于“帝国主义的孤立状态”……

这对了解社会民主党**内部**的机会主义倾向和帝国主义倾向是有用的东西!

保·塔弗尔:《北美托拉斯……》

保尔·塔弗尔博士,有执照的工程师:《北美托拉斯及其对技术进步的影响》,斯图加特,1913。

(作者在美国工作过7年——见序言。)

第1页——托拉斯的开始(约在)19世纪80年代。

1900—185个托拉斯

1907—250个托拉斯拥有**70亿**美元

{根据利夫曼的《卡特尔与托拉斯》}

托拉斯产生的时间

第2页——**有股票**(**钢铁托拉斯的**股票)的人数>**100 000**!!

第8—9页——美洲已经**直接**过渡到铁路交通。“美国现在还没有冬夏都能畅通的大路……” !(71,注释9)

关于托拉斯的经济条件和形式写得很冗长。

第48页:“关于钢铁托拉斯的最主要竞争对手——匹兹堡的琼斯—拉夫林公司,据说,该公司的企业的设备比托拉斯的企业还要现代化。——制革托拉斯的股东抱怨管理处,说业务情况不妙是由于管理处在企业中不注意采用技术设备。美国的收割机托拉斯夸耀说,它不惜花费大量开支用最新技术成就装备自己的工厂,以便减少费用、压制竞争。”(引自«Kartellrundschau»[①],1910,第53页和第902页。)

在这方面走在最前头的大概是烟草托拉斯。官方的报告在谈到这一点时说:“托拉斯比它的竞争者优越,是因为它的企业规模大,技术装备优良。烟草托拉斯从创办的时候起,就竭力在各方面大规模地采用机器来代替手工劳动。为此目的,它收买了与烟草加工多少有关的一切发明专利权,在这方面花费了巨额款项。有许多发明起初是不适用的,必须经过在托拉斯供职的工程师的改进。在1906年年底设立了两个分公司,专门收买发明专利权。为了同一目的,托拉斯又设立了自己的铸造厂、机器厂和修理厂。设在布鲁克莱恩的一个这样的工厂有大约300名工人;这个厂对有关生产纸烟、小雪茄、鼻烟、包装用的锡纸和纸烟筒、烟盒等等的发明进行试验;如果有必要的话,在这里还对各种发明进行改进。”[②](《专门委员会委员关于烟草工业联合公司的报告》,华盛顿,1909,第266页。)

注意

“十分明显,这种政策在有力地促进技术的进步。除上面提到

① 《卡特尔评论》杂志。——编者注

② 见本版全集第27卷第339—340页。——编者注

的托拉斯以外,其他托拉斯也雇有所谓技术开发工程师(developing engineers),他们的任务就是发明新的生产方法,进行技术改良的试验。钢铁托拉斯给那些在提高技术或减少费用方面有发明创造的工程师和工人以高额奖金。"①

除竞争以外,刺激技术进步的另一动力是大多数托拉斯的财务情况混乱(由于**过度资本化**(注意))。

钢铁托拉斯的资本约=10亿美元("占全部国民财产的1/7")。股东原来有1张股票的可以得到3张股票。(并参看**格利尔**,载于«**Conrad's Jahrbücher**»②,1908,第594页。) ‖ 注意

应该从这**三倍的**资本"赚取"利息!!! 铁路资本=138亿美元。其中约有80**亿**虚拟资本!!(第**52**页) ‖ !

其次。如果是**完全的**垄断又会怎样呢?(现在**大**部分是 (α)局外人
(β)世界市场 }

在美国**只有**邮政是国家掌管的。**其余一切**(铁路和电报等等)都是私人公司。

1880——有177个电报公司和包裹投递公司,共拥有资本6 650万美元;

1907——有25个公司,共拥有资本15 500万美元

其中6个←→占总收入的97.7%

价格划一,电报费比欧洲"贵得多"(第60页)。 ‖ 注意

铁路情况紊乱:**米歇尔森**(大权威!)说铁路是"无政府状态的、

① 见本版全集第27卷第340页。——编者注

② 《康拉德年鉴》。——编者注

无人管理的、不雅观的、不科学的、与美国人民的天才不相称的"(第 63 页)

{注意 ‖ ——每当高涨时期(1902 年;1906 年),在许多**地方**,车皮**常常**不够,如此等等。

注意 ‖ {参看«Conrad's Jahrbücher»(布卢姆),1908,第 183 页}

最近美洲的铁路技术情况**恶化了**:落在欧洲后面。(第 63 页)

铁路业的集中运动在 1899 年已经结束:1904 年每吨英里的运费自 0.724 美分**提高**到 0.780 美分。((!! 第 62 页))

技术的作用。**樟脑**:

	单位百万磅	每磅价格	
1868	输出=0.6	16.4 美元	(!!)
1907	〃 〃 =8.4	168.5 美元	

(1905 年**用人工方法**制造成功;
↓
价格下降;但是原料(松脂)昂贵)

托拉斯的地位不稳固:"泥足巨人"[19]……第 67 页(美国一个作者的话)……前途暗淡……

注意。关于托拉斯问题往往援引«*The North American Review*»①…… 1904;1908;1902,第 779 页;1906;1910,第 486 页;‖以及其他

E. A. **赫伯**:《日本的工业劳动》,**苏黎世**,1912。注意。这是一本**非常**详尽的著作。

① 《北美评论》杂志。——编者注

引用了**约·格伦采尔**:《生产力问题上的错误》。

«Zeitschrift für Volkswirtschaft, Sozialpolitik und Verwaltung»①,**第20卷**,第3期和第4期。

引用了塔弗尔

?? **约·格伦采尔**:《工业主义的胜利》,1911。

评卡·考茨基论帝国主义

考茨基论帝国主义: 注意

霍布森论述帝国主义的书一般说来是有益的,特别有益的是它有助于揭露考茨基主义在这一问题上的主要虚伪之处。

帝国主义永远会**重新**产生**资本主义**(从殖民地和落后国家的自然经济中),**重新**引起小资本主义向大资本主义、不发达的商品交换向发达的商品交换的过渡,如此等等。

考茨基派(卡·考茨基、**斯佩克塔托尔**之流)引述"健全的""和平的"建立在"和平关系"上的资本主义的种种事实,拿这些事实同金融掠夺、银行垄断、银行和政权的勾结、殖民压迫等**对比**,认为这是正常的东西同不正常的东西、合乎愿望的东西同不合乎愿望的东西、进步的东西同反动的东西、根本的东西同偶然的东西等等**对比**。

这是新的蒲鲁东主义[20]。新基础上、新形式下的旧蒲鲁东主义。

① 《国民经济、社会政治和行政管理杂志》。——编者注

小市民的改良主义:**主张**纯洁的、平静的、温和谨慎[21]的资本主义。

注意 注意 ‖ 在帝国主义的概念中加上有意阻止进步(托拉斯收买发明专利权:如本笔记中关于德国制瓶工厂主的例子①)。

大体上:注意

帝国主义＝

(1)银行资本

(2)垄断组织(托拉斯等)

(3)瓜分世界。[殖民地]

(4)银行(金融)资本同国家机器的同盟(联系、**融合**)

(5)集中的最高程度

欧·阿加德:《大银行与世界市场》

欧·阿加德——圣彼得堡,《**大银行与世界市场**》。

《从大银行对俄国国民经济和德俄两国关系的影响来看大银行在世界市场上的经济作用和政治作用》,柏林,1914。序言上注明的日期是:**1914年5月**。

> **斯佩克塔托尔**(往往很幼稚,"夸大大银行的作用"……)的评论,载于«Die Neue Zeit»②,1915,1(第33年卷),第61页及以下各页。

① 见本卷第70页。——编者注

② 《新时代》杂志。——编者注

作者在俄国当过15年俄华银行[22]的总稽核。有很多是这位未得到承认的金融家自尊心受到伤害的表露,很多废话(大肆反对“外行”和“业余爱好者”等等)。

从阿加德书中可以引用也应该引用的是数字和事实,而不是他那些认为英国银行体制最好(把举办短期工商业贷款的存款银行同投机银行分开),以及反对保护主义等等的论断。作者所希望的是没有垄断、没有投机、没有滥设投机公司、没有银行同政府“联系”等等的“正直的”、温和谨慎的资本主义。

(α)……总公司[23]

(β)巴黎荷兰银行(俗称“巴荷”)

(γ)巴黎联合银行……

“拥有数十亿法郎并以俄国为其主要市场的巴黎三大银行控制着以下的俄国银行:(1)俄亚银行,(2)彼得堡私人银行,(3)联合银行,并把靠近这些银行的工业康采恩的股票吸收到巴黎交易所来……”(55)①

在这里也是量转化为质:单纯的银行事务和狭隘的银行专业**变成**企图掌管广泛的、群众的、全民的和**全世界的**相互关系和联系(Zusammenhänge),——只是因为有**几十亿**卢布(不同于**几千**卢布)流向这里,并在这里滞留。 ‖ 注意

“在1905/6年,大量的俄国资本转入了欧洲的银行,特别是柏林的银行;当时争得自由的群众的短暂的统治, ‖

① 见本版全集第27卷第367页。——编者注

注意 ‖ 使人为财产提心吊胆,但是当反动势力以新的力量夺回领导权以后,使人又很快地放心了。

1907/8 年,我们已经看到俄国资本的回流并吸引了新的国际资本。"(59)

	第 59 页 存款 (单位百万卢布)		
	1906	1908	
×10 家俄国银行	614	875	×西伯利亚商业银行;俄罗斯银行;国际银行;贴现银行;亚速海—顿河银行;私人银行;"彼得巴黎"??(=彼得堡—巴黎银行?);伏尔加—卡马银行;**北方银行和国家银行**。

‖ "上述数字说明,就在**业务陷于完全停滞的两年内**,仅在彼得堡各银行的存款账目上就出现了 26 100 万卢布的差额"。(黑体是阿加德用的。)

"如果把莫斯科各银行和地方银行以及里昂信贷银行和私人银行家的资本、家中存放的货币加在内,这个数字还可能增加一倍;可以毫不夸大地说,约有 **5 亿卢布'被吓跑的资本'**〈黑体是阿加德用的〉以现金的形式流入了外国银行,然后又回到俄国银行中来……"(59)

"但是,**'被吓跑的资本'**的总数要大得多。

利率为 4%的俄国黄金债券的开盘行情如下:

	1905	——65%
1 月	1907	——73.5
10 月	1907	——67
	1908/ 9	——88
	1910/11	——95
	1912/13	——92.5

而根据信用局的统计材料,按息票支付的情况变动如下:

单位百万卢布

	在国外		在俄国
1908	202	—	195
1910	175	—	233

当然,根据这些数字并不能作出可靠的结论,因为当时的外汇行情波动很大,而在俄国兑换成卢布有时可能是有利的。

但还是可以得出这样的结论:流到国外的大部分现金已经以俄国利息的形式回到了俄国。假定这一部分只有5亿卢布,那么'**被吓跑的资本**'就会有10亿卢布左右。"(60) 注意

"……由于在巴黎的俄国辛迪加在英国金融市场的参与下于1906年春取得了利息为5%的贷款,卢布比价下跌的危险被防止了,财政状况摆脱了1905年年底面临的危机。 注意

从而国库又得到了近10**亿**卢布的现金。在以后1907—8年这平静的两年内,银行业和国库的情况十分良好,也就是说已经拥有闲置的现金,事实的力量使思想受到了强烈震动,目前已经可以在现实的基础上建立起某种合理的东西——只要有这种愿望。

这两年对于工商业同样也产生了良好的影响,使情况得到了改善和正常化。私人工业,即不依赖于国家订货的工业(石油、制糖、纺织、造纸、森林)的情况始终是很正常的,只是工人问题现在却带有完全另一种性质,即政治性质……"(61) 注意 (同样) 注意

"过渡性的1905/8年促使很多俄国资本家把自己的流动资金存入德国银行……"(见前面)

原文如此!! ‖ "当时的情况发展到这种地步:一个最保守的(完全独立的)俄国银行购买了普鲁士的统一公债作为准备金,以备不时之需。

注意 ‖ 俄国银行在当时(1906年)拥有的现金并不很充裕。——强大的农民运动在农村造成了很大的损失;而城市里的工人相对来说并没有使工商业受到损害。大家知道,尽管爆发过多次罢工,但是破坏工商业的私人财产和商品仓库的事情(巴库的破坏应该算在亚美尼亚人和鞑靼人的账上)是很少有的(严重破坏铁路秩序的行为除外,然而这也不能归咎于自由的工人)。

注意。就政治倾向来说,这位作者当然是一个大资产者和民族主义者!

实际上,当时拒兑的票据只是稍有增加,可是大陆上的金融界对当时的(农民)运动了解得愈少,就愈感到震惊。"(66)

根据1905年11月1日和以后几年的平衡表,俄国银行拒兑票据的情况如下(第66页):

单位百万卢布

			1905	1906	1907	1908	1909	1910	1911
注意	国家银行	贴现票据	188.8	171.4	215.7	194.8	211.8	243.8	
		其中拒兑的票据	3.9	1.5	1.6	2.1	2.6	1.1	
	圣彼得堡8家商业银行	贴现票据		352.0	376.0	445.0	523.0	677.0	788.0
		其中拒兑的票据		4.9	2.2	2.6	5.2	2.9	4.1

"柏林的金融界在1905/6年,也就是说,正当大量现金从俄国各地流入它们手中的时候,特别削弱了同俄国私人实业界的关系。罗兹的织布厂和纺纱厂(大部分是德国的企业)在这以前主要是依赖柏林金融市场,并且一直是该市场的好主顾;然而柏林各银行正是拒绝借给这些公司大量贷款,以致使某些企业不仅大大缩减生产,甚至罗兹有一批非常富裕的纺织工业家前往高加索,以便参与当地的采矿企业,探索同伦敦市场,甚至同纽约市场的联系。这一联系所以受到阻碍,主要是因为当时发生了大暴行……"(67) !!

"……应当注意的是,俄国在对日战争中的损失,包括旅顺口、大连和中东铁路南段在内,将近45亿卢布,即等于国债的一半。这样,俄国农民没有拿到钱,就要付息还本。"(72) 注意

第5章:《德国大银行对彼得堡各银行的参与……》 注意

德意志银行是怎样在柏林发行西伯利亚商业银行的股票的呢?

"……德意志银行把外国企业的新股票压存了整整一年,然后抛到柏林各交易所,获得50%的中介利润。公众支付了193%的价格……"(74)[①] 注意!!!

因为"这样一来'德国的'大银行就安安稳稳地,并且很快地赚了钱(通过行情)……"(74)

"……但是,因为德意志银行以195%的价格把股票

---

① 见本版全集第27卷第368页。——编者注

出售给柏林的公众,后来又以更高的价格出售(目前的行情是 230,股息为 15%,这就是说,资本的利润是 6.5%),所以在彼得堡的银行董事会首先必须使股息经常保持这个水平。**外国银行无条件地要求做到这一点。这是它提出的唯一要求。**——至于怎么办的问题,它是毫不关心的,结果,彼得堡的银行在'参与制'的压力下不得不在交易所进行疯狂的投机活动,滥设投机公司。"(77)

注意

"从德国方面来看,对这项业务可以算这样一笔账:

从 1906/7 年起资本增长的情况:

1 600 万卢布——平均行情约为 200%(柏林交易所定的)的票面股份资本

1 000 万——从发行额中抽出作为准备金

2 600 万——总数

3 200 万——按 200%计算的实际资本

6 百万卢布

600 万卢布——差价——德意志银行及其代理人获得的中介利润……"(78)[①]

"……由此可见,德意志银行在这种情况下售给了德国公众价值约 3 200 万卢布的股票,其唯一的目的,就是使几百万卢布的差价作为犹大酬金落入它的腰包,德意志银行的腰包。"(78)

!

1913 年 3 月 23 日,以律师**比比科夫**为首的一小批股东在西伯利亚商业银行全体股东大会上,对这次大会通过的决议提出了抗议。(《交易所新闻》№14017,1914.2.21;《圣彼得堡报》№51,1914.2.22;《圣彼得堡

① 见本版全集第 27 卷第 368 页。——编者注

报》№54,1914.2.23。)抗议者证明,“……银行总经理(同德意志银行的一个经理有亲戚关系的某一个姓索洛韦奇克的人)把700万卢布的政府津贴记在自己的往来账上,以便用这笔钱来购买本银行的股票,使自己在改选中获得多数票……”(79) !! “如果注意到在这里活动的正是德国的资本,而这种经营方法正是受到著名的德意志银行的支持,那么我在这本书中所竭力论证的这个结论的意义就更加重大了。这个结论就是:‘参与制’甚至妨碍认真的俄国方面慎重地和有条不紊地管理对俄国极为重要的信用机关。当然,德意志银行有可能使自己获得多数票,然而同样参加这个银行的俄国股东却永远不会获得足够的多数票来真正实现完全合理的愿望和明智的见解。”(80) !!

“……1906年以后,德国在金融方面更进一步、更多地参与被称为**俄罗斯银行**的俄国对外贸易银行和被称为**国际银行**的圣彼得堡国际商业银行;前者依附德意志银行的康采恩,后者依附柏林贴现公司的康采恩。这两家俄国银行的资本有¾是德国的金钱(股份资本)①。俄罗斯银行和国际银行是俄国两个最大的银行。这两家银行都有很大的投机性……”(82) 注意

资本的增加(单位百万卢布)(第84页)

	资本		准备金	
	1906	1912	1906	1912
俄罗斯银行 …………………	20—50(+30)		3—15(+12)	
国际银行 …………………	24—48(+24)		12—24(+12)	
	44 98 +54		15 39 +24①	

ΣΣ=73+82(西伯利亚银行)=110。

① 见本版全集第27卷第367页。——编者注

第116页。**我把表格简化一下**: (1913年10/11月)① 圣彼得堡的存款银行 (*a*)**“参与制”下的**	外资 (资产项) 生产性的 (工商业)	用铅笔勾画的项目和总数是**我加的** 投机性的 (交易所和金融)	**单位百万卢布**	债务 (负债项) **单位百万卢布** 资本和准备金	存款	欠其他银行的债务和转贴现	承兑
‖ (1)**德国参与的** (4家银行:西伯利亚商业银行;俄罗斯银行;国际银行;贴现银行)	413.7	859.1	1 272.8	207.1	658.8	429.0	48.6
‖ (2)**英国参与的** (2家银行:俄国工商银行;俄英银行)	239.3	169.1	408.4	55.2	204.8	111.5	16.2
‖ (3)**法国参与的** (5家银行:俄亚银行;彼得堡私人银行;亚速海—顿河银行;联合银行(董事会在莫斯科);俄法商业银行)	711.8	661.2	1 373.0	234.9	736.4	308.0	29.5
	1 364.8	1 689.4	3 054.2	497.2	1 600.0	848.5	94.3
(*b*)**独立的俄国银行** **(圣彼得堡和莫斯科的)** (8家银行:莫斯科商人银行:伏尔加—卡马银行;容克股份银行;圣彼得堡商业银行(前瓦韦尔贝尔格银行);莫斯科银行(前里亚布申斯基银行);莫斯科贴现银行;莫斯科商业银行;莫斯科私人银行)	504.2	391.1	895.3	169.0	599.6	127.0	—
共计……………	1 869.0	2 080.5	3 949.5	666.2	2 199.6	975.5	94.3
	3 949.5			3 935.6			

① 见本版全集第27卷第367页。——编者注

这些银行"自1906年起共获得了11 000万卢布的股份资本,有好几百万卢布的中介利润落到代理人的钱柜中去了……"(84) || 注意

第97页"……为此(«The Times Russian Supplement»[①])无论如何要用俄国财政部的津贴来支付……" || 注意

第8章:"外国参与的圣彼得堡各银行的资产总数和对这些数字的某些说明。"

单位十亿卢布

a(1)0.4+0.8=1.2		1.3+1.7=3.0
a(2)0.2+0.2=0.4	(б)	0.5+0.4=0.9
a(3)0.7+0.7=1.4		1.8+2.1=3.9

"当时(1911)俄国的信用局【注意:其他地方提到该局的局长是**达维多夫**】为了让俄国的银行在巴黎和彼得堡进行交易所业务,先给了它们12 000万法郎,后来又给了它们一笔贷款,总共约有1亿卢布,作为进行疯狂的银行投机活动(陷入绝境时)的补助金(官方把这说成是为了稳定俄国公债券的行情)……"(86)

第121页:……在**1912**年俄国各商业银行共有**548**个分行……

"互贷协会"的发展(第122页)

(根据信用局的统计数字):

单位百万卢布

	数量	会员	资本	总收益	存款	贴现
1907	261	158 000	39	319	203	246
1912	776	502 000	99	899	487	687

① 《〈泰晤士报〉俄国问题增刊》杂志。——编者注

注意 注意 | (**136 及其他各页**)俄国的财政大臣指定各银行的经理(往往是官吏),——通过信用局发给各银行成百万的津贴等等。

说得好! || "这正好说明了那些彼得堡银行的活动,这些就其外表来讲是'俄国的'、就其资金来源来讲是'外国的'、就其经营方式来讲是'不精明的'、就其所冒的风险来讲是'内阁式的'银行,已经变成了俄国经济生活中的寄生者。——**而这个先例**〈说的是西伯利亚银行等等〉**现在已经成为彼得堡各银行创办的原则**。在柏林和巴黎的大银行经理把这一点看成是保障,认为自己的利益是保险的。

(1)信用局给彼得堡各银行的直接津贴,

!! 注意 || (2)俄国财政部的结余(大约 60%在巴黎,40%在柏林)……"(137)

"财政部把几项由国家保证的证券发行业务交给俄华银行"【作者曾在该银行供职!!】"办理,目的是使该银行拥有必要的现金,但并不关心这些现金的使用情况。例如,财政部把在欧俄发行由政府保证的铁路债券的业务交给该银行办理,而收入首先就进入该行的金库。因为铁路只是在 4—5 年内(在修建的时候)陆续地需要钱用,该行在这期间就可以自由支配这些款项,除此以外,办理证券发行业务还可以赚钱。这项业务已经习以为常了,因为每年都要重复若干次。"(149)

(4 条铁路的债券总值达 1 280 万英镑约=12 000 万卢布。)

“该银行的经理(同时又是董事长)还以董事的身份参加一些大的铁路公司和工业公司(现在大概参加了20个公司);这些公司则必须把自己的闲置现金存在该行的往来账上,因为它们知道财政部同该行有密切的利害关系,并且是支持它的。”(149) ‖ 参加了**20个**公司!! 注意!!

“事情”就是这样进行的……

第11章的内容:“俄华银行同北方银行的合并(俄亚银行)以及在1910年的全体股东大会上对此提出的抗议”(第147页):

(抗议是作者本人提出的)

“出席俄华银行全体股东大会(这次大会要批准合并的问题)的大部分是国家银行和信用局的官吏,享有表决权的正是他们这些人……”(153) ‖ 注意!!

作者提出了“**不同的意见**”(记入了1910年3月30日会议记录)(第154页)。

“参与制毫无意义”——作者在抗议书中提出并论证了这一点……(第154页)

法国银行(巴黎荷兰银行+总公司)实行了“合并”。这些银行曾经同俄华银行有“利害关系”,它们看到该银行的情况不妙,就想“脱身”,并**指望**

“通过联合〈两家银行合并成一家俄亚银行〉建立一个强大的‘俄国’机构,迫使俄国政府在任何情况下都不得不‘支持’这个合并而成的银行。”(第151页) ‖ 注意!!

“在合并时,股份资本减少了33%,把这笔款算做

!! 准备金;因而从表面来看,银行的后备资本似乎是由于业务经营得法而获得的,同时这样还使新的董事会有可能在今后按照更高的利率分配缩小了的资本获得的全部利润(!),因为后备资本一下子就达到了法定的最高限额,而对于后备资本无须加算利息。甚至连股东们对于这种手法也毫无办法,因为他们待在法国,而全体股东大会是在彼得堡举行的……"(152)

注意

"……例如,俄亚银行的通告中说,股份资本为4 500万卢布,后备资本为2 330万卢布。每一个没有成见的读者在读了该通告以后,都会得到这样一个印象,似乎准备金是靠赚来的钱建立起来的,即由于业务经营得法而获得的。而实际上,由于业务经营不善,准备金是靠股份资本来建立的。两家银行在合并时都没有准备金……"(153)

!!

这家银行虽然有120个分行(!!),实际上只有很**少**的资本(资产负债表上有**78 500**万卢布,其中属于资本一项的有7 350万卢布+准备金——1913.10.1)——"这种负担过重的风险由信用局承担"(153)。

!!

"……其次,十分清楚,由于实行'参与制'(实行"参与制"后,股东无法对董事会的经营状况作任何评价,因为在股东和企业之间隔着万能的(外国的)大银行,这些银行用一些多少"隐蔽的阴谋手段"掠夺双方),企业的经理处是任意地、按照私人的利益组成的,结果任何一个外行都可能成为银行的经理。"(156—157)

注意

哈哈!

俄亚银行董事会的成员“一个是过去的俄国官僚(银行的总经理和董事长),一个是过去的俄国省长,一个是过去的法国外交官,一个是过去的法国法学家”(158)。 原文如此!!

他说,这个批评是在1913年秋天写的,由于1914年1月30日诏书的颁布而“过时了”。 ?

权术?

存款银行和投机银行联合是有害的,因为这种联合

(1)“束缚”国家的生产资金

(2)造成价格的上涨和辛迪加等等。

“只要在银行方面办事光明磊落,建立秩序,我倒想要看看,托拉斯、垄断组织和辛迪加怎么能够存在下去……”(179) 哈哈!竟说出这样的话来!!

“但愿在法律上规定,凡是彼此签订协议,借此消除竞争(不正当的竞争)而使消费者蒙受损害的公司,不得享受官方的银行信贷,也没有权利发行新的证券,这样一来,垄断组织和辛迪加很快就会瓦解。”(180) 哈哈!!真简单!!

信用局给圣彼得堡各银行的**津贴**(第202页和第204页),达到**8**亿—**10**亿卢布。[①] !!

信用局“……掌握了帝国全部信贷业务的键盘”。“这是一个没有规章、不受社会监督的官僚机构。”(200)

① 见本版全集第27卷第273—274页。——编者注

“……1910年信用局曾经……进行了改革，从那时起它的任务就是‘统一’全国所有信用机关业务[①]，**‘它成了所有信用机关和交易所的联系环节’**……”圣彼得堡各银行每隔8—14天向该局呈报一次表报，每隔3个月呈报一次较详细的表报。（201）

4“种”津贴[②]：

单位百万卢布

（1）从辅助基金中直接用现金支付（给银行）的 ……… 150

（2）在外国银行中的存款（无形的保证） ……………… 450

（3）“授予由国家保证的证券发行权” ………………… 150

（4）“通过或不通过外国银行转账的金融票据

（通融票据）贴现” ……………………………… 约 50

∑=800

注意 ‖‖ “根据达维多夫先生（信用局）的统计材料，存款有164 800万卢布，加上80 000万卢布津贴，一共有244 800万卢布，而全国闲置的流动现金为500 000万，也就是说……由于实行参与制，俄罗斯帝国闲置的流动现金有一半牢牢地陷在国际投机银行中。这些货币要经过若干年才能重新汇集起来（重新投入流通）……”（204）

注意 ‖ 第15章（第210页）：“**各国际银行托拉斯**在俄国市场上的**力量对比**……”

“表明圣彼得堡各银行（参与制）实力的资产负债表。”（第211页）

① 见本版全集第27卷第373页。——编者注

② 信用局的津贴。——编者注

单位百万卢布

资产 对商业和运输业的控制		负债 银行的流动资本	
(a)工业贷款(卢布)	1 350	(a)本身的基金	497
(b)航运和私人铁路	1 509	(b)存款(俄国)	1 600
(c)对俄国私人主顾参与的控制	1 689	(c)贷款	942
	4 548		3 039

对生产和工业的控制		1908—1912年的发行额 (不包括无期公债)	
(a)煤业辛迪加(煤业公司)			
(b)铁业〃〃〃(五金公司)		(a)在俄国	3 687
(c)石油〃〃〃(通用石油公司等)		(b)在国外	1 509
(d)冶金〃〃〃(各种不同的辛迪加)			5 196
(e)水泥建筑〃〃〃(各种不同的辛迪加)	3 687		8 235
	8 235		

{第211—212页全部是表格。}

“这个实力在三个国外银行集团之间的分配情况大致如下：

注意(第212页) ‖ (1)法国三大银行加五家彼得堡银行 …… 55%
(2)德国柏林“D”字银行加四家彼得堡银行 …… 35%
(3)英国伦敦辛迪加加两家彼得堡银行 …… 10%”①

“……物质义务(均按票面价值计算)分配情况如下：

① 见本版全集第27卷第368页。——编者注

(a)**国外** (单位百万卢布)

证券发行	1 509
银行请求书(不包括信用局的反请求书)约	300
对银行股份资本的参与	295
对其他股票的参与(参与制)	500
	2 604‖

(b)**俄国**

证券发行,存款及其他	4 831
信用局(不包括最近的铁路债券)	800
	5 631‖
	∑=8 235"

"这个比例数的统计表的含义是很清楚的:资本输出国的占⅓少数的资本统治着资本输入国俄国的占⅔多数的资本(——第213页——),而且所采取的统治形式(津贴、辛迪加、卡特尔等)使这个多数资本既不能保护自己的利益,也不能保护别人的利益。因此,last not least[①],大银行的一些经理处的私人利益不是公开地,而是秘密地进行着统治,使所有的股东都身受其苦。"

{作者认为这是价格上涨的原因,甚至列举了(第213页)1908—1913年价格上涨的大概的百分数,但是显而易见,这是无关紧要的,也就是说,是不必要的例证,不是证据……}

他在第214页上列举了以下的《工商报》[24]**半官方的统计数字**:

单位百万卢布

注意	股份资本总额(1914年初)	3 600
	加上工业(债券)	400
	〃 〃 铁路股票	140
		4 140
	加上在俄国的国家债券和有保证的铁路债券	6 072
	〃 〃 私人抵押品(典质的)	2 956
		13 168

① 最后但不是最不重要。——编者注

据说圣彼得堡各银行是“人为地〈?〉建立起来的国际金融托拉斯”(215)

“……目前的大银行经理的纲领是十分清楚、十分明显的;这就是:

如果我们这些大银行能够建立对生产者和消费者的统治(通过发行证券、贷款和关税),利润就会落到我们的腰包里,而我们就成了形势的主人。”(黑体是阿加德用的)(218)

“如果”真有趣(“民粹主义者”!)

阿加德“忘记了”一件小事:资本主义和资本家阶级!!

其结果可能是“过分地提高关税”从而带来“世界市场上的公开的敌视,甚至会引起战争,这也可能有利于大的银行垄断资本家,因为由于战争的 force majeure[①],他们可以把差额一笔勾销,而别人却无法让他们个人对损失负责……”(220)

“甚至”会引起战争

主张战争的动机之一

作者在第 234 页上引用了**谢·普罗柯波维奇**的话(关于俄国工业发展的条件)——

来自俄国的资本……44 720 万卢布=21.1%,

来自外国的资本……76 240 万卢布=35.9%,

“出售有价证券”所得的资本……91 560 万卢布=43.1%

① 不可抗拒的力量。——编者注

Σ为 100.1%

阿加德说：在这里起着最大作用的是"作者〈普罗柯波维奇〉所不了解的银行问题"。

作者就有关俄国**贸易差额**的问题写道，顺差如下：

1909——57 000 万卢布（第 238 页）

1910——51 100

1911——43 000

137 100[①]

− 60 000——减去每年在国外支付息票的 20 000 万卢布

77 100——"三年中超过的总额"。

"因此，关于这笔款项可以这样说：由于收成特别好，这笔款在某种程度上使国内的现金更加充裕，超过了标准额（我估计有 5 亿卢布）。这个数字至少是十分清楚地表明，俄国表面的巨大高涨绝不仅仅是因为收成好。

除此以外，还应该加上通过有保证的和私人的证券发行从国外输入的约 150 900 万卢布的资本；不过，这笔钱只有少数是作为现金供整个市场支配的（主要是用于各专业性的企业）。

根据信用局局长（达维多夫）的推算，国内闲置流动资本的增长额（局长指的是各银行中的私人存款、各储金局中现金储蓄的增长额（57 600 万现金和有价证券）以及国库在国家银行中的结存，但是没有把国库（信用局）在

① 阿加德的原文如此。——编者注

外国银行家那里的结存和俄国银行在国外的债务包括在内)如下:

1906——259 200 万卢布

1912——500 000 万卢布。"(第 238 页)

注意

增长额=250 000 万卢布左右,而国外输入的资本约为160 000 万+77 100 万(这是由于丰收而流入的)=237 100 万卢布(第 239 页)——"大致相等"……

"俄国财政部利用自己的现金"(因为俄国黄金储备过多)"正像在柏林和巴黎的大部分大陆大银行利用自己的存款那样,是不科学的,是不符合政治经济学的,是反民族的。俄国国家的现金在这里所起的作用是保证某些柏林银行和巴黎银行对彼得堡各银行(和这些银行中的俄国存款)的影响,然而就在同时,正是在国家的生产经济生活须要加强的地方,国家的生产经济生活却削弱了。"(247)

不是相反吗?巴黎和柏林各银行的"影响"**迫使**??

俄国的国民收入("国民预算=农业生产,即粮食的收成和一切其他产品")在 1913 年仅有 **90 亿卢布**。(249)

注意

"……提高群众的生产率和消费量仍然是最有益的事情。"(265)(黑体是原作者用的)

"民粹主义者"

作者是怎样批评维特的财政政策的:

“当时,他们〈维特之流〉从事投机活动和阴谋勾当,让国库承担风险,而不去加以组织……”(275)

把投机同组织对立起来:!! 民粹主义者!! 同上,281—2及其他各页。

谁对谁!

“正直的”小商人

作者指责俄国财政管理机构:“既没有给国际投机分子指定范围,也没有给进行有效合作的守法的外国人应有的地位,以此肯定他们的成绩……”(276)

……“好的”银行……

“……同时我再次指出彼得堡的投机银行(国库业务)和工作有成效的俄国银行(国民经济)之间的差别。必须把伏尔加—卡马银行、莫斯科商人银行、克诺普和沃高银行作为这方面的范例加以推荐,把银行业纳入这条道路,完全消除存款银行中的投机活动……”(280)

哈哈!

“我已经对俄国也正在卷入‘文明世界的货币周转’表示过**遗憾**。”(283)

!!

“任何一个向货币经济过渡的国家都必须考虑犹太国际组织的实力”,但是,只要犹太人服从整体的利益,像在德国那样,在“理智和伦理”的范围内发挥他们的天才,犹太人是有用的。(284)

说得好!

“……可以说,在目前的情况下,某些大银行支付股息,好像是对保持沉默支付一种不合法的报酬……”(286)

“我的”(阿加德的)“纲领”是“非民族的”吗?? 没有的事!! 我不

是世界主义者,我是民族主义者(第 **287** 页和第 **288** 页),我主张每个民族独立,主张经营正当的银行业务,主张让“生意”获得成功。

“……如果说这样的纲领不是‘民族的’,那么就请向我解释一下,对‘民族的’纲领究竟应该作怎样的理解呢? 或许人们要证明说,创办并有效地经营长期赢利的事业,不符合这个概念?”(288)

妙论(民族主义者)

作者用了黑体:

“这样一来,大陆上的大银行业的改变,一般说来是欧洲在经济政治方面达成协议的首要条件,而这是完全符合各国人民的利益的。”(290)

主张“和平”和主张(“欧洲联邦”)

该书的最后一句话:

“我的结论**就是**:如果欧洲(大陆上的)列强坚定不移地继续执行自己的‘经过考验的制度’,那么世界大战将迫使它们改变这个制度。通过战争还是通过理智来获得金融市场的自由和世界市场的自由,——这让人们去选择吧,但愿人们注意,欧洲的领导阶级承担着全部的责任。”

“世界大战”的威胁

完

巴洛德:统计

教授**卡尔·巴洛德**博士:《统计原理》,柏林,1913。

巴洛德

看来,这是一本很好的数字材料汇编,而且作者最关心的是对**生产**(产品**数量**)的统计——参看阿特兰蒂库斯!! ——

根据巴洛德的计算，德国平均每一个工作者有**两个铁奴隶**（机器）。

§《**技术生产力量**》。

不完全。

（蒸汽）**机器**

		蒸汽	水力	电力
德国（1907）工业有 880 万马力	（730 万+		90 万+	150 万）
美国工业有 1 600 万马力	（1 420 万+		180 万+	？）
英国（*）（1907）工业有 1 070 万马力				
总数+机车 1 300 万马力（1895）				

英国

（*） **英国**的数字引自«Die Bank»[①]，1913，第 190 页——“贸易部”的材料。**工业**（全部）的“生产调查”总结。总出售价格=176 500 万英镑；原料价值=102 800 万英镑；加工费=2 500 万英镑；纯价值【1−（2+3）】=71 200 万英镑。**工人人数=6 985 000**。机器=**10 755 000 马力**。【+农业中的价值=19 600 万英镑；工人 280 万。】全部资本（工业中的）=**150 000** 万英镑。

水力资源：

单位百万马力

瑞士	1½—3
瑞典+挪威	8（好像是 2 800 万）
芬兰	4 —6（第 255 页）
尼亚加拉	4 —5（只利用了1/10）
刚果瀑布（非洲）	— 28
南美（??）	1 —2

① 《银行》杂志。——编者注

奥托:德国银行在海外

瓦尔特·**奥托**博士:《**德国大银行在海外承办贷款、创建和参与的业务**》,柏林,1911。

(每个企业的表册和标明大银行“参与”的统计表;第1部分按洲和国家划分;第2部分按银行划分。**原始材料**。)

个别企业有时注明**英国**、**法国**和**北美**集团参与的%%,但是没有**综合**。

第**245**页上的统计表:“德国海外银行的全部职能资本”(10家银行)(我把逐年的材料加以简化):

1889——4 560万马克
1890——4 130〃〃〃
1900——20 650〃〃〃
1905——32 930〃〃〃
1908——60 710〃〃〃

迪乌里奇:德国银行在国外的扩张

乔治·迪乌里奇:《德国银行在国外的扩张及其同德国经济发展的联系》,巴黎(和柏林),1909(共798页)。

这一大卷书提供了大量的材料;有一部分在里塞尔那里已经有了;我再选录一些:

第37页:根据«Der Deutsche Ökonomist»[①](1906,第452页)

① 《德国经济学家》杂志。——编者注

的统计,德国银行拥有**1 139 400**万资本(自己的和他人的)。

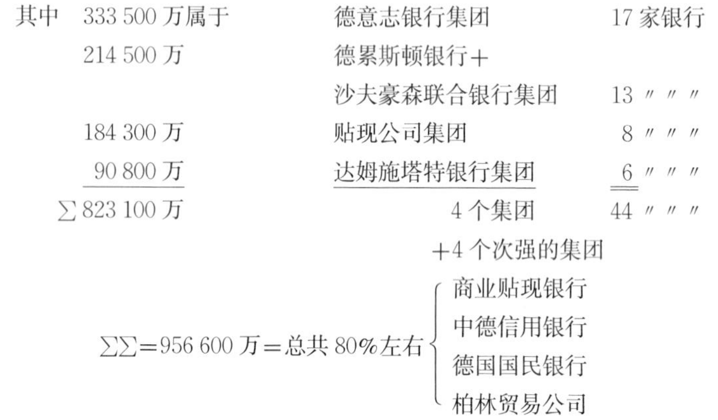

其中	333 500万属于	德意志银行集团	17家银行
	214 500万	德累斯顿银行+沙夫豪森联合银行集团	13 〃 〃 〃
	184 300万	贴现公司集团	8 〃 〃 〃
	90 800万	达姆施塔特银行集团	6 〃 〃 〃
	∑823 100万	4个集团	44 〃 〃 〃

+4个次强的集团

∑∑=956 600万=总共80%左右 {商业贴现银行、中德信用银行、德国国民银行、柏林贸易公司}

第84页······ 法国在国外的投资:

{根据1902. 9. 25. «Journal officiel»①}

欧洲 ························	2 101 200万马克(原文如此!是否印错了?)。现在已经达到**400**亿
亚洲 ························	112 100万
非洲 ························	369 300万
美洲 ························	397 200万
澳洲和大洋洲 ············	5 700万
	2 985 500万

第126—7页:“德国大银行通过参加工业公司的监事会与这些工业公司发生的联系”(汉斯·阿伦茨和库尔特·沃斯内尔根据《股份公司经理和监事姓名地址簿》(柏林,1903)的材料编制的统计表):作者按各项工业开列,我只引用总数:

---

① 《公报》。——编者注

参　与　制	德意志银行	贴现公司	达姆施塔特银行	德累斯顿银行	沙夫豪森联合银行	柏林贸易公司
通过行政管理人员 ……………………	101	31	51	53	68	40
通过自己的监事 ………………………	120	61	50	80	62	34
通过上述两种方法之一 ………………	221	92	101	133	130	74
通过监事长或 2 人以上的监事 ………	98	43	36	41	46	33

第 **213** 页:主要国家投入全世界的海底电线的股份:

	1898	1903
英国 ……………………………	68.33%	60.2
美国 ……………………………	11.10	18.2
法国 ……………………………	10.10	9.0
德国 ……………………………	1.88	4.5
俄国 ……………………………	4.32	3.8
日本 ……………………………	0.90	0.8

第 239 页……　国外的电力工业企业(根据**法佐尔特**,《七大电力公司及其发展》……　德累斯顿,1904);我只引用有关**俄国**的总数(单位百万马克):

集　团		
西门子与哈尔斯克………………	33.10	104.39
电气总公司 ………………………	2.88	52.04
舒克尔特 …………………………	1.60	25.66
联合电气公司 ……………………	2.88	17.53
赫利奥斯…………………………	21.60	27.70
拉迈尔 ……………………………	—	5.12
库梅尔 ……………………………	—	0.69
	∑=62.06	233.13

第245页和第246页。罗马尼亚的煤油产量

1886年	53 000吨
1907年	900 000 〃

这个工业中的外国资本①:

{不坏的例子}

德国	74(单位百万法郎)
法国	31
荷兰	22
罗马尼亚	16
意大利	15
美国	12.5
比利时	5
英国	3
其他国家	6.5
	∑=185

(法国、意大利、比利时、英国:(54))

第283页及以下各页。

英国的殖民地银行:

32家银行……2 136个分行 …… 5 030万英镑(股份资本)

×25=125 750万法郎

法国的殖民地银行:

20家银行 136个分行② …… 32 680万法郎

尼德兰的殖民地银行:

16家银行 67个分行……9 800万弗罗伦

×2(??)=19 600万法郎

((关于德国的每一家**大**银行和某些海外银行的简直是专题性的材料很多))

① 见本版全集第27卷第384页。——编者注

② 同上书,第380页。——编者注

两个例子:

(第 **631** 页)德意志亚洲银行**25**(在上海)(1889 年 2 月 12 日成立)

5 000 张股票分配的情况(每张股票值 1 000 塔勒①)。

第 743 页:德意志东非银行成立于 1905 年 1 月 5 日 4 000 张股票(==200 万马克)

1. 贴现公司经理处	805 张	250
海外贸易银行经理处	175	
德意志银行	555——	250
布莱希勒德	555——	100
5. 柏林贸易公司	470	
工商银行	310	
罗伯特·瓦尔绍埃尔公司	310——	100
门德尔森公司	310——	100
10. 雅科布·施特恩(美因河畔法兰克福)	470	
迈·安·冯·路特希尔德(美因河畔法兰克福)	310	
11. 北德银行(汉堡)	380	
12. 奥彭海姆公司(科隆)	175——	100
13. 巴伐利亚抵押汇兑银行(慕尼黑)	175	
	5 000	

德意志东非银行	2 800
德耳布吕克,累夫	100
汉辛公司	100
冯·德尔·海特	100
	4 000

① 1 塔勒等于 3 马克。——编者注

贴现公司	800	布莱希勒德	555
德意志银行	555	门德尔森	310
柏林贸易公司	470	雅·施特恩	470
达姆施塔特银行	310	路特希尔德	310
	2 135		1 645

考夫曼:法国的银行

欧根·考夫曼博士:《法国银行业》,蒂宾根,1911(«Archiv für Sozialwissenschaft und Sozialpolitik»[①]附刊1)[②]。

第**362**页(我加以简化):自1870年起法国分行网的发展(三大银行:里昂信贷银行、国民贴现银行、总公司)

第356页 仍旧是这三家银行

第37页 法国的储金局

	在地方的分行	在巴黎的存款部	∑	资产负债表上自有的流动资金	他人的资金	存款数单位百万法郎	存户数单位百万
1870……	47+	17=	64——	(1872)**200** 单位百万法郎	+**427**		
1880……	127+	68=	195——	253	953		
1890……	192+	66=	258——	265	1 245	—3 325	7.3
1900……	505+	120=	625——	615	2 300	—4 274	10.7
1909……	1 033+	196=	1 229——	887	4 363	—4 773 (1906)	12.5

① 《社会科学和社会政治文库》。——编者注

② 见本版全集第27卷第349页。——编者注

法国财政部长计算(根据遗产税)法国国民财富为**2 000 亿**法郎(1903/05)——低于实际数字。 !!

其中的**550**(27%)为**18 000**人所有(第37页)

750(37%)〃 **45 000** 〃 〃 〃

第**85**页:顺便提一下:**《法国投入有价证券的资本》** 注意

单位**十亿**法郎　　　　一年

泰里的计算(1907)……61.4　　法国的……1⅓(单位**十亿**)(第87页)

注意 38.5　　外国的……1——正确些是**1**½(单位**十亿**法郎)

99.**9**

达**1 000**亿法郎

据泰里计算(1907)全世界的有价证券为7 300**亿**法郎 (*)

其中 1 150—1 300(大不列颠)

1 100—1 150(美国)

1 000—1 000(法国)

600— 750(德国)

3 850—4 200

{这是奈马尔克统计的数字}

(*) 第287页,注释(欧·考夫曼):“……这样一来,德意志银行通过7 200万马克的平衡表参与就控制了一部分股份银行,这些银行共有将近5**亿**资本和13亿多的他人资金”(参看**兰斯堡**《德国银行业中的参与制》,«Die Bank»[①],1910,6月,第504页)。 注意

泰里的计算

俄国的(证券)	——10.9(单位十亿法郎)
奥匈帝国的	—— 3.65
埃及的	—— 3.05

① 《银行》杂志。——编者注

土耳其的	——2.5
荷兰的	——1.45
瑞士的	——1.45
意大利的	——1.4
葡萄牙的	——1.35
英国的(包括殖民地在内)	——1.30
比利时的〃〃〃〃〃〃〃	——1.25
巴西的	——1.20
阿根廷的	——1.10
巴尔干国家的(不包括土耳其)	——1.050

赫格曼:法国的银行

C. 赫格曼:《法国大银行的发展》,威斯特伐利亚的明斯特,1908。引自他的**统计表 2**(仍旧是这**三家**法国大银行的分支机构——分行和存款部——的数目)(第 47 页)。

	国外的分支机构		地方的		巴黎的	Σ
1870			62			62
1880	12	——	119	——	67	198
1890	24	——	194	——	66	284
1900	35	——	467	——	120	622
1906	44	——	660	——	179	883

!!	2 家银行有	2 001—5 000 职员;	14—101—200;		1 635—1—4
	2 ——	1 001—2 000	25— 51—100		110 ?
	1 ——	501—1 000	148— 21— 50		
	3 ——	201— 500	261— 11— 20		Σ=2 945
			744— 5— 10		

胡尔夫特格尔:《英格兰银行》

奥托·胡尔夫特格尔:**《英格兰银行》**,苏黎世,1915。(学位论文。)

第400页:英格兰银行的存款(不包括政府存款)和某些私人大银行的存款的增长情况:

存款(**单位百万英镑**)

	1890	1900	1912	1890—1912 的增长数
英格兰银行	32.99	36.96	52.95	60%
劳埃德有限银行	19.28	51.02	89.39	364%
伦敦市和密德兰银行	—	37.84	83.66	—
伦敦股份银行	11.62	17.16	33.83	191%
英国国家地方银行	39.59	51.08	65.66	66%
帕尔银行	6.21	24.22	41.68	571%
伦敦郡和威斯敏斯特银行	—	—	81.69	—

雅费:英国的银行

埃·雅费:《英国的银行业》,1904(«Schmoller's Forschungen»[1],第109编)。

① 《施穆勒丛书》。——编者注

所有银行的存款总数(**单位百万英镑**)	所有银行营业所的数目	(第 **234/5** 页)平均每个银行营业所有居民
1858 ……	2 008	
1872 ……	2 924	10 767
1880 500—510 ……	3 554(1878)	
1881 ……		9 461
1890 660—670 ……		
1891 ……		7 249
1900 840—850 ……	6 512	
1901 ……		6 238
1903 840—850 ……	7 046	
1909:915 ……	7 861(1908)	5 280

根据《统计词典》

维伯:《对**马尔霍尔**的补充》,1911。奥古斯特·维伯。

美国在 1907 年有 23 900 家银行,平均每 3 600 个居民就有 1 家银行

梅伦斯:法国的银行

伯恩哈特·**梅伦斯**:《法国大信用机关的产生和发展》,柏林和斯图加特,1911。(《慕尼黑国民经济研究》,布伦坦诺和洛茨;第 107 编。)

第 **311** 页:法国投入证券的资本(仍然是奈马尔克统计的数字,考夫曼也引用了这些数字,见本笔记的前一页)[①]。

① 见本卷第 134—136 页。——编者注

法国投入有价证券的资本:

单位**十亿**法郎

注意

年份	十亿法郎
1850	9
1869	33
1880	56
1890	74
1902	90
1906	100

根据奈马尔克的统计(第311—2页)(奈马尔克)法国每年累积的资本——约15亿—20亿法郎,——而根据勒鲁瓦-博利厄的统计(第312页,注释)甚至有**25亿—30亿**法郎。

法国的**票据总额**

1881——27.3(单位十亿法郎)
1890——25.2(第211页)
1900——28.9
1907——35.9

{1908年法兰西银行的票据达2150万张,共值123亿法郎。第**263**页}

资本　准备金
(单位百万法郎)

1892——250+69.5
1900——500+144.7
1908——575+216.2

在4家银行中

这是里昂信贷银行、国民贴现银行、总公司+工商信用银行**四家**银行的资本和准备金(第240页)。

瓦利希:德国银行的集中

保尔·瓦利希:《德国银行业的集中》,柏林和斯图加特,1905。(《**慕尼黑国民经济研究**》,第74编(布伦坦诺和洛茨))(第173页)。

{浏览了一下,觉得这篇短小的著作写得还清楚,但是比里塞尔要贫乏得多,读过里塞尔的著作,就觉得它**毫无价值**。}

措林格尔(国际对照表)和奈马尔克

瓦尔特·措林格尔博士:《国际有价证券转移对照表》,耶拿,1914

(《世界经济问题》№18,莱比锡,哈尔姆斯版)。

第**106**页:奈马尔克(«Bulletin de l'institut international de statistique»[①]。第19卷,第2编,1912)提供了下列的证券发行数字(五年的∑∑)[③]:

{参看本**笔记**第17页[②]}

单位十亿法郎

注意

1871/5—45	76.1	1891/5 — 40.4	100.4	5700亿中的4%—5%=228—280—250亿法郎
1876/80—31.1		1896/900— 60		
1881/85—24.1	64.5	1901/5 — 83.7	197.8	
1886/90—40.4		1906/910—114.1		

第206页

有价证券的占有情况

(第223页):{**阿·奈马尔克**}[④]

单位十亿法郎

	1908年年底	1910年年底	
大不列颠	130—135	140—142	我的计算:479=80%
美国	115—120	130—132	
法国	103—105	106—110	
德国	80— 85	90— 95	
俄国	25— 27注意	29— 31	注意
奥匈帝国	21— 22	23— 24	
意大利	10— 12	13— 14	
日本	6— 7	9— 12	
“其余国家”	33— 38	35— 40	
共计	523—551	575—600	

{大不列颠…142
美国…132
德国…95
369
=61%}

① 《国际统计研究所公报》。——编者注

② 见本卷第79—81页。——编者注

③ 见本版全集第27卷第374页。——编者注

④ 同上书,第375页。——编者注

这是根据奈马尔克的统计数字核对过的,第**223**页

(*)这是"其余国家"在1902年一年的数字(320亿)[1]:

	1902	我的计算 1910 大约
荷兰	10	12.5
比利时	6	7.5
西班牙	6	7.5
瑞士	5←作者认为现在是6	6.25
丹麦	3	3.75
瑞典、挪威、罗马尼亚等国	2	2.5
	32(单位十亿法郎)	40

这是根据措林格尔的统计数字

瓦·措林格尔:《国际有价证券的转移和国外投资及其对生产和行情的影响》,载于«Zeitschrift für die gesamte Staatswissenschaft»[2],第69年卷,第3期。 (*)注意

参看**斐迪南·莫斯**的《法国的信用机关和法英在国外的投资》,«Jahrbuch für Nationalökonomie und Statistik»[3],第3类,第39卷,1910。 注意

瑞士拥有的"外国有价证券"达26亿法郎(第147页)而法国在瑞士——(1903)达**9亿**法郎(148)。

① 见本版全集第27卷第375页。——编者注

② 《一般政治学杂志》。——编者注

③ 《国民经济和统计年鉴》。——编者注

瑞士的**铁路**:这些铁路的证券属于

(第 150 页。措林格尔)

		单位百万法郎
法　国	——	420
德　国	——	67
比利时	——	8
英　国	——	3
荷　兰	——	2

∑=500(单位百万法郎)

瑞士工业中的外国工人=全体工人(∑=625 299)的 24.4%,其中 85 866=13.7%是**意大利人**

(第 108 页。措林格尔)德国的证券发行额(根据«Der Deutsche Ökonomist»①)

	有价证券 本国的	外国的	∑	
1886—90	4.4	+2.3	=6.7	(单位十亿马克)
1891—95	4.8	+1.5	=6.3	
1896—900	8.2	+2.4	=10.6	{也就是奈马尔克统计的数字,第 **232** 页}
1901—5	8.3	+2.1	=10.5	
1906—1910	12.6	+1.5	=14.1	

法国的证券发行额(措林格尔,第 III 页)

		法国的		外国的		单位十亿法郎
1902	—	64	+	66	=	130
1906	—	65	+	68	=	133
1910	—	69	+	73	=	142

"1910 年底,全世界各金融市场上开价并出售的有价证券为

① 《德国经济学家》杂志。——编者注

8 150 亿。在这 8 150 亿出售的有价证券中,有 5 700 亿—6 000 亿为各国臣民所有。"(第 223 页:奈马尔克)

"……实际上,不应该把在一个或几个市场上出售和开价的有价证券的数目同这些国家的资本家所拥有的数目混为一谈(我们一直坚持这个意见)。同一批有价证券可以同时在几个市场上开价和出售。"(第 203 页)

作者大致地减去了这些重复的数字,得出的数额不是 8 150 亿,而是 5 750 亿—6 000 亿[①]。 ‖ 注意

«Bulletin»第 201 页及以下各页。阿尔弗勒德·**奈马尔克**:《有价证券的国际统计》。

«Bulletin de l' institut international de statistique»[②],第 201 页及以下各页[③]。

奈马尔克的这篇文章是他就这个题目所写的第 **9** 个报告(其余的 8 个报告载于下列**各卷**:IX;XI,2;XII,1;XIII,3;XIV,2;XV,2;XVI,1;XVII 和 XVIII,2)。 ‖ 注意

‖ 在该杂志上他还就**同一个**题目写了其他一些文章,见 XIX,3 和所有 19 卷的**目录**。 ‖ 注意

19 卷(大部分有 2—3 册)

第 1 卷——1885

第 19 卷——1911

奈马尔克该文中还引用了 1871—1910 年逐年的证券发行额;下面就是这些发行数字:

---

① 见本版全集第 27 卷第 375 页。——编者注

② 《国际统计研究所公报》。——编者注

③ 见本版全集第 27 卷第 374 页。——编者注

39.1;76.1—39.1=37.0÷7=5.3

1871	15.6	12.6	10.9	4.2	1.7	3.7	7.9	4.6	9.4	5.5(1880)
[1881]	7.2	4.5	4.2	4.9	3.3	6.7	5.0	7.9	12.7	8.1
(1891)	7.6	2.5	6.0	17.8	6.5	16.7	9.6	10.5	11.3	11.9
(1901)	9.9	21.9	18.3	14.4	19.1	26.5	15.3	21.2	24.6	26.5

注意 ‖

国外的资本

大不列颠 ………………… 85(单位十亿法郎)(1910)(第216页)
法国 ………………………… 40
德国 ………………………… 20—25

各国的对外贸易(输入+输出)

单位十亿法郎

1867/8—55(单位十亿法郎)
1876 —70 〃 〃 〃 〃 〃 〃
1889 —93 〃 〃 〃 〃 〃 〃
} 诺伊曼–施帕拉尔特统计的数字(第219页)

1910 —132 — } 奈马尔克统计的数字(第218页)

单位十亿法郎

德国	——20	美国	25
大不列颠	——25	印度(英属)	6
法国	——13	日本	2.3
比利时	—— 6.7	加拿大	3.5
奥匈帝国	—— 5.4	南非(英属)	3
意大利	—— 5.2	埃及	2.2
瑞士	—— 2.8		42.0
西班牙	—— 2.0		
	80.1		

80.1+42.0=122,作者却算成132!!??

仅仅是这些国家!!!

全世界的铁路(1909 年为 983 868 公里)价值约 **2 700** 亿法郎。(第 223 页)

	1885	1905	1909
欧洲	195.2	305.4	325.2(单位千公里)
亚洲	22.4	77.2	94.6
美洲	246.1	450.6	504.2
非洲	7.9	26.1	30.9
大洋洲	12.9	27.0	28.9
	484.5	886.3	983.8

可笑的是结论:§9 标题:《国际社会财富、私人财富和普遍和平》(第 **225** 页)——“……难道可以设想和平会受到破坏吗?……有了这样大的数字……还会去冒险挑起战争吗?……谁敢担负起这种责任呢?……”①

参看考茨基关于“超帝国主义”**26**

“根据我们以前的统计资料,归法国资本家所有的法国和外国的债券和有价证券历年的总数如下”:

注意 {第 289 页} {参看本笔记第 67 页②}

年份:(年底)	单位十亿法郎	其中外国的
1850——	9	
1860——	31	—————
1869——	33	————10
1880——	56	————15
1890——	74	————20
1902——	87 至 90	————25 至 27
1910——	106 至 110	………38 至 40

① 见本版全集第 27 卷第 423 页。——编者注

② 见本卷第 139 页。——编者注

法国的国外投资在各国分布的情形(第290页):

单位十亿法郎

‖ 俄国	10—11①	‖注意	西班牙和葡萄牙	3—4
‖ 英国	½		美国和加拿大	2—3
比利时和荷兰	½		埃及和苏伊士	3—4
德国	½		阿根廷、巴西和墨西哥	4—5
土耳其和塞尔维亚	2—2½		中国和日本	1—2
保加利亚、罗马尼亚和希腊	2—3		突尼斯和法国殖民地	2—3
奥匈帝国	2—2½		∑(我加的)=34—43½	
意大利	1—1½			
瑞士	½			

泰罗:《企业的管理》

弗雷德里克·温·泰罗:《企业的管理》(瓦利希斯译并作了补充),
第2版,柏林,1912。

瓦利希斯于1911年访问了美国。伯利恒钢铁厂的例子(第17页):

	现在	**以前**
搬运924 000吨的总费用	130 000	280 000马克
每吨运费	0.139	0.304 〃 〃
1个工人的工资	7.80	4.80 〃 〃
1个工人搬运的吨数	57	16吨!!!

另一个例子(单位马克)(第32页):

① 见本版全集第27卷第378页。——编者注

	以前		现在
日工资	10.0		14.50
机器费用	14.0		14.00
每天的总费用	24.00		28.50
	÷5	每天台数	÷10
每台平均费用	=4.80		= 2.85

“不要忘记,首先必须考虑到特别坏的那部分工人的某种阻力,他们总是企图劝阻其他那些按连续制工作的人达到最高的生产率。”(28)　‖ 原文如此!!

“……从慢节奏的一般工作方法到车间领导很好的快速生产,有一段艰难的过渡时期……”(29)

第9页:“工作经常磨洋工,主要是想让车间的领导不了解机器和工人可能达到的效率。

这种有意放慢工作的现象十分普遍,以致在实行普通工资制的大工厂里,几乎没有一个手艺高超的工人不是用很大一部分时间想办法,如何做到既能尽量磨洋工,又能让雇主相信他是卖力干的……”(9)

“作者虽然从1883年起就在美国不同的工业部门实行自己的方法,但是从来不曾发生过人们罢工的事情,他认为,在实行这种方法的情况下,只有大部分工人都加入了联合会,罢工才是不可避免的,而这种联合会的入会条件十分严格,它不允许任何一个会员不按照联合会的规定进行工作……”(25)　‖ !!

还有一个例子(第33页及以下各页)。女工发现产品粗糙等等,就**手工**剔除报废的滚珠(抛光的钢珠)。

实行监视、监督、“测定时间”,挑选最好的女工,等等等等。“发现以前有很多时间都花在聊天上，什么也不干；因此，第一步是把最吊儿郎当的女工分开单独坐，至于那些坚持不改的人，就把她们开除……”（35）

（第 35 页）	**以前**	**现在**
结果：女工人数	120	35
她们每周的工资	15—19 马克	27—35 马克
工作日	10½小时	8½小时
工作质量	100%	158%

工长“职能制”：

（I）**在工场**

1. 调整工作（工作本身）的工长
2. 调节工作进度的工长
3. 检验员（验收员）
4. 监督总秩序和修理的工长（秩序）。

（II）**在各科室**

1. 分配工作（分配）
2. 派工员（分派工作）
3. 定额员和定价员
4. 总秩序监督员（总监督）。

注意 ‖ 认为工厂里的“非生产”人员（生产人员＝体力劳动；“非生产”人员＝监督员、工长等等）愈少工作就愈好的看法是错误的。**恰恰相反**。

第 50 页（§133（281—3））：在较好的工厂，“非生产”人员和生产人员是 1 与 6—7 之比。在较差的工厂，“非生产”人员和生产人员是 1 与 11 之比。

第 63 页:**瓦利希斯**在**出色的**塔博尔工业公司(约有 100 个工人;制造工具和铸造机)发现,职员和工人是 1 比 **3**!!!

第 67 页:"改革"的条件((改革所需的时间 **2—4** 年!!))"……就是要吸收愿意为高工资而紧张工作的、效率特别高的工人骨干……"

"……监督工长和职员人数至少要增加一倍……"(67)

《**每个**工人必须填书面表报,即使是填**印成的**卡片单也好!! 工长就更不用说了!!》

"……但还是需要有一段很长的时间,才能使他们(人们)习惯于利用每一分钟的时间努力工作,许多心有余而力不足、根本不能习惯于这种工作的人,那只好退职"(69)。 注意

"……当工长或领工的机会多得多了,因为在新的条件下需要有更多的人担任这些职务"(75)。 注意

(用**提升**工长来**拉拢**和**收买**工人)

测定时间是很困难的。例如,有一位工程师(桑福德·汤普逊)(第 81 页)对建筑的各工种测试了**六年**!!!他亲自用秒表来观察,还有两名助手协助!!((工地、瓦工、木工、"浇混凝土"和挖土,等等等等))

"……仅仅为上述某一工种就写了一本有 250 页厚的书(表格和正文)……" !

然后按**十分之几秒**(第 84 页)(特殊的表)分别测定极细小的操作(放下铲子;提起手推车;推手推车;放下手推车;拿起铲子,等

等等等),测量手推车的大小(立方米),并**以同样方法**测量铲子大小,等等等等。

挑选一些**优秀**(91)工人来测定,付给他们**较高的**工资(**答应**提高工资)……

还有一个例子:检查和擦拭锅炉。作者派一个助手研究这项操作。但他是一个新手,**什么**也没有做成。作者便亲自看着时间来操作。发现原来许多时间都浪费掉了,因为操作的“姿势不自然”(99)。于是做了“套在胳臂肘、膝盖和大腿上的**防护垫**,并且规定用专门的工具进行各种操作”,等等等等(100)。

> “这一切规定〈有许多页叙述如何进行操作,即工作〉初次实行时,受到很多嘲笑……” 结果:
> 250 和 44 ‖ 检查和擦拭一组 300 **马力**的锅炉的工资由 **250** 马克降到 **44** 马克!!!

作者在米德威尔钢厂工作了 10 年,那里没有发生过罢工。最好的工人都没有加入工会,因为他们享受着优裕的(较高的)工资。

> “公司实行这样的政策:在适当时候提高每个工人的工资,凡是该提拔的人,就加以提拔。对每个工人的优缺点进行了精确的登记,领工尤其要负这个责任,这样就能公平地对待每个人。如果在某一个企业里,是按工人的个人价值付给报酬,那么同低工资的工人联合起来就不会符合高工资工人的利益……”(101)

胡扯工人阶级和老板利益一致等等。作者**主张**罚款,认为这是一项最好的纪律措施…… 罚款作为人身事故抚恤金((罚款数目从 5 芬尼到 250 马克,**对**职员、**对**自己一视同仁!!))……

在**瓦利希斯**补充的一章(《最近的成就》)中说,在美国总共约有 **60 000** 工人是按改组企业(考虑周密的领导)的原则工作的(109)……

注意 资本主义制度下的“**刑罚或伎俩**”

只有 **60 000** 工人

吉尔布雷思在瓦工作业中实行,使一个工人每小时的砌砖量从 120 块增加到 350 块(109)(把 18 道工序减为 5 道)……

国会委派了一个工作委员会来研究**泰罗**制(109)……

一些势力很大的工会反对泰罗制(110)…… 当然!

(瓦利希斯):“……‘考虑周密的领导’这种说法只是一句空话,说它的内容是‘紧张的生产活动’才更加恰当……”(111—112) 对!!!

附录。争论。许多人指出,泰罗的“**如意算盘**会落空”:工人组织是不会同意的(119、116 及其他各页)。

第 129 页:奥伯林·斯密斯建议在学校里讲授泰罗制……

完

佐伊伯特:《泰罗制的实行情况》

有执照的工程师**鲁道夫·佐伊伯特**:《泰罗制的实行情况》,柏林,1914。

作者花了8个月的时间特别对塔博尔工业公司(费拉德尔菲亚)进行了研究,并许诺说还要作详细的**实际的**描述。

很能说明问题!

第6页:“凡是熟悉德国和美国情况的人,都会直言不讳地承认:在节约使用材料方面,德国工业远远走在美国工业前面;但是在节约使用劳动力方面,相反地,德国还要向美国多多学习……”(7)

“测定时间”最好叫做“测定效率”,因为不仅要观察**时间**,而且还要研究和创造出**最好的**工作**方法**(9—10)……

注意 ——“劳动的科学”(10)

用电影来研究动作——斜着身子(不用看)就容易拿住材料,等等等等。“不做任何多余的或无益的动作。”(15)

注意

原文如此!!!! 注意

应当根据美国的**民主**风气谨慎行事(第22页),不要让人把这看成是一种“折磨”(22)。

工资一般比工人现在所得的高⅓,这样

注意 资产阶级化!!

“他本身〈如果+⅓〉就已达到了收入相当好的中等商人或技师的经济水平……”(22)

第30页:泰罗的改革“平均”前后经过“**5年**”:实行泰罗制的经费负担很重,塔博尔工业公司“险遭**破产**”。 !!

塔博尔工业公司创建于19世纪90年代。1904年有过一次罢工(取得了一半的胜利)。经营情况不妙。泰罗提出由他出钱,由他当组织者(32)。他们谈妥了。

5 年后:生产扩大了 80%

费用减少了 30%

工资增加了 25%

1912 年有 45 个工人(33)

48 个(!! 原文如此!!!)**职员**和**工长**((通常是 1:3))

(clerks[①])(办事员、职员和工长)

接着复制"索引"(简要的)、卡片、文件、委托书——文牍浩繁,极其复杂……职员称之为"犹太圣法经传"(第 35 页)……

有一位职员**专门**测定效率(测定时间),这样他就能很好地**研究**双手的各种动作等等,以及一切操作,并且加以**改进**。

……"因此,在塔博尔工业公司,由于进行了效率的研究,任何一项作业几乎每天都要检验其是否合理,都能得到改进。"(107) 注意

第 153 页:"测定时间和研究**动作**"=泰罗制中最"有趣"、最"引人注目"的事情。 注意

【钟表——计算几小时和百分之几小时(第 124 页),更方便。】

在德国实行有困难:"……德国劳动阶级的社会分化是一个不可低估的困难。在德国,受过高等教育的人对待没有受过高等教育的人,如工程师对待工长,工长对待工人多半是采取'命令的口吻'。而在实行泰罗制的情况下,他们应该感到彼此是合作者,这种口吻就不能容许了……"(152) 要养成"提拔工人当工长和 !! 注意

① 职员。——编者注

职员"的习惯需要好几年的工夫……

完

吉尔布雷思:《对动作的研究》

弗兰克·邦·吉尔布雷思:《对动作的研究是增加国民财富的手段》。(«Annals of the American Academy»[1],1915年5月,第96页及以下各页。)

"……对每一个人的动作(不管他做什么工作)都进行了研究,使之合乎标准……

……在砌砖的时候,砌一块砖的动作由18个减为5个,这样每小时的砌砖量从120块增加到350块。叠布的动作由20—30个减少到10个或12个,其结果在不
? ‖ 增加疲劳的情况下,由原来叠1 800匹布增加到叠4 800匹。此外对一个贴鞋油盒商标的女工的动作也进行了研究。她原来每40秒钟粘贴24盒,由于工作方法稍微作了些改变,她在20秒钟内就能贴24盒,而且费力更小。类似的研究不仅能促使其他行业男女工人减少动作,而且也能减少医生、助理护士及办公室工作人员的动作,总之,只要对每一种工作都加以研究,就能够促使每一种工作人员的动作减少……"(96—97)

装配(assembly)编绳机……"从前一个人一天只能装配18台编绳机,而现在一个人一天就能装配66台编绳机,而且并不增加

① 《美国……学院年刊》。——编者注

疲劳……”(97)

最新的方法=(1)研究微小的动作……(2)使用“周期时间记录器……”(97)

I. 在工人面前放置一个“微小动作指示计”,记录(指示计记录)“在一天的不同时间内每个镜头摄下的动作……”(98)

II. “用周期时间记录器研究动作的方法就是把小电灯泡系在操作者的手指上,或者系在操作者的身体或材料的某一部分上,以便很好地研究动作的路线〈摄取光的运动及其线路〉……”(98)

这些研究关系到整个社会的利益…… “逐渐填补学校和工厂之间的空白是一个明显的后果。加强对动作的研究表明:从机械动作方面来说,不同手艺、甚至不同职业之间的相似之处比我们在任何时候所设想的要多得多。工业界将愈来愈需要手指训练得很灵巧的青年工人……”(101) !! 注意

在国民学校中应该进行这种教育:

“……‘手指灵巧’,也就是说把肌肉训练到能够轻松而迅速地符合熟练劳动的要求……”

目前,“研究”的分散和重复等等造成了“巨大的浪费”(102)…… “美国政府的任务就是设立这样一个机械手工标准化的机构。那里所规定所收集的标准就会成为公共的财产,并且独立的研究工作者就有可能在原来标准的基础上制定出更进一步的标准……”(103)

这是在资本主义制度下,朝社会主义发展的技术进步的一个极好的例子。

耶德尔斯:《德国大银行与工业的关系》

奥托·**耶德尔斯**博士:《德国大银行与工业的关系,特别是与冶金工业的关系》,莱比锡,1905((«Schmoller's Forschungen»[①]**第24**卷**第2**编))。

序言中注明的日期是1905年6月

读了里塞尔的著作**以后**就无法再读了,因为都是一些重复的东西、一些原始材料和实例,没有新东西。
这只是指该书的开头部分。看来,是里塞尔剽窃了这本书。在论述与**工业**的关系时,耶德尔斯谈得更丰富、更生动、更巧妙和更科学。

普通的现象 ‖ 第18页:例子:为了把**蒂森**选入“监事会”(!!)而收买盖尔森基兴矿业公司的股票(1904年)。

第57页:参加发行工业公司证券的银行(股份的)和私人银行家的数目

	银行家	每个银行家的平均发行额	银行	每家银行的平均发行额
1871/2	90	4.4	31	6.1
1899	34	2.7	16	12.4

第103页:麦尼斯曼兄弟出卖了他们的“无缝管”发明专利权,

① 《施穆勒丛书》。——编者注

得款**1 600**万马克(!)……(1890)……

任何一次危机(1857、1873、1900)都引起集中,特别是1900年的那次危机:

“遭到1900年危机的,除了各主要工业部门的大型企业以外,还有许多在今天说来结构上已经过时了的‘单纯’企业〈即没有联合起来的企业〉,它们是乘着工业高涨的浪头浮上来的。价格的跌落,需求的减少,使这些‘单纯’企业陷于灾难的境地,这种情况,大型的联合企业或者根本没有遇到过,或者仅仅在极短的时期内碰到过。因此,1900年的危机引起的工业集中,其程度远远超过了1873年的危机。1873年的危机虽然也起了一种淘汰作用,使一些较好的企业保存下来,但是在当时的技术水平下,这种淘汰并没有能够使那些顺利地度过危机的企业获得垄断地位。长期地占据这种垄断地位的,是现在的钢铁工业和电力工业中的大型企业(因为它们的技术复杂,组织分布很广,资本雄厚),而且垄断程度很高;其次是机器制造业以及冶金工业、交通运输业等某些部门的企业,不过垄断程度较低……”(108)①

‖ 注意

‖ 垄断

第111页:——当需要将**凤凰**公司并入**钢厂联盟**时,沙夫豪森联合银行便收买了凤凰公司的**大部分**股票,并且还通过了一项决定。

① 见本版全集第27卷第345页。——编者注

德累斯顿银行也以同样的方法在克尼格斯和劳拉冶金工厂的"监事会"中"赢得了"两个席位(4 年前),并且通过了它所需要的决议……

监事会的作用是极其广泛的(事实上可能=**董事会**)……

原文如此!(真简单!) ‖ "……它们自愿把监事职位让给有声望的人物和过去的政府官吏,这些人可以使公司在同当局打交道的时候得到不少方便……"(149)①

常见的事情!! ‖ "在大银行的'监事会'里,常有……国会议员或柏林市议会的议员……"(152)①

155(末尾)"　……但上述情况〈列了一系列的"**名字**":达姆施塔特银行经理德恩堡;德意志银行经理格温纳〉清楚地表明,工业家多半是该部门或该区域各公司的监事,大银行的经理则参加各种企业的董事会……"

1. **沙夫豪森联合银行**的经理是 **33** 家公司"监事会"的监事!!(第 155 页)

第 150 页:监事会的 **35** 个监事席位控制在同一些人手里的例子……(35)

‖ 第 156 页:"……除了某些大工业家活动范围的这种扩大以及地方银行经理分别专管某一工业区以外,大银行领导人按各个经济部门的专业化也有所加强。这样的专业化,只有在整个银行企业的规模很大,尤其是在银行同工业的联系很广的时候,才能设想。这种分工是在两个方面进行

① 见本版全集第 27 卷第 357 页。——编者注

的:一方面,把联系整个工业界的事情交给一个经理去做,作为他的专职;另一方面,每个经理都负责监督几个企业或几组在行业上、利益上彼此相近的企业。某个经理专门管德国工业,甚至专门管德国西部的工业,另一些经理则专门负责同外国和外国工业联系,了解工业家等等的个人的情况,掌管交易所业务等等。此外,银行的每个经理又往往专管某个地方或某个工业部门:有的主要是在电力公司监事会里工作,有的是在化学工厂、啤酒厂或制糖厂里工作,有的是在少数几个孤立的企业中工作,同时又参加一些不属于工业方面的公司,如保险公司监事会。要是这样用柏林银行各个经理的例子证明下去,我们会过多地谈论个人。总而言之,在大银行里,随着银行业务的扩大和业务种类的增多,领导人的分工无疑也就更加细密,其目的(和结果)是使他们有所提高,稍微超出纯银行业务的范围,使他们对工业的一般问题以及各个工业部门的特殊问题更有判断力,更加懂行,培养他们在银行势力所及的工业部门中进行活动的能力。除了这一套办法以外,银行还竭力挑选熟悉工业的人物,挑选企业家、过去的官吏、特别是在铁路和采矿部门中工作过的官吏,来参加本银行的监事会或附属银行的监事会[①]。银

“监督”
社会经济

注意

注意

“办法”

① 见本版全集第27卷第357—358页。——编者注

行与其说是要这些人与工业企业联系，不如说是要他们提出一些专家的意见，因为要提出这样的意见，不仅要受过高等学校教育，而更重要的是要有长年的技术经验、做生意的经验和人生的经验……”（157）

注意 ‖ “……但是，银行经理当监事的优点不仅在于，他出于对银行所负的责任，能诚实地履行自己的职责，而且还能很好地掌握市场情况，可以使他那个由职员组成的庞大机构去完成监事会的商业技术任务；正是由于掌握了许多公司的情况，他能比较容易地对个别公司作出正确的估计，不至于对个别企业估计过高，而这种事情在一个人只参加单独一个公司的监事会的情况下是时常发生的。”（157—158）

对“全局”的观察 |||

1903 年底，大银行派代表参加各工业公司**监事会**的情况。（第161—162 页）[①]

	德意志银行	贴现公司	达姆施塔特银行	德累斯顿银行	沙夫豪森联合银行	柏林贸易公司	**6 大银行总数（我加的）**
通过经理…………	101	31	51	53	68	40…	344
通过自己的监事…	120	61	50	80	62	34…	407
共计	221	92	101	133	130	74…	1 040 { 751
通过担任监事长或由两人以上当监事	98	43	36	41	38	33…	289

① 见本版全集第 27 卷第 356 页。——编者注

这不是从里塞尔那里摘来的吗？参看第170—171页:**各工业部门**的监事……第137和139页:工业证券的发行

"……在工业中的银行业务具有上面所描述的那种包罗一切的性质,大银行有可能也有必要经常利用定期的业务上的往来,提供工业贷款,发行证券,占据监事的席位,作为与工业企业建立密切的和长期的关系的工具,——所有这一切在银行和工业企业的周围织成了一个密网,这样就经常地在消除由于个别业务所引起的同这些企业的竞争,至于某些公司则可以长期地消除这种竞争……"(163)

"包罗一切的性质"

"密网"

"我们考察了全部工业联系,结果发现那些为工业工作的金融机构具有包罗一切的性质。大银行同其他形式的银行相反,同某些著作中提出的银行应当专门从事某一方面业务或某一工业部门工作,以免丧失立脚点这样的要求相反,力求在尽可能不同的地区和行业同工业企业发生联系,力求消除各个地方或各个工业部门因各个企业历史情况不同而形成的资本分配不均现象[①]。与此同时,大银行还愈来愈要求在长期的经常性的业务关系上建立工业联系,并且通过担

"包罗一切的性质"

"同〈老规矩〉相反"

① 见本版全集第27卷第359页。——编者注

任监事这套分叉系统表现出这种联系,而且使它有可能扩大和加深;与这两种影响的范围比较起来,发行证券的业务按其对大银行的工业联系的意义来说,就相对地退居次要地位了。一种趋势是使银行同工业的联系成为普遍的现象,另一种趋势是使这种联系更加巩固和加强;这两种趋势在六大银行中虽然没有完全实现,但是已经在同样程度上大规模地实现了……”(180)[①]

“趋势”

工业与银行的“新”关系

“大概不会早于90年代”

1897

危机(1900)

“工业企业间的联系及其新的内容、新的形式、新的机构即既集权又分权的大银行,成为国民经济的有代表性的现象,大概不会早于90年代;在某种意义上,甚至可以把这个起点推到1897年,当时许多企业实行了大‘合并’,从而根据银行的工业政策第一次采用了分权组织的新形式。也许还可以把这个起点推到更晚一些的时候,因为只有1900年的危机才大大加速了工业和银行业的集中过程,巩固了这个过程,第一次把同工业的关系变成大银行的真正垄断,并大大地密切了和加强了这种关系……”(181)[②]

1900年危机之后(萧条)

“……莱茵—威斯特伐利亚采矿业的突然的集中,钢厂联盟的建立,大电力公司的合并等等,无疑大大地加速了银行同工业之间的联系问题的实际解决……”(182)

① 见本版全集第27卷第359页。——编者注

② 同上书,第361页。——编者注

"……现代工业企业家的活动把银行移到一个崭新的经济生活的范围……银行在相当程度上已经从纯粹中介活动的范围转到了工业生产的范围…… 这样〈通过同工业的联系〉大银行不仅接触到个别企业的发展趋势,而且接触到同一个工业部门的不同企业之间以及整个整个工业部门之间的联系……"(183)

注意

"凡是近几年来注意大银行经理和监事人选变更情形的人,都不会不觉察到,权力逐渐转到了一些认为积极干预工业的总的发展是大银行必要的、愈来愈迫切的任务的人物手中,于是这些人和老的银行经理在业务方面,往往也在个人方面意见愈来愈分歧。实质的问题是:银行这种信贷机构会不会因为干预工业生产过程而受到损失,会不会因为从事这种同信贷中介作用毫不相干的业务,从事这种会使它比从前更受工业行情的盲目支配的业务,而牺牲掉自己的稳固的原则和可靠的利润。许多老的银行领导人都说会这样。但是,大部分年轻的领导人却认为积极干预工业问题是必然的,正像随着现代大工业的出现必然会产生大银行和最新的工业银行业一样。双方的意见只有一点相同,就是大家都认为大银行的新业务还没有什么固定的原则和具体的目的。……"(184)①

注意

往哪里……

过渡?

① 见本版全集第27卷第360页。——编者注

“银行对国外的业务和在国外的业务分为三个部分，其中每一部分都适应于一定的发展阶
1 2 3 ||| 段，即国际支付、承办外国债券和参与国外的工业企业……每一部分……给一定时期的德国大银行的对外政策打上自己的烙印。

……关于外国债券对本国工业的意义问题，一家特别重视国外业务的贴现公司的领导人，在10年前曾向交易所调查委员会讲过如下一段话（《交易所调查委员会记录》，第371页。吕塞尔的记述）：‘我认为，如果德国的外国债券的发行……不是掌握在德国资本和德国银行的手里，
注意 |||| 而是掌握在外国的手里，那将是极大的损失。正
注意 || 是为了避免这一点，外交部才十分关心我们在国外建立贸易和银行的分支机构和各种联系，我认为这种关心是完全正确的。因为只有有了这些联系，才有可能为德国工业在国外找到合乎愿望的工作。||

……在我国出口工业中普遍埋怨的就是德国在大宗交易的市场上与伦敦相比显得太落后
注意 “订货” ||| 了。差不多所有的订货都集中在伦敦这个庞大的世界市场上，只是由于我们距离某些外国企业比较近些，我国工业才有事务关系和经常性的工作……’”（186—187）

“……既然德国大银行直接经营国外的工业企业，那还是应该区分两个原则上不同的、在总

的方面和在时间上有区别的发展阶段。第一阶段,如果从历史上来看,大约相当于外国债券的繁荣时期,因此,在不同国家所处的年代是不同的:70 年代和 80 年代可以看做是**外国铁路建筑的**繁荣时期……"(187)

两个阶段

铁路

两种类型("两种相反的极端"):**罗马尼亚的**铁路和参与**美国的**铁路。

"第一阶段的特征是,国外工业的活动同债务有着紧密的联系,虽然作为供应者的本国工业可以得到某种利益。银行的主动性是有力量的,是起决定作用的,但它只是间接地从事工业,银行的注意力主要是放在对外国有价证券的有利可图的投资方面。这是以下情况造成的,即本国工业还没有集中到 90 年代以后那种程度,还没有 90 年代以后那种扩张的能力。

19 世纪 90 年代以后

第二阶段

相反,在第二阶段,外国债券对银行业务的意义,已退居次要地位,而大银行对国外工业的兴趣却日益增长,较少地依赖于对该国的其他金融联系。大银行(或者在大银行帮助下)在其他国家组织工业公司,日益成为一种常见的现象,同时在国外的业务中大银行同本国工业建立了密切的合作……"(188)

"……它们〈本国企业〉在渗入国外时对银行的依赖程度比在本国工厂中大得多……相反地〈与本国不同〉,银行在国外就像在国内一样,有

自己的分行,它在国际支付周转中占统治地位,或者由于组织发行公债也许还与该国政府建立一定的联系……”(189)

四种形式 “银行参与外国工业企业可以分做四种形式:1.设立本国工业的分支企业或女儿企业……

……2.设立……同本国工业只有不固定的联系或者完全没有联系的独立的国外企业…… 但是,特别典型的情况是最新的**外国**铁路企业和共同参与德意志亚洲银行的各大银行的东亚企业……”这已

黑体是我用的 经是“**夺取经济领域的一个环节**。”(190)

(巴格达,——中国等殖民地)

“……3.第三种情况是大银行企图通过建立自己的企业,而且往往只是通过参与现有的企业,来保证自己在国外某个工业部门中的地位……”(191)参与南非**矿业公司**(德意志银行从1894年起,等等)。

建立“自己的”工业 4.“……德国银行界还企图保证自己或自己背后的德国资本能独自经营国外的某个工业部门”(192)……例如:它力图“在自己的控制下组织以罗马尼亚煤油工业为中心的部分**煤油**工业……”

瓜分世界 “……世界的煤油市场直到现在还被两大金融集团分占着:一个是洛克菲勒的美国美孚油公司,一个是俄国巴库油田的老板路特希尔德和诺贝尔。这两个集团彼此有密切的联系,但是几年

以来,它们的垄断地位一直受到五大敌人的威胁”(193):

(1)美国石油资源的枯竭

(2)巴库的曼塔舍夫公司

×(3)奥地利的石油资源

×(4)罗马尼亚的石油资源

×(5)海外的石油资源,特别是**荷兰**殖民地的石油资源(富翁**塞缪尔**和**壳牌**运输和贸易公司)①。

×=有**德意志银行**和德国其他银行参与的。

“……银行进行国外活动的动力,不是出于民族的热忱,而是由于在现代资本主义发展的一定阶段上,愈来愈需要为德国的闲置资本在国外建立有利可图的投资部门……”(197)

常识

“在成立技术研究会方面,银行起着同样的作用〈帮助工业企业〉,这种研究会的研究成果应当由友好的企业来享用。例如,这一类机构有电气快速铁路研究会、勒韦康采恩设立的‘中央科学技术研究所’和中央矿业局——美因河畔法兰克福的有限公司,该公司除了从大工业家那里获得资金而外,还得到第一流银行供给的资金”

大银行(金融资本)的技术作用

① 见本版全集第27卷第384页。——编者注

(210—211)[①]。

有时候银行**使**不同的工业企业**接近起来**(有时使它们组成卡特尔,有时则使之专业化等等)……

银行=企业间的"内部联系"

"……在这里银行以某种方式体现出随着大工业的增长在许多企业之间建立起来的内部联系,它表现了这些企业的共同利益……"(215)

"……像巴格达铁路这样的企业给了**德意志银行**多么大的可能性,使它能够给同自己友好的工厂做很多工作!……"(217)

注意 联系的增长

"虽然不同企业和不同工业部门的接近,到目前为止是由银行通过订货的方式'顺便'完成的,但是这种接近在相当程度上仍然预示着随着大工业生产的增长,它们之间的联系将愈来愈频繁,愈来愈复杂,愈来愈广泛。不同工业部门和不同企业之间的联系和相互依赖关系都是通过大银行这种机构表现出来的,而隐蔽的联系则愈来愈成为真正的合作……"(219) 注意

!! 可以听到对银行的"**恐怖主义**"的怨言——(219—220)——要求**必须**与一定的公司(为了订货等等)打交道。(220)

在电力工业中,危机(显然是1900年的危机)起了特殊的作用,而银行则加强和加速了较

① 见本版全集第27卷第360页。——编者注

小企业的毁灭和它们被大企业吞并的过程。(第230—232页)"……银行停止援助的正是那些最需要援助的企业,这样就使那些同银行联系不够密切的公司,起初虽有蓬勃的发展,后来却遭到了无法挽救的破产。"(232)[①]

银行和企业的破产

关于电力工业的详细材料没有意义。参看«Die Neue Zeit»[②]中**较新的**材料。

注意

勒韦集团。

勒韦缝纫机工厂建立于1869年,还制造武器,后来(70和80年代)又增加了工具和锅炉的生产等等,后来建立了电力工业和女儿公司等。[耶德尔斯描写得不很好]

在谈大银行对卡特尔的态度这一节中(253—258),作者的描写有些"累赘"和零乱。他划分了四种态度:(**1**)漠不关心(对不重要的卡特尔);(**2**)对待**煤炭工业**之类的卡特尔(这样的卡特尔对该工业说来是"**攸关生命的问题**")"无条件地关心"(254);

(**3**)"协助"卡特尔,如协助铸钢卡特尔;

(4)纯粹是"银行业务关系",如在"**沙夫豪森联合银行**"下面建立"辛迪加办事处"(1899)……

与№2有何区别?不是"无条件地关心吗?"

258—265:对**煤炭**工业集中过程的描写(蒂森及其他人)。见威纳尔在1913年«Die Neue Zeit»中作的更好和更新的描述(记在另一

① 见本版全集第27卷第381页。——编者注

② 《新时代》杂志。——编者注

本笔记中)[1]。

265及以下各页,**电力**工业(见«Die Neue Zeit»的摘录[2])。

“同时,银行的最高原则,首先是**有意识地**促进集中过程,以前它们通过资助生意好的企业的办法已经间接地促进了这一过程……”(268)

“改变” ‖ “大银行的工业政策由信用机关的政策改变为工业集中的政策,这就明显地暴露出了现代银行业发展中的三重矛盾……”(268)

‖ (1)“……进一步地消除大银行之间的竞争的事实……”(269)

‖ (2)银行的“分权制”(各地的分支机构以及与地方银行的联系)导致“资本的日益聚集,从而把银行和工业联合成统一的整体”……

(3)“……日益增长的集中意味着建立目的性更强的组织……”(270)

“通过推广生产联合制的方法(在电力工业和大型冶金工业中可以看到这种联合的不同趋向),这个有意识地进行领导的生产部门可能大大地扩展,而大银行在这个明显的变动中是一个重要的因素……”(270)

这里有一种趋势,即损害其他部门而特别保护**重**工业(煤铁工业)……

注意 ‖ “大银行要求集中、要求有目的地领导工业的愿望是自相矛盾的,因为它们只要求在某些工业部门做到这一

① 见笔记“α”,本卷第8—10页。——编者注

② 见本卷第376页。——编者注

点，于是使其余工业部门更加严重地缺乏计划性。”(271)[①]

完

施蒂利希和《世界经济》

短　评

奥斯卡尔·**施蒂利希**博士：《大工业企业的政治经济研究》，

第1卷，《钢铁工业》，柏林，1904。

2.《煤炭工业》，莱比锡，1906。

从浏览中可以看出，这是对**个别**规模极大的企业的**描述**（关于**技术**和**商业**方面的，部分谈到工人的状况）。

{仅仅谈到个别企业，没有任何综合，更没有结论……}

注意上述著作引用了**J.格尔曼**。**《工厂工人的熟练程度》**，«Die Neue Zeit»[②]，第**21**年卷，第2册，№30（（关于机器排挤非熟练工人和使用机器后**熟练**工人的作用加强的问题））　注意

《**世界经济**》——“年鉴和案头书”。恩斯特·冯·**哈雷**版。

年卷：Ⅰ.1906

Ⅱ.1907

Ⅲ.1908

① 见本版全集第27卷第344页。——编者注

② 《新时代》杂志。——编者注

每卷分三部分：(1)国际评论；(2)德国；(3)其他国家。

评论**比**诺伊曼-施帕拉尔特的**差**，因为大部分都没有总结，只有各国的资料。

不连贯、不充分、没有综合。没有各年度的资料（**大部分**没有）。也许可用做个别的参考资料。

> 卡尔韦尔在他的《世界经济导论》一书中部分地表现出来的那种分析**整个**世界经济**联系**的科学兴趣根本没有；只有一些原始统计资料。

《银行》杂志摘录

«Die Bank»[①]，1912，2。

《冯·格文涅尔先生的煤油垄断》（1032—）（费利克斯·平内尔博士）。

参看本笔记第13页[②]

1911年3月15日，帝国国会几乎是一致地通过了煤油垄断的要求。政府欣然接受了这个“受众人欢迎的”（1032）主张。结果是银行……“无法就分赃问题达成协议”（1033）。只有**德意志银行赞成！！**而其他的银行（**以贴现公司**为首）则反对，**一部分**原因是他们认为**德意志银行**分到的太多了[③]。

① 《银行》杂志。——编者注

② 见本卷第73—74页。——编者注

③ 见本版全集第27卷第385页。——编者注

银行的斗争对于事情是有利的："只有有关方面相互揭发（他们做得很彻底、很内行，熟悉彼此的弱点）这个问题才能弄清楚……"（1034） 原文如此！

消费者害怕物价狂涨（"猛涨"，1034）。消费者得到了**美孚油公司**的**很好的**服务。

只有用水力发出廉价的电力，实行**电力垄断**，才能同煤油托拉斯作斗争。但是，我们要得到**电力垄断**，非使它对生产者有利不可。

"电力垄断只有在**生产者**需要的时候才会实现，也就是说，只有在下一次电力工业大崩溃逼近、各私营电力工业'康采恩'现在在各处修建的已经从市政府和国家等等方面获得了某些垄断权的那些成本高的大电站不能获利的时候，才会实现。到那时候就只好使用水力；但是用水力发出廉价的电力也不能靠国家出钱来办，还是要交给'受国家监督的私人垄断组织'去经营，因为私营工业已经订立了许多契约，为它的成本高昂的蒸汽企业争得了巨额的补偿，这就过于加重了由国家管理并使用水力资源的电力垄断组织的地租负担。以前钾碱的垄断是如此，现在煤油的垄断是如此，将来电力的垄断也是如此。我们那些被美妙的原则迷住了的国家社会主义者，现在总该明白：德国的垄断组织从来没有抱定过这样的目的，也没有达到过这样的结果，即为**消费者**带来好处或者哪怕是交给**国家**一部分企业利润，它们仅仅是为了**用国家的钱来振兴快要破产的私营工业罢**

注意

原文如此！

!!

!!

给金融资本的"贡献"

注意

注意 ‖ **了**。”[1](1036。黑体是原作者用的) ‖

有一张煤油康采恩的“交织情况”表

德意志银行被美孚油公司击败了,并于1907年(被迫)同它签订了一个很不利的条约。根据这个条约,美孚油公司在1912年可以廉价购买德意志银行的煤油源。

于是德意志银行就“开始活动”,来建立垄断组织!!

贴现公司(和它的德意志石油股份公司)反对德意志银行,并小心翼翼地为了同**美孚油公司**签订协议而努力。

«Die Bank»,1912,2,第695页:

{殖民地银行} “英国股份银行的统计”(英格兰和威尔士)

单位百万英镑

注意 ‖	1890——	104家(股份)银行		有**2 203**个分行	存款 **368**
注意 ‖	1911——	44 〃	〃 〃	〃 **5 417** 〃 〃 〃	〃 〃 **749**
				在苏格兰	
	1890——	10 〃	〃 〃	〃 975 〃 〃 〃	
	1911——	9 〃	〃 〃	〃 1 227 〃 〃 〃	
				在爱尔兰	
	1890——	9 〃	〃 〃	〃 456 〃 〃 〃	
	1911——	9 〃	〃 〃	〃 739 〃 〃 〃	
				殖民地银行	
注意 ‖	1890——	30 〃	〃 〃	〃 **1 742** 〃 〃 〃	
注意 ‖	1911——	38 〃	〃 〃	〃 **3 645** 〃 〃 〃	

① 见本版全集第27卷第385—386页。——编者注

«Die Bank», **1912**, 2(629 及以下各页)。费利克斯·**平内尔**的《**煤油战略**》:

一方面是德国人(贴现公司和**石油**股份公司)想联合罗马尼亚(和俄国)反对美孚油公司;

另一方面是**美孚油公司**在荷兰**本土**办了一个公司(尼德兰殖民地石油公司),收买荷属印度的油源(和租让权)——打击自己的主要敌人:**英荷**壳牌**托拉斯**等等。

瓜分世界的斗争。"瓜分世界",**第 630 页**。

注意
煤油托拉斯
瓜分世界

英荷托拉斯分到亚洲。

美孚油公司分到世界的其余地方。

美孚油公司想攫夺**一切**。

德国人则想保卫自己(+罗马尼亚+荷兰+俄国??)。

«Die Bank», 1912, 1。

路·埃施韦格的《**托拉斯的爱国主义**》:在德国成立了一个收买影片发行商的托拉斯!(帕太公司(巴黎)日产电影胶片 **8 万**米,每米 1 马克。全世界的电影院每年的收入约为 **10 亿**马克!!)(第 216—7 页)。这一工业在德国很落后,在法国特别发达。德国约有 40 家出租处收购影片,"租给"电影院的老板。(成立了一个德国电影工业股份公司托拉斯,由民族自由党议员帕舍领导。资本=500 万马克,其中"不少的一部分"显然是打算用

电影
托拉斯!!

做"创业利润")…… 建立垄断。能成功吗??

«Die Bank»,1912,1(第223页及以下各页),**阿·兰斯堡**的文章。《**公爵托拉斯的金融事业**》(这是交易所对菲尔斯滕贝格公爵和霍亨洛埃公爵这两个富豪、金融家的"事业"的称呼)。他们把自己的和**德意志银行**的几百万资金投入波斯瓦—克诺尔公司(建筑公司)。这个公司弄到了**1亿**马克的巨款(!! 第229页),自不量力地干了一大堆极其冒险的事情,结果**倒闭了**。**德意志银行**损失了约1 200万,菲尔斯滕贝格损失约800万(第226页),这里还**遮掩和隐瞒了**(第226页)破产的全部数额。作者非常气愤,他写道:"一种从克诺尔的毒素中产生的东西是我们整个经济发展所固有的"(230)…… "他们〈波斯瓦和克诺尔〉进行工作的原则同德国两个最大的电力康采恩赖以获得成功的那个原则恐怕没有什么两样……"(228)[①]

(页边批注:**德意志银行**的真面目!!! 和 原文如此!! 电力康采恩)

如果波斯瓦和克诺尔能把风险往别人身上一推,使自己得以脱身,那他们就会受到大家的赞扬,而成百成百的人就会破产!

«Die Bank»,1912,1。

路·埃施韦格:《**资本主义道德化**》(第12页—)。帝国国会选举。保守派与民主派的斗争。"当人们正在争论应该由人民来管理,还是由官僚来管理的时候,决定早就作出来了,应当由第三种势力,即财阀来管理"(12)……"在财富的经济源泉已经被少数超

① 见本版全集第27卷第371页。——编者注

人垄断的国家中,政治自由正在成为毫无内容的空话”(12)。人们在使资本主义道德化:委任地方自治机关(区、州等)的成员担任监事!! 例如,在“泰姆佩尔霍夫区”股份公司中——欺诈!!“小小的假仁假义”(15)——这些代表也分到红利等等。结果形成“内部欺诈局面”(16)……官员“与财阀一致”行动(19)……

“外国在加拿大的投资”,第32页及以下各页。

英国……	>200 000万美元	
美国……	42 000	
法国……	8 000	8 000
德国……	3 200	3 200
比利时……	{1 150}	1 100
荷兰……		12 300

路·埃施韦格:《一个创业的历史》(第420页及以下各页)——飞机场公司。

约翰尼斯山谷飞机场位于柏林城郊。经理阿尔图尔·弥勒招来了公爵和亲王,从他们那里拿到了几百万(股份资本=450万马克),成了自己“白得的股票”,并将这些股票转卖了出去(估价者断定:在10—20年之内这些土地将带来暴利!! ……),总之,是疯狂的欺骗,而且一切都是**极其合法的!!**

2家银行——275 000万美元(=110亿马克)[1]。

阿·兰斯堡:《金融托拉斯》(第432页及以下各页)。

花旗银行(洛克菲勒和**美孚油公司**)控制着约**10亿**美元的资本。银行业信托公司(摩根)控制着约150 000万—

美国银行巨头……

① 见本版全集第27卷第355页。——编者注

‖ 175 000 **万**美元的资本。

作者指出,任何地方都不像美国那样对银行作严格的规定(极严格地区分“存款”银行和“证券”银行;不得设分行;给一个人的贷款不得超过资本的10%等等)。美国有**26 000**家“小人国式的”银行(438)——这都没有什么用处!! 实际上是**亿万富翁**在控制和操纵。修改法律不过是使他们统治的**形式**改变而已。

«Die Bank»,1912,1,第523页及以下各页。

路·埃施韦格:《文化肥料》=德国在巴西的移民。巴西政府(同加拿大政府一样)的无耻宣传。每个移民付给代理人10马克。关于移民生活安乐的谎言,他们的贫困,等等等等。**用投机的办法**把土地卖给他们,等等等等。

«Die Bank»,1911,1,第1页及以下各页。

注意标题!‖ **阿·兰斯堡:《德国是食利国》**。

德国**储金局**的存款=约165 **亿**马克。这是使资本从潜伏状态转变为明显状态,是**帮助大资本**,是转化为**利息**(大部分是变为押款)。存户自己放弃了对自己的金钱的支配权,“因而加强了大资本的实力,削弱小工业的抵抗力”(8)。

注意 “德国人喜欢讥笑法国人显露出来的那种渴望变为食利者的倾向。但是他们忘记了,就资产阶级来说,德国的情况同法国是愈来愈相像了。”①(10—11)

---

① 见本版全集第27卷第413—414页。——编者注

储金局总额约有 45(显然是 45%)是存款,在

3 000 马克以上!!

同上,第 218 页

德国的银行

	银行数	自己的资本	他人的资本
1883	160	890	+ 850(单位百万马克)
1907	440	4 450	+7 750 〃 〃 〃 〃 〃 〃
	+175%	+400%	+ 812%

奥地利的银行

单位百万克朗

	银行数	自己的资本	他人的资本
1883	38	500	620
1907	53	1 130	3 130
	+40%	+126%	+405%

«Die Bank»,1911,2,第 605 页及以下各页。阿尔弗勒德·兰斯堡的《英国银行的 20 年》。

英国银行的发展

	银行数	存款和活期存款	苏格兰	爱尔兰		资本	(英格兰+苏格兰+爱尔兰)	准备金
1891①	110	408.5	+91.6	+38.5	单位百万英镑	69.8		36.4
1911	46	776.6	106.6	62.5		78.7		49.0

英格兰 46 家银行的分行——5 218 个分行(1910)

马恩岛	2	9
苏格兰	9	1 242
爱尔兰	9	693

---

① 本表中第一栏的数字是 1891 年和 1911 年的数字,后面几栏则是 1890 年和 1910 年的数字。——编者注

第 813 页及以下各页。德国

德国银行业的发展

	银行数	本身的资本(单位十亿马克)	他人资金	银行支配的资本总额
1872	174	1	1	3(单位十亿马克)
1910	422	5	11	30 〃 〃 〃 〃 〃 〃

1872……174 家银行中有 23 家银行拥有 1 000 万以上的资本。

它们支配的资金有 60%是他人的。

1910/1……422 家银行中有 53 家银行拥有 1 000 万以上的资本。它们支配的资金有 82.5%是他人的(第 818 页)。

德国,铁的产量,1870:1 346 000;1910:14 793 000 吨[27]。

路·埃施韦格:《财阀和官吏》(第 825 页及以下各页)对于小资产阶级改良主义者是很典型的。两个例子:

“几年前,由于莱茵—威斯特伐利亚煤业辛迪加的顽固态度,一个强烈的仇视卡特尔的运动遍及德国各地,帝国政府召集了一个调查委员会来研究卡特尔问题。在辩论中,政府顾问弗尔克尔表现得特别突出,他对问题非常了解,并作了很尖锐有力的发言来反对卡特尔的代表。此后不久,政府顾问弗尔克尔接受了德国最有实力的和最为闭关自守的卡特尔组织——德国钢业联合公司领导人这样一个高薪的职位。这样一来,政府就失去了自己优秀的行家,从此,事情就沉寂下来了。”(827—8)美国就不用提了!

好例子!!(金融资本和政府)

有一个叫做“帝国私营保险业监督检查署”的机关，它在监督私营保险公司方面做了许多事情。于是保险公司便给“检查员”以有利的职位（直到担任经理），来引诱他们。“至少有三个专员”（这个检察机关的官员）“近几年来从帝国的检查署一跃而登上保险公司经理的座位”（831）。 !!

«Die Bank»，1911，1，第94—5页。钢铁工业的最新统计资料：

单位**1 000吨**

	德国	英国	美国	法国	**俄国**	**世界产量**	
1810	15	158	54	—	—	—	生铁产量
1820	—	—	20	198	—	1 650	
1850	—	2 228	564	405	204	4 187	
1870	1 346	6 059	1 665	1 178	360	12 021	
1890	4 625	8 033	9 203	1 962	727	27 427	
1910	14 793	9 664	27 250	3 500	2 870	60 000	

«Die Bank»，1910，1（第401页和以下各页……），阿尔弗勒德·**兰斯堡**。《银行为民族经济服务》——关于里塞尔的书，作者指责他太乐观和忽略了德国银行的弊病。

同上：阿尔弗勒德·兰斯堡：《德国银行业中的**参与制**》（497及以下各页）和《参与制的危险》。两篇文章提出的东西很少；一般；大家都已知道了的。只有“参与”表很好。（第500页） 现代银行的“参与”!!

德意志银行①

(1)始终参与 **17 家**银行。**其中**有 **9 家**又参与 **34 家**银行;**其中**有 **4 家**又参与 **7 家**银行

(2)不定期参与 **5 家**〃〃

(3)间或参与 **8 家**〃〃 〃〃〃**5**〃〃〃〃**14**〃〃〃 〃〃〃**2**〃〃〃〃**2**〃〃〃

((总数是我加的))30 14 48 6 9

注意 其中,即 8 家银行中有**两家**俄国银行:西伯利亚商业银行、俄国对外贸易银行和一家奥地利银行:维也纳联营银行

银行和银行家都在内

“参与”制 注意

大致这样

! 康采恩自己的资金共约 5 亿马克,和他人的资金 13⅓**亿**马克

(作者所画的方格内有银行名称)

看来,关于德意志银行的这些材料可以用来说明参与制

大致这样:
在中间的银行(德意志银行)的大小没有按照比例,因为在依赖的银行中有拥有 7 000 万—8 000 万马克资本的银行!!

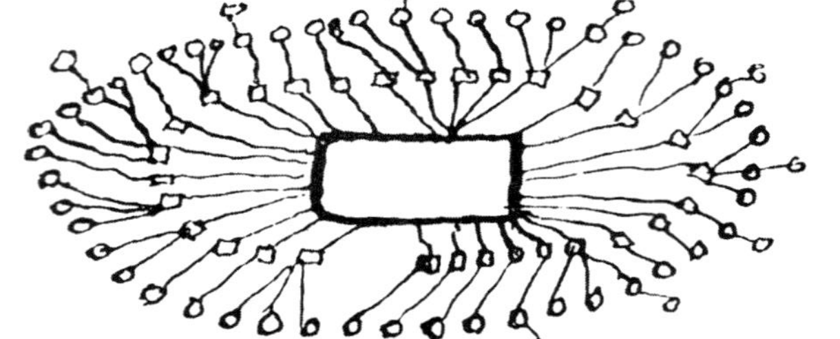

① 见本版全集第 27 卷第 348 页。——编者注

«Die Bank»,1910,1,第288页。短评:《德国在国外的租让企业》。

巴门商会在给贸易大臣的报告中写道:

“德兰士瓦的金矿有大量德国资本的参与。尽管如此,德国机器制造厂提供给德兰士瓦矿场的产品可惜只是很少一点,因为矿场的技术领导主要是掌握在英国人的手里。从这点看来,如果**麦尼斯曼**”(在摩洛哥)“的租让企业融化到法国的矿业辛迪加里面,那将是极为可惜的事情。可以毫无疑问地预料到,那时摩洛哥矿场的技术领导就会全部落到法国人的手中,因而德国提供机器和仪器的希望就会完全破灭。如果德国资本参与摩洛哥的采矿企业,而把技术领导交给法国人,像在德兰士瓦交给英国人那样,那将是一个无法补救的错误。这样开采麦尼斯曼金矿,德国的机器制造业就不会得到任何好处,德国资本的参与就会纯粹有利于法国的机器制造业。相反地,如果摩洛哥的矿场,哪怕是相当小的一部分是在德国技术领导下开采,那也会对德国工业有极大的意义。”(引自第288—289页。)

说明**金融资本**的作用、意义和政策的好例子

《反对法国大银行》,第236页及以下各页。

利西斯的文章(起初载于«La Grande Revue»[1],1906)。

---

① 《大评论》杂志。——编者注

他的拥护者**茹尔·多梅格**写的书:《关于信用公司的问题》。

对利西斯的反驳——**特斯蒂斯**。《法国信用机关的作用》是1907年出版的**一本书**(刊载在«Revue politique et parlementaire»[1]上的文章)。

评价很肤浅:说利西斯夸大了,但基本上是正确的。食利国=法国。资本从利率低的国家流入利率高的国家。说利西斯不是专家等等。据利西斯计算,银行代售国外证券所取佣金达7%!!!

7%!!!

(1910,2)第1200页:摘自美国全国金融委员会的资料。

存款和储蓄的统计

注意

	英国(单位百万英镑)				**法国**(单位百万法郎)			
	银行存款		储金局存款		银行存款		储金局存款	
1880	425	8.4	78	1.6	?	?	1 280	0.9
1888	624	12.4	105	2.0	1 923	1.5	2 762	2.1
1908	1 160	23.2	212	4.2	4 703	3.7	5 226	4.2

	德国		
	银行存款	互贷协会的存款	储金局存款
1880	529	364	2 614
1888	1 142	425	4 550
1908	7 067	2 207	13 889

总计(我加的)**单位十亿马克**

英国	法国	德国
10.0	?	3.5
14.4	3.7	6.0
27.4	7.9	23.1

编辑部指出,不应该把这种"有形的"国民财富同全部国民财富等量齐观。

① 《政治和议会评论》杂志。——编者注

摘自对1910年11月死去的金融家爱德华·恩格尔的评论：

“柏林的许许多多经理之所以能取得自己的职位，只是因为他们的债权人认为除了使自己的债务人飞黄腾达，再也找不到别的办法能够挽救自己的金钱。他们对债务人的轻率暗中表示愤慨，然而为了本身的、正确了解到的业务利益，却又公开地赞扬债务人很干练。”(1202—3)

银行经理的飞黄腾达

«Die Bank»，1909，1，第79页。短评：《钻进银行的欲望》——官员们变为银行经理(瓦尔德马尔·弥勒、冯·克利青、黑尔费里希、舍恩费尔德)和转入工业(弗尔克尔、布德)……

“暗地里想在贝伦街【德意志银行】钻营一个肥缺的官员，他们的廉洁情况究竟怎样呢？”①(79)

第301页及以下各页。阿尔弗勒德·兰斯堡：《曲意逢迎的经济影响》——一篇反对财阀同皇帝勾结等等的激烈的文章(小资产阶级的感伤)。

“让我们回忆一下巴勒斯坦之行，以及此行的直接结果，即巴格达铁路的建筑，这一不幸的‘德意志进取精神的大事件’，对于德国受‘包围’一事应负的责任，比我们所犯的一切政治错误应负的责任还要大。”②(307)

说得好！

路德维希·埃施韦格：《德国钢铁工业中的革命化趋势》。

① 见本版全集第27卷第373页。——编者注

② 同上。——编者注

钢铁工业的技术革命

德国采矿和炼铁的重心从莱茵—威斯特伐利亚地区移到洛林—卢森堡(移到西南)。含磷甚多的矿石(卢森堡和洛林的 Minetteerz[①])过去是没有什么价值的。(1)托马斯法、(2)**电炉钢**(**电炉钢钢轨**:保用期为 15 年,过去为 9 年)使它变成了很好的矿石。卢森堡—洛林地区的矿石有 **20 亿**吨(按照德国目前的消耗量可用 200 年)。(第 316—317 页)

阿·兰斯堡:《**德国的国民财产**有多大?》,第 319 页及以下各页。

德国的国民财产(3 500??亿)

对施泰因曼-布赫尔的名著和对他算出的 3 500 亿马克这个数字的批评:(1 900—2 000——莱克西斯和施穆勒;英国——2 500—3 000,法国——2 000—2 250)。施泰因曼-布赫尔的数字的主要组成部分(a)=1 800 亿“私人的动产和不动产”——比实际的多**一倍或两倍**(第 324 页),因为他(**巴洛德**(第 322 页)也忽略了这一点!!)是根据**保险单**计算的(1 626 亿,凑成整数是 1 800 亿!!),而人们总是按照**恢复原状**所需的价格而不是按照实际价格来保险的。“他们所犯的错误,同一个旧货商想按照新家具和新衣料的价格来计算自己仓库里的旧家具和旧衣料所犯的错误是一样的。”(325)施泰因曼-布赫尔还有许多其他的错误!!!

---

① 褐铁矿。——编者注

路德维希·**埃施韦格**:《水泥》,115及以下各页(1909,1)。

高度卡特尔化的工业。垄断价格(每车皮的**成本180**马克,而售价却是280马克!! 230马克!!)。每一车皮水泥售价包括运费在内是**400**马克!! 股息为利润的12%—16%。千方百计消灭竞争:散布谣言,说水泥业情况很坏;在报上登匿名广告(资本家们! 当心,别在水泥厂投资!!);收买"**局外人**"(例如:6万、8万至15万马克的"出让费":第125页)。分成区域卡特尔:南德辛迪加、上西里西亚辛迪加、中德辛迪加、汉诺威辛迪加、莱茵—威斯特伐利亚辛迪加、北德辛迪加和下易北河辛迪加。[①]

辛迪加是怎样主宰一切的?

«Die Bank»,1909,2。欧根·**考夫曼**关于**法国银行**的文章。三大银行——**里昂信贷银行**、**国民贴现银行**、**总公司**。

所有这三个:1908年——**74 910**万法郎(资本+准备金)和**405 800**万存款(都是他人的资金)。

注意

董事会(理事会)的董事人数13—15—17人。他们的收入为**50万**—**75万**(!!)法郎(里昂信贷银行)(第851页)。

经理和董事的收入

里昂信贷银行设有"**金融情报收集部**"——50多人(工程师、经济学家、法学家、统计学家等等)——每年耗费**60万**—**70万法郎**(研究各国的工业企业、铁路等等,收集情报等等)。这个部

"金融情报收集部"

① 见本版全集第27卷第343页。——编者注

门分成8个科:(1)工业;(2)铁路和轮船公司;(3)一般统计;(4)证券消息;(5)财务报告等等。剪贴世界各地的金融报纸杂志,如此等等。①

分支机构的数目(法国)(1908)(第857页):

		巴黎及其附近	地方	共计	国外	
法国的大银行	里昂信贷银行…	53	192	245	22	(大部分在殖民地)(第954页)
	国民贴现银行…	51	140	191	23	
	总公司…………	89	636	725	2	
		193	968	1 161	47Σ 是我加的	

总公司的数目中包括设在地方的**222个**流动代办所(在集市日营业,每星期**1—2**次)。

职员:13—16岁的练习生(跟班)——月薪30—40法郎,16岁以上的低级职员——月薪60法郎。以后年薪达2 000—2 400法郎。里昂信贷银行的部主任——年薪达40 000法郎。

职员人数

里昂信贷银行	——达5 000
国民贴现银行	4 000
(其中在巴黎的有	2 500)
总公司	7 000
(其中在巴黎的有	1 000)

其中女职员300—400……

巴格达铁路[28]

第1101页(1909,2)。关于**巴格达铁路**的评论,大意是说与英国会发生"摩擦"等等,拿5

① 见本版全集第27卷第358页。——编者注

亿德国的金钱投到一个陌生的国家，与英国、法国发生摩擦，牺牲一个掷弹兵也值不得，“极其危险的冒险”等等。

对殖民政策的态度

第 799 页。短评：《职业统计中的银行业》。

（括号内为妇女人数）

（项目）	1882	1895	1907
（1 和 2）银行家、银行经理等	6 896（148）	7 719（195）	11 070 （185）
（3）银行（和储金局）的职员	12 779 （95）	23 644（444）	50 332（2 728）
（4 和 5）练习生、门房、帮忙的家属等等	6 207 （56）	5 268（170）	9 275 （382）
∑=	25 882（299）	36 631（809）	70 677（3 295）
每 100 人（1 和 2）有（3）……【每 100 个老板有职员：】	182.6	304.8	471.4

银行及其经营制度

阿尔弗勒德·兰斯堡：《德国的国外投资》，«Die Bank»[1]，1909，2，第 **819** 页及以下各页。

作者力求证明考茨基所喜爱的论题：同独立国家的贸易发展得更好。[2]

		1889	1908	增加的%
	罗马尼亚	48.2	70.8	+ 47
	葡萄牙	19.0	32.8	+ 73
“债务国”	阿根廷	60.7	147.0	+143
（德国的）	巴西	48.7	84.5	+ 73
	智利	28.3	52.4	+ 85
	土耳其	29.9	64.0	+114

注意
考茨基
注意

① 《银行》杂志。——编者注

② 见本版全集第 27 卷第 427 页。——编者注

作者**没有**提供这些总数：

	∑=	**234**.8	**451**.5	+92%
金融上独立的国家	大不列颠…	651.8	997.4	53
	法国………	210.2	437.9	108
	比利时……	137.2	322.8	135
	瑞士………	177.4	401.1	127
	澳大利亚…	21.2	64.5	205
	荷属印度…	8.8	40.7	363
	∑=	1 206.6	2 264.4	+87%

作者**没有**提供这些总数

于是作者作出结论说：

参看考茨基（和斯佩克塔托尔）

"可以确实地肯定，认为国外投资（不管这种投资采取什么形式）对推销德国产品具有特别有效的作用，想把这种投资看成是德国贸易的开路先锋，那就大错而特错了。"(828)

这点要特别注意!!

（作者并没有作出总计，这些总计会**驳倒**他自己!!）

我的补充：

但是，**作者**所提供的关于贷款和输出的关系的具体材料，更有力地驳倒了作者本人（第826页和第827页）①：

贷款年份：1890/1年

"在1890/91年度，**罗马尼亚**通过几家德国银行签订了一项**债约**。其实在前几年，这些德国银行就已经在提供这笔贷款了。这笔贷款主要是用来向德国购买铁路材料的。1901②年德国对罗马尼亚的输出是5 500万马克。下一年就降到3 940万马克；以后断断续续地下降，到1900年

① 见本版全集第27卷第427—428页。——编者注

② 兰斯堡弄错了。大概是1891年。——编者注

一直降到 2 540 万马克。直到最近几年,因为有 ?
了两笔新的贷款,才又达到了 1891 年的水平。 ?

德国对**葡萄牙**的输出,由于 1888/89 年度的 1888/9
贷款而增加到 2 110 万马克(1890 年),在以后两年内,又降到 1 620 万马克和 740 万马克,直到 1903 年才达到原先的水平。

德国同**阿根廷**贸易的材料更为明显。由于
1888 年和 1890 年的两次贷款,德国对阿根廷的 1888
输出在 1889 年达到了 6 070 万马克。两年后,输 1890
出只有 1 860 万马克,还不到过去的⅓。直到
1901 年才达到并超过 1889 年的水平,这是同发 ?
行新的国家债券和市政债券,同出资兴建电力厂以及其他信贷业务有关的。

德国对**智利**的输出,由于 1889 年的贷款,增加 1889
到 4 520 万马克(1892 年),一年后降到了 2 250 万
马克。1906 年通过德国几家银行签订了一项新的 1906
债约以后,输出又增加到 8 470 万马克(1907 年),而到 1908 年又降到了 5 240 万马克。"

奇怪的是,为什么作者没有看出,这些事实特别有力地**驳倒了他自己**:输出**正好**是**在**贷款**以后**和**由于**(infolge)贷款而增加的。

兰斯堡的**小市民**观点:

"在这种条件下〈如果输出的资本留在国内

的话〉德国工业活动不仅在规模上，而且在分配上都会得到好处。资本就会自由地分布在许多工业部门，就会流向无数的通道；从国外来的资本，根据经验，则总是流入少数特权者的订货簿，特权者为了自己的特权还得付出巨大的代价。克虏伯会谈一谈，为了支持德国在国外的信贷活动，花费了多少百万的附加费，这些费用有时叫做酬金，有时叫做别的名称。而资本的自然分配会有利于尽可能多的工业活动部门，对于整个德国工业的发展具有突出的意义。……”（824—5）“这样靠自己的力量而经常得到更新的生产〈把资本用在国内〉是进一步**和谐地**发展的保证。”[①]（825）

[旁注：!!　妙论!!　“说服了”　克虏伯!!!　“自然地”!!　哈哈　“和谐”]

作者想用例子来证明资本输出**没有**提供**可靠的**贸易联系（第826—7页），这些例子我已在前面摘录了：本笔记第101—102页。[②]

阿·兰斯堡：《现代企业中的趋势》（《兼评两本书》），第**1043**页及以下各页。这篇文章评论的是**莱维**的《垄断组织和托拉斯》和**利夫曼**的《金融公司和工业公司》这两本书。**阿·兰斯堡**说得很对，他们两人都是片面的：**莱维**说的是集中的**技术**力量，而**利夫曼**说的则是金融（寡头）压迫的力量。

[旁注：莱维与**利夫曼**对比]

① 见本版全集第27卷第428页。——编者注

② 见本卷第190—192页。——编者注

“工业生活愈来愈‘有价证券化’(«Effektifizierung»)迫使生产过程进入愈来愈大的联合,缩小独立生产者的数目,促使少数不愿意让某个独一的大托拉斯对他们的支配权进行赎买的人联合起来,以便压倒各种新出现的竞争。这就是在利夫曼和莱维的书中所没有提到而又在其中明显地透露出来的问题。可能有人很快就会根据这一点给我们写出一本书来(迫切需要写出这样的一本书),描写操纵有价证券的金融寡头如何控制共和的经济生活。”(1051—1052)

有时发展通过集中而导致卡特尔(关于这一点莱维谈得**特别**清楚)。但**并不是**经常都是这样。有时是通过“更换有价证券”**立即**转向托拉斯,例如,“殖民地铁路建设”…… 技术的集中在技术上是先进的;而金融集中**在**技术**落后的情况下**,也能够巩固,而且**正在巩固**垄断资本的无限权力……

几点看法((关于整个金融资本))

对殖民地(和金融上不独立的国家)的输出和对独立国家的输出的比较:

假定后一种输出**不仅**比前一种多,**而且**比它发展得更迅速,这能不能证明殖民地和**金融**依附网就“没有必要了”呢?(卡·考茨基)。不,因为(1)就在对独立国家的输出中(输出的内部)卡特尔、托拉斯和倾销输出占的比重也在增加……

(2)金融资本主义并不消除资本主义的低级形式(较不发达、较落后的形式),而是从它们中间、在它们之上成长起来的……

注意：
关于金融资本及其意义

(3)在“正常的”销售和垄断的销售之间,即在“正常的”输出和垄断的输出之间存在着一定的比例关系。资本家不能不把大宗的(staple)商品出卖给千百万工人。这是不是说,他们向国家和铁路等等“供应”时就“没有必要”挣得额外利润呢?

(4)通过特权的和垄断的销售所得的额外利润抵偿了“正常”销售的低额利润。

(5)与银行比较:“正常”信贷业务的低额利润(有时没有任何利润)从贷款、滥设投机公司等等中介人的额外利润中得到抵偿。

(6)集中企业的高超的技术、金融欺骗的“高超的技术”和金融资本压迫的“高超的技术”(实际上是低劣的技术),在资本主义条件下是不可分割地联系在一起的。卡·考茨基企图分割这种联系,“粉饰”资本主义,只谈好的,不谈坏的,是“现代蒲鲁东主义”,“用马克思主义伪装起来的”小资产阶级改良主义。

∑∑＝金融资本(垄断、银行、寡头、收买等等)并不是资本主义偶然的赘瘤,而是资本主义的无法消除的继续和产物……　不仅是殖民地,而且是(a)资本输出,(b)垄断,(c)金融联系和依附网,(d)银行的无限权力,(e)租让和收买,等等等等。

契尔施基:《卡特尔与托拉斯》

齐·**契尔施基**博士:《卡特尔与托拉斯(对两者的实质和意义的比较研究)》,格丁根,1903(第129页)。

(有价值的东西不多。资产阶级那套废话,**赞成**卡特尔——德国的,本国的,更小一些,更稳一些! ——反对托拉斯)……

作者是一个极庸俗的小市民。"实践家"=在辛迪加和卡特尔供过职。

第12页,例1。美国纯酒精工厂托拉斯关闭了它所买下的**80家**工厂中的**68家**。

第13页:"美国钢铁公司"拥有"**几乎⅓百万的工人**"。 ‖ ⅓百万的工人

1902年它的股份资本=80 000万美元
债券资本=55 300 〃 〃 〃 ‖ 典型!!

产量:铁矿——1 330万吨
焦炭 910 〃 〃
生铁等 710 〃 〃
钢 900 〃 〃①
钢轨 170 〃 〃
其他

第19页——"19世纪最后的二三十年以来"卡特尔和托拉斯得到了发展。 ‖ 19世纪最后的二三十年

① 见本版全集第27卷第339页。——编者注

第31页——在**美国**,一个织布工人看**16台**织布机(1895年改进的诺思罗普织布机)。

哈哈! ‖ 第56页——"……卡特尔的宗旨其实无非是使协作思想运用和适应于现代工业生产……"

"结论"

很能说明问题(更胆怯!) | "……根据我的上述的研究,我毫不怀疑:托拉斯就其不间歇地、不顾一切地向前发展这一点来说,既保留了资本主义大企业的优点,又在更大的程度上保留了它的缺点;而卡特尔的政策却更加强烈地追求控制和分配。世界市场一旦被各国的大型托拉斯所统治,那就会经历一场广泛的极端残酷的价格战和销售战…… 同时,卡特尔却可以而且一定会同自由竞争时期一样,关心技术和经济的进步;也许,卡特尔不会像托拉斯那样过分地加速技术和经济的进步。"(128)[1]

!!! 不会加速!!!

海曼:《混合企业》

汉斯·吉德翁·**海曼**:《德国大钢铁工业中的混合企业》,斯图加特,1904(《慕尼黑国民经济研究》第65编)。

这是说明大生产的优越性,特别是"混合"生产,即把生产前后

① 见本版全集第27卷第352页。——编者注

衔接的不同阶段联合起来的生产的优越性的综合资料(大部分很片断)……

“克虏伯公司的代表向铁业调查委员会宣称(记录(1878),第82页):‘我不认为年产2万—3万吨的工厂能够与年产10万—15万吨的工厂对抗。’过了25年,**卡内基**认为必须生产相当于15万吨20倍的产品(《商业王国》,纽约,道波德公司和佩季公司,1902,第233页):‘日产千吨钢的康采恩不大可能与日产万吨钢的康采恩对抗。’”(第232页,注释) | 好例子!!

资本的增长和“固定化”(注意)是垄断和卡特尔的最重要条件之一。 || 卡特尔的条件……

“正如弗尔克尔的有意思的表格所表明的,混合工厂往往只属于十几个卡特尔……”(249)

? 弗尔克尔?铁业卡特尔? **1903年12月**(在什么地方?)(第256页)…… ——?

“我们看到……在成品生产中到处是这样的情况。单纯企业由于原料价格高、成品价格低而纷纷倒闭,而混合工厂在原料价格高的条件下也能赚相当多的钱,并且由于成品价格低廉而能找到销路;因为大工厂由于怕下一次不可避免的价格的下跌,避免过分提高价格,而小工厂在情况好的时候,却像疯子那样,竭力提高价格。美国的大钢铁托拉斯正是遵循这样的政策。”(256) || 注意 ||| 注意

现在竞争已经消除。剩下了两三打的大型工厂。以蒂森、路埃格和基尔多夫为首的(261)"两个大联合公司":"煤业辛迪加"和"钢铁辛迪加"((占钢产量87.5%))"可能统治一切"。

———生产资料的垄断。土地被收买(煤和矿石)。

比利夫曼说得更好，而且**更早**

"领导人控制着总公司〈直译是"母亲公司"〉，总公司统治着依赖于它的公司〈"女儿公司"〉，后者又统治着'孙女公司'，如此等等。这样，拥有不太多的资本，就可以统治巨大的生产部门。事实上，拥有50%的资本，往往就能控制整个股份公司，所以，一个领导人只要拥有100万资本，就能控制各孙女公司的800万资本。如果这样'交织'下去，那么拥有100万资本就能控制1 600万、3 200万以至更多的资本。"①(第268—9页)

结果是:

"一方面剩下几个采煤量达几百万吨的大煤业公司，它们紧密地组成一个煤业辛迪加；其次，是同它们有密切联系的、组成钢铁辛迪加的一些大铸钢厂。这些大型企业每年生产40万吨〈一吨等于60普特〉钢，采掘大量的矿石和煤炭，生产钢制品，有1万个住在工厂区集体宿舍中的工人，有的还有自己专用的铁路和港口。这种大型企业是德国钢铁工业的典型代表。而且集中还在不断地发展。某些企业愈来愈大；

① 见本版全集第27卷第363页。——编者注

同一工业部门或不同工业部门的企业结合为大型企业的愈来愈多,而且有柏林的6家大银行作它们的靠山和指挥者。德国采矿工业确切地证实了卡尔·马克思关于集中的学说是正确的;诚然,这里指的是用保护性的关税和运费率来保护采矿工业的国家。德国采矿工业已经成熟到可以被剥夺的地步了。"①(278—9)(该书第5章的结论。)

注意

见第108页

海曼的统计:

24个混合企业(其中有克虏伯、施图姆、"德王"(蒂森)、"奥梅茨·弗里德"等等公司,都是"领袖")

		单位千吨	(1902) 德国共计
它们的产量:	铁矿石	6 934	17 963
		(+?)	
	煤炭	13 258=12.6%	107 436
	生铁	5 849	8 523
		(+?)	
	钢	8 215	7 664(?)
(使用的)	高炉	147=58.8%	250
	平炉	130=38.8	335
	工人数目	206 920 ?	?
	资本	581.4(单位百万马克)	
+	准备金	121.9 〃 〃 〃 〃 〃 〃	

① 见本版全集第27卷第334—335页。——编者注

德国钢铁工业大生产的增长

生铁	开工的企业	%	产量(单位百万吨)	%	**工人数目**(单位千)	%	每个工人的平均产量(单位吨)	每个企业平均有工人
	1869 — 203	100	1.4	100	21.5	100	65.6	105.8
	1880 — 140	69	2.7	194	21.1	98	129.2	150.8
	1900 — 108	53	8.5	605	34.7	162	245.2	321.7

海曼的书摘录完了。

完。

关于帝国主义问题

关于帝国主义问题:

题目:(大体上)

5.1. 金融资本。

4.2. 银行。

2.3. 卡特尔和托拉斯。

3. 垄断。

1.4. 集中和大生产。

6.5. 资本输出。

7.6. 殖民地。它们的意义。

8.7. 殖民地的历史。

9.8. 瓜分世界。

国际托拉斯 殖民地 卡尔韦尔

10. 9. 自由竞争和帝国主义的对比。

11. 10. 是回到自由竞争呢，还是向战胜帝国主义和资本主义前进？

12. 11. 超帝国主义或国际帝国主义？

补 12：增长的不平衡。

13. 12. 霍布森、考茨基、帝国主义。

14. 13. 帝国主义的辩护士和小资产阶级批评家。

15. 14. 帝国主义国家的寄生性……（“腐朽”）((“食利国”))。

16. 15. 工人运动的彻底分裂……[“帝国主义和机会主义”]。

{17. 16. 1871—1914 的外交和对外政策。

{18. 17. 帝国主义时代的民族问题。

19. 18. **交织**与“**社会化**”（参看里塞尔）。

“帝国主义”这一概念的内容。

大体上：

{1. I 作为集中结果的垄断

{2. II 资本输出（成为主要的）

{4. III {瓜分世界{ (α)国际资本的协议

{5. IV (β)殖民地

{3. V 银行资本及其“联系”，

{6. VI 暴力政策（关税；侵占等等）代替自由贸易及和平流通。

希法亭的缺点：

(1)关于货币的理论错误。

(2)忽视(几乎)世界的瓜分。

(3)忽视金融资本与寄生性的关系。

(4)忽视帝国主义与机会主义的关系。

"帝国主义是资本主义的最高(现代)阶段"。

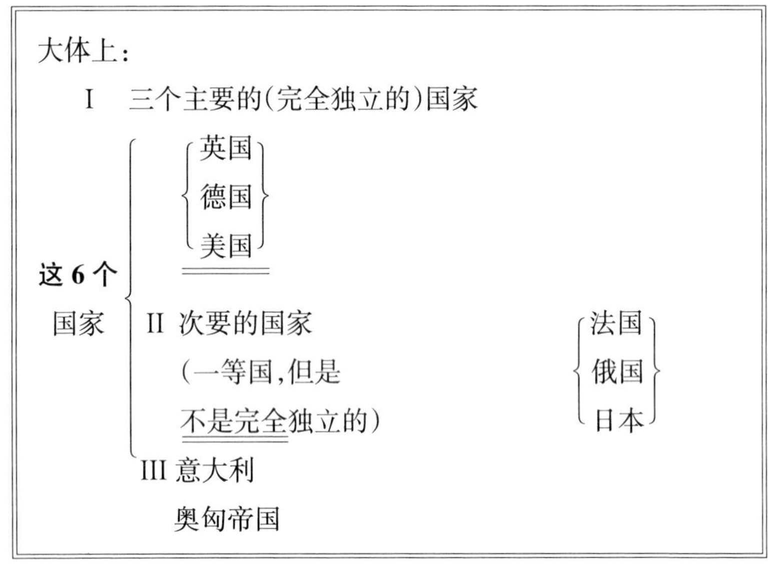

大体上:
I 三个主要的(完全独立的)国家
英国
德国
美国
这6个
国家
II 次要的国家
(一等国,但是
不是完全独立的)
法国
俄国
日本
III 意大利
奥匈帝国

笔　　记

“γ”

（“伽马”）

目　　录

⌊γ⌋　1—52

参考书目：

2；7 和 **8；13；15**、**16** 和 **18；34**

赫尼格尔:《德国军事的经济意义》

教授罗伯特·**赫尼格尔**博士:《德国军事的经济意义》,莱比锡,1913。(«Gehe-Stiftung»[①]报告集。第5卷,第2编。)

忠于军国主义的凡夫俗子的废话,企图证明,军费开支根本不是什么损失,因为钱仍然留在国内,还能产生巨额利润,兵役制又能培养和加强……

典型的引文:

“……议员**埃尔茨贝格尔**在帝国国会中说(1912年4月24日):‘如果陆军大臣先生想要满足向军事部门提出的关于卫戍部队的一切请求,他得请求增加五倍的军事拨款。’”(第18页)

小资产阶级千方百计地从卫戍部队那里得到好处。这是军国主义受欢迎的原因之一!

参考书目:

威廉·**阿尔**:《近30年来各大国的军事和国民经济》,柏林,1909。

哈特维希·**舒巴特**:《国家的经济状况和武装力量的关系》,柏林,1910。

«Militärwochenblatt»[②]。附录:90(1902)和10(1904)。

Fr. **布劳曼**:《卫戍部队的经济利益》,马格德堡,1913。

《现代的文化》,第4册,第12卷(«Technik des Kriegswesens»[③])。

① 盖赫基金会。——编者注

② 《军事周刊》。——编者注

③ 《军事技术》。——编者注

泰里:《欧洲经济》

埃德蒙·**泰里**:《欧洲经济》,巴黎,1911。

(作者是«L'Économiste européen»[①]杂志的编辑,写过**大量的**经济著作。)

书中有**很多**对比的统计表:{正文似乎只是表格的说明}

人口(单位百万)

	1858	1883	1908	1858—1883	1883—1908
德国	36.8	46.2	63.3	+26%	+37%
英国	28.6	35.7	45.1	25	26
法国	34.6	37.9	39.3	9	4
俄国(欧洲部分)	66.8	86.1	129.8	29	51
全欧洲	278.1	335.1	436.1	20	30

国家开支(单位百万法郎)

	1858	1883	1908	1858—1883	1883—1908
德国	801	2 695	9 263	+236	+244
英国	1 651	2 192	5 169	33	136
法国	1 717	3 573	3 910	108	6[②]
其他国家					

陆海军军费

	1883	1908
德国	458	1 068
	+ 46	436
英国	432	676
	270	811

① 《欧洲经济学家》杂志。——编者注

② 泰里的原文如此。——编者注

法国	584	780
	205	320
俄国	772	1 280
	122	231
其他国家		

煤 产 量

	1898/9	1908/9	
德国	130.9(单位百万吨)	205.7	+57%
法国	32.4	37.9	+17%
英国	202.0	272.1	+35%

生铁产量

德国	7.4	12.7	+72%
法国	2.5	3.6	+43%
英国	8.8	9.7	+10%
其他国家			

评孟德斯鸠和埃斯泰夫的书及雷韦尔的文章

孟德斯鸠:《美国的债券和法国的证券总存量》,巴黎,1912。(奉劝资本家:要小心)

路·**埃斯泰夫**:《新的帝国主义心理学:厄内斯特·塞耶》,巴黎,1913。

((类似尼采的帝国主义**心理学**观点[29],并且只谈心理学。))

S. T. 雷韦尔:《拉丁美洲的贸易可能性》,文章载于«The North

American Review»[①]。1915(第 201 卷),第 78 页:

"伦敦出版的«*The South American Journal*»[②]报道说,截至1913 年底,不列颠在拉丁美洲的投资总额达 5 008 673 000 美元。"

同佩什 1909 比较[③]

50 亿美元×5=250 亿法郎 ‖ 注意

莱斯居尔:《法国储蓄业》

让·莱斯居尔:《法国储蓄业》,巴黎,1914。

作者在前言中说,他的统计已经登在«*Schriften des Vereins für Sozialpolitik*»[④],第 137 卷,III——各国储蓄调查表。 ‖ 注意

注意第 110 页表 6"法国财富的统计"(按奈马尔克先生的统计)

单位十亿法郎

	法国有价证券:	外国有价证券:
1850	9	—
1860	31	—
1869	33	10
1880	56	15
1890	74	20
1902	87 至 90	25 至 27
1909	105—116	35 至 40

① 《北美评论》杂志。——编者注

② 《南美洲杂志》。——编者注

③ 佩什的统计见本卷第 432 页。——编者注

④ 《社会政治协会学报》。——编者注

寄存的有价证券(单位百万法郎)

(第51页)

		里昂信贷银行		总公司		贴现银行
1863	——	9.8	—	57.4	—	—
1869	——	54.6	—	88.3	—	—
1875	——	139.7	—	205.7	—	—
1880	——	244.6	—	253.7	—	—
1890	——	300.8	—	251.9	—	122.9
1900	——	546.3	—	347.6	—	365.4
1910	——	839.0	—	562.2	—	633.3
1912	——	859.6	—	446.5	—	674.3

里昂信贷银行的账户数目(第52页)[①]:

1863	——	2 568	1890	——	144 000
1869	——	14 490	1900	——	263 768
1875	——	28 535	1912	——	633 539
1880	——	63 674			

第60页:“法国9个冶金公司的准备金总数”

1904—1908年平均(每年平均)=2 380万法郎

(翻阅所看到的,暂时只摘这些)。

菱田政治:《日本作为强国的国际地位》

菱田政治:《日本作为强国的国际地位》,纽约,1905。(学位论文。)

看来是幼稚的作品。重述了公元前660年至1905年日本和其他国家的历史。

① 见本版全集第27卷第350页。——编者注

“从那时候起〈从1894/5中日战争起〉,远东就成为主要是法国、大不列颠、德国、日本、俄国和美国觊觎的基本对象,它们极力靠远东来满足自己在贸易上和政治上的‘帝国主义扩张’的需要。”(第256页)

“列强的经济积极性采取了‘帝国主义’的形式,这意味着列强为了经济上或者政治上的目的,野心勃勃地想控制‘它们力所能及的、可能范围内的一部分土地’。”(第269页)

引用的书目:

芮恩施:《世界政治》,纽约,1902。

霍布森:《帝国主义》。

科胡恩:《太平洋上的霸权》,纽约,1902。

德比杜尔:《欧洲外交史》,巴黎,1891(共2卷)。

英国书籍和《康拉德年鉴》中的参考书目

英国书籍:

查·肯·霍布森:《资本输出》,8开本(共290页),7先令6便士,(康斯特布尔。)1914年5月。

约·阿·霍布森:《变节的交易:对政党的研究》,8开本(1先令)(昂温),1914年6月。

约·阿·霍布森:《劳动和财富:人的估价》,(8开本)(共386页)。8先令6便士(麦克米伦),1914年6月。

约·阿·霍布森:《在通往国际政府的道路上》,8开本(共216页),2先令6便士(艾伦和昂温),1915年7月。

杰·霍·琼斯:《战争和征服的经济》(关于诺曼·安吉尔),1915年6月(金),共178页(2先令6便士)。

赫·乔·威尔斯:《战争和社会主义》,1便士(《号角报》出版),1915年2月。

哈特莱·威瑟斯:《战争和伦巴第人街》,8开本(共180页),3先令6便士(斯密斯),1915年1月。

克·沃·巴伦:《大胆的战争》(4先令6便士),1915年5月。

阿·莱·鲍利:《战争对联合王国1906—1914年对外贸易的影响》,8开本(共64页),**2先令**,1915年3月。

A. W. 汉弗莱:《国际社会主义和战争》,8开本(共176页),3**先令6便士**,1915年2月。

弗·W. 赫斯特:《战争政治经济学》,**1915年**7月,8开本(共342页),5**先令**。

维吉兰特:《革命与战争》,1先令(1915年9月)。

康诺利:《第二次征服爱尔兰》,6**便士**,1915年4月。

«*Jahrbücher für Nationalökonomie etc.*»①

康拉德(**注意**第3类。第49卷=1915,1)

(第3类。第21卷=1901。

第40卷=1910。)

格利尔:《论美国钢铁工业的现状》,**第3类**,**第35卷**,587。

杰里迈亚·詹克斯:《美国托拉斯》,**第3类**,**第1卷**,1。

戈尔德施泰因:《卡特尔运动现状:俄国》(第3类,第**40**卷,162)。

赞格尔:《不列颠帝国主义的经济前途》,柏林,1906(第3类中的评论,第**36**卷,397)。

① 《国民经济……年鉴》。——编者注

帕图叶:《美国帝国主义》

约瑟夫·**帕图叶**:《美国帝国主义》,第戎,1904。(学位论文。)(共388页)

学位论文。十分幼稚的作品,**除**很多引文和一些事实的**综合之外**,没有科学价值。多半是空谈法律,经济方面很差。

作者(在开头)引用霍布森的著作(《帝国主义》),而且引的都是一些众所周知的东西。

作者像叙述事实那样来谈论**英国帝国主义**(第33页及以下各页)和**德国帝国主义**(第36页及以下各页)(第2章第1节和第2节)。

关于日本帝国主义和俄国帝国主义只有三言两语(第39页末尾)。

第43页:"帝国主义的实际意义就是夺取世界的桥头堡,但这不是像罗马帝国时代的军事的桥头堡,而是经济和贸易的巨大的桥头堡。这就是说,不是要求连成整片的领土,而是力求夺取和占领大的枢纽点,借以进行世界贸易;不是要夺取大片的殖民地,而是夺取位置有利的殖民地,以便在全世界布满车站、煤库和电缆的密网。"(引自**德·拉普拉德勒**的《美国的帝国主义和美国主义》一文,载于«Revue du droit publique»[①],1900,第13卷,第65—6页。引自帕图叶,第43页) ?

德里奥(《政治问题》,第221—2页):"西班牙的覆灭是一种

① 《公法评论》杂志。——编者注

启示…… 看来可以肯定,世界均势是一个有待欧洲五六个主要强国解决的问题,因为在这个问题中加入了一个未知数。"(第49页)

"可见,争夺古巴的战争是一场经济战争,就是说,它的目的是夺取岛国的食糖市场;而并吞夏威夷群岛和菲律宾的原因也‖同样是为了占有这些热带地区生产的咖啡和食糖。"(第51页)(同上,第62—3页)……

"总之,夺取销售市场,追逐热带产品,——这就是被称为帝国主义的殖民主义扩张政策的主要原因。所有这些殖民地同时又是极好的战略据点,其意义如下:……为了保证自己在亚洲的市场……他们需要立足点……"(第64页)

美国的输出%

输出总额:单位百万美元		欧洲	北美	南美	亚洲	大洋洲	非洲
	1870	79.35	13.03	4.09	2.07	0.82	0.64
	1880	86.10	8.31	2.77	1.39	0.82	0.61
857.8	1890	79.74	10.98	4.52	2.30	1.92	0.54
1 394.5	1900	74.60	13.45	2.79	4.66	3.11	1.79
	1902	72.96	14.76	2.75	4.63	2.48	2.42

很多地方多次提到即将来临的争夺太平洋的斗争

夏威夷群岛——从巴拿马到香港的路程的½。

菲律宾——通往亚洲和**中国**的一步(第118页)。同上,119—120—122。

用古巴**自由**、解放的利益等等为同西班牙争夺古巴的战争辩解。(第158页及以下各页)

原文如此! ‖ 宪法要求各州的一切捐税等等一致。"解释说":这**不适用**于殖民地,因为殖民地**不是**美国的一部分,而是**隶属于**美国的。(第175页)殖民地的权利(据说)将“**逐渐**”扩大(第190页)(充分的权利是**不会**给的)……

加拿大。它的经济上的从属为政治上被“归并”开辟了道路。(第198页)

“德国”(原文如此)想用“欧洲联邦对抗”美利坚合众国(第205页)……

“……从1897年起,威廉二世屡次提出采取联合政策来对付海外竞争的主张,即采取以欧洲关税协定为基础的政策,大陆对美国实行特殊的封锁……”(205) “……在法国鼓吹建立欧洲关税同盟的有保尔·勒鲁瓦-博利厄……”(206)

欧洲联邦[30](和威廉二世)

“……欧洲各国之间的协议,也许将是美国帝国主义的幸运的结局之一。”(206)

“幸运的结局”

在美国,事态进程引起了“**反帝国主义者**”同帝国主义者的斗争(第268页,第2卷第1章:《帝国主义者和反帝国主义者》)…… 据说帝国主义是同自由等等相矛盾的,它导致对殖民地的奴役等等(**都是一些带有民主思想的论据:一系列的引文**)。美国的一个反帝国主义者引用**林肯**的话说:

“白人自己治理自己是自治;白人自己治理自己同时又治理别人,就不是自治而是专制。”①(272)

——**费尔普斯**:《美国对古巴的干涉》(纽约,1898)等著作宣称古巴战争是“罪恶的”战争,如此等等。

① 见本版全集第27卷第423页。——编者注

第 3 章,第 293 页,标题是:《美国目前的政策:帝国主义和门罗主义[31]的结合》——结合了,而且进行了解释!!!

南美人(第 311 页及以下各页)反对把门罗主义解释成美洲是属于**北**美人的。他们害怕美国,希望独立。美国对南美**抱有"希望"**,并且正在同**德国在那里的日益增长的影响**进行斗争……

(参看参考书目中诺维科夫的著作,见另处①。)

美国兼并菲律宾,欺骗了领袖**阿奎纳多**,因为美国曾答应给菲律宾以自由(第 373 页):"这种兼并被认为是'沙文主义者的欺骗'"②。

注意 ‖ **阿特金森**:《罪恶的进攻,这是谁干的呢?》,波士顿,1899。

«*The North American Review*»③,1899,9 月。**菲利皮诺**:《阿奎纳多对美国的控诉》。‖

注意 | 同**西班牙亲近**的愿望正在南美增长,1900 年在**马德里**召开的(西班牙—美洲)会议有南美 15 个国家的代表参加(第 326 页)(*)。同西班牙的联系、西班牙的影响、"拉丁语系民族"的同情等等在增长(**)。

原文如此! ‖ 第 379 页:"看来,民族战争的时代是过去了……" ‖
(争夺市场的战争等等)

注意 ‖ (*)«Revue des deux mondes»④,1901(11. 15)。

(**)口号:"西班牙—美洲同盟"。‖

① 见本卷第 217 页。——编者注

② 见本版全集第 27 卷第 423 页。——编者注

③ 《北美评论》杂志。——编者注

④ 《两大陆评论》杂志。——编者注

帕图叶著作中关于美国帝国主义的参考书目

（**帕图叶**著作中关于**美国帝国主义**等等的书目）

卡本特尔:《美国的推进(领土扩张)》,纽约,1902。

爱·德里奥:《19世纪末的政治问题和社会问题》,巴黎,1900。

威·埃·格里菲斯:《美国在东方》,纽约,1899。

戴·斯·卓丹:《帝国的民主》,纽约,1899。

德·莫利纳里:《20世纪的问题》,巴黎,1901。

罗斯福:《美国的理想》,纽约,1901。——《紧张的生活》,伦敦,1903。

保尔·**塞**:《美国的危险》,巴黎,1903。

塞耶:《帝国主义的哲学》,巴黎,1903。

斯特德:《世界的美国化》,巴黎,1903。

«Annales des sciences politiques»[①]:1902(第17卷)。**埃·布米**:《美国和帝国主义》(第1页及以下各页)。

«Le Correspondant»[②],1890(1.25)。**克·雅奈**:《美国的经济事实和社会运动》(第348页及以下各页)。

«L' Economiste français»[③],1899,7,1。**勒鲁瓦-博利厄**:《美国的扩张……》

① 《政治学年鉴》。——编者注

② 《记者》杂志。——编者注

③ 《法国经济学家》杂志。——编者注

«Le monde économique»[①],1896(4.4 和 18)。**马夏**:《美国和欧洲在美洲的商业竞争》。

«La Grande Revue»[②],1899(10.1)。**弗莱瑟**:《美国的扩张》。

«Revue politique et littéraire» (Revue bleue)[③], 1896 (5.9) 。**穆瓦罗**:《美国的琼果主义者和琼果主义》(第 593—7 页),1900(4.21)。**德里奥**:"美国的帝国主义"(第 502 及以下各页)。

«La Revue de Paris»[④],1899(3.15)。**德·鲁西埃**:《美国帝国主义》。

«The North American Review»[⑤],1898,9 月。**康南特**:《帝国主义的经济基础》。

1897,№2。 **查普曼**:《假爱国主义的威胁》。

1899,№1 **卡内基**:《美国主义与帝国主义》。

1902,№12。**温斯托**:《反帝国主义的信念》。

1903,№1。 **邦沙尔**:《大德意志在南美》。

«The Fortnightly Review»[⑥],1901,8 月。**布鲁克斯**:《美国帝国主义》。

«Deutsche Rundschau»[⑦],1902,11 月。**席尔布兰德**:《美国的帝国主义思想》。

«Revue socialiste»[⑧],1904,2 月。**科拉让尼**:《盎格鲁撒克逊帝国

---

① 《经济界》杂志。——编者注

② 《大评论》杂志。——编者注

③ 《政治和文学评论》杂志(蓝皮评论)。——编者注

④ 《巴黎评论报》杂志。——编者注

⑤ 《北美评论》杂志。——编者注

⑥ 《双周评论》杂志。——编者注

⑦ 《德国评论》杂志。——编者注

⑧ 《社会主义评论》杂志。——编者注

主义》。

«Le Mercure de France»①,1904,4 月。**保·路易**:《帝国主义概论》。

«Revue des déux mondes»②,1903(7.15)。**勒鲁瓦-博利厄**:《不列颠帝国和帝国主义的危机》。

? **诺维科夫**:《欧洲联邦》,第 2 版,巴黎,1901。

埃·泰里:《英美德三国经济史》,巴黎,1902。 ‖

维·贝拉尔:《英国与帝国主义》,巴黎,1900。

莱尔:《德国帝国主义》,巴黎,1902。

莫斯:《法国的信用机关和法英在国外的投资》

«Jahrbücher für Nationalökonomie»③,第 3 类,第 XXXIX 卷(39)1910。

斐迪南·**莫斯**:《法国的信用机关和法英在国外的投资》。(第 237—256 页)

关于英国只有半页,乔治·佩什作的总结。关于法国倒有一些参考书和数字: 太少

争论:**利西斯**:《金融寡头》,巴黎,1907,和**特斯蒂斯**:《信用机关》,巴黎,1907。

昂利·米歇尔:《1909 年 11 月 30 日在议院中的演说》。

① 《法兰西信使》杂志。——编者注

② 《两大陆评论》杂志。——编者注

③ 《国民经济……年鉴》。——编者注

《经济世界》,1906 年和 1907 年的论文(皮·博勒加尔)。

茹尔·多梅格(《经济改革》)。

M. 芒歇(«Le Temps»①,1910. 1. 2)认为法国在国外的投资为 **350** 亿法郎。(第 240 页)

奈马尔克(《食利者》)认为法国在国外的投资为 **250** 亿—**300** 亿法郎。(第 243 页)

在巴黎交易所中的有价证券总额=1 300 亿法郎。(第 243 页)

其中 { 640 亿 { 法国的 }
　　　 660 亿　 外国的 }

葡萄牙在 1696—1754 年从巴西得到 24 亿法郎。(第 238 页)

荷兰 1747 年在英国的投资为 **16** 亿盾。(同上)

资金正在流往利率高的地方。

根据**利西斯**的材料:存款(四家银行的)——(里昂信贷银行+国民贴现银行+总公司+工商信用银行)(第 252 页):

1885—— 91 200 万法郎

1890——130 200 〃 〃 〃

1900——217 100 〃 〃 〃

1905——289 700 〃 〃 〃(根据利西斯的材料)

50 **人** “只要拥有 50—200—300 张股票,就可以当董事…… 因此,大约有 50 人,他们最多共有 800 万法郎,却能一年又一年地支配 25 **亿**法郎以上的存款以及每年 15 **亿**法郎以上的新的投资,对此不用向任何人作任何报告。”(252)

① 《时报》。——编者注

在借款时,债务国得到的从不>90%(第 253 页)——其余部分为银行所得。1895 年,4 亿法郎的中俄债券利息为 4%。“认购行情为 450。最初行情为 495。最高行情为 520。一个月之内的差价为 45 法郎,即 10%…… 单是巴黎荷兰银行做这笔生意就赚了 2 000 万法郎”(第 253 页),等等。

1907 年 1 月——社会党人在议院猛烈地抨击对**俄国的贷款**…… 注意

库兹涅佐夫:《中亚不同文明和语言的斗争》

彼·库兹涅佐夫:《中亚不同文明和语言的斗争》,巴黎,1912。(学位论文——巴黎。)(共 353 页)

该书**仅仅**谈到**土耳其斯坦**,——它的历史、它的殖民地化(附带谈到 1898 年的安集延起义[32];作者警告说以后还会有)……((第 **295** 页及其他各页))

文化、棉花、铁路等等的发展。有很多参考书目…… 观点像是官方的。

《康拉德年鉴》的新参考书目

新参考书目:

莱奥波德·**拉库尔**:《现代法国。政治和社会问题》,巴黎,1909。

德·莱纳尔:《工业家**辛迪加**。**比利时**》,巴黎,1909(共2卷)。

约·希·尼科尔森:《帝国的方案。(帝国主义的经济)》,伦敦,1909(共310页)。

昂利·安德里荣:《德国的扩张》,昂古莱姆,1909。

《世界强国德国的发展》(«Annals of the American Academy»①的附录,1910年1月。)!! 什么也没有。**等于零**。一个大使的演说!!!

马塞尔·杜布瓦:《法国和它的殖民地》,巴黎,1910。

让·克律比:《争取法国的经济扩张》,巴黎,1910。

让·**G.拉法尔**:《英国银行的集中过程》,巴黎,1910。

路·**戈蒂埃**:《国家—金融家》,巴黎,1910。

注意 ‖ 爱德华·**德里奥**:《现代世界。政治和经济概论》,巴黎,1909(共372页)。

[«Jahrbücher»②第41卷第269页上有一篇书评以赞赏的语气谈到这本具有"世界历史意义的读本",特别是关于"经济过程对现代政治"的作用。]

弗·埃·**云格**:《美国的经济政策》,柏林,1910。

戈德费尔诺:《法国的殖民地铁路》,巴黎,1911(共439页)。

奥·泰里埃和沙·穆雷:《法国的扩张》,巴黎,1910。

? | 沙尔·**迪昂**:《金融帝国主义》,法国贸易和工业发展促进总公司。书的开头附有一封给财政部长的信。巴黎,1910(共95页)。?(巴黎,《商业和财政评论》。)

① 《美国……学院年刊》。——编者注

② 《年鉴》。——编者注

让·布尔多:《在两种奴隶制之间》(…… 社会主义…… (!!!!) **帝国主义**……),巴黎,1910。

杰弗里·**德雷奇**:《帝国的商业组织》,伦敦,1911(共374页)。 ?

拉·乔·莱维:《发行银行》,巴黎,1911(共628页)。

马塞尔·**格拉**:《论机器的运用及其后果……》,巴黎,1911。(学位论文。)

埃德蒙·泰里:《欧洲经济》,第2版,巴黎,1911(共332页)。 ||

同上。《法国的国民财富》,巴黎,1911。 ||

律西安·于贝尔:《德国的努力》,巴黎,1911。

爱·**普法伊费尔**:《费边社和英国社会主义运动》,巴黎,1911。(学位论文。)

阿尔蒂尔·布歇(上校):《法国是不久将来的战争的胜利者》,巴黎,1911(共93页)。

«Jahrbücher»,第**42**卷(1911)。注意 戈尔德施米特关于**新西兰**的土地法和土地制度的文章。 || 注意

施奈德:«Jahrbuch der deutschen Kolonien»[①],第4年卷。**1911**。

马姆罗特:《工业宪制》,耶拿,1911(书评载于1912年第**43**卷)。

沙赫纳尔:《澳大利亚和新西兰的社会问题》,耶拿,1911(在1912年第**43**卷内有详尽的介绍)。

奥韦尔齐尔:《美英航运托拉斯》,柏林,1912(4马克)。

戈尔德施米特:《论德国煤炭工业的集中》,1912(《**巴登**高等学校国民经济论丛》)。

① 《德国殖民地年鉴》。——编者注

同上:**布里夫斯**:《酒精卡特尔》,1912。

希尔林豪斯:《德国几个钢铁辛迪加在向一个辛迪加发展》,莱比锡,1912。(3 马克)

恩里科·**莱奥内**:《扩张主义和殖民地》,罗马,1911(共 235 页),2 里拉。

«Jahrbücher»,第 **44** 卷(=1912,2):

保·**帕萨马**:《工业集中的新形式》,巴黎,1910(共 341 页),8.50 法郎。

博森尼克:《德国新的混合银行经济》,(分析。)慕尼黑,1912(共 366 页)。

阿尔根塔里乌斯:《一个银行经理的信》,柏林(银行出版社),1912(1 马克)(??)。

保·**豪斯迈斯特尔**:《德国银行业中的大企业和垄断组织》,(通俗的论述。)斯图加特,1912。

莱昂·**埃内比克**:《西方帝国主义。英国帝国主义的起源》,布鲁塞尔,1913。(共 295 页,6 法郎)【第 **45** 卷】。

勒内·皮农:《1870—1913 年的法国和德国》,巴黎,1913。

埃米尔·**贝克**:《资本的国际化》,蒙彼利埃,1912(共 432 页),6 法郎。

B.伊施哈尼安:《俄国国民经济中的外国成分》,柏林,1913(共 300 页),7 马克。

书评载于第 47 卷:资本输入谈得很多。

‖ 根据作者的计算,俄国欠西欧的债务达 **60 亿卢布**。

保尔·埃克哈特:《世界经济科学概论》,比勒菲尔德,1913(共 140 页)(2.30 马克)。

弗朗索瓦·**莫里**:《近十年来法国的有价证券》,巴黎,1912。(为资本家作的近十年来的统计。有**许多**附有%等等的统计材料,有保证的%等等。)

路易·布律诺:《德国在法国》

路易·**布律诺**:《德国在法国》,第 2 版,巴黎,1914(是发表在«La Grande Revue»[①]上的文章)。

引用的书目:

律·**尼科**:《德国在巴黎》(1887)。

G. **蒙巴尔**:《敌人》(1899)。书末这样说:"如果高卢想活下去,就得把德国摧毁。"

莫·施沃布:《德国的危险》,1896。

〃 〃〃〃 《搏斗之前》,1904。

埃·**让尼桑**:《德国的怪影》,1906。

安德列·**巴尔**:《德国的威胁》,1908。

让·**德埃佩**:《大德意志》,1910。

亨利·**加斯东**:《德国处于绝境》,19……?[②]

德国缺乏生铁(过 40 年后即将用完(第 3 页))——输入增加:

1908 年 800 万吨
1911 年 1 100——　(第 2 页)

而法国在默尔特-摩泽尔发现了矿藏——在法国洛林———

① 《大评论》杂志。——编者注

② 该书于 1912 年出版。——编者注

生铁产量……………………………1890 年　260 万吨
1900 年　440 〃 〃
1911 年 1 480 〃 〃

南锡····　2 亿吨矿石
布里埃···20
隆维····　3
克律内···　5
30 **亿**吨矿石（第 5 页）

诺曼底发现了矿藏：1 **亿**—7 **亿**吨矿石

法国运往德国的铁矿石：

1909 年 170 万吨
1912 年 280 〃 〃（第 21 页）

德国运往法国的煤炭：

1909——300 万吨
1912——570 〃 〃

有一个荷兰商人（波特）在诺曼底大量收买蕴藏铁矿的土地（已经买了 3 496 公顷），开采矿石，把它运往德国。（第 24—5 页）（下面谈了一些细节。）

斯汀尼斯和克虏伯收买铁矿石的生产（30—31）——部分通过波特。

“参与”和董事会的成员的例子（35）……

……（大部分是法国人＋德国人）……

蒂森及其发展等等。

例子，董事会的成员，金融参与，等等等等。

把公司迁往法国等等。

没有总结。

(看«La Grande Revue»。)

摘自《年鉴》(康拉德)上的图书目录

摘自«Jahrbücher»[①](康拉德)上的图书目录:

保尔·皮朗:《德国的危险》,巴黎,1913。

罗·格·阿舍尔:《泛日耳曼主义》,伦敦(7/6),(1913?)。 } 第 **45** 卷

«The Annals of the American Academy of Political and Social Science»[②]。第 **42** 卷(1912):《工业的竞争和联合》(托拉斯(30 个报告))。

汉斯·**亨盖尔**:《法国……的投资》1913,斯图加特(《慕尼黑国民经济研究》,第 125 编)。 ‖ ?

莱昂·万热:《**石油**》(学位论文),巴黎,1913(第 47 卷,1914)。

乔·米雄:《英国的大轮船公司》,1913。(学位论文。)

施曼:《1913 年的德国和重大政策》(**第 13 卷**),1914。

奥·惠·克瑙特:《美国对工业垄断的政策》,纽约,1913(共 233 页)。(《哥伦比亚大学丛刊》。) ‖ 注意(?)

恩·**弗里德格**:《百万和百万富翁》,柏林,1914。(共 383 页) ??

皮·博丹:《法国的货币》,巴黎,1914。

第 **46** 卷(1913,1)。关于马克思地租论的论文(阿尔布雷希特)。

---

① 《年鉴》。——编者注

② 《美国政治和社会科学学院年刊》。——编者注

恩·**路特希尔德**:《卡特尔……》,1913。

第 **45**—**47** 卷翻阅过了。

第 **48** 卷(1914,2):尤利乌斯·**希尔施**:《……分支企业》,波恩,1913。(《科隆研究》,第 1 编。)

表示赞扬的书评(«Conrad's Jahrbücher»[1],第 **48** 卷)。

注意【**该卷**——**第 649 页**——有欧洲许多国家 19 世纪**畜牧业**的统计(很完全)。】

瓦尔特·施特劳斯:《德国区际电站及其经济意义》,柏林,1913

注意 ‖ (特别谈到农业和对农业的意义)。

康拉德的«*Jahrbücher* für Nationalökonomie»[2],1915,1(第 3 类第

注意 49 卷):《美国入境移民的波动》,(1870—1910 年的统计总数。)

利西斯:《论反对法国的金融寡头》[3]

利西斯:《论反对法国的金融寡头》,第 5 版,巴黎,1908(共 260 页)。各章注明的日期是:1906. 11. 1;1906. 12. 15;1907. 2. 1;1907. 5. 1;1907. 11. 15。

让·菲诺在序言中说,英国报纸证实了利西斯所说的(先是在«*La Revue*»[4]说的)事实:有一个人从 1906 年的俄国债券中获得

① 《康拉德年鉴》。——编者注

② 《国民经济……年鉴》。——编者注

③ 见本版全集第 27 卷第 369 页;第 30 卷第 82 页;第 28 卷第 304 页。——编者注

④ 《评论》。——编者注

了 **1 200 万**法郎(第 VII 页),“1 亿”(同上)**佣金**还不算在内!!

众议院开会(2 天)(什么时候?)讨论了这一问题。‖ 日期??

办理全部发行业务的 4 家银行的“绝对的垄断权”(第 11 页)(而不是相对的垄断权)

“大银行托拉斯”(第 12 页)
- 里昂信贷银行
- 总公司
- 贴现银行+巴黎荷兰银行
- 工商信用银行

债务国得总额的 90%。(10%给银行,给当“推销者”的辛迪加,以及作为“保证金”等等)——第 **26** 页。

中俄债券	40 000 万法郎。利润**大约**	8%
俄国债券(1904 年)	80 000 〃 〃 〃 〃 〃 〃 〃	10%
摩洛哥债券(1904 年)	6 250 〃 〃 〃 〃 〃 〃 〃	18.75%。

“法国人——欧洲的高利贷者”(29)……

“金融报刊差不多都领到津贴。”(35)

埃及精糖厂案件:公众损失了 9 000 万—10 000 万法郎(39)。总公司发行了该公司的 64 000 张债券;股票;发行的行情达 150%(!!)…… 这个公司支付了“**虚拟股息**”(39)……

“**总公司**有一个经理是精糖厂的董事。”(39) ‖ !!!

共有 800 万法郎的 50 个人,能够支配 4 家银行的 **20 亿**金钱(40)……

怎么办?“恢复竞争”(42)……

“法兰西共和国是金融君主国”(48)……

1906 年的俄国债券:“银行的中介人”**某某**先生得到 **1 200 万**。(49)

从表报和平衡表上什么也了解不到……

“三项就有175 000万”(57)……

银行的收入来自何处？**来自发行**。这一点被隐瞒了。

“例如：不登广告，不出通知，里昂信贷银行就**悄悄地**利用自己的‘出纳员’和‘推销者’偷偷摸摸地进行工作，为俄国贵族土地银行推销了87 400万法郎(票面价值)的债券。平均发行行情：96.80。现在的行情：66。**公众损失26 900万**！”(第75—76页)……

“法国资本的骇人听闻的输出”(第93页及其他各页)

法国——“世界的高利贷者”(119)。

俄国债券行情下跌(与发行行情相比)，以致在**140亿**法郎中公众损失30亿—40亿：这就是公众付给银行的钱!!!

大声疾呼，反对银行**不**支持**法国**工业……　德国在发展，我们却停滞不前(187及其他各页)……“反民族的政策”等等。

第5章的标题：

《金融寡头统治一切，既控制着报刊，又控制着政府》……

银行对国家施加压力的手段：降低利息……(!!)

秘密的薪俸：

部长100万
大使25万(第212页)　}!

报纸被收买了……

(看到的只是报上的短文、杂文，别的没有)

作者的结论：制定银行规则

把存款银行同发行(d' affaires)银行分开监督……

((庸俗的小市民))

评马克罗斯蒂、鲍姆加滕和梅斯勒尼以及伯格龙的书

亨利·W.**马克罗斯蒂**:《不列颠工业中的托拉斯》,柏林,1910。

[无数大小事实。必要的参考资料等等。]

鲍姆加滕和**梅斯勒尼**:《卡特尔和托拉斯》,柏林,1906(既是经济述评,又是**法学**述评。看来一窍不通)。

阿伯拉罕·**伯格龙**:《美国的钢铁托拉斯》,1907。(学位论文。)(介绍和引用书刊。幼稚的作品;可供参考。)

于贝尔:《德国的努力》

律西安·于贝尔:《**德国的努力**》,巴黎,1911

(法国和德国发展(经济的)的比较。)

铁路(每公里)的纯收入

	1883	1906
法国	19 165 法郎	19 560
德国	15 476	21 684
英国	26 755	26 542

商船(单位千吨):

	1890/1	1906/7	+%
英国	5 107	9 782	+ 91
德国	656	2 110	+222
美国	376	1 194	+217
法国	485	721	+ 49
挪威	176	717	+308
日本	76	611	+704
意大利	186	493	+165

尽是数字,大部分是**两个**国家孤立的材料,像上面的数字一样,没有作确切的有比较的对照。

(科学价值=0)

贝拉尔:《英国与帝国主义》

维克多·贝拉尔:《英国与帝国主义》,巴黎,1900(共381页)。

从翻阅中看出,这本书像是报纸论文集,是一些写得很流畅、非常流畅的、然而是极其肤浅的政论。只有叙述和废话,别的什么也没有。第一章——《约瑟夫·张伯伦》。他的演说摘录,他的官衔履历,他的荣誉,等等等等。第2章(或者是篇,因为既没有“章”次,也没有编号)——《帝国主义》,仍然是“报道性的”叙述:“市场,市场”,从“蓝皮书”里抄来的**大量**例子和数字(关于英国贸易的衰落等等),但都是些七拼八凑的杂文式的东西,看过霍布森和舒尔采-格弗尼茨的书,这简直像是中学生的笔记…… 关于德国的竞争等等等等也是一样。毫无价值。毫无价值。

举两个这样的例子也许有用:

反对帝国主义的论据:

“这些统计材料还表明,陛下的军队占领某国领土,往往只是对外国人和极少数的不列颠臣民有利:1881 年以后,在埃及只有德国和比利时的贸易才真正获得了发展:埃及从英国输入的产品在 1870 年——8 726 000 英镑;1880 年——3 060 000;1892 年——3 192 000;1897 年——4 435 000,从德国的输入却从 1886 年的 21 000 镑(埃镑=25 法郎 60 生丁)增加到 1896 年的 281 000 镑,从比利时的输入在同期由 86 000 镑增加到 458 000 镑。”(第 249 页)

“自从法国发明用甜菜制糖以来,它在制糖业方面就成了世界第一大国,1870 年垄断权还是属于它的。德国当时才开始从事这一行业。德国研究和比较了法国的作物,肯定德国在靠近煤矿区的地方有像法国北部那种适宜的土壤和气候。但是德国的土地不太肥沃,气候又寒冷得多。因此,同法国人的斗争还谈不到势均力敌。但是,从 1882 年起,法国糖厂主开始叫嚷,德国的糖居然渗入法国市场……德国甜菜的出糖率为 12%;法国种植园主声称,他们却超不过 7%”——德国人改进了耕作技术、肥料、选种,等等等等。

“德国的竞争不到 12 年,发现甜菜的法国就丧失了从发现中得到的收入。1884 年,法国根据德国的科学经验通过了食糖法,从这时起德国成了糖业大王和酒精大王。”(第 311—312 页)

书末注明的日期:1898 年 11 月—1900 年 4 月。

莱尔:《德国帝国主义》

莫里斯·**莱尔**:《德国帝国主义》,巴黎,1902。(共341页。)

开头对英国帝国主义作了人所共知的简短的叙述,接着对美国、俄国、日本、德国帝国主义作了叙述。(《帝国主义和帝国主义者》。导言)

第1章。《德国帝国主义的产生》。(1870年——发展和成长。人所共知的材料和数字。也像维·贝拉尔一样是“报道”性的东西。)

第2章。《帝国主义德国的灵魂》……和“博士先生”——又是蒙森又是特赖奇克……沙龙里的清谈!——引马克思的话(根据布尔多)…… 贫乏的著作。

零·

第3章。《帝国主义的政策》。

哈哈!! ‖“……20世纪开创大银行贵族的王国”(165)——引图斯内尔的话:“犹太人——时代之王”(!!)。

第4章。《昨天》。关于德国经济发展的大量数字。巴格达铁路等等。

第5章。《今天》。——空谈1900年的危机……

第6章。《明天》。

……1900年9月巴黎国际社会党代表大会的决议——“反对帝国主义”(第324页)和战

争……

就是这么一些！……

引用的书刊：

«Forum»[①],1899 年 6 月:《争夺贸易霸权的斗争》。

«The North American Review»[②],1898 年 9 月:《帝国主义的经济基础》。

保尔·**阿恩特**:《德国同英国和英国殖民地的贸易关系》,1899。

尤利乌斯·沃尔弗:《德意志帝国和世界市场》。

布里夫斯:《酒精卡特尔》

格茨·布里夫斯:《酒精卡特尔》,卡尔斯鲁厄,1912。(《巴登高等学校论丛》。新丛书,第 7 编。)翻了一下,好像是专门性的没什么意思的东西。

第 240—241 页:"因而,酒精厂的联合事实上已变成了垄断组织〈剩下 3 家"局外"工厂,力量十分单薄〉,它的重心是几乎完全辛迪加化了的农业马铃薯蒸馏厂;从外部来看,卡特尔实力的发展就此告成"。 垄断

① 《论坛》杂志。——编者注

② 《北美评论》杂志。——编者注

戈尔德施米特：《论德国煤炭工业的集中》

库尔特·**戈尔德施米特**：《论德国煤炭工业的集中》，卡尔斯鲁厄，1912(共122页)……(同上[①]，新丛书，第5编)

【有价值的东西很少，没有确切的综合材料】

		煤 单位百万吨	钢 单位百万吨
1	克虏伯1	2.4	0.98
2	汉尼尔家族	8.7	0.59
3	斯汀尼斯家族	2.5	
		5.5	0.79
		1.5	
4	蒂森	3.6	0.97
			0.27
6	盖尔森基兴	8.2	0.51
7	哈朋内	6.7	—
8	海伯尼阿	5.1	—
9	凤凰公司	5.4	1.13
		49.6	5.24
5	卡尔·封克	3.1	
		2.8	
	Σ(我加的)	55.5	5.24

"9个康采恩掌握了矿区"(((莱茵—威斯特伐利亚)))"66.9%的煤炭生产和钢厂联盟48%的生产"。(第69页)

① 《巴登高等学校论丛》。——编者注

斯汀尼斯康采恩(第 69—70 页)包括下列各企业:

(1)	煤矿	19
(2)	钢铁	7
(3)	铁矿	很多 {在德国、卢森堡、法国}
(4)	贸易(煤)	6
(5)	轮船业	
	在德国	12
	〃英国	5
	〃意大利	3
	〃法国	2
	〃比利时	1
	〃瑞士	1
	〃俄国	2
	其他	

吕西埃:《大洋洲的瓜分》

昂利·**吕西埃**:《大洋洲的瓜分》,巴黎,1905。(学位论文。)

十分详尽地**汇集了**大量材料。遗憾的是,没有确切的统计总结(和苏潘一样)。编纂得很好。有很多资料、地图和照片。

作者把"政治瓜分"的历史分为四个时期:

(1)发现(16—18 世纪)

(2)**传教**期(1797—1840)

(3)"最初的冲突"(1840—1870)

(4)"国际竞争"1870—1904。 ||| 注意

{ 作者还引用了**西韦尔斯和屈肯塔尔**的表格(瓜分)。《澳洲、大洋洲和两极地区》,莱比锡,1902,第 **67—8** 页。**可以看一看**。}

接着就是关于各殖民地的**经济**、贸易和地理的详细资料。

作者除了指出殖民政策的经济原因外,还指出了(注意)社会原因:

妙论!!

“除了这些〈上述人所共知的〉经济原因外,还应当加上社会原因。——愈来愈艰难的生活不仅压迫着工人群众,而且压迫着中间阶级,因此在一切老的文明国家中都积下了‘一种危及社会安定的急躁、愤怒和憎恨的情绪;应当为脱离一定阶级常轨的力量找到应用的场所,应当给它在国外找到出路,以免在国内发生爆炸’。”①(瓦尔:《法国在殖民地》,巴黎,第92页)——(第165—6页)

注意

引证了**英国的“帝国主义”**(第171页);——**美国的**(第175页)——1898年美西战争以后;——**德国的**(第180页)。

注意

还引用了**德里奥**《19世纪末的政治问题和社会问题》等等(巴黎,1900),第14章:《列强和世界的瓜分》。

福格尔施泰因:《现代大工业中的资本主义组织形式》

泰奥多尔·**福格尔施泰因**:《现代大工业中的资本主义组织形式》,

① 见本版全集第27卷第397—398页。——编者注

第1卷:《英美钢铁工业和纺织工业的组织形式》,莱比锡,1910。

第54—6页

英国公司:维克斯父子和马克西姆有限公司,布朗斯,卡默尔斯现在拥有矿山(铁)、煤矿、钢铁厂、船坞,——若干火药工厂,等等等等。

钢轨卡特尔: ‖ **世界的瓜分:**

“在1884年最严重的萧条时期,英国、比利时、德国三国的钢轨制造厂达成了划分出口业务的协议,同时,承认本国为当然的销售区域。最初英国占出口66%,比利时占7%,德国占27%,后来数字作了一些有利于大陆的变动。印度完全归英国…… 英国各公司间确定了分配比例,并且规定了一种价格,使一些在不利条件下进行生产的工厂也能够继续存在…… 由辛迪加花钱同唯一没有加入卡特尔的一家英国公司进行斗争,这些费用是从每项出售总额中提取2先令凑成的。但是在2个英国公司退出了卡特尔以后,这个卡特尔就瓦解了……”① (引自**1886**年版本) “过了20年,还没有建立新的国际联合。尽管作了努力,但是在这大陆工业和美国工业得到极大发展的20年间,没有能够达成协议,来分配和划分各自应占的份额……

(页边:1884 ‖ 1886)

① 见本版全集第27卷第387页。——编者注

1904 ||| 到1904年终于又同德国、比利时和法国在规定前三国〈原文如此?? 是英国、比利时、德国吗??〉所占的份额分别为53.50%、28.83%和17.67%的基础上达成了协议。法国参加进来了，它在第一、第二、第三年中所获得的份额占相应增加的总数即104.8、105.8和106.4中的4.8、5.8和6.4。

“瓜分地面” || 1905年，同美国也达成了协议，第二年……奥地利以及西班牙的高炉炼铁厂加入了同盟。现在，地面已经分完了，于是那些大用户，首先是国营铁路——既然世界已经被瓜分完毕而没有照顾它们的利益——，就可以像诗人一样生活在丘比特的天宫里了。”[①](第99—100页)

好例子!!

“美国钢铁公司”仍然有一个问题悬而未决：是查·施瓦布对呢，还是卡内基对，查·施瓦布认为苏必利尔湖的铁矿(大部分已被“钢铁公司”买下)很快就会成为**唯一的**铁矿；卡内基则认为美国还可以找到许多矿藏。

“钢铁公司”在**美国**生产量中占的比重(第275页)：

	1901	1908
占矿石总产量(开采量)	43.9%	46.3%
〃生铁(Roheisen)的全部产量	42.9	43.5
〃钢的全部产量	66.3	56.1
〃钢材的全部产量	50.1	47.1[②]

① 见本版全集第27卷第387页。——编者注

② 同上书，第339页。——编者注

《帝国主义是资本主义的最高阶段》一书提纲

《帝国主义是资本主义的最高阶段》

（通俗的论述）

| 为了应付检查:大体上:《现代(最新的、最新阶段的)资本主义的基本特点》。 |

1. 当今资本主义的**特殊**阶段。

主题:对这一阶段的研究,分析,结论。

2. **大生产的增长**。**生产的集中**。

1882—1895—1907年德国的统计

1900—1910年美国的统计

俄国的有关材料(《资本主义的发展》?)。

海曼的统计…… β**108**[199—200][①]。

| 分行(银行的)及其增长:α15[15—16]。|

| 德国股份公司的资本:α22[22—23]。|

"联合制":希法亭 ϑ4 和 5[371—374](第285、358页)。

德国煤炭工业的集中:γ**26**[234—235]。**特别是** α7—8[8—11]。

| 集中的新纪元:β**11**[69—70]。|

| 技术和金融的集中。注意 β**102**—**3**[191—195]。|

① 方括号内的页码是本卷的页码。——编者注

3. **卡特尔和托拉斯**。

(2)[①]一般数字:利夫曼:α**40**[36—37]。里塞尔 ϑ**8**[398—401]。塔弗尔 β**37**[101—102]。

(1)发展时期:利夫曼,福格尔施泰因:α**33**—**34**—**35**[53—54—55]。

(4)技术:塔弗尔:β**38**[102—103]。

(5)《强迫加入组织》:克斯特纳。α**23**[23]**及以下各页**,**27**[25—26],特别是 **28**[26—27]。

固定资本的固定性(流动的困难)。希法亭 ϑ**4**[371—372](第 **274** 页)。

‖ 商人=代理人:希法亭。ϑ5[372—374] ‖
‖ (第 322 页)。 ‖

例子:水泥:β**99**[185—188]。

(3)美国钢铁公司占的份额:γ**28**—**29**[237—238]。β**104**[195—196]。α**40**[36]。ι**8**[419—420]。

补 **3**。 **危机**?**农业和工业的发展不相适应**。

(6)危机和垄断:β**78**[156—157](耶德尔斯)。β**90**[170—171](特别是末尾)。狂热、冒险、破产:ι**11**、**12**—**13**[421—423]。

4. **垄断**。

(补 2) 被夺得的生产的%:福格尔施泰因。克斯特纳:α**23**—**4**[23—24]。

5. **国际卡特尔**。**它们“瓜分世界”**。

参看希法亭 ϑ5[372—374](第 491 页)。

① 以下圆括号内的编号是列宁后来用铅笔写的。——俄文版编者注

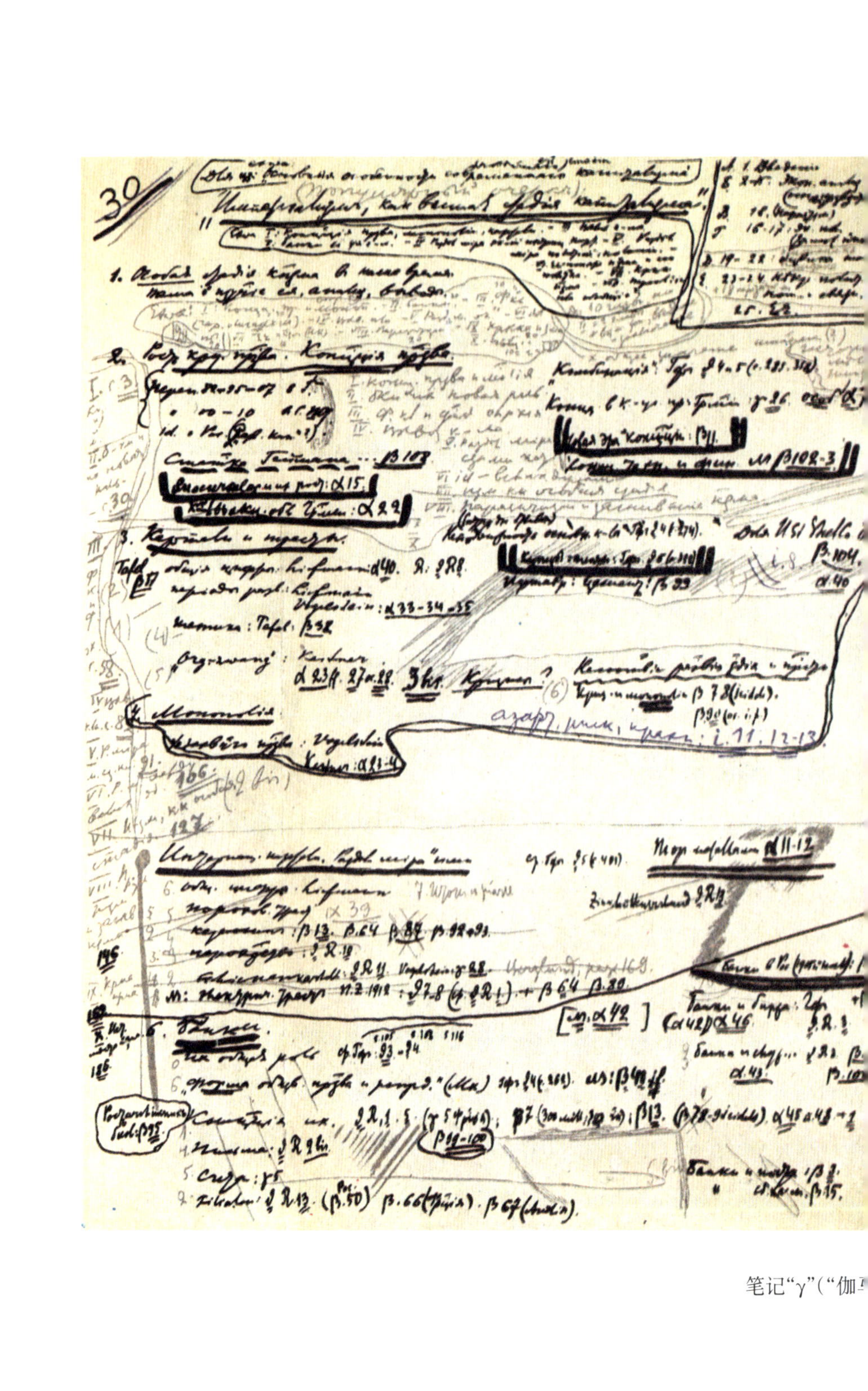

笔记"γ"（"伽马

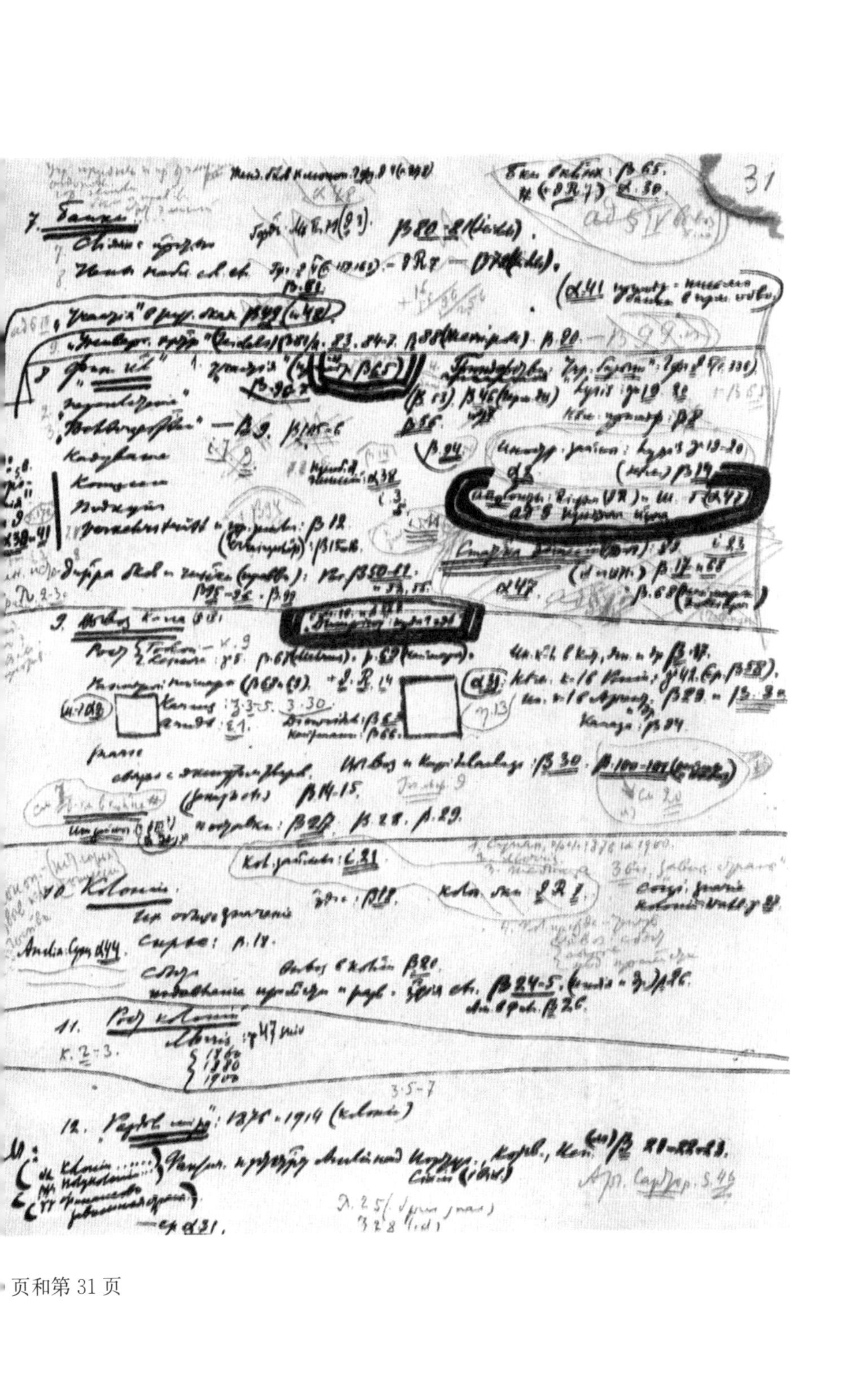

31

页和第 31 页

6.[①]一般数字:利夫曼。

5.5.火药托拉斯:α39[35]。

2.4.煤油:β**13**[73—75]。β64[130—132]。β**87**[166—167]。β92+93[172—173+173—176]。

3.3.航运业:ϑ里塞尔**10**[402—403]。

4.2.钢轨卡特尔:ϑ里塞尔**11**[405—406]。

福格尔施泰因:γ**28**[236—237]。——伯格龙,第169页。

1.注意:电力托拉斯。«Die Neue Zeit»[②],1912:ϑ7—8[375—379](参看ϑ里塞尔**1**[382—384])。+β**64**[130—132]。β89[168—170]。

五金贸易:α**11**—**12**[12—14]。

锌业联盟:ϑ里塞尔**13**[404]。

7.总结和意义。

6.**银行**。

0.它们的一般作用。参看希法亭:ϑ**3**[369—370](第105页)和ϑ4[371—372](第108页、第116页)。

6.“社会生产和分配的**形式**”(马克思)。希法亭ϑ4[371—372](第262页)。注意:β**41**[106—107]**末尾**。

英国银行的增长:β**95**[178—180]

1.它们的集中:ϑ里塞尔**1**、**5**[382—384、389—390]。γ5[207—208]法国;β**99**—**100**[185—190];β7[64—65](3亿:**300**人);β**13**[73—75]。(β78—9[156—158]——

① 以下两排编号是列宁后来用铅笔写的。——俄文版编者注

② 《新时代》杂志。——编者注

耶德尔斯)。α**45** 和 **48**+**1**[40—41 和 45—47+47]。

4. 书信:ϑ 里塞尔补 **2**[388—389]。

5. 账户:γ5[207—208]。

2. 分行:ϑ 里塞尔 13[392]。(β50[115—116]——俄国)。β66[134—136](法国)。β67[137—139](英国)。**在俄国的银行(1905 年及以后)**:β**42** 和 **43**[107—108 和 108—109]。

银行和交易所:希法亭。ϑ 里塞尔 **3**[385—386]+β10[68—69]。(**注意**:α**42**[33—34])((α42[33—34]))。α**46**[41—43]。3. 银行和职员:ϑ 里塞尔 3[385—386]。β**66**[134—136]。β**100**[188—190]。α**43**[37—38]。补 5。银行和邮局:β**3**[60—61]。

〃 〃 〃储金局:β15[76—78]。

7. **银行**。

7. 同工业的融合。希法亭:马克思,II,79(ϑ3[369—370])。β**80**—**81**[158—161](耶德尔斯)。

8. 监事等。希法亭:ϑ 4[371—372](第 159、162 页。)——ϑ 里塞尔 7[395—397]。——β79[157—158](耶德尔斯)。β**81**[159—161](α**41**[32—33]例子——银行给工业公司的一封信)。

9."包罗一切的性质"(耶德尔斯):β81/2、**83**、84—7[159—162、162—163、163—167]。β88[167—168]。(技术的作用。)β**90**[170—171]。——β **99**[185—188]。注意。银行的垄断趋势。**希法亭**:ϑ4[371—372](第 278 页)。α**48**[45—47]。

8.“**金融资本**”。

1.“参与”。β**96**—**7**[180—183](β53[118])。β**46**和**47**[111—113](德国。**德意志银行**)。β56[120—122]。β**94**[176—178]。ι**11**[421—422]。

‖ 注意股票分布的例子:β65[132—134] ‖

附在§3。俄国银行中的“参与”:β**49**(和48)[115(和113、115)]。

2.“交织”。

3.女儿公司。β9[66—68]。β**105**—**6**[196—199]ι**7**、**9**[418—419、420]。

欺骗。

租让。

收买。

7.“交通托拉斯”和城市土地:β12[70—73]+β**94**[176—178]。

(土地的投机买卖):β15—16[76—79]。

8.银行经理和官员(政府):俄国β**50**—**51**和53、55[115—117和118、119—120]。β**95**—**96**[178—182]。β**99**[185—188]。

4.**滥设投机公司**:“创业**利润**”:希法亭:ϑ5[372—374](第336页)。利西斯:γ**19**、**20**[226—227、227—228]。+β**65**[132—134]。德国的例子:β**8**[65—66]。

外国债券:利西斯γ19—20[226—228]。α**2**[47—48]。(德国的)β**14**[75—76]。

9.**证券发行的统计**(1910—12):ϑ9[379—381]。ι**23**

[429—430]。(**同上**,自1871年起):β**17**和**68**[79—81和140—143]。β68[140—143](奈马尔克和措林格尔)。α**47**[43—45](附在§18)。

6. 证券发行利润:α**38**[31—32]。ι3、5[415—416、417—418]。β**14**[75—76]。

5. 注意:“整理”。希法亭:ϑ[371](第172页)。施蒂利希:α**38**和**41**[31—33]。利夫曼:ι**3**[415—416]。法国金融史:λ**2**—**3**[486—487]。

9. **资本输出**(§4)。

导言?资本的增长及其矛盾。

增长{霍布森——κ9[455—457]
莱斯居尔:γ5[207—208]。β67[137—139](梅伦斯)。β**69**[143—146](奈马尔克)。

规模:奈马尔克(β**68**和**69**[140—143和143—146])

+ϑ**里塞尔14**[411]。

哈尔姆斯:ζ**3**—5[318—323]。ζ**30**[356]。

阿恩特:ε**1**[296—297]。

迪乌里奇:β**63**[129—130]。

考夫曼:β66[134—136]。

舒尔采-格弗尼茨:α**2**[47—48]。

意义。

同商品输出的联系。资本输出和投资:β**30**[96—98]。(**希法亭**ϑ。)β**100**—**101**[188—191](贷款和输出)。

注意。见20[①]。

① 见本卷第249页。——编者注

(订货及其他):β14—15[75—77]。

供应:β**27**[92—93]。β28[94]。β29[95—96]。

殖民地的银行:β**65**[132—134]。α**30**[27—29]。(+ϑ **里塞尔** 7[395—397])。

外国债券(? §3?)(α2[47—48])注意。外国资本在中国、日本及其他国家。β17[79—81]。德国资本在俄国:γ42[264—266](参看 β**58**[123—124])。α**31**[50—51]。η13[364—365]。外国资本在阿根廷及其他国家。β29[95—96]和 β**30**[96—98]。

加拿大:β94[176—178]。

"倾销政策":放在哪里? 在哪里谈? 放在§7吗? 见 16[①]。

10. **殖民地**。

它们的一般意义:农业:β**18**[82—83]。

殖民地的债款 ι**21**[428—429]。

殖民地的银行:ϑ 里塞尔 **7**[395—397]。

殖民地的社会意义。瓦尔:γ**27**[235—236]。

原料:β18[82—83]。

销售:向殖民地输出。β**20**[85—86]。

压制工业和发展农业等等。β**24**—**5**[89—91]。(印度等)β26[91—92]。

美国在菲律宾:β26[91—92]。

英国:苏伊士:α**44**[39—40]。

① 见本卷第 248 页。——编者注

(1)垄断——(原料产地)。

(2)资本输出(租让)。

金融资本＝统治。

11. **殖民地的增长**。

莫里斯:γ47[268—269]及以下各页。

1860
1880 } κ**2**—**3**[451—453]
1900

12. “**世界的瓜分**”:1876和1914(殖民地)。ζ5—7[322—327]。英国对葡萄牙、挪威和西班牙的事实上的保护(注意):β21—22—23[86—87—88—89]。暹罗(同上)。阿根廷——**萨尔托里乌斯,第46页**(阿根廷):ζ28[635—637]λ25[503—504](同上)。

注意:(αα 殖民地…………)

(ββ 半殖民地……)

(γγ 金融上不独立的国家……)——**参看α31**[50—51]。

3 13. **发展的不平衡和世界的“重新瓜分”**。

英国和德国相比。克勒芒德:ι**35**—**36**[443—445]。一般的(新的发现)ι**12**—**13**[422—423]。

发明专利权:λ**28**[505—506]。

法国和德国相比。泰里:γ3[205—206]。

于贝尔:γ22[229—230]。贝拉尔:γ**24**[231]。

美国、英国和德国。«*Vorwärts*»[①]**1916**。μ1[513—515]。

① 《前进报》。——编者注

伦敦是世界市场并拥有金融实力。β4—5[61—63]（"¾的贸易"等等）（参看 α**46**[41—43]）。

（是不是放到§7 或 8 去??）

β96[180—182]（铁（世界产量）：1850—1910）。β98[183—185]（存款）。

水力：β**62**[127—128]。

电缆：β64[130—132]。ζ3[318—321]。

【【铁、钢、电炉钢：β**99**[185—188]】】。

【α**31**—**32**[50—53]：德国帝国主义的发愤图强！】

霍布森：103；205；144；335；386[462；466—467；464—465；477；482—483]。

2 14. **世界经济的对比情况**。

理·卡尔韦尔。（修正。）μ[516—518]。

铁路。1890 和 1913。μ[536—544]

铁路的增长同钢铁生产增长的比较。μ[543—544]

第 7 章。127—146—162①。

1 15. **总结。帝国主义的基本经济（生产）特征**……

α：集中和垄断。 1

β：资本输出（主要的一点）。 3

γ：银行资本及其"联系"。 2

δ：生产垄断者瓜分世界。 4

ε：同上——殖民地。 5

① 列宁把§§13、14、15 包括在第 7 章中，而把它们的次序倒了过来；这几个数字是列宁的《帝国主义是资本主义的最高阶段》一书手稿的页码。——俄文版编者注

卡·考茨基的定义。δ[289—290]对比:

希法亭的定义不完备:ϑ5[372—374](第338页)参看ϑ6[374—375](第495页)。

保·路易在1904年:γ**43**—**5**[266—267]。

与旧殖民政策的不同。κ**1**、**36**、40[450—451、474—475、477—478]。

霍布森的定义或者概念。κ**11**[458]。κ**13**—**14**、17[459—460、462]。κ**32**[472—473]。

第9章。162。

16. “**金融资本的经济政策**”**和对帝国主义的批评**?

“倾销政策”。

“保护主义”——它在英国、比利时、荷兰的发展。β19[83—85]。

保护关税的新意义。希法亭引的**恩格斯**的话。ϑ**5**[372—374](第300页)。

暴力。κ11[458](兼并)。**42**[479—480]。β**97**[182—183]:输出和金融资本。

17. 是**回到自由**竞争呢,还是向战胜**资本主义前进**?希法亭:ϑ6[374—375](**注意第567页**)。

18. 资本主义的**寄生性**和“**腐朽**”。

“**食利国**”………(α2[47—48])。α3[49—50]。β30[96—98](五个债权国)。(!!)β95[178—180](德国)。λ**19**[497—498](债权国)。λ**21**(22—3)[499(500—502)]。λ**25**[503—504]。λ26、27、28、29[504—507]。κ46—48[482—484]。κ18、21、25、34[462—463、464、467、

473—474]。κ9[455—457](15%)和**10**、**39**[457—458、477]荷兰。γ14[217—218](莫斯)。

希尔德布兰德＝为垄断担心：β**34**[98—99]及以下各页。

在**德国**的外国工人(1907年统计)。

在**法国**的外国工人。δ8[284—285]。

移民出境和移民入境。κ**5**[455]。

§8中的证券发行的统计

注意：萨尔托里乌斯ξ**29**[637—639]。

(1)19.**“超帝国主义”**或**“国际帝国主义”**?κ**7**[478—479](参看λ20[498—499])。

20.**考茨基**和**霍布森**与马克思主义对比。

注意。考茨基与**阿加德**对比。β。

向加拿大输出：λ**20**[498—499]。

同独立国和附属国的贸易。β**100**—**102**[188—193]。

波多黎各。λ**21**[499—500]。

21.帝国主义的**辩护士和小资产阶级批评家**。辩护士施尔德尔：β**27**[92—93]。希尔德布兰德：β**35**[99—100]。尼布尔α**13**[14—15]。——κ25、27、30[467、468—469、470—471](费边派)。31[471—472]。利夫曼。

{ 霍布森。κ**1**[450—451]。κ**15**、16[460—462]。参看β**40**[104—106]关于卡·考茨基。

美国的反帝国主义者。帕图叶。γ11[213—214]。维·

贝拉尔论埃及：γ**23**[230—231]。阿加德：β**41**[106—107]及以下各页。β**54**[118—119]。β**59**[124—125]。β**60**、**61**[125—126、126—127]。

（**埃施韦格**：《道德化》；他反对：β**94**[176—178]）。

β**100**[188—190]：反对巴格达。

奈马尔克主张“和平”：β**69**[143—146]（125）。

贝列拉兄弟主张世界和平。α**42**[33—34]。

> **辩护士**：里塞尔（ϑ）和舒尔采-格弗尼茨（α47[43—45]）。

22. **帝国主义和机会主义**。

英国自由派的工人政策。

工人运动的彻底分裂。

工人的上层。λ**18**[496—497]。**22**、**22—3**、**23**、**30**[500—501、500—502、501—502、507—508]。κ**24**[466—467]（205）（收买）【**附在18**?】。

（2）23. 1871—1914年的**外交**和对外政策{几句话}。α**3**。

……希法亭ϑ**6**[374—375]（第**505**页）…… ϑ里塞尔**11**[405—406]。

英国的对外政策（1870—1914）…… β23[88—89]。

德国的：β**97**[182—183]。

菱田政治：γ**6**[208—209]。

在大洋洲：γ**27**[235—236]。

帕图叶：γ**9**和**10**[211—212和212—213]。

希尔：γ**46**[268]。

(3)补 **23**:**帝国主义和民主**。**金融资本和反动**(α**31**[50—51])。

尼布尔:α13[14—15]。

(4)24.帝国主义时代的**民族问题**{几句话}。

> “民族战争”。帕图叶:γ**12**[214]。美国和殖民地。
>
> 帕图叶:γ**10**[212—213]。

民族运动的发展。β**28**—**29**[94—96]。

希尔德布兰德反对它。β**35**[99—100]。

尼布尔:α**13**[14—15]。

希法亭:ϑ。κ17—19—20[462—463—464]。ι3[415—416]。

结束语。**帝国主义的历史地位**(?)。

25.“**交织**”与“**社会化**”。

{ 增长的迅速和过度成熟……(兼而有之)。
“腐朽”和新生…… }

> 制瓶工厂主:«Die Neue Zeit»[①],1912(30,2),第567页。发明人叫欧文斯,而不是欧文!

利夫曼:α**40**[36—37]。

里塞尔:ϑ3 和 **10**[385—386 和 401—403]。

圣西门和马克思(舒尔采-格弗尼茨):α**43**—**44**[37—40]。

增长的迅速:ϑ 里塞尔 **9**[401]。

① 《新时代》杂志。——编者注

技术进步和折磨(Quälerei)。 泰罗和《对动作的研究》。β**70**—**77**[146—155]。

总结和结论。帝国主义和社会主义。注意：**乐观主义**[对于机会主义?]。

垄断和自由竞争——银行和社会化。——

交织和社会化——世界的瓜分和重新瓜分。——

往……哪里"过渡"? β**84**[163—164]。

契尔施基拥护卡特尔(反对托拉斯)：他害怕了：β**104**[195—196]。

希法亭的定义不完备。§**15**。(放在这里?)

对该书提纲的补充①

(b) 资本主义的三种矛盾：(1)社会生产和私人占有，(2)富裕和贫困，(3)城市和农村，由此产生——资本输出。

(a) 它和**商品**输出的不同。

当代殖民政策的不同点：

(1)垄断(原料)

(2)——(关于后备的土地)

(3)(区分——"自给自足")——单一作物：β**25**[90—91]

(4)(资本输出)

(5)租让，等等。

① 以下对该书提纲的补充列宁用铅笔全部勾掉了。——俄文版编者注

1. 社会意义(统治(希法亭,511))。希法亭。**注意**参看**瓦尔**。 2. "独立"国的依赖性。	注意

第 14 页中间,"原料的加工"? 原料工业? +(注意)(摘自«Die Neue Zeit»[①])。补充**化学**工业托拉斯的材料。在关于金融寡头的一节中补充«Die Bank»[②]杂志的"幼稚观点"。

该书某些章的提纲

III. 创业利润和证券发行利润

整理

城市土地

银行和政府

证券发行的统计

VI. 1. 苏潘。1876 年的%%。1900 年的。

2. 莫里斯。

3. 表格。

补 3:"附属国"。

4. 过去和现在的殖民地

{ 输出——销售
原料
抑制工业。

VIII. 1. 食利国。

① 《新时代》杂志。——编者注

② 《银行》杂志。——编者注

2. 霍布森 9 和 **10**[455—457 和 457—458](**投资**的收益):λ**21**[499—500]。

3. 霍布森 **30** 和 **46**—**48**[470—471 和 482—484]。
前途。

4. λ**28**、29[505—506、506—507]。λ**24**—**25**[502—504]。

补 4。外国资本。

5. 生产效率高的工人的%降低。

6. 恩格斯和**马克思**论英国工人。
在法国有 30 万西班牙工人。
«*La Bataille*»①(1916 年 6 月)。

IX. **对帝国主义的批评**。

1. 批评=一般的观念。
2. 辩护士。(“费边派”。)
3. 小资产阶级民主派。
4. 考茨基与霍布森对比。(**卡·考茨基和斯佩克塔托尔**。**注意**。)
5. 前进还是倒退?
6. 自由竞争与关税、倾销政策对比等等。
7. 向附属国输出。
8. 超帝国主义或国际帝国主义?
9. 帝国主义的政治特征(外交)

{反动
民族压迫}

① 《战斗报》。——编者注

X. I. 帝国主义是垄断的资本主义。

{ (a)托拉斯 (1)托拉斯
(b)银行 (2)夺取原料
(c)瓜分世界 (3)银行
(4)瓜分世界

II. 帝国主义是寄生的或腐朽的资本主义。

(1)共和派资产阶级和君主派资产阶级？美国和日本？

(2)机会主义。

{不同机会主义作斗争，不同机会主义决裂，同帝国主义作斗争就是欺骗

III. 帝国主义是过渡的或垂死的资本主义。

I. 和1—4。—— ——

II. ——和(1)+(2)。对机会主义的"乐观主义"。—— ——

III. 交织与社会化。

圣西门和马克思。——**里塞尔**论增长的迅速。——往哪里过渡？(β**84**[163—164]已经谈到过一次)。泰罗是否放在这里？

该书的总纲和几种不同的目录

A. 1。导言

B. 2—15。经济上的分析(基本生产关系)。

C. 18。(寄生性)。

D. 16—17。经济政策(关税政策)。

E. 19—22。对帝国主义的评价(对……的态度，批评)。

F. 23—24。几种政治上的关系和联系。

+18 寄生性。

25。∑∑。

大体上:

I. 生产的集中,垄断,卡特尔。

II. 银行和金融资本。

III. 资本输出。

IV. 从经济上瓜分世界:国际卡特尔。

V. 从政治上瓜分世界:殖民地。

VI. 总结=帝国主义的概念和帝国主义的政策。

VII. 对帝国主义的批评。

VIII. 交织还是社会化?

共10章,如果II=2章+可能作的补充、导言和结束语。

大体上:

I. 生产集中和垄断。——	30页
II. 银行。——	20 〃
III. “金融”资本(和金融寡头)。——	30 〃
IV. 资本输出。——	10 〃
V. 从经济上瓜分世界。——	10 〃
VI. 〃政治〃 〃 〃 〃 〃。——	20 〃—120
VII. 总结=帝国主义(卡·考茨基)。——	10 〃
VIII. 寄生性。——	20 〃
IX. 对帝国主义的批评。——	20 〃

X. 社会化。帝国主义的一般意义(?)
帝国主义的历史地位。—— 10 页

$\sum=180$

I. 生产集中和垄断。
II. 银行和银行的新作用。
III. 金融资本和金融寡头。
IV. 资本输出。
V. 各个资本家同盟瓜分世界。
VI. 列强瓜分世界。
VII. **帝国主义是特殊阶段**。
VIII. 资本主义的寄生性和腐朽。
IX.
X.

页码

列尼夫岑。标题:《最新资本主义的基本特点》。

(α)注释№101(注意)
(β)载于同一出版者的杂志?[33]

通内拉:《德国在欧洲以外的扩张》

厄·通内拉:《德国在欧洲以外的扩张》,巴黎,1908(集录了1906—1908年«*La Revue de Paris*»[①]上的文章)。

作者认为(第X—XI页),占领胶州湾是德国开辟殖民地的“新时期的开始”,即“**帝国主义的**”时期(第X页和第XI页)和“世界政治”时期(同上)的开始。

	页码
章次:德国人在美国	(1— 91)
〃 〃 〃 〃 巴西	(91—155)
〃 〃 〃 〃 山东	(155—197)
〃 〃 〃 〃 南非	(197—277)

他们在巴西“并没有使巴西南部日耳曼化,而是使它美国化”(第154页)

(似乎**没有什么**)

(不过是**叙述**而已,泛泛地谈了一些德国人在国外的情况)。

① 《巴黎评论》杂志。——编者注

德里奥:《政治问题和社会问题》

J. 爱 · 德里奥:《政治问题和社会问题》,巴黎,1907。

((从历史上概述了下列"问题":阿尔萨斯—洛林、罗马和教皇、奥匈帝国、土耳其、地中海、埃及、"瓜分非洲"、中国、美国(第11章及其中的一节:《美国的帝国主义》)、三国同盟;法俄同盟,第14章,见我的摘录[1],第16章:《社会问题和道德问题》。多半是史学家的札记,是"外交家"的札记。))

摘自《**结束语**》:

"目前时期的真正特点就是普遍的激愤,对于这种激愤来说,目前的和平只不过是一种休战;许多人认为休战时间太长了,还有许多人并没有遵守休战:空前未有的帝国主义的狂热席卷全世界,到处都暴露出并在设法实现无耻的贪得无厌的欲望;——社会被各处激烈的、只是在最近才有些缓和的阶级斗争所震撼;——甚至踌躇动摇的人类意识也要求有某种稳固的东西。 ||

人类正处在如火如荼的革命中,这是领土的革命,重新划分边界,向巨大的世界市场进攻,庞大的军备,好像明天就要开战,去破坏和消灭对方;——这是社会革命,这种革命是由于最卑劣的感情,由于穷人憎恨富人,富人鄙视穷人而引起 || |||| 参看

① 见本版全集第27卷第399页。——编者注

卡·考茨基 1999

的,似乎社会仍然划分为自由人和奴隶,似乎社会自古以来从未改变过;——这是一次精神的革命,是由信仰宗教困难地转为相信科学,是对有灵敏的良心的人们痛苦的警告,教会沉痛地必须放弃对灵魂的控制,使人受到教育。——这是一次深刻的革命,它是由上一世纪的革命引起的,但是从它本身的无法估计的后果来看,是一次严重得多的革命,因为问题不仅涉及国家的政治组织,而且涉及人类生存的物质条件和精神条件。”(393—394)

((下面毫无意思:说什么19世纪做了许多事情,使一些民族获得了解放,等等等等;但是还留下许多事情要做。“因为这个〈19〉世纪是科学的世纪,但是它强迫科学为武力服务。”下一个世纪应当成为“正义的学校”,等等等等。一个自由主义者,如此而已。正因为这样,上面摘录的、承认预感到大风暴来临的自供就更典型了。))

科尔松:《经济机体和社会混乱》

C.科尔松:《经济机体和社会混乱》,巴黎,1912。

(反动的胡说。毫无价值。毫无价值。)

这位作者写了一部《政治经济学教程》(**六**卷本)。第4—6卷的内容是关于银行、贸易、金融等等的材料。

每年都出版这三卷(4—6)的新的补充材料(1法郎)。

(待查)

雷德斯洛布:《附属国》

罗伯特·**雷德斯洛布**博士:《附属国》。(《对原始的最高权力这一概念的分析》。)莱比锡,1914(共352页)。纯粹是法学著作。国家-法律地位

阿尔萨斯—洛林的

芬兰的
波斯尼亚的
(×)加拿大的
(×)澳大利亚的
(×)南非的。

}　{**仅仅**从法律上分析}

阅读了几章(×)的一部分内容,从中可以看出,作者很有意思地引用了一些法律,表明在这些英国殖民地**自由在增长**,**几乎**达到了自由国家的地位。作者说,但是它们毕竟是**附属的**,它们没有**完全的**自由(虽然情况正在明显地朝这方面发展……)

自由**谈论**分离。
就法律问题同英国**达成协议**……

可用做帝国主义(经济上的)同政治独立的比较。

情况**在**朝自由联邦**发展**。作者得出结论说,英国过去提供了议会制,现在则把议会制同"组织联邦制的国家"(第347页)结合起来。南非议会可以改变某些殖民地的疆界,把几个合并成**一个**。"但是只有应有关殖民地的要求才能这样做……"(339)

在澳大利亚,议会可以把殖民地划分成几个部分,可以把殖民地“合并”——“但是,后一种措施只有在征得有关的居民或者他们的议会的同意以后才能实施”(第335页)。

注意

(举行了全民投票;征得所有殖民地的同意制定出宪法;——根据同英国的**协议**……)

第330页,注释,**迪布斯**先生(澳大利亚人)自由谈论同英国**分离**和建立独立的澳大利亚共和国……

1900年:《关于成立澳大利亚联邦的法令》(7月9日。63和64。维多利亚)

简短地介绍了联邦制和政治自由在加拿大、南非和澳大利亚的发展。作者写得很有意思,可用来反对“帝国主义经济主义者”[34]的痴呆症……

关于废除武装问题的札记[①]

“废除军备是一种阉割。废除军备是反动的基督教的耶利米哀歌(诉苦)。废除军备不是**反对**帝国主义的现实,而是**逃避**现实,幻想社会主义革命胜利**以后**的美好的未来!!”(参看维克多·费舍)……

① 关于废除武装问题,参看列宁《无产阶级革命的军事纲领》、《论“废除武装”的口号》两文(见本版全集第28卷第86—97页和第171—181页)。——编者注

“人民军事化”、“武装人民”,多么不幸啊！——现在愈来愈多地听到这种论调。但是我们说:人民军事化、武装人民、吸收儿童也许还吸收妇女参加军事活动,**那就会更好**、更快地变战争为国内战争,变战争为起义。帮忙吗？不,我们不帮托拉斯的忙。

不武装人民反而废除军备。

1. 来自小国的呼声

2. 反对一切战争吗？

3. 民族的

4. “提纲”

5. 国内的

6. 社会主义的战争

7. 被压迫阶级？

8. 向机会主义让步？

9. 机会主义和考茨基主义不在这里

10. 人民军事化

11. 公社

12. 第一,同机会主义和考茨基主义作斗争

13. 第二,具体的纲领

14. 第三,实际的“要求”

15. 瑞士的两条路线

关于“民兵制还是废除武装？”的问题

I. 废除武装,**或者**废除军备,**或者**还有什么类似的东西？(代替民兵制。)

II. 被压迫阶级不要求学习和掌握军事吗？(恩格斯在《反杜林论》中谈到消灭军国主义的道路。)[35]

III. 是向机会主义让步或轻易地滚到机会主义方面去?

问题不在这里,不在这一点。

+恰恰是回避革命 ‖ 任何民主改革都有助于这一点(共和制。教会同国家分离等等)……

例外(美国)……

同公开的和隐蔽的机会主义(考茨基主义)进行总的、全线的斗争。

+瑞士的帝国主义(纳希姆松) ‖ 到处跟踪追击敌人(机会主义)。改变纲领。不是**赞成**瑞士的民兵制(特别是在1907年以后)。

IV. 实践。是公式还是革命实践? 现在、目前宣传废除武装或废除军备? 胡说! 帮助邻国的革命斗争,变帝国主义战争为国内战争。20 000×2 芬尼=20 000 法郎一年。三种报纸,报纸的递送。

关于扎克的《俄国工业中的德国人和德国资本》一书

«Jahrbücher für Nationalökonomie etc.*»*[①](康拉德)第3类第49卷(1915.1),第351页。

扎克 ‖ 瓦尔德克尔的一篇文章(在“其他”类中)谈到**A. H. 扎克**的一本俄文书《俄国工业中的德国人和德国资本》(圣彼得堡,1914)——(扎克=互贷协会中央银行的经理)。

① 《国民经济……年鉴》。——编者注

俄国股份资本的总额：

	俄国的		外国的	Σ
1903—	41.7	(单位百万卢布)	+16.8=	58.5
1904—	92.5		26.7	119.2
1905—	64.3		8.0	72.3
1910—	190.5		33.7	224.2
1912—	371.2		30.3	401.5

(我加以简化)

俄国的公司数目……1 237　　资本=410.3(在俄国"活动的")

外国的〃〃〃〃……　196

这些公司的总董事会分布在

德国———24个公司
瑞典———　3〃〃〃
英国———33
荷兰…………　2
比利时………70
法国…………48
瑞士……………　6
意大利…………　1
奥地利…………　3
土耳其…………　1
美国……………　6

工业部门：

	德国资本		它的利润
	单位百万卢布		
(1)冶金	20	(1912)	5.5
(2)机器制造	11.5		
(3)机械	33.5		
(4)制碱	全部资本的½		
(5)电力	50		
(6)电机	57		
(7)照明用煤气	12.5=全部资本的 71.8%;		

+法国的　12.6%
+比利时的　7.4%
+俄国的　8.2%

(8)煤油(德意志银行)…………20

(9)纺织…………………………(34%—50%在莫斯科省和波罗的海沿岸各省)。

作者没有算总数

保尔·路易:《帝国主义概论》

«Le Mercure de France»[①],第50卷,4月,巴黎,1904。**保尔·路易**:《帝国主义概论》,第100页及以下各页。

“帝国主义是我们这个时代的普遍现象;它甚至是20世纪初最典型的特征之一,只有为数不多的民族幸免于它的影响。

目前世界正经历着帝国主义时代,正像它经历过自由主义的危机、保护主义的危机以及殖民主义的危机一样,正像它经历过各民族的普遍努力一样,它成为社会主义普遍传播和日益发展的见证人,已经有10年了。但是人类生活的所有这些因素、所有这些方面都是紧密地互相联系着的;帝国主义和社会主义在很大程度上是我们时代的基本矛盾。确定这一矛盾,意味着几乎是肯定了这两者的基本原则。”(100)

“……帝国主义在英国和美国,在日本和俄罗斯帝国,在德国、法国和意大利,都同样在取得胜利……”(100—101)

“它〈帝国主义〉处处都表现出资本主义在作最后的努力,以维护自己的财富、自己的政治统治、自己的社会权力。这种努力就是

① 《法兰西信使》杂志。——编者注

要求占领领土,用暴力或者和平的方式来扩大属地,关闭市场,建立一个闭关自守的帝国。”(101)

1820—1848 年的战争“同德意志和意大利这两大民族的形成”有关(102)……

“……帝国主义把殖民主义与保护主义结合在一起……”(105)

“要研究它〈帝国主义〉,主要应当研究英国的;在那里帝国主义找到了自己的天国……”(106)

与英国并肩发展起来的有:

(1)法国、德国、美国、日本的竞争

(2)争夺殖民地市场(欧洲以及各殖民地国家的)的斗争

(3)其他国家的商船队

“从这三件确凿的事实中产生了帝国主义。”(107) ‖

(张伯伦运动。帝国联邦及其他。)

同样适用于美国,——俄国,——德国,——日本。(109)

(由此产生——民族主义的尖锐化及其他。)

“同帝国主义融合的民族主义”……有产生战争的危险等等。(112)

但是这些战争“将会给参战国的社会制度带来无法挽救的打击”(113)。

导致庞大的帝国的建立,使工人(113)、“民众”……(113)的不满日益增长(物价昂贵,等等等等)

“帝国主义是资本主义世界最后的赌注,是躲避日益逼近、在劫难逃的破产和不可抗拒的瓦解的最后的避难所,同时也是出色的、无与伦比的制造革命的匠师。”(114)

(全文完)

希尔:《欧洲国际关系发展中的外交史》

戴维·杰恩·**希尔**在他的《欧洲国际关系发展中的外交史》一书中(第1—3卷,第1卷,序言上注明的日期是1905.2.1)说,要在以后几卷中研究

注意 “专制制度时代的外交,革命时代、立宪运动和商业帝国主义时代的外交,这样也就把国际关系发展史研究到目前时期”[①](第X页)。

莫里斯:《殖民史》

亨利·C.**莫里斯**:《殖民史》,纽约,1900。**共2卷**。

从上古到1899年的历史概论。

汇集的统计材料很有意思:

现代法国殖民实力的发展

(第1卷第419页)

	1815—30	1860	1880	1890	1899
亚洲	197	197	69 147	201 000	363 027
非洲	1 034	185 650	624 624	2 128 814	3 320 488
美洲	16 000	48 011	48 011	48 043	48 011
大洋洲	—	8 000	8 565	9 135	9 220
(面积单位平方英里)	17 231	241 858	750 347	2 386 992	3 740 746

① 见本版全集第27卷第432页。——编者注

	1815—30	1860	1880	1890	1899
亚洲	179 000	221 507	3 333 500	18 000 000	22 679 100
非洲	95 000	2 800 000	3 702 482	16 800 000	33 257 010
美洲	225 000	300 000	391 084	372 805	383 750
大洋洲	—	50 000	93 831	72 300	82 000
(人口)	449 000	3 371 507	7 520 897	35 245 105	56 401 860

英国的有关材料(第 2 卷第 88 页)

	1815	1860	1880	1890—1891	1899
欧洲		1 163	127	119	119
亚洲		875 797	963 384	1 827 228	1 827 579
非洲		129 976	278 446	341 858	367 928
美洲		954 170	3 359 243	3 768 818	3 952 572
澳洲		580 134	3 083 770	3 175 153	3 175 840
(面积单位平方英里)		2 541 240	7 684 970	9 113 176	9 324 038
欧洲	340 000	386 557	175 186	191 417	204 421
亚洲	124 200 000	137 279 105	256 148 625	288 436 340	291 586 688
非洲	243 500	835 650	2 717 816	4 963 062	4 931 780
美洲	1 599 850	4 226 744	6 016 077	6 708 042	7 260 169
澳洲	25 050	2 401 024	2 877 440	4 416 843	5 009 281
(人口)	126 408 400	145 129 080	267 935 114	304 715 704	308 992 339

作者在第 2 卷第 318 页列的下述表格,引用了 **1900** 年«The Statesman's Year-Book»①的数字:

		面积(单位平方英里)		人口	
	殖民地数目	宗主国	殖民地及其他	宗主国	殖民地及其他
联合王国	50	120 979	11 605 238	40 559 954	345 222 339
法国	33	204 092	3 740 756	38 517 975	56 401 860
德国	13	208 830	1 027 120	52 279 901	14 687 000
荷兰	3	12 648	782 862	5 074 632	35 115 711
葡萄牙	9	36 038	801 100	5 049 729	9 148 707
西班牙	3	197 670	243 877	17 565 632	136 000

① 《政治家年鉴》。——编者注

意大利	2	110 646	188 500	31 856 675	850 000
奥匈帝国	2	241 032	23 570	41 244 811	1 568 092
丹麦	3	15 289	86 634	2 185 335	114 229
(×)俄国	3	8 660 395	255 550	128 932 173	15 684 000
土耳其	4	1 111 741	465 000	23 834 500	14 956 236
中国	5	1 336 841	2 881 560	386 000 000	16 680 000
美国	6	3 557 000	172 091	77 000 000	10 544 617
共计……	136	15 813 201	22 273 858	850 103 317①	521 108 791

(×)**奥地利**——**波斯尼亚-黑塞哥维那**。——土耳其——**埃及**、**保加利亚**(和鲁米利亚)和**萨摩斯**。——中国——**满洲**、**蒙古**、**西藏**、"**准噶尔**"和**东土耳其斯坦**。——俄国——布哈拉,面积92 000平方英里;希瓦,面积22 300平方英里:? +? 旅顺口等等??

原文(第291—292页)看不出大部分是引证«The Statesman's Year-Book»的。

我的计算②:

	英国		法国		德国		三国 ΣΣ	
	单位百万平方英里	人口单位百万						
1815—30	?	126	0.01	0.5				
1860	2.5	145.1	0.2	3.4	—	—	2.7	148.5
1880	7.7	267.9	0.7	7.5	—	—	8.4	275.4
1890	9.1	304.7	2.4	35.2	1.0	14.5	12.5	354.4
1899	9.3	309.0	3.7	56.4	1.0	14.7	14.0	380.1
最大的发展:	1860—1880		1880—1890		1880—1890		1860—1880	

① 莫里斯的原文如此。——俄文版编者注

② 见本版全集第27卷第390页。——编者注

(删掉1890)

法国殖民地的增长(根据1900年的«The Statesman's Year-Book»),第1卷第420页

	归并的年份	面积	人口
亚洲			
印度	1679	197	279 100
安南	1884	88 780	5 000 000
柬埔寨	1862	40 530	1 500 000
交趾支那	1861	23 160	2 400 000
东京(+老挝)	1884—93	210 370	13 500 000
	总计…………	363 027①	22 679 100
非洲			
阿尔及利亚	1830	184 474	4 430 000
阿尔及利亚撒哈拉		123 500	50 000
突尼斯	1881	50 840	1 500 000
撒哈拉地区		1 684 000	2 500 000
塞内加尔	1637	120 000	2 000 000
苏丹	1880	300 000	2 500 000
象牙海岸等地	1843	100 000	2 500 000
达荷美	1893	50 000	1 000 000
刚果和加篷	1884	425 000	12 000 000
法属几内亚	1843	48 000	1 000 000
奥博克和索马里海岸	1864	5 000	22 000
留尼汪岛	1649	970	173 200
科摩罗群岛	1886	620	53 000
马约特	1843	140	11 640
贝岛	1841	130	9 500
圣玛丽	1643	64	7 670
马达加斯加	1896	227 750	3 500 000
		3 320 488①	33 257 010

① 莫里斯的原文如此。——俄文版编者注

	归并的年份	面积	人口
美洲			
圭亚那	1626	46 850	22 710
瓜德罗普及邻近岛屿	1634	688	167 100
马提尼克	1635	380	187 690
圣彼得岛和密克隆岛	1635	93	6 250
		48 011	383 750
大洋洲			
新喀里多尼亚			
及邻近岛屿	1854	7 700	53 000
其他法国属地	1841—81	1 520	29 000
		9 220	82 000
		ΣΣ=3 740 756①	56 401 860

德国的殖民地，第 2 卷第 304 页

		面积	人口
大洋洲			
威廉皇帝地	1885/6	70 000	110 000
俾斯麦群岛	1885	20 000	188 000
所罗门〃〃	1886	4 200	45 000
马绍尔〃〃	1886	150	13 000
加罗林〃〃	1899	560	40 000
马里亚纳群岛	1899	250	2 000
萨摩亚群岛			
萨瓦伊	1899	660	12 500
乌波卢	1899	340	16 600
		96 160	427 100

① 莫里斯的原文如此。——俄文版编者注

		面积	人口
中国			
胶州湾	1897	200	60 000
非洲			
多哥地	1884	33 000	2 500 000
喀麦隆	1884	191 130	3 500 000
德属西南非	1884/90	322 450	200 000
德属东非	1885/90	384 180	8 000 000
		930 760	14 200 000
		∑∑=1 027 120	14 687 100

我的计算： **即：**

(1880—1890)	94 350	356 000	1860——	0 ——	0
	930 760	14 200 000	1880——	0 ——	0
	1 025 110	14 556 000	1890——	1 025 110	14 556 000
(1890—1899)	1 810	71 100			
	200	60 000			
	2 010	131 100			
	1 027 120	14 687 100	1899——	1 027 120	14 687 100

英国的殖民地，第2卷第88页

		面积	人口
印度			
英属印度	1601—1856	1 068 314	221 172 952
藩属公国		731 944	66 050 479
		1 800 258	287 223 431
欧洲			
直布罗陀	1704	2	24 093
马耳他和戈佐	1800	117	180 328

		面积	人口
亚洲			
亚丁和丕林	1839	80	41 910
锡兰岛	1795	25 333	3 448 752
香港	1842	406	354 400
拉布安	1846	30	5 853
海峡殖民地	1819	1 471	512 342
非洲			
阿森松岛	1815	35	430
巴苏陀兰	1868/83	10 293	250 000
开普殖民地	1806	276 775	1 787 960
毛里求斯岛	1810	705	337 856
纳塔尔和祖鲁兰	1824	35 019	902 365
圣赫勒拿岛	1651	47	4 545
西非			
冈比亚	1631	69	14 300
黄金海岸	1661	40 000	1 473 882
拉各斯	1787	985	85 607
塞拉利昂	1789	4 000	74 835
美洲			
百慕大群岛	1609	20	16 291
加拿大	1763	3 653 946	5 185 990
福克兰群岛和圣乔治	1833	7 500	2 050
英属圭亚那	1803	109 000	286 222
英属洪都拉斯	1670	7 562	34 747
纽芬兰和拉布拉多	1497	162 200	202 040
西印度			
巴哈马群岛	1629	4 466	53 256
牙买加岛和特克斯群岛	1655	4 359	733 118
巴巴多斯岛	1605	166	190 000

		面积	人口
背风群岛	在 17 世纪	701	127 800
向风群岛	在 17 世纪	784	155 000
特立尼达和			
多巴哥岛	1763—97	1 868	273 655
澳洲			
斐济群岛	1874	7 740	121 738
新几内亚	1884	90 540	350 000
新南威尔士	1788	310 700	1 357 050
新西兰	1840	104 470	796 387
昆士兰	1859	668 500	498 523
南澳大利亚	1836	903 690	362 897
塔斯马尼亚岛	1803	29 390	171 340
西澳大利亚	1829	975 920	168 490
殖民地总计		7 523 780①	21 768 908①
印度和殖民地			
总共		9 324 038	308 992 339

{“殖民史”本身看来是枯燥无味的事实罗列。}

① 莫里斯的原文如此。此外,列宁在《澳洲》这一栏里遗漏了维多利亚的数字:面积 87 890 平方英里,人口 1 176 854。——俄文版编者注

笔　　记

"δ"

("迭耳塔")

目　　录

① 《新时代》杂志。——编者注

施特芬:《世界大战和帝国主义》

古斯塔夫·弗·施特芬:《世界大战和帝国主义。1914/5年世界大战期间关于社会心理的文献和考察》,耶拿,1915。(原文是瑞典文。)

(第3页:)“帝国主义同世界历史一样悠久”……

“最一般地说来,**帝国主义**就是力图通过征服或是殖民化的方式,或是和平地使现有国家在政治上联合起来的方法,或是这些方法同时并用,来建成一个具有世界意义的大国;建立一个包括全人类的或是同其他几个世界国家一起瓜分人类的世界大国……”(4) “全世界”的概念取决于该国人民对地球的“了解”等等。“帝国主义——纯粹的心理因素。”(4)

!!?
哈哈!!

“社会幻想——帝国主义之母。”(5)

帝国主义有自己的历史。“有原始的帝国主义和较高级、较成熟的帝国主义。”(6)

凯撒,——拿破仑等等。

现在的“**实行瓜分的帝国主义**”(瓜分世界)不同于古代的“单一的帝国主义”(一个君主国)——(第15页)……

在第**14**页上作者说要分析“现在的”“欧洲帝国主义”的“**特**”征……

地球被10个帝国……(第15页)和另外50个独立国家瓜

分了……

1. 俄国 } 抱有单一帝国主义的 } “半欧洲”国家
2. 英国 } “对未来的幻想”……

(它们的特点是**在**欧洲**以外**有广大的属地。)

3. 法国——也是属于“稍低一点的帝国主义等级”(16)……

(“采取向欧洲以外发展的方针的帝国”。)

4. 日本。

5. 土耳其——衰弱的帝国。

6. 中国——“沉睡的帝国”(17)……将来还得考虑考虑“中国帝国主义”(17)……

7. 德国。

——战争同它的“帝国主义等级地位和实力地位”有关……

8. 奥匈帝国。

9. 意大利(“帝国主义新手”,18)……

10. 美国。

世界上有多少地区已经“帝国主义化”了呢?

这 10 个帝国∑=9 666 万平方公里=全世界的 66%

南美 =1 860 〃 〃 〃 〃 〃=全世界的 13%(第 18 页)。

作者得出(根据许布纳尔的数字)所有这些国家的总计数(平方公里和人口)。∑=96 662 000 平方公里和 1 399 689 000 人口。
全世界(145 918 000 平方公里)(1 657 097 000 人口)
协约国(68 031 000 平方公里)(777 060 000 人口)
德国
+奥地利

+土耳其 5 921 000 平方公里　150 199 000 人口

他说,显然,一切都在于"心理"(25)因素!!

"……现在世界几乎完全被'瓜分'了。但是世界历史教导我们说,帝国在或多或少的程度上瓜分了世界各大洲'没有主人的'土地之后,有一种'**互相**'瓜分的趋势。"(37) | 说得好!

(详尽地转述**西利**的著作……)

现在英国帝国主义和法国帝国主义同 16、17、18 世纪的西班牙、荷兰、葡萄牙、法国和英国的帝国主义一样,是"建立在海外殖民的基础上的西欧帝国主义"(43)。

俄国则不同。俄国主要是亚洲国家。**全**欧洲的利益是把自己同**亚洲**隔开。大俄罗斯人=与亚洲人的混种;欧洲的边界=大俄罗斯人的边界。(第 50 页)　法英与俄国的同盟是**反对**"全欧洲共同的切身利益的同盟"(51)。 | 亲德派!!

顺便指出:第 46 页提到,瑞典"曾经是一个被俄国废除了王位的大国"。 || "瑞典"帝国主义

没有什么比德意志帝国的建立(1871)更合理的了。英国、法国和俄国认为自己有"权"打垮德国和使德国软弱无力!!(56) || **拥护**德国帝国主义

"帝国主义是每一个〈!!〉具有巨大的内部力量和负有巨大的全人类任务的大民族必经的普遍的〈原文如此!〉政治发展阶段。"(56—7) || 帝国主义=历史的规律!

德国海陆军费用的%——和按人口平均的 Σ 比法国和英国**小**(58)。关于德国独特的"军国主义"的"**奇谈**"(59)!

“这个原因〈1914/5年世界惨祸发生的原因〉,正如我所认为的那样,在于德国相对地弱,而不在于德国相对地强……”(60)从俄国+英国+法国的角度来看,**需要有**这场“先发制人的战争”……

“的确,现在不去直接**占领**其他洲的**土地**(这种占领我们称之为“殖民”),在一定程度上也能实行经济帝国主义和帝国主义的扩张。资本、商人、企业家纷纷外出,铁路、运河在修筑,世界各大洲的广大地区成了现代资本主义的发展可以达到的地方,因而不用直接去夺取土地或者实行政治侵略就可以在其他各洲获得经济利益的势力范围或统治范围。

啊哈!

毫无疑问,到目前为止,**德国**帝国主义的表现在很大程度上,正是使用这样一种**比较和平的**扩张方法,这种方法可能仅仅是、也可能不仅仅是原来意义上的夺取殖民地的准备。”(62)

主要的目标是小亚细亚和美索不达米亚——**不**属于英帝国的土地。

英国想不让德国得到像英国自己以及法国和俄国**那种**广泛的发展。(62—3)

“因此,1914/5年的世界大战是真正的世界大战,——是一场由于新的德意志帝国要参加对世界的占领而发生的战争——在这次战争中世界统治者不列颠起主导作用,而两个实力较差的世界强国——俄国和法国——则是有利害关系的同谋者。”(63)

英国+法国+俄国=全球面积的46%,人口的43%;+美国+德国=55%和53%(第68页)…… “换句话说,世界确实被少数几个国家瓜分了……”(69) **西利**——1883(《……扩张》)……

查·迪尔克——1890(《大不列颠的问题》)。

三个帝国应该是:英国+美国+俄国。

法国和德国="**侏儒**"(!!)(第71页)。

詹姆斯·安东尼·弗劳德——1885(《是大洋洲还是英国及其殖民地》)。

《**帝国和世纪**》1905(50个作者的文集)。

从这本文集的第一篇文章W.F.芒尼彭尼的《帝国的理想》中,作者引用了下列的话:

"目前,'帝国'和'帝国主义'这两个词在日常的政治语言中占据了过去'民族'和'民族性'这两个词所占有的地位…… 民族的理想让位给帝国主义的理想……"(72)

帝国主义(罗马!)比"民族主义"还要古老。(72—3)但是**最新**(moderner)帝国主义"在很高的程度上"是建立在**民族主义的**基础上的(73)……

约·亚·克拉姆布:《德国和英国》1913……("德国是我们最凶恶的敌人"……) **主张建立**常备军…… "英国为建立**帝国**而打了500年的仗"(79)…… 同俄国的联盟是"勉强的"(80)……

"显然,问题在于德国目前力量的总的发展,大大地超过了法、俄、日,**只有**德国才会使人真正担心,担心它将来会威胁英帝国的世界霸权,特别是它的海上霸权。因此英国同上述三大国达成协议要比同德国达成协议容易得多。"(85) | 对!

一大堆废话——一大堆摘自特鲁别茨科伊的引文——德国首相比劳合-乔治讲道义,等等等等。**沙文**

主义的滥调!引用了乔治·**肖伯纳**刻画英国人的虚伪的一些生动的文字(120—123)等等。但是,他说肖也写过**很多**认为必须“粉碎”德国的文章【而且也有登在«New Statesman»[①]上的】(共128页)。

!!!

原因之一——互相“**不了解**”(136);——“民族偏见”的**教育**(137)。———为了和平应该取消国家的“独立”(138)(=进行战争的权利),等等等等。

引用伯恩哈迪的话……说他责备自己的人民缺乏好战的精神(!!)……还引用罗尔巴赫的话(说他**也是**“温和的”!(第150页)罗尔巴赫有“人道的(!!!)主导动机”)。——嘿,这个**施特芬**真是个庸人!……

! 德国帝国主义“主要是防御性的而不是侵略性的”(157)。

哈哈!! 德国正在进行“**防御性**”(158)战争——认为德国为了进攻会选择“现在这样极其不利的形势”,等等等等,那是“可笑”的。德国帝国主义是“极其文明的,从社会的意义上来讲是建设性的”等等(163)……

这本书一开头看来好像还有点内容,结果却是极其庸俗的亲德沙文主义!**注意**

外交文件极其混乱——**各**国都有(一些)外交家**主张**战争,——军人也来干预(强有力地)…… “我们只有研究世界历史,才能确定1914/5年的世界大战的原因……”(180)

接下去一直到全书完(第254页),引用了充满亲德精神的名

① 《新政治家》杂志。——编者注

“著”…… 毫无价值！毫无价值！不值得花精力去读这种“废纸堆”！

奥本海默:《英国帝国主义》

男爵费利克斯·冯·**奥本海默**博士:《英国帝国主义》,维也纳,1905。

(这本小册子共64页。毫无价值,只是人所共知的关于张伯伦和“他的”运动的一些废话。真是毫无价值!)

亨盖尔:《法国的投资》

汉斯·**亨盖尔**:《法国对有价证券的投资》,斯图加特,1913(《慕尼黑国民经济研究》,第125编)。

此书提供材料非常少。重复了**奈马尔克**关于有价证券总额的数字。

8 150亿法郎,去掉重复的数字后为6 000亿法郎,其中在法国的有1 060亿—1 100亿法郎。

4%的息票税(利息税和股息税)的总额

从1891年的 7 040万法郎

增加到1910年的10 250〃〃〃(第1页)。

有价证券的总额(法国占有的):

(根据埃·泰里的计算)	1891——	771亿法郎
	1907——	986〃〃〃
(根据作者的计算)	1891/5——	790〃〃〃
	1906/10——	1104〃〃〃

每年投入股份公司的资本:

法国……56 620万法郎

德国……108 050〃〃〃

法国经济的进步:

	1890	1909
小麦收获量	117亿公升	126
燕麦〃〃〃	94〃〃〃	117
铁产量	350万吨	1 660(1911)
商船	90〃〃	140(1909)
工业中的蒸汽机数量	55 967(1891)	81 335
它们的马力	916 000	2 759 350
法国的财产(根据遗产税推算)	2 430亿法郎(1892)	2 870(1908)
煤炭的消费量	2 896万吨(1885)	5 640(1911)
(德国是	6 710	20 570(1908))

特种贸易

	1891—3	1908—10
法国	769 200万法郎	1 202 000 + 56.2%
每人平均	200.4法郎	304.7+ 52 %
德国	711 700万马克	1 519 700 +113.5%
每人平均	141.5马克	238.6+ 68.6%

{238.6马克=294.5法郎。比法国少!}

注意:法国的采矿工业工人“很大一部分”是外国人——波兰人、意大利人和西班牙人[①]。

“法国人生产得较少,法国的工业和商业发展得不像德国那样快,这当然还不说明,法国有成为食利国的危险”(78)……他说,虽然发展(工业和商业)比德国慢些,但仍然在向前发展。 ?

注意。引用的书刊:«Annuaire statistique de la France»[②],**1910**(经济指数和社会指数)。

1914年和1915年的考茨基
(论帝国主义、战争和社会民主党)

卡·考茨基:《帝国主义》,«Die Neue Zeit»[③],1914,2(第32年卷),第908页及以下各页。№21(1914.9.11)。

((此文注明:写于战前,代表大会召开前,略有改动。))

他说,现在有时“人们把现代资本主义的一切现象——卡特尔、保护主义、金融家的统治以及殖民政策算做帝国主义”(908)。那就是“最乏味的同义反复”,那“帝国主义就自然是资本主义生存所必需的了”[④](908)。 ?

① 见本版全集第27卷第418页。——编者注

② 《法国统计年鉴》。——编者注

③ 《新时代》杂志。——编者注

④ 见本版全集第27卷第402页。——编者注

对这个词"不应当从这种概括的意义，而应当从这个词在历史上规定的意义"(909)来了解，像在**英国**那样，就是"看做是政治意图的一种特别形式"。"英国人认为"(909)帝国主义一方面是力图使帝国的各个部分同宗主国团结起来，另一方面是力图扩大帝国……

? 霍布森！

"帝国主义是高度发达的工业资本主义的产物。帝国主义就是每个工业资本主义民族力图吞并或征服愈来愈多的**农业**〈黑体是考茨基用的〉区域，而不管那里居住的是什么民族……"[1](909)

根本要不得

接着是关于工农业之间、生产资料和消费品之间《产量比例》(该文§1的标题)问题的论断。

§2.《简单商品生产》(胡说，陈词滥调)。

§3.《资本主义生产》：对资本主义工业来说，需要使"作为供应者和购买者为工业服务的农业区域""经常不断地扩大"。((过于繁琐！))

§4.《积累和帝国主义》。

工业和农业之间的矛盾表现在两方面(917)：

(1)生产过剩(工业)……

(2)物价昂贵(原料和生活资料)……

自由贸易的"形式"(力图扩大)发生在帝国主义以前："半世纪以前，它也像今天的帝国主义一样被认为是资本主义的最高峰"(917)……

① 见本版全集第27卷第403页。——编者注

贸易自由使其他国家发展起来(美国+欧洲);它们的保护主义:代替英国工业和所有其他国家的农业之间的分工的是,"它们〈其他国家〉在几个工业大国之间瓜分世界上还没有被占领的、而又无力抵抗的农业区域。英国对这一点是有反应的。从此帝国主义就开始了。 ‖‖ 注意

和帝国主义同时产生的向农业区域输出资本的制度,特别有力地促进了帝国主义……"(918) ‖ ?

新地区的铁路——交换的发展——国家政权对它的保护——力图兼并(+不允许在这些地区发展工业)……

"这是代替了自由贸易的帝国主义的最重要的根源……"

"它是否就是资本主义世界政策可能有的最后一种表现形式,或者可能还有另一种表现形式呢?"

"帝国主义的一个方面"是"资本主义生存所必需的",而且"**只有**通过社会主义"(920)才能加以克服,这就是:建筑铁路,统治农业区域,奴役农业区域……

然而帝国主义还有**另一**方面:国家之间的斗争、军备、战争、以及印度、伊斯兰教和东亚的反抗、无产阶级的反抗——所有这一切使得"全世界的资本家"力图"联合起来"(920)……

"因此,从纯粹经济的观点看来,资本主义不是不可能再经历一个新的阶段,**即把卡特尔政策应用到对外政策上的超帝国主义的阶段**[1]。对于超帝国主义,我们当然必须像对付帝国主义那样地同它作坚决的斗争,虽然它所带来的危险是在 ‖ 超帝国主义 ‖‖ 哈哈

① 见本版全集第27卷第406页。——编者注

另一方面,而不是在军备竞赛和威胁世界和平方面……"(921)

他说,这段话是战前写的。它(奥地利)和塞尔维亚的冲突"不纯粹是由于帝国主义的倾向而发生的"(922)——它既有"帝国主义的根源","也同样(ebenso)有民族主义的根源"(922)。的确,帝国主义"在其他的强国之间"制造的"矛盾"是存在的。可能,军备还要加强,而和平(这次大战以后的)只不过是休战而已。

!!

哈哈!

"从纯粹经济的观点看来,不会再有任何东西能阻碍这一点:紧张局势的这种大大缓和,最终将通过帝国主义者的神圣同盟而消除帝国主义……"(922) 战争和消耗……持续得愈久,我们就愈**接近**这个结局……

同上,**第 981 页**——在论述"战争的影响"的一篇文章中谈到:国际主义"不排斥""民族感情"和保卫祖国,但是要求承认"每个民族"都可以这样;**德国人和法国人**就是"在这个意义上"(原文如此!)投票赞成军事拨款的。

第 **975** 页——同上——"我们的同志们"投票赞成军事拨款,既是为了保卫祖国,也是为了"把俄国从沙皇制度下解放出来"(!!)……

哈哈!!

第 974 页——"必须呼吁战胜国的政治家们要有节制"(重复三次)。

第846页(1914.8.21)——在《战争》(注明日期为1914.8.8)一文的最后呼吁“信任”,**而不是**“批评”,——“党的纪律”……

在《两本用于重新学习的书》(**1915,2**)一文中§d:《帝国主义的概念》。

反对库诺,说关于**金融资本**的“结论”(希法亭的)是“社会党人理论家**一致同意**〈黑体是卡·考茨基用的〉的”[①](第107页)(1915.4.23)。

库诺把帝国主义和“现代资本主义”**等同起来**。(109)

他说,我反对这样等同看待。19世纪90年代在英国(110),把帝国主义理解为一种建立大不列颠(110),建立帝国的要求,理解为“一种特殊的**帝国政策**”(110。黑体是卡·考茨基用的)——殖民地和保护主义。

“它〈“这种新政策”〉的一切都表明是帝国主义。”(注意)(同上) ‖ ?

他说,我是“第一个”研究了“新的帝国主义”(«Die Neue Zeit»[②],1897/8(16,1),《新旧殖民政策》)——指出了资本的输出,指出了金融界上层的作用。希法亭在1910年**没有**把资本主义这一新阶段称为“帝国主义”(110—111)。“而他〈=希法亭〉用‘帝国主义’这个词来表示**一种**特殊的**政策**,而不是表示一个‘经济上的时期’。帝国主义在他〈=希法亭〉看来,是金融资本比较爱好的政策”(111)……

注意 «Die Neue Zeit»,1897/8,第16年卷,第1册

诡辩和文字之争

① 见本版全集第27卷第424页。——编者注

② 《新时代》杂志。——编者注

我们应当分清这一点：帝国主义不是一个“经济上的时期”，而是同曼彻斯特主义[36]一样，是一种特殊的政策。**应该区别金融资本和帝国主义——“它的政策”**（111）。

原来如此！

“帝国主义是一种特殊的资本主义政策，正像它取而代之的曼彻斯特主义一样。后者也不表示一定的‘经济上的时期’，**尽管它必然和这一时期联系在一起**。”（111）①

帝国主义是金融资本“经济阶段”的政策！！这就是你想要说的吗？狡徒、诡辩者、讼棍、刁难者——你就是这种人！用遁词来回避问题的本质。

§e)《帝国主义的必然性》（112及以下各页）。

“帝国主义是不可避免的，因而也是必然的，——这一点谁也不会否认…… 争论的问题在于：帝国主义对未来是不是必然的……”（113）

接下去就是我在《共产党人》杂志[37]上所引用的那些话（第**144—5**页及其他各页②）……

（超帝国主义也是可能的……等等。见《共产党人》杂志……）

另外还有：

考茨基：《胶州湾》。«Die Neue Zeit»③ XVI，2（1898）——

① 见本版全集第27卷第402页。——编者注

② 见本版全集第26卷第240页。——编者注

③ 《新时代》杂志。——编者注

(№27. 1898. 3)——其中谈到在中国等地的“征服政策”,说:

“它不是进步的政策,而是反动的政策,不是现代资产阶级的政策,而是重新复活的封建专制制度政策的一部分……是对曼彻斯特主义的反动……　甚至以比较开展的资产阶级观点来看,也必须像反对消费品税、奖金、行会习气和限制迁移自由那样,同这种政策作斗争”等等(第**25**页)……

| 原文如此!!
| 注意

注意。«*Die Neue Zeit*»[①]XV,1(1897)。**拉法格**:《交易所的经济职能》。

注意。1915,2(第33年卷)评论格哈特·**居特勒尔**《英国工党》(耶拿,1914)一书的文章。

伊施哈尼安:《俄国国民经济中的外国成分》

哲学博士 **B.伊施哈尼安**:《**俄国国民经济中的外国成分**。外国人在俄国的历史、分布状况、职业分类,以及他们的利益和经济文化意义》,柏林,**1913**(西门罗特)。**7马克**。

阿列克辛斯基在«*Die Neue Zeit*»的转述,1913—4,32,1,第435页及以下各页。

---

① 《新时代》杂志。——编者注

注意:其中抄录了伊施哈尼安的下面这张表(第438页):

		单位 亿法郎	在国外共有	在俄国有	后者占的%
注意:	法国有	400	400 亿法郎	140 亿法郎	(×)27.5
国外	比利时有	——	27.15 〃〃〃	6.34〃〃〃	23.4
投资	德国有	325	260 〃马克	40 〃马克	15.38
	英国有	787	630 〃〃〃	7.75〃〃〃	1.20
	其他国家有	——	— 〃〃〃	5.00〃〃〃	—
		1 512 我的总计			

美国?? 最少有 100??
1 600亿法郎

>145亿马克
(×)145.82亿马克,其中83.76%是公债……

(×)我的计算:
14 634法郎×8=11 707马克
+5 275=16 982马克,
而不是14 582??

潘涅库克:《国家支出的抵补问题和帝国主义》

安·潘涅库克:《国家支出的抵补问题和帝国主义》,(«Die Neue Zeit»[①],1913—14,32,1,№4,1913.10.24,第110页及以下各页)。

(×)“在我们看来,原则性的策略和改良主义的策略之间的矛盾在于:改良主义策略**过分**地取决于**眼前的利益**,取决于容易获得的和表面的结果,并且**为了这些而牺牲无**

① 《新时代》杂志。——编者注

产阶级的内部力量。原则性的马克思主义策略则首先注意无产阶级力量的壮大,从而也就保证了最高的积极的结果;要知道,这些由于统治阶级的让步而取得的结果,首先取决于无产阶级的力量。”(第111页)

在这句话的**前面**是:

“社会主义阶级斗争的实质在于:**争取社会主义**(**)的斗争同代表无产阶级当前的一切利益这两者的不可分割的统一。仅仅因为党是为工人阶级目前的全部利益而斗争,所以它才是无产阶级的党,群众的党,才能够获得胜利。”(×)

(**)不该这么说,不是那样

对!

注意:潘涅库克关于改良主义问题的提法**是不正确的**。

潘涅库克在这里**接触到了**头等重要的问题,然而回答得不好,——或者至少是不确切。是“争取社会主义的斗争**同争取**改良”或“同争取工人阶级当前利益的斗争的统一”吗?而什么是争取社会主义的斗争呢?在潘涅库克的公式中**模糊了**、抹掉了、取消了左派和“中派”的区别。潘涅库克的论断(就是这个论断)卡·考茨基也会赞同的(他正好没有反对潘涅库克的这篇文章)。这个论断是不正确的。**争取社会主义的斗争**,是争取工人阶级当前利益的斗争(相应地争取改良)同夺取政权、剥夺资产阶级、推翻资产阶级政府和资产阶级的**革命斗争的统一**。

注意

要结合起来的**不是**争取改良的斗争+社会主义的词句,"争取社会主义"的斗争,**而是两种**斗争。

大体上:

1. 投票赞成改良+群众的革命行动……

2. 议会斗争+游行示威……

3. 要求改良+要求(具体的)革命……

同没有组织的人**一起**,同群众**一起**进行经济斗争,而不单是为了有组织的人……

4. 给上层看的书报+给下层、给没有组织的人、给"下层群众"看的免费的大众读物……

5. 合法的书报+不合法的书报……

{参看本册«Die Neue Zeit»第 591 页论美国的"非熟练"工人}

笔　　记

"ε"

("厄普西隆")

目　　录

ε

① 《世界经济文汇》。——编者注
② 《经济学家》杂志。——编者注
③ 《每日电讯》。——编者注

国外投资[①]

国外投资	英国	法国	德国
1862	3.6	—	—
1872	15	10(1869)	—
1882	22	15(1880)	?
1893	42	20(1890)	?
1902	(62)	37 迪乌里奇　27	希法亭 第492页　12.5
1914	75—100	60	44

((阿恩特))　里塞尔　见ε1　(奈马尔克)

外国资本:阿恩特

«Weltwirtschaftliches Archiv»[②](伯恩哈德·哈尔姆斯版),第7卷,1916,1。

教授**保尔·阿恩特**博士的《法国资本的实力》。

① 见本版全集第27卷第377页。——编者注

② 《世界经济文汇》。——编者注

作者引用了自己的文章《关于国外投资问题的新材料》(载于«*Zeitschrift für Sozialwissenschaft*»①,**1915**,第 311 页和第 456 页),并援引了该文中**国外**投资的数字:(第 35 页)

|| (里塞尔,第 395 页和第 404 页)

		单位亿法郎
英国 30 亿英镑=	750 亿法郎	620(1900 斯派尔)
法国 600 亿法郎=	600 〃 〃 〃	300(1902 德恩)
德国 350 亿马克=	440 〃 〃 〃	310(250 亿马克)
	((Σ=1 790))	

说法国属于"经济大国"(第 37 页),它仅次于英国、德国和"北美"而占第四位。

参 考 书 目

参考书目:

威廉·英格利希·沃林:《社会党人和战争》,纽约,1915(XII+512 页),1.50 美元。

"该书谈的都是党的重要的正式文件,看来是一本完备的文集。"(第 188 页)

苏黎世市立社会科学书籍图书馆:

帕尔乌斯:《银行的国有化和社会主义》。

舒曼:《德国国家银行》。

〃 〃 《最后四家私营发行银行》。

① 《社会科学杂志》。——编者注

舍尔:《为商人服务的银行》。

舒尔采:《萨克森的银行的破产》,1903。

舍尔:《银行业务的技术》,柏林,1908。

莱维:《垄断组织、卡特尔和托拉斯》,耶拿,1909。

坎托罗维奇:《卡特尔问题》,柏林,1911。

阿贝尔:《病态的英国》,1909。

韦里塔斯:《奥地利的未来》,苏黎世,1892。

雅科布·洛伦茨:《论在瑞士的意大利人问题》,**苏黎世**。

{ **舍尔**:《瑞士的水力国有化》,**巴塞尔**,**1905**。
  许金:《世界组织》,莱比锡,1909(**41**)。

拉萨尔:《意大利的战争》,**柏林**,**1859**。

施陶丁格尔:《政策的文化基础》,耶拿,1914。

劳合-乔治:《美好的时代》,耶拿,**1911**。

《经济学家》杂志论战争

«The Economist»[①],1915 年 4 月 17 日。

文章《战争的终结》。

“但是,战争持续得愈久,那么,与各国政府相反,各国人民愈是会去高呼反对这场日复一日、周复一周地使千万个家庭遭到毁灭的屠杀。这样我们又回到了‘**国家**与个人’的问题和下面这个问题:**高度有组织的官僚制度国家的统治者抵抗内部的革命力量,能够抵抗到什么时候**……”（旁注:注意）

① 《经济学家》杂志。——编者注

社会爱国主义者的论据

社会爱国主义者的论据

厄普顿·**辛克莱**的小册子附有**布拉奇福德**的答复，这本小册子特别明确、直接、确切和坚决地提出了社会爱国主义者的新的（不是普列汉诺夫的，不是考茨基的，等等）论据：

不错，这场战争是对资本家有利的，等等，但是我们**显然很弱**，显然没有力量阻止这场战争。谈论什么反战斗争、谈论什么“起义”等等，是“低声的议论”，是绝望地“夸大”我们的力量。

> 这是关于“空想主义”的论据的另一种说法，这种论据在普列汉诺夫的文章里也有。

从这种观点来看，巴塞尔决议是一种想吓唬政府的善意企图，而不是和革命宣传 respective[①] 革命行动的诺言和决心。

【问题的这种提法，即把一切都归结为“先发制人的战争”，是极端狭隘的，这是布拉奇福德故意加以缩小的。利用危机**来**进行革命宣传和准备革命行动——这才是问题的实质。】

《每日电讯》，1914 年 11 月 17 日

«The Daily Telegraph»[②]，1914. 11. 17。

议会。

---

① 相适应的。——编者注

② 《每日电讯》。——编者注

“……埃·琼斯先生(梅瑟-蒂德菲尔区的代表)问道,不能对基尔·哈第先生在他的报上发表的文章进行检查吗……”

然后他又在会议将结束时说:我已通知基·哈第,说我要谈到他,如果他不来,那不是我的过错。

他**念了**基·哈第在10月31日和11月7日发表的文章中的**几段话**。基·哈第在文章中谴责英国人和法国人的残暴,嘲笑印度军队的忠诚。他(基·哈第)说德皇像士兵一样勇敢,并且嘲笑“我们的眷恋家园的国王”。

政府能容忍一位议员发表这样的言论吗? 他说,我们“最近几星期在梅瑟-蒂德菲尔募兵的时候遇到了许多困难,然而在基尔·哈第先生开始实行他的策略以前,这一工作是进行得很顺利的”。

接着**约·A.皮斯**发言:“请允许我只讲一句话,既然问题涉及政府,那么,政府认为,琼斯先生所举的基·哈第先生讲的话,都是毫无根据的,应该对这种言论表示轻视。”

(会议结束。)

交战国和非交战国的人口和面积

(第29页。«Deutsche Rundschau»①№10)

1910年的人口(单位百万)

大不列颠……	421	德国……	78
俄国……	167	奥地利……	51
法国……	86	土耳其……	25(左右)
	674	(三大国)	154
日本……	70		
(四大国)	744		

① 《德国评论》杂志。——编者注

+塞尔维亚

+比利时

		非交战国:	
交战集团 I	744【750 对 150】	中国	431
〃〃〃〃 II	154	美国	103
交战国	898	意大利	36
+		(三大国)	570
非交战国	570		
	1 468		

全世界人口=1 600

1912

平方英里(单位百万)

				非交战国:	
大不列颠	10.8	德国	1.2		
俄国	10.2	奥地利	0.2(241 000)	中国	2.9
法国	4.8	土耳其	0.7	美国	3.7
	25.8		2.1	意大利	0.7
日本	0.3(260 000)				7.3
	26.1				
集团 I	26.1				
集团 II	2.1				
交战国	28.2				
非交战国	7.3				
	35.5				

全世界——5 200 万平方英里。

《经济学家》杂志论战争和《每日电讯》

«**The Economist**»[①],1915.1.9。**注意**

① 《经济学家》杂志。——编者注

文章:《**欧洲走上了绝路……**》

"……在这种条件下〈"现代战争的可怕条件下"〉,在那些道路泥泞、几乎无法前进的地区,士兵们临时实行类似昨天一位记者在«The Times»[①]上所描述的休战,是毫不奇怪的。当然,仅仅是在堑壕十分接近的战场上,才实行了这种休战。但是这种休战却使人们联想到战争的极端残酷性,并使有些人产生这样一种希望,希望战场上的士兵们会起来反对无休止地延长战争的惨祸……"(第46页)

注意 ‖

同上,第54页:《工业利润》:

纯利(支付债务利息等等以后)

季度表报:	公司数目	(单位百万英镑)		+ −	资本总额	资本的利润率%
		1913	1914	%	1914	
3月31日	301	20.5	22.1	+8.4	230.1	9.6
7月31日	263	22.6	23.6	+4.2	181.9	13.0
9月30日	131	10.6	9.5	−9.5	107.6	8.8
12月31日	214	15.3	14.5	−5.6	116.4	12.4
Σ	909	69.0	69.7	+0.9	636.0	10.9

资本家的"灾难"!!!

«*The Economist*»,1914.12.19,《军事附刊》,第10页:俄国的陆海军费用。

① 《泰晤士报》。——编者注

1903……466	(单位百万卢布)		%
1904 491		+25	+5.3
1905 496		+5	+1.0
1906 504		+8	+1.6
1907 493		−11	−2.0
1908 612		+119	+24.1
1909 631		+19	+3.0
1910 648		+17	+2.7
1911 669		+21	+3.3
1912 809		+140	+20.9
1913 944		+135	+16.6

«The Economist»,1914,12.19,第1059页,文章:《战争和现代工商企业》:

"……在7月底爆发历史上流血最多的风暴以前,很难看出克虏伯从何处下手或者克勒佐到何处了结。战时公债和和平公债紧密地交织在一起,非生产性的债务和生产性的投资交织在一起。为了破坏或者为了建设,为了修筑运河或者为了修筑要塞,为了建造海轮或者为了建造军舰,全部实业界和金融界似乎都集中到伦敦、巴黎和柏林来了。金融公司几乎必然都是英德、英法和英美合资办的;董事会互相交织在一起,分支机构或代理机构几乎遍布于新旧大陆所有的大城市。大公司很高兴地吸收了各国的股东,而很少注意外交的联盟…… 6个月以前,说国别不是商业协定的障碍,这是一句大实话…… 所有这一切都突然地结束了……然而应该认为,不论是实业家或工人阶级在这方面都没有过错。普遍认为战争的罪魁是少数人——皇帝、外交家、政治家、军人或'哲学家'…… 我们希望能迅速地清醒过来,恢复理智,复兴宗教,澄清人类的意识……"

«The Economist»,1915,№3724(1915. 1. 9)[①](第 51 页):

注意《欧洲付出的战争的代价》

六个月内

	军队数量(单位百万)	军费	缩减生产遭受的损失	牺牲的生命的价值	1913 年的人口(单位百万)	对外贸易	(每人平均)	1913 年的国民收入	(每人平均)	1913 年的国民财富	
		单位百万英镑				单位百万英镑					
德国	4. 35	395	830	294	68	1 063	(15. 6)	2 100	(31)	16 000	(235)
奥匈帝国	3. 50	320	500	141	50	264	(5. 3)	· ·		· ·	
∑	7. 85	715	1 330	435	118	1 327	(11. 2)	?3 000	(25)	?25 000	(212)
俄国	5. 4	490	110	218	170	269	(1. 6)	· ·		· ·	
法国	4. 0	365	600	232	40	583	(14. 6)	1 250	(31)	13 000	(325)
联合王国	1. 0	90	100	83	46	1 344	(29. 3)	2 250	(49)	18 000	(390)
∑	10. 4	945	810	533	256	2 196	(8. 6)	?5 000	(20)	?40 000	(156)
∑∑	18. 25	1 660	2 140 (α)	968	374	3 523	(9. 4)	?8 000	(21)	?65 000	(174)

① 同上,第 **46** 页——由于士兵在堑壕中相互接近他们可能起来**反对**。

	同盟国	协约国	双方
6个月内直接的(军事)开支	725	990	1 715(单位百万英镑)
由于生产中断而遭受的损失(伊夫·居约(α))	1 330	810	2 140
6个月的支出总额	2 055	1 800	3 855
6个月内正常的国民收入("假设")	1 500	2 500	4 000
直接开支和国民收入的比例	48%	40%	43%
支出总额和国民收入的比例	137%	72%	96%
国民财富	25 000	40 000	65 000

(α)伊夫·居约的资料显然是带有偏见的!

同上(1915. 1. 2),第12页:

"所有的目击者都谈到对极端野蛮和残酷的现代战争的厌恶。人们到处都提出这样的问题:人按其本性来说能否长久地忍受这种无法形容的战争的可怕折磨,大量的消耗和饿死的威胁是否会很快地引起人民的起义。有几家德国报纸希望俄国爆发革命。也许它们会在自己国内碰到革命,因为非常可能,德国工人阶级会毫不留情地猛烈攻击将使他们毁灭的侵略性的军国主义。"

这一段摘自《哈布斯堡王朝的国家》一文,该文指出,在俄国,居民和各个民族的处境比在奥地利**更坏**。 注意

1915. 1. 9,第57页:罗马尼亚人在俄国的生活,比在奥地利**更坏**……

同上,第 66 页:俄国用于战争的开支(½年)=**623 400** 万卢布(每天 **1 300** 万卢布)。

第 72 页,新书:**帕·维诺格拉多夫**:《俄罗斯问题》。(1 先令)?

«The Daily Telegraph»[①](№ 18631),1914. 12. 29。

独立工党和战争。

“独立工党苏格兰分党部年会将于星期六在格拉斯哥召开,议员基尔·哈第先生将向代表们讲话,关于年会议程上的最后一个问题,有一个决议案要求把所有在目前募兵运动中帮助政府的独立工党党员都开除出去〈出党〉;另一个决议案要求对民族工党在战争爆发的时候没有召开代表会议来确定自己的政策一事表示遗憾。”

图书札记和参考书目

«The British Review»[②],1915 年 7 月,**约翰·弗里曼**的《我们对战争应该有什么感觉》,第 87—88 页……**巴雷特**先生的“反爱国主义的小册子”(书名?)

(摘自《“自由”工人团》)。

注意 ‖ “他宣布说:我们还得进行一场战争,反对富人的战争,新的宗教改革战争……”第 88 页。

«Recht und Wirtschaft»[③],1915 年 6 月。

① 《每日电讯》。——编者注

② 《不列颠评论》杂志。——编者注

③ 《法和经济》杂志。——编者注

W. **特勒尔奇**博士的《战时的德国工会》
（赞扬!! 援引《**社会主义月刊**》[38]）。

在符腾堡（斯图加特）的分裂。«Frankfurter Zeitung»[①]№319，第二次上午版，11. 17。

温特图尔**市立图书馆**索引补编（**1907**年开始出版），第7年卷，1913/4。

小说：

律西安·德卡夫：《大屠杀》（1870—1）。

尼克瑟：《征服者佩勒》。

阿·施尼茨勒尔：《短篇小说集》，1914。

关于瑞士的文献：

保尔·贝格尔：《大破坏以后：瓜分瑞士》，洛桑，1914。

该书写于战前：预言德国将取得胜利，瑞士有被瓜分的危险。

注意：第**31**页，鼓吹同军队和学校中的"革命社会主义"进行激烈的斗争。

A. 吕埃格：《一个女仆的遭遇》，苏黎世，1914。

第3篇（《普通教育和科学书籍》）：《关于起源的学说》，1914。

（《现代的文化》，3，4。）

奥·贝尔纳：《摩洛哥》，巴黎，1913。

恩·海克尔：《神-自然界》，莱比锡，1914。

① 《法兰克福报》。——编者注

鲁·克耶伦:《现代的列强》,莱比锡,1914。

阿·马内斯:《世界的社会部分》(关于澳洲),柏林,1914。

鲁·马丁:《德国的统治者》,1910。

乌德:《费尔巴哈》,莱比锡,1914。

A.察尔特:《宇宙的基础:原子、分子》,斯图加特,1913。

泰罗:《企业的科学管理原理》。

煤 和 铁

«Internationale Monatsschrift für Wissenschaft, Kunst und Technik»[①](莱比锡),1916 年 1 月(第 10 年卷,№4)。

汉斯·阿尔特博士,慕尼黑的矿业陪审官。《煤和铁及其在现代世界战争中的意义》。交战国煤铁**储藏量**的统计。

(世界铁矿储藏量)

(〃 〃煤〃 〃 〃 〃)

(1910 年在斯德哥尔摩召开的和 **1913** 年在多伦多召开的地质学家代表大会。)

按储藏富源来说,煤:	铁:
1. 美国	1. 美国
2. 加拿大	2. 纽芬兰
3. 中国	3. 德国。
4. 德国	

① 《国际科学、艺术和技术月刊》。——编者注

1913 年煤的产量：

英国——287.4(单位百万吨)

德国——278.9

(消费量：德国 250.3

英国 233.8)

托马斯发明(1878)的碱性法或称托马斯法很出色，代替了贝氏炼钢法。

这个方法使德国取得了优势，因为它能**脱磷**，而德国的铁矿石正好含有**大量的磷**(注意)。

德国用这个方法就击败了英国。 ‖ 注意

化学工业制造煤焦油(1912 年德国的产量为 100 万吨)。

德国占领的法国地区

约占法国煤储藏量的 70%

〃 〃 〃 〃 铁 〃 〃 〃 〃 80%。

(没有美国，法国早就灭亡了。)

工联的领袖

工联的领袖[39]

«The Daily Telegraph»[①]，**1915 年 10 月 7 日**。

"当选的工人领袖，在听了首相和基钦纳伯爵的讲话，并就募兵问题进行了长时间的磋商以后，发表了一个措辞非常有力的关

① 《每日电讯》。——编者注

于志愿兵的呼吁书,其中写道:'为了维护志愿兵役制的原则,每周至少要征召 30 000 名新兵入伍。'

工联代表大会议会委员会书记,议员 C. W. **鲍尔曼**先生昨天下午把一份呼吁书交给了«The Daily Telegraph»的代表,呼吁书说:

危机。

告自由的人们书。

注意 ‖ '同胞们…… 我国人民在历史上从来没有经历过像现在这样严重的危机…… 德国的进攻等等……(目的:)取得这样的胜利,是为了使世界摆脱对德国要强加给它的军事暴政的恐惧……' 号召参军,是为了什么呢?'……这样做不仅是为了他们能保卫住自己本身的利益,而且也是为了他们的行动将保卫住人民的切身利益……'

'……我们知道,失败或者打问号的和平对我们来说不仅意味着丧失我们这个民族的威信,使人确信,几年以后又会发生冲突,而且也意味着丧失经过了许多世纪的斗争才获得的个人自由和权利……'

注意 ‖
哈·戈斯林、C. W. 鲍尔曼 } 工联代表大会议会委员会。
J. 奥格雷迪、W. A. 阿普尔顿 } 工联总同盟
G. J. 沃德尔、W. S. 桑德斯 } 工党执行委员会。"

同上，1915年10月9日（星期六）。除**群众**大会（××）以外

“还订于星期一（1915年10月11日）由新的募兵长官德比伯爵和那些在工人组织本星期四（1915年10月7日）发表的重要宣言上签字的人举行会议。”“会议将在唐宁街12号召开，德比伯爵已邀请工人组织的代表前来参加……” ‖ 注意

（（××）“……召开群众大会的礼堂已经交给执行委员会”【＝三个签字组织之一】“免费使用……” ‖ 免费的礼堂

除群众大会以外，还组织宣传员到各处去宣传，组织“车间群众大会”、“午休会议”等等。

……将准备“大批宣传材料，主要是在各种群众大会上散发的传单……”等等。 ‖ 注意

同上，1915.10.15。有一篇书评赞扬**埃利斯·鲍威尔**的《金融市场的沿革》（10先令6便士）。伦敦，1915（《金融新闻》）。 注意 关于金融资本的问题

笔　记

“ζ”

（“捷塔”）

目　录

ζ

哈尔姆斯:《世界经济》

伯恩哈德·哈尔姆斯:**《世界经济问题》**,耶拿,1912。“**国民经济和**

① 《时报》。——编者注
② 《每日电讯》。——编者注

世界经济”。

根据乔·佩什的统计,**英国**的国外投资(1911)((**乔治·佩什**发表在«Journal of the Royal Statistical Society»[①],第 74 卷,1910/11,第 167 页上的统计))(《大不列颠在殖民地……的投资》)。(**伯·哈尔姆斯**,第 228 页):

I. **英国殖民地(单位千英镑)**

北美	加拿大和纽芬兰	372 541
澳洲	澳大利亚联邦	301 521
	新西兰	78 529
非洲	南非	351 368
	西非	29 498
亚洲	印度和锡兰	365 399
	海峡殖民地	22 037
	香港	3 104
	英属北婆罗洲	5 131
	其他的不列颠属地	25 024
	∑=不列颠殖民地	1 554 152

II. **外国**:

美国	688 078
古巴	22 700
菲律宾	8 202
阿根廷	269 808
墨西哥	87 334
巴西	94 330
智利	46 375
乌拉圭	35 255
秘鲁	31 986
其他美洲国家	22 517

① 《皇家统计学会杂志》。——编者注

俄国	38 388
土耳其	18 320
埃及	43 753
西班牙	18 808
意大利	11 513
葡萄牙	8 134
法国	7 071
德国	6 061
其他欧洲国家	36 319
日本	53 705
中国	26 809
其余国家	61 907
∑=外国	1 637 684①
∑∑=共计	3 191 836

(而总数是 35 亿英镑)

按世界各洲分(单位百万英镑):

		%
美洲	1 700 =	53
亚洲	500	16
非洲	455	14
澳洲	387	12
欧洲	150	5
	3 192	100%

齐格蒙德·施尔德尔博士:《世界经济发展趋势》,柏林,1912——第 150 页——引用乔·佩什的统计时指出,他的数字是缩小了的数字,因为他采取的是发行行情(**拉丁**美洲 **55 600 万**=55 600 万英镑,而按 1909 年 5 月 31 日伦敦交易所的开盘行情∑=**76 700** 万英镑,其中阿根廷——**28 100** 万,巴西——14 000 万)。——

伦敦«The Economist»②(1911. 8. 26)认为不列颠在南美 10

① 哈尔姆斯的原文如此。——俄文版编者注

② 《经济学家》杂志。——编者注

个共和国(阿根廷、巴西、乌拉圭、智利、秘鲁、玻利维亚、哥伦比亚、委内瑞拉、厄瓜多尔和巴拉圭)的资本=**62 200** 万英镑,其中包括阿根廷——31 600 万,巴西——16 200 万,乌拉圭——4 200 万,智利——4 100 万(同上,**第 371 页**)。

在**加拿大**的外国资本(1910)=**1 268 700** 万法郎,其中不列颠有 976 500 万,美国——219 000 万,法国——37 200 万。在**墨西哥**(1886—1907)=**334 300** 万法郎,其中美国 177 100 万,不列颠 133 400 万(第 373 页)。

比利时的国外投资(柏林«Export»[①],1910. 11. 24)(单位百万法郎):荷兰——70;法国——137;巴西——143;意大利——166;埃及——219;德国——244;阿根廷——290;刚果国——322;西班牙——337;俄国——441;其他国家——338。共计 275 000 万法郎(第 365 页)。

法国的国外投资:

(同上,第 235 页)	单位十亿法郎
俄国	10.0
英国	0.5
比利时和荷兰	0.5
德国	0.5
土耳其、塞尔维亚和保加利亚	0.5
罗马尼亚和希腊	4.0
奥匈帝国	2.0
意大利	1.5
瑞士	0.5
西班牙和葡萄牙	3.5
加拿大和美国	1.0
埃及和苏伊士	4.0

① 《出口》杂志。——编者注

阿根廷、巴西和墨西哥	3.0
中国和日本	1.0
突尼斯和法国殖民地	3.0
	$\sum$=35.5[①]

他说,现在约有400亿—420亿

德国的国外投资(1904),有价证券除外(欧洲除外)

(单位百万马克)

土耳其(不包括埃及)	350
非洲(包括埃及)	1 350
波斯-阿拉伯半岛和印度	75
东南亚	250
东亚	450
澳大利亚和波利尼西亚	400
美洲中部沿海国家	1 200
南美西岸	550
〃 〃东〃	1 600
美国和加拿大	3 000
	$\sum$=9 225

德国在国外的货币资本(证券)

(1897—1906)

	单位也是百万马克
阿根廷	92.1
比利时	2.4
波斯尼亚	85.0
巴西	77.6
保加利亚	114.3
智利	75.8
丹麦	595.4
中国	356.6

① 见本版全集第27卷第378页。——编者注

芬兰	46.1
大不列颠	7.6
意大利	141.9
日本	1 290.4
加拿大	152.9
古巴	147.0
卢森堡	32.0
墨西哥	1 039.0
荷兰	81.9
挪威	60.3
奥地利	4 021.6
葡萄牙	700.7
罗马尼亚	948.9
俄国	3 453.9
塞尔维亚	152.0
瑞典	355.3
瑞士	437.6
西班牙	11.2
土耳其	978.1
匈牙利	1 506.3
美国	4 945.8
(我的总计)	Σ=21 909.7

据作者计算,德国的国外投资共有**350**亿马克(第243页)。

{ 数目=9.225(1904),其次,在欧洲的数目也相同Σ=18
其次,有价证券约=17
Σ=35① }

美洲	6 530.2
亚洲(土耳其)	2 625.1
非洲	—
澳洲	—
欧洲	12 754.4
	Σ=21 909.7

① 见本版全集第27卷第378页。——编者注

注意 关于**德国**在国外投资的问题，**伯·哈尔姆斯**引用了下列著作(除了萨尔托里乌斯)：**里塞尔**的《德国大银行及其集中》，第3版，耶拿，1910。——**保尔·德恩**的《世界经济中的新现象》，柏林，1904。——**保尔·阿恩特**的《国外投资的实质和目的》(«Zeitschrift für Sozialwissenschaft»[①]，1912，1—3期)。——**罗伯特·利夫曼**的《**参与和投资公司**》，耶拿，1909。—— 注意

德国的国外投资：

	有价证券除外 (1904)	有价证券 (1897—1906)
非洲	1 350	—(?)
(α)亚洲(包括土耳其)	1 125	2 625.1
澳大利亚和波利尼西亚	400	—(?)
(β)中美和南美	3 350	1 431.5
(γ)美国和加拿大	3 000	5 098.7
	∑=9 225	
	(α+β+γ)=(7 475)	(9 155.3)

欧洲三个最富有的国家在国外的资本**大约**如下[②]：

单位十亿马克

	英国		法国		德国		∑	
美洲	37		4		10		51	
亚洲	11	29	1	8	4	7	16	44
非洲	10		7		2		19	
澳洲	8		—		1		9	
欧洲	4		23		18		45	
共计	70		35		35		140	

① 《社会科学杂志》。——编者注

② 见本版全集第27卷第378页。——编者注

笔记“ζ”（“捷塔”）的第 3 页

英国约占%		德国	总共约有 单位十亿马克	单位十亿马克 英国约有	法国约有
37	美洲	6.5	10	37	4
11	亚洲	2.6	4	11	1
4	欧洲	12.8	18	4	23
10	非洲	—	2	10	7
8	澳洲	—	1	8	—
70		21.9	35	70	35
西欧(比利时、瑞士、斯堪的纳维亚国家)			2	1(??)	2
南欧(西班牙、意大利、葡萄牙)			1	1	5
巴尔干国家			2	0.5(??)	4
俄国			5	1	10
奥地利			8	0.5(??)	2
全欧洲			18	4	23
巴尔干国家+俄国+奥地利			15	2(??)	16

世界**铁路网**(哈尔姆斯,第138页)(同上):

1868	106 886公里
1870	211 000
1875	294 000
1899	617 285
1909	1 006 748

同上:

	(单位公里)	
	1899	1909
欧洲	223 869	329 691
美洲	313 417	513 824
亚洲	33 724	99 436
非洲	9 386	33 481
澳洲	18 889	30 316
(我加的)∑=	599 285	1 006 748

世界电报通讯网(单位公里)(哈尔姆斯,第141页):

	1898	1908
英国	208 747	253 898
北美	50 545	92 818
法国	26 157	43 115
德国	6 186	30 167
丹麦	13 888	17 111
荷兰	1 786	5 721
日本	2 797	8 084
西班牙	3 237	3 565
意大利	1 968	1 989
其他各国	3 233	7 724

德国的对外贸易(特种贸易)(**第198页**)

(单位百万马克)

	1889		1910		增加	
	输入	输出	输入	输出	输入	输出
1. 欧洲	3 239.9	2 509.7	5 196.8	5 623.9	+60%	+124%
2. 非洲	39.6	22.1	418.0	181.3		
3. 亚洲	128.2	84.3	828.3	332.3		
4. 美洲	635.4	613.6	2 190.7	1 255.0		
5. 澳洲	35.1	23.5	293.0	71.8		
2—5. ∑=	838.3	743.5	3 730.0	1 840.4	+**345**%	+147%

∑∑=7 343.5(1889)

(第 203 页)。最主要国家的特种贸易(包括贵金属)

	1870		1882		1901		1910	
	单位 百万马克	平均每人 (单位马克)	单位 百万马克	平均每人	单位 百万马克	平均每人	单位 百万马克	平均每人
大不列颠 (+爱尔兰)	9 180	312	12 658	355	14 977.0	360	20 507.1	453
法国	4 540	124	7 326	195	6 705.8	171.9	10 212.5	260
德国	4 240	106	6 409	141	9 852.6	172.2	16 408.8	257
俄国	2 000	27	2 140	30	2 926.8	26.1	5 047.5	40
奥匈帝国	1 660	47	3 015	75	3 007.3	65.7	4 450.4	88
意大利	1 480	61	2 000	70	2 474.4	76.1	4 170.4	123
西班牙 }	820	42	840 }	53	1 386.8	74	1 566.2	80
葡萄牙 }			280 }		390.9	71.0	434.1	77
荷兰	1 420	388	2 520	602	6 391.0	1 229	9 446.7	1 657
比利时	1 280	252	3 380	421	3 239.4	476	6 137.9	841
瑞典—挪威	840	115	1 080	131	1 407.7	190.2	1 891.5	242
美国	3 420	98	6 150	120	9 526.5	122.5	13 578.7	150

苏潘:《欧洲殖民地的扩展》和奥托·许布纳尔的《地理统计表》

教授亚历山大·苏潘博士:《欧洲殖民地的扩展》,1906

(第 256 页和第 257 页)①

表 1。1876 年和 1900 年的殖民地(按世界各洲划分)②

	1876		1900		增加(+)和减少(—)		摘自奥托·许布纳尔的地理统计表(1914)	
	单位千平方公里	人口单位千	单位千平方公里	人口单位千	单位千平方公里	人口单位千	单位千平方公里	人口单位千
亚洲	**22 772.9**	**291 495**	**25 012.7**	**390 636**	**+ 2 239.8**	**+ 99 141**	**25 297.1**	**422 558**
大不列颠	3 765.4	241 835	5 224.4	301 495	+ 1 459.0	+ 59 660	5 265.3	324 773
荷兰	1 520.6	24 170	1 520.6	37 494	—	+ 13 324	1 520.6	37 717
法国	160.0	2 683	664.2	18 073	+ 504.2	+ 15 390	803.5	17 272
西班牙	296.3	6 000	—	—	— 296.3	— 6 000	—	—
葡萄牙	19.9	849	19.9	810	—	— 39	22.8	980
德意志帝国	—	—	0.5	84	+ 0.5	+ 84	0.5	192
俄国	17 010.7	15 958	17 286.8	52 045	+ 276.1	+ 9 087	17 388.1	33 164
美国(显然是指菲律宾)	—	—	296.3	7 635	+ 296.3	+ 7 635	296.3	8 460
非洲	**3 218.7**	**11 425**	**26 950.9**	**123 349**	**+23 732.2**	**+111 924**	**28 583.8**	**126 614**
大不列颠	706.9	2 331	9 201.2	53 097[2)]	+ 8 494.3[2)]	+ 50 766	9 675.7	52 069
比利时、刚果国	—	—	2 382.8	19 000	+ 2 382.8	+ 19 000	2 365.0	15 003
法国	700.0	2 875	10 211.2	31 518	+ 9 511.2	+ 28 643	9 660.3	37 750
西班牙	9.8	319	220.3	673	+ 210.5	+ 354	560.5	589
葡萄牙	1 802.0	5 900	2 073.2	6 865	+ 271.2	+ 965	2 069.9	8 351
意大利	—	—	510.0	731	+ 510.0	+ 731	1 590.1	1 403
德意志帝国	—	—	2 352.2	11 465	+ 2 352.2	+ 11 465	2 662.3	11 449

澳洲	**7 699.4**	**1 970**	**7 699.4**	**3 983**	—	**+ 2 013**	**(7 699.4)**	**(3 983)**
大不列颠	7 699.4	1 970	7 699.4	3 983	—	+ 2 013		
波利尼西亚	**711.9**	**934**	**1 238.9**	**2 440**	**+ 527.0**	**+ 1 506**		**7 760**
大不列颠	291.9	564	558.7	1 496	+ 266.8	**+** 932	8 261.3	6 588
荷兰	394.1	240	394.8	240	+ 0.7	—	394.8	240
法国	23.3	93	24.2	88	+ 0.9	− 5	22.6	80
西班牙	2.6	37	—	—	− 2.6	− 37	—	—
德意志帝国	—	—	243.8	449	+ 243.8	+ 449	245.1	641
美国 6)	—	—	17.4	167	+ 17.4	+ 167	17.4	211
美洲	**10 599.8**	**7 740**	**10 502.6**	**9 148**	**− 97.2**	**+ 1 408**	**9 184.1**	**10 731**
大不列颠	8 711.4	5 160	8 728.2	7 533	+ 16.8	+ 2 373	8 962.3	10 114
荷兰	130.2	110	130.2	140	—	+ 30	130.2	140
法国	82.0	346	82.0	428	—	+ 82	91.2	450
西班牙	123.3	2 025	—	—	− 123.3	− 2 025	—	—
丹麦	0.4	38	0.4	31	—	− 7	0.4	27
瑞典	0.02	1	—	—	− 0.02	− 1	—	—
美国 6)	1 552.5	60	1 561.8	1 016	+ 9.3	+ 956	—	—
北极地区	**1 492.1**	**82**	**1 492.1**	**91**	—	**+ 9**		**15**
大不列颠 8)	1 301.1	1	1 301.1	1	—	—	1 374.0	2
丹麦 9)	191.0	81	191.0	90	—	+ 9	88.1	13
南极地区	—	—	**3.5**	—	**+ 3.5**	—	—	—
法国 10)	—	—	3.5	—	+ 3.5	—	—	—
总数	46 494.8	313 646	72 900.1	529 647	+26 405.3	+216 001		

2) **包括埃及和苏丹……**

6) **这里把夏威夷群岛、阿拉斯加这些不【同宗主国本土】连接的地区都算作殖民地。**

8) **北美北极群岛……**

9) **冰岛和格陵兰。**

10) **(圣保罗岛、新阿姆斯特丹岛、克尔格伦岛)……**

① 见本版全集第 27 卷第 389 页。——编者注

② 笔记中的这个表除用黑体字排的几处外都是娜·康·克鲁普斯卡娅抄的。——俄文版编者注

亚·苏潘,第254页:

"属于欧洲殖民列强(包括美国在内)的土地面积所占的百分比[①]

	1876	1900	
在非洲	10.8	90.4	+79.6
〃波利尼西亚	56.8	98.9	+42.1
〃亚洲	51.5	56.6	+ 5.1
〃澳洲	100.0	100.0	—
〃美洲[1)]	27.5	27.2	− 0.3

可见,这个时期的特点是**瓜分非洲**和**波利尼西亚**……"(第254页)

欧洲各国掠夺土著人的过程,从苏潘关于**瓜分远印度**(指暹罗连同西面的英属"缅甸"和东面的法属印度支那)的叙述中,可以看得特别清楚,第299页及以下各页。总计(面积只取整数)(单位千平方公里):

	1876	1900	
英属马六甲	32	92	+ 60
英属缅甸	228	696	+ 468
法国属地	160	663	+ 503
独立国家	1 665	634	−1 031
政治意义上的远印度	2 085	2 085	

"同时还应该注意,暹罗只有239 000平方公里土地是有保证的……"

((**许布纳尔**(1914)指出**暹罗**的面积为**600 000**平方公里!!

1) "这里把阿拉斯加看做是美国的殖民地。"

① 见本版全集第27卷第389页。——编者注

还没有被掠夺完!!))

苏潘写道:“毫无疑义,这个过程〈瓜分**远印度**〉还没有结束。”

苏潘在总结殖民情况时指出,主要的是在近 50 年(1850—1900)完成的——第 306 页及以下各页——并且把殖民地分为三类:(1)土著人的(没有或是几乎没有白种人。这里包括英属印度);(2)杂居的(白种人占少数;杂居);(3)移民的殖民地(白种人占绝对优势)。

苏潘列举了有关美洲(38 331 200 平方公里;14 420 万人口,其中白种人 8 830 万)、非洲(26 950 900 平方公里;12 330 万人口)、亚洲(24 506 200 平方公里;39 060 万人口)、南洋殖民地(8 938 300 平方公里;640 万人口)的详细材料,作出了这样的总结(第 313 页):

	单位百万平方公里	人口单位百万	密度	白种人数目单位百万
(1)土著人的殖民地:	35.6	477.0	13	—
(2)杂居的殖民地:	33.9	79.7	2.3	11.5
(3)移民的殖民地:	29.4	108.9	4	93.9
殖民地化的地区	98.9	665.6	7	105.4

(第 **1** 类主要是亚洲的印度——36 500 万和非洲——10 500 万。——第 **3** 类主要是北美——7 870 万,西伯利亚和中亚细亚——760 万。)

注意 || **苏潘**:《世界人口》,第 10 编至第 12 编。《佩得曼通报》的补编,哥达,**1912**。|| 注意

表 2。1876 年和 1900 年的殖民地(按国家划分)①

	1876		1900			增加(+)和减少(—)		(根据许布纳尔的统计表)1914	
	单位千平方公里	人口单位千	单位千平方公里		人口单位千	单位千平方公里	人口单位千	单位千平方公里	人口单位千
大不列颠	**22 476.1**	**251 861**	**32 713.0**		**367 605**	**+10 236.9**	**+115 744**	**33 538.6**	**393 546**
亚洲	3 765.4	241 835	5 224.4		301 495	+ 1 459.0	+ 59 660	5 265.3	324 773
非洲	706.9	2 331	9 201.2		53 097	+ 8 494.3	+ 50 766	9 675.7	52 069
澳洲	7 699.4	1 970	7 699.4	}8 258.1	3 983	—	+ 2 013	}8 261.3	}6 588
波利尼西亚	291.9	564	558.7		1 496	+ 266.8	+ 932		
美洲	8 711.4	5 160	8 728.2		7 533	+ 16.8	+ 2 373	8 962.3	10 114
北极地区	1 301.1	1	1 301.1		1	—	—	1 374.0	2
荷兰	**2 044.9**	**24 520**	**2 045.6**		**37 874**	**+ 0.7**	**+ 13 354**	**2 045.6**	**38 097**
亚洲	1 520.6	24 170	1 520.6		37 494	—	+ 13 324	1 520.6	37 717
波利尼西亚	394.1	240	394.8		240	+ 0.7	—	394.8	240
美洲	130.2	110	130.2		140	—	+ 30	130.2	140
比利时—刚果国	—	—	**2 382.8**		**19 000**	**+ 2 382.8**	**+ 19 000**	**2 365.0**	**15 003**
非洲	—	—	2 382.8		19 000	+ 2 382.8	+ 19 000	2 365.0	15 003
法国	**965.3**	**5 997**	**10 985.1**		**50 107**	**+10 019.8**	**+ 44 110**	**10 581**	**55 552**
亚洲	160.0	2 683	664.2		18 073	+ 504.2	+ 15 390	803.5	17 272
非洲	700.0	2 875	10 211.2		31 518	+ 9 511.2	+ 28 643	9 660.3	37 750
波利尼西亚	23.3	93	24.2		88	+0.9	— 5	22.6	80
美洲	82.0	346	82.0		428	—	+ 82	91.2	450
南极地区	—	—	3.5		—	+ 3.5	—	(3.5)	—
西班牙	**432.0**	**8 381**	**220.3**		**673**	**— 211.7**	**— 7 708**	**560.5**	**589**
亚洲	296.3	6 000	—		—	— 296.3	— 6 000	—	—

非洲	9.8	319	220.3	673	+	210.5	+	354	560.5	589
波利尼西亚	2.6	37	—	—	−	2.6	−	37	—	—
美洲	123.3	2 025	—	—	−	123.3	−	2 025	—	—
葡萄牙	**1 821.9**	**6 749**	**2 093.1**	**7 675**	+	**271.2**	+	**926**	**2 092.7**	**9 331**
亚洲	19.9	849	19.9	810		—	−	39	22.8	980
非洲	1 802.0	5 900	2 073.2	6 865	+	271.2	+	965	2 069.9	8 351
意大利	—	—	**510.0**	**731**	+	**510.0**	+	**731**	**1 590.1**	**1 403**
非洲	—	—	510.0	731	+	510.0	+	731	1 590.1	1 403
德意志帝国	—	—	**2 596.5**	**11 998**	+	**2 596.5**	+	**11 998**	**2 907.9**	**12 282**
亚洲	—	—	0.5	84	+	0.5	+	84	0.5	192
非洲	—	—	2 352.2	11 465	+	2 352.2	+	11 465	2 662.3	11 449
波利尼西亚	—	—	243.8	449	+	243.8	+	449	245.1	641
丹麦	**191.4**	**119**	**191.4**	**121**		—	+	**2**	**88.5**	**40**
美洲	0.4	38	0.4	31		—	−	7	0.4	27
北极地区	191.0	81	191.0	90		—	+	9	88.1	13
瑞典	**0.02**	**1**	—	—	−	**0.02**	−	**1**	**0.02**	—
美洲	0.02	1	—	—	−	0.02	−	1	(0.02)	—
俄国	**17 010.7**	**15 958**	**17 286.8**	**25 045**	+	**276.1**	+	**9 087**	**17 388.1**	**33 164**
亚洲	17 010.7	15 958	17 286.8	25 045	+	276.1	+	9 087	17 388.1	33 164
美国	**1 552.5**	**60**	**1 875.5**	**8 818**	+	**323.0**	+	**8 758**	**(1 875.5)**	**(9 687)**
亚洲	—	—	296.3	7 635	+	296.3	+	7 635	296.3	8 460
波利尼西亚	—	—	17.4	167	+	17.4	+	167	17.4	211
美洲	1 552.5	60	1 561.8	1 016	+	9.3	+	956	(1 561.8)	(1 016)
总数	46 494.8	313 646	72 900.1	529 647	+	26 405.3	+	216 001	74 963.5	568 694

① 笔记中的这个表是娜·康·克鲁普斯卡娅抄的，黑体字排的地方是列宁写的。——俄文版编者注

什么叫做帝国主义?

"大"国:	殖民地 1876		殖民地 1914		宗主国 1914		共计 1914	
(单位百万)	平方公里	人口	平方公里	人口	平方公里	人口	平方公里	人口
英国	22.5	251.9	33.5	393.5	0.3	46.5	33.8	440.0
俄国	17.0	15.9	17.4	33.2	5.4	136.2	22.8	169.4
法国	0.9	6.0	10.6	55.5	0.5	39.6	11.1	95.1
德国	—	—	2.9	12.3	0.5	64.9	3.4	77.2
日本	—	—	0.3	19.2	0.4	53.0	0.7	72.2
北美合众国	—	—	0.3	9.7	9.4	97.0	9.7	106.7
六"大"国总计	40.4	273.8	65.0	523.4	16.5	437.2	81.5	960.6
人们特别起劲地加以瓜分的三个国家(土耳其、中国、波斯)…							14.5	361.2

全世界(不包括两极地区)……………………………………… 133 1 657

全部殖民地:	46.5	313.6	74.9	568.7

不属于大国的殖民地 9.9 45.3

注意 俄国 169×0.57%=**96**.33 **注意**

9 600 万人受压迫或没有平等的权利

	平方公里 (单位百万)	人口
全欧洲……………………………………………	9.97	452.4
	—	—
英国+法国+俄国+德国………………………	6.70	287.2
其余国家……………………………………………	3.27	165.2

	平方公里	人口
	（单位百万）	
全美洲…………………………………………	39.98	189.5
	—	—
北美合众国……………………………………	9.40	97.0
	—	—
全部殖民地……………………………………	9.20	10.7
其余国家………………………………………	21.38	81.8
全亚洲…………………………………………	44.45	871.2
	—	—
全部殖民地……………………………………	25.3	422.5
	19.1	448.7
三个半殖民地国家	—	—
（土耳其＋中国＋波斯）……………………	14.5	361.2
余数……………………	4.6	87.5
全非洲	29.9	136.2
	—	—
全部殖民地：	28.6	126.6
余数＝	1.3	9.6
全澳洲：	8.9	7.8
全部殖民地＝	7.7	3.4(?)
（＋波利尼西亚?）		

	人口单位百万	
六大国	437.2	
全部殖民地	568.7	} 929.9
三个“被分赃”的国家	361.2	
	1 367.1	

300	享有特权
150	受压迫
1 000	{殖民地和被分赃的国家}
1 450	
150	小国和殖民地候补国
1 600	

大概数目：

人口单位百万

300 “大国”和享有特权的压迫者和掠夺者

300 附属的、无充分权利的、受掠夺的国家和小国

1 000 殖民地和“被分赃国”

1 600

中 国

在各条约规定的通商港口的外国人的国籍

	1912	
	公司	个人
日本人	733	75 210
俄国人	323	45 908
英国人	592	8 690
美国人	133	3 869
法国人	107	3 133
德国人	276	2 817
葡萄牙人	44	2 785
意大利人	40	537
奥地利人	17	328
丹麦人	11	279
挪威人	8	250
比利时人	15	245
西班牙人	6	224
瑞典人	2	189
荷兰人	13	157
匈牙利人	3	27
巴西人	1	9
其他	4	97
总计	2 328	144 754

	宗主国		殖民地		共计		(殖民地)单位百万			
							1876		1914	
	单位百万平方公里	人口单位百万	单位百万平方公里	人口单位百万	单位百万平方公里	人口单位百万	平方公里	人口	平方公里	人口
(α)俄国(欧洲部分+亚洲部分)	5.4	136.2	16.9	33.2	22.3	169.4	17.0	15.9	17.4	33.2
(β)大不列颠	0.3	46.5	30.0	378.5	30.3	425.0	22.5	251.9	33.5	393.5
(γ)法国	0.5	39.6	10.6	55.5	11.1	95.1	0.9	6.0	10.6	55.5
∑=	6.2	222.3	57.5	467.2	63.7	689.5				
1) 比利时	0.03	7.5	2.4	15.0	2.4	22.5				
塞尔维亚	0.09	4.5	—	—	0.1	4.5				
(δ)德国	0.5	64.9	2.9	12.3	3.4	77.2	—	—	2.9	12.3
奥匈帝国	0.7	51.4	—	—	0.7	51.4				
土耳其	1.8	21.6	—	—	1.8	21.6				
	3.0	137.9	2.9	12.3	5.9	150.2				
(ε)日本	0.4	53.0	0.3	19.2	0.7	72.2	—	—	0.3	19.2
中国	11.1	329.6	—	—	11.1	329.6				
(ζ)美国	9.4	97.0	0.3	9.7	9.7	106.7	—	—	0.3	9.7
六“大”国(α—ζ)	16.5	437.2	61.0	508.4	77.5	945.6	40.4	273.8	65.0	523.4

1) **比利时** 29 452 平方公里和 750 万人口+**殖民地** 240 万平方公里和 1 500 万人口。
∑=240 万平方公里和 **2 250** 万人口

塞尔维亚 87 303 平方公里和 450 万人口
∑=10 万平方公里和 450 万人口

土耳其	1.8	21.6
中国	11.1	329.6
∑=	12.9	351.2
波斯=	1.6	10.0
∑=	14.5	361.2

1912/3 年战争前后的巴尔干国家①

	总面积单位平方公里			人口		
	原有领土	新取得的领土	现有领土	原有领土	新取得的领土	现有领土
罗马尼亚	131 353	8 340	139 693	7 248	354	7 602
保加利亚	96 345	17 660	114 005	4 337	429	4 766
塞尔维亚	48 303	39 000	87 303	2 912	1 533	4 445
门的内哥罗	9 080	5 100	14 180	285	150	435
阿尔巴尼亚	—	28 000	28 000	—	800	800
希腊	64 657	51 318	} 115 975	2 632	1 624	} 4 256
克里特	8 618	} −149 755		344	} −4 583	
土耳其	169 317		28 180	6 130		1 891
巴尔干国家	527 673	−337[1)]	527 336	23 888	307	24 195

1) 差数是由于统计不精确而来的，即阿尔巴尼亚的数字大概比它的实有数少。

① 笔记中的这个表是娜·康·克鲁普斯卡娅抄的。——俄文版编者注

全世界：		人口			特种贸易 (1912)	
	单位百万平方公里	单位百万	%	每平方公里	输入 (单位百万马克)	输出
亚洲	44.45	871.2	526	19.6	9 278	10 162
欧洲	9.97	452.4	273	45.4	56 655	44 224
非洲	29.89	136.2	82	4.5	3 149	3 584
美洲	39.98	189.5	114	4.7	15 738	18 286
澳洲	8.96	7.8	5	0.9	2 199	2 269
两极地区	12.67	0.01	0	—	—	—
共计：	145.92	1 657.1	1 000	11.4	87 019	78 525

奥托·许布纳尔的地理统计表，1914年版(第63年卷)①

大不列颠	**铁路**
	单位公里
(1912) 埃及	4 241
(1912) 埃及苏丹	1 725
(1912) 马耳他	13
(1911/12) 塞浦路斯	98
(1911/12) 印度	55 875 }
(1911) 锡兰	971 }
(1911) 海峡殖民地	34 }
— —	16 }
(1912) 马来亚保护地	1 180 }
(1912) 香港	15 }
(1912) 北婆罗洲	211 }

① 笔记第10页(本卷第333—336页)是娜·康·克鲁普斯卡娅抄的；其中用黑体排印的地方是列宁写的。——俄文版编者注

单位公里

(1912)	南非联邦	12 626
(1910)	巴苏陀兰	26
(1912)	罗得西亚	3 872
(1912)	尼亚萨兰	182
(1912)	东非	943
(1912)	桑给巴尔	10
(1912)	尼日利亚	1 467
(1912)	塞拉利昂	365
(1912)	黄金海岸	270
(1912)	毛里求斯岛	207
(1912)	纽芬兰	1 238
(1912)	加拿大	47 150
(1912)	牙买加	313
(1912)	向风群岛	45
(1912)	特立尼达	135
(1912)	洪都拉斯	40
(1912)	圭亚那	152
(1912/13)	澳大利亚联邦	30 141
(1912/13)	新西兰	4 588
		168 149

法国

(1910)	阿尔及利亚	3 491
(1912)	突尼斯	1 656
(1913)	西非	2 400
(1913)	索马里海岸	130
(1913)	马达加斯加	368
(1913)	留尼汪	126

单位公里

(1913)	印度	30
(1912)	印度支那	1 374
(1908)	马提尼克	224
(1913)	圭亚那	16
(1913)	新喀里多尼亚	17
		9 832
(1912)	**比属刚果**	1 235
	意大利	
(1912)	利比亚	87
(1912)	厄立特里亚	120
		207
	德意志帝国	
(1913)	东非	1 602
(1913)	喀麦隆	443
(1913)	多哥	327
(1913)	西南非	2 104
		4 476
	荷兰	
(1912)	东印度	2 355
		2 683
	其他属地	337
		5 375
	俄国	
(1913)	高加索 中亚细亚 西伯利亚	17 036
(1911)	**土耳其**	6 660
	其中包括	

		单位公里
	1. 在欧洲的	1 994
	2. 在小亚细亚的	2 372
	3. 在叙利亚和阿拉伯的	2 294
(1909)	波斯	54
	运营的	12

	总面积 单位平方公里	人口
土耳其,自 1909 年起成为立宪国家	**1 794 980**	**21 600 000**(1910)
土耳其欧洲部分	28 180	1 891 000(1910)
小亚细亚	501 400	10 940 765(1910)
亚美尼亚和库尔德斯坦	186 500	2 357 436(1900)
叙利亚和美索不达米亚	637 800	5 361 203(1910)
阿拉伯	441 100	1 050 000(1910)
中国,自 1912 年 3 月起成为共和国[40]	**11 138 900**	**329 617 760**
中国本土	6 242 300	325 817 760(1910)
蒙古	2 787 600	1 800 000
西藏	2 109 000	2 000 000
日本,立宪帝国	**673 681**	**72 206 475**
日本本土	382 415	52 985 423(1912)
福摩萨①	35 997	3 512 607(1913)
桦太岛(日本库页岛)	34 069	42 612(1913)
关东[41]	3 374	501 767(1913)
朝鲜	217 826	15 164 066(1913)

注意:单位千平方公里(**总面积**)

波斯——约 1 645(**1907 年波斯的总人口:950 万**)

根据 1907 年的协定:

不列颠的势力范围约为 355

俄国的势力范围约为 790

① 即我国台湾省。——编者注

相 互 责 备

相互责备：

«La Revue de Paris»①，1915 年 3 月 1 日。(№5，1915)

文章：**古·德莫尔尼：《在波斯的土耳其—德国方式》**(附有俄国人、英国人在波斯的势力范围图)。

帝国主义者由于德国人的胜利而叫嚣。(很清楚地勾画出了帝国主义。) ‖ 注意

又说到(第 217 页)：

"12 月 24 日(1914)预定用来谋杀俄、法、比、英四国公使的一枚炸弹在德黑兰爆炸了，但是没有击中目标，却炸死了德国—土耳其匪帮策划的阴谋的一名参加者……" ‖ 注意

作者引用了自己在«*Revue du monde musulman*»②杂志，1913，№№22 和 23(1913 年 3 月和 6 月)上发表的文章和自己写的书：**《多瑙河问题》**，巴黎，1911(拉罗斯和特南)；**"波斯的行政当局"**，巴黎，1913(勒鲁)；以及他的《波斯的金融机关》，巴黎，1915(勒鲁)。 ‖ 注意

西奇坎年(1912. 3. 21—1913. 3. 20)。

1. 俄国同波斯的贸易＝**628 857 900 克兰**(1 克兰＝0. 4545 法郎)。波斯对俄国的输出＝波斯输出总额的 69%。

① 《巴黎评论》杂志。——编者注

② 《穆斯林世界评论》杂志。——编者注

波斯从俄国的输入=波斯输入总额的58%(第205页)。

2. 波斯从英国的输入=波斯输入总额的25%。

波斯对英国的输出=波斯输出总额的13%。

3. 土耳其

4. 德国同波斯的贸易=24 316 252克兰。

5. 法国

6. 意大利

((各国的次序是按与波斯贸易的数额排列的:1—6))

«***Preussische Jahrbücher***»[①],1915,第3编(3月),汉斯·德尔布吕克的文章(第485页):

注意 ‖ “英国驻挪威公使芬德利代表自己的政府企图收买一个暗杀者,来杀害爱尔兰人罗杰·凯斯门特爵士。”(摘自德尔布吕克提出的对英国的反控诉。)

《技术评论》

«The Daily Telegraph»[②],1915年3月15日。《技术评论》。《**战争中的石油**。军舰完全用石油发动》。

“财政大臣说得对:‘这是一场技术战争。’目前在全世界所进行的巨大斗争的每一个阶段,我们都看到技术的痕迹。技术再也不是起次要作用的了。它成了战争的主要特点,以致‘目击者’不久以前在描写机械辎重在大陆上所起的作用时,认为可以把战争

① 《普鲁士年鉴》。——编者注

② 《每日电讯》。——编者注

称做‘汽油战争’。把它称做‘石油战争’也许更恰当一些,因为问题既然涉及到舰队中的许多最大的和最小的舰只,即超级无畏舰和潜水艇,那么,‘石油战争’这个名词也就包括了舰队在内。”

“伊丽莎白女王”号——第一批“完全用石油发动”的船只之一。降低了价格,主要是燃料的供应等等加快了。技术上巨大的进步。

“军舰”即将改用“内燃机”。商船已经开始采用了。

尤尼乌斯:《社会民主党的危机》[1]

尤尼乌斯:《**社会民主党的危机**》,附录:《关于国际社会民主党任务的提纲》,苏黎世,**1916**,共 **109** 页(提纲,105—109)。

《序言》注明的日期是 **1916 年 1 月 2 日**:说小册子写于 1915 年 4 月。

第 6 页:“国际社会民主党的投降……掩盖这种投降是最愚蠢不过了……”

第 24 页:“发展的两条路线……导致……这场战争”(1)1870 年,注意,阿尔萨斯和洛林的被**兼并**以及(2)近 25 年来帝国主义的发展。

第 28 页:1899 年 12 月 11 日毕洛的演说。明显的帝国主义纲领:英国人有“更大的不列颠”,法国人有“新法兰西”,俄国人有亚洲,德国人有“更大的德意志”。 ‖ 注意

① 见本版全集第 28 卷第 1—15 页。——编者注

第31—33页:出色地描述了德国金融资本对小亚细亚的土耳其农民的掠夺。

第**42**页:"……在当前的战争中,关系到生死存亡的只有两个国家:比利时和塞尔维亚……"

第**43**页:俄国的帝国主义"与其"说是"**经济扩张**",不如说是"**国家的政治利益**"。

第**48**页:奥地利的加速崩溃,是"由于就在这个君主国附近出现了独立的民族国家……"

"……奥地利**没有**内在的生命力已经表现出来了……"

"……哈布斯堡王朝并不是资产阶级国家的政治组织,而只是由几个社会寄生虫集团组成的松散的辛迪加……"(49)

‖ "……不可避免的抉择:或者是哈布斯堡王朝,或者是巴尔干国家资本主义的发展……"(49) ‖

注意 ‖ "……奥匈帝国的灭亡在历史上不过是土耳其崩溃的继续,同时也是历史发展过程的要求。"(49—50)

"被束缚在两具正在腐烂的尸体上的德国帝国主义径直走向世界大战。"(50)

"……杜阿拉人芒加·贝尔在喀麦隆……以……莫须有的图谋(叛国)罪名……在战争的喧嚷声中,没有经过烦琐的审判程序就被悄悄地绞死了……　国会党团用一种谨慎的沉默遮掩了杜阿拉人领袖的尸体。"(56)

第**60**页:1905年失败的两个原因:

? ‖ (1)它的"宏伟的"政治纲领;"某些(问题),如土地问题,在现代的社会制度范围内是根本解决不了的……"

(2)欧洲反动势力的帮助……

71:“对于‘德国的解放的发展’来说,并不像国会党团认为的那样,危险在于俄国,而是在于德国本身……” ‖
(其中还有这种说法:“萨韦纳的方针”,第71页。)

74:“难道各民族享有自决权这一社会主义原则,不正是说每个民族有权利也有义务保卫自己的自由和独立吗? ……”(75)“当然,向外敌投降的民族应该受到蔑视……”

75:引自《**法兰西内战**》:“旧社会还能创造的最高英雄伟绩不过是民族战争,而这种战争如今被证明不过是政府用来骗人的东西……”

76:“这样看来,入侵和阶级斗争在资产阶级历史上,并不像官方的神话所说的那样,是互相矛盾的,而是互为手段和表现的。如果对于统治阶级来说,侵略是反对阶级斗争的有效手段,那么对于新兴的阶级来说,最尖锐的阶级斗争就是反对侵略的最好的手段……” **中世纪**意大利城市的历史,特别是**1793**年的历史。

77:关于自决也是如此:“社会主义承认每个民族都有独立和自由的权利,都有独立掌握自己命运的权利,这样讲是正确的。但是把现代资本主义国家说成是这种民族自决权的表现,这就是对社会主义的真正的侮辱。直到今天,这些国家中究竟哪一个国家的人民决定了自己的〈原文如此!〉民族的、政治的、社会存在的形式和条件呢?”马克思、恩格斯、拉萨尔把“德意志民族自决”理解为“统一的大德意志共和国”。【现在的德国是建筑〈注意〉(77)“在德意志民族的民族〈注意〉自决〈注意〉的废墟之上的”……】

77 “……又如,第三共和国在世界四大洲都拥有殖民地,在两大洲施行殖民暴行,难道这个共和国是法兰西民族‘自决’的表现吗？……"

78："从这个概念的社会主义的含义来看，任何一个民族，如果它的国家是靠奴役其他民族而生存的，那就不是自由的民族，因为殖民地的人民也算做是该国的民族，该国的成员。国际社会主义承认自由、独立、平等的民族的权利，但是，只有它才能建立这样的民族，只有它才能实现民族自决权。而这个社会主义的口号也和其他一切口号一样，不是为现存的事物辩护，而是指出道路，促使实行革命的、改造的、积极的无产阶级政策……"

注意 ‖

……在现代帝国主义环境下，根本不可能再有"民族防御战争"(78)……离开这种环境就意味着"**在沙滩上建筑**"。

? |||

因此"关于防御和进攻的问题，关于'祸首'的问题就完全没有意义了"(78)，不论法国和英国都不是"自卫"，他们所保卫的"不是自己的民族阵地而是自己的世界政策阵地"……

注意："……为了驱散目前支配着社会民主党政策的'民族战争'的幽灵"(81)。

帝国主义政策是国际现象，是"全世界资本发展"的结果(79)…… "只有从这一点出发，才能在现在的战争中正确地提出'保卫祖国'的问题"(80)…… 联盟体系、军事利益等等立刻**把帝国主义**利益和国家**卷了进去**…… "最后，现在一切资本主义国家都有殖民地，这些殖民地在战时(即使战争是作为"民族防御战争"而开始的)由于纯粹军事战略的考虑而被卷入战争" ……土耳其的"神圣战争"对殖民地起义的鼓励……——"这个事实本身

也就自然而然地使现代的一切战争变为帝国主义世界大火……”(82)

塞尔维亚(它的背后有俄国)、荷兰(它的殖民地**等等**)的例子…… “由此可见,还是现代帝国主义的历史环境决定着各个国家的战争的性质,而这种环境的作用,使得目前根本不可能再有民族防御战争……”(84)

引证卡・考茨基:《爱国主义和社会民主党》,1907年,特别是第16页:“在这些条件下任何地方都不可能再发生保卫民族自由的战争……”(考茨基语,尤尼乌斯在第85页上引证的)(卡・考茨基,第12—14页,关于“民族问题”,说“**只有**〈注意〉**在**无产阶级胜利**以后**〈注意〉”民族问题才能够解决)【卡・考茨基,第**23**页。注意】

社会民主党的任务是什么呢?不要“消极”。不。“这样,就不应当用保卫祖国的外衣伪善地掩盖帝国主义战争,而应当**认真地**〈黑体是原作者用的〉对待民族自决权和保卫祖国,使其成为**反对**〈黑体是原作者用的〉帝国主义战争的革命杠杆。(85)保卫祖国的最起码的要求是人民把防御的事情掌握在自己手里。要做到这一点,第一步就是实行**民兵制**,即不仅把所有成年的男人立刻武装起来,而且首先要由人民来解决战争与和平的问题;其次,这就是说:立刻消除一切政治上的无权现象,因为需要最大的政治自由作为人民防卫的基础。宣布这些保卫祖国的有效措施,要求这些措施得到实现,这是社会民主党的首要任务。”(86)但是社会民主党人在战争爆发以后却放弃了民兵制的要求!!! 虽然我

?

???
注意

们说过,"**只有**民兵制"才能保卫祖国!!!

"我们的导师对保卫祖国的理解则不同"……(马克思在《内战》一书中赞成公社的民族战争)……

注意!

和……弗里德里希·恩格斯在**1892**年赞成1793年的重演……　但接着又写道:"**恩格斯写这一点的时候,他所指的情况完全不同于现在的情况**"(87)——俄国革命以前的情况。"他〈恩格斯〉指的是遭到进犯的德国所进行的真正民族防御战争……"(87)

??

??

接着又写道:"是的,社会民主党人有责任在严重的历史危机时保卫自己的国家。"而社会民主党国会党团的"重大罪过,也正在于此"……　"它在最危急的时刻**没有起来**保卫祖国。因为在这个时刻它对祖国的首要义务是:向祖国指出这场帝国主义战争的真实内幕,揭穿掩盖这种危害祖国行为的爱国主义的和外交的种种谎言;大声地明确地声明,对德国人民来说,这场战争无论胜负都是灾难……宣布必须立即武装人民,让人民来决定战争与和平的问题……最后,要用爱国主义者和民主主义者1848年的原来的真正民族的纲领,用马克思、恩格斯和拉萨尔的纲领,即统一的大德意志共和国的口号,来对抗帝国主义的战争纲领——旨在保存奥地利和土耳其,也就是保存欧洲和德国反动势力的纲领。这就是应当在全国面前展开的旗帜,它才是真正民族的、真正解放的旗帜,而且既符合德国的优良传统,也符合无产阶级的国际阶级政策。"(88)

注意

??

"……可见,所谓祖国利益和无产阶级的国际团结难以兼得,是悲剧性的冲突促使我们的国会议员怀着'沉重心情'站到了帝国主义战争的方面,这纯粹是一种想象,是一种资产阶级民族主义的虚构。相反地,无论在战争时期或和平时期,国家利益和无产阶级国际的阶级利益都是完全协调的,因为无论战争或和平都要求极其有力地展开阶级斗争,极其坚决地维护社会民主党的纲领……"(89) 100:

那党应该做些什么呢?是宣布群众性的罢工?或者是宣布士兵拒绝作战?回答这个问题是可笑的。革命是不能"制造"的。"技术性的规定和方案"是"**令人发笑的**"(90),问题并不在此,而在于鲜明的政治口号。(关于反对技术等等,反对"小阴谋家团体"等谈得有点琐碎。)(注意 101—102。)

§8(93—104)特别谈到"胜利还是失败"的问题,并证明二者都不好(破产、新的战争等)。这种选择是"在两种挨打之间的无可奈何的选择……"(98)"唯有一种情况除外:如果国际无产阶级以自己的革命干预搅乱了一切打算"(两个帝国主义的)(98)…… Status quo① 是不可能的(99),不是"后退",而是朝着无产阶级的胜利前进;不是裁军的空洞计划,不是"空想"和"局部的改革"(99),而是反对帝国主义的斗争。

第 102 页——"以欧洲无产阶级大规模死亡"来

① 维持现状。——编者注

而美国??和日本?? ‖ 威吓(102)…… "只有从欧洲,只有从最老的资本主义国家才能够在时机到来的时候发出解放人类的社会革命的信号。只有英国、法国、比利时、德国、俄国、意大利的工人团结在一起,才能够领导五大洲的被剥削者、被奴役者的大军。"(103)

《社会党人与和平》

«Journal des débats»[1],1915. 11. 11。

《社会党人与和平》…… "看来这个〈齐美尔瓦尔德〉联盟是德国社会党人组织起来的,德国社会党人同本国政府的亲密关系是人所共知的。这是一种手腕,我们的敌人用这种手腕不会使我们感到惊奇,自从他们感到自己的事业遭到失败以后,他们就屡次采用这种手腕"。!

"……法国社会党认为必须说出这一点〈社会党通过的反对代表会议的决议〉,以便消除任何含糊不清的地方,并再次肯定,法国社会党仍然忠于爱国主义的神圣同盟条约。"!!

关于《时报》上的评论

«Le Temps»[2],11. 13。

① 《辩论日报》。——编者注

② 《时报》。——编者注

评论(第 2 版)谈到《前进报》[42]上的一篇关于列诺得尔的演说的文章,**赞许**《人道报》[43]上的一篇**反对**齐美尔瓦尔德的文章。

同上,11. 12。

《社会党人与阿尔萨斯—洛林》

«L' Humanité»上孔佩尔-莫雷尔的文章曾直截了当地谈到,“我们不把阿尔萨斯—洛林看做是这样的”(=德国的领土,我们不想去“征服”的领土)……

布劳尔论德国的所谓“失败主义者”

«Hochland»①,慕尼黑,1914/1915 年第 8 卷,1915 年 5 月。

奥地利—慕尼黑教权派的天主教、贵族的刊物

(卡尔·穆特版)

Th. 布劳尔:《战争和社会主义》。

“……战争比社会主义发展中的普通事件有更大的意义,因为战争给这种发展的一定的完成作出了一个开端(至少是在可能性方面)……”(176)

……(“介绍”马克思、恩格斯、倍倍尔……)

“……理论上被‘粉碎’并不妨碍‘机会主义’继续逍遥自在地生活和受到尊敬。随着团结在社会主义旗帜周围的群众的日益增多,他们对现状的期望愈来愈大,要他们不把期待的目光同时转向

① 《高原》。——编者注

现代国家,是完全不可能的……”(179—180)

……正是在伯恩施坦所反对的这种(革命的)思想里,——“正是在这个思想里,欧洲战争起着作为社会革命前奏的巨大的作用”(180)。

(工会变聪明了)

“……在战争即将到来的时候,竟至工会社会主义同‘资产阶级’社会改良真正接近起来了”(181)。

注意 ‖ “宣战时德国社会民主党内发生了变革,假使单从表面上看,这种变革好像是突然的、急剧的爆发。早在战争爆发的前夕,报刊上的言论就用旧的鼓动行话在提醒、在警告、在念咒。甚至产生了这样的议论,这些议论提到了法国在1870年以后似乎发生过的事情,听起来使人感到是在赞扬失败。但是,后来有一天发生了……转变,没有什么比这个转变更为坚决的了。就这个问题所作的正式的解释远远不能说明这个转变。人人都知道(所以这里不必多说),根据以前的正式的声明,可以很容易地驳倒这种解释。”(181)

……(他说,社会主义的群众同生活的“全部”现实相接触)……

“……明智的社会党人,尤其是修正主义者阵营里的社会党人”(182)……早已指出对人民进行这种(旧的社会主义的)教育的危险性……

……(颂扬爱国主义)……

“……改良主义者现在终于能够希望给他们如此热烈期望的新的社会主义的和社会民主主义的纲领,找到有力的牢固的基础了……”(183)

"……如果需要用一句话来说明修正主义者活动的实际结果,那么,大致可以这样说,它动摇了领袖和做实际工作、组织工作的领导层对马克思主义的信念,现在他们由于没有足以代替它的东西,就只好把策略当做自己的'信念的象征'。"(184) ‖ 注意

总之,(188)我们等待着将从战壕里回来的人们的意见。

注意:《瑞士工厂和采矿业的检查员关于他们在1912年和1913年的公务活动的报告》——**阿劳,1914年**(共265页,3马克)。 ‖ 注意

关于《时报》上的文章和评论

«Le Temps»①,1915.12.6。

今天庆祝了"尚皮尼会战一周年"。

阿尔伯·**托马**先生的演说:

"只要我们的阿尔萨斯和我们的洛林没有最终归入法国的版图,就不可能有和平……"

……一直到德国帝国主义不再为害等等……(……"胜利"……)……"到底"……

同上,1915.12.7。

文章(编辑部的):《说得好》。

① 《时报》。——编者注

注意 ‖ "使这个声明更有意义的是,阿尔伯·托马先生和盖得、桑巴先生一起在政府里代表统一的社会党,这个政党的某些分子不可能忘记战争爆发前在他们当中占优势的危险倾向,他们仍然为国际主义的模糊理想所支配,由于这个理想我们几乎遭到灭亡……"

"……这里〈在托马的演说里〉清楚而明确地要求干脆地、无保留地、不带任何条件地把阿尔萨斯—洛林归还法国。这些话同极左派有时提出的使人有理由产生可悲的误解的那些过分谨慎的提法,是一个很难得的对比。"

同上(第 2 版),《在社会党人那里》一文说,昨天召开了塞纳联盟的筹备会议(筹备 1915 年 12 月 25 日召开的党代表大会)。布尔德朗试图说话,"但是硬被制止了"(人家向他叫喊,说他没有委托书)(**同上**«*Journal de débats*»[①],1915 年 12 月 7 日。当布尔德朗说他代表少数派时,"响起了一阵激烈的反对声"……)。

"梅尔黑姆先生本来应该在昨天晚上在蒙特勒伊的巴黎大街作关于齐美尔瓦尔德国际和平主义者联盟的报告。梅尔黑姆先生的报告被禁止了。"

《美国的军火商人》一文

«Neue Zürcher Zeitung»[②],1915,№485,第一次上午版。19**15.** 4.23。

美国的军火商人。

① 《辩论日报》。——编者注
② 《新苏黎世报》。——编者注

“好久以来,美国报纸上一直有向协约国供应军需品的消息。下面是从加利福尼亚的一家报纸上引来的一段话:

供给各协约国的军用物资从现在起由美国生产者从海上运往加拿大,从加拿大换英国船只,运往英国。供给法国和俄国的货物,也经过同样的航线,然后再从英国转运。各协约国通过代理人或者直接向美国几乎所有的枪械制造厂和军事装备企业订货。当然,这些工厂极力掩盖这件事,他们害怕被迫停止供应,因为所有这些物资都是战时违禁品。

美国有 57 个专门生产枪械或者军事装备品的工厂。平时在这些工厂里共约有 2 万工人,但是现在这些工厂分两班、三班工作,工人已达 5 万左右。枪械制造厂和生产军事装备的企业不生产炸药。这是包括 103 个工厂的独立工业部门,从战争一开始,这些工厂的产品就增加了一倍。有些硝化纤维厂实行三班制。当然,由于这种大量的需求,价格提高了。如法国政府在 2 月份订购了 2 400 万磅硝化纤维,每磅 65 美分,而平时每磅只有 20—25 美分。

其次就是士兵和马匹的装具,如靴鞋、餐具、马鞍、鞣皮等等。欧洲战争无疑是一件对美国极其有利可图的事情。”

劳合-乔治在议会里。

《每日电讯》,1915 年 4 月 22 日和 23 日

«The Daily Telegraph»[①],1915. 4. 22。

① 《每日电讯》。——编者注

劳合-乔治在议院的演说:

"他谈到仅仅在上个月的两周内,不列颠炮队发射的炮弹比整个布尔战争期间所发射的还要多。这个消息使议院感到震惊。"

注意‖ 如果说9月份的产量(炮弹)是**20**,那么,

在3月份是**388**,即多达19倍。

(9月份比8月份多,而8月份又比7月份多!)

战前人们认为,在大陆上将有6个师,而现在有**36**个师=720 000人。

→3月份通过了"保卫国家法,——这个法令授权〈政府〉把一切合适的机器制造厂接收过来,改为生产炮弹"。

注意‖ "军火源源不断——这是拯救生命和保证迅速结束战争的最好口号……"

同上,4.23。

《企业家的爱国主义义务》:

我声明,**战后给予工作时**,我将优待在军队中服役过的人。

签字

(国王和大臣们**同意**)

同上。**罗斯福**的《美国和世界大战》**一书**。

作者通常是"说话很温和,但随身带着大棒"(他抱怨人们把他叫做"big stick"("大棒"),而忘记了自己的名言的来源)(**比利时**的例子)。

他主张美国应仿照瑞士或澳大利亚规定人民的"**军事训练**"……

《每日报》上胡戈·伯特格尔的文章

«Der Tag»[1],1915,№93(A版)。1915.4.22。

帝国国会议员**胡戈·伯特格尔**博士的文章:《自由工会和政府》。

作者是这样开头的:矿业公司(在盖尔森基兴)总经理**基尔多夫**谴责大臣**德尔布吕克**(内务大臣)"同工会领袖"保持"密切接触"。

说这样做是危险的,工人情绪会更不安定。

作者反驳说,这没有什么不好的,并说,在战壕里,工人和厂主也是站在一起的,"如果他们〈=自由工会=社会民主党人〉被吸引到内务部来,在某些工人问题和全国性问题上共同工作,那就是说,他们承认而且也有义务在整个战争期间**放弃社会民主党纲领中的某些**属于'**国际**'范围的**条文**,并且像所有其他部分的居民那样履行自己的职责和保卫祖国……" ‖ 注意

在№**82**(4月9日)上,还有他的一篇文章:《我们政策的发展》,我们在其中读到:

"奇怪的是,在以马克思主义观点为背景的、社会民主党的辩论中,也明显地产生了这样一种意见,认为现在必须考虑今后帝国主义的发展,考虑大的、自主的、对外尽可能是独立的世界强国的发展。一部分人反对这种意见,另一部分人则企图把帝国主义包括在社会主义发展的进程之中,当然,这两派中

① 《每日报》。——编者注

哪一派比较明智、最有成功的希望,是不容置疑的……”

《经济学家》杂志上的文章《战争的目的》

«The Economist»①,1915 年 3 月 27 日。星期六。

文章:《战争的目的》(关于格雷星期一(3 月 22 日??)在贝奇斯泰因厅的演说)。

编辑部为和平而哭泣,同时又因为格雷没有说什么会“使战争延长或更加残酷”的东西而高兴……

文章的结尾:

> “政治家不能容忍战争悲惨结局的前景:普遍的哀悼和几乎普遍的破产。有可能重视人道要求和同时实现爱德华·格雷先生所指出的那种目的〈民族自由等〉的日子,不久即将到来…… 如果错过这个机会,战争就不会永远继续下去。它将以革命造成的混乱而结束,这种混乱谁也不知道在什么地方发生,谁也不知道如何结束。如果战争明天结束,那甚至在这个比较强盛的国家里,也未必能找到一个家庭不会长年地遭受战争造成的重担的极大痛苦。”(第 615 页)(完。)

注意

《日内瓦日报》,1915 年 4 月 7 日

«Journal de Genève»②,1915. 4. 7。

① 《经济学家》杂志。——编者注

② 《日内瓦日报》。——编者注

一篇题为《言多有害》的社论,评述了学会成员昂利·**韦尔申格**写的《1914年黄皮书的教训》一书(出版者布卢和盖伊,巴黎)。

1914年7月13日(注意这个日期!)"军事委员会的报告人"Ch.安贝尔先生想证明法国没有作好准备,他在参议院的发言中说,法国几乎没有重炮,甚至口径10—13—21厘米的也没有。口径28厘米的臼炮要……过一年才有!!

而在第二天,即1914年7月14日陆军部长梅西米又在参议院声称:

到1915年年底(!!)法国将有

200门105毫米口径的长射程平射炮,到1917年年底(!!!)将有200门120毫米口径的短射程榴弹炮。

"除了'不失时机地挺进',德国难道还能得出别的结论吗?" ‖ 注意

劳合-乔治谈40亿英镑

1915年5月4日,星期二,**劳合-乔治**在**下院**。(«The Daily Telegraph»[①],5月5日。)

"……我们国家的收入怎样呢?在和平时期我们国家的收入共计24亿英镑。

现在收入可能提高了。为什么呢?因为我们在这里花费了几亿的借款。其中大部分是用在我们国内。人们在规定的时间内工作而且还加班工作,他们的工资提高 ‖ 注意

① 《每日电讯》。——编者注

注意 了;某些部门的利润增加了,当然是大大地增加了;因此,目前我国的收入可能比和平时期多。一些人可能得到巨额利润——(对,对)——而另一些人的收入比他平时收入的水平大大提高了。

注意 我不怀疑,如果我们考虑一下,根据可能,哪些税收你们应该提高,或者哪些方面应该收费,以便能够支持两三年内的战争,这是完全对的,——去找那些从战争中获得特殊收入的人,这是完全合理的(鼓掌赞同)…… 在和平时期我国通常的储蓄有多少呢?通常储蓄每年约3亿—4亿英镑。收入是提高了,而我认为,说欧洲每个国家的生活水平都大大下降了——我不知道,下降到什么程度——这并不是夸大。

注意 但是,在战争期间收入提高了的时候,我国的储蓄应该是增加一倍。”

同一篇演说中的另一个地方:

40亿英镑 “我们是一个异常富有的国家——毫无疑问,是欧洲最富有的国家。我不知道,按人口比例计算,**我们是不是世界上最富有的国家。我们有40亿英镑投入外国和殖民地最好的有价证券**……”

“……我们已经开始**为我们大部分的盟国的购买供给资金**……”

笔　　记

"η"

("厄塔")

目　　录

η

卡·考茨基:《民族国家……》

卡·考茨基的《民族国家、帝国主义国家和国家同盟》,纽伦堡,1915(50芬尼)(共80页)。

在§1——《略论民主和民族国家》——卡·考茨基斥责哈雷(哈雷的«Volksblatt»①)的右派(维尼希)和左派,因为他们说"每个

① 《人民报》。——编者注

民族有权获得民族独立”的原则已经过时(第5页)(在8月4日的宣言中)。在这个问题上,卡·考茨基赞成中派,重弹民主同民族国家的联系的老调。

此外,在这个问题上还反对“原始的民主”和“人民直接立法”(8),而且把“一种比较积极的民主形式,即群众性罢工”,看做是“原始的民主”(8)。

! ‖ 法”(8),而且把“一种比较积极的民主形式,即群众性罢工”,看做是“原始的民主”(8)。

他说,我们不主张 status quo[①](14),而是**赞成另一种**越出民族界限的**办法**……

“从事一定职业或住在一定区域的个别无产阶级阶层从剥削和压迫中分得自己的一份,这样,无产阶级是不可能获得解放的。这倒不如说是在削弱无产阶级的阵地……”(16)

【关于由此得出的结论只字未提!! 诡辩家!】

在第17页上对左派的立场进行了欺骗性的歪曲。说**他们**(同右派一样)**也**同意帝国主义不可避免的说法,但是他们要求“立刻实现”(17)社会主义来作回答……

卑鄙的骗子!! ‖ “这看来是很激进的,然而**只能**(!!!)把那些不相信能立刻在实际上实现社会主义的人统统推到帝国主义阵营中去。”

接着是一些极其庸俗的滥调,说什么社会是一个有机体,而不是一部机器,以及诸如此类的幼稚的胡说(并且暗示说工人中“民族感情”(18)强烈),并

注意 ‖ 得出结论说,从帝国主义的不可避免性里得不出“在这个〈资本主义的〉生产方式内部”(21)同帝国主义作斗争的荒谬结论。 ‖

① 维持现状。——编者注

"小资产者和小农,甚至许多资本家和知识分子"都反对帝国主义,**赞成**用其他手段扩张资本(除殖民地外)(21)……

伦施:《德国社会民主党和世界大战》

保尔·伦施博士:《德国社会民主党和世界大战》,柏林,1915(前进出版社),共64页(1马克)。

奴才沙文主义者滥调的典型。同普列汉诺夫比较一下是很有好处的!!

战争="帝国主义政策的产物"(5)。倍倍尔在耶拿(1911)曾经说过,军备代替了废除武装,将要导致"巨大的灾难……"(5) ‖ 注意

谈到20世纪初的战争与革命时,伦施大声说道:"我们正在经历的就是革命……"(6)

他说,我们德国社会民主党人,"国际中最强有力的集团"(6),比任何人都更坚决地同我国政府作斗争,等等等等,一直把英国看成是一个榜样(似乎控制着英国的不是"资本主义集团",而是"执行十诫和其他道德法规的委员会"(6—7))。德国历史和李卜克内西的旧传统,李卜克内西"从未完全摆脱某种南德的分立主义和对普鲁士人的仇视"(7)。

他说,甚至考茨基这样写道:对英国来说,海上霸权是"完全必要"的(7:引自何处?)(从生存手段的角度看来,与德国不同)……

"这个论据也同代表着几乎是党内普遍意见的那种观点相吻合,它的危险性在世界大战的今天充分地暴露出来 ‖ !

了……”(7)

“……这种对外国批评的软弱无力”(8)……根源“在于党的极其强大的力量”……根源“在于党的国际性”。

“毋庸置疑,它〈这场世界大战〉是帝国主义战争……”(9) 东方政策…… 巴格达铁路…… 英国和埃及,等等,瓜分土耳其(在策划中)、摩洛哥等等。

“在这次瓜分世界时,根本没有征询德国的意见”(10),德国政府对英法关于摩洛哥的协定表示抗议,“与其说是为了维护德国在摩洛哥的贸易的并不很大的物质利益,不如说是对这种侮蔑态度表示抗议”。

!! ‖

1908年(雷瓦尔会晤)已经打算瓜分土耳其(俄国+英国+法国),但是被土耳其的革命阻止了。(11)

1914年英国同德国关于瓜分非洲(13)和东方等地的势力范围的协议书几乎已经准备好了。——由于**俄国**的过失引起战争。

1913年德国为了亚美尼亚而以战争来威胁(14)……

“对于德国来说(我们把德国理解为德意志帝国和奥匈帝国),资本主义扩张的问题已经变成了民族生存的问题。”(15)

!! |

现在的问题已经不是瓜分殖民地和势力范围等等,而是“德意志民族应该继续作为一个独立的大民族而存在呢,还是说,它在东部和西部的很大一部分同胞,应该被割裂、被迫受异族的暴力统治?”(15)

!! ‖

“既然问题是对英国的世界霸权的威胁,那么在这个斗争中整个国际社会主义运动的利益,尤其是德国工人运动的利益究竟在哪一方面呢?”(16)

英国的海上霸权是反法国革命的战争的继续。到19世纪中叶英国的垄断:英国应该成为世界“工厂”。

“备受颂扬的英国‘自由’是建筑在奴役世界的基础上的。”(20)

“在某种意义上说来,英国是世界的统治阶级……”(20)

他说,我,伦施1912年(记录第417页及以下各页)在开姆尼茨引证了恩格斯关于英国垄断垮台的话,并且说:

“但是,国际社会主义运动没有丝毫理由促使一个资本主义国家对所有其他国家的这种长久统治永世不变。这样做,只能人为地使社会主义胜利的条件更加困难、更慢成熟。”(22—3) !

“……英国海上霸权的削弱,对全世界来说,特别是对国际社会主义运动来说,应该是一个伟大的历史性胜利”(23—4),和平愈持久,这个胜利就愈可靠…… 工人运动威胁着英国资产阶级……

“……假使从这种观点来看问题,那么,参加世界大战,对英国资产阶级来说,正是避开社会主义……”(24)

“……实际上,如果说有一种办法可以使无产阶级反对资本主义的国际解放斗争倒退几十年的话,那么这种办法就是德意志帝国在这场反对英国的战争中遭到灭亡……”(25)

“‘国际’的基干队伍”——德国社会民主党人就会被击败,而工人阶级就会被抛进资本主义阵营等等……(25)

“德国是科学社会主义的故乡和摇篮……”(26)“国际无产阶级的利益在德国这一边……”(27)

俄国沙皇制度…… **马克思和恩格斯**在1848年。**但是现在情况不同**。恩格斯在1891年(引文:第29页)。**但是现在情况不同**。

德国作为**一个完成了的民族单位**,“只是到现在才”“随着这场战争”“而诞生”(31)……

德俄战争“远远超出帝国主义战争的范围,它是德意志民族走向民族统一的灾难重重的发展道路上的最后的一步”(33)……

引用恩格斯论俄国**外交**的一段话(35):就好像是现在写的……

防止俄国四分五裂(37)(“不是被肢解”(38)),防止成立小国,——“有某种民族自治”就足够了……

沙皇制度的崩溃(应该认为俄国无产阶级能做到这一点)能加速发展……

法国和战争(§5)…… 复仇

“自由、民主的利益同法国武力的胜利是决不相容的”(42),因为法国同英国和俄国结盟。

德国社会民主党“**现在**”会把阿尔萨斯—洛林被夺走看成“是使德国残废”(43)。

同法兰西共和国的“光荣的和平”(44)——这就是当前所需要的。

德国的过去和将来(§6):

民族文化和它的意义(根据奥·鲍威尔,第53页引文)。“文化的共同性”(50及其他各页)。

资本主义**应该**“向民主”(55)发展……

“**战争的危险性**”(56)——这就是使德国朝民主方向的进步受阻的原因。

德国的“军国主义”(58)?? 相反,普遍义务兵役制=最民主的、"几乎是唯一的民主的制度"(恩格斯),而你们那里是"雇佣军队"(59)…… !!

"中欧国家同盟"(他说,李斯特希望建立这个同盟)——(+斯堪的纳维亚国家+瑞士+意大利+巴尔干国家+土耳其)——"世界政治发展的新时代……"(63)——"世界历史的火车头"(62)=这场战争……"就民主、世界和平、各族人民自由以及就社会主义的意义来讲"——"是的,就社会主义来讲!"(62)——是"大大""前进了一步"(62)……

摧毁沙皇制度,——同法国修好——摧毁"英国资产阶级的暴力统治"(63)……

现在国际被打垮了,但是它会重新建立,正如1870年以后一样(64)。

O.B.的文章:《"欧洲国家同盟"?》

«*Die Grenzboten*»[①],1915,№9(1915年3月3日)。

《"欧洲国家同盟"?》一文——有个名叫O.B.的从格罗宁根寄给**格·海曼斯**教授的一封公开信。

这位教授同另外四个人一起组成了一个叫做"欧洲国家同盟"的委员会。这个委员会还出版了海曼斯的著作,标题为《告交战国公民书》。在«Die Grenzboten»上登载的这封公开信,就是为了回答这篇著作而写的。

公开信还提出**殖民地**问题(第270页)。"殖民地的'内部独

① 《国外消息》杂志。——编者注

立’不也是符合愿望的吗？印度人、黑人、鞑靼人不也是同英国人、法国人和俄国人完全‘平等’的吗？……”（270）

引自委员会的号召书

“……英国殖民帝国同其他殖民帝国一样，根本不是在各殖民地民族‘平等和内部独立的基础上’形成的，它占据了全球的五分之一左右的地方。英国是否应该保持这个殖民帝国，直到英国本土上的英国人死绝为止，而德国即使人口增长到两亿，也不允许德国从那里取得一平方米的土地呢？……”（271）

刻薄！

在俄国的金融资本

«Finanz-Archiv»[①]（尚茨版），柏林，1915（第32年卷，第1卷）：

恩斯特·舒尔采博士：《在俄国的法国资本》（第125—133页）。

“1899年年底在俄国有**146**家外国承租公司，共有资本**76 500**万卢布，即**207 500**万法郎。其中法国有**79 200**万法郎，比利时有**73 400**万法郎，德国有**26 100**万法郎，英国有**23 100**万法郎……”（125）

单位百万法郎

法　国——	——792
比利时——	——734
德　国——	——261
英　国——	——231
	∑=2 018

① 《金融文汇》。——编者注

“这就表明，分布于全世界的共计 7 320 亿法郎的有价证券，如国家债券、市政债券、抵押契约、工业股票和债券，在俄国发行的总共只有 200 亿—250 亿法郎。占有这些有价证券的主要是下列国家(127)：

Σ	Σ
130	
100	
	75
25	
	22
+12	
5	
260	97
+12	
272	

美国……………………	110—115(单位十亿法郎)	420 (美国、英国)
英国……………………	125—130 〃 〃 〃 〃 〃 〃	
法国……………………	95—100 〃 〃 〃 〃 〃 〃	
德国……………………	60— 75	
俄国……………………	20— 25	
奥地利………………	20— 22	
意大利………………	10— 12	
日本……………………	5 〃 〃 〃 〃 〃 〃等等”[1])	
(我加的Σ=)	440—484	

[1]) 阿克塞尔·冯·布施泰特和戴维·特里奇：《俄罗斯帝国》。柏林，1910。共 227 页。

1889—1908 年法国发行有价证券 **240** 亿法郎：国外 180 亿+国内 60 亿(25%)。

1883—1907 年德国发行有价证券 **420** 亿马克：国外 100 亿+国内 320 亿(80%)。

法国国民财富

(1905)—— **2 040** 亿法郎

1914——约 **2 500** 〃 〃 〃(凯约，但是他根据 **2 000** 亿来推算所得税)。

1912年法国在俄国对俄国企业的投资为36 766万卢布,约=99 000万法郎(其中11 550万卢布——铁路;9 625万——国营企业;7 090万——商业银行等等)。

目前在俄国的外国资本大概如下:

法国	……………约 200	亿**马克**
德国	……………40—55	〃〃〃
英国	— 2.5	〃〃〃
比利时	— 6	〃〃〃

∑(我加的)240—263.5

作者=德国沙文主义者。预言战争将给法国带来巨大损失:第133页。

巴伦论战争一书

克·**沃**·**巴伦**的《**大胆的战争**》。——"战争的商业原因,它所耗费的金钱和人命"。1915年3月20日«The Economist»[①]上的**广告**(不是书评):

"巴伦先生以«The Wall Street Journal»[②]、The Boston News Bureau[③]和The Philadelphia News Bureau[④]的出版者的身份出国访问,以便取得关于战争的金融和外交内幕的情报,

① 《经济学家》杂志。——编者注

② 《华尔街日报》。——编者注

③ 波士顿新闻社。——编者注

④ 费拉德尔菲亚新闻社。——编者注

他得到了这些情报。”

订购单请寄给你的书商或«The Wall Street Journal»。纽约市百老汇大街44号。4先令6便士(邮费在内)。(霍顿·米夫林公司出版。)

伦茨论现代战争

弗里德里希·伦茨:《现代战争的政治前提》,«Deutsche Rundschau»[①]XLI,4。1915,1月。

单位百万平方英里(第81页):

	1862	1888	1912
不列颠世界帝国:	4 600	9 300	10 800
俄罗斯〃〃〃〃:	7 600	8 600	10 200
土耳其帝国:	1 800	1 300	700
北美合众国:	1 500	3 500	3 700
法国及其殖民地(整数):	400	1 100	4 800
德意志帝国及其殖民地(整数):	240	600	1 200
奥匈帝国:	239	241	241
日本及其殖民地:	150	150	260
意大利及其殖民地:	100	110	700

据1914年**10月初**统计(第102页):

① 《德国评论》杂志。——编者注

?	人口 单位百万 (1910)	领土 单位平方英里 (1912)	对外贸易 单位百万马克 (1912)
(德—奥)	130	1 440 000	26 750
(英—法—俄)	670	26 090 000	76 750
(中立国)(整数)	800	24 470 000	58 000
	1 600	52 000 000	161 500

人口(同上,第 83 页):

	德国 (1870 年以前不包括阿尔萨斯—洛林)	法国 (从 1870 年起不包括阿尔萨斯—洛林)
1700	14	21(单位百万)
1788	16	25
1816	23	29
1860	36	37
1912	66	40
1925—30	80	40

笔　　记

"ϑ"

("太塔")

目　　录

ϑ　ϑ R	ϑ=1—10 ((+里塞尔 **1—16**))[44]

希法亭:《金融资本》[45]

希法亭:《金融资本》(《资本主义发展的最新阶段》),莫斯科,1912。

德文本于1910年出版(《马克思主义研究》第3卷)。

乱七八糟…… ‖ 第13页——“根据恩·马赫的观点”“‘自我’仅仅是无穷的感觉线比较密集的焦点…… 同样地，货币也是社会联系网的枢纽……”

不对
不是“同样地”

‖ 第34页。——“〈货币〉数量说从图克时起就完全正确地被认为是站不住脚的……”

不对 ‖ **第54页**，注释，特别是**54—5**。希法亭的错误，见«Die Neue Zeit»①，1912，第30年卷，第1册。

（在希法亭看来，进入流通的是没有价值的货币。）

不对 ‖ **第71页**，注释。“只有我们的直观赋予事物以空间的形式。”（康德主义者）[46]

第90—91页（和91，注释）。

注意 | 马克思是怎样预言银行统治工业的（注意）（《资本论》，II，第79页）。

93，注释。一年内票据∑：

单位亿马克	其中银行承兑的
1885 —— 121	16%
1905 —— 255	31%

注意 ‖ 102（和注释）。大多数国际贸易合同是通过银行“承兑的”票据执行的。

‖ 105—6。**银行的作用**。

① 《新时代》杂志。——编者注

108。银行的**三个**职能

(1)支付的中介。

(2)变不活动的资本为活动的资本。

(3)把**一切**阶级的货币形式的收入汇集起来贷给资本家。

110,注释。**耶德尔斯**的一本出色的著作及其缺点。

112。作为“国际**银行家**”的国家

(1)法国、比利时、荷兰

(2)英国

(3)美国和德国。

116:**银行在生产中的作用**((主要是根据耶德尔斯的资料))。

120 同上

154—5,注释。钢业托拉斯及其股息。 {优先股票是 7%,普通股票是 2%:把红利隐瞒好多年,然后在适当时候把红利一下子分掉。}

157。500 万资本控制着 **3 900** 万资本。

“Tochtergesellschaft”译为“女儿公司”。

159。监事职位(在全德国,监事的收入达 6 000 万—7 000 万)——利用联系和相识。

162。**6 家**银行在监事会中占 **751 个**席位(耶德尔斯)…… 1909 年共有 12 000 个监事职位——197 人就占了 **2 918 个**。(参看,**同上**,**美国**的**摩根**。)

172。“整理”的意义:

(1)有利可图的业务;

(2)使经济拮据的公司依附于银行。

183。(末尾)和 **184**。——用银行记账代替票据。

199。大资本对交易所的压力(和注释:1907年摩根的例子)。

211。—— ——银行代替交易所……

222。期货交易的实质与意义。

注意 ‖ **262**。引用《**资本论**》,III,2,第144—5页(俄译本)关于**银行对于社会主义的作用**(注意)。

274。重工业。资本流出困难(走向垄断的道路)。

(277—)27**8**:银行的**垄断**趋势。

281。**注意**:库诺论卡特尔,载于«*Die Neue Zeit*»,XXII,2,第210页。

285。"联合制"=采掘工业同加工工业的联合。

295:公司与"局外人"(注意)……

298:离开银行的帮助,一家大工业企业也不能存在。

300—**1**。恩格斯论**新式**的保护关税和论卡特尔(《资本论》,III,1,第95页)。

302—**3**:卡特尔形式的演变(**特别是**304)。

308。商业的集中(参看**阿·李**,载于«*Die Neue Zeit*»,XXVII,2,第654页)。

320,注释。排除贸易并不降低产品价格。

322—**3**:商人——代理人——经理(注意)(和**324**)。

331。(**词句上**模仿马克思。)

336。创业利润的例子:美国**糖业托拉斯**(注意)(为**活动**资本支付70%的股息,为"掺水"的资本支付10%的股息)①

338—**9**:**金融资本**的**定义**(和**341**):金融资本="由银行支配而由

① 见本版全集第27卷第368页。——编者注

工业家运用的资本”(339)。

346:卡特尔=“**使竞争受到阻碍**”。

353。卡特尔同资本**输出**的联系。

355:金融资本和“社会生产的组织”……(参看 **353** 和 **354**)

358。随着联合制的发展,为本身需要的生产增加(但也是为了**商品**生产)。

362。**马克思**论危机(俄译本,III,1,219—220)。

364。第 2 卷是“这部杰出的著作中最精彩的部分”(注释提到**杜冈-巴拉诺夫斯基**的“功绩”?![47])。

382。“公式”(第 2 卷的),以及“**比例**”的意义((参看 426 和+427))。

447:成立一个能够……消除危机的总的卡特尔“**在经济上**是可能的”(“在社会上和在政治上是不能实现的”)…… 但是,“期待单个的卡特尔来消除危机”=不理解。

以上是第 5 篇:《金融资本的经济政策》以前的部分

第 454 页,注释。引自舒尔采-格弗尼茨(《不列颠帝国主义》,第 75 页):“罗伯特·皮尔先生就曾经说过:‘我们的每个殖民地等于是我们的第二个爱尔兰。’” 注意

474:资本输出=“为了在国外生产剩余价值的价值的输出”。

487:资本的输入,在新的地区“引起那些有了民族自觉

‖ 的人民的反抗……” “资本主义本身在为被征服者提供解放的手段……”“独立运动……” ‖

487。附属国的民族运动问题(“被征服者”力求获得“解放”)……

488。新地区的资本主义发展的加速……

491：“各民族银行集团”为投资范围而斗争(**佩什**等人)……

493：资本在殖民地收益更大。

495。金融资本的政策(1. 2. 3.)

495：“金融资本的政策追求三种目的：第一，建立

(殖民地) ||| 尽可能广大的经济领土；第二，用关税壁垒

(保护主义) ||| 挡住外国的竞争；从而，第三，使这些地区变

(垄断) ||| 成民族垄断同盟经营的地区……”

注意：484：**关于移民入境的论战**，载于«*Die Neue Zeit*»，第25年卷，2(1907)

505。“代表金融资本，目前成为外交的极重要的职能……”

506。**卡尔·埃米尔**论**德国**帝国主义。«Die Neue Zeit»，XXVI，1.

510。民族国家。

511。金融资本要的不是自由，而是统治。

512—3。民族和帝国主义。

513—4。寡头统治代替民主。

567。“无产阶级对金融资本的经济政策的回答，对帝国主义的回答，不可能是贸易自由，而只能是社会主义” ||| 注意

恢复贸易自由＝“**反动的理想**”(注意)

金融资本=统治着工业的银行资本。

【说"金融资本=**银行**资本",还不够吗?】

三个主要因素:

美国公司	**大**资本的发展和增长达到一定程度…… **银行**的作用。(集中和社会化。)
(美国和德国)	**垄断**资本(控制某工业部门相当大的一部分,以致竞争被**垄断**所代替)……
统计表——和阿根廷的例子。	**瓜分世界**…… (殖民地和势力范围)……

注意 **希法亭**:1912 年«Die Neue Zeit»(第 30 年卷第 1 册)第 556 页……"每一个资本主义垄断组织都有一个固有的欲望,力图用对自然资源的垄断来加固经济垄断,使之牢不可破……"

电力托拉斯

电力工业托拉斯:

库尔特·海尼希的《电力托拉斯之路》(柏林),(«Die Neue Zeit»,1912(1912. 6. 28),第 30 年卷,第 2 册,第 474 页。)

对帝国主义的极好的说明[①]：

在**1907**年，电气总公司同通用电气公司订立了

电气总公司康采恩 通用电气公司托拉斯

瓜分世界的协定：

通用电气公司——美国和加拿大

电气总公司——德国、奥匈帝国、俄国、荷兰、丹麦、瑞士、土耳其、巴尔干。

		商品周转额 (单位百万马克)	职员人数	纯利 (单位百万马克)
通用电气公司**(美国)**	1907：	252	28 000	35.4
	1910：	298	32 000	45.6
电气总公司**(德国)**	1907：	216	30 700	14.5
	1911：	362	60 800	21.7

298+362=660(单位百万马克)

注意 ‖ 订立了关于**女儿公司**的单独协定(秘密的)。“此外还规定要互相交换发明和试验结果！”(第475页) ‖

① 见本版全集第27卷第383页。——编者注

电气总公司“通过参与而统治”的**公司**(多半是股份公司)有**175—200个**(第484页)。其中6个主要的公司的资本约**75 000万**马克,所有这些公司的资本总额**大概有15亿**马克[①]。

“制造公司”的数目——**16**

生产橡胶、电缆、石英灯、绝缘体、铁路信号、汽车、打字机和飞行器等等。

现代工业的特征是原料等等由同一企业生产 ‖ 注意

[1])电气总公司在国外的**直接**代表机构的数目=34(其中有12个是股份公司)[②]。

---

[1])1. 圣彼得堡和华沙
2. 里斯本
3. 克里斯蒂安尼亚
4. 斯德哥尔摩
5. 布鲁塞尔
6. 巴黎
7. 罗马尼亚
8. 维也纳
9. 米兰
10. 哥本哈根
西南非
(((殖民地?)))

总计 **10个**国家

---

① 见本版全集第27卷第366页。——编者注

② 同上书,第382页。——编者注

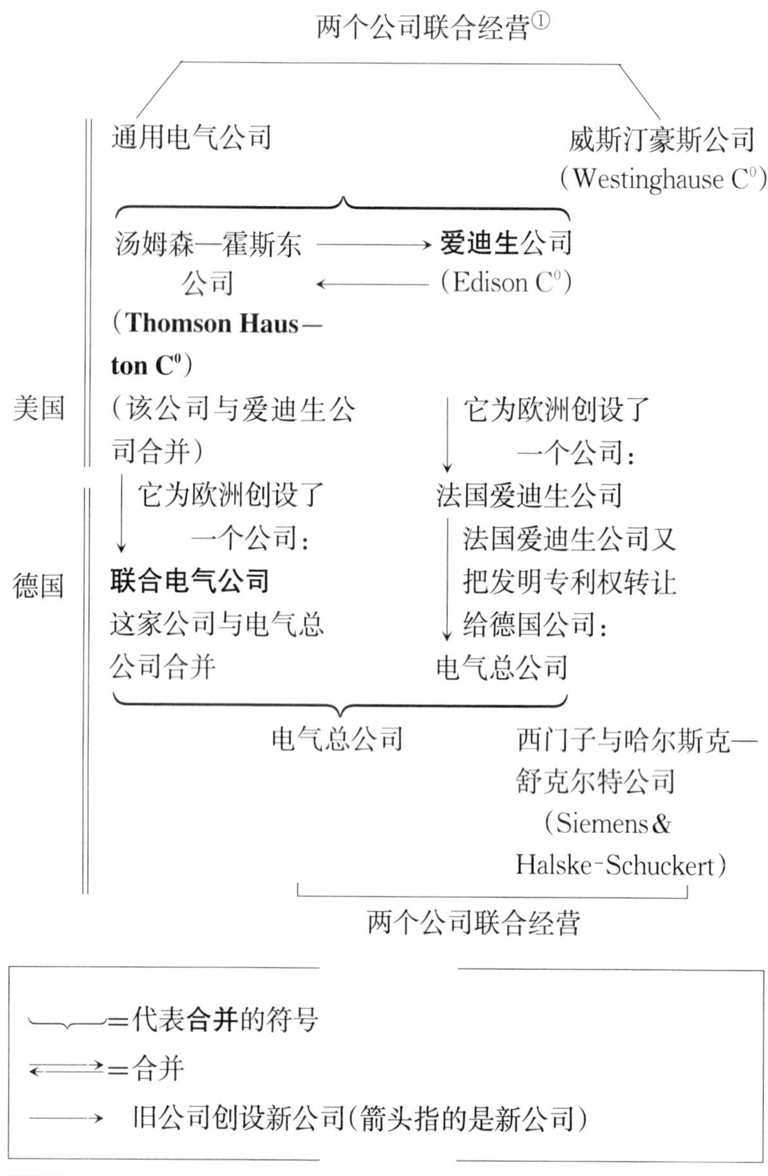
两个公司联合经营①
通用电气公司
威斯汀豪斯公司
（Westinghause C⁰）
汤姆森—霍斯东公司
（Thomson Haus-ton C⁰）
（该公司与爱迪生公司合并）
爱迪生公司
（Edison C⁰）
美国
它为欧洲创设了一个公司：
法国爱迪生公司
它为欧洲创设了一个公司：
联合电气公司
这家公司与电气总公司合并
德国
法国爱迪生公司又把发明专利权转让给德国公司：
电气总公司
电气总公司
西门子与哈尔斯克—舒克尔特公司
（Siemens & Halske-Schuckert）
两个公司联合经营
=代表合并的符号
=合并
旧公司创设新公司（箭头指的是新公司）

① 见本版全集第27卷第382页。——编者注

“……世界上没有一个**完全**不依赖它们〈电气总公司和通用电气公司〉的电力公司……”(第 474 页)[①] ‖ 注意

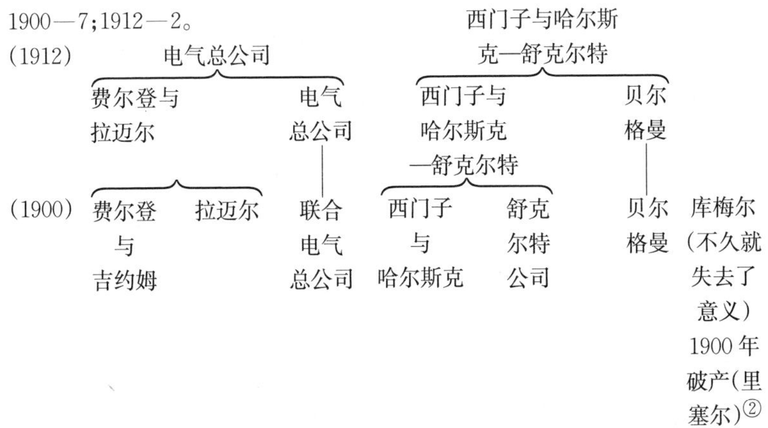

证券发行的统计

注意。“这个统计——**不同于一般的证券发行的统计**——所包括的不是在某些国家内发行的有价证券,而是这些国家所得到的信贷。例如,在伦敦和巴黎发行的俄国债券,在统计时没有列入英国与法国内,而列入俄国内。” ‖ 注意 注意

① 见本版全集第 27 卷第 383 页。——编者注

② 同上书,第 382 页。——编者注

康拉德的«Volkswirtschaftliche Chronik»[①](1913年,第783页)

1883/1912证券发行总数

(单位十亿马克)

1883—3.4	1893—4.9	1903—14.8
4.0	14.4	11.7
2.7	5.3	15.5
5.4	13.5	21.5
4.1	7.8	12.4
6.4	8.5	17.2
10.3	9.2	19.9
6.6	9.6	21.4
6.2	8.0	15.8
1892—2.0	1902—17.8	1912—16.4
∑=51.1	99.0	166.6

(我加的)

		单位十亿马克
	美国	10.6
(包括埃及)	英国及其殖民地	8.8
	德国及其殖民地	7.2
(包括摩洛哥)	法国及其殖民地	4.9
		29.5[②]

证券发行总数

53.0

这是全世界的发行总数。

1910、11和12年各国的,第782页这三年的**总数**

	单位十亿马克	
德国及其殖民地	7.2	
英国及其殖民地	5.2	
+南非	0.4	
+加拿大	3.0	
∑(我加的)	8.6	
法国及其殖民地	4.8	
奥匈帝国	2.1	
俄国	3.2	
比利时	1.0	
——比属刚果	0.3	
∑(我加的)	1.3	
荷兰及其殖民地	0.6	
卢森堡	0.01	
西班牙	0.6	
葡萄牙及其殖民地	0.1	
丹麦	0.2	
瑞典	0.1	∑=
挪威	0.1	4.91
瑞士	0.7	
意大利	0.7	

① 《国民经济纪事》杂志。——编者注

② 手稿如此。——俄文版编者注

俄国	3.2	罗马尼亚	0.4	
奥匈帝国	2.1	保加利亚	0.1	
比利时及其殖民地	1.3	塞尔维亚	0.2	
		希腊	0.5	
日本	1.7	土耳其	0.6	
	8.3	美利坚合众国	10.6	
		美洲其他各国	7.0	
		埃及	0.2	
		摩洛哥	0.1	10.3①
		中国	0.6	
		日本	1.7	
		波斯	0.1	
			∑∑=52.2	
			16.4	
			15.8	
			21.4	
		准确的	∑∑=53.6	

我的总计：

4个大国	29.5
4个中等国	8.3
美洲其他各国	7.0
14个欧洲国家	4.91
中国+波斯	0.7
	50.41

参考书目 注意：

哈尔姆斯的«*Weltwirtschaftliches Archiv*»②(已出版6卷)。

综合统计(我的)是根据康拉德的«*Volkswirtschaftliche Chronik*»编制的。

关于卡特尔的统计：卡特尔的数目：

((德国))(第903—6页)

	新创设的	续办和扩大的	解散的
1913	38	34	15
1914	31	38	6

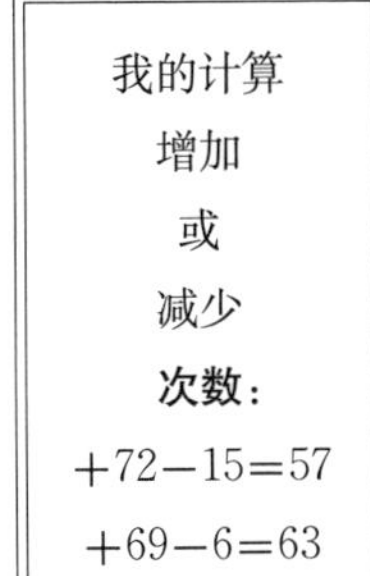
我的计算
增加
或
减少
次数：
+72−15=57
+69−6=63

① 手稿如此。——俄文版编者注

② 《世界经济文汇》。——编者注

里塞尔:《德国大银行及其集中》

里塞尔博士:《德国大银行及其随着德国整个经济发展而来的集中》,**第 3** 版,**耶拿**,**1910**。

(某些数字,但不是全部的数字,是根据 **1912** 年第 **4** 版补充的。)

1900 年前(**1900 年的危机**前,这次危机在颇大程度上是由**电力**工业**生产过剩**而引起的)**德国的电力工业**(里塞尔,**第 3 版**,第 542 页及以下各页)[①]:

7 个集团(总共有 27 个(原文如此!!)公司):

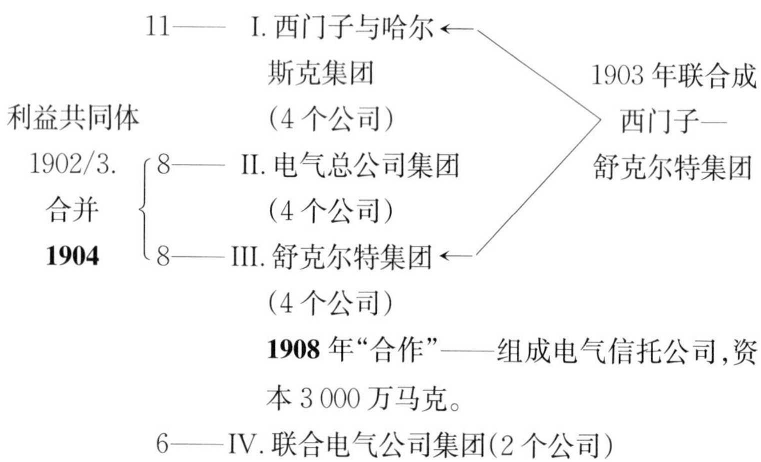

① 见本版全集第 27 卷第 382 页。——编者注

9—— V. 赫利奥斯集团(“已清理”:**第 4** 版第 582 页)(5 个公司)

8—— VI. 拉迈尔集团,1910 年大多数股票被电气总公司掌握(第 4 版第 583 页)(2 个公司)

2——VII. 库梅尔集团——于 1900 年破产(7 个公司)

有许多是重叠的　　7 个集团

【公司∑=28,而不是 27,里塞尔在第 542 页(第 4 版第 **582** 页)上写的是 27。在第 568 页上,里塞尔又说是 28 个公司】

集中过程的结果(第 **568** 页及以下各页)。

目前	
2	“我国各工业部门中最现代化的”**电机工业**…… **7** 个集团,共有 28 个加入了康采恩的公司……
2	**化学**工业…… **2** 个主要集团(见下面)
2	**采矿工业**——2 个辛迪加(钢厂联盟;莱茵—威斯特伐利亚煤业辛迪加)……
2	**海运业**——**2** 个公司(汉堡—美洲包裹投递股份公司;和北德劳埃德航运公司,“这两个公司通过一些协定在彼此之间并且同一个英美合办的托拉斯有联系”)……
5	**银行业**——**5** 个集团(“总共包括 **41 家**加入了康采恩的银行”)
13 我的总计	18 个集团(我的总计)

大银行和地方银行联合成利益共同体的**数目**的增加。(第

505 页)

集中的增长(第 4 版第 542 页):

1881——1		1908——32(41)	
1895——2		1911——26(46)	
1902——16			

(里塞尔,第 547 页及以下各页)

德国化学工业

(集中)[①]

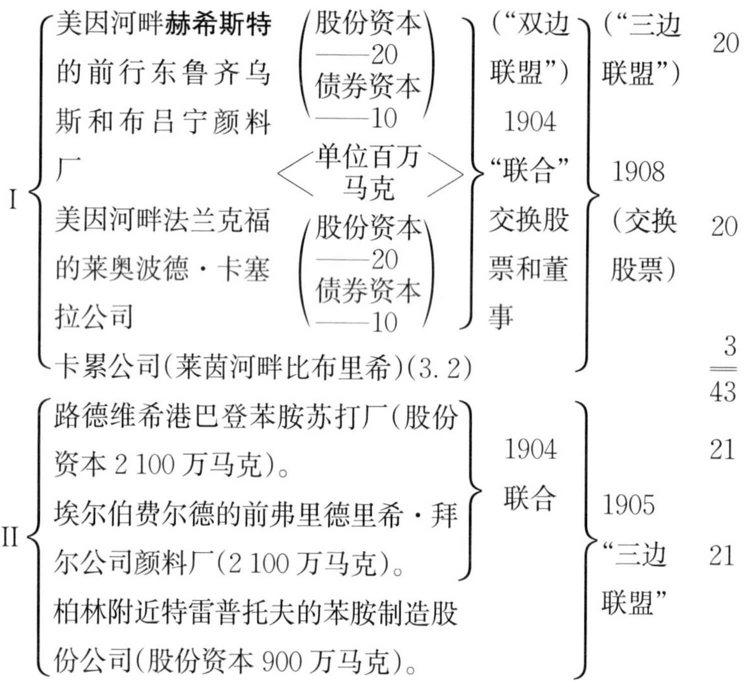

我的总计
股份资本
I
美因河畔**赫希斯特**的前行东鲁齐乌斯和布吕宁颜料厂
股份资本——20
债券资本——10
单位百万马克
美因河畔法兰克福的莱奥波德·卡塞拉公司
股份资本——20
债券资本——10
(“双边联盟”)
1904
“联合”
交换股票和董事
(“三边联盟”)
1908
(交换股票)
20
20
卡累公司(莱茵河畔比布里希)(3.2)
3
43
II
路德维希港巴登苯胺苏打厂(股份资本 2 100 万马克)。
埃尔伯费尔德的前弗里德里希·拜尔公司颜料厂(2 100 万马克)。
1904
联合
柏林附近特雷普托夫的苯胺制造股份公司(股份资本 900 万马克)。
1905
“三边联盟”
21
21

① 见本版全集第 27 卷第 340 页。——编者注

I、II 两个集团已开始“接近”，订立价格“条约”等等。	43% 43% 14% 100% 利润	9 51

第 **560** 页及以下各页:《采矿工业》。

两个家族:**奥古斯特·蒂森**和**胡戈·斯汀尼斯**。[48]他们的巨大作用(在煤炭工业和钢铁工业中),作用的增大。

“……盖尔森基兴矿业股份公司、亚琛红土钢铁联合企业与蒂森夏尔克煤矿和钢铁联合企业于 1905 年 1 月 1 日结成利益共同体,这一步骤一方面使几个相互竞争的银行,即贴现公司、德意志银行、德累斯顿银行和沙夫豪森联合银行在一个共同的企业中联合起来,同时又使以委员身份参加该联合企业‘总委员会’的胡戈·斯汀尼斯和奥古斯特·蒂森的势力扩大了。”(第 563 页)(第 4 版第 603 页)

(第 577 页)同上,第 4 版第 624 页

1882——职员在 50 人以上的 28 家银行:2 697 职员——占总数的 11.8%

1895——〃 〃 〃 〃 〃 〃 〃 〃 66〃 〃 〃 7 802 职员—— 21.6%

+189.3% { 5 个和不到 5 个职员的+59.9%
6—50 〃 〃 〃 〃 +34.5% }

1907 约占$\frac{1}{3}$

德意志银行 1907——4 439 个银行职员(第 578 页)

1908——4 860

“根据我的计算,1910年年底,柏林**6**大银行的职员为**18 000人**。”(第4版第625页)

在里塞尔这本书的最后是同社会主义者的论战,是讨好官方、宣传和谐的论战(**里塞尔**就是**这种人**)。

{哈哈!!} 他说,社会化这种预言并“没有实现”(第585页)。

第582页(第4版第629页):

“**银行和交易所**”(黑体是里塞尔用的):

“至于谈到集中过程对**交易所**的职能和状况的影响,那下面这种情况是一个事实:由于各种委托汇集在大银行,这些大银行便通过买卖的**对交**,在某种程度上**承担了交易所的职能**,而只把其中**无法**对交的那部分委托,转交给交易所。在有价证券的买卖方面,也就是说,无论在**资本市场**上,或者在贴现业务方面即在**金融市场**上都有同样的情况发生。

因此,遭到交易所法严重破坏的**交易所**,愈来愈多地失去为正常确定行情所必需的大量有价证券,因而变得**更加软弱无力**了,而这将导致极其危险的后果,特别是在紧急的关头,一些不好的例子都证明了这一点(**附注**:从最近的例子中,指出日俄战争爆发的日子就足以明白了)。

由此可见,交易所正在愈来愈失去为整个经济和有价证券流通所绝对必需的性能,即不仅作为‘汇集到它那里的各种经济运动’的最准确的**测量器**,而且作为‘对这些经济运动几乎自动起作用的**调节器**’①(**附注**。引自里塞尔的《修改交易所法的必要性》;柏林,1901)。它一方

---

① 见本版全集第27卷第354—355页。——编者注

面愈来愈没有能力'通过行情的涨落'反映出'关于大多数国家、市政机构、股份公司和公司的信用能力以及管理方法的舆论',另一方面也愈来愈没有能力控制这种舆论。 注意

从前在交易所**确定有价证券的行情和开盘行情**,曾十分准确地(就可能范围而言)显示出'在任何地方也没有这样可信赖地统一起来和在任何地方也没有这样清楚地认识其共同性的那些经济过程',从而也显示出**供求**关系,而现在这样一来,就必然失去其精确性、稳固性及可靠性,这对公共利益来说是一件令人非常惋惜的事情。

此外,应该提防的是,这样下去还会日益**排除中介机构**(经纪人等),可能使**银行与交易所**发生随着时间的推移愈来愈尖锐的**矛盾**,这种矛盾也是非常危险的。这种矛盾将不仅表现在银行与其他同交易所有关的集团之间的曾经多次出现过的某些紧张关系上,同时也将在交易所的主要活动方面即确定行情方面表现出来。

实际上,现在甚至在内行专家中间,有一些人给银行和交易所这两个概念下了意义完全相同的定义,然而这是完全错误的(**附注:埃申巴赫**在1903年9月16日写的《社会政治协会的争论》一文(载于«Schriften des Vereins für Sozialpolitik»[①],第113卷)中,对这两个概念所下的定义就正是这样);而另一些人却相反,认为银行与交易所是彼此完全对立的机构,这同样也是错误的。"(附注,参看**恩斯特·洛布**,载于1904年4月18日«Na-

① 《社会政治协会学报》。——编者注

‖ tionalzeitung»[①]№244)(第583页)(第4版第630页)

里塞尔(1910年第3版),第499页:

大银行(1908年)的银行资本的增长:

德国[②]	1870	1908	1911
1. 德意志银行	15	200	200
2. 德累斯顿银行	9.6	180	200
3. 贴现公司	30	170	200
4. 达姆施塔特银行	25.8	154	160
∑(单位百万马克)	80.4	704	
沙夫豪森联合银行	15.6	145	145
柏林贸易公司	16.8	110	110
∑∑=	112.8	959	1 015

法国	1870		1908
1. 里昂信贷银行	20	——	250
2. 国民贴现银行	50	——	150
3. 工商信用银行	15	——	100
4. 总公司	60	——	300
∑(单位百万法郎)	145	——	800

=116 —— 640 (单位百万马克)

3家大银行:德国:54.6——550(马克)

法国:130 ——700(法郎)

(104 ——560(马克))

2家大银行:德国:24.6——380(马克)

法国:80 ——550法郎

(64) (440)

① 《民族报》。——编者注

② 见本版全集第27卷第350—351页。——编者注

第 367 页 同上,第 398 页

收到的信件、发出的信件(数目)[①]:

1852	6 135	6 292	
1870	85 800	87 513	(贴现
1880	204 877	208 240	公司)
1890	341 318	452 166	{柏林
1900	533 102	626 043(封)	大银行}

里塞尔,第 3 版,第 693 页(附录 8)(第 4 版第 745 页):

单个大银行和银行康采恩内部的集中过程

柏林**八家**大银行拥有的机构[②]:

年底	在德国的分支机构(营业所和分行)		存款部和兑换所		两合公司(银行业务)		始终参与的德国股份银行		机构总数	
	#		#		#		#		#	
1895	16	18(5)	14	23(12)	11	13(—)	1	2(—)	42	56(17)
1896	18	20(5)	18	27(12)	11	14(—)	1	2(—)	48	63(17)
1900	21	25(5)	40	53(17)	11	12(—)	8	9(5)	80	99(27)
1902	29	33(7)	72	87(35)	10	11(—)	16	16(5)	127	147(47)
1905	42	46(8)	110	149(44)	8	12(1)	34	34(11)	194	241(64)
1908	—	69(10)	—	264(73)	—	12(2)	—	97(31)	—	442(116)
1911	104	104(9)	276	276(93)	7	7(2)	63	63(15)	450	450(119)

第 4 版
第 747 页

【注意在第 3 版中谈的是 **8 家**银行,在第 4 版中谈的是 **6 家**。】

#数字摘自**第 4 版第 745** 页(是下面 **6 家**银行的数字:达姆施塔特银行、柏林贸易公司、德意志银行、贴现公司、德累斯顿银行和沙夫豪森联合银行)。

(括弧里的是德意志银行的数字)

① 见本版全集第 27 卷第 350 页。——编者注

② 同上书,第 349 页。——编者注

注意　德意志银行。周转额：

1870	1875	1885	1895	1905	1908	1911
23 900 万	55 亿	151 亿	379 亿	772 亿	945 亿	1 121 亿

这 **8 家**银行中所包括的，首先是分别构成“集团”的 **5 家**银行：达姆施塔特银行（工商银行）、德意志银行、贴现公司、德累斯顿银行和沙夫豪森联合银行，——其次还有下面 **3 家**银行：柏林贸易公司、商业贴现银行和德国国民银行。

下面就是这 5 家银行的“集团”【“在利益一致基础上的联合”】及其“资本实力”（第 **484** 页及以下各页）：

			银行(第 520 页)			单位百万马克	单位百万	被吞并的私人银行	被吞并的银行
1. 德意志银行	D. B.	集团	12	929.5	1266.4[1)]	786.8	1 045.4[1)]	31	21
2. 贴现公司	D. G.	〃	6		662.6	—	564.7	23	8
3. 德累斯顿银行	Dr. B.	〃	8		321.3	—	285.7	7	1
4. 沙夫豪森联合银行	S. BV.	〃	4		209.9	—	278.5	11	6
5. 达姆施塔特银行（工商银行）	Dm. B. 我缩写的	〃	5		260.6	—	297.4	17	7
5.			35		2 720.7	∑∑	2 471.7	89①	43
					｛275 000 万｝		即大约 25 亿马克	第 500 页	

注意：这里计算的**只是**股份资本和准备金，即只是**自己的**资金，**他人的**资金**没有计算在内**。

1) 这是把“友好银行”计算在内的数字。

① 手稿上，“89 家私人银行”这个总数用箭头与下表（“加入康采恩的银行”）（见本卷第 391 页）中的同一数字相连接。——俄文版编者注

第537页:

截至1911年9月30日止

被吞并的:

加入康采恩(为数41家)、加入五家大银行5个集团的**银行**截至1908年12月31日止计有:

截至1911年10月1日止

被吞并的:	私人银行	银行
Dm. B.	8	3
D. B.	45	30
D. G.	61	11
Dr. B.	2	1
	116	45

第697页 加入五个集团的康采恩的**41家**银行

	截至1908年12月31日止	截至1911年10月1日止
分支机构	241	285
代办所	325	377
两合公司	18	21
存款部	102	126
被吞并的 私人银行	89	116
被吞并的 银行	43	45
由于占有股票和交换股票而在利益一致的基础上联合起来的银行机构	16	20

所有大银行及其康采恩到1908年12月31日止**一共**吞并了164家私人银行+60家银行,**注意**(第500页)。

1899年,有分行**100**个以上的银行在英国有12家,共有**2 304个**分行("Niederlassung")。

1901年,有分行**100个**以上的银行在英国有21家,共有**6 672个**分行(第521页)(第558页)。

"仅伦敦市和密德兰银行这一家银行,在1905年年初就有**447个**分行,也就是说比柏林各大银行连同**1904**年年底与它合并的**52家**地方银行的总数还要**多**257个分行;1907.12.31(#),据«The Economist»[1]报 注意

① 《经济学家》杂志。——编者注

道,英国的股份银行至少有**6 809 个**分行和支行,当时英国股份银行只有74家(殖民地银行和外国银行除外),其中35家有银行券发行权。”(522)

里塞尔著作摘录(续)

(#)在第4版中(第558页):“截至1908年12月31日,大不列颠和爱尔兰的存款银行有63家,它们的分行和支行至少有**6 801**个。1910年年底,分行数目已达**7 151 个**。这时,英格兰和威尔士的**4 家**银行各有**400 个**以上的分行。这就是:

伦敦市和密德兰银行 ………………………… 689(1900年为315)
劳埃德银行 ………………………………… 589(— 〃 — 311)
巴克莱公司 ………………………………… 497(— 〃 — 269)
首都和地方银行 …………………………… 447(— 〃 — 185)

其他4家银行各有200多个分行;11家银行(包括苏格兰和爱尔兰的20家)各有100多个分行。”①(第559页)

法国的代办所和分行的数目如下(第522页)(第559页):

	1894			1908			
银行:	在巴黎和郊区		在地方	在巴黎和郊区		在地方	在国外(包括在阿尔及利亚)
里昂信贷银行	27	—	96	62	—	175	20
贴现银行	15	—	24	49	—	150	—
总公司	37	—	141	88	—	637	2

---

① 见本版全集第27卷第349页。——编者注

在《附录7》(第666页及以下各页)中列有加入大银行“康采恩”的公司和银行的一览表。我从那里选录了一些**国外**银行:

范围(按分行所在地划分)	(分行数目)	银行所在地	银行名称	资本额(单位**百万**马克等)	是**哪些柏林大**银行创设或参与的
	(—)	阿姆斯特丹	阿姆斯特丹银行	6弗罗伦	达姆施塔特银行
中国、日本、印度等国	(12)	上海	德意志亚洲银行	7.5两	达姆施塔特银行+柏林贸易公司+德意志银行+贴现公司+德累斯顿银行+沙夫豪森联合银行
意大利	(33)	米兰	意大利商业银行	105里拉	达姆施塔特银行+柏林贸易公司+德意志银行+贴现公司+德累斯顿银行
(?比利时)	(—)	布鲁塞尔	布鲁塞尔国际银行	25法郎	达姆施塔特银行+柏林贸易公司+贴现公司+沙夫豪森联合银行
(?英国)	(—)	伦敦	银行业贸易辛迪加	0.1英镑	达姆施塔特银行
罗马尼亚	(—)	布加勒斯特	白大理石银行	10列伊	达姆施塔特银行+柏林贸易公司
(?美洲)	(—)	?	美洲银行	25马克	达姆施塔特银行
(?英国)	(—)	伦敦	伦敦和汉撒银行	0.4英镑	商业贴现银行
(南美等等)	(22)	柏林	德国海外银行	20马克	德意志银行

范围(按分行所在地划分)	(分行数目)	银行所在地		银行名称		资本额(单位**百万**马克等)		是**哪些柏林大**银行创设或参与的
东非	(?)	柏林	——	海外建筑股份公司	——	2马克	——	德意志银行
中美	(?)	柏林	——	中美银行	——	10马克	——	德意志银行
墨西哥	(?)	墨西哥	——	墨西哥工商银行	——	16比索	——	德意志银行
波利尼西亚	(?)	汉堡	——	德意志南洋群岛贸易种植公司	——	2¾马克	——	贴现公司
新几内亚	(?)	(?)	——	新几内亚公司	——	6马克	——	贴现公司
巴西	(5)	汉堡	——	德国巴西银行	——	10马克	——	贴现公司
智利和中美	(9)	汉堡	——	智利和德国银行	——	10马克	——	贴现公司
罗马尼亚	(2)	布加勒斯特	——	罗马尼亚通用银行	——	10列伊	——	贴现公司
比利时	(?)	安特卫普	——	比利时贸易公司	——	5法郎	——	贴现公司
德属非洲	(15)	(?)	——	德意志非洲银行	——	1马克	——	贴现公司
保加利亚	(?)	索非亚	——	信用银行	——	3列弗	——	贴现公司
德属西非	(4)	柏林	——	德意志西非银行	——	1马克	——	德累斯顿银行
小亚细亚、土耳其、萨洛尼卡等等	(12)	柏林	——	德意志东方银行	——	16马克	——	德累斯顿银行+德国国民银行+沙夫豪森联合银行
南美	(3)	柏林	——	德意志南美银行	——	20马克	——	德累斯顿银行+沙夫豪森联合银行

关于**殖民地银行**(几乎全部都是柏林大银行创设的)问题,里塞尔所得出的总数是这样的(对1910年的补充,引自第4版,第**375**页[①]):

"90年代末,**德国**只有4家**海外**银行;1903年有6家海外银行和32个分行,而到**1906年**年初,已经有**13家**资本在1亿马克以上的银行,它们拥有分行**70**多个。

然而,这些数字同其他国家在这方面的成就比起来,相对地讲还是很小的,例如,**英国**在1904年就有**32家**(1910年是36家)董事会设在伦敦的殖民地银行、**2 104家**(1910年是3 358家)董事会设在殖民地的殖民地银行,以及其他**18家**(1907年是**30家**)(1910年是36家)国外的英国银行和**175个**(2 091)分行。**法国**在1904/5年就有18家殖民地银行和国外银行及**104个**分行;**荷兰**有16家海外银行和**68个**分行。"(第346页) 注意

		1910	1904
总计:	德国	13 ——	70
72——5 449	英国	50 ——	2 279
	法国	18 ——	104
	荷兰	16 ——	68[②]

注意:

第一个数字=殖民地银行和一般国外银行的数目;第二个数字是它们的分行的数目(或设在殖民地的独立的银行的数目)。

① 下面加圆括号的是列宁根据该书第4版(第375页)对正文所作的补充,在手稿上,这些补充写在正文的行间,有的写在与之相比较的正文相应的数字的上面,有的写在下面。——俄文版编者注

② 见本版全集第27卷第380页。——编者注

关于**银行同工业**企业的联系问题（第383页）

（根据**耶德尔斯的材料**）（1895—1903）

工业证券发行额按年份计算										
第413页 1895—1910	第307页 7年的∑ 1904—1910	我缩写的		工业证券发行额	为之发行证券的公司数目 第414页 1895—1910		工业企业中的银行存款部（第284页） (1903/4)	第306页 (1911)	（第463页）在银行监事会中的工业家的人数[1]) (1908)	(1910)（第501页）
424	204—	Dr. B.	德累斯顿银行	—220	—181	—368	—191	—504	—11—	8
361	174—	S. BV.	沙夫豪森联合银行	—187	—207	—364	—211	—290	—19—	17
312	142—	B. HG.	柏林贸易公司	—170	—149	—281	— 95	—153	—15—	13
302	151—	D. G.	贴现公司	—151	—154	—290	—111	—362	— 4—	2
456	306—	D. B.	德意志银行	—150	—139	—419	—250	—488	— 4—	5
314	166—	Dm. B.	达姆施塔特银行	—148	—140	—285	—161	—313	— 4—	6①

1) 其中有**克虏伯**公司的经理(Dr.B.)；**汉堡—美洲包裹投递股份公司**、**北德劳埃德航运公司**和盖尔森基兴矿业股份公司的经理(D. Ges.)；**海伯尼阿**的经理；**哈朋内**股份公司和**上西里西亚**炼铁工业股份公司的经理及其他人(B. H. Ges.)等等。

① 见本版全集第27卷第356页。——编者注

(显然是不完全的统计材料) 大银行所创设的海外银行的数目(**里塞尔**的一览表,第 327 页及以下各页)(第 354 页及以下各页)

Σ		D. B.	D. G.	Dr. B.	Dm. B.	B. HG.	S. BV.	N. B. f. D.	共计
11	1880—89	3	3	1	1	1	1	1	11
22	1890—99	4	6	2	2	2	4	2	22
24 {	1900—4	3	3	1	—	—	—	1	8
	1905,1906—8	2	3	5	1	1	3	1	16

不到十年,到 1908—1909 年

R.E. **梅伊**(见«Schmoller's Jahrbuch»①,1899,第 271 页及以下各页)(第 83 页)德国国民收入的分配			(第 82 页)财政大臣雷因巴本的统计材料 普鲁士 1908				(第 99—100 页) 在德国	
	人口(单位百万)	收入单位十亿马克	人口单位百万	%	**税收**单位百万马克	%	股份公司数目	它们的资本额单位十亿马克
在 900 马克以下	18⅓	12¾	17.9	=47.22	0			
900—3 000	3⅔	6½	16.2	=42.54	83.7	=34.26	1883—1 311	—3.9
> 3 000	⅓	5¾	1.9	= 5.50		66% ②	1896—3 712	—6.8
Σ=	22⅓	25	36.0	95.26			1900—5 400	—6.8(7.8)
经济上独立的居民 注意			>9 500 马克 **0.87**%居民 **43**%税				1908—6 249	—9.4

① 《施穆勒年鉴》。——编者注

② 里塞尔的原文如此。——编者注

在里塞尔的书中，不是统计表，而是一览表。

附录4

银行在其**监事会**中占有**席位**的工商**公司**的数目。

工业部门名称：

银行	采矿业、冶金厂和盐场	硅酸盐工业	金属加工业	机器制造业(1)	化学工业	肥皂、油脂等	纺纱工业和制革业	造纸工业	纸浆业	食品工业	商业	保险公司	运输业	国外公司	建筑业	旅馆业和饭店业	橡胶工业	工艺美术业	种植公司	展览事业	**共计**
达姆施塔特银行	9	4	2	15	3	2	5	2	1	7	24	3	9	6	—	—	—	—	—	—	
柏林贸易公司	18	1	8	10	4	1	—	—	—	3	16	—	9	17	1	—	—	—	—	—	
商业贴现银行	1	2	2	7	1	—	1	—	—	3	7	2	3	1	1	1	—	—	—	—	
德意志银行	13	1	3	24	1	4	6	1	—	3	28	8	6	13	2	—	1	2	—	—	116
贴现公司	13	2	2	8	5	2	—	—	—	1	29	2	4	21	—	—	—	—	2	1	
6)德累斯顿银行	10	2	3	14	1	—	2	1	—	2	29	3	11	8	—	1	—	—	—	—	
德国国民银行	13	4	3	18	2	3	1	—	—	7	21	1	9	6	2	—	—	4	2	—	
8)沙夫豪森联合银行	18	2	4	15	2	1	4	—	—	1	20	1	16	6	3	—	—	1	—	—	
共计	95	18	27	111	19	13	19	4	1	27	174	21	67	78	9	2	1	7	4	1	
	140			+111	+83						+174	+166			+24						=698

(1) 其中包括电机工业。

"根据贸易部对1898年的估计,在这一年中,**英国从银行手续费和其他手续费**中获得的总**收入**达1 800万英镑(约合43 200万克朗)(第399页)(第431页)…… 在欧洲大陆的海外贸易中,通过英国支付的款额,'似乎'每年在60亿马克以上……"【第4版第431页】 ‖ 从银行业务中获得的 !!! 收入达45 000万法郎。

英国每年的**运费收入为18**亿马克;**德国**为2亿—**3**亿马克(第400页)(同上,第432页)。

1907年德国银行职员的调查表:拥有职员24 146人的1 247家银行的回答(第579页)(第626页)

其中			平均薪水(单位马克)	私人银行职员的平均薪水
264家股份银行	16 391职员	20—39岁	1 459—3 351	1 467—2 380
708家私人银行	5 938〃〃	40—54〃	3 638—4 044	2 413—2 358
275家合作银行	1 817〃〃	55—70〃	3 899—2 592	2 264—1 879

"**转账**数目从1876年的3 245次增加到1908年的24 821次(1910年为24 982次),但是,这些转账除了国库进行的以外,主要都是由**大工商企业**进行的,因此国家银行的转账业务迄今仍保持着**某些财阀的性质**。"(122)(第131页) ‖ 注意

1907年每个账户(国家银行转账的)的平均额=24 116马克。转账额=2 606**亿**马克,1910年为3 541亿马克(第132页)。邮政支票流转(1909)=23 847个账户,1910年——49 853个账户,他们的财产=9 400万马克(第132页)。

票据交换所的结算总额(第 123 页)

(单位**十亿**马克)

他说，德国转账较发达，但是支票及其相互结算却不发达		1884	1908	1910
	德国	12.1	45.9	54.3
	法国	3.3	21.3	23.7
	英国	118.5	260.1	299
	美国	143.2	366.2	422

德国国家银行的**总周转额**，1908 年=**30 525 000** 万马克

1910——3 541 亿

德国的**卡特尔**，1896 年约有 250 个

(第 137 页)1905 年——385

(第 149 页)

参加卡特尔的企业约有 12 000 个①

各银行的存款和**储金局的存款**(单位**十亿**马克)(第 162—3 页)

德国

包括储金局的存款 { 9 ………………………… 1900…… 大约 10
13 ………………………… 1906 15.5

1909——15½

英国……………………………………… (1903—5)——10.5

美国……………………………………… (1905) ——47(1909 年为 59)

法国(只是 1905 年各银行的存款) …………………………… —— 4

德国(只是各银行的存款)………… 1900 —— 1

1906 —— 2.5

英国(只是 1905 年各银行的存款) …………………………… —— 6.25

美国(只是各银行的存款)………… ——15

① 见本版全集第 27 卷第 338 页。——编者注

‖ **注意**。“从上面引证的对比可以看出德国的存款与英美两国的存款相比,在现在也还没有很大的意义,与法国相比,大概也落后不少。”(164)(同上,177)

里塞尔,第354页(第384页):

“德国前一个时代(1848—1870年)的进步并不太慢,但是同德国现时代(1870—1905年)整个经济特别是银行业发展的速度比起来,就好像拿旧时邮车的速度同现代汽车的速度相比一样;现代汽车行驶之快,对于不小心的行人和坐汽车的人都是很危险的……”① ‖ 注意

在紧接着这段话的下一句话中,这个资产阶级的庸人(彻头彻尾的小市民)、大财主的奴仆**里塞尔**认为,“社会安全”和“真正进步”的保证在于领导者的“**崇高德行**”,即**知道分寸**!!!

而在下一页(355——第385页)上,他认为银行……“就其任务和发展而言,‘**不是带有单纯私有经济性质**’的企业[1]),而是日益超出**单纯私有经济调节范围**的企业”②。

---

[1]) 引自第一次全德银行代表大会(1902年9月19日和20日在美因河畔法兰克福召开)的主席里塞尔的演说。

但是,承认这一点并不妨碍这个资产阶级的白痴写出这样的话:

“但是,社会主义者所预测的集中运动的另一个后果,即最终将导致他们所希望的和应当在‘未 |||

① 见本版全集第27卷第436页。——编者注

② 同上书,第437页。——编者注

!!哈哈!! “驳倒了”…… ‖ 来的国家’内实现的**生产资料社会化**的后果，在德国并没有实现，今后也未必能实现。”[①](第585页)(第633页)

(**单是**德意志银行就有**945亿**马克的**周转额**(第361页)(1910年为1121亿，第391页)，它与一个由12家银行构成的集团有联系，支配着**十亿**马克的资本(这个集团和“友好”银行的资本)，它吞并了**52家**银行，在德国有116个分行、存款部及其他机构，——在**120家**工商业公司的监事会中占有席位，等等。这还**不是**“社会化”!!!!!!)

德意志银行：

自己的资本=2亿+1亿准备金

周转额　　=945亿马克

总利润　　=5 500万马克(1908)(第352页)

　　　　　=6 290 〃 〃 〃(1910)(第382页)

德意志银行的职员数目为**4 860人**(1908)，——第**578**页((在1895年，**66家**职员在50人以上的银行共有职员7 802人，同上))

里塞尔在第114页及以下各页上谈到德国的商业航海业及其发展的情况时，指出：

H.—A. P. A.—G.(汉堡—美洲包裹投递股份公司)，资本(1908年)12 500万马克(+7 600万的债券)，162艘轮船(价值达18 590万马克)。

北德劳埃德航运公司，资本(1908年)12 500万马克(+7 600

① 见本版全集第27卷第438页。——编者注

万的债券),127 艘轮船(价值达 18 910 万马克)。12 500+7 600=20 100。

"这两家公司于 **1902/3** 年同**国际商轮公司**缔结了实质相同的合同。该公司是美国银行家和轮船老板在 1903 年 1 月 1 日成立的,它拥有资本 12 000 万美元(=48 000 万马克),包括美英两国的九条轮船航线。"(第 115 页)这就是所谓的**摩根托拉斯**。

合同的内容:瓜分利润和**瓜分世界**(德国的公司不再争夺英美方面的货运;合同中规定了谁可以驶进哪些海港,等等等等)。设立了一个**共同的监察委员会**。合同期定为 20 年(解除合同需在一年前通知),一旦发生战争,该合同即告废止(第 116 页末尾)(第 4 版第 125 页)[①]。这也不是"社会化"!!

"至于**德国国家银行**,根据银行调查委员会的资料(第 179 页)在 1906 年 9 月 1 日,在**票据周转**方面**总的说来有信用能力**的公司和个人的数目德国全国有 **70 480** 个":

即:

(a)商人和贸易公司……………………	29 020=41%	注意有信用能力的为数不多
(b)工业家和工业公司…………………	21 887=31	
(c)农村业主、农业手工业和工厂企业…	9 589=14	
(d)各种合作社……………………………	883= 1	
(e)食利者、手工业者和从事手艺的人…	9 101=13	
	70 480 100	

同上,第 194 页

① 见本版全集第 27 卷第 386 页。——编者注

(杜塞尔多夫)钢厂联盟于1904年3月30日创立(期限3年,1907年4月30日又决定继续保持5年)。1904年,它的产量=790万吨(第141页)(第153页)。

1904年11月28日,它订立了一项**钢轨输出**协议,输出的比例是:英国得53.5%,德国得28.83%,法国和比利时得17.67%(+法国4.8%—6.4%。∑∑=104.8,106.4%)(第147页)(第159页)。

钢轨卡特尔 ‖ 目前,在**美国钢铁公司加入**后,德国的份额=21%

钢梁销售卡特尔

(钢梁的输出)——份额:

德国	73.45%
法国	11.50%
比利时	15.05%

‖ 瓜分世界

“1909年2月还成立了‘国际**锌业联盟**’(第159页),起初,规定到1910年12月31日期满,以后大概又延续了3年。加入这个联盟(根据工厂的地理位置)的有三个集团。这就是包括全部德国工厂和某些比利时工厂的集团A,包括比利时、法国和西班牙10个工厂的集团B和英国工厂组成的集团C。1908年时欧洲锌的总产量按整数计算为513 000**吨**,当时德国生产的有……226 900吨,比利时为165 000吨,法国和西班牙总共为55 800吨,英国为54 500吨。参加这个联盟的工厂的产量约占欧洲总产量的92%。

注意 ‖

根据最新协议的规定,虽然生产的份额是固定的,但

是这个联盟的每个成员却可以生产任何的数量,但有一个条件,如果到一定的时候(最初规定到 1911 年 3 月 31 日),库存量达到 5 万吨这个最低数字,那么在一定条件下就应当按百分比减少生产,以适应原来规定的生产份额。"(第 4 版第 160 页) | 注意

银行联合成集团(或银行团),以便经营规模特别大的业务:

I. (a)普鲁士银行团——在 1909 年,28 家银行(第 310 页)

(b)国债银行团 —— 29 〃 〃 〃(311)

(c)路特希尔德集团——在 1909 年,包括 13 家银行(312)(其中有路特希尔德的 3 家银行,即维也纳、伦敦和巴黎的银行)

2. 亚洲业务集团

等等

等等

‖ "**政治前哨战**是在**金融**的基础上开展起来的。但是这种金融前哨战在什么时机进行、反对谁、采取什么方式,完全是由本国对外政策的负责领导者决定。"(第 **402** 页)(第 434 页) ||| 注意

法国资本在突尼斯和摩洛哥

〃 〃 〃 〃 〃 俄国

〃 〃 〃 〃 〃 意大利(**通过**金融上的接近开始了政治上的接近)

德国〃 〃 〃 波斯(对英国的斗争)

欧洲各国金融资本为贷款给中国和日本而进行的斗争

法国和英国的资本在葡萄牙和西班牙等(第403页)[1]

{里塞尔的书第1版,序言注明的日期是**1905年**7月4日}

德国的**票据周转额**(按票据税计算)1885年为**120亿**马克,1905年增到**255**亿,1907年增到**315亿**(第228页),**1910年**又增到**334**亿(第246页)。

德国的国民财富(马尔霍尔1895:**1 500**)1 300亿—2 160亿(里塞尔):**2 000**亿马克(第76页)(施泰因曼:**3 500**)。

德国的国民收入为**250亿**—**300亿**马克(第77页)。

法国:国民财富:马尔霍尔(1895)——1 980亿马克;福维尔(1902)——1 610;勒鲁瓦-博利厄(1906)——**2 050**;泰里(1906)——**1 610**。

国民收入=200亿马克(勒鲁瓦-博利厄)(第78页)。

英国——**2 040**亿马克(吉芬1885),——2 350(马尔霍尔1895),**2 280**(基奥扎-莫内1908)。

美国——国民财富=**4 300**亿马克(1904,调查局)。

在德国,"全国每年的储蓄投入有价证券的,每年约有12亿马克,即约占⅓"(第81页)——(**同上**,第86页)。

里塞尔的参考书目

(特别推崇或特别重要的著作加上*标记。)

***瓦尔特·洛茨**:《发行业的技术》,1890。

---

[1] 见本版全集第27卷第432页。——编者注

阿尔弗勒德·兰斯堡:《德国的银行业》,1909。

*__阿尔弗勒德·兰斯堡__:《通过银行对国民财富的控制》,载于«Die Bank»[①],1908。

舒马赫论银行的集中,«Schmoller's Jahrbuch»[②],第30年卷,第3编。

瓦尔绍埃尔:《关于监事会问题》,«Conrad's Jahrbücher»[③]。(第3、27卷。)

西奥多·伊·伯顿:《金融危机……》,纽约,1902。

**__詹·威·吉尔伯特__:《银行的历史……》,伦敦,1901。

«Schriften des Vereins für Sozialpolitik»[④]。

第110卷和第109卷及其他各卷。(1900年的危机。)

第113卷:《危机的教训》。

韦·桑巴特:《19世纪的德国国民经济》,1909年第2版。

路·波勒:《19世纪德国经济生活的发展》,1908年第2版。

A. 绍克:《工业中的……大企业……扩大了吗?》«Conrad's Jahrbücher»第3、31卷。

冯·哈雷:《19世纪末和20世纪初的德国国民经济》,1902。

梅伊论国民收入的分配。«*Schmoller's* Jahrbuch»,1899。

*__格利尔__:《美国的钢铁工业》,«Schmoller's Jahrbuch»,第**27**年卷,第3编;第**28**年卷

* 同上,«Conrad's Jahrbücher»,第35卷(**1908**)。

---

① 《银行》杂志。——编者注

② 《施穆勒年鉴》。——编者注

③ 《康拉德年鉴》。——编者注

④ 《社会政治协会学报》。——编者注

爱·瓦贡:《1870—1900年德国股份公司的金融发展》,耶拿,1903。

詹克斯:《托拉斯》,«*Conrad's Jahrbücher*»,第3类,第1卷(1891)。

弗尔克尔:《德国的钢铁工业》,«Revue economique internationale»[①],III. 4(1904)。

科尔曼:《钢厂联盟》,«Die Nation»[②],1905(第**22**年卷)。

瓦尔德马尔·弥勒:《德国的信用组织》,«Bank-Archiv»[③],1909(第8年卷)。

瓦尔绍埃尔:《德国银行生理学》,1903。

埃·雅费:《英国的银行业》,1905。

齐·布夫:《德国的支票流转》,1907。

***阿·维贝尔**:《莱茵—威斯特伐利亚银行与危机》,**1903**。

阿·维贝尔:同上,«Schriften des Vereins für Sozialpolitik»,第110卷。

***同上**:《存款银行和投机银行》。

****奥托·耶德尔斯**:《德国大银行与工业的关系》,«Schmoller's Jahrbuch»,(?《调查》?)1905。

****W. 普里翁**:《德国的票据贴现业》,**1907**,«Schmoller's Forschungen»[④],第127编。

弗·莱特纳尔:《银行业及其技术》,1903。

****布·布赫瓦尔德**:《银行企业的技术》,第5版,1909。

亨·扎特勒尔:《证券银行》,1890。(里塞尔未加推崇。)

---

① 《国际经济评论》杂志。——编者注

② 《国民》杂志。——编者注

③ 《银行文汇》。——编者注

④ 《施穆勒丛书》。——编者注

注意【阿·瓦格纳的序言。**里塞尔**对国家社会主义者瓦格纳49非常恼怒!!】

弗·欧伦堡:《监事会》,«Conrad's Jahrbücher»,第3类,第32卷。

〃 〃〃〃《现代的危机……》,同上,第3类,第24卷。

*乔·迪乌里奇:《德国银行在国外的扩张》,巴黎,1909。

理·罗森多尔夫:《德国的海外银行》,«Blätter für vergleichende Rechtswissenschaft etc.»[①],第3年卷,1908。

安·保·布吕宁:《国外银行业的发展》,1907。

理·罗森多尔夫:《德国银行的海外联系》,«Schmoller's Jahrbuch»,第28年卷,第4编。

鲁·施泰因巴赫:《柏林大银行的管理费用》,«*Schmoller's Jahrbuch*»,第**29**年卷,第2编。

艾·莫尔:《股份公司的赢利》,耶拿,1908。

C. **赫格曼**:《法国大银行的发展》,明斯特,1908。

查·杰·布洛克:《银行的集中》,«The Atlantic Monthly»[②],1903,8月。

亨·弗尔克尔:《德国大工业的联合形式和分占利润的形式》,«*Schmoller's Jahrbuch*»,第33年卷。

路·埃施韦格:《德国钢铁工业中的革命化趋势》,«Die Bank»,1909,4月。

约翰·科伯恩·麦克唐纳:《资本集中在少数人手中所带来的经济影响》,**银行业务研究所**,1900,10月。注意(?)

① 《比较法学……杂志》。——编者注

② 《大西洋月刊》。——编者注

注意 ‖ 第70页及以下各页(略)

对第二个时期德国银行业的发展产生了影响的重要事件一览表:

1871—2:战争结束。50亿。“蓬勃的”高涨……

“工业卡特尔化的开始”……

1873。危机。

1874—8。萧条。

1879—82。经济高涨。滥设投机公司。

1879。金本位制。(与奥地利联盟。)

1883—87。萧条。(1887。与意大利联盟。)

1888—90。高涨。滥设投机公司。投机。

1891—94。萧条。

1891。柏林许多银行破产。

1895。高涨开始。

1896—7。高涨加强。电机工业蓬勃发展。

1897。成立莱茵—威斯特伐利亚生铁辛迪加。

1898—1900。高度景气。

1899。改组、创立公司和发行证券达到最高点。

1900/1。危机。采矿工业有价证券下跌,许多银行破产。“大银行积极干预。集中进一步发展”……

1901/2。“对货币的长期需求和特别高的需求”……美国钢铁公司创立。

1902—6。“复苏”。

1904。钢厂联盟创立。集中蓬勃发展。

1907。美国的危机。贴现率提高到7.5%。

1908。美国的严重危机结束。"复苏"。货币充裕。

1909。货币更加充裕及其他。

1910:不断好转……(第4版,第76页)

> 注意 1895—1900"第一次移民入境超出" 注意
> (第75页)

注意

新的参考书目

注意:麦克斯·奥格斯廷博士:《美国农业的发展》,慕尼黑,1914。(4马克。)

威·维克:《小信使》,苏黎世,1914。(共416页)(《商业手册》)

里塞尔在第4版中谈到**国外的**(投在国外的)资本(第426页及以下各页):

德国(1905年)至少有240**亿**—250**亿**马克(目前"无疑""远远超过了",第436页末尾),其中有**160亿**马克是外国的有价证券……

"**法国**有价证券的总数,据埃德蒙·**泰里**(《法国的经济进步》……第307页)在1908年年底计算为1 000**亿**法郎,据**奈马尔克**在1906年计算为970**亿**—1 000**亿**法郎(其收入为45**亿**法郎)。根据泰里的计算,1908年年底在法国的全部有价证券中,将近有**385亿法郎**是外国有价证券。

当然,这些统计出入是很大的,但是每年的增加额**至少有10亿**法郎,这是大家都承认的。据前里昂信贷银行的经理昂利·**热尔曼**的计算,每年的增加额(在1905年以前的几年)为15**亿**法郎,而据保尔·勒鲁瓦-博利厄不久以前的计算,甚至有**25亿**法郎。

据一位著名的英国财政政治家**埃德加·斯派尔**爵士于1900年6月7日在银行业务研究所作报告(《关于国家财政的一些见解》)时的估计,**英国的**国外投资总额为**25**亿英镑,即将近**500亿**马克(按整数计算),每年的收入为11 000万英镑(×)。而根据他在自由殖民俱乐部作报告时的计算,1910年年底国外投资总额为**35**亿英镑,即将近700亿马克。

这种估计同**乔治·佩什**对1907/8年的估计大致相符。据乔治·佩什的估计,这段时期的国外投资总额为27亿英镑,即将近540亿马克。投在印度和殖民地的数目(131 200万英镑)同投在国外的数目(138 100万英镑)几乎相等。他认为1910年年底时国外的投资额为319 200万英镑或将近**640**亿马克,同时,他在皇家统计学会作报告时,根据主管国内收入的专员的年度报告,估计英国1911年国外投资的收入大约为18 000万英镑;但是费利克斯·**舒斯特**爵士在就**斯派尔**1911年5月27日的报告进行辩论时,认为这个数字是夸大了。”(第427页)

(×)“同时,这个报告还十分正确地指出,输出的加紧、国外有价证券的大量发行、业务的大发展,都不过是同一现象的不同表现形式而已。在第二个报告中有一段的标题是:《英国资本的输出是帝国繁荣的主要原因》。”(第426页)

注意 ‖ ‖

笔　　记

"ι"

("伊奥塔")

目　　录

ι
═

① 《新时代》杂志。——编者注

② 《金融文汇》。——编者注

利夫曼:《参与和投资公司》

教授罗伯特·利夫曼博士:《参与和投资公司》,耶拿,**1909**。(对现代资本主义和有价证券业的研究)(X+495)。

【特别同摘录第**11**页比较】

((作者是个十足的傻瓜,老是在那里谈定义,极其笨拙的定义,总是在"代替"这个词上打圈子。实际材料很有用,大部分都是原始材料。劳动价值论的反对者,等等等等。))

第104—449页:"叙述部分"。理论部分=胡说

第9页:——反对桑巴特"完全追随"李嘉图—马克思的劳动价值论。

持有股票的人数 || 第33页:"普鲁士持有**股票**的人数仅占人口的2%。"英国和美国要多一些。"据1909年股份公司纳税法案中的估计,在普鲁士掌握的股票的平均数甚至不到1万马克。这些股票分别掌握在约**70万人**手里。但是,所有这类估计都是极不确切的。"(34)

"现在没有关于证券资本发展规模的总的**统计**材料…… 据**菲力波维奇**的统计(《概论》,第7版,第164页),英国的国民财富有40%是'有价证券资本'(即有价证券和抵押品)。1892年**施穆勒**(1892/3年交易所调查委员会速记记录的统计附件)计算出,普鲁士约有160亿—200亿马克,即约为普鲁士全部资本的¼,投入了有价证券。**桑巴特**(《19世纪的德国国民经济》,第224页)确定

1900年德国的证券资本为310亿—320亿马克。”(37)“对目前来说,这个数字无疑是太小了;体现在有价证券中的德国资本应计算为450亿—500亿马克,这仍然只占估计为2 500亿马克的德国国民财富的1/5左右。”(37)

美国(×)1904年的国民财产为1 070亿美元。证券资本约占1/3。“他(×)指出英国的证券资本为260亿美元,法国——195亿美元。全欧证券资本约为750亿美元。”(38)

(×)**查理·阿·康南特**:《纽约的资本集中及其控制者》,«Bankers' Magazine»[①],1907年11月。(作了引证,第38页) ‖ 注意

总计:

证券资本。美国	350亿美元			
英国	260 〃 〃 〃	} 580	750	
法国	195 〃 〃 〃		−580	
德国	125 〃 〃 〃			
	930		**差额** 170	
	×5=4 650 亿法郎			

【而奈马尔克计算为**6 000亿**】

44:“……各种经济利益极其复杂的**交织**……”

51:“联合公司”(**多特蒙德**的矿业……股份公司)((施蒂利希在α第**38**页和第**41**页[②]里也谈到这个公司))。创办于1872年。“1872年发行的股份

① 《银行家杂志》。——编者注

② 见本卷第31—33页。——编者注

资本将近4 000万马克;这个公司在第一个业务年

170% || 度支付了12%的股息时,股票行情就涨到170%。

但是从这以后直到1880年,股息的支付停止了,而

(12%—0%) 早在1875年大概就已经第一次采取了一项整理措施,因为从那时候起几乎在每一个行情不利的时期

注意 |||| 都一再地采取了这些措施…… 而每一次受损失的主要都是那些固定的持股人。”①

“但是,即使股份公司在**创办**时所抱的不是这些目的〈“从事有价证券的投机买卖”〉,然而这些追求

注意 ||| 另外目的的企业事实上仍然在或大或小的程度上**正在改行**专门从事有价证券的投机买卖。所以会产生这种情况,一部分原因是股东们对自己的经理的活

注意 ||| 动关心不够,一部分原因是经理们在这方面蒙蔽了股东。”(67)

71:各国占主要地位的公司的**类型**是不一样的:

美国——**控制**别的公司。

德国——**承包**(Übernahme-)公司。

法国——投资公司。

荷兰(“是食利国”,第71页)——也是。

比利时——同德国一样。

英国——投资公司(investment trusts)……

耶德尔斯:《德国大银行与工业的关系》,莱比锡,1905。

① 见本版全集第27卷第370页。——编者注

里塞尔博士:《论德国大银行的发展史,特别注意到集中的趋势》,1906。

第 117 页——占有比利时"总公司"股票的许多例子中的一个(1906. 12. 31——19 800 万法郎的股票和债券,很多公司)。

第 136—7 页。一个例子:

伦敦和殖民地金融股份公司,"这个公司固定资本只有 21 745 英镑,而 1890 年实得纯利 80 567 英镑=资本的 **370**%,支付的股息是 100%"。 ‖ 投机的例子

投资公司(Kapitalanlagegesellschaft)——

——莱茵—威斯特伐利亚工业股份公司。创办于 **1871 年 10 月**(第 156 页)。 ‖ 好例子

股息: 1872 —— 35% —— 35 !!

注意—— 1873—1883——0 —— 0

1884—1895—— 3%— 9%

注意 ‖ 1896—1899——10%—21%

‖ 1900 ——60% 60 ‖

1901—2 0 0 ‖ !!

1905—6 ——40% 40 ‖

1907—8 ——6%—4%

埃米尔·沃尔弗博士:《供给资金……的实践》,柏林,1905。

弗兰西斯·库伯:《企业的资金供给》,共 2 卷,纽约,1906。

爱德华·卡罗尔:《金融的原则和实践》,1902(纽约)。

瓦·洛茨:《发行业的技术》,载于«Schmoller's Jahrbuch»[①],1890,第393页及以下各页。

“总之,利用投资公司来‘保证小占有者得到大占有者的利润率’(×),没有得到什么结果。”(163)

注意 | 第**64**页:“科隆的银行家路易·哈根担任了35家企业的监事;根据**耶德尔斯**(××)的材料,德意志银行除了在120个公司中有自己的监事以外,它的经理们还在101个股份公司中任监事。”(第64页)

(×)**耶尔根斯**,第45—46页。

(××)**耶德尔斯**:《德国大银行与工业的关系》,1905。

不同的公司用同一价值发行好几次有价证券。

注意 算重了 5次!! | 例子(美国的)……“它们的〈这些铁路公司的〉实物资本,在它们直接或间接控制的公司的证券资本中算重了5次”(182)。

查·阿·康南特:《现代银行的趋势》(«Bankers' Magazine»,**1905**)。

北太平洋铁路公司。资本=8 000万美元的创业股票。哈里曼和希尔的斗争。希尔得到了

① 《施穆勒年鉴》。——编者注

1 500 万的创业股票。"由于这次"raid"(进攻)北太平洋铁路公司的股票行情猛涨到将近 1 000%…… 1901 年 5 月 9 日交易所的危机爆发了,大量的小人物因此破产,而主要的参加者,据哈里曼的证词,在这个困境(corner)中没有受到任何损失。"(184)

1 000% 和危机

"随着当前证券资本主义的进一步发展,**抢夺公众**大量的**钱财**装进自己腰包的手段是稍微**巧妙**一些了。为了达到这一目的,现在采取的手段是**不断地创办一批又一批新的公司,并使这些公司相互重叠起来**,而同一份实物财产又转卖或出租给这些公司,这份财产一直在这些公司中间流转。"(186)

(黑体是我用的)

注意

黑体是利夫曼用的

美孚油公司创办于 1900 年。

"它的核定资本是 15 000 万美元。当时发行了 1 亿美元的普通股票和 10 600 万美元的优先股票。1900—1907 年,每年支付的优先股票的股息分别为:48%、48%、45%、44%、36%、40%、40%、40%,共计 36 700 万美元。1882—1907 年的纯利为 88 900 万美元,其中 60 600 万付股息,其余的作为后备资本。"①(212)

注意

"公司〈钢铁托拉斯〉所有企业的职工,在 1907 年达 **210 180 人**……(1908——165 211)…… 德

① 见本版全集第 27 卷第 339 页。——编者注

注意 ‖ 国采矿工业中最大的企业盖尔森基兴矿业公司在1908年有**46 048名**职工,在1907年有43 293名职工。”[①](第218页)

(新技术) **500%** 的股息…… ‖ 国际钻探公司(在埃尔克伦茨)…… “它是为了采用工程师安东·拉基发明的钻探方法而创办的……(235)……在1905—6年和1906—7年,公司支付的股息都是**500%**。”(236)

“总之,经验证明,只要占有企业的40%左右的有表决权的股票,就能在正常时期把这些企业控制在自己手里。”[②](258)其次,还有一种(特别是在美国)“没有表决权的股票”(259),以及债券等等。——如果这是控制着其他许多公司的**公司**的股票,那么,“他〈资本家〉以自己的500万美元的资本就能支配大40—50倍的资本”(259)。 注意 ‖

……甚至“大80—100倍的〈比他所占有的〉资本额……”(260)

“在德国和其他最重要的国家里,除了铁以外,五金贸易,特别是铜和锌以及贵金属的贸易,是非常集中的”(301)……“少数公司”(大部分在私人手里)……

“……德国早期的很多煤气厂是由英国企业用英国资本建成的……”(321)

哈哈!! ‖ “……只有较少数人现在在这方面达到了高超的技艺”(335),指在金融业务等方面。

---

① 见本版全集第27卷第339页。——编者注

② 同上书,第363页。——编者注

"……瑞士信用机构本身控制着它〈苏黎世的电力企业银行〉,因为'银行'虽然不是机关、不是机构,但是,同所有这类公司一样,可以说是一个大的文件夹,在这个文件夹里保存着属于它的有价证券和几本账簿……"(376)

电气总公司

——股票——10 000 万马克

债券—— 3 700 〃 〃 〃

"掌握的有价证券"—— 2 300 〃 〃 〃 等等。

南非的金矿。"尤其是 80 年代末和 90 年代初所获取的惊人利润,不仅刺激了英国资本而且除了英国资本以外还首先刺激了法国资本,以及德国、比利时和荷兰的资本,去取得金矿的股份。……在'虚假繁荣'时期(在 1895 年结束),行情曾猛涨到最高点。随后到来的采矿工业有价证券行情的下跌,后来由于德兰士瓦战争而更为加剧了……"(414) 注意

"国民经济愈**发展**,就愈是转向**更带冒险性的**企业或国外的企业,转向需要长时间才能发展的企业,或者转向那些只有地方意义的企业[①]。这也就是那些为之建立了专门供给资金的公司的部门,即需要长期发展的企业,如铁路企业、采矿工业企业……"(等等)(434) 注意 注意 注意

[愈发展,愈带冒险性…… 注意]

在《**银行业**》一文中舒尔采-格弗尼茨**几乎是一字**

① 见本版全集第 27 卷第 344 页。——编者注

注意 ‖ **不差地**重复了这段话,第 **21** 页。(《社会经济概论》第 3 册,第 5 篇,第 2 部分。)

"如果经济活动本身的重心放在所属公司上面,而主要的公司仅仅是它们的股票的持有者,同时,股东们对所属公司的活动完全不了解,就像美国控制公司的情况那样,那么,很清楚,为了保证对这个公司的各企业的业务经营进行尽可能大的社会监督而制定的一切法令,就会失去效力。这种危险对于一切用其他公司的股票顶替而建立的公司来说,也是会存在的,甚至在一个企业对另外一些企业作了任何重大的参与的情况下,也是如此。"(439)

注意 注意

"1904 年年底,在所有的有限公司中有 3.8%的公司拥有的资本超过 100 万马克,9.1%——每家拥有的资本超过 50 万马克。同时,上述的 3.8%的公司的资本占所有有限公司资本总额的 45.2%,而 9.1%的公司占这项资本的 60.5%。"(459)

(在德国呢? 也很明显。)

460:作者的方案:责成公司在表报中"表明"大于"所投入的股份资本"的1/20的有价证券数目。

((白痴的官样文章!))

注意 "大概在不久的将来,人类又会碰到技术方面的一些也会影响到国民经济组织的大变革。"……如电力、航空…… 注意 "在发生这种根本性的经济变动的时候,通常而且照例会有**很厉害的投机事业**发展起来[①],

① 见本版全集第 27 卷第 344 页。——编者注

根据以往的经验,有价证券代替的原则以及参与和投
资公司,对于实现正在成为必要的巨额投资,无疑将起
重大的作用……”(465—466)

他说,但是……证券资本主义的“青春时期”已经过去。公众变聪明了…… 在出现了重大的技术发明的情况下,“Gründungsschwindel”(“滥设空头企业”)也“未必会”如何如何……(466—7)……((“和谐主义者”))

“……任何**商业**的实质就是需求的代替……”(475)

((哈哈!“理论家”!))

“……商业是收集财富、保管财富、把财富供人支配的一种经营活动”(476)。((着重号和黑体。白痴!))[1]

理论上毫无价值

完

《新时代》杂志,1911 年(谈战争 注意)和 1912 年(附带谈到欧洲联邦)

«Die Neue Zeit»[2],第 30 年卷(1912)

【**注意**。**这里**也有一篇关于美国私有财产史的文章。】

第 30 年卷,1(1911. 10—1912)

瓦尔加(第 660 页)、希法亭(第 773 页)和考茨基(第 837 页及

---

① 见本版全集第 27 卷第 362—363 页。——编者注

② 《新时代》杂志。——编者注

以下各页)论黄金、商品、货币的文章。

‖ 在**第30年卷第2册上,奥托·鲍威尔**谈的也是这个问题。

还要注意,第1页《强盗政策》(1911.10.6)——考茨基关于的黎波里塔尼亚战争[50]的文章,文章最后一句话是:

!! ‖“它〈我们的选举斗争〉在一夜之间就可能变成夺取政权的斗争。”(第5页)‖

第30年卷,2(1912)

潘涅库克的文章(《群众行动与革命》)(第541页及以下各页)和**考茨基**的文章《新策略》(1912年8月2日出的一期及以后各期)其中谈到内阁等等的地方**拙劣不堪**(是篇极其拙劣的机会主义的文章)。[注意 较之巴塞尔代表大会[51]]拉狄克的《论我们反对帝国主义的斗争》(第233页)。

[这里还有**伦施**和**考茨基**关于**裁军问题的论战。注意**

[这里还有**埃克施泰因**的也是反对潘涅库克的文章

[**潘涅库克**的文章:《我们当前的要求的实质》,第810页。

‖ 专门谈要求的“可实现性”问题。

“究竟为什么把政治民主、民兵制、司法民主化等等在资本主义制度下都不能实现的要求列入纲领,而不把劳动权或禁止使用减少必要劳动力的机器这些在资本主义制度下同样不可能实现的东西列入纲领呢?”有两种不可能:“经济上不可能”和“政治上不可能”。(811)目前的要求在资本主义制度下“不是绝对”不可能实现的。(812)

«Die Neue Zeit»,1911,2(第29年卷)。

第**248**页和第**276**页。卡尔·考茨基同«Leipziger Volkszeitung»[①]（罗莎·卢森堡）因为欧洲联邦问题而进行一场小小的“论战”，——短评**没有**涉及问题的本质，但是指出了**正在**«Leipziger Volkszeitung»上**进行的**论战。

«Leipziger Volkszeitung»也抨击了累德堡下面的一段话：

“我们……向资本主义社会……提出要求……要他们〈政界要人〉为欧洲本身的资本主义发展的利益，准备这种联合，即把欧洲联合成一个欧洲联邦，以防止欧洲以后在世界竞争中彻底毁灭。”（第276页）

据说，这和卡尔韦尔在维护反美关税同盟时所说的相同。

考茨基回答说：不，并**不**相同。累德堡只字**未**提关税斗争，**只**谈到欧洲联邦，“这样一种思想，其锋芒……不一定要针对着美国”（277）。（（这就是说，和平竞争的思想！））

第248页，卡尔·考茨基说，帕尔乌斯和约翰·菲力浦·贝克尔都赞成（或曾经赞成）欧洲联邦。

同上，第943—4页（1911.9.29），关于**哈·奎尔奇**的文章（载于«The Social-Democrat»[②]，1911，8月）的报道，奎尔奇说，资本家也拥护和平（资本**已经**国际化了）：资本已经能够建立“**世界**联邦”（注意：原文如此！“der Erde”[③]），但是，这个世界托拉斯会更加压迫工人。“资本主义的世界和平……万能的国际警察，完全没有政治避难的权利……在这个奴隶的国家里将充满着和平和安宁的气氛……”（第944页）

---

① 《莱比锡人民报》。——编者注

② 《社会民主党人》杂志。——编者注

③ “世界”。——编者注

奎尔奇(**与**卡尔·考茨基**相反**)期望战争带来的**不是**革命,而是经济繁荣,摆脱“产品的压力”。

«Die Neue Zeit»,1911,2(第 29 年卷,第 2 册),№30,1911.4.28(第 97—107 页)。

卡尔·考茨基:《**战争与和平**》。

在这篇文章中,卡尔·考茨基主张宣传和平,和**拥护**欧洲联邦(这篇文章的第 3 节**就是用的这样的标题**:《欧洲联邦》)。

卡尔·考茨基反对预先决定以罢工来**回答**战争的建议(这里就是他在 1915 年引证的那段话,说什么如果人民(“die Bevölkerung”),即“**群众**”认为国境危急,害怕**入侵**,那么,他们自己就会把反对战争的人打死——第 104 页,等等等等)。

但是,**考茨基**在 1915 年引证 1911 年的这篇文章的**这些**话时,**没有**引证下列这些话:

(1)在第 1 节中:《**王朝的战争和人民的战争**》。注意((着重标记是我加上的))。

“……在 18 世纪,公爵们认为国家不过是自己的世袭领地……

……**同样地**,现在欧洲各民族(和美国)的资本家把欧洲文明以外的各民族看做是自己的世袭领地,各资本主义政府之间的矛盾**仅仅**是由于力图增加或扩大这些领地——殖民地和‘势力范围’而产生的。同 18 世纪各王朝的矛盾**完全一样**。**现在**欧洲各国人民的利益和这种情况的关系并**不甚于**两百年以前……”(第 99 页)

(2)“愈来愈相信,欧洲战争**自然不可避免地应以社会革命**而告终。这种情况强有力地,甚至也许是最强有力地推动统治阶级维持和平和要求裁军。”(第 100 页)

(3)“在战争之后，革命**必不可免地**到来，它不是社会民主党的计划的产物，而是**事物的铁的**逻辑的结果。当代的政界要人自己正在考虑到这种结局的可能性。”(第 106 页)

“……革命究竟是军备竞赛的结果，还是战争的结果——不管怎样它都将成为一种**国际现象**……”(第 106 页)

“……但是即使革命不是对军备压迫或战争惨祸的反作用的结果，而是由于其他原因产生的，即使在开始时它还不是国际性的，而是局限在一国的范围之内的，**那么，在现在的条件下这种状况是不可能持久的**。它〈革命〉**会**波及到其他国家……”(107)于是卡尔·考茨基由此引申出欧洲联邦“和欧洲联邦最终会转变成整个文明世界的联邦”。

第 105 页：卡尔·考茨基认为欧洲联邦是采取“**共同的贸易政策**”的联盟(+一个议会等，一支军队)。

在这篇文章的第 1 节(第 97 页)，卡尔·考茨基对“世界形势的变化”(“近 20 年来”)作了说明…… “工业资本已变成金融资本，它已和土地垄断占有者联合在一起……” “……社会改革已经毫无声息……”

“但是〈尽管实现欧洲联邦有种种困难〉力求把欧洲国家和平地联合成一个联邦整体，绝不是没有希望的。它的前途同**革命**的前途是联系在一起的”(黑体是卡·考茨基用的，第 106 页)。

«Die Neue Zeit»，1911，2，第 96 页：转述了**奥托·鲍威尔**在《**斗争**》文集(1911，№3)上的一篇文章：“世界大战是它的〈资本主义的〉最后一言…… 如果土耳其革命导致全欧的战争，那么，其不可避免的结果将是欧洲的革命。”

«Die Neue Zeit»,1911,2,第179页

罗特施坦关于考文垂代表大会(1911)的文章,在会上,英国社会党通过了一项**主张**“为了民族自卫维持一支足够大的海军”的**决议**。

“……这样一来,党代表大会不仅离开了国际社会民主党的立场,而且在实际上附和了最坏的琼果主义者……”(第182页)

反对海德门的宣传

“不管德国过去怎样好侵略,但是它所侵略的对象,对英国人来说,其意义如同德兰士瓦的金矿一样,是很小的…… 但是另一方面,如果赞成或者容许英国统治阶级的行动,这种行动的表现就是对德国采取包围政策(等

注意 等)……那么,的确会有这样的一天:甚至无产阶级也会被迫拿起武器,为了保卫自己的国家而为资本家阶级的事业服务……”(第183页)

«Die Neue Zeit»,1911,1,**艾斯丘**论英国在**埃及**的殖民政策的文章。

《金融文汇》:1915

«*Finanz-Archiv*»[①],第32年卷,**1915**。

《在俄国的法国资本》(125—133)。

第32年卷**索引**。(**几乎毫无价值**。)

① 《金融文汇》。——编者注

«Finanz-Archiv»,第31年卷,1914。

《殖民地债务和殖民地贷款》。

1901年伦敦交易所里的殖民地有价证券∑为6**亿英镑**=**120亿**马克(第8页)。这大部分都是英国的殖民地。

1897—1907年法国给殖民地的贷款(第16页)不<**4**亿法郎。

比利时>**25 000万法郎**。

德国——(1911)——将近**13 740**万马克(第28页)。
13 740×1.25=17 175万法郎。
万法郎:1 500 000、40 000、25 000、17 175。

证券发行的统计。埃根施维勒尔。克龙(关于阿根廷)

瓦尔特·埃根施维勒尔(苏黎世):《关于战争、生产进步和价格变动问题的统计材料》,«*Schmoller's Jahrbuch*»[1],1915,№4。

(作者只有按年的材料)

	全世界公开发行数(单位十亿马克)		年平均数	最低数	—	最高数
1871—1880……………	76.1÷10	=	7.61	1.7	—	15.6
1881—1890……………	64.5÷10	=	6.45	3.3	—	12.7
1891—1900……………	98.0÷10	=	9.8	2.5	—	17.8
1901—1909……………	136.1÷ 9	=	15.1	7.9	—	21.5

发行数(全部):

① 《施穆勒年鉴》。——编者注

(作者只有按年的材料)

	英国(单位百万马克)	法国(单位百万**法郎**)		(我的计算)(80% 单位百万马克)	德国(单位百万马克)
1903— 7………	13 187 ÷5=2 637	18 469	=	14 775	16 630
1908—12………	21 309 ÷5=4 262	23 122	=	18 497	19 783
∑(10 年内)	34 496 ÷10=**3 449**	41 591		33 272	36 413 ÷10=**3 641**

同上(№2)。**H. F. 克龙**:《英德经济斗争中的阿根廷》(参看第114 页措林格尔谈阿根廷的典型性)……

对帝国主义的绝妙的说明!!

瓦尔特·措林格尔:《国际有价证券转移对照表》

瓦尔特·**措林格尔**:《国际有价证券转移对照表》,1914。

(第 106 页)根据**奈马尔克**提供的材料(«Bulletin de l' institut international de statistique»[①],第 19 卷,第 2 编,1912)。

数额(单位法郎)[②]

1871— 80………	761 亿
1881— 90………	645 〃
1891—1900………	1004 〃
1901—1910………	1978 〃
	(∑=4 388)

① 《国际统计研究所公报》。——编者注

② 见本版全集第 27 卷第 374 页。——编者注

(同上)有价证券数额[1]

(1910年最高数)			其余国家在1902年:(320亿)	
大不列颠	1 420	亿法郎	荷兰	100
美国	1 320	〃 〃 〃	比利时	60
法国	1 100	〃 〃 〃	西班牙	60
德国	950	〃 〃 〃	瑞士	50
俄国	310	〃 〃 〃	丹麦	30
奥匈帝国	240	〃 〃 〃	瑞典、挪威、罗马尼亚等国	20
意大利	140	〃 〃 〃		∑=320
日本	120	〃 〃 〃		
其余国家	400	〃 〃 〃		
	∑=6 000			

卡尔梅斯:《关于投资的最新著作》

阿尔伯特·卡尔梅斯(美因河畔法兰克福一个学院的教授):《关于投资的最新著作》,«Jahrbücher für Nationalökonomie»[2],第3类,第47卷(总第102卷),1914,第522页。

赞扬瑞士人写的书

阿·迈耶尔:《投资》,苏黎世,1912(共525页:据说总论写得"特别好")。

弗·埃伦施佩格尔:《现代的投资》,伯尔尼,1911。 ‖ 注意

弗·伯特格尔:《资金的投放和资本的管理》,莱比锡?(共193页)("比较详细地研究了如何""**看对照表**",第525页)。

亨利·勒文费尔德:《投资的艺术》(《关于投资种种》),柏林,

① 见本版全集第27卷第375页。——编者注

② 《国民经济年鉴》。——编者注

1911（“主旨”：“投资的地理分布”）。

保尔·勒鲁瓦-博利厄：《投放和管理自己的财产的艺术》，巴黎，1912（共451页）——（很夸奖）

也是这个**卡尔梅斯**在第**105**卷（1915，第5编）分析了关于资金供给的新著作。

注意 ‖ 见**同书**第3类，第39卷，1910，**莫斯**论法国和英国的“投资”的文章。

佩什在《皇家统计学会杂志》上发表的文章，1911年1月

不列颠对印度、殖民地和国外的贷款和公司的投资以及**1907—08**年从中获得的收入（佩什，第168页）：

我合并为三大类：A、B、C		资本（单位千英镑）	收入（同左）	%
（A）	贷款（政府的和市政的）…………	757 460	29 938	3.9
（B）	铁路…………	1 198 991	52 839	4.4
（C）	银行及其他…………	366 022	21 870	
	矿山…………	243 386	26 145	
	煤油及其他…………	127 879	8 999	
	（C）	737 287	57 014	7.7
	共计	2 693 738	139 791	5.2

这个表作者不是分成三类（A、B、C），而是分成**很多类**

（A）　%=3.2%—　4.7%

（B）　　=3.8　—　4.7%

（C）　　=3.3　—30.5%

1910年(单位千英镑)

英国的殖民地:

	加拿大和纽芬兰	澳大利亚联邦	新西兰	全澳洲总计	非洲 南非	非洲 西非	印度和锡兰	海峡殖民地和马来亚国家	不列颠的其他属地	∑(我加的)
(A)	92 948	198 365	64 721	263 086	115 080	8 541	182 517	7 943	6 969	677 084
(B)	223 740	2 951	761	3 712	9 354	—	136 519	—	1 717	375 042
(C)										503 026
∑	(*) 373 541	301 521	78 529	380 050	351 368	29 498	365 399	22 037	33 259	(*) 1 555 152

(*) **注释**:佩什的总数=1 5**54** 152,因为在总数栏里指出加拿大为**372** 541(第186页),而在作为根据的栏里(第180页)为373 541。

	美国	古巴	菲律宾	日本	中国	其他国家
(A)	7 896	2 282	—	42 784	22 477	818
(B)	586 227	17 387	7 902	8 910	—	4 521
(C)	93 955	3 031	300			
∑	688 078	22 700	8 202	53 705	26 809	61 907

	阿根廷	墨西哥	巴西	智利	乌拉圭	秘鲁	其他美洲国家
(A)	39 339	8 276	40 221	17 071	9 860	81	3 838
(B)	186 126	54 306	29 961	12 646	21 194	6 476	11 681
(C)							
∑	269 808	87 335	94 440	46 375	35 255	31 987	22 517

	俄国	土耳其	埃及	西班牙	意大利	葡萄牙	法国	德国	其他欧洲国家	∑	除去埃及:
(A)	19 109	9 650	14 044	1 885	4 164	1 336	—	1 351	22 870	74 409	60 365
(B)	2 013	6 146	1 916	5 473	3 284	4 432	—	—	495	23 759	21 843
(C)			27 793				7 071			90 199	62 406
∑	38 388	18 320	43 753	18 808	11 513	8 134	7 071	6 061	36 319	188 367	144 614

«Journal of the Royal Statistical Society»[①],第 74 卷,**1911 年**1 月。

佩什的文章(和统计学会关于它(文章第 167—187 页,讨论,第 187—200 页)的讨论)表明,作者是**非常**谨慎细心地对待自己的著作的。

他没有把转期的有价证券算进去,——他根据的不是票面价格,而是发行价格,——为了避免算重,根据有价证券的**收入**计算,等等。因此,他的材料的价值比那些有关法国和德国的笼统的“材料”的价值**不知**大**多少**。

他的关于 **1907—8** 年的主要材料

单位百万英镑

	1907—8	1908—9 和 1910	到 1910
殖民地:	1 312	+228	1 554
外国	1 381	+288	1 637
共计	2 693	+516	3 191

注意 ‖ **注意。阿尔弗勒德·奈马尔克**:《现代金融》,第 **6** 卷和第 **7** 卷。《1872—1910 年**法国的储蓄**和有价证券》,共 2 卷,8 开本,巴黎,1911。

① 《皇家统计学会杂志》。——编者注

米尔豪普特:《牛奶卡特尔》

恩格尔贝特·米尔豪普特博士:《**牛奶卡特尔。关于卡特尔和牛奶价格的问题**》,卡尔斯卢厄,**1912**。

《巴登高等学校国民经济研究》,新丛书,第9编。

一本很有意思的、写得很有道理的书,它描述了一些非常有意思的现象。

参考书目 注意:**菲·阿尔诺德**在«Conrad's Jahrbücher»[①]上(第41卷,**1911**)和在《巴伐利亚王国的统计》一文中(第**41**卷(1910))。

《政治学词典》,第6卷(第3版)(《牛奶业》)。

纳希姆松:《牛奶战争》,«Die Neue Zeit»[②],1911(**第29**年卷),**第2册**(第668页及以下各页)。

在这方面牛奶场的**垄断**地位(大城市周围50—100**公里**的地区)和**协作社的增多**说明了卡特尔的**好处**。

离心机发明以后,乳制品加工合作社如雨后春笋般地发展起来:

1870——	1	
1903——	2 245 有 181 325 个社员	
1909——	3 039 〃 270 692 〃 〃 〃(第5页)	

{农业协作社的数目(第24页):
1890——3 000
1900——13 600
1910——24 900}

{根据**彼得西利**:《德国合作社统计通讯》,柏林,1911。}

① 《康拉德年鉴》。——编者注

② 《新时代》杂志。——编者注

精饲料等价格的上涨(+13%—50%,1896—1906,第7页)……及其他,大约在1900年以前,即在蓬蓬勃勃的卡特尔运动以前,并**没有**引起价格上涨(第7页)。

牛奶**大**生产(保藏等)的巨大意义说明卡特尔的**好处**(价廉、卫生等等)

柏林**每天**需要100万升牛奶

汉堡及其郊区　50〃〃〃〃

维也纳　90〃〃〃〃

慕尼黑　25(第16页)

等等

牛奶刚挤出时每1立方厘米有**9 000个细菌**(厘米?? 还是毫米?);过2—3小时后有12 000个;过9小时后有120 000个;过24小时后有**几百万个**(页码?)。

大部分由铁路运送(离城**50—100公里**)。从事牛奶业的**郊区**农民的实际垄断地位。

“合作社为卡特尔训练农村业主。”(25)

几个**牛奶卡特尔**的历史。

柏林牛奶公司。**1900年6月**创办。反对批发商的一场**激烈斗争**(公众**拥护**商人)。

博勒(柏林最大的牛奶贸易公司,年销售量为**4 500**万升;资本1 000万马克;股息8%,**第91页**)1903年和牛奶卡特尔讲和。(博勒在很短的时间内就成为百万富翁;德累斯顿的**普丰德**也是这样,销售量2 100万升。)

牛奶辛迪加一直在改善卫生条件。

但是这一家在**财务**方面安排得很不好,于 1907 年 2 月 27 日**倒闭了**。

汉堡。1900 年 6 月创办。10 年来发给自己的成员 1 030 万马克(第 53 页),提高了**它们的**价格(从 11. 2 提高到 14. 1 芬尼),同大商人订了合同。

美因河畔法兰克福。什么时候办的?? 在 1911 年是**很有实力**的。

同商人订立合同。然后**要求他们**把价格从 16 芬尼提高到 17 芬尼。

"为了这一个芬尼农村业主和商人进行了 3 个月的激烈战斗,站在商人这一边的有社会民主党工会、自由派工会和工会联合会。"(第 54 页)商人作了让步。

"这场斗争的结果是牛奶商使消费者感到非常惊奇地和'联合农民'〈卡特尔的名称〉签订了一个协定,规定后者对一切不付上述的增加额的商人不再供给牛奶。"(第 55 页)

维也纳的大辛迪加。它把自己的费用(销售牛奶的)从 1900 年每升 7. 67 赫勒(销售额 56 万克朗)减少到 1910 年每升 3. 775 赫勒(销售额 674 万)。(第 57 页)

大生产!!

卡特尔对生产者的影响?

1900—1910 年间**价格**平均**上涨** 2 芬尼(比 1890—1900 年)(第 61 页)。

涨价的原因正在于**卡特尔**(不然的话,即使生产费用增加也不会引起价格的上涨)。

"否则怎能解释正是在牛奶卡特尔出现的年代价格才开始上

涨这个惊人的事实呢?"(63)

"最后,如果没有卡特尔的存在,怎能解释正是在瑞士和符腾堡这些产牛奶最多的地方价格上涨得最厉害这个事实呢?"(64)

牛奶销路的扩大使牲畜的饲料(第66页)——和**人的食品**都**比以前差了**(67)。

瑞士牛奶的消费量

	每人每天消费量(单位升)
1903—1905	——1.01
1906—1909	——0.98　(第68页)

德国也是如此。

对商业的影响? 它的收入从每升7—8芬尼降低到6—7芬尼(72),——商业逐渐被排挤。

对消费者? 质量提高,更加卫生等等。

巴塞尔的情况最好,消费者联盟和奶农联盟**直接**对立。这个城市把**牛奶业**办得**好极了**,但**在价格方面**,消费合作社取决于**农民**!!

"据卡兹多夫教授的计算,奥地利每头奶牛每天平均产奶5升,德国8—10升,丹麦——12升。"(第83页)

维也纳附近弗里德里希大公的大奶场过去牛奶生产的情况

1853——	每头奶牛产3.00升
1880——	4.67
1890——	6.27
1900——	6.86　(第84页)
1910——	8.00

小的牛奶商业仍然占主要地位,一般是(1910年慕尼黑有1 609家牛奶专营店,其中

250		不到	50升
1 310	(81.4%)	不到	150升)

不卫生的；倒的时候混入脏东西等等。

“时间、劳动和资本的极大浪费”（87），牛奶的分送，没卖出去的牛奶，每户有2—3个供应者，等等。 ‖ 注意

《牛奶卡特尔的社会影响》（第5章）——像在巴塞尔那样的城乡之间的“**武装的和平**”（95）、消费者和出售者之间的直接斗争即将到来。 ‖‖ !!!

在巴塞尔，消费合作社（在价格方面）完全**取决于**奶农卡特尔。

{整个瑞士都**最出色地**建立了出售牛奶的农民的卡特尔，——而牛奶的价格也最高！！这些卡特尔的势力最大！！}

‖ “消费者总联盟〈巴塞尔的〉在生产者卡特尔的价格政策面前完全无能为力。”（第77页） ‖ 注意

“在农民和工人彼此之间的关系比其他国家更为直接的瑞士，他们彼此也正在为了价格而进行激烈的搏斗和残酷的斗争。”（第95页）

资本家同盟论战争

资本家同盟论战争

«Archiv für Sozialwissenschaft und Sozialpolitik»[①]（埃德加尔·雅费）（第41卷，第1编），1915年9月。

① 《社会科学和社会政治文库》。——编者注

第296—7页——“雇主组织(**注意**)论战争”。

“……可见〈按雇主组织的观点〉这里指的完全是德国式的发展或成长,它们说战争就是为此而进行的。从实质上说来,这种观点也完全符合企业主的利益。它们懂得,对于企业主来说,是有某种程度的危险的,即在战后会听到说:vestra res agitur(事情涉及到你们),事情关系到**你们的**利害,**你们的**利益！打仗是为了决定谁在**世界市场**上扮演主角！”(«Deutsche Arbeitgeberzeitung»[1],1915.2.7)在这种情况下显然一切社会政治倾向,一切想同时用企业主的利润来支付军费的打算都会得到完全的赞同。而如果战争是为了**文化的利益**而进行的,如果捍卫的不是利润的利益,而是文化的形式,那么,整个社会都有义务承担战争的重担,而不会划分出一个战争首先对它有利的特殊阶级。

注意 ‖

由于战争的**影响**扩及到国内的政治形势,所以,雇主们认为这种影响主要是有利的。在影响社会党方面,好处显得特别突出。在这方面“命运-教育者”该受到颂扬。战争期间造成了人民的一致,这样连最美好的社会主义理论也失去了立足的基础。(同上,1915.8.2.)只有在这次战争中,人民才真正成了人民(用特赖奇克的话来说)——单是这一点就说明进行战争是正确的。……战争在今后几百年内还将是解决国与国之间的冲突的形式,而这种形式所以受到欢迎,是因为战争阻止了朝民主

① 《德国雇主报》。——编者注

方向的发展:“我们已经濒临筋疲力尽、枯瘦羸弱的边缘。但是,命运,看来预先给我们德国人民规定了特殊目标的命运,拯救我们免遭此难,免于堕入这个深渊。”(同上,1914. 8. 16.)

“总的说来,人们就是这样坚定不移地从**心灵**的蜕化中去寻找战争的意义;战争的经济和政治意义被贬低了,严重的政治和经济后果被否定了。”

“……指出下面这一点是正确的:德国政府后来的措施也是为了**调节消费**,而社会主义的目的则是**生产资料**社会化。(同上,1915. 2. 28.)因此随着和平的到来,这一切措施又都会消失。所有这些观点都符合企业主的利益,而战争在工人和企业主这两个阶级的意识形态中的反映也是完全对立的,也许没有任何东西比这一事实更能表明这两者的阶级利益的对抗性了。但是,这种对立有各种各样的色彩。机会主义、修正主义派别的社会党人把战争看成是经济的战争。**他们**抱着这样的观点,认为战争是帝国主义的战争。他们甚至主张每个民族有权成为帝国主义,他们由此得出同一民族的企业主和工人利益一致的结论。他们必然会一步步地走上这样一条道路,成为激进的资产阶级改良政党。而相反地,社会主义工人运动的激进派虽然也认为战争(至少是有保留地认为)是帝国主义的战争,但是它否认的正是这种发展,——认为战争使阶级斗争尖锐化是必然的,并且要求就在战争期间强调无产阶级观点。

而企业主则正如我们所看到的,否认战争的帝国主义性质。他们不希望人们对他们说:Tua res agitur(事情涉及你)。他们不同意修正主义社会党人对帝国主义战争的赞同的、肯定的看法,就像不同意激进社会主义对战争的批判态度一样,他们向战争的'文化意义',向下列论断求救:不把战争的责任推在某一特定的阶级身上,也不硬说任何一个阶级从战争中独得利益。于是,我们看到这样一个奇怪的情景:在各国政府都赞成帝国主义的理论,指出至少〈多么动听!!〉在敌方经济利益起决定作用的时候,经济利益的主要代表却回到战争的一般文化意义上来。结果是他们和激进社会主义阵营中也有的观点具有共同之处;他们认为战争从经济上来说仅仅是一个中间阶段;战时的一切现象、国家的一切措施都是与形势相适应的,无疑又会随同战争一起消失。因此企业主对战争的看法(不管看来有什么中心**思想**)也应该完全看做是一种意识形态"(第295—297页)。(全文完。)

说得好!

多么动听!

妙论!

注释,第**293**—**4**页:

注意

"«Deutsche Arbeitgeberzeitung»(1915.8.15.)上的一篇方针性的文章特别发人深省,文章最坚决地反对国内政策上的新的(民主的)方针的倾向……

……社会民主党首先还应该继续'**重新学习**':它将应该'在战后也首先表明,它所谈到的那个**蜕化过程**是否已经真正深入它的**肺腑**。只有这个事实在

注意!

一个较长的时间内得到完全证实的情况下,才能以应有的谨慎来谈德国的国内政策是否可能发生这些变化中的某些变化’。……无论如何,现在还不具备制定未来的国内政策(根据左派的精神)的任何先决条件……相反,‘战争的严峻考验给我们提供了极其有力的论据,这些论据只能用来反对我们的国家制度的进一步民主化’……”(第 294 页)

克勒芒德:英国和德国

«Journal of the Royal Statistical Society»[①],1914 年 7 月(第 77 卷,第 8 册)(第 777—807 页)。

埃德加·克勒芒德:《不列颠帝国同德意志帝国的经济关系》。

这两个帝国共占世界国际贸易的 39%(1911 年:英国 26.9%+德国 12.5%);——世界商船的 53%。

		德国	大不列颠
人口	1872	41.23(单位百万)	31.87(单位百万)
	1888	48.17 〃 〃 〃 〃	36.88 〃 〃 〃 〃
	1910	64.92 〃 〃 〃 〃	(1911) 45.22 〃 〃 〃 〃
	+(1872—1910)	+23.69	+13.34
在每出生 1 000 人中		29.5 (1911)	24.4
〃 〃死亡 1 000〃 〃		18.2	14.8
城市人口的%……………		57.4% (1905)	71.3% (1901)
矿业生产产值(1911)……		102(单位百万英镑)	124.5 〃 〃 〃 〃

① 《皇家统计学会杂志》。——编者注

		美国	德国	大不列颠
煤炭产量	1911	450.2(单位百万吨)	234.5	276.2
	1886	103.1	73.7	160.0
		+347.1	+160.8	+116.2
		+336.6%	+218.1%	+ 72.6%
未加过工的钢的产量	1910	26.5	13.7	6.1
	1886	2.6	0.9	2.4
		+ 23.9	12.7	3.7
		+910.3%	+1 335%	+154.3%

		德国	大不列颠
棉织品的出口	1887:	10.0(单位百万英镑)	72.0
	1912:	24.3 〃 〃 〃 〃 〃 〃	122.2
银行存款:		468.0 〃 〃 〃 〃 〃 〃	1 053.0
(1912—3)储金局:		839.0 〃 〃 〃 〃 〃 〃	221.1
	∑(我加的)=	1 307.0 〃 〃 〃 〃 〃 〃	1 274
商船的净吨位	1880:	1.2(单位百万)	6.6(单位百万)
	1911:	3.0 〃 〃 〃 〃	11.7
		+ 1.8	+ 5.1
		+156%	+77.7%
船只总吨数，对外贸易的进出口	1880:	13.0(单位百万吨)(其中 39.1%是德国船只)	49.7〃(其中 72.2%是不列颠船只)
	1911:	49.5(50.4%是德国船只)	138.9(59%是不列颠船只)
		+	–

造船:

年产量	1898—1904:	240.8(单位千吨)	898.0
	1913:	618.8	2 203.0
通过苏伊士运河的船只吨数	1892:	809.0(单位千吨)	8 102.0
	1912:	4 241.0	17 611.0

		德国	大不列颠
通过苏伊士运河的所有船只的%:	1892:	7.4%	74.5%
	1912:	15.1%	62.9%
铁路总收入	1888:	58.4(单位百万英镑)	72.9
	1910:	149.5	127.2
		+156%	+74.3%
对外贸易	1888:	323.6(单位百万英镑)	558.1
(出口+进口)	1912:	982.6	1 120.1
		+204%	100.7%
		+659.0(单位百万英镑)	+562.0(单位百万英镑)
陆海军费用(1912)		70.0(单位百万英镑)	102.4
国民财富:		15 000 〃 〃 〃 〃 〃 〃	25 000(*)
国民收入(德国的数字是黑尔费里希统计的):		2 000 〃 〃 〃 〃 〃 〃	3 400
国外投资		1 000 〃 〃 〃 〃 〃 〃	3 800
		=6.6%(国民财富)	(=23%)
国外投资收入(1912)…………		50.0(单位百万英镑)	185.0〃 〃 〃 〃 〃 〃
航运收入………………………		30.0 〃 〃 〃 〃 〃 〃	100.0〃 〃 〃 〃 〃 〃
国民收入(德国的数字是根据黑尔费里希的统计)	1896:	1 075 〃 〃 〃 〃 〃 〃	1 430
	1912:	2 000 〃 〃 〃 〃 〃 〃	2 140
国民财富年增长额(德国近18年来的情况)(和大不列颠近28年来的情况)=		272.0〃 〃 〃 〃 〃 〃	230.0〃 〃 〃 〃 〃 〃

最近5年的情况大致相同。

(*)这是整个**帝国的**。单是大不列颠,不包括殖民地=16 500。

塞尔:日本与英国

«Journal of the Royal Statistical Society»[①],**1911 年** 4 月第 74 卷上的一篇很有意义的文章。

查理·V.塞尔:《关于日本的一些统计材料》,第 467—534 页。

同联合王国的比较特别值得注意:

	日本	联合王国
面积(单位平方英里)	147 648	121 390
人口(1910)………………	49 587 000	44 538 000
每平方英里人口	335	367
出生率(每 1 000 人)	31.30	27.95
死亡率(每 1 000 人)	20.70	16.89
增长率(每 1 000 人)	+10.60	+11.06
谷物、蔬菜、经济作物等	12 894 000(英亩)13.6%	12 437 000=16%
草地和牧场……………	3 006 000 3.2	34 565 000=44%
森林	55 083 000 =58.0	3 070 000= 4%
地价(+牧畜等)	1 299(单位百万英镑) =整个国民财富的 57%	1 220=11%
大米、小麦、大麦、燕麦产量(1907)	=372.8(单位百万蒲式耳)	307.3
马铃薯………………	3.9(单位百万吨)	5.2
饲用芜菁、瑞典冬油菜……	很少	36.3(单位百万吨)
芜菁	2.3(单位百万吨)	—
干草	很少	15.6 〃 〃 〃 〃
净输入额:饮料、食品、烟叶;	3.46(单位百万英镑)	212.4
牛(1908);	1.3(单位百万)	11.7
马(1908);	1.5 〃 〃 〃 〃	2.1

① 《皇家统计学会杂志》。——编者注

	日本	联合王国
绵羊;	87 000(=0.08(单位百万))	31.3
猪;	0.28(单位百万)	4.0
在井下工作的采煤工人数(1908)	126 999	796 329
采煤量(单位吨)	14.8(单位百万)	261.5
一个采煤工人每年平均采煤吨数	117	328
价格(单位英镑)	6.5(单位百万)	116.6
每吨价格	8先令9便士	8先令11便士
煤出口吨数	2.86(单位百万)	62.55
每吨出口价格	12先令11便士	12先令8便士
铁路长度(1908)(单位英里)	5 020	23 280
乘客(单位百万)	146.9	1 265.1
货运量(单位百万吨)	25.4	499.9
总收入(每英里铁路)	1 690英镑	4 854
支出(——〃——)	868	3 133
纯收入(——〃——)	+822	+1 721
轮船(毛重在100吨以上的)	1 146 977	18 059 037
进入中国港口的船只(单位1 000吨) 1902:	7 350(13.6%)	26 950(49.9%)
进入中国港口的船只(单位1 000吨) 1909:	18 949(21.8%)	34 027(39.2%)
纺织厂的总产值(1907)	37.77(单位百万英镑)	247.27
工人人数	355 000	808 398
每个工人的产值	106(单位英镑)	306英镑
进口+出口(包括再出口) 1889:	20.99(单位百万英镑)	744.0
进口+出口(包括再出口) 1909:	82.35	1 094.0
同上,每人平均 1899:	10先令6便士	19英镑19先令10便士
同上,每人平均 1909:	1英镑12先令10便士	22英镑5先令8便士
国家支出(1909)	64.9(单位百万英镑)	152.3
邮政储金局的存款(1909)		
存户数	8.66(单位百万)	11.1

	日本	联合王国
总数(存款)(单位百万英镑)	10.8(单位百万英镑)	160.6
每个存户平均数	1英镑5先令1便士	14英镑11先令7便士
农产品产值	126(单位百万英镑)	174.8
农场工作人员数(包括私有者农民)	11.50(单位百万)	2.05

注意 | “联合王国的工人人数不到1/5,产量却更多,产值高出40%”(第488页)……

日本的农业很特殊。60%的人口从事农业(第481页)。日本总共有9 250 000户(hausenholds)。其中完全从事农业的为3 748 000户;不仅务农,而且还从事其他职业的为1 662 000。其他农场主=70 000。地主=43 000。Σ=5 523 000。

土地税很重。农业规模极小:

	农场的%(第482页)
农场面积:不到1¼英亩(5**担**)	37.26
1¼至2½英亩(5担——1**町**)	32.61
2½ 〃 5 〃 〃 (1—2 〃)	19.62
5 〃 12¼ 〃 〃 (2—5 〃)	9.37
12¼英亩以上(5**町**)……………………………………	1.14
	100.00

农业劳动生产率极低,主要是由于农业规模小和没有机器。

日本大米生产每**英亩**稻子要用工110个劳动日。

在得克萨斯和路易斯安那每英亩稻子需要1个人劳动两天+1套牲口干1½天。

(«American Economic Association Journal»①,

1904年11月)

① 《美国经济协会会刊》。——编者注

《欧洲的财政协定和军事债务》一文

«The Economist»[①],1915. 2. 13.《欧洲的财政协定和军事债务》一文……

"……愈深入观察战后欧洲财政和政治的前景,就愈会觉得这个前景的问题使人悲观和忧郁不安。但是,那些有知识、有洞察力、有先见之明的、能独立思考的人却愈是有根据来考虑这次战争的政治经济意义。从来还没有在这样短的时期内发生过这样的各种力量的冲突,有这样大的破坏。从来还没有这样困难或者这样有必要去确定灾难的大小,计算费用,预见对人类社会的后果,并采取措施来加以防止。慈善家们希望缔结和约能使各国的军队和武装大大缩减,这样就使人民能应付他们的新的军事债务,从而免于破产。毫无疑问,害怕破产是会起某种作用的,否则缔结和约只会导致准备一系列新的战争。但是,那些明白是什么力量在实际上控制着欧洲的外交的人们,是没有抱幻想的。有可能发生流血的革命和劳动与资本之间、或者欧洲大陆的群众和统治阶级之间的残酷斗争。"(全文完。) ‖ 注意

① 《经济学家》杂志。——编者注

笔　　记

"κ"

("卡帕")

约·阿·霍布森:《帝国主义》[52]

《帝国主义》,约·阿·霍布森的研究著作(伦敦,1902)。

第 4 页。真正的殖民就是宗主国的居民迁往荒无人烟的地方并把他们的文化带到那里,而征服其他民族则已是越出了真正民族主义的范围("**对这种真正的民族主义的贬损**")("**虚假的殖民主义**"),这已经是帝国主义性质的现象。加拿大和自治的澳大拉西亚诸岛是真正的殖民地的典型。

注意 ‖ **第 6 页**。"**现代**帝国主义作为一种政策,其**新东西**主要地就是它已被**若干**国家所采用。关于一些互相竞争的帝国的观念,实质上是现代的观念。"

第 9 页。"民族主义是通向**国际主义**的康庄大道,如果它出现偏差,那么我们有理由怀疑,这是歪曲了民族主义的本性和宗旨。

!! ‖ **帝国主义就是这种歪曲**,在帝国主义 |||

制度下,各民族超越了简单的同化的界限,把不同民族类型之间的健康的、有激励作用的竞赛变为互相竞争的帝

国之间你死我活的斗争。”

第17—18页。居住在12万平方英里土地上的4 000万人口是不列颠帝国的核心。仅在上**一代**,不列颠帝国属地的增长就=4 754 000平方英里以及8 800万人口。

第19页。**1900**年不列颠的殖民地和附属国=13 142 708平方英里,人口:366 793 919人(*)。

注意:霍布森把“保护国”(埃及、苏丹等)包括在内,这是莫里斯著作里所没有的!!

(*) **霍布森在这里引用莫里斯的第2卷第87页和罗·吉芬1898年1月在殖民地研究所所作的报告:《我们帝国组成部分的相对增长》。**

(后来载于1900年«The Statesman's Year-Book»[①]。)

第20页。**从1884年至1900年**不列颠帝国兼并了3 711 957平方英里的土地(**把苏丹等地计算在内**)和57 436 000人口[②]。

第21—22页。在**德国**,论述德国必须有殖民地的著作产生于70年代。官方对德意志南洋贸易种植公司的第一次帮助是在1880年。“德国同萨摩亚的联系”也是在这一时期发生的,但是德国真正的帝国主义政策是从1884年非洲保护国出现、大洋洲诸岛被兼并的时候开始的。在以后15年内,有100万平方英里的领

① 《政治家年鉴》。——编者注

② 见本版全集第27卷第391页。——编者注

土、1 400 万人口落入德国的殖民地势力范围之内。大部分领土处在热带,白人只有几千人。

在**法国**,80 年代一开始,老的殖民主义精神就重新活跃起来。鼓吹这种精神的最有权威的经济学家是勒鲁瓦-博利厄。1880 年在塞内加尔和撒哈拉的属地扩大了,过了几年又兼并了突尼斯,1884 年法国积极参加了争夺非洲的斗争,同时巩固了对亚洲的东京[53]和老挝的统治。自 1880 年以来,法国夺得了 350 万平方英里的领土和 3 700 万人口,这些地区几乎全部都在热带和亚热带,居住着劣等种族,不适宜于法国进行殖民。

1880 年**意大利**远征阿比西尼亚遭到失败,因而它的帝国主义野心也遭到失败,它在东非的属地只限于厄立特里亚和在索马里的保护国。

1884—6 年的非洲协定把安哥拉的广大地区和刚果沿海一带划给**葡萄牙**,到 1891 年东非相当大一部分受葡萄牙的政治控制。

1883 年为**比利时**国王所占有、从此大为扩大了的自由的刚果国,应该看做是比利时在争夺非洲的斗争中所争得的一块地盘。

西班牙被排除在争夺世界的斗争的舞台以外。

荷兰没有参加现代帝国主义的斗争;它在东印度和西印度的大片属地是早就有了的。

俄国是北方各国唯一推行帝国主义政策的国家,它把自己的力量主要地用来夺取亚洲,虽然它的殖民比较自然,采用的是扩大版图的方法,但在瓜分亚洲的问题上,很快就会同其他大国发生冲突。

第 23 页。欧洲国家+土耳其+中国+美利坚合众国共拥有 15 813 201 平方英里土地和 850 103 317 人口,殖民地共 136 处,面积 22 273 858 平方英里,人口 521 108 791 人(**完全摘自莫里斯的第 2 卷第 318 页,这一点霍布森自己也指出了**)。

第 26—27 页。“**欧洲主要强国在 1884 年以后的扩张**”[①]:

英国(见第 20 页)	**3 711 957 平方英里**	**57 436 000**
法国	3 583 580 〃 〃 〃 〃	36 553 000(人口)
德国	1 026 220 〃 〃 〃 〃	16 687 100 〃 〃

俄国　(?)　114 320 平方英里　(?)　3 300 000(人口)
(这是希瓦+布哈拉)　　(这=希瓦+布哈拉)
俄国((希瓦(1873),布哈拉(1873[②]),关东(1898),满洲(1900)))

虽然标题是“在 1884 年以后”,但霍布森把希瓦和布哈拉都包括在内

比利时(刚果)	900 000	30 000 000
葡萄牙(**安哥拉,1886;东非,1891及其他**)	800 760	9 111 757

注意　注意:(霍布森在第 28—9 页增加了 1873 年和 1902 年的两幅非洲地图,清楚地表明了瓜分非洲的发展情况)。

① 见本版全集第 27 卷第 391 页。——编者注
② 霍布森的原文如此,应为 1868 年。——编者注

第 34 页：占总额的百分比：

每年平均数	大不列颠 从外国输入	从不列颠属地输入	大不列颠 向外国输出	向不列颠属地输出
1855—59	76.5	23.5	68.5	31.5
60—64	71.2		66.6	
65—69	76.0		72.4	
70—74	78.0		74.4	
75—79	77.9		66.9	
80—84	76.5		65.5	
85—89	77.1		65.0	
90—94	77.1		67.6	
95—99	78.6		66.0	

第 37 页

每四年平均数	百分比 殖民地等 从大不列颠输入	向大不列颠输出
1856—59	46.5	57.1
60—63	41.0	65.4
64—67	38.9	57.6
68—71	39.8	53.5
72—75	43.6	54.0
76—79	41.7	50.3
80—83	42.8	48.1
84—87	38.5	43.0
88—91	36.3	39.7
92—95	32.4	36.6
96—99	32.5	34.9

第 38 页。1901 年（截至 12 月止）：

（单位百万英镑）	从下列各地输入	%	向下列各地输出	%
外国	417.615=	80	178.450=	63.5
英属印度	38.001=	7	39.753=	14
澳大拉西亚	34.682=	7	26.932=	9.5
加拿大	19.775=	4	7.797=	3
英属南非	5.155=	1	17.006=	6
其他不列颠属地	7.082=	1	10.561=	4
	522.310=	100	280.499=	100

第 39 页。帝国同大不列颠的贸易(单位千英镑):

	每年平均数	输入总额	从不列颠输入	从不列颠输入的%	输出总额	向不列颠输出	向不列颠输出的%
1867—71	**印度**	**45 818**	**31 707**	**69.2**	**56 532**	**29 738**	**52.6**
	自治殖民地	**42 612**	**24 502**	**57.5**	**42 386**	**23 476**	**55.4**
	其他殖民地	**23 161**	**7 955**	**34.3**	**23 051**	**10 698**	**46.4**
1892—96	**印度**	**52 577**	**37 811**	**71.9**	**68 250**	**22 656**	**33.2**
	自治殖民地	**74 572**	**44 133**	**59.2**	**83 528**	**58 714**	**70.3**
	其他殖民地	**39 835**	**10 443**	**26.2**	**36 626**	**10 987**	**29.3**

摘自弗勒克斯教授:《旗帜与贸易》,«Journal of the Royal Statistical Society»[①]**,1899 年 9 月号,第 62 卷,第 496—498 页。**

第 48 页。"全部英籍侨民只占人口不大的一部分;这一部分在帝国主义扩张的最近几年中显著地减少了。在不列颠属地定居的侨民为数不多,在新帝国主义时期夺得的地区只占极小的百分比……"

从 1884 年起移往国外的人数开始减少[②]**:**

1884……242 179(其中 155 280 人移往美国)还应该减去移入英国的人数!!

1900……168 825(〃 〃 102 797 人移往美国)

((第 49 页))(作者列举了逐年的数字,比较详细)。

第 58 页。(根据马尔霍尔先生的计算)自 1862 年起英国在国外和殖民地的投资额及其增长情况:

① 《皇家统计学会杂志》。——编者注

② 见本版全集第 27 卷第 418 页。——编者注

年份	总额 单位英镑	每年增长数 %%	(单位十亿法郎) 英国	法国	德国
			3.6	—	—
1862	144 000 000	……	**15**	**10(1869)**	—
1872	600 000 000	45.6	**22**	**(1880)15**	?
1882	875 000 000	27.5	**42**	**(1890)20**	
1893	1 698 000 000	74.8		**27(1902)**	**12.5(1902)**
				40(1910)	**35(1910)**
1914	**4 000 000 000**		**(75—100(1914))**	**60(1914)**	**44(1914)**[①]

第 59 页。“在 1893 年,不列颠在国外的投资,约占联

15% ||| 合王国财富总额的 15%。这笔投资将近一半(77 000 万英镑)是给外国政府或殖民地政府的贷款,其余大部分投入铁路、银行、邮电以及其他属于政府的或受政府控制或受政府重大影响的公用企业,剩余的绝大部分投入土

(*) 地、矿山或与土地有直接联系的工业。”[②]

按照罗·吉芬爵士计算,1 698 000 000 这一数字比实际数字低。

(*) **第 59 页。投资:国外贷款——52 500 万英镑,殖民地贷款——22 500 万,市政贷款——2 000 万,贷款总额=77 000 万英镑。铁路:美国——12 000 万英镑;殖民地——14 000 万;其他——12 800 万;铁路投资总额——38 800 万英镑。其他:银行=5 000 万英镑;土地=10 000 万英镑;矿山等=39 000 万英镑。**

① 见本版全集第 27 卷第 377 页。——编者注

② 同上书,第 412 页。——编者注

∑=77 000万
38 800万 } **169 800 万**
54 000万

第 60 页。"可以不夸张地说,目前大不列颠的对外政策首先就是**争夺有利的投资市场**。" ‖ **注意**

第 62—63 页。"很多债务,甚至大部分债务是'公共的',债权却几乎总是私人的……

侵略性的帝国主义,要纳税人付出很高代价,对于工商业者来说殊少价值……**然而对于寻找投资场所的资本家,却是大量利润的来源**…… ‖

据罗·吉芬爵士计算 [1]),1899 年大不列颠从全部对外贸易和殖民地贸易(输入和输出)得到的全部年收入是 1 800 万英镑,这是按贸易总额 8 亿英镑的 2.5%推算出来的。"尽管这个数目不小,它却不能说明大不列颠侵略性的帝国主义。能够说明它的是"9 000 万—10 000 万英镑从投资得到的纯收入"①。 ‖ **1 800 万** 同 **9 000 万**

> [1]) **«Journal of the Royal Statistical Society»**②,**第 62 卷,第 9 页**。

投资者所关心的是减少同他们投入资本的国家政治条件有关的风险,"**进行投资的**和一般**进行投机的资本家**,也希望大不列颠在别国的领土插上 ‖ **注意**

① 见本版全集第 27 卷第 412 页。——编者注
② 《皇家统计学会杂志》。——编者注

自己的旗帜，以便获得新的地区来进行有利的投资和投机。"

第63页。"如果说投资者的特殊利益可能同公共利益发生冲突并导致有害的政策，那么**在投资中作为主要角色的金融家的特殊利益**就有更大的危险。普通的投资者无论在经济上或政治上，多半只是充当大金融公司手中的工具，大金融公司利用有价证券和股票，与其说是把它当做给他们带来利息的投资，不如说是当做**在金融**市场**上投机**的对象。"

注意

第68页。"为帝国主义效劳的具体经济力量是：一个广泛的、彼此很少有联系的集团，其中有的人从事工商业，有的从事其他各种行业，他们从扩大军事和民政的职务中，从军费开支中，从开拓新地区和同新地区的贸易中，从这一切活动所需要的新资本的动员中，谋求有利可图的生意和收入丰厚的职位，——他们把**总金融家**的实力看做自己的中心领导力量和指导力量。"(**"金融资本"**。)

第72页。法国和德国向英国关闭自己夺得的市场，其结果是英国也对它们关闭自己的市场。"帝国主义将抛弃在年轻时受过自由贸易学说教育的政治家的'旧班底'，那时就会公开采取为完善帝国主义政策所需要的保护主义……"(**72—73**)

第78页。工厂主和商人满足于同其他民族的贸易，而投资者则尽力设法"在政治上兼并那些有他们的最富有投机性的投资的国家"。

投资对国家有好处，它为国家开辟新的贸易市场"并为英国企业家找到工作”。放弃“帝国的扩张”就意味着把世界拱手让给其他民族。“由此可见,帝国主义不是一种自愿的选择,而是一种必然性”(=**帝国主义者的论断**)……

第80—81页(托拉斯)。自由竞争总是带来“生产过剩”,生产过剩使价格下跌,跌到使较弱的竞争者在竞争中无立足之地。设备最差、位置最不利的工厂纷纷倒闭,通过完全采用最新式的机器的办法降低生产成本,这就是形成托拉斯的第一步。

“工业集中于‘托拉斯’既限制了能够找到有效运用的资本的数额,同时又增加了会产生新积蓄和新资本的那部分收入。”托拉斯是作为一种解毒剂而产生的,用它来对付生产过剩、防止把过多的资本投入某一生产部门,因此,托拉斯的参加者想用于周转的全部资本,就不可能全部用于托拉斯的范围内。托拉斯力图用多余的资本“在其他工业部门中建立同类的组织,这样可以更加节约资本,而普通存户要为自己积蓄找到投资场所就愈来愈困难了”。

第82—4页。**美国**国内市场已达饱和程度,资本再也找不到投资的地方。

“工业大亨和金融大亨所属的、同时又属于他们的共和党,所以**把帝国主义作为**政策和政治实践,其明显的原因正是这种对国外的工业品市场和投资市场的突然的需求。罗斯福总统及其有‘明确宗旨’、负有‘文明传播者使命’的政党的冒险热情不应当使我们迷惑。**需要帝国主义的是洛克菲勒**、皮尔庞特·摩根、汉纳、施瓦布**先生**及其伙伴们,是他们把帝国主义加在这个西方的伟大共和国的头上。他们需要帝国主义,因为他们想利 **注意**

用本国的国家手段为资本寻找有利的投资场所，否则，这些资本就成为多余的了。

当然，要同一国进行贸易，或者在这个国家投资，并不需要占有这个国家，并且毫无疑问，美国本来可以在欧洲国家中为自己剩余的商品和资本找到某些出路。但是，这些国家在大多数情况下能够自给自足：其中大部分国家建立了对付工业品输入的税率，甚至大不列颠为了自卫也不得不回到保护主义。美国大工业家和金融家在寻找最有利的机会时将不得不把视线转向中国、太平洋和南美。他们不论在信念上或在实践上都是保护主义者，他们将力求尽可能地完全垄断这些市场，而德国、英国和其他贸易国家的竞争将促使他们同对于他们极为珍贵的市场建立特殊的政治关系。古巴、菲律宾和夏威夷，这些不过是盛馔之前刺激食欲的‘小吃’。此外，工业巨头和金融巨头对政治的强大影响，还形成一种如我们所指出的、在大不列颠和其他各地都在起作用的、特殊的刺激因素。追求帝国主义目标的国家开支，对于发放贷款的金融家、接受津贴的造船商和船主、提供武器和其他帝国主义装备的承包商和厂主这些人来说，是他们发财的又一巨大来源。”

注意

第 86 页。随着生产方法的改进，所有权和监督的集中，资本家在“有利地利用自己的经济资源”方面遇到愈来愈多的困难，“因而他们就愈来愈热衷于利用自己的政府，以便通过兼并或保护的办法能够为他们的私人利益利用某个遥远的不发达地区”。

注意

初看起来,似乎生产力和资本的增长超过了消费,因而不能在本国找到出路。他说,帝国主义的根源就在于此。但是……“**假如**本国的**消费者**随着生产力的增长相应地提高自己的消费标准,那就不会有过剩的商品和资本,也就不必求助于帝国主义来寻找市场了”。

哈哈!! 对帝国主义的庸俗批评的实质

第 89 页。“由于现代机器的发展,产品数量不断地增长。”财富可以为居民,也可以为一小撮有钱人所消费。但是工资水平使居民的消费有一定限度。有钱人为数不多,他们的个人消费也不可能吸收大量的产品。“有钱人永远也不会机灵到肯花足够的钱来防止生产过剩。”生产的主要部分用于“积累”。带着这一大部分产品的洪流“突然变得不仅不能进一步扩大,而且看来是开始阻塞起来”。

第 91 页。“这样,我们可以得出结论,所谓**帝国主义,就是**工业巨头力图用寻找国外市场**和国外投资**的办法为自己剩余的财富的洪流扩大河道,以便安置他们在本国卖不出去和无法利用的商品和资本。

作为不断发展的工业的必要出路的帝国主义扩张**是不可避免的**,——这样一种**假设的错误**,现在已经很明显了。**不是工业的发展**要求开辟新的市场和新的投资场所,**而是**消费能力**分配得不好**妨碍了在国内吸收全部产品和资本。”

帝国主义的不可避免性

参看卡·考茨基

第 94 页。“没有必要开辟新的国外市场,因为国内市场能够无限制地扩展。”

参看卡·考茨基

第96页。“可见,工会运动和社会主义是帝国主义的天然的敌人,因为它们要夺走‘帝国主义’阶级的那些作为帝国主义经济刺激的剩余收入。”

第100页。“我们看到,帝国主义意味着利用政府机关为私人、主要是为资本家谋利,保证他们从国外获得经济利益。”

“我国**对外贸易**的年平均额,1870—75年为**636** 000 000英镑,1895—98年增长到**737** 000 000英镑。国家的支出在这一期间由平均63 160 000英镑增加到94 450 000英镑。支出比整个**国民收入**增长得快,据统计学家大概的估计,这一期间国民收入大约从**1 200** 000 000英镑增长到**1 700** 000 000英镑。”

第101—2页。“在**四分之一**世纪多一点的时间内陆海军费由**2 500**万英镑增长到**6 000**万英镑,这是帝国主义财政具有极大意义的事实。正如我们所指出的,金融业、工业和行业集团组成了帝国主义的经济轴心,它们利用自己的政治实力向人民榨取这笔钱来进行更有利可图的投资和开辟新的投资场所,寻找销售自己的剩余商品的有利的市场。同时,从用于这些目的的国家资金中,他们还获得了**其他的巨大的私人利益**,如接受有利可图的**承包业务**和获得收入多或地位高的**职位**。”

第103页。“资本家是这一**明显的寄生性政策**的指挥者;但是同一动机对**工人中间的特殊阶层**也起作用。在很多城市中,最重要的工业部门都要依靠政府的订货;冶金工业和造船工业中心的帝国主义,也在不小的程度上可以归因于这个事实。”①

第114页。“在其他已经走上或刚刚走上帝国主义道路,而且**在爱国主义、文明等等假面具掩盖下的各种经济利益**同样错

① 见本版全集第27卷第414页。——编者注

综复杂的国家里,保护主义是传统的财政政策;问题只是扩大它的范围和使它走上必要的轨道。”

第 115 页。“这两个……国家(*)都将愈来愈屈服于打扮成帝国主义者和爱国主义者的**放债**阶级的影响。”

第 120 页。“居住在不列颠诸岛以外的 36 700 万不列颠臣民中,在立法和行政方面享有一些**真正的自治权**的,不超过 1 000 万人,换句话说,只占1/37。” ‖ !! 1/37

第 121 页。“在我们某些较老的直辖殖民地,在管理方面有**代议制的成分**。虽然行政权完全掌握在由国王任命的总督手里,总督下面设立由他任命的委员会,但立法会议的**一部分成员**由殖民地移民选举产生……

在这些殖民地中,代议制成分的大小和影响虽然很不相同,但**在任何一个地方它在数量上都没有超过非选举的成分**。因此,它主要是**咨议的**因素,而不是真正立法的因素。不仅选举产生的议员在数量上总是少于非选举产生的议员,**而且在任何场合,殖民部都可以**对立法会议通过的措施**任意行使否决权**。此外还应当补充一句,几乎在所有的场合,选举权都是同**相当高的财产资格**相联系的,这就阻碍有色居民按照他们在该地的人数和作用来行使选举权。”

第 131 页。“简言之,**新帝国主义扩大了不列颠专制制度统治的疆域**,远远超过我们少数民主殖民地的人口及其实际的自由的增长。

注意 ‖ (*)**即大不列颠和美国**。‖

它没有促进不列颠自由的传播和我们的管理方法的推广。

只要被我们兼并的国家和民族由我们管理,那管理总是采取**显然是专制的方法**,这些方法主要是由唐宁街决定的,在允许自治的殖民地兼并的情况下,则部分地由殖民统治中心决定。"

第 133 页。"**不列颠和平从来就是无耻的谎言**,近年来达到了骇人听闻的欺骗的最高峰。在我们的印度边境,在西非、苏丹、乌干达、罗得西亚,**战争几乎没有停止过**。"

第 134 页。"我们的经济分析发现如下的事实:**只有**投资者、承包商、**出口**产品制造商和某些行业集团等互相竞争的**生意人集团**的利益是彼此对抗的;这些集团**窃取**人民的权力和**冒充**人民的意见,利用人民的资财,来干自己的私事,并且**捏造**实际上毫无根据的**民族**对抗,在这场巨大的毁灭性的战争游戏中耗费人民的鲜血和钱财。"

第 135—136 页。"如果我们想**保持住** 1870 年以来所夺得的**一切**,并且在进一步瓜分非洲和亚洲的领土和势力范围方面同新的工业国家进行竞争,那**我们就得准备战斗**。与我们竞争的各帝国在南非战争时期公开表现出来的敌意,显然是我们的政策造成的,我们通过这种政策在**兼并**世界领土和市场方面已经比这些竞争者领先并且还在设法继续**领先**。"

第 143—144 页。"组织庞大的用'文明的'武器装备起来、用'文明的'方法加以训练、并由'文明的'军官指挥的土著人军队,是**各东方大帝国的、后来是罗马帝国的最后发展阶段**的最明显的特征之一。这是**寄生主义最危险的发明**之一。由于这一发明,宗主国的居民把保护自己生命财产的责任交给了由贪图名利的总督们指挥的不可靠的'被征服部落'。

!! ‖ 帝国主义**盲目症**的最奇怪的症候之一,就是**大不**

列颠、**法国等帝国主义**国家走上这条道路时所抱的那种漫不经心的态度。在这方面走得最远的是大不列颠。**我们征服印度帝国的大部分战斗**都是我们用**土著人**编成的军队进行的;在印度和近来在埃及,**庞大的常备军**是由英国人担任指挥的;我们征服非洲的各次战争,**除了征服南部非洲的以外**,几乎都是由土著人替我们进行的。”①

第151页。“德国、法国和意大利的**自由**党,作为实际政治因素来说,**或者已经消亡**,或者已经无能为力。英国的自由党今天已经暴露出它公然粗暴地背叛自由的基本原则,而正在徒劳无益地寻找能代替这些原则的纲领。……这种向帝国主义的投降意味着他们宁愿维护有产的和投机的阶级的经济利益(他们的大多数领袖就是属于这些阶级的),而不愿忠于自由的事业。”

!!

哈哈!!

第157页。“在议会制的**这种总的衰落**当中,‘政党制’显然在**土崩瓦解**,因为它是以国内政策的明显分歧为基础的,而这些分歧比起**帝国主义的要求和权力**来意义已经**不大**了。”

第158—159页。“**反作用**不仅可能,而且**不可避免**。因为我们帝国的受专制统治的地区正在日益扩大,驻在我们**直辖殖民地**、保护国和印度帝国的士兵和民政官员回到英国的愈来愈多,他们都是按照**专制精神和专制方法**训练出来的,同这些人一伙的还有许多**商人**、种植园主、工程师和**监工**,他们在当地是**上**

① 见本版全集第27卷第414—415页。——编者注

等人，过的是一种不受普通欧洲社会的一切健康因素约束的、不自然的生活；所有这些人带回了**这种外国环境培养出来的性格、感情和观念**。”

第 2 章(162—206)——蠢话。**标题是《从科学上维护帝国主义》，内容是“从科学上”（实际上是根据庸俗的自由主义）反驳达尔文主义“从生物学角度”等等为帝国主义所作的“科学的辩护”**。

和平和殖民地

第 204—205 页。“假定由**欧洲各国**及其殖民地组成的、能够防止它们之间的内部冲突的**联邦政府**有可能建立，那么信仰基督教的民族的这种和平将不断**受到‘劣等种族’**——黑种人和黄种人的**威胁**，这些劣等种族掌握了‘文明民族’留下的武器和战术，就能够采取野蛮的袭击来打败他们，就像欧洲和亚洲比较原始的部落打败了罗马帝国一样。”

有两种原因削弱了旧帝国的力量：(1)“经济寄生性”；(2)用附属国的人民编成军队[①]。

注意

第 205 页。“第一种情况是经济寄生习气，这种习气使得统治国利用占领地、殖民地和附属国来达到本国统治阶级发财致富的目的，**来收买本国下层阶级，使他们安分守己**。”[②]

① 见本版全集第 27 卷第 414 页。——编者注

② 同上。——编者注

第205—206页。"这种愚蠢和恶习的不祥的结合,在过去总是促使帝国衰亡。这对欧洲国家的联邦是否也会是不祥的呢?

显然是的,如果它们的集体力量将用于同样的**寄生的目的**,如果**白种人摆脱繁重的劳动,将靠剥削'劣等种族'而过着一种世界贵族的生活**,同时,把维持世界秩序的责任愈来愈多地交给**这些种族的人**。" 注意 注意

第207页。"对**现代**(**注意 概念**)帝国主义的实际历史的分析,揭示了形成帝国主义的经济力量和政治力量的结合。这些力量根源于一定的工业阶层、**金融阶层**和行业阶层的**利己主义的**利益。这些阶层在帝国扩张政策中寻求私利,并利用这一政策来保护自己的经济、政治和社会特权,对抗民主派的压力。" !!

第210—211页(注释2)。"**隐瞒**动机会使一个有经验的政治思想家走到怎样的地步,吉丁斯教授提出的**惊人的**论据,就是一个例子,他在论述'**被统治者同意**'是统治条件的时候,硬说'如果野蛮民族被迫接受比较文明的国家的统治,那么,证明这种强迫是合理还是不合理,完全不在于在建立这一统治权时,他们表示同意还是表示反抗,而只是在于下述**可能性的大小**:那些理解过去所做的一切的人,根据经验完全认识到政府为把被统治的居民提到比较高的生活水平而能够做到什么事以后,**表示自由的和明智的同意**' 关于"自决权"问题 !! !!

(《帝国和民主》,第265页)。看来,吉丁斯教授没有考虑到这种事后同意的奇妙学说的全部伦理力量,就在于对自由地和明智地表示同意的可能性的大小所作的判断,没有考虑到他的学说丝毫不能保证这种判断是权威的和公正的,也没有考虑到他的学说实际上是使任何民族都有权自称有传播文明的优越条件和本领而侵占和统治任何其他民族的领土。”

伦理社会主义者[54]

第212—213页(回答以“基督教的”传教活动来为帝国主义辩护的人):“我们用什么办法才能使两种结果的总数保持平衡?基督教和文明的分量是多少?工业和商业又是多少?看来,这些就是需要给以答复的奇妙问题。”

说得好!!

第214页。“他”(休·塞西尔勋爵于1900年5月4日在福音普及协会的演说(!!!))“认为,通过提高我们对传教事业的重要性的认识,我们将在某种程度上把帝国主义的精神神圣化。”

妙论!

第224页。“我们看到,整个过程的控制力量和指导力量,是金融动因和工业动因的压力,这种动因所考虑的完全是国内人数不多、有毅力和组织得很好的集团的直接的物质利益。”

“金融资本”

((站在老远袖手旁观,进行煽动,和在布尔战争[55]期间一样))

第227—228页。“琼果主义[56]不过是看到自己弟兄遭到危险、痛苦和屠杀就幸灾乐祸的旁观者的一种贪欲,一种用任何个人的努力、冒险或牺牲都不能把它洗干净的贪欲,这种人虽然不认识这些兄弟,却怀着盲目的、人为地激起的强烈憎恨和复仇情绪,渴望把他们消灭。**琼果主义者**热衷于冒险和盲目的狂暴的斗争。行军的艰难和令人厌倦的单调,长时期的等待,难忍的困苦,长期作战的可怕的厌倦,——所有这一切在他的想象中都不起任何作用;战争的缓和因素,在共同的危险中培养起来的良好的友情,纪律和自我牺牲的成果,尊重敌人的人格(应该承认敌人的勇敢,逐渐地认识到敌人是和自己一样的人)——**实际战争中的所有这些缓和因素是琼果主义者的感情根本不能接受的**。正是根据这种原因,某些和平的朋友认为,制止军国主义和战争的两个最有力的因素,就是全体公民都必须服兵役,并且都去体验一下侵略的滋味。

独出心裁!

……十分清楚,**旁观者的琼果主义贪欲是帝国主义的最严重的因素**。为了激起广大群众的这种情绪,而对战争和**整个帝国主义扩张政策**进行戏剧性的歪曲,这在帝国主义功绩的**真正组织者(一小撮生意人和政客,这些人知道要什么和怎样得到它)**的艺术中占有不小的地位。

琼果主义蒙上了军人英雄行为的真真假假的荣耀和缔造帝国的堂而皇之的主张,它正在成为**特种爱国主义**的灵魂,这种爱国主义可以用来

原文如此！ || **做出种种蠢事**或**犯下种种罪行**。"

第232—233页。"当然，产生危险的范围比帝国主义大得多，它包括**物质利益**的整个领域。但是，如果上面几章所作的分析正确的话，那么，**帝国主义就是这些利益的前哨**：帝国主义，对**从事金融**和投机的阶级来说，就是利用公共的资金来经营私人的事业；对于为**出口**而生产的工业家和商人来说，就是用暴力扩大**国外**市场和实行与此相关联的保护主义政策；对**官僚**和**行业**集团来说，就是为谋取**有名有利的差事大开方便之门**；对**教会**来说，就是加强它的威信和确立对劣等民族的广大群众在精神上的控制；对**政治寡头**来说，就是**使**民主力量**转移目标**的唯一有效的手段，就是在缔造帝国的光辉事业中开拓飞黄腾达的政治前途。"

"转移目标"

第238页。基德先生、吉丁斯教授和"**费边**"(**注意**)**帝国主义者从物质上的**需要来论证"'文明'民族控制热带地区"的必要性。热带地区的自然富源"对**西方文明的存在和发展**有**非常重大的意义**……　一方面由于温带人口的单纯的增长，一方面由于物质生活水平的提高，温带气候地区对热带地区的这种依赖必定会加强。"热带地区的空地应当愈来愈多地加以耕作。然而，炎热的气候在当地居民身上所形成的性格，使他们不能进步，因为他们无所忧虑，没有更多的需要。"土著人自己不会自愿地来开发热带的自然富源。"(239)

!!

第 239—240 页。"有人说,我们不能**让这些土地荒芜**;我们的义务是要使这些土地开发出来为大家谋福利。但是,白人不可能使这些地区'殖民地化',不可能在那里定居下来,用自己的劳动来开发这些地区的自然富源;**他们只能组织**和**监督**土著人劳动。通过这种办法,他们能够**教会**土著人各种手艺,激起他们在物质上和精神上要求进步的愿望,使他们有新的'要求',而这种要求,是每个社会的文明的基础。" !!!

第 251 页。"一句话,只要能够责成文明民族教育劣等种族的真正的国际委员会还不存在,自称受人'委托'不过是一种**无耻的冒充行为**。" (*)

(*)!! **委托(殖民地"委托"别人来教育自己,把这件"事情"委托给宗主国)**!!

第 253—254 页。欧洲各主要强国的托拉斯将是对欧洲以外的国家的剥削。欧洲人在中国的统治"用历史事实充分地揭露了这种妄论的全部荒谬性:什么基督教世界或构成它的民族所实行的对外政策是出于关心文明的冲动,是由这种关心所决定的…… **如果**对**劣等**种族实行**某种共同的国际政策的话**,那这种政策并不是**出于道德上的委托**,**而是出于商业上的'交易'**"。

(((**论欧洲联邦问题**!!)))

第 259—260 页。"在南非,最广泛的和归根到底最重要的斗争,是巴苏陀兰的政策同约翰内斯堡和罗得西亚的政策之间的斗争，因为正是在这个斗争中，我们清楚地看到了‘**健康的**’**帝国主义**和‘**不健康的**’**帝国主义**之间的差别，前者致力于保护、教育‘劣等种族’，并使他们自行发展，后者则使这些种族在经济上遭受白人殖民者剥削，白人殖民者把他们当做‘活的工具’使用，而把他们的土地当做矿产或其他有利可图的宝藏的贮藏所。”

第 262 页(注释)。“然而，在不列颠的保护国桑给巴

!! 尔和奔巴，**奴隶制还存在**，而且不列颠的法院承认这种状况……” 解放进行得太缓慢，这牵涉到许多人的利益。“奔巴的奴隶约有 25 000，目前根据法令得到自由的还不到 5 000。”

((**1897—1902**))

苏丹关于解放奴隶的法令在 1897 年颁布，而这个声明是 1902 年 4 月 4 日在反奴隶制协会的群众大会上宣布的。

第 264 页。“和殖民主义不同，帝国主义的实际历史清楚地说明了这种趋势”(**迫使土著人为了我们的利益来经营他们的土地的趋势**)。

第 265 页。“在世界大部分地区内，纯粹的或一定的**商业的**动机和行为造成了**帝国主义**由之发展起来的核心；最初的商业殖民点变成了工业殖民点，在它们周围出现了土地和矿产的**租让**，工业殖民点为了自卫，为了保证获得新的租让，以及为了制止和惩罚任何破坏协定和秩序的行为，需要拥有武装**力量**；其他

的利益,政治的和宗教的利益,开始具有更大的作用,最初的商业殖民点具有**更明显的政治和军事性质**,管理权一般都**由公司**转到**国家**手中,而表现得不明显的保护国逐渐具有殖民地的形式。”

第 270 页。当地居民被强迫去为工业公司工作;有时这是在组织当地居民的“民兵”的幌子下进行的,这种“民兵”似乎是为了保卫国家,但事实上必须为欧洲工业公司工作。 **注意**

第 272 页。小船靠岸以后,就拿出珠串和小玩意来引诱首领,首领得了这些礼物以后,就在“条约”上画押,而条约的内容他并不明白。条约是翻译人员和到这个地区来的冒险家签订的,从此这个地区就被认为是外来人的出生地——法国或英国的同盟者(**殖民地**)。 !!

第 280 页。在废除了直接奴隶制的地方,**捐税**是迫使土著人工作的手段。“这些捐税常被用来剥夺土著人的土地,强迫他们为挣工资而做工,甚至驱使他们暴动,然后对他们进行大规模的没收。”

第 293 页。“但是,只要无远见的、只看见自己狭隘的商业利益的白人农场主或白人矿主,靠本身的冒险行为,或者通过对殖民地政府或帝国政府施加压力,能够侵入‘劣等种族’的领土,为了自己的私利而把他们的土地或劳动据为己有,那么,**‘健康的’帝国主义**的第一条原则就遭到破坏,而关于**传授‘高尚的劳动’**和把‘幼年的’种族培养成人的空话,不管是矿业公司的经理说的还是政治家在下院说的,都和**无耻的伪善的典型没什么两样**。这些话都是**以伪造事实和歪曲**实际上决定着政策的**动因**

‖ 为基础的。"

‖ **第 295 页**。"在这些劣等种族中的每个**白种人殖民点**都打上了'**寄生**'的烙印;换句话说,在任何地方,白种人和有色人种之间的关系都不是正常的互相帮助的关系。白人的文明能够提供的最好的帮助,就在于做出采取最好的西方生活方式的那种正常的、健康的白人社会的范例,但是,由于气候条件和其他自然条件的关系,这种帮助几乎总是不能实现。少数分散的**白人官员**、**传教士**、**商人**、**矿山和种植园的监工**,形成了一个对这个民族的社会制度很少了解和同情的男性**统治**阶层,他们的存在根本无助于为这些劣等种族提供西方文明甚至能够提供的成就。"

注意

第 301 页。"**J. M.** 博维尔,大教堂的首席神父",是"**上帝和财神**之间的职业**调停人**",他在《德兰士瓦旗帜下的土著人》一书中详细地描绘了土著人如何被允许在矿场搭帐篷,从而使他们有可能"过着一种多少像自己的故乡的村落的生活"。所有这一切完全是**假仁假义的**空话;土著人过的"完全是农业的和游牧的"生活,他们是被强迫到矿上去**做工**挣钱的。

第 304 页。"土著人住在划定的区域内,不准离开土地,过着纯粹的奴隶生活,既没有投票权,也没有其他宣泄自己怨气的政治方式和求得进步的经济手段。"

(印度农民土地的数量)

‖ **第 309—310 页**。"然而,千百万印度农民正在为生存而斗争,他们每人只有**半英亩**土地。他们的生存就是**不断同饥饿斗争**,而结果常常是失败。他们难以求得的,还不是过**人的**生活(哪怕是按他们那种可怜的生活标准来说算是过得去的生活),而只是能够活下去,不致死亡…… 我们可以确切地说,在印度,除了灌溉区以外,饥饿成了一种慢性病,地方病。”

注意

第 323 页。“这种谬论”(**说什么“我们使印度文明化”**)“只有用帝国主义的诡辩来加以辩解,帝国主义编造这套谎言,是为了掩盖自己的真面目和帝国的某些既得利益集团所榨取的利润。”

第 324 页。“**新**帝国主义和老帝国主义不同的地方在于:第一,一个日益强盛的帝国的野心,被**几个互相竞争的帝国**的理论和实践所代替,其中每个帝国都同样渴望政治扩张和贪图商业利益;第二,**金融**利益或**投资**利益**统治着**商业利益。”①

注意:新帝国主义和老帝国主义的区别

第 329—330 页。“中国会扭转局势,压倒西方工业民族,利用它们的资本和组织力量,或者更可能的是,代之以自己本国的资本和组织力量,使自己生产的更廉价的产品**充斥于它们的市场**;同时拒绝用他们的进口商品来作交换,扣押他们的资本以保证它应得的付款,倒转过去的投资过程,直到中国逐渐地获得对自己原来的保护者和文明传播者的金融控制,——这并不是什么不可想象的

① 见本版全集第 27 卷第 404 页。——编者注

事。**这完全不是不切实际的幻想**"(**中国可能觉醒**)……

第332—333页。"军国主义还会存在很久,因为,正如已被证明的,它在许多方面成为**财阀**的支柱。同它有关的费用,给了某些强大的金融利益以**利润上的支持**;它是社会生活中的**装饰**因素,**而主要的是**,它是**制止**那些要求实行内部改革的社会力量的压力所必需的。比较集中的资本的力量,处处都比劳动的力量组织得好,并且有了较高的发展;**还在劳动谈论国际合作的时候,资本已经实现了国际合作**。因此,既然问题关系到最大的金融利益和商业利益,那么,十分可能,下一代将看到一种**使西方各民族之间的战争几乎不可能发生**的强大的资本国际联合。尽管自私的嫉妒心理和自己得不到也不让别人得到的'狗占牛槽'[57]政策,在目前使欧洲人在远东的活动有所削弱,但是当自命为联合的基督教世界的文化传播者的国际资本主义力量**将来用于和平开发中国**的时候,一出**真正的戏剧**就会开始。**那时**也就会发生真正的'黄祸'。如果说,期待中国发扬**民族的爱国主义**,从而产生**驱逐**西方剥削者的力量,是徒劳的,那就意味着中国**注定**要解体,把这种解体叫做中国被'肢解'比叫做中国的'发展'更为确切。

说得好!!

"欧洲联邦"

只有到那时,我们才会理解,这种历史上最巨大、最**革命的**事业是十分**冒险**和十分**愚蠢**的。也许,只有到那时,西方各民族才会理解,他们已经让一小撮私人投机者**把自己推向这样一种**

帝国主义,由于这种帝国主义,这一冒险主义政策的一切费用和一切危险都**百倍地增加**,而且**还无法毫无损失地**摆脱它。"

第 335 页。((**注意:寄生的前景**。))"**到那时**,西欧**大部分**地区的面貌和性质,都将同现在有些国家的**部分**地区,如**英格兰南部**、**里夫耶拉**以及**意大利**和**瑞士**那些游人最盛、富人最多的地方一样,也会有**极少数**从**远东**取得股息和年金的富豪**贵族**,连同一批人数稍多的**家臣**和**商人**,为数更多的**家仆以及从事运输**和易腐坏产品**最后**加工的**工人**。主要的骨干工业部门就会消失,而大批的**食品**和**半成品会作为贡品由亚非两洲源源而来**。"①

第 337 页。"但是帝国主义打入中国,其经济任务,我们知道,完全不是为了进行一般的贸易,而是为西欧投资者开辟新的广大的市场,从这个市场获得的利润不是全体人民的收入,而仅仅是投资的那一类资本家的收入。各民族开发日益增多的世界富源的正常的、健康的进程,受到这种帝国主义的本性的阻碍,**帝国主义的实质是发展投资市场,而不发展商业市场**,并且利用廉价的外国产品这种经济上的优势来排挤本国的工业和支持一定阶级在政治上和经济上的统治。"

帝国主义的实质

第 346 页。"**欧洲**统治**亚洲**依靠的是暴力,目的是为了发财,为这种统治辩护的理由,是欧洲似乎使亚洲文明化并把它的精神生活提到较高的水平——这大概会被历史看做是**帝国主义的极端**

① 见本版全集第 27 卷第 415 页。——编者注

不公正和极端愚蠢的行为。亚洲能够给我们的东西——世世代代的经验所积累下来的无价的智慧宝藏——我们拒绝接受；而我们或多或少可能给予它的东西，又被我们在做这件事的时候所用的野蛮办法所破坏了。这就是**帝国主义为亚洲**曾经做的和**正在做**的事情。”

第 350 页。“张伯伦先生在谈到 1886 年格莱斯顿法案，即爱尔兰自治法案时，说道：‘我想从**联邦制原则**方面去寻求解决的途径。我的最可尊敬的朋友却曾经在我国同它的自治的、实际上独立的殖民地之间的关系方面寻找蓝本。’但是，联邦制是比较好的，因为在这个制度下爱尔兰仍然是大不列颠不可分割的部分，而同自治殖民地的联系只是精神上的。目前，民主是朝着联邦制、联合的方向发展，而不是朝着分离的方向发展。”(**全部摘自张伯伦的演讲**)

【张伯伦主张联邦制，反对分离，反对“离心”倾向】

注意[58] 参看考茨基的“超帝国主义”论

第 351 页。“**基督教在各自占有若干未开化的属地的少数大联邦帝国里已经根深蒂固了，很多人觉得基督教正是现代趋势的最合理的发展，并且是这样一种发展，它最有希望在国际帝国主义的巩固的基础上达到永久的和平。**”①

认为出现了泛条顿主义、泛斯拉夫主义、泛拉丁主义、泛不列颠主义等等的思想，许多“国家联盟”(“Unions of States”)正在发展起来。

① 见本版全集第 27 卷第 429 页。——编者注

> **考茨基的"超帝国主义"和资本主义基础上的欧洲联邦会形成什么东西:形成"国际帝国主义"!!**

第 355—356 页。"联合王国"在实行目前的帝国主义政策的情况下,"如果没有殖民地的重大帮助,就无法承受由于必须扩大舰队而造成的财政负担"。这种情况可能导致殖民地的分离,因为它们的利益并不和帝国主义政策(英国的)联系在一起,在决定它(**政策**)的时候,殖民地起不了有任何决定性的作用,每个殖民地(作为一个联邦国)在多半很少有共同之处的许许多多英国殖民地中只是一个区区的少数。"帝国联邦"有利于大不列颠,不利于殖民地。

第 373 页。"新帝国主义**在扼杀自由的自治的国家组成的联邦**。殖民地也许会注意这一点,但是仍将走自己的老路。"

第 378—379 页。"不久以前形成的向外国投资的风尚,现在已发展到这种程度,**今天**大不列颠的富有的、政治上有势力的阶级,**从不列颠帝国国外的投资取得的收入的比重愈来愈大**。我国的富有阶级同还**没有**在政治上加以控制的国家的日益密切的**利害关系**,是现代政治中的**革命**力量;它意味着一种不断加强的倾向,即利用本国公民这一政治力量来**干预**那些在工业方面与他们有利害关系的国家的政治生活。

金融资本的政策

应当清楚地认识到,这种利用国家的公共资金来保护和提高私人投资的利润,实质上是**非法的**。”

((小市民的空想!!)) **第380页**。“这些力量通常叫做资本主义的力量,但是,最严重的危险所以产生,并不是因为在外国进行**真正的**工业投资,而是因为**以这种投资为基础的有价证券和股票是由金融家所掌握的**。”

第381—382页。“对**帝国主义**及其自然基础(军国主义、寡头统治、官僚政治、保护主义、资本集中以及剧烈的经济波动)所作的分析说明,帝国主义是**现代民族国家的最大的危险**。帝国主义势力在国内的权力,使它可以通过国家机关利用国家的资源谋取自己的私利。**只有建立真正的民主制度**,只有实行由人民领导的**有利于人民的**、通过受人民真正监督的人民代表来实现的政策,**才能推翻**这种权力。我国或任何其他国家是否能够建立这种民主制度,还**大可怀疑**,但是,除非国家的**对外政策**‘将建立在广泛的人民意志的基础上’,否则就很少有希望找到处方。”

小资产阶级民主派!!

对外政策民主化

第382—383页。“**帝国主义**还只是开始认识到自己的全部能力,开始成为统治各民族的高明手腕;给教育程度仅仅达到刚会阅读印刷品、而对自己阅读过的东西还没有批判能力的人们以广泛的投票权,这对机灵、干练的政客的计谋极为有利,他们通过控制报刊、学校以及在必要时控制教会,**在诱人的爱国感情的招牌的掩饰下,把帝国主义灌输给群众**。

帝国主义的**主要的**经济源泉,正如我们所发现的,在于经济机会的**不均等**,因此,某个特权阶级把收入中的剩余部分积累起来,这些多余的收入,在寻找有利的投资场所的时候,迫使他们愈走愈远。这些投资者及其金融指挥者对国家政策的影响,保证了受社会改革运动的危险威胁的**其他物质利益的全国性的统一**。可见,实行**帝国主义**有**双重的**目的:一方面以损害社会的利益来保证**投资者**和商人这些特权阶级的私人物质利益;另一方面把社会的精力和注意力从国内的鼓动方面**转移**到国外去,以巩固**保守主义的共同事业**。”

第 383 页。“把**帝国主义**叫做**民族的**政策,是**无耻的谎言**。**民族的**利益同这个**扩张**政策的每一个步骤都是不相容的。大不列颠在热带地区的任何扩张都是对**真正的不列颠民族主义**的毋庸置疑的削弱。在某些阶层中间,帝国主义甚至受到称赞,原因正是帝国主义打破了狭窄的民族界限,从而有助于和促进国际主义的发展。甚至有些人在帝国主义的压力下,**赞同或者原谅较大的民族用暴力镇压弱小民族**,他们以为,这就是在自然地接近世界联邦和永久和平。”

像库诺之流那样!!

帝国主义辩护士赞同吞并弱小民族!!

第 384 页。“对未来的国际主义所抱的希望,要求首先使**各个独立的民族**能够保存下去和自由发展,因为不这样就不可能逐渐发展国际主义,而只可能是企图建立**混乱的和不稳定的世界主义**的

乱七八糟 一系列失败的尝试。个人主义是任何健全形式的民族社会主义所必需的,**而民族主义是国际主义所必需的**;世界政治的任何有机的概念,都不能建筑在任何其他的假设上面。”

第 384—385 页。既然**有可能**建立代表人民利益而不代表一小撮寡头利益的真正的民族政府,那么民族之间的冲突也**同样**会消除,建筑在各民族利益一致基础上的和平国际主义(**沿着邮政公约等等这条道路**)将愈来愈发展。“经济联系作为日益发展的国际主义的基础,比所谓的种族关系”(泛条顿主义的、泛斯拉夫主义的、泛不列颠主义的等等)“或建立在某种势力均等的眼前打算上的政治联盟牢固得多,可靠得多”。

第 385—386 页。“西方国家更广泛的同盟,即**欧洲大国联邦**向我们展示的前途就是,这个联邦不仅**不会推进**全世界的文明**事业**,**反而有造成西方寄生性的巨大危险**:产生出这样一批**先进的工业国家**,这些国家的**上层**阶级从**亚非两洲**获得巨额的贡款,并且利用这种贡款来豢养大批**驯服的**家臣,他们不再从事**大宗的**农产品和工业品的生产,而是替个人服务,或者在**新的金融贵族**监督下从事次要的工业劳动。让那些**漠视这种理论**[①]、认为这个理论**不值得**研究的人,去思考一下

注意

① 列宁在《帝国主义是资本主义的最高阶段》这一著作中,在“理论”这两个字后面加了一个括号,其中写道:“应当说:前途”(见本版全集第 27 卷第 415—416 页和第 28 卷第 73 页)。——编者注

已经处于这种状态的目前**英格兰南部各区**的经济条件和社会条件吧。让他们想一想,一旦**中国受**这种**金融家**、'**投资者**'及其政治方面和工商业方面的职员的经济控制,使他们能从这个世界上所知道的**最大的**潜在富源汲取利润,以便**在欧洲消费**,这套方式将会扩展到怎样巨大的程度。当然,情况是极为复杂的,世界上各种力量的变化也难以逆料,所以不能**很有把握地**对未来作出某种唯一的预测。**但是**,现在支配着西欧**帝国主义**的那些势力,**是在向着这个方向发展的**。如果这些势力不遇到什么**抵抗**,不被引上另一个方面,它们就**确实会朝着完成这一过程的方向**努力[①]。 **对**

如果西方国家的**统治**阶级能够在这种联合(而资本主义一年比一年愈来愈明显地成为国际性的)中实现自己的利益,如果中国没有能力在本身发展足够的抵抗力量,那么**寄生的帝国主义**的可能性就**完全可以看出来**,这种帝国主义将在更大的范围内再现**后期罗马帝国的许多特点**。"

第 389 页。"**新**帝国主义本质上同这个古式的帝国主义〈罗马帝国〉没有什么不同。"它也是那样的**寄生者**。但是注定**寄生者**要死亡的自然规律,不仅适用于个人,而且适用于国家。过程的复杂性和事物本质的被掩盖可以**推迟死亡,但不能逃避死亡**。"认为**帝国主义**国家用暴力征服其他民族及其土地,是为了给予被征

① 见本版全集第 27 卷第 415 — 416 页。——编者注

服的人民以同自己所需要的一样的帮助,这分明是**撒谎**。帝国主义国家根本不打算给予等值的帮助,而且也不能给予这种帮助。”

完

笔　　记

"λ"

("拉姆达")

目　　录

λ

桑巴:《不是保障和平,就是产生国王》

马赛尔·**桑巴:《不是保障和平,就是产生国王》**[59],**巴黎,1913(欧·菲居埃),第5版((共278页))**。

(1913年7月20日出版。)

"假使我们发现,比如说,我们已被拉进通过军备竞赛直接导致战争的联盟体系;可是,这个联盟体系又是建筑在那些足以保证和平的基础之上的,那又怎样呢?"(第XI页)

"难道您不知道,现代的战争一天天变得愈来愈像工业企业,

动员就是一个巨大的工业业务，它同一切工业业务一样，要求有技术知识和能力吗？"(第13页)

"是啊！可以设想一个不那么脱离实际生活和活动的共和国。尤其是因为目前的共和国，就像我在前几页里试图表明的那样，不但不能进行战争，而且也同样不能保证和平，所以就更有这种必要了。"(第25页)

"别对我说：不这样也行，您不想去征服，您只是力求自卫，——这纯粹是废话。"(第28页)

"阿加迪尔危机以后，有一次，我曾在众议院中建议，试图成立一个新机构。"(第31页)

"建议的内容是组织一个由所有前任的外交部长组成的委员会来指导对外政策。"(第31页)

"把所有前任的外交部长召集在一起？但是，我的朋友，他们只会想到如何设法绊倒自己的继任者！咳！您是刚从天上掉下来还是怎么的？"(第33页)

注意 ‖ "**现代法国的金融史**，假如要坦率地写出来，那就是一部像洗劫被占领的城市那样的许许多多次掠夺的历史！

注意 ‖ 这是一部狡猾的金融家洗劫愚昧人民的历史。让我们看一看，在法国不是同本国公民而是同外国政府打交道时所发生的事情吧。"(第41页)

"为了说服它[①]，德尔卡塞 **60** 先生表示愿意把摩洛哥的一大块土地给它，并答应我们给予友好的援助和军事上、财政上的协助。

① 西班牙。——编者注

是根据互利的原则!20万精悍的西班牙士兵将很好地弥补我们兵力的不足。”(第49页)

“我们放过了多少个月才承认葡萄牙共和国的呢?

当我写这本书的时候,中华民国还没有得到我们的承认,而美国已经把它当做要人看待了!我们却为了我们的金融家而牺牲了它。

当挪威动摇的时候,我们是否作过一个表示,说过一句话呢?而它是期望我们这样做的!”(第65页)

“这20年来,如果我们不是专门设法制止西班牙的革命者,挫伤他们的意志,那就不止一个葡萄牙成为共和国了!我们就不需要用摩洛哥的土地去购买同西班牙的联盟!我们就不需要去讨论恢复三年兵役法了。”(第68页)

“顺便说说,我的朋友饶勒斯曾不止一次地对我说:‘您夸大了危险性。不应当认为战争一定要爆发。过去的每一年都在不断巩固和平,减少战争的可能性。预言冲突,岂不是相反地意味着增加这种可能性吗?’

如果我也能有这种信念,并能说服自己,似乎通过我们共同的努力,还能长时期地消除危险,那我就感到很幸福了。但是,正因为我担心会发生恰恰相反的情况,正因为我多年来思考这个问题,觉得相反的看法在我头脑中不断加强和巩固,我才写了这本书。”(第76—77页)

“其次,在最露骨地主张复仇的人自称为和平拥护者的时候,你们希望德国人会把我们的和平保证信以为真吗?

他们由此推论说,法国力图复仇,只是因为明智,我们才没有声张。他们觉得,我们是在防备着的,觉得我们准备利用一切看来会使我们取得胜利的机会。我请问所有正直的法国人:他们是那样不对吗?您敢从内心深处断言他们是不对的吗?假使真的出现了一种明显的特殊情况,使削弱了的德国处在我们的打击之下,而且看来我们一定会取得胜利,那我们对进攻德国这一点还会犹疑不决吗?我们之中谁敢担保和平的愿望能占上风,而好战的爱国主义狂潮不会摧毁任何的抵抗呢?"(第88页)

注意 ‖‖ "但是要知道,防御性战争同进攻性战争完全一样地是战争,防御的想法可能使人去进攻。"(第91页)

"这点应当衷心地鼓励!社会党人喜欢嘲笑和平主义者的尝试!他们认为这种尝试是一种国际慈善事业,

注意 ‖‖ **这种事业是在自己欺骗自己,甚至是在力图**欺骗别人,是在装着看不见战争是由经济所决定的这一点,就像私人行善不考虑自然而然地造成贫困的条件一样。

但是,社会党人的嘲笑毕竟是不对的!嘲笑不能阻止大多数的社会党议员参加'仲裁团'并去支持它的一切行动。"(第93页)

"莱昂·布尔茹瓦甚至提出了各民族联邦和欧洲联邦的构想!哎呀!我们竟同国际紧紧相邻了!"(第95页)

"……整个无产阶级!……与其打仗,不如起义……毒害人的报刊……资本家的阴谋……克勒佐……大炮的制造者……我们要用工人的起义来反抗资本家的力量……"(第106页)

"巴黎人民向德国人民致以兄弟般的敬礼,并且表示,他们准备用各种手段,必要时甚至用总罢工和起义来反抗战争祸首的罪恶勾当……"(第106—107页)

"我心里想,这里有一种忧虑:不肯承认自己的全部思想的人的忧虑。"(第108页)

"'只要战争一开始,他们就会看到!城郊工人区**终究**[①]有什么事情要发生的!'

终究?是的,这就是说,我们在非常大声地喊叫,为了使人感到恐惧,但是,我们在学雷神吼叫的时候,对于能不能控制雷神这一点,我们是完全没有把握的。

总罢工?是的,工会表示赞成!它们一定会行动起来!起义?街垒?是的!城郊一定会动起来,特别是当人民认为我们是侵略者,是祸首的时候。

试问,假如别人向我们挑战呢?假如威廉不再兜圈子,而向我们进攻呢?

'有德国社会党人来对付!'这话是说给对手或者是说给那些有怀疑的人,以及我们每个人身上的怀疑心理听的,它说得斩钉截铁。但是,过后内心又开始嘀咕:'如果德国社会党人也像我们一样,善良的愿望多于实际的力量,那又会怎样呢?……但是要知道,在需要洗牌的时候,边界双方的沙文主义报刊都是非常会做手脚的!'"(第108—109页)

"人们会刊印号召书、文章、新文件!写这些东西的将是那些不敢把什么都说出来的人,看这些东西的将是那些不敢什么都承认的人!"(第110页)

"要知道,陆军部开的黑名单是专门来针对我们的。要知道,是我们说的:一旦发生战争,就要用暴力威胁政府。"(第112页)

"如果我们感觉到是别人向我们挑战,那就会引起普遍的愤怒,不可遏止的洪流就会像过去在意大利那样决堤而出,冲走自己

① 黑体是桑巴用的。——俄文版编者注

道路上的一切!”(第114页)

“……不如起义!

我同意!……地点、情况、街道、同志们的相貌、报纸的号数,你们都看清了吗?”(第115页)

“我担心,当它爆发的时候,我们什么也不能做。”(第117页)

“这就是我们著名的朋友爱德华·瓦扬多次地给予法国的那种巨大的帮助,在一切困难的时刻他都向统治者提出了自己的著名的挑战:‘**与其打仗,不如起义!**’①

当局懂得:‘我们须要更加小心!我们不要轻率地去冒战争的危险!我们不要轻举妄动去冒失败的危险!这可能会成为新的9月4日[61]!’”(第119页)

“在巴塞尔的那些日子多美好啊!在那时候,‘国际’的游行行列沿着通向山上的街道向旧教堂涌去!”(第120—121页)

“在特雷普托的这30万个国际主义者当中有多少人会同意让无法自卫的德国处在沙文主义者的打击之下呢?

一个也没有!好极了!我为此祝贺他们!我们也不会同意把法国出卖给泛日耳曼主义者!”(第122页)

“总之,我们在每个国家都在起来反对本国的政府,以阻止他们发动战争,我们要把国际放在各自的祖国之上。”(第122页)

“由此可见,**在今天,在维护和保证欧洲的和平这件事情上,在任何情况下,对于防止任何危险,都不应对我们寄予比对和平主义者更多的希望**①。

辛酸的真理?你们这是在对谁说呢?然而这是真理,说出来

① 黑体是桑巴用的。——俄文版编者注

有好处。”(第 123 页)

“要明白,叫喊‘打倒战争!’,‘以战争对付战争!’,而事先并不知道用什么实际办法才能防止某种肯定的冲突,那就不过是念咒语,耍妖术,使魔法。”(第 124 页)

“魔法——是一种没有得到满足的愿望,这种愿望表露出来,并希望通过滑稽剧式的表演使它得到满足的时刻快些到来!”(第 125 页)

“正如我已说过的,起义的可能性是一种强有力的施加压力的手段,是一种极好的威胁。但是,如果威胁的时候已经过去了呢?如果已经宣战了呢?(第 126 页)

怎么办呢?举起红旗,在各个城市宣布建立公社,并且在起义之后,宁死也不向这国或那国的军队让步吗?我们科学社会主义者将会抱着这样一种荒谬的想法吗?要知道,现代的战争是一个大工业企业。一个既无炮兵又无炮弹就起来反对敌军的城市,就像一个起来反对大工厂的手工业者一样。现代化的军队会把起义的城市像吃浆果一样地一个个地吞掉,在 20 世纪的战争中,这只要一个星期就行了!用飓风似的炮弹和炮兵的集中火力!咳!我们的城市哪有时间彼此联合起来,组织共同的防卫,也就是说,假如我没说错的话,重新组成能经受打击的民族军队呢?

……但是,英勇牺牲——这是一种美好的一时的激情,而不是党的纲领!这不是战术!也不是严肃的战斗,也不是战略!”(第 127 页)

“笼统地喊叫‘打倒战争!’,向天空挥舞着拳头,以为这样就可以避开战争,这纯粹是幼稚!要想避开战争,光是害怕战争是不够的,要想避免战争,光是咒骂战争是不够的。”(第 128—129 页)

"没有任何条约规定我们这样做。我们是自愿这样做的;我们是心甘情愿地每年从法国工业中提取营养液,以自己的积蓄来扶持别国的工业。这一点大家都知道,而且大家都赞成。"(第199页)

"他说,'您没有考虑到,他们会要求准许德国的有价证券进入巴黎的交易所!'

不,这点我很清楚,德·瓦勒夫先生是完全对的!当然,德国人无疑地会要求这一点。"(第202页)

"对法国来说,法德协定的唯一结果应当是,最终确立欧洲和平并保证将来法国在团结起来的西欧中取得自由发展和应有的影响的条件。"(第213页)

"同他们"((**同谁?**))"联合起来","去粉碎德国人或使德国人屈服于他们的压迫之下,这种压迫连我们在长时间内也无法避免,那就等于向全世界表明,法国是在联合野蛮,反对文明"(第218页)。

"关于限制军备、关于'不断地和同时地'裁军,我们已经听够了!

这同我的老朋友德让特,一个善良的大好人大约在15—20年前所提出的那些建议简直一模一样!"(第225页)

"至于我,那毫不隐瞒地说,我觉得法德的亲善是一件孕育着重大的结果并正在为全世界开辟新纪元的重大历史性事件。一方面,这种亲善在开始的时候是实证的、狭隘的、有限度的,我们要求这种亲善完全是由于希望避免迫近的战争。另一方面,从将来的角度来看,我觉得,它正在形成未来的欧洲联邦的胚胎。"(第230页)

“……这将是入侵的序幕,像勃艮第人或诺曼人那样的入侵。这将是民族大迁徙。”(第 244 页)

“问题在于打仗的本能是同祖国的观念紧密地和深刻地联系着的。”(第 246 页)

“‘打倒战争!……’有一件事您看出了没有?在反战的群众大会上人们从来不喊:‘和平万岁!’

从来不喊!或者几乎是从来不喊!……

欢迎和平?我们到这里来是为了向祸害、向卑鄙行为、向我们所憎恨的战争、向准备战争的恶棍们表示抗议,为了同它们进行斗争。

‘但是,如果您憎恨战争,您就应该珍惜和平!’

这似乎是十分清楚、明白、无可辩驳的。但是,与逻辑相反,在人民的心灵深处有一种东西在说——不对,而人民的心灵是对的。

只是叫喊:‘和平万岁!’这样就完了?也就是说,有这种和平我们就满足了?我们就满意了?决不!如果需要,我们可以喊‘社会革命万岁!’但是不喊‘和平万岁!’打倒战争,这很好,因为这说得很清楚,很正确。是的,我们憎恨一切战争,不管是什么战争;但是,如果我们珍惜任何和平,那就不对了。工人群众不会珍惜资产阶级的和平,不会珍惜那种不经过战斗就把他们当做失败者看待的和平。工人群众模糊地感觉到,欢迎这种和平,就会造成一种印象,似乎他们唯一的愿望就是结束惊惶不安的局面,回到日常的因循苟且的环境,重新死气沉沉地转动自己的车轮。

但是,完全不是这样!”(第 249—250 页)

“我们的积极分子是理解群众的。”(第 251 页)

“但是,他心里觉得,这个农民在梦想光荣时所充满的热情像是多么炽烈的火焰:这样的欢欣的一天比那充满愚昧的整整一生还更有价值,并且觉得,下星期将在查塔尔贾工事旁被打死的青年,他的生命比他活到75岁死在自己的土地上还要久长。

他对这一点很清楚,如果他轻视这种好战的热情,那是因为他知道了另一种热情和另一种战争,他觉得,这种热情和战争更为崇高,他并且以一种怜惜和鄙视的心情,从这种热情和战争的高度来看待这种他已经熟悉了的并且自己经受过的旧的士兵的热情。”(第252—253页)

“在和平时期一无所有的工人,在战时也没有什么东西可丧失。他们只是冒着生命的危险,但是,他们所换来的却是枪杆子。有了这种枪杆子,他们就能做出很多事情。他们在期待这一点。不,绝对不是经济利益激起工人对战争的憎恨。”(第255页)

“您知道德国同法国再次作战时一定会赢得什么吗?

‘您以为是洛林的矿产吗?’

不,要多得多!到了巴黎城下就会拿下比利时和荷兰,就是这么回事。下(inferior)德意志……和它的殖民地,这些殖民地是非常可观的。”(第257页)

“现代祖国的边界,对我们来说,不是永久的不可克服的障碍…… 我们看到,法国地平线上正在升起一个新的欧洲联邦的太阳。”(第268页)

“如果我们能够把和平和欧洲组织起来,那我觉得,共和国、祖国和国际将会处于完全的和谐之中,我们就用不着把共和国收藏起来了。”(第272页)

舒尔采-格弗尼茨《不列颠帝国主义》一书摘录要目[62]

43 工人上层和工人群众对于教会

56 从上面

73 殖民地(**增加了一倍**)

75 (第二个爱尔兰)

87 19 世纪末的帝国主义

104 穆尔塔图利

119 斜堤

122 整个国民经济

159 20 世纪前的英镑

174 加拿大

217 (同上)

401 唯心主义为帝国主义服务!

402 德国领导人类。

412 (杰布)

415 (№53)

422 霍兰德

423 (№104)、同上№111

霍布豪斯,同上№112

马克斯

426 №116 和 118

№133

№136

№151

№155

№171

№342

№365

舒尔采-格弗尼茨:《不列颠帝国主义》

格·冯·**舒尔采-格弗尼茨**博士:《20世纪初的不列颠帝国主义和英国自由贸易》,莱比锡,1906(共477页)。

> 最大的坏蛋、庸人、康德主义者、拥护宗教、沙文主义者,——他收集了一些非常有意义的关于英国帝国主义的事实,写了一本文笔流畅、不枯燥的书。他到英国各地去旅行过,收集了许多材料和见闻。英国先生们,你们抢劫了很多,让我们也来抢劫一些吧,他把掠夺“奉为”康德、“奉为”神、“奉为”爱国主义、“奉为”科学=这就是这位“学者”的立场的实质!!
>
> (废话也很多。)

导言中叙述了“不列颠的世界威力的基础”是什么——同荷兰、法国……的斗争,清教徒教义、宗教感情((特别地))、性的戒律的伟大作用,等等等等。

注意(**上层**工人和宗教)

在英国,“教派是依靠中产阶级和部分地依靠**上层工人**的,而广大的普通工人群众,特别是在大城市里的,一般说来,是很少受宗教影响的”。

共和制和帝国主义!!!!

第56页:共和制和克伦威尔大大推进了英国帝国主义,**特别是**军舰的建造:在查理一世时代,“战斗舰”的建造一年不>**2**艘,而在共和制时代一年(1654)达**22**艘。

在曼彻斯特主义和自由贸易的极盛时代,对外政策有了特别蓬勃的发展:**1840—42年**的鸦片战争;舰队的费用(第73页):

1837年——平均每人 3先令3便士

1890年——〃〃〃〃 10〃〃

从1866年到1900年,殖民地**增加了一倍**(同上)。

"殖民地**增加了一倍**"

"罗伯特·皮尔爵士就说过:'我们的每个殖民地都是我们的第二个爱尔兰'……"(75)

注意

"恰好是在19世纪末的时候,不列颠帝国表现出了贪得无厌的野心:并吞了缅甸、俾路支、埃及、苏丹、乌干达、罗得西亚、南非各共和国……"(87)

顺便提到了**穆尔塔图利**[63],他描述了欧洲对殖民地的统治。(104)

待查!!

"……寇松勋爵称之为'印度城堡的斜堤[64]'的亚洲国家:波斯、阿富汗、西藏和暹罗。"(119)

"英国逐渐由工业国变成**债权国**。虽然工业生产和工业品出口有了绝对的增加,但是,利息、股息和发行证券、担任中介、进行投机等方面的收入,在整个国民经济中的相对意义愈来愈大了。依我看来,这个事实正是帝国主义繁荣的经济基础。债权人和债务人之间的关系,要比卖主和买主之间的关系更巩固些。"①(122)

注意

对!!

① 见本版全集第27卷第413页。——编者注

注意： 在19世纪末以前“垄断”

“他〈皮尔[65]〉这样做〈保证和巩固金本位〉，就把英镑提到了世界货币的地位——即英镑在19世纪末以前所垄断的地位。”(159)

“为了论证这些看法〈主张殖民地同英国结成关税同盟〉，人们举出帝国主义关税政策给德国向加拿大的输出所造成的损失，说加拿大是世界上唯一的、使德国近来的贸易扩张停滞的国家，这同不列颠的贸易兴旺正好相反，而且对西印度的糖业生产者有利。”(第174页)

	向加拿大的输出 不列颠 (单位百万英镑)	德国	德国向加拿大输出的糖 (单位百万**马克**)
1898	5.8	1.2	—
1899	7.0	1.2	—
1900	7.6	1.0	4.3
1901	7.8	1.3	6.2
1902	10.3	1.9	9.2
1903	11.1	1.8	2.4
1904	10.6	1.2	0

回头还要看!!

(**注意**)

(第217页)联合王国的输出(单位百万英镑)：

	1866	1872	1882	1902
向不列颠属地 ……………………	53.7	60.6	84.8	109.0
〃欧洲 …………………………	63.8	108.0	85.3	96.5
〃非不列颠亚洲、非洲和南美…	42.9	47.0	40.3	54.1
〃美国 …………………………	28.5	40.7	31.0	23.8

注意

“总之，在重视殖民地销售市场这一点上，可以完全赞同帝国主义者。但是，同主张财政改革的人相反,必须肯定地说,英国为了统治这些殖民地市场,直到现在并不需要实行优惠关税。英国从这种优惠关税中所能指望得到的最好的东西,就是在将来把慢慢渗入的外国竞争排挤出去。” ‖ 注意

“……在实行保护主义的这些国家〈外国〉当中,某些国家占领了愈来愈广大的原料区,并且为了本国的、以高额关税来保护的工业和航运业而垄断这些地区”,这一事实也在加强帝国主义的情绪……

“……在这方面美国的举动特别不客气。西印度和美国之间的航运过去完全是在不列颠的旗帜下进行的。自从波多黎各加入了美国的关税同盟、美国的沿海航运业获得了优势以后,不列颠的货运一下子就被排挤出去了。1900年,被征服的岛屿的对外贸易,97%都是通过美国船只进行的。”(229) ‖ 注意 ‖ 好例子!!

“按德国现行关税率向英国主要出口商品征的税,据英国蓝皮书的计算,约为商品价值的25%,而法国则征收34%,美国——73%,俄国——131%。”(230) ‖ 数字 **注意**

“从1865年到1898年,英国的国民收入增加了大约**1倍**,而这一时期‘来自国外的收入’,根据吉芬的计算,却增加了**8倍**。”[①](第246页) ‖ 注意(很重要) **1**倍和**8**倍

① 见本版全集第27卷第416页。——编者注

这里引的是罗伯特·**吉芬**的著作《经济研究和论文集》,1904,第2卷,第412页[和«Fabian Tract»[①]№7]。

1898年的国外投资收入从**9 000**万英镑(吉芬)

到**11 800**万英镑。不少于**1**亿英镑

注意 ‖ (第251页):人口　收入(估计数)　每人平均

1861——2 890万……31 180万英镑=10.7英镑　注意

1901——4 140　……86 690　=20.9英镑

不列颠产品的输出(不包括船只)

单位千英镑:

	(A) 输往实行保护关税制度的国家	(B) 输往中立市场	(C) 输往不列颠属地	共计
1870	94 521	53 252	51 814	199 587
1880	97 743	50 063	75 254	223 060
1890	107 640	68 520	87 371	263 531
1900	115 147	73 910	93 547	282 604
1902	100 753	69 095	107 704	277 552

(A)=欧洲和美国。(B)=南美、亚洲和非洲=“欧洲以外的原料区”。(C)=英国的殖民地。

((反复再看))　“组织在工会里的工人〈英国的〉早已走上了实际政治的道路。选举权的扩大使他们成了民主国家制度的主人,而且,选举权还有相当多的**限制**,以**排除真正的无产阶级**下层。”[②](298)

注意 很重要!!

① 《费边派论文集》。——编者注

② 见本版全集第27卷第417页。——编者注

“工人的这种有影响的地位对英国来说并不危险,因为半世纪以来的工会的和政治的训练已经教会工人把自己的利益同自己的工业的利益等同看待。诚然,在工资水平、工作时间等问题上,他们是反对雇主的,但是,在这以外的任何涉及他们那个工业部门利益的地方,他们都是同企业主一致的。在当前的经济问题上,企业主的联合会和工会往往是共同行动的。例如,在印度实行金本位制以前,郎卡郡的工会是一直拥护复本位制的;现在他们正在协助那种想把棉花种植引进非洲的意图。”(299) 注意

援引**爱·伯恩施坦**:《不列颠工人和关税政策帝国主义》(载于«Archiv für Sozialwissenschaft und Sozialpolitik»[①],第19卷,第134页)。 注意

现在(1903)工人反对张伯伦(1903年的工联代表大会以458票对2票)…… “包括**全部工人上层的合作社代表大会**也采取了同样的立场。”(第300页) 注意(关于合作社)注意

工人状况有了改善是不容争辩的。失业并不那么严重:“问题〈失业问题〉主要是涉及伦敦和**无产阶级下层,这个下层是政治家们很少重视的**。”[②](第301页)(作者引用《商业部的报告》,«Labour Gazette»[③],1905年12月,第355页。

① 《社会科学和社会政治文库》。——编者注

② 见本版全集第27卷第417页。——编者注

③ 《工人报》。——编者注

注意　注意

“1905 年 11 月,伦敦有 24 077 个失业者,而在英格兰所有其他的地方和威尔士只有 12 354 个失业者。”)(注释№400)

注意=

“考虑到这些事实,英国工人上层看不出目前有任何理由要根本改变英国的关税政策。”(第 **301** 页)

“金融资本”

“现在伦敦的证券交易所和过去的曼彻斯特的交易所一样,成了不列颠国民经济的中心点。但是,普遍认为,在形形色色的交易所圈子里,目前占主导地位的是异国的有价证券:殖民地、印度、埃及等的国家债券和市政债券,南美首先是阿根廷的和日本的债券,美国和加拿大的铁路股票和铜矿股票,但首先是南非和西澳大利亚的金矿股票、非洲的金刚石股票、罗得西亚的有价证券等等……

注意

……于是,新型的人上升到了首要地位,并操纵了不列颠的国民经济。**金融家**代替了生根于本国的、拖着建筑物和机器的重负的工业企业家,这种金融家创造有价证券,是为了尽快地再把它们脱手出去。”(310)

在热带地区,植物生长极快。比如,**香蕉**(香蕉粉,它的生产非常容易)、粟类、椰枣、大米等“大有前途”。“这些产品的数量实际上是无限的,这就驳倒了马尔萨斯关于食物有限的旧观念,肥沃土地可能贫瘠这样一种危险性也就不存在了。”(315—6)

(欧洲人在这里是不适用的,而黑人不用强制手段是教不会的。) ‖ 帝国主义者

"这就是从文化-历史方面为现代帝国主义辩解。现代帝国主义的危险就在于,欧洲在政治统治关系极端紧张的条件下,将把体力劳动,起初把农业劳动和矿业劳动,然后把比较笨重的工业劳动,推给有色人种去干,自己则安然地当食利者,也许这样就为有色人种的经济解放以及后来的政治解放作好了准备。"[①](317)

注意!!

注意
(前景)
注意
"欧洲"
=食利者
(让**黑人**驮着走)

"南美,特别是**阿根廷**,在金融上如此依附于伦敦,应当说是**几乎**成了**英国的商业殖民地**。"[②](318)

(热带和亚热带的大部分地区掌握在英国手中)

"在国外投资中占第一位的,是对政治上附属的或结盟的国家的投资:英国贷款给埃及、日本、中国和南美。在必要时,英国的海军就充当法警。**英国的政治力量保护着英国,防止债务人造反**……"[③](320) ‖ 注意

"它〈英国〉作为**债权国**,愈来愈多地依靠殖民地,依靠政治上处于不同程度的依赖的地区,依靠'新大陆'。" ‖ 注意

(作者在这里引用了注释№422关于1902/3年的收入的数字:从殖民地贷款所得的收入为2 140万英镑,从国外贷款所得的收入为756万英镑,其中欧洲只有148万英 ‖ !!!

① 见本版全集第27卷第416—417页。——编者注

② 同上书,第398页。——编者注

③ 同上书,第413页。——编者注

注意 镑!!!)"英国作为**债权国**,不依赖作为工业国的英国的自由贸易利益,相反地,在某些情况下它利于通过财政改革

注意 来加速殖民地的发展。这就是证券交易所同帝国主义之间的、对外政策同作为债权人的大不列颠的利益之间的内在联系。

债权国逐渐代替工业国而走上了首要地位。不管怎样,

注意 **作为债权人的大不列颠的收入已经超过全部对外贸易纯利的许多倍**。在1899年的8亿英镑的输入输出总额中,据吉芬的计算,对外贸易的纯利为1 800万英镑,而来自国外的借款利息的收入,根据谨慎的估计已达9 000万—10 000万英镑。并且后面这项收入的数目在迅速地增加,而对外贸易的收入按人口平均计算却在不断减少。此外,如果注意到战争、军事赔款、兼并和国外租让不断提高该国交易所发行证券的积极性,注意到金融界的领导人掌握了大部分的报刊来制造帝国主义情绪,那么,对于帝国主义的经济基础就不会有任何怀疑了。"(321)

((他说,但是,当然不仅是经济,还有思想、宗教等等等等。))

"伦敦交易所的最重要、最活跃的金融利益对政治帝国主义的依赖特别明显:南非人获得了中国人的劳动这样一种战利品,这是他们无论从克吕格尔[66]老头儿那里,还

!!! 是从改革过的人民腊德[67]那里都决不可能得到的。最使他们感到头痛的,是约翰·白恩士这样一个有声望的反对者认为,最好把中国人送回去,而把南非变成白人工会的苗床。南非人崇拜的偶像——塞西尔·罗得斯就宁愿要

没有组织起来的黑人劳动,似乎要把白人职员(他已经知道他们同情工会的那些白人职员)调到国内荒凉的地方,让他们到那里去尽情地向布西门人和祖鲁人宣传自己的学说。对澳洲式的白人工人运动的恐惧,是把兰德[68]的矿业大王缚在政治帝国主义车子上的一个绳结。"(322) !!! 注意 注意

((在注释№424中也直接引用了这样一句话:南非当地的"工业领袖"**害怕**澳洲的例子……)) 注意 注意 注意

"大不列颠**食利者**的人数约有100万。"(323)

	英格兰和威尔士的人口	主要工业部门的工人人数	%
1851	17 928 000	4 074 000	23
1901	32 526 000	4 966 000	15

注意

="按人口平均计算,从事生产的工人的比重下降"①((第323页))……

"债权国已给大不列颠的某些地区留下了深刻的痕迹。如果说,实行自由贸易还是实行财政改革这样一个问题,从某种角度来看,也就是工业国同债权国之间的斗争,那么这个问题同时也是南英格兰那些修建了许多别墅,而把工农业生产推到次要地位的'城郊'区域同北部从事生产的工厂区域之间的矛盾。食利者阶级还占据了苏格兰的大部分地区,把它改造得符合每年有三四个月在那里打高尔夫球、坐着小汽车和游艇旅行、打猎、钓鲑鱼的人们的要求。苏格兰是世界上最贵族化的'运动场',它像人们有些夸张

① 见本版全集第27卷第417页。——编者注

地讲的那样，是靠自己的过去和卡内基先生[69]生活的。”①(324)((作者在这里也像在其他许多地方一样，引用了霍布森的话))

这是摘自§5(第3章)，标题为:《食利国》。

§6，标题为:《资本主义的衰朽》，作者在这里叙述了英国在工业发展方面落后(落后于德国)的事实。

顺便提到了下列数字:

发出的**发明专利权证书**(第347页):

	给大不列颠	给德国	给美国
在德国(1904)——	574	—	474
〃法国(1904)——	917	2 248	1 540
〃大不列颠(1903)——	—	2 751	3 466
〃意大利(1904)——	337	1 025	314
〃奥匈帝国(1904)——	154	962	209
〃俄国(不包括芬兰)(1901)——	146	438	196
〃瑞士(1903)——	164	897	198
〃加拿大(1904)——	310	185	4 417
〃美国(1903)——	1 065	1 053	—
总计	3 667	9 559	10 814

【作者没有总计。】

1 400万英镑!!

旧的清教徒精神消失了。**奢侈的程度**正在增长(360及以下各页)……　“英国每年单是花在赛马和猎狐上面的费用，据说就有1 400万英镑……”②(361)

体育运动。清教徒进行过反对体育运动的斗争。体育运动是“有闲的有钱阶级成员”(362)生活的一切。

① 见本版全集第27卷第417页。——编者注

② 同上。——编者注

“典型的是,几种最受欢迎的民族体育运动项目都带有鲜明的财阀的色彩。”(362)

“它们〈这些体育运动项目〉专供贵族阶层取乐,他们靠黑人、中国人、印度人的劳动,靠从全世界得来的利息和地租生活,而把本国的土地宁可当做享乐的对象。”(363)

“……公众,连工人在内,都变成无所事事的、狂热的观众”(运动的)(363)。

“……食利者阶级就其本质来说是没有文化的。它靠过去和别人的劳动为生,正如威·莫里斯所指责的那样,终日穷奢极欲。”(363)

“对英国来说,问题是,食利者阶级的脖子,是否结实到足以承受社会主义想套在它上面的社会政治的车轭?英国的食利者现在是否已经拥有足够的财富,承受得了为换取荣誉而受的损失,用得起英国工人在八小时工作制和保证‘最低生活费用’的工资条件下所生产出来的产品呢?”(374)

“社会保护关税”,其主张;工人从价格**昂贵**中得益(«Fabian Tract»[1]№**116**)——第 375 页——使国家更加富裕,工人可以分享得更多。

“以食利者阶级为基础的 20 世纪的英国也许有可能实现”(这种主张的实现)(der Ausbau),“因为他们能迫使广大原料区交纳贡赋,用息票和股息来交付原料和食品的费用,用政治帝国主义来维护自己的经济统治权。任何地方如果要把未来的社会主义国家从天上移到人间,那一定会发现,这只有在严谨的

① 《费边派论文集》。——编者注

民族组织的基础上才有可能。像澳大利亚联邦这样一个最接近社会空想的国家,要是喊着‘全世界无产者,联合起来’,去和中国的苦力拥抱,那它就完蛋了。工党所幻想的那个英国,**无论如何不能简单地当做一种空想加以排斥**,但是它将是一种人为的社会结构,在债务国骚乱的压力下就会垮台,而这些债务国已经不是称霸的债权国用政治手段所能控制的了。”(375)

注释,№512,引用**1905年**12月16日(!)的«Justice»[①]说,“我们”应当“摧毁德国的海军”…… “海德门体现着社会主义同沙文主义的联系,——特别是针对德国的联系。”(第474页)

注意:

很重要的招认:

(1)社会主义同沙文主义的“联系”。

(2)“实现”社会沙文主义的条件(食利国,在政治上保护殖民地奴隶制等等)……

(3)工人的特殊性和贵族化(苦力)。

唯心主义为帝国主义效劳:

“经济活动本身还没有使人超脱‘动物界’,这只有使经济生活服从于比经济更高的目的才能做到。由于这一点,**仅仅**由于这一点,一个普通的劳动者,也就和世界的统治者一样,在经济领域中成为一个有文化的人。唯心主义的人口政策、唯心主义的民族政策、唯心主义的社会政策都要求有广泛的、包括在‘目的王国’之内的经济基础;这些政策提出愈来愈多的要求,而过去那种停滞的、受束缚的经济制度已经不能满足这些要求了。要担负起我们面临

① 《正义报》。——编者注

着的文化任务,我们需要有勇往直前的巨人那样的宽阔的肩膀,这个巨人就叫做现代资本主义。”(401)

能做到这一点的民族,“必将——为了造福于人类并且是按照上帝的意志——领导人类”(402)。 || 德国领导世界

完

总的来说,此书有科学价值的地方都是从霍布森那里**剽窃来的**。一个披着康德主义者外衣的抄袭者,一个宗教坏蛋,一个帝国主义分子,如此而已。

参考书目:

理查 · **杰布**:《关于殖民地民族主义的研究》,伦敦,1905。

阿 · 弗 · 温 · **英格拉姆**:《大城市的劳动》,伦敦(哪一年版?)

舒尔采-格弗尼茨特别赞扬主教**韦斯科特**,因为他“组织了企业主和工人领袖之间的友好往来,在主教宫廷安排了双方领导人的季度会议……在这里,以前彼此激烈争斗的人们学习相互尊重”(第415页,注释№53)。 || !!

霍兰德:《帝国和自由》,伦敦,1901。 |||

霍布豪斯:《民主与反动》,伦敦,1904。 |||

((关于旧的自由派的殖民政策,有很多有趣的论述))

理 · **科布顿**:“一个自由贸易的拥护者、和平之友”写的小册子,不来梅,1876年第2版。

科布顿主张和平和**裁军**。 ||

提到他的有**纳塞**的《英国经济个人主义的发展和危机》一 ||

‖ 文，载于«*Preussische Jahrbücher*»[①]，第 57 卷，第 5 编，第 445 页。

科布顿 | 例如，科布顿在论述殖民政策时说："我们能不能在那里〈在印度〉扮演暴君和刽子手的角色，而在本国又不破坏我们的性质呢？"（第 423 页，注释№104）同上，主张加拿大分离。

科布顿反对克里木战争（舒尔采-格弗尼茨第 70 页）。

约翰·莫利：《科布顿的一生》，伦敦，1896。**上下**两卷。

科布顿（注意）‖ "科布顿宣布英国的海上霸权是非法的'篡夺'，占领直布罗陀'是任何道歉也不能减轻其情节的横暴的例子'…… 在科布顿看来，统治印度'简直是一件没有希望的事'……是'冒险行为'…… 科布顿要求不列颠单方面裁减陆海军，作为各国裁军的第一步…… 科布顿认为，只有当一个国家的部分土地已经被敌人占领时，进行战争才是正确的……"（70—71）

!! 注意 注意 ‖

马克斯：《目前的帝国主义思想》，德累斯顿，1903。

德·梯叶里：《帝国主义》，伦敦，1898。

乔·皮·古奇：《帝国的心脏》，伦敦，1902（自由派对帝国主义的批评）。

德尔克斯-博帕尔德：《澳大利亚殖民地的国家制度历史》，慕尼黑，1903。

冯·**奥本海默**男爵：《英国帝国主义》，维也纳，1905。

爱尔兰人对英格兰的憎恨

① 《普鲁士年鉴》。——编者注

纽约«*The Gaelic American*»[1]。又:**1905 年** 11 月 18 日的会议(第 429 页,注释№136)——抗议爱德华(德尔卡塞等)**卷入对德战争**的政策。决议中说: ‖ 注意

"同日本联盟,保证英国获得日本的支持,以便控制印度;而它争取美国的支持,是为了控制爱尔兰和南非……"

关于"印度报刊的**反**调":……

梅雷迪斯·唐森:《亚洲和欧洲》,1905 年第 3 版。

扬哈斯本:《我们同印度的真诚关系》,载于《帝国和世纪》文集。

在 1902 年 2 月 17 日的«*The Monthly Review*»[2]上**也有他的文章**(我们现在调 200 000 军队到印度去,比在 1857 年调 20 000 人去还容易,在拥有优势的炮兵的情况下,他们会做出什么来呢? 第 434 页,注释№**155**)。 ‖ 注意

作者从有关塞西尔·罗得斯的许多著作中指出了一些"极其有趣的诽谤"(注释№171)。

马格努斯先生,伦敦(费舍·昂温),1896。书名? ||| 注意?

阿弗里坎德:《塞西尔·罗得斯——殖民主义者和帝国主义者》,载于«*The Contemporary Review*»[3],1896 年 3 月。

保尔·亚聪:《大不列颠收入分配的发展》,海得尔堡,1905。

罗·吉芬:《经济研究》,伦敦,1904。共 2 卷("极其乐观")(第 458 页,注释№**342**)。

爱·伯恩施坦:《不列颠工人和关税政策帝国主义》,载于«Archiv für

① 《盖尔族美国人报》。——编者注

② 《每月评论》。——编者注

③ 《现代评论》。——编者注

Sozialwissenschaft»[①],第 19 卷,第 134 页。

L. G. 基奥扎:《不列颠的贸易和关税同盟问题》,伦敦,1902。

埃·雅费:《英国的银行业》,莱比锡,1905,第 125、142、172 等页。"在国外开出、到英国提款的票据和在英国开出、到其他国家提款的票据的比例为 9 : 1。"(第 464 页,注释 №404)

注意

查理·迪尔克:《大不列颠的问题》,伦敦(哪一年版?)

亨·德·劳埃德:《现代英国》,1902(伦敦)。

舒尔采-格弗尼茨:《论社会和平》,莱比锡,1890。共 2 卷。

→澳大利亚的例子,它的影响:"面向统治阶级的社会主义"。

完

穆尔塔图利。

古奇:《19 世纪的史学和史学家》(1913)。

① 《社会科学文库》。——编者注

笔　记

“μ”

（“谬”）

目　录

μ

统　计

施瓦尔茨:《列强的财政体制》

奥·施瓦尔茨:《列强的财政体制》。

（格申版丛书。）第1卷和第2卷,莱比锡,1909。

下列表格(第1—2页)[①]是将**表格6**:“经济和福利发展的指标”

① 见本卷第512—513页间的表格。——编者注

② 《前进报》。——编者注

略为缩减了**一些**(很少一些)。

(国民财产**大部分**是根据马尔霍尔的数字。)

(第2卷,第93页)

国家税收增加了(按人口平均的马克数)

						增加
英国从1875到1907/8						
	直接税	从	7.6	增加到	26.6=	250%
	间接税	〃	31.9	〃〃〃	32.6=	2%
法国从1875到1907/8						
	直接税	〃	12.7	〃〃〃	18.9=	49%
	间接税	〃	39.2	〃〃〃	47.2=	20%
普鲁士从1875到1908						
	直接税	〃	5.8	〃〃〃	8.6=	48%
	间接税	〃	6.6	〃〃〃	20.4=	209%
德国从1881/2到1908						
	直接税	〃	6.3	〃〃〃	10.4=	65%
	间接税	〃	11.4	〃〃〃	24.2=	112%

第2卷,第63页

德国陆海军军费总数:

	1881/2	1891/2	1908
	408(单位百万马克)	536	1 069
按人口平均	9.0(单位马克)	10.8	16.9

《前进报》№103,1916年4月13日

«*Vorwärts*»[①],1916,№103(第33年卷),1916.4.13.社论:

① 《前进报》。——编者注

《未来的世界统治者》。

国民财富(1912)

美国	1 877.4	亿美元
德国	750	〃 〃 〃
英国	900	〃 〃 〃

美国在1915年(1914)的10个月内的输出:对亚洲的是115.8(77.6);对南美的是116.7(70.4);对大洋洲的是77.6(64.8);对非洲的是29.1(22.1)(单位百万美元)。

出售美国"有价证券"以支付弹药等等的输入:英国"出售了"**95 000**万美元;法国出售了**15 000**万美元;荷兰出售了1亿美元;德国出售了**3**亿美元;瑞士出售了**5 000**万美元。

产量(单位百万吨)

	煤(1913)		铁矿(1913)		生铁(1913)		钢(1912)	
美国		517.14		59.44		31.46		31.75
德国	278.98	570.99	35.94	52.19	19.30	29.94	17.30	24.31
英国	292.01		16.25		10.64		7.01	

消费量(单位千吨)(1913)

	铜		铅		锌		锡		消费量 棉花(单位百万包)	
美国		348.1		401.3		313.3		45.0		5.55
德国	259.3	404.0	223.5	414.9	221.3	415.9	19.3	43.7	1.26	4.54
英国	144.7		191.4		194.6		24.4		3.28	
									(这是在1912—3年)	

卡尔韦尔:《世

理查·卡尔韦尔:《世界经济导论》(《迈尔-路特希尔德丛书》(**1900** 年左右)综合起来的一个很有意义的尝试(我把这些数字归

＃ 世界主要经济区域	面积 单位百万平方公里	人口 单位百万	第一平方公里的人口	铁路 单位千公里	商船 船只(单位千)	吨(净重)单位百万
中欧区	27.6	388.4	14.05	203.8	41.2	7.9
	(23.6)	(146.1)				
不列颠区	28.9	398.0	13.75	140.3	35.3	11.1
	(28.6)	(355.4)				
俄国区	22.2	130.8	5.9	63.2	5.6	1.0
东亚区	12.4	389.4	31.4	8.2	5.2	0.9
美洲区	30.3	148.5	4.9	378.9	25.7	6.0
Σ=	121.4	1 455.3	12	794.4	113.0	26.9
"没有计算进去的"	14.6(左右)	70		22.3		
全世界	136	1 525		816.7		

＃ 在下面括弧里的是**殖民地**的面积(Fläche)及其**人口**。

界经济导论》①

第 30 卷)**1906**(3 马克)。把"**关于世界主要经济区域**"的数字纳为下表):

	电报		对外贸易额(进口+出口)1900 单位 **十亿马克**	煤炭产量(1900)单位百万吨	生铁产量 单位百万吨	黄金产量(1900)单位千公斤	棉纺织业纱锭数目(1900)单位百万	绵羊头数 单位百万	羊毛产量 单位百万公斤
	线路 单位千公里	电报(单位百万)							
	520.2	168.9	40.9	250.8	14.6	8.2	26.0	89.1	214.4
	313.3	121	24.8	249.4	9.4	279.9	51.2	158.5	447.0
	171.8	20	3.3	16.1	2.9	36.0	7.0	62.4	191.1
	60.7	17	2.4	8.3	0.02	12.4	1.8{[1])	175	59.0}
	526.8	79	13.9	245.6	14.0	131.6	19.5	143.5	438.1
			85.3	770.2	40.9	468.1	105.5	628.5	1 349.6
			2.5	0.1	0.5	2.7			
			87.8	770.3	41.4	470.8			
					1911 **70**				
德国			10.4	149.8	234.5				
大不列颠			15.3	228.8	276.2				
美国			9.2	244.6	450.2				
			34.9	623.2	960.9				
				=81%					

1)"世界上其他国家"(即"东亚"加其余的区域)。

① 见本版全集第 27 卷第 407 页。——编者注

对于殖民地,理·卡尔韦尔确定如下(**第90页**):

		人口(单位百万)
德国……………………	2.6(单位百万平方公里)	12.0
法国……………………	10.98	50.0
荷兰……………………	2.0	37.9
比利时………………	2.4	19.0
丹麦……………………	0.2	0.1
意大利………………	0.5(在的黎波里之前!!)	0.7
西班牙………………	0.2	0.3
葡萄牙………………	2.1	7.3
大不列颠……………	28.6	355.4
美国……………………	0.3	8.6

作者把英国和俄国以外的**整个**欧洲列入"中欧区"。

"没有计算进去的",即没有列入各区的有阿富汗、**波斯**、**阿拉伯**、非洲的阿比西尼亚、**摩洛哥**(作者落后了[71]!!! 书是在1906年出版的!!!)及其他地区。

1890年和1913年这五个区域铁路网的发展情形(见下列主要数字①)将是:

		1890:	1913:	
包括殖民地	中欧………………………	166.2 ——	268.9 +	102.7
	不列颠帝国……………	107.3 ——	207.8 +	100.5
	俄罗斯帝国……………	32.4 ——	78.1 +	45.7
(亚洲不包括殖民地)	东亚………………………	3.3 ——	27.5 +	24.2
	美洲(不包括殖民地)…	308.1 ——	521.9 +	213.8
		∑=617.3	1 104.2	

① 见本卷第536—544页。——编者注

《国际统计研究所公报》

(«Bulletin de l'institut international de statistique»)

XIX，1(第 382 页)

发动机(**马力**)

(电动机除外)

			蒸汽发动机 单位千	共计 单位千
(A)	丹麦	1897	47.5	52.0
		1907	112.0	131
	奥地利	1902	1 170.0	1 640.0
	瑞士	1905	?	516.0
	德国	1895	2 720	3 427
		1907	6 715	8 264
	比利时	1901	683	?
		1906	872	?
	法国	1901	1 761	2 285
		1906	2 605	3 551
(B)	美国	1905	19 440	22 240
	新西兰	1906	?	75
(C)	挪威	1905	79	308
	瑞典	1896	104	296
		1905	282	735
	芬兰	1907	70	161
	瑞士	1901	84	284
	荷兰	1904	331	?
	意大利	1899	390	742
		1903	615	1 151
	日本	1895	57	60
		1907	237	281

这个关于发动机的统计资料：

(A)是根据一般工业调查，

(B)是根据工业调查，

(C)是根据“行政上的”统计。

机车我没有列出(单独地)。我只列出了**蒸汽**发动机和**共计**[即+水力及其他，但没有包括电动机]。

资料极其杂乱和不完整!!

巴塞洛缪：《世界贸易图表集》

《世界贸易图表集》等。约·乔·**巴塞洛缪**。伦敦，1907。

有很多数据和带%等的图表，而且全世界的资料都有。

列举一二：

	世界贸易的增长单位百万英镑	联合王国		美国		德国		法国		联合王国（单位百万英镑）			
		输入	输出	输入	输出	输入	输出	输入	输出	从其他国家	从殖民地（联合王国的）	向其他国家	从殖民地
										输入		输出	
1800.	302	—	—										
1840.	573	52	51	20	23	25	27	31	28				
1850.	832	98	71	36	28	34	36	32	43				
1870.	2 191	259	199	88	89	179(1875)	129	116	112	238	64	189	55
1890.	3 450	356	263	159	174	207	166	177	150	324	96	234	94
1900.	4 420	460	291	171	282	288	230	188	164	413	109	252	102
1905.	5 440	487	330	242	329	336	279	191	194	437	128	285	123

货币流通图很有意思。

采用**正式**金本位制的国家——（占世界大部分）
〃 〃 〃 〃 **银** 〃 〃 〃 〃 〃 〃 ——中国＋波斯
〃 〃 〃 〃 **复** 〃 〃 〃 〃 〃 〃 ——只有非洲的一部分＋法国、西班牙、意大利
〃 〃 **实际**金 〃 〃 〃 〃 〃 〃 ——法国（英国）等
〃 〃 〃 〃 复 〃 〃 〃 〃 〃 〃 ——**美国**、**印度**
〃 〃 〃 〃 纸币本位制的国家——**西班牙**、**俄国**、南美

各国在世界贸易中占的比重:	1885	1905	同左，根据另一资料*)*) 1885	1900		1885	1905
联合王国	18.1	15.0	19.2	16.3	}	30.9	25.8
不列颠属地	12.8	10.8	10.7	9.7			
德国	10.0	11.3	10.3	11.0	}	29.2	28.9
法国	9.9	7.1	10.4	7.5			
美国	9.3	10.5	9.7	9.8			
荷兰	5.6	7.0	5.9	6.6			
比利时	3.5	4.0	3.7	3.5			
奥匈帝国	3.5	3.3	3.7	3.3			
俄国	3.4	3.0	5.6	4.6			
西班牙	1.9	1.4	2.1	1.5			
中国	1.4	1.8	1.8	2.5			
日本	0.4	1.5	0.5	1.1			
阿根廷	1.2	1.9	1.3	1.1			
其他国家	19.0	21.4					
			100	100			

))“另一资料”=«Statistisches Jahrbuch für das Deutsche Reich»①,第 24 年卷,1903,第 **25** 页*。

使用各种语言的人口

	单位百万
英语	111
德语	75
俄语	75
法语	51
西班牙语	43
意大利语	33
葡萄牙语	13

1905 年殖民地贸易

	方向：从不列颠属地输出	向不列颠属地输入
联合王国	143.8	143.4(单位百万英镑)
不列颠属地	58.5	56.1
外国	130.2	109.6

① 《德意志帝国统计年鉴》。——编者注

主要国家的商船（包括轮船和帆船）	单位百万吨
不列颠帝国	17.6
美国	4.2
德国	3.8
挪威	1.8
法国	1.7
意大利	1.2
日本	1.0
俄国	0.9
瑞典	0.8
西班牙	0.7
荷兰	0.7
等等	
全世界	37.5
其中 轮船	31.7

世界**小麦**产量的增长 单位十亿蒲式耳
1891——2.5
1895——2.5
1900——2.5
1902——3.0
几十亿蒲式耳

小麦产量 单位百万蒲式耳（1901—3）	
美国	664.7
俄国	509.2
法国	311.5
印度	263.1
意大利	157.0
西班牙	133.1
奥匈帝国	205.8
德国	139.8
加拿大	85.8
阿根廷	77.2
等等等等	
全世界	3 026.6

按人口平均的消费量	**小麦**	糖	肉类
		单位英磅	
法国	486	27	77
新西兰	400	97	212
澳大利亚	357	101	239
美国	315	68	150
联合王国	290	88	112
奥匈帝国	231		
德国	195	27	111
加拿大	155		90
荷兰	—	36	—
俄国	—	14	51

	大米 产量 单位百 万英担		黑麦 产量 单位百万 蒲式耳	**大麦** 产量 单位百万 蒲式耳		**茶叶** 产量 单位百 万英磅		**咖啡** 产量 单位百 万英磅
中国	550	俄国	887.5	335.2	中国	660	巴西	1 659
		德国	386.9	135.1	印度	200	哥伦比亚	70
英属印度	448.3	奥匈帝国	130.7	124.4	锡兰	150	爪哇	86
爪哇	90.0	法国	51.2		日本	59	危地马拉	74
日本	89.6	俄国亚洲部分	37.1		爪哇	19	印度	31
印度支那	33.1	日本	38.8		福摩萨[①]	18		
暹罗	14.8	美国	27.2	131.9	纳塔尔	1.8		
意大利和西班牙	20.1	西班牙	25.7		高加索	0.9		
		等等		印度 101.1				
全世界共计	1 257.9	全世界	1 672.9	1 218.6			总共输出=	2 283

① 即我国台湾省。——编者注

商船(净吨位)。单位百万吨

	联合王国	美国	德国	挪威	法国	日本
1860	4.6	—		0.6	1.0	
1870	5.6	4.2	1.0	1.0	1.1	
1880	6.6	4.1	1.2	1.5	0.9	0.09
1890	7.9	4.4	1.4	1.7	0.9	0.1
1900	9.3	5.2	1.9	1.5	1.0	0.9
1905	10.7	6.4	2.3	1.5	1.3	1.3

世界糖产量 单位百万吨		包括甜菜制糖	世界咖啡产量 单位千吨		世界原棉产量 单位百万英担		世界生铁产量 单位百万吨	世界黑铜产量 单位千吨		世界黄金产量 单位吨	
1850	1.4	0.2	1855—	321	1850	12.8	4.4	1851/60	49.9	1851	134
1860	2.2	0.4	1865—	422	1860	22.8	7.2	1861/70	88.5	1860	192
1870	2.7	0.9	1875—	505	1870	24.8	11.9	1871/80	117.0	1870	182
1880	3.7	1.8	1885—	718	1880	32.2	18.1	1881/90	233	1880	164
1890	6.1	3.6	1892—	700	1890	50.0	27.2	1891/900	364	1890	177
1900	9.8	6.1	1903—	1 150	1900	61.7	40.4	1901	518	1900	377
					1903	65.0	1903 46.1	1905	723	1904	500

世界煤产量

诺伊曼-施帕拉尔特。1883/4 年卷，第 **322** 页。

单位百万公吨		世界总贸易额
1860——136		—
1866——185		44.2
1872——260		57.8
1876——287		55.8
1880——345		63.8
1885——413		61.7(单位十亿马克)
	1885 年:	世界对外贸易
大不列颠	161.9	输入+输出
德国	73.6	
美国	103.9	

世界全部 **商 船**:

1872——15.5(单位百万吨)

1875——16.7 〃 〃 〃 〃 〃

1880——19.3

1885——20.98

1885 年主要国家:

大不列颠……	7.6
德国……	1.2
美国……	2.6
挪威……	1.5
法国……	0.9
意大利……	0.9
俄国……	0.3

按人口平均的消费量

	茶 单位英磅 (1903)	咖啡	酒 单位加仑	啤酒	酒精	黄油	(1910—3) 煤炭 单位英担
联合王国	6.0	—	0.3	28.8	1.0	19	78.4
美国	1.3	11	0.5	18.4	1.0	20	70.5
德国	0.2	6	1.1	27.2	1.5	8	34.2
法国	0.1	4	32.7	7.6	1.7	8	22.7
俄国	1.2	—			1.8	5	2.7
奥匈帝国			5.0	8.6	1.7	7	7.7
荷兰	1.4	14.5	比利时	40.1	1.6	15	
澳大利亚[72]	7.1	—	0.8	11.6	0.7	17	24.5
加拿大	4.0	—		5.0	0.9	22	33.4
		意大利	27.5		丹麦	22	
		西班牙	17.0			比利时	58.4

产量

	酒 单位百万加仑	啤酒	酒精（纯酒精）	鱼 单位百万英磅
法国	1 216	240	45.1	5
意大利	880			
西班牙	395		8.9	
俄国		137	86.3	8
奥匈帝国	169	420	55.2	
阿尔及利亚	124			
比利时		308		
葡萄牙	134			
德国	49	1 512	84.1	
希腊	66			
加拿大				4
日本				5
美国		1 561	58.6	11
联合王国		1 253	29.2	10
荷兰			7.6	
全世界	3 330			

（1900—1903 年平均产量）

	原棉 单位百万英担
巴西	0.5
小亚细亚	0.3
土耳其斯坦	1.8
非洲	1.5
埃及	5.4
中国	4.0
墨西哥	0.4
美国	45.4
印度	9.6
全世界	70.0

《世界贸易中的粮食》

《**世界贸易中的粮食**》，帝国皇家农业部……版，**维也纳，1900**。

这部内容极其丰富的著作（**860＋188** 页。8 开本）是关于 1878—1897 年（往往时间还更长些）粮食的生产、消费和贸易的极其丰富的统计资料（（基本数字非常多））的极其详尽的汇编，这样的汇编，我是没有见到过的。大概是这方面最好的了【注意：有很多材料引自**诺伊曼-施帕拉尔特**的«Übersichten der Weltwirtschaft»①（和尤拉舍克）】。

最重要的选录如下（*）。

① 《世界经济概述》。——编者注

	铁矿单位百万吨 (1900—2)	钢 (1901—3)	煤 (1901—3)	铜 (1905)	铜的消耗量单位千吨		黄金单位百万盎司 (1901—3)		煤油单位百万加仑 (1902—4)
美国	30.7	14.3	284.0	0.41	215	德兰士瓦	4.9		
德国	17.5	7.3	152.8	0.02	144	美国	3.7	………	3 573
联合王国	13.2	4.9	225.5	—	133	澳大利亚	3.5		
俄国	5.4	2.0	16.1	0.009	29	俄国	1.1	………	2 728
法国	5.0	1.6	31.9		63	加拿大	0.9	日本	51
奥匈帝国	3.4	1.2	39.5		26	墨西哥	0.5	印度	87
西班牙	8.0	0.2		0.04		印度	0.5	罗马尼亚	98
墨西哥				0.06		新西兰	0.4	加利西亚	179
意大利					18	罗得西亚	0.3	苏门答腊，爪哇，婆罗洲	231
瑞典	3.7	0.3							
比利时	—	0.8	22.6						
澳洲				0.04					
全世界	90.4	33.0	812.4	0.7	679		17.7		6 996

(*)这里所用的单位是1**公制担**=1双担。1公担=1双担=100公斤(1双担)。

也就是说,这里采用的是1公担=1双担=1**公制担**。

1吨=1 000公斤。

1英亩=40.467**公亩**。

1俄石=209**升**。

1普特=16.379公斤。

参看第8页,注释2:3.674蒲式耳=1公担(=1双担)。

第6页,注释2:100**升**小麦=78**公斤**……(燕麦100**升**=45公斤)等等。

【例如,第271页:49 348普特=8 083公担。】

#①

世界产量(单

平均年产量	小麦	黑麦	大麦	燕麦	玉蜀黍 1)	共计
1878—82	554.5	303.7	176.4	319.7	492.0	1 846.3
1883—87	579.7	330.2	182.9	356.9	543.9	1 993.6
1888—92	592.0	310.2	191.5	366.6	603.1	2 063.4
1893—97	642.7	370.1	214.4	408.7	608.4	2 244.3
西欧						
1878—82	233.4	130.4	102.8	159.3	70.1	
1893—97	250.1	145.2	100.5	171.2	74.2	
见下页①						
东欧						
1878—82	87.5	162.2	43.2	90.5	29.7	
1893—97	147.2	209.3	71.6	118.3	37.6	
下页,注释 1①						
西欧						
1876—85	10.89	10.17	13.0	11.73	11.23	
1886—95	11.16	10.89	13.18	12.01	10.93	
每公顷收获量 3)						
东欧						
1876—85	6.69	6.20	6.92	5.96	10.06	
1886—95	7.36	6.64	7.78	6.45	10.60	
每公顷收获量 3)						
美国						
1876—85	8.35	8.18	12.45	10.09	15.89	
1886—95	8.58	7.95	12.66	9.36	14.79	

1)**美国**的玉蜀黍产量:379.2;426.9;471.4;465.8((即美国>

2)这些数字(第 21 页)是作者从**宗德贝格**的著作中摘来的。年和 1886—95 年的统计数字表示**每一居民平均**的粮食产量(单

3)这也是宗德贝格的数字(第 26 页),表示**每公顷**的收获量

① 见本卷第 530 — 533 页。——编者注

位百万公担)

百分比						第37页	第39页	
小麦	黑麦	大麦	燕麦	玉蜀黍	共计	欧洲、美洲和澳洲居民		
						单位百万	%
100	100	100	100	100	100	440	=100
105	109	104	112	111	108	466	106
107	102	109	115	123	112	495	112
116	122	122	128	124	122	526	119

103	57	43	71	19	2)
96	56	39	73	17	

每一居民平均(单位公斤)

102	153	45	82	45	2)
110	145	49	79	47	

75%))。

宗德贝格把匈牙利、加利西亚和布科维纳列入了东欧。1876—85
位公斤)。

(单位公担)。

每一**居民**平均的消费量(单位公斤)

欧洲

	小麦	黑麦	大麦	燕麦	玉蜀黍
1878—82	111.9	89.8	44.4	76.7	36.7
1883—87	112.4	92.3	42.5	74.5	33.3
1888—92	108.1	81.8	41.4	70.6	35.3
1893—97	116.1	91.9	45.2	75.6	34.9

美国

	小麦	黑麦	大麦	燕麦	玉蜀黍
1878—82	100	9	19	101	592
1883—87	107	8	21	131	621
1888—92	105	8	23	129	648
1893—97	78	6	16	117	525

#

包括下列国家[1])：

«Statistisches Jahrbuch für das Deutsche Reich»①, 1915

	小麦平均产量 单位百万双担 1878—92	1893—7	单位百万吨(1 000公斤) 1913	黑麦产量 单位百万双担 1878—82	1893—7
1. 比利时	4.7	5.0	0.40	4.2	5.2
2. 保加利亚	7.4	9.9	1.65	1.9	1.9
3. 丹麦	1.2	1.0	0.2	4.4	4.8
4. 德国	23.7	29.5	3.97	58.5	70.6
5. 芬兰	0.01	0.04	0.004	2.4	3.1
6. 法国	75.2	84.0	8.7	17.6	16.7
7. 希腊	1.4	1.3	?	0	0
8. 大不列颠	22.1	15.0	1.4	0.4	0.5
爱尔兰			0.03		
9. 意大利	40.3	33.2	5.83	1.3	1.1
10. 荷兰	1.4	1.2	0.1	2.6	3.1
11. 奥匈帝国	37.9	52.4	1.6	29.5	31.2
匈牙利			4.5		

1) 用黑体的国名＝“**东欧**”

① 《德意志帝国统计年鉴》。——编者注

欧洲+美国

小麦	黑麦	大麦	燕麦	玉蜀黍
118.2	79.4	41.9	82.6	127.5
118.2	80.7	40.1	86.1	132.1
114.1	71.2	39.4	83.1	136.9
116.1	79.0	41.3	85.7	125.2

(欧洲+美国(第93页))

头四种谷物	欧洲 (头四种谷物)	美国 (头四种谷物)
322.2	323.4	314.5
325.2	321.7	346.9
307.8	302.0	341.8
322.1	328.8	284.5

«Statistisches Jahrbuch für das Deutsche Reich», 1915

每**公顷**收获量(单位双担(100公斤))

(2)

单位百万吨	小麦			黑麦		
1913	1876/85	1886/95	1913	1876/85	1886/95	1913
0.57	16.3	18.5	25.2	14.9	16.9	22.0
0.27			16.0			14.9
0.43	22.0	25.2	33.7	15.9	16.0	17.6
10.43	12.7	13.7	20.7	9.8	10.6	17.2
0.24	10.6	11.8	10.9	9.7	10.6	9.9
1.27	11.2	11.9	13.3	10.0	10.6	10.6
?	—	—	—	—	—	—
0	18.2	20.1	21.1	—	—	—
0.005			25.6			
0.14	8.0	7.4	12.2	—	—	11.4
0.42	16.9	18.7	24.2	12.9	14.3	18.5
2.70	10.8	10.7	13.4	9.9	9.9	13.8
1.34	9.6	12.4	12.8	8.3	10.2	11.9

(2) 1913年的数字摘自«Statistisches Jahrbuch für das Deutsche Reich»,1915。其余的摘自第781页。

	小麦			黑麦	
	单位百万担		单位百万吨	单位百万双担	
	1878—82	1893—7	1913	1878—82	1893—7
12. 葡萄牙	1.7	1.9	?	1.3	1.3
13. 罗马尼亚	13.4	15.4	2.3	1.2	2.1
14. 俄国(欧洲部分＋波兰)	55.1	112.6	22.8	152.9	198.3
15. 瑞典—挪威	0.9	1.2	0.2	4.9	5.7
挪威			0.08		
16. 瑞士	1.0	0.9	0.1	0.5	0.4
17. 塞尔维亚	2.4	2.2	0.4	0.3	0.3
18. 西班牙	23.1	24.7	3.0	5.1	4.4
19. 土耳其(欧洲部分)	7.7	5.6	?	3.3	3.5
欧洲	320.9	397.3	∑=57.0	292.6	354.4
20. 阿尔及利亚	5.6	6.1	1.0	0	0
21. 埃及	4.8	3.3	?	—	—
22. 阿根廷	3.8	16.2	5.4	—	—
23. 澳大利亚	8.5	8.7	2.4	—	—
24. 加拿大	8.2	11.1	6.3	0.5	0.5
25. "开普殖民地和纳塔尔"	1.0	0.8	0.1	—	—
26. 智利	4.1	3.9	0.6	—	—
27. 印度	69.4	62.3	9.9	—	—
28. 日本	3.7	5.1	0.7	4.2	8.4
29. 突尼斯	1.0	1.8	0.1	—	—
30. 乌拉圭	0.8	1.8	0.1	—	—
31. 美国	122.7	124.2	20.8	6.3	6.7
欧洲以外的国家	233.6	245.4	∑=47.4	11.1	15.7
全世界	＝554.5	642.7	104.4	303.7	370.1
卢森堡			0.02		
墨西哥			0.3		
新西兰			0.1		

注意。见下页的总结论①。**注意**

① 见本卷第535页。——编者注

单位百万吨	小麦			黑麦		
1913	1876/85	1886/95	1913	1876/85	1886/95	1913
?	—	—	—	—	—	—
0.09	—	10.6	14.1	—	—	10.5
24.69	5.3	5.6	9.1	6.0	6.4	8.5
0.56	13.1	14.8	24.2	13.4	14.4	14.1
0.02			17.6			16.3
0.05	—	—	22.0	—	—	19.2
0.04	—	—	10.7	—	—	8.7
0.71	—	—	7.8	—	—	9.1
	—	—		—	—	
西欧	10.9	11.2		10.2	10.9	
东欧	6.7	7.4		6.2	6.6	
	8.0	9.2		7.3	7.8	
0.00			7.2			13.7
—						
0.03			7.8			9.0
—			(7-10-16)			8.1
0.06			14.1			12.1
0.00			4.5			—
0.04			14.4			13.0
—		6.3	8.3			—
—	—	10.9	14.4		11.9	15.2
—	—					—
0.00			4.5			8.4
1.05	8.3	8.6	10.2	8.2	7.9	10.2
0.02						
0.00						
0.00						

每一居民平均**消费量**(单位公斤)

		德国	法国	大不列颠	意大利	奥匈帝国	俄国
小麦	1878—82	55.3	214.0	188.1	123	—	—
	1883—87	57.2	213.0	164.6		91.8	—
	1888—92	59.8	213.0	171.1		92.5	18.9
	1893—97	71.8	204.0	167.0		100.5	37.4
	1913 *)	96					
黑麦	1878—82	129.3	38.0	1.3	—	—	—
	1883—87	118.6	37.0	2.1	?	66.2	—
	1888—92	108.5	36.0	2.1	3.3	60.4	111.0
	1893—97	126.7	38.0	2.7	2.9	59.2	139.0
	1913 *)	153					
大麦	1878—82	48.7	31.0	?	—	—	—
	1883—87	51.8	31.0	67.0	?	41.9	—
	1888—92	55.8	32.0	68.6	6.0	37.6	17.8
	1893—97	59.8	31.0	71.7	5.2	38.4	27.1
	1913 *)	108					
燕麦	1878—82	89.1	91.0	?	—	—	—
	1883—87	84.1	95.0	84.6	?	51.9	—
	1888—92	86.9	96.0	87.4	8.1	48.8	48.1
	1893—97	85.3	92.0	85.8	7.2	51.6	65.7
	1913 *)	128					
玉蜀黍	1878—82	5.1	20.6	48.5	65.0	—	—
	1883—87	3.8	23.4	41.7		68.2	—
	1888—92	8.4	23.3	44.9		77.6	2.3
	1893—97	14.4	22.4	53.8		82.2	4.7

*) «Statistisches Jahrbuch für das Deutsche Reich»,1915。

这些用铅笔写的 1913 年的数字,**显然是无法比较的**,因为比 1893/7 年的数字也**高得多**。

作者的总结论：

“正如上面已经指出的，最近几十年的粮食生产，由于人口密度和交通条件的不同，在各地区和各国的发展是极不相同的。在正朝着都市化方向（如果可以这样说的话）发展的西欧中部，在英国、比利时、荷兰等国，由于在相对的单位面积产量提高的同时缩减了播种面积，小麦、黑麦、大麦和玉蜀黍的生产减少了，而主要作牲畜饲料用的燕麦的产量却增加了。 注意

西欧的其他地区，除了边缘地区以外，则有些增减不一；播种面积不再扩大了，但是单位面积产量却大大提高了，因此，几乎各种谷物生产都在继续增加。在西欧和东欧交界的地区，在瑞典、波兰、加利西亚、匈牙利等国，由于播种面积的扩大，特别是由于单位面积产量的大大提高，总产量有了极大的增长。在东欧，主要是由于播种面积的扩大，谷物产量增加得特别多，但这只是指主要的粮食作物而言，而不是指次要的粮食作物。 注意

在大洋彼岸的地区，也要把美国、加拿大、阿根廷和乌拉圭这样一些由于自己的地理位置，或者由于交通和铁路网的发达而与西欧人口稠密的中心地区有较密切的联系的国家，同其余的国家区别开来。前者主要靠扩大，有时是急剧地扩大播种面积，发展了本国的粮食生产；而后者只有少数几国增加了生产。由于生产受了这种限制，埃及和日本是输入粮食的，阿尔及利亚和突尼斯由于法国的经济政策，成了主要是供应法国的国家；而印度、南非和澳大利亚，由于人口的关系，由于交通不 注意

注意 ‖ 发达,不能经常生产出超过它们本国需要的大量的剩余粮食。”(第 36 页)

铁 路[73]

«Statistisches Jahrbuch für das Deutsche Reich»①,第 36 年卷,1915,柏林,1915(2 马克)。《国际概述》,第 31 表(第 46 页*)。“1890 年和 1913 年全世界铁路”。((摘自:«Archiv für Eisenbahn wesen»②(普鲁士王国……部出版),1892 和 1915。)

三类(1、2 和 3)是我分的

∑(和∑∑)是我加的,顺序也是我排列的

(单位公里)

	1890	1913
(1)**大不列颠和爱尔兰**	32 297	37 717
(1)**马耳他、泽西、缅因**	110	110
(1)**葡萄牙**	2 149	2 983
(2)西班牙	9 878	15 350
(1)**法国**	36 895	51 188
(1)**比利时**	5 263	8 814
(1)**荷兰**(+卢森堡)	3 060	3 781
(1)**瑞士**	3 190	4 863
(2)意大利	12 907	17 634
(2)瑞典、挪威和丹麦	11 566	21 354
(1)**西欧的老殖民地的国家**	82 964	109 456

① 《德意志帝国统计年鉴》。——编者注

② 《铁路业文汇》。——编者注

西欧。∑	117 315	163 794
(2)德国	42 869	63 730
西欧。∑∑	160 184	227 524
(2)西欧。**保加利亚-马扎尔国家**	77 220	118 068
(3)奥匈帝国(+波斯尼亚+黑塞哥维那)	27 113	46 195
(3)俄国(欧洲部分)(+芬兰)	30 957	62 198
(3)罗马尼亚	2 543	3 763
(3)塞尔维亚	540	1 021
(3)土耳其欧洲部分	} 1 765	1 994
(3)保加利亚		1 931
(3)希腊	767	1 609
巴尔干国家。∑	5 615	10 318
(3)东欧。∑∑	63 685	118 711
整个欧洲(Europa):	223 869	346 235

(单位公里)

美洲:	1890	1913
加拿大(+纽芬兰)	22 712	48 388
美国(+阿拉斯加 1 054 公里)	268 409	410 918
墨西哥	9 800	25 492
中美[1])	1 000	3 227
安的列斯群岛[2])	2 338	6 022
北美和中美。∑	304 259	494 047
哥伦比亚和委内瑞拉	1 180	2 020
英属圭亚那	35	167
荷属〃〃〃	—	60
巴西	9 500	24 985
巴拉圭和乌拉圭	1 367	3 011
阿根廷	9 800	33 215
智利、玻利维亚、秘鲁和厄瓜多尔	5 276	12 603
南美。∑	27 158	76 061
整个美洲	331 417	570 108

(单位公里)

	1890	1913
所有法国属地	40	224
所有不列颠属地	[23 181]	49 185
所有荷兰属地	—	60
美国	268 409	410 918
波多黎各	18	547
墨西哥+中美+安的列斯群岛	12 646	33 340
南美(殖民地除外)	27 123	75 834
共计	331 417	570 108

		1913	
1)	危地马拉	987	公里
	洪都拉斯	241	
	萨尔瓦多	320	
	尼加拉瓜	322	
	哥斯达黎加	878	
	巴拿马	479	
		∑= 3 227	

				# 1890
独立国 2)	古巴	3 752	…………	1 731
独立国	多米尼加共和国	644	…………	115
独立国	海地	225		
	牙买加	313	英属	
	波多黎各	547	美属	18
	马提尼克	224	法属	474
	巴巴多斯	175	英属	
	特立尼达	142	英属	
		∑= 6 022		2 338

在1903年出版的(第一次)《国际概述》里,18**90**年的数字是:

古巴	1 731
‖ 多米尼加共和国	115
‖ "安的列斯群岛"	492
	(公里)2 338

(#)这些数字我是摘自«Archiv für Eisenbahnwesen»1892，第 496 页，其中 **474** 这个数字是把牙买加、马提尼克、巴巴多斯、特立尼达**都**包括在内的。

1890 年可以假定为：

法国的(马提尼克)……	40 公里	Σ=2 338
不列颠的……	434	
美国的(波多黎各)……	18	
独立国……	1 846	

亚洲：	1890	1913
小亚细亚、叙利亚、阿拉伯和英属塞浦路斯(98 公里)	800	5 468
波斯	30	54
英属印度（不列颠的）	27 000	55 761
锡兰（不列颠的）	308	971
荷属印度 {爪哇、苏门答腊}	1 361	2 854
马来亚国家(婆罗洲、西里伯斯等)[4])	100	1 380
葡萄印度	54	82
暹罗	—	1 130
印度支那和**菲律宾**(美国的)[1])	105	3 697
俄国(西伯利亚和中亚细亚)[3])	1 433	15 910
中国	200	9 854
日本(+朝鲜)	2 333	10 986
所有不列颠属地(塞浦路斯、印度+锡兰、马六甲)…	27 408	58 204
所有**法国**属地	105	2 493
整个亚洲	33 724	108 147

[4])根据«The Statesman's Year-Book»①，**英属**婆罗洲(它的**英属**部

① 《政治家年鉴》。——编者注

分)在1912年有130**英里**(同上,1915年版)

(**荷属**)西里伯斯?

{ **注意**。大概所有的"马来亚国家"都应该列入不列颠属地 1901年为**439**公里。

	1913 单位公里
[1]) 交趾支那、柬埔寨、安南、东京	2 398 法属
本地治里…………	95 法属
法国属地总计	2 493
马六甲	92 英属
菲律宾	1 112 美属
	∑=3 697

1890年栏内的数字105包括交趾支那、本地治里和东京(就是说,都是法国属地)。

[3])中东铁路(1 480公里)列入**中国**(1913年)

	非洲:	1890	1902:	1913
	阿尔及利亚和突尼斯	3 104		6 382
	比属刚果	—		1 390
	埃及(+苏丹)	1 547		5 946
	南非联邦	3 825		17 628
(*)	英国殖民地	[98][6])	1 503	3 790
(*)	德国殖民地	—	470	4 176
(*)	意大利殖民地	—	27	155
(*)	葡萄牙殖民地	[292][6])	992	1 624
(*)	法国殖民地	[520][5])	1 160	3 218
	(*)	[910][2])		12 963
	整个非洲	9 386		44 309
	所有英国属地	[5 470]		27 364
	〃〃法国〃〃	3 624		9 600

6）大致分布情形

1885 年诺伊曼–施帕拉尔特确定毛里求斯岛为 147 公里（!!），安哥拉＋莫桑比克——440（!!!）

5）摘自«Archiv für Eisenbahnwesen»，1892，第 **1229** 页

2）包括：

1902：		1890：
169	（英属）毛里求斯岛	
127	法属留尼汪	126
	法属“塞内加尔地区”？	394
543	葡属安哥拉	
449	葡属莫桑比克	

澳洲：		1890	1913
不列颠帝国	澳大利亚联邦	15 769	30 626
	新西兰	3 120	4 650
美国：夏威夷（连同毛伊岛：11 公里和瓦胡岛：91）		—	142
整个澳洲		18 889	35 418
共计		617 285	1 104 217

（包括殖民地在内）	1890	1913
美国	268 427	412 719
不列颠帝国	107 355	207 856
俄国	32 390	78 108
德国	42 869	67 906
法国	40 664	63 505
	491 705	830 094

		1890	1913
4个小殖民国家(比利时、荷兰、葡萄牙、意大利)		25 086	39 377
11个非殖民国(欧洲的其余部分)		57 362	98 080
＃ 日本		2 333	10 986
＃ 半殖民地国家	亚洲的	1 030	16 506
	美洲的	12 646	33 340
＃ 南美(10国)		27 123	75 834
共计 ……………………		617 285	1 104 217
＃ 减去前5个国家		125 580	274 123
亚洲和美洲的独立国和半独立国		43 132	136 666

所有的殖民地
(美洲、亚洲、非洲和澳洲)

亚洲、非洲和澳洲

1890:	1913:		殖民地:	1890:	1913:
74 948	170 029	………	英国的 …………	51 767	120 844
3 769	12 317	………	法国的 …………	3 729	12 093
1 361	2 914	………	荷兰的 …………	1 361	2 854
346	1 706	………	葡萄牙的 ………	346	1 706
1 433	15 910	………	俄国 ……………	1 433	15 910
—	1 390	………	比利时的 ………	—	1 390
—	155	………	意大利的 ………	—	155
—	4 176	………	德国的 …………	—	4 176
18	1 801	………	美国 ……………	—	1 254
81 875	210 398	………	所有殖民地	58 636	160 382
			日本………	2 333	10 986
			半殖民地:{小亚细亚、波斯、暹罗和中国}	1 030	16 506
			共计	61 999	187 874
			欧洲………………………………	223 869	346 235
			美国………………………………	268 409	410 918
			ββ 所有殖民地 …………………	81 875	210 398

＃	半殖民地:亚洲 …………………………	1 030	16 506
	〃 〃 〃 〃 美洲 …………………………	12 646	33 340
	(墨西哥、中美+安的列斯群岛)		
	日本 …………………………………	2 333	10 986
	南美(殖民地除外)……………………	27 123	75 834
	共计	617 285	1 104 217
	＃ αα	43 132	136 666
	αα ＋ ββ	125.0	347.1

主要来源是«Archiv für Eisenbahnwesen»。**1892** 年卷(第 15 年卷)我翻阅过。在前几页里作了补充。

1890 年“马来亚国家”的数字**仅仅**是合计数，括弧里什么也**没有**(“婆罗洲、西里伯斯等”这几个字是没有的,这是 1915 年版的«Statistisches Jahrbuch für das Deutsche Reich»里注明的)。

有几十年的数字——1840 年及以后的年代(至 1890 年)——布罗克豪斯百科词典也转载了这些数字。

有建筑费用的统计数字(大部分是 1888—1891 年的)

欧洲　平均每**公里** 302 500 马克
欧洲以外的铁路　〃 〃 〃 〃 〃 160 600 〃 〃

Σ= **1 310** 亿 马克 ‖ 全世界平均是 212 100,即大约 **1 310 亿**马克 (212 100×617 300)
212 100×200 000=400 亿[①]。

把这些关于铁路的统计材料同下列数字(«Statistisches Jahrbuch für das Deutsche Reich», 1915)比较一下，是有意义的

① 见本版全集第 27 卷第 409 页。——编者注

煤产量(单位百万吨)

	德国	法国	俄国	大不列颠	美国
1892	92.5	26.1	6.9	184.7	162.7
1912	255.7	39.2(1911)	31.0	264.6	450.2(1911)

生铁产量(单位百万吨)[1]

	德国	法国	俄国	大不列颠	美国
1892	4.9	2.0	1.1	6.8	9.3
1912	17.6	4.9	4.2	9.0	30.2

注意 煤铁生产的发展同铁路的建筑(垄断=殖民地)之间的不协调,是很显然的。

与垄断组织和金融资本问题有关!!

《银行》杂志

«Die Bank»[2]杂志,1910,第 222 页

1898—1909 年**交易所行情和行情曲线图**。

—— **交易所行情**(贴现分公司、哈朋内公司、波鸿公司和电气总公司的股票行情,月底平均数)。

—— **生铁价格**(英国生铁(格拉斯哥)在汉堡的开盘价,每季平均数)。

……… **劳动市场**(每季平均流入德国劳动介绍所的工人数。为了便于比较,劳动市场的曲线是**倒着**画的,最高数**朝下**)。

① 见本版全集第 27 卷第 410 页。——编者注

② 《银行》杂志。——编者注

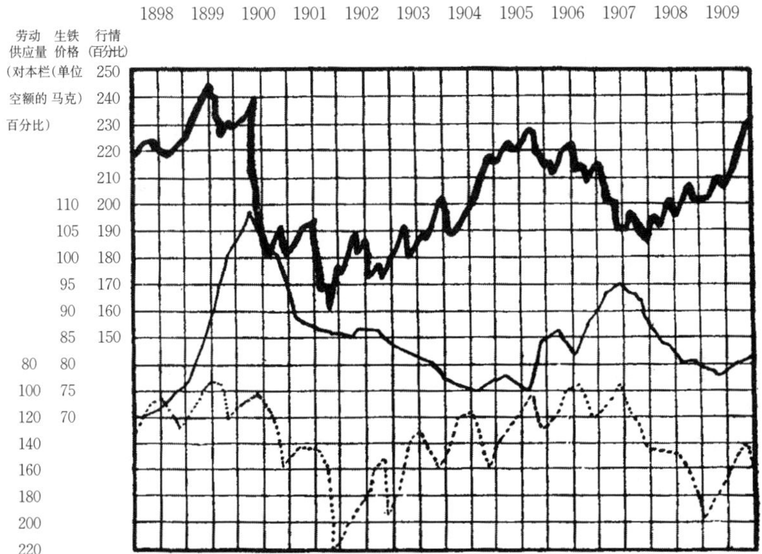

此图引自阿尔弗勒德·**兰斯堡**的《交易所特有的预见才能》一文(«Die Bank»,1910,I,第222页)。

可以用来说明现代的一个完整的周期内的**具体**波动情况和**总的**趋势(1900年的危机,1907年的萧条,1898—99年的高涨等等)。

关于铁路的统计

«The Statesman's Year-Book»①,**1915**(伦敦,1915)(第52年卷)。

约·司各脱·凯尔蒂出版。

"不列颠帝国",**1913—4**

① 《政治家年鉴》。——编者注

通车铁路(Railways open)

	+8 马耳他
联合王国	23 441 英里
印度	34 656
塞浦路斯	61
锡兰	605
海峡殖民地和马来亚联邦国家	771
“婆罗洲和沙捞越”	130
亚洲(印度除外)	1 567
澳洲和大洋洲	23 021
非洲	17 485
美洲	31 953
	∑∑=134 131①

1 英里=1.6 公里;134×1.6=214.4(单位千公里);130×1.6=208.0
771×1.6=1 233.6+208=1 441 公里

荷兰殖民地的铁路(1913 年底)

1 512 英里——爪哇
209 〃 〃 苏门答腊“荷属东印度”,包括婆罗洲和西里伯斯等地
∑=1 721 〃 〃

1 721×1.6=2 753.6 公里

荷属西印度(苏里南=荷属圭亚那、库拉索)——**没有**铁路。

\# **诺伊曼-施帕拉尔特**。«Übersichten der Weltwirtschaft»②,1883—4 年卷。

第 508 页。“**毛里求斯岛**的两条 92 英里长的铁路,从 1882 年起没有继续修筑。”

① 《政治家年鉴》的原文如此。——编者注
② 《世界经济概述》。——编者注

同上，第 512 页。

	1885
安哥拉=	350 +
莫桑比克=	90
	440 公里

92 英里×1.6=147.2 公里+440=587
147.2:587=25.1%

		1890	
Σ 1890=910	大约	98 公里，	英国的（毛里求斯岛）
−520		292 〃 〃	葡萄牙的（安哥拉和莫桑比克）
390 公里		390	390×25.1=97.89
		+ 520 法国的	
		Σ=910	

\# 同上，第 504 页。牙买加（1885）——107 公里

巴巴多斯 42

马提尼克（“短”线铁路）？**没有材料**……

	1890	1913
牙买加		313
马提尼克		224
巴巴多斯		175
特立尼达		142
	Σ=474	854

假定马提尼克在 1890 年有 40 公里（略少于巴巴多斯）

4 个小殖民国家

荷兰	3 060	3 781	
	+ 1 361	2 854 ——→	2 914
	4 421	6 635	−2 854
葡萄牙	2 149	2 983	60
	346	1 706	
比利时	5 263	8 814	
	—	1 390	
意大利	12 907	17 634	
	—	155	
	Σ=25 086	39 317	

（11个国家）

西班牙	9 878	15 350
瑞士	3 190	4 863
斯堪的纳维亚	11 566	21 354
奥匈帝国	27 113	46 195
罗马尼亚	2 543	3 763
塞尔维亚	540	1 021
保加利亚和土耳其	1 765	1 994
		1 931
希腊	767	1 609
	57 362	98 080

不列颠在非洲的铁路[1913]

6 399
1 775
5 582
3 872
Σ=17 628
5 946
3 790 (1 099+192+418+302+1 567+212=3 790)
27 364

	亚洲	美洲	不列颠在亚洲的铁路：	
	1890		1913	
不列颠的	27 000	22 712	55 761	56 732
	308	434	971	+92
	100	35	56 732	56 824
	27 408	23 181	+1 380	
			58 112	
			+92 马六甲	
			58 204	

	1890	1913
亚洲	33 724	108 147
非洲	9 386	44 309
澳洲	18 889	35 418
	61 999	187 874

欧洲	166.2	268.9
不列颠帝国	107.3	207.8
俄罗斯帝国	32.4	78.1
东亚	3.3	27.5
美洲	308.1	521.9
	Σ=617.3	1 104.2

	1913
欧洲	346 235
美洲	570 108
其他各洲	187 874
	Σ =1 104 217

617 283	1 104 157

1. 美国
2. 不列颠帝国
3. 俄国
4. 德国
5. 法国
6. 小殖民国家(荷 兰、葡萄牙、比利时、意大利)
7. 欧洲的其他部分
8. 日本
9. 南美
10. “½ 殖民地”……

	1890	1913
墨西哥	9 800	25 492
中美	1 000	3 227
独立的安的列斯群岛	1 846	4 621
	12 646	33 340

	1890	1913	
小亚细亚	800	5 468	小亚细亚
波斯	30	54	波斯
		1 130	(暹罗)
中国	200	9 854	(中国)
	1 030	16 506	

	1890	1913	
亚洲　英属的	27 408	58 204	
非洲　〃〃〃	5 470	27 364	
澳洲　〃〃〃	18 889	35 276	
英国	51 767	120 844	
法国	3 729	12 093	
荷兰	1 361	2 854	葡萄牙
葡萄牙	292	1 624	+ 54…　82
比利时	—	1 390	292…1 624
意大利	—	155	——　——
德国	—	4 176	346　1 706
美国	—	1 112 + 142	俄国
殖民地：	Σ=57 149	144 390	+1 433…15 910
日本	2 333	10 986	
半殖民地{小亚细亚、波斯、暹罗、中国}	1 030	16 506	
	60 512	171 882	
	1 433	15 910	
	61 945	187 792	
	54	82	61 999　187 874

笔　　记

"ν"

("纽")

目　　录

ν

帝国主义

安·西格弗里德:《新西兰》,1909 [40—41]

霍奇:《土耳其斯坦》 (42—3)

(第38页:青年埃及派代表大会)

42—43:大伊斯兰主义。

社会主义在中国…… **44**

《国际政治评论》

«*La Revue politique internationale*»[①], 1915, 3—4月(№14)(洛桑)。

前杜马代表格里戈里·阿列克辛斯基先生所著《**民主俄国和战争**》((第168—186页))。

编辑部的按语:“尽管有种种原则性的分歧,但是目前有一种团结把大部分俄国革命者和自由派同专制的沙皇政府联系起来,肯定这一点是很有意思的。”(第168页)

俄国不可能希望战争(甚至官方的俄国)。俄国在为1918年、1920年作准备吗? **提前**5年的杀人犯??

【**第177页:编辑部的按语**说(摘自阿列克辛斯基的一本书),在俄国有“**两个政府**”。】

尽管沙皇政府干了其他的“卑鄙勾当”,但是,俄国保护了弱小的塞尔维亚……“好事”(181)。

主张海峡中立化——不是像米留可夫那样,主张“侵略战

① 《国际政治评论》。——编者注

争”……盟国的胜利是欧洲进步之福。

普伦:《世界政治》

汉斯·普伦博士:《世界政治。英日结盟后的世界现代史纲要》,柏林,1907(共214页),第3版。

纲要写得不错,大部分是谈英国和日本(随之谈到了美国和俄国。英国——日本——美国——俄国)。

第二部分(第91—167页)是关于英国(**不是**国家,**而是**“社会”)外交政策的形成。

韦格纳:《今日印度》

教授格奥尔格·**韦格纳**博士:《今日印度。英国在印度的统治的基础和问题》(《殖民地问题著作集》, 61/63编, 1马克20芬尼),柏林,1912(共52页)。

概论写得很不坏,明确、扼要。

印度——4 575 000平方公里

31 500万(1911)(1901——29 700)

(1801——10 000)

来自俄国的战争危险:现在英国人在这里已经“武装到牙齿”。

没有统一的民族,没有共同的语言。

“孟加拉人”=7 000万。英国人在1905年分割了孟加拉(为了削弱民族运动)。1911年(在**德里**举行加冕礼)答应**废除**这种措施。

种姓制度。

英国人用“分而治之”的政策实行统治……

地理条件极端复杂。

同其余世界隔绝。

中世纪(宗教——外界皆空)——农业——藩属关系。

全国⅔直接受英国人统治,⅓是藩属国。

(农业)完全依靠夏季雨水(夏天的季风=**贸易风**)。否则——**饥荒**。

军队—— 75 000英国人

——150 000土著人(**各**部落的)。英国人**特别**利用了穆斯林(大约6 000万)对印度人的仇恨。

印度雇佣军起义(1857)的主要危险——土著人的军队转向起义军。各民族之间的纠纷和群众的沉睡状态挽救了局势。

死于鼠疫者,1905——1 069 140

1907——1 315 892等等。

英国人的统治纯粹是“独裁的”(31),“专制”(31)。

“印度的民政机构”约有1 000人,这是待遇优厚、地位优越的官员的大本营。

说英国给予了很多东西(不列颠的和平、铁路、邮政、司法制度,等等等等)。

风潮的原因:

(1)异国人对人民使用暴力……

(2)人口迅速增长。(饥荒。)

(3)“印度日益农业化”:英国扼杀这个国家的工业。

“斯华德西”运动(=提倡国货)(抵制英货)。

(4)捐税。向农民征收的土地税。

(5)造就知识分子。学校造就了“最坏的、在政治上最麻烦的脑力劳动无产阶级”(43),作者是个反动家伙。

(6)印度民族的形成。(“国民大会党”。)

(7)反对英国人、维护亚洲人、维护自己的、维护亚洲的……宗教运动(恐怖主义等等)。

(第48页,英国人把大炮和兵工厂只交给白人军队。一般来说,英国人是极其谨慎的。)

恩格斯:《欧洲能否裁军?》

弗里德里希·恩格斯:《欧洲能否裁军?》[74] **纽伦堡**,1893。摘自«Vorwärts»[①]的抽印本(佛尔来因公司)。

在伯尔尼工人丛书中,**文集**的开头是《卡尔·马克思在科隆陪审法庭上》这本小册子。

序言:——这几篇文章于1893年**3月**“帝国国会就军事法草案进行辩论期间”,在柏林的«Vorwärts»上发表过(第3页)。

“因此,我从这种〈目前的〉情况出发,暂且只提出任何现政府都能接受而无损于其国家安全的措施。我只打算说明,从纯军事观点来看,逐步废除常备军,是绝对没有任何障碍的”;而如果这些军队保存下来,那是为了“防御国内的敌人”(第3页)。 || 注意 ||| 注意

① 《前进报》。——编者注

“通过国际协议逐步缩短服役的期限”，这是“我的中心论点”(第4页)——“普遍由常备军过渡到**民兵**”(第4页，同上，第3页)。

(总之：恩格斯的观点的“**实质**”=过渡到民兵。这一点要注意。)

序言上注明：1893年3月28日于伦敦。

§1.欧洲“以前所未有的规模”进行武装，已经有二十五年了…… “在这种情况下谈论裁军岂不是愚蠢吗?”(第5页)

可是“在所有的国家里”，广大居民阶层……呼吁…… “裁军”…… 难道除了毁灭性战争以外，就没有摆脱这个绝境的其他出路了吗?

“我敢断言：裁军，从而保障和平，是可能的”(5)……而德国有这样做的“力量和责任”……

其次，§1.简要地叙述了如何改行普遍义务兵役制。其“革命的”(第6页)一面——吸引所有的男子参加“民族自卫”……

必须对“最长现役期作国际性的规定”，“以民兵制度作为最终目的”(7)。

起初最多两年，然后是一年半等等！直到??

§2.短期服役的可能(军事技术上的)。不需要长期的。

(步法操练(9)、哨兵(9)、勤务兵(10)等等蠢事)。

而对骑兵来说呢? 最好长一些，——如果过去不会骑马的话。但是，就在这方面也有许多事情可以做；此外，也可以有“服役三年或四年的志愿兵”(10)。

我一生中看到过如此多的备受赞扬的军事惯例、制度、规章的破产(10),———“我要奉劝大家绝对不要相信军队方面的‘**专业**’意见”(第11页,§2完)。

§3.当技术在这里已经特别革命化了的时候,军事上的保守主义是很荒谬的。

	步兵射击
40年前……	300 **步**
1870/1 ————	600—1 000 〃(炮兵:3—4 000)
“新的”——— 达到	3 000—4 000 〃(第11页)。

必须对青年进行军事教育,体操等(13—14),行军(夏季),“野外作业”(14),等等。

而教员呢?——退伍的下级军官。只要把他们放到“众目睽睽的学校操场上,并且受普通刑事法庭的管辖”,——“那时,我敢打赌,我们那些富于反抗性的(原文如此!!?)青年学生就会把过去最恶毒地折磨士兵的军士也教好”(15)。 ‖ 注意 ? 注意 ?

§4.其他国家是否接受?奥地利和意大利——会接受。

法国呢?——“具有决定意义的国家”(15)。法国会骗人吗?

但是德国强大得多:人口比较多;军官比较多,而这一点很重要。(“在过去所有的战争中,在作战几个月之后,就开始感到缺少军官。”(17))……

同时,“不民主的、从政治观点看来不可取的”(16)志愿兵制度,在军事上有利于德国(军官更多)。而在法国,“服役期三年的士兵把享有特权服役一年的士兵从军队中不客气地赶了出来。这说明德国的社会政治觉悟和它所能容许的政治制度的水平比法国低到什么程 | 注意

| 度"(16)。

§5. 俄国呢？接受与否无关紧要。根本无关紧要，没有军官。

俄国的士兵非常勇敢，并且密集得很紧。但是，现在要求个体行动，所以他就完全不适用了，不能同"西方的士兵"相比(19)。

俄国的贪污等等(20)。

| "只要俄国打几次败仗，战场就会从魏克瑟尔河转移到德维纳河和第聂伯河；在德军后方，在德军的保护下，就将建立起一支德军的波兰盟军；不过，如果普鲁士为了本身的安全而不得不去恢复强大的波兰，那它将受到应得的惩罚。"(20)

§6. 俄国的国内状况"几乎是绝望的"……"这个欧洲的中国"(21)……1861年后农民的破产…… **"这个进程**〈"经济革命和社会革命"＝资本主义的过程——在

注意 ||| 俄国〉**目前主要是破坏性的**。"(21)

在俄国，水土流失，树林伐尽等等。信用日益下降。"不是法国需要俄国，而是俄国需要法国…… 如果法国聪明一点，它就能从俄国弄到它所需要的一切。可是官方法国并没有这样做，反而在沙皇面前卑躬屈节……"(23)

俄国靠输出黑麦过活，——主要是输往德国。"只

注意?! || 要德国一开始吃白面包而不再吃黑面包，现在沙皇的和大资产阶级的官方俄国立刻就会破产。"(23)

§6完

§7. **我国的**情况如何呢？"虐待士兵的现象"无止无休(24)……"寄生的贵族"，"虚浮的资产阶级子弟"……

||| 过去，在演习时常有人不慎被打死(25)——"我知道有

一个科隆青年,在 1849 年就是这样死于别人向他的长官射出的子弹”(25),而现在,用小口径后装枪,“这样做就不是那么容易和觉察不到了”(25)…… 注意

在法国对士兵**不可能**采取这种态度……如果法国士兵读到德国人在营房中所受的待遇,那一定会鄙视德国人的……

§8. 这个建议是否会被接受?

德国向奥地利、意大利、法国提出这个建议。法国如果接受,自己的处境就不会恶化,如果拒绝——就会恶化。

“所有的军队在打了**几场大败仗**以后,都是非常善于学习的……”(27)

“我们不应忘记,俾斯麦的二十七年统治使德国理所当然地受到了各个国家的——不是没有根据的——憎恨。吞并丹麦的北石勒苏益格,不遵守以至最后用欺骗办法废除布拉格和约中有关丹麦人的条款[75],吞并阿尔萨斯—洛林,以卑鄙的手段迫害普鲁士的波兰人——所有这些都和恢复‘国家统一’毫无共同之处……”(27) 注意 注意

俾斯麦使人憎恨德国……

“无论走到什么地方,都会看到对法国的同情和对德国的不信任……”(28) 注意

“我们不要忘记,即将到来的战争的结局将取决于英国”(28)——掌握了制海权,“直接的断粮而被迫投降”(法国或德国)。

德国将由于提出了这个建议而获得巨大的好处(第 29 页)……

完

马克思的《揭露科隆共产党人案件》和恩格斯的序言

恩格斯在《揭露科隆共产党人案件》(苏黎世,1885)这本小册子里的《关于共产主义者同盟的历史》(写于 1885 年 10 月 8 日)———的末尾写道:

……马克思是“当时受到人们的憎恨和诽谤最多的一个人”[76](第 17 页)……

马克思给同一本小册子写的跋(1875.1.8)[77]:……

注意 | “……1848 年革命失败以后,德国工人运动只是以理论宣传的形式继续存在着,而且这种宣传还局限在一个很小的范围内。对于它在实践上不足为害这一点,普鲁士政府当时丝毫没有弄错。”(73)

恩格斯:《〈人民国家报〉国际问题论文集》

弗里德里希·恩格斯:《〈人民国家报〉国际问题论文集(1871—1875)》,柏林,1894。

1894 年的序言[78]

共产主义者还是社会民 || 恩格斯在序言(1894.1.3)中顺便谈到,在所有这些文章里(1871—5 年),他都称自己为共产主义者,而不是社会民主主义者,因为**当时**法国

的蒲鲁东派和德国的拉萨尔派都自称为社会民主主义者。(第6页) ‖ 主主义者?

“因此,对马克思和我来说,选择如此有伸缩性的名称来表示我们特有的观点,是绝对不行的。现在情况不同了,这个词①也许可以过得去,虽然对于经济纲领不单纯是一般社会主义的而直接是共产主义的党来说,对于政治上的最终目的是消除整个国家因而也消除民主的党来说,这个词还是不确切的。然而,对真正的〈黑体是恩格斯用的〉政党说来,名称总是不完全符合的;党在发展,名称却不变。”(第7页) ‖ 注意 ‖ 注意 ‖ 注意

《行动中的巴枯宁主义者》79

《行动中的巴枯宁主义者》(1873)。结尾…… “巴枯宁主义者在西班牙给我们提供了一个不〈黑体是恩格斯用的〉应当如何进行革命的绝好的例子。”(第33页) ‖ 注意

《波兰人的声明》80

同上,《波兰人的声明》(1874.6.11)。

“俄国的军国主义是整个欧洲军国主义的后台。在1859年战争期间俄军充当了法国的后备,而在1866年和1870年则充当了普鲁士的后备,从而使这两个各在自己的时 ‖ 注意

① “社会民主主义者”。——编者注

注意 ‖‖ 代领先的军事大国能够击溃自己的孤立无援的敌人。普鲁士作为欧洲头等的军事强国，是俄国一手造成的，尽管它后来超过了自己的保护者而令其感到不快。"(第35页)

"……拿破仑战争之后俄国又攫取了前普鲁士所属和奥地利所属波兰各省的极大部分，现在它公然以欧洲仲裁者的身份出现了；这个角色它连续不断地扮演到1853年……　在革命年代俄国军队对匈牙利的镇压，对东欧和中欧说来，就像巴黎六月战斗之于西欧一样，是有决定意义的事件……反动派对欧洲的统治也就随着俄国的统治的建立而建立起来了。克里木战争使西欧和奥地利不再受沙皇的鄙视……　上面我们已经看到，俄国军队充当了整个欧洲推行军国主义的借口和后备……　只是因为俄国军队在1870年阻碍奥地利站到法国那边，普鲁士才能战胜法国，并建成普鲁士德意志军事王国……"(38)

胡说波兰运动"是贵族性质的"运动，这是"无稽之谈"。

注意 ‖‖ "波兰由于其全部历史发展和目前所处的状况，较之法国在更大程度上面临着一种抉择：不是革命就是灭亡……"(39)

注意 ‖ 1871年波兰人（流亡者）大部分站到了公社的一边……"难道这是贵族的行为吗?"(39)

"波兰贵族越来越接近俄国，以便在它的统治下至少重新统一波兰；革命群众的回答则是：建议同德国工人政党结成同盟，参加'国际'的斗争行列。"(39)

注意 ‖ "**压迫其他民族的民族是不能获得解放的**。它用来压迫其他民族的力量，最后总是要反过来反对它自己的"(40)——至于俄国：恢复波兰"……对**俄国人自身**来说

尤其是必要的”(注意)(40)。 ‖

《论俄国的社会问题》

《论俄国的社会问题》(1875)

“……彼得堡、莫斯科、敖德萨近 10 年来那批特别由于铁路建设而获得空前迅速发展的大资产阶级……只有依赖……保护关税才能存在的整个俄国大工业，——难道居民中这一切有分量的、迅速成长的因素同俄罗斯国家的存在竟没有利害关系? ……”[81](第 52 页)(反对特卡乔夫)

跋(1894)——《论俄国的社会问题》一文的[82]——最后是这样几句话:

“它〈俄国的革命〉不仅会把这个民族的大部分即农民从构成他们的‘天地’、他们的‘世界’的农村的隔绝状态中解脱出来，不仅会把农民引上一个大舞台，使他们通过这个大舞台认识外部世界，同时也认识自己，了解自己的处境和摆脱目前贫困的方法;俄国革命还会给西方的工人运动以新的推动，为它创造新的更好的斗争条件，从而加速现代工业无产阶级的胜利;没有这种胜利，目前的俄国无论是在公社的基础上还是在资本主义的基础上，都不可能达到社会主义的改造。”(第 72 页)

劳芬贝格:《组织、战争和批评》

《组织、战争和批评》，关于汉堡党内辩论的文件 ‖ **劳芬贝格**

亨利希·**劳芬贝格**博士，

弗里茨·**沃尔弗海姆**和卡尔·**赫尔茨**博士。

"只发给出示党证的党员。"

(由劳芬贝格博士印行，汉堡)(第1—77页)

年份????(1915)((无疑是1915。))

《回声报》[83]是跟着政府的口令走的(8)——摘自《回声报》的引文(9—15)(主张青年军事化，26及以下各页)**是很有意思的**。劳芬贝格等人的声明——反对。

领袖们的那种同告密……差不多的策略。

关于召集"代表"的建议被否决了(23及其他各页)。

领袖和群众 ||| "……应当把遵循«Echo»[①]的政策的领袖们同坚持原来的无产阶级原则、拒绝执行新修正主义的协调政策的群众之间的对立暴露出来……"(34)

§8："**领袖们的勾结**(*Sammlung*)"(注意)(反对群众)。讨论表明：

"连续四个晚上的讨论，特别能够说明所谓汉堡领导层的思想趋向。这个领袖上层在内心里早就同汉堡党内群众的激进主义观点决裂，这件事实是任何一个细心观察过汉堡党内生活的人早已知道的，现在则非常明显了。在会议上，他们还可能使用一些激进主义的提法，而实际上对于这些人来说，马克思主义已经成了一件使人感到拘束的制服，他们只是在党内正式发言时才把它穿上。"(36)

注意!! !! ||

注意 ||

① 《回声报》。——编者注

冯·埃尔姆,——奥古斯特·**维尼希**,——**希尔德布兰特**等人替帝国主义辩护等等(第36页)。 注意

(((H.托马斯**拥护**埃尔姆等人,第47页及其他各页)))

“……在各个组织受到执行委员会控制的第一、第二两区,在宣战后的头四个月没有召开过任何会议……”(37)

第41页——机会主义者援引考茨基(说他也主张停止批评)——,作者的**注释**说,考茨基**抗议**这样“滥用”他的名字。 机会主义者和考茨基

在**哈姆**区——战前有6 000名党员——举行了4次会议以后,绝大多数**拥护**劳芬贝格(第47页)……

§11:“糖饼和皮鞭”——机会主义者,组织的“当家人”,**埃尔姆**(阿道夫·冯·埃尔姆)和埃米尔·克劳泽——把一名青年工人(从中央工人教育委员会来的)“安置”到“国民救济委员会”里(48),以便按照温和的精神行动……

“卡尔·**霍伊姆**”出卖劳芬贝格的小册子(48)——他曾经是**奥尔公司**印刷所(党的)的工人,人们对他进行了迫害(Treiberei)——他们说:“向你的劳芬贝格博士”诉苦去吧(48)。 注意!!!

警察局竟然“像过去对待谢德曼和伦施同志的演说一样,对讲演人演说的内容作出一定的指示,并且禁止辩论。**资产阶级**社团的活动不受警察局的干涉,而党组织和工会组织的社会生活目前却处在警察局的监督之下。因此,出现了与反社会党人法时期同样的非常状态……”(52) !!

报刊委员会(**H. 托马斯**以委员会名义写的) 驳斥了劳芬贝格的控诉……(他说,罗莎、梅林、蔡特金等人的影响"在整个党内是非常之小的",第 53 页等), 还是这个

注意!! ‖ H. 托马斯写道,"在潘涅库克同志离开不来梅以后"(54),不来梅的会议就进行得"平静多了"。

引自劳芬贝格 1915 年 1 月 22 日(给这个委员会)的答复:

"……广大的资产阶级舆论界会掩护你们〈报刊委员

注意 ‖ 会〉不受党内反对派的打击,你们看到«Echo»的政策受到资产阶级、以至«Hamburger Nachrichten»[①]的赞许,就

注意 ‖ 会相信这一点。«Echo»的这种政策实际上同那些促使奥古斯特·弥勒博士和冯·埃尔姆同志理所当然地博得资产阶级人士赏识的观点是一致的。"(55)

"……«Echo»的民族主义-沙文主义立场……"(56)

报刊委员会 1915 年 1 月 27 日的答复指责劳芬贝格

注意 ‖ 及其一伙人"**蛊惑人心**"(59)……并且声明, 全党执行委员会宣布你们和你们的朋友是"党的破坏分子"(62)……

注意 ‖ 引自劳芬贝格 1915 年 2 月 4 日的答复:

"……地方上的'**党内官僚**'"(63)。

引自**托马斯**的答复(1915 年 2 月 4 日)——

注意:
国际帝国主义
和德国
帝国主义! ‖ 他说,战争是帝国主义战争,这一点我们并不否认,但是有人断言原因**仅仅**在于德国帝国主义。大家则认为,原因在于"国际帝国主义"(65)。

① 《汉堡消息报》。——编者注

"……在汉堡、阿尔托纳和奥滕森,在所有进行过辩论的地方,党员大会都采纳了我们的〈劳芬贝格及其一伙人的〉观点。"(65) 注意

«Hamburger Echo»[①]——"德国社会民主党的第二大报"(67)。

«*New Yorker Volkszeitung*»[②]——"在世界大战期间执行了彻底的无产阶级的政策"(67)。

【«Echo»对此很生气,因此责备"我们的老施留特尔[84]"(第68页),并且认为,指责德国社会民主党"由于自己的行为似乎已经丧失了无产阶级政党的性质和背弃了自己的原则"(68),是荒谬的。】

注意 «Echo» 陈述了纽约 Volkszeitung 的观点

"……但是,这个不大的派别〈机会主义者〉不满足于强迫党接受民族改良主义的策略。它已经进而企图把党分裂成两个阵营…… 激进主义的代表则与此相反,坚持德国工人运动统一的原则……"(73)(在德国工人运动50年历史的原有基础上)…… 注意

15(§)结束语 《应该怎么办?》

"……在资本主义民族国家巩固的长时期内,无产阶级组织在自己的发展中是从这样的前提出发的,即在最近期间不能去考虑巨大的政治动荡,斗争的重心还将长时期地放在同稳固的旧势力进行议会妥协上面……

① 《汉堡回声报》。——编者注
② 《纽约人民报》。——编者注

……世界大战一下子就把形势改变了。它表明,资本主义经济已经从持续高涨的时期进入了通过爆发来实现的急剧扩大自己的活动范围的时代。无产阶级因而面临的任务是使自己的阶级组织适应未来的革命需要。

当去年夏天发生惊人的事件的时候,无产阶级组织是没有准备的。对世界政治事件的立场,完全让地方官僚们去确定,就好像这是按月检查卖出的党费票一样……"(74)

"……在我们看来,对于现在的反对派来说主要的是:按照时局的要求来改变德国无产阶级的组织形式。

注意 ‖ 德国无产阶级从前是根据德国过去那种迫使无产阶级在几十年内主要采用**改良主义**策略的总的形势,在组织问题上是从**领袖主义原则**出发,而在实际工作中**完全从议会**活动出发。‖ 而目前我们所经历的历史转变,迫使无产阶级转而采取**群众性行动**,这种行动又要求有在自己的组织中是**自由的**、觉悟的和独立决定自己的行动进程的群众。"(75)

作者甚至把"**章程**"都提出来了!(76—77)

完

维尔特:《世界现代史》

阿尔布雷希特·**维尔特**:《世界现代史》,第4版,莱比锡,1913(及其他资料)。

【序言很特殊:"1783—1870"(只有这么两个日期)】

б. =占领　　д.=瓜分

в. =战争　　пр.=对①

Д.=条约

殖民地占领和殖民地战争一览表

	美洲和西欧(350)②	东欧(奥地利+巴尔干国家+俄国)(250)②	其余的国家(主要是亚洲和非洲)(1 000)②
1873—1879	英国占领斐济群岛(73)。——美国:企图对海地作战(74)。——英国占领基达(76)。——英国占领德兰士瓦(77)。——**英国**同阿富汗作战(78)。 废除石勒苏益格-荷尔斯泰因条约(1878年10月11日于维也纳)。英国打败祖鲁人 1879。——1879:英国占领塞	俄国在土耳其斯坦的一般动态:1868—1876。——俄国对希瓦(73)。——俄国占领萨哈林岛(75)。——俄国占领费尔干纳(76)。——俄土战争(77)。(俄国占领比萨拉比亚和小亚细亚的一部分。) 1878。英国舰队开	1868:日本维新。——希瓦对俄国(73)。——斐济群岛对英国(73)。——云南(中国)和阿钦的起义(73)。——日本对福摩萨③(74)。——萨摩起义(77)(在日本)。——德兰士瓦对英国(77)。——阿富汗对英国

① 这是列宁对其后来的笔记中的缩写字的说明。这些缩写字在本卷中都已改成全写。——俄文版编者注

② 括号里的数字表示人口数目(单位百万)。——编者注

③ 即我国台湾省。——编者注

	美洲和西欧	东欧(奥地利+巴尔干国家+俄国)	其余的国家(主要是亚洲和非洲)
	浦路斯。 **三国同盟**(德国+奥地利+意大利)(79)(1879年10月8日)。	到达达尼尔海峡前面。威胁。1878:柏林会议。	(78)。——
1880—1891	智利、秘鲁和玻利维亚战争(80)。——德国占领萨摩亚(80)。——法国占领突尼斯(81)。在突尼斯现在**还**有90 000名意大利人和35 000名法国人。——德兰士瓦打败英国:1881年2月27日(1879—1880)。——意大利在马萨瓦(81)。——英国占领埃及(82)。——**1881**年意大利加入德奥同盟(?1882年5月20日意大利加入同盟)。——中法战争以1883年8月25日的和约而告结束:法国占领东京。——德国占领在非洲的殖民地(84)。——法国对中国(84)。——英国对埃及(84)。——1884年2月26日:英葡条约:瓜分中非。——英国同德兰士瓦的协定(84)。——英国占领贝专纳(84)。	俄国占领麦尔夫(84)。 塞尔维亚保加利亚战争(85)。——俄国差一点同英国作战(85:在彭季签订的关于阿富汗的协定)(1885年9月10日关于阿富汗的英俄协定签字)。 俄国在法国的第一笔借款(5亿法郎)1888年12月。——俄法同盟(1891年8月22日?)(1891年8月22日签订)。(军事协定:1892年6月底。)	德国占领萨摩亚(80)。——德兰士瓦独立(81)。——归还固尔扎(81)。——朝鲜的"风潮"(84)。——瓜分刚果(85)。——瓜分乌干达(90)——(1890年6月17日换取黑尔戈兰)(用桑给巴尔换黑尔戈兰)。

	美洲和西欧	东欧(奥地利+巴尔干国家+俄国)	其余的国家(主要是亚洲和非洲)
	——瓜分刚果(85)。——1884年11月15日(1885年2月26日以前)在柏林举行关于刚果问题的会议:瓜分刚果。——英国占领缅甸(85)。——1885年:在德兰士瓦发现金矿。——英国差一点同俄国作战(85)。——1885年中法战争和法国人的失败(1885.3.30:费里因此下台)。——巴西共和国(89)。——英国和德国关于乌干达(90)。——英国给葡萄牙的最后通牒(1890):英国在非洲掠夺葡萄牙。英葡条约:1891.6.11。——俄法同盟(1891)。		
1892—1898	智利革命(92)。——英国关于帕米尔的协定(?)(92)。法国占领暹罗(93),一部分领土。——英国同马塔别列人的战争(93)。——瓜分中国的一部分领土(95:马关)。	俄国关于帕米尔的协定(?)(92)。瓜分中国的一部分领土(95)。——俄国远征阿比西尼亚(96)。——希土战争(97)。	暹罗对法国(93)。——马塔别列人对英国(93)。中日战争(94)和马关条约(95)。1895.4.17——马关条约。1895.4.20——法国+德国

	美洲和西欧	东欧(奥地利+巴尔干国家+俄国)	其余的国家(主要是亚洲和非洲)
	法国对马达加斯加(95)(1894—1895)。——阿比西尼亚对意大利(96)。 英国对埃及(96)。——德国占领胶州(97)。 争夺古巴的美西战争(98)。 英国差一点同法国作战(98)。 1898年11月4日撤离法索达		+俄国的干涉。 1895. 7. 21——北京条约(日本放弃对中国的胜利……)。——马达加斯加对法国(95)。——菲律宾起义(96)。——阿比西尼亚对意大利(96)。 1898. 3. 6——割让胶州。 1898. 3. 27——割让旅顺口。 1898. 4. 11——把广州湾割让给法国。 ?把威海卫割让给英国。
1899—1904	1899. 3. 21:英国和法国瓜分非洲。——英国同布尔人作战(99)。——美国同菲律宾作战(99)。同中国的战争(900)(1900年底—1901年9月)。——英日条约:1902. 1. 30。英布战争结束(1902)。——1902:	俄国同西藏签订的关于受俄国保护的秘密条约于**1902**年得到中国的承认。**85** 日俄战争(1904)(为了争夺朝鲜和中国的一部分领	布尔人对英国(99)。——菲律宾对美国的战争(99)。——中国对欧洲(900):义和团战争。英布战争结束(902)。——巴拿马和美国(903)。——西藏对英国(904)。——

	美洲和西欧	东欧(奥地利+巴尔干国家+俄国)	其余的国家(主要是亚洲和非洲)
	1902 年苏丹关于建筑巴格达铁路的命令。——美国占领巴拿马(903)。1903:德国+英国+意大利封锁委内瑞拉。(德国进行炮轰。)逼债!! 英国对西藏(904)。德国对赫雷罗人(04)。——1904 年 4 月 8 日英法协定(瓜分非洲)(用摩洛哥换埃及)。———	土)。	赫雷罗人对德国(04)。——**日**俄战争(1904)。
1905—1914	法国差一点同德国作战(摩洛哥)(1905)。——在阿尔赫西拉斯的瓜分(1906)。——霍屯督人对德国的战争结束(1907)。——奥地利吞并波斯尼亚-黑塞哥维那(1908)。1907—8:法国和英国分别占领暹罗和邻近国家的一块领土。英俄条约(1907?):瓜分波斯。——1907 年 6 月 10 日法日条约。——1907 年 8 月 31 日英俄协定(瓜分波斯)……+雷瓦尔会晤:1908 年	朴次茅斯和约(1905)。俄国的革命(1905)。日俄条约:1907. 7. 30(“status quo”①)。1907 年 8 月 31 日英俄协定(瓜分波斯)……**1908**:土耳其的革命。阿尔巴尼亚和阿拉伯的起义(1909)。俄英条约(1907)(《雷瓦尔会晤。1908. 6》)。1908 年	瓜分摩洛哥(阿尔赫西拉斯)(1905)。**日本**占领朝鲜及其他地方(1905)。霍屯督人同德国的战争。结束(1907)(三年战争)。摩洛哥对西班牙(909)。波斯的革命(1909?) 日俄条约(1910)。朝鲜的起义——**1907—9**。**日本**平定朝鲜

① “维持现状”。——编者注

美洲和西欧	东欧(奥地利+巴尔干国家+俄国)	其余的国家(主要是亚洲和非洲)
6 月。1908 年 5 月(6 月):英俄两国君主在雷瓦尔会晤(1908. 6. 9)。西班牙对摩洛哥(909)——1909—1910。 1909 年秋:意俄两国的君主在拉科尼季会晤(准备缔结反对奥地利的意俄同盟)。——在葡萄牙的共和国(1910)(1910. 10)。差一点为了摩洛哥而发生战争(1911)(英国、法国、德国)。1911. 5. 21:法国人进入非斯。——1911. 11. 4:法国同德国关于用在摩洛哥的权利交换一部分刚果领土的协定。 意大利对的黎波里(1911)。墨西哥的革命和反革命(1911—3)。 [英国和德国瓜分巴格达地区(小亚细亚)(1913?)] 1913. 4:德国拨款 10 亿用于军备	5 月(6 月):英俄两国的君主在雷瓦尔会晤(1908. 6. 9)。——1909 年秋:意俄两国君主在拉科尼季会晤。(准备缔结反对奥地利的意俄同盟。)1909 年俄国对波斯。 俄日条约(1910)。1912 年的第一次巴尔干战争 1913 年(6 月)的第二次巴尔干战争。 [俄国试图侵犯亚美尼亚(1913?)(向德国提出最后通牒?1913?)]	(1907—1909) (1909:刺杀伊藤博文,统监)。 瓜分摩洛哥(1911)。的黎波里对意大利(1911)。 中国的革命(1911—12)。 俄国对波斯(1909)。 [1909 年初:俄国人进入阿塞拜疆。]

国 际 危 机:

1779?	
1789—1871	
1877—78	俄国对土耳其
1885	俄国对英国
1895	俄国+德国+法国对日本
1898	英国对法国
1904/5	俄国对日本
1905	法国对德国
1911	法国(法国+英国)对德国

1872— 79(“三国”同盟)
1879—1891(法俄同盟)
1891—1898(法索达事件以前)
1898—1904(日俄战争以前)
1904—1914(世界大战以前)
1914

外交史上的里程碑:

1879:德奥同盟(1881+意大利)。

1891:法俄同盟。

1898:法索达事件。

1904:英法协定。

1907:英俄协定;日俄协定;法日协定。

作者在谈到消灭奴隶制和为此目的而举行的欧洲会议(——

1890年——几次！第132页)时指出，美国消灭了奴隶制，“然而愈往后，在南方各州又重新被迫沦为农奴的黑人就愈多，以致现在他们在许多地方实际上已经丧失了选举权”(132)。

“在我看来，人们也许总是享有同样的自由……　欧洲现在废除了奴隶制，然而，连斯瓦希里部落的奴隶也会看不起欧洲轮船上的从事低贱繁重的劳动的水手；而大城市的许多男女工人，不是对自己的主人唯命是从的农奴，又是什么呢？……阿里斯托芬的勇敢，在今天简直是闻所未闻的，路德要是在今天，一定会以侮辱教会、蔑视教会、煽起阶级仇恨和侮辱陛下的罪名一天受一百次的惩办。奴隶制的情况也是这样。”(133)

不坏！

作者在关于爱尔兰的一章中说道：“压迫激起反抗，而温和则被说成是退让和软弱。怎么办呢？我认为，一切都要看应当加以争取的那个较弱小民族的特点而定。阿尔巴尼亚人永远不会屈服于暴力。在阿尔萨斯—洛林，和解政策也是正确的……　塔斯马尼亚人被英国人灭绝了。但是爱尔兰人不是塔斯马尼亚人！他们不是能干脆杀光的。”(133)

注意

19世纪80年代：爱尔兰起义；——戒严；——帕内尔等等。

注意

“马关事件以后不久，日本的著作家们把对中国的战争比做普鲁士对奥地利的战争”(187)：他们说，以后再联合反对欧洲。这个观点，日本贵族院议长**近卫笃麿**公爵表达得特别明显。

对1894—5年战争的估计

注意

第299页：“帝国主义世纪”(现在)——并见于本书其他地方。((例如，本书第5页第一句。))

“德意志帝国的停滞”(第306页及以下各页)。1899—1911年一无所获。

(第309页)**德国**　541 000平方公里,1870年

3 200 000 〃 〃 〃 〃,1903

法国——536 000平方公里　在海外

6 600 000

亚洲铁路的修筑:

德国:1 100公里(**1884—1904**)

俄国:13 900公里(1886—1904) !!　(第311页)。

非洲(南部)的“问题”之一:黑人的增殖比白人快得多。“有些殖民者简直想暴动,以便阻止卡菲尔居民[86]的危险的增加,消灭他们的权利和地产。”(385)　|| 原文如此!!!!

在《非洲的改革》一章中。

第396页:欧洲在非洲的属地(亨施:«Geographische Zeitschrift»①,1912):

	1890	1912
英国 ……………………	2.1(单位百万平方公里)	8.8
德国 ……………………	2.1	2.4
比属刚果 ……………	2.1	2.4
法国 ……………………	1.8	9.2
葡萄牙 …………………	1.8	2.1

“卡莱尔说,早在18世纪,为了英国的利益而进行战争,就是大陆国家的‘责任’。”(408)　|| 说得好!

① 《地理杂志》。——编者注

注意

“现在，整个世界被拖入某种联盟体系，分别加入企图夺取世界的两大康采恩：或者是由于罗马尼亚而加强了的三国同盟，或者是由英国领导的集团。只有美国还不想加入。同时，出现这样奇怪的情况，上述两个在整个旧大陆彼此这样敌对的康采恩，却一致维护南美，反对北美。”（411）

波斯的居民远不是同一个民族：波斯人，库尔德人（200万），巴赫蒂亚里人；阿拉伯人；俾路支人；亚美尼亚人；犹太人；土耳其人（150万）**和许多其他民族**（416）。

土耳其的居民（1909）：土耳其人——900万；阿拉伯人——700万；希腊人——250万—300万；阿尔巴尼亚人——250万；库尔德人——150万；亚美尼亚人——125万；保加利亚人——100万；列万特人——100万；塞尔维亚人——75万；犹太人——约66万；瓦拉几亚人——50万；在的黎波里的柏柏尔人和黑人——70万；其他——100万。Σ＝2 900万（第422页）……

注意

“在波斯最近愈来愈复杂的局势发展中，最重大的事件当然是英俄联合提供的巨额贷款。波斯历史上最大的一笔贷款：7 000万马克。**这是现代帝国主义的典型交易**。在摩洛哥也干过同样的事情。不管什么国家都会引起现代强国的贪婪欲望。这个国家——无论是古巴，还是利比里亚，还是伊朗——遇到了困难，国内发生了骚乱,然而,如果谁也不去干涉,骚乱是可以平息的。外国不让伤口愈合,竭力扩大现在的骚乱,而且除了旧的骚乱以外,还挑起新的骚乱。往往发生这样的事情:某个挑拨者——例如马拉喀什的莫尚博士或尼加拉瓜的北美海盗被打死了;或者是把俄国一个逃兵的失踪(过几天又在远处的玉蜀黍地里找到了)归咎于大不里士的警察局,并且闯进屋里去搜查逃兵,哪怕这是宗教界上层人物的内室。所以,在发生骚乱的国家,人们自然会痛恨煽动骚乱的外国人。事情往往弄到民愤爆发、采取残暴行动的地步。外国为了替他们报仇,便把军队派来,而同时要受侵的国家偿付他们入侵的费用。这个国家支付不起。怎么办呢?于是,入侵的外国面带愉快的笑容表示愿意帮助亲爱的朋友摆脱这点小小的困难,向他提供贷款。当然,利息不是很低的。因为提出的保证是完全不可靠的。于是这个国家就落入了高利贷者的魔掌。现在它已经不能逃脱自己的命运——让入侵的友好国家传播文明了。”(第443页)

这是一位资产阶级作家写的! 注意

“意大利的帝国主义除了进行征服以外,还表现在日益强烈的荣辱与共的感情上面,表现在泛意大利主义上面。早在1908年10月就在罗马举行过全体意大利人代表大会,后来在1912年又在弗利举行”……意大利籍美国人等等……“在国外有600万意大利臣民”……(476)。

极能说明问题!! ‖ "直到现在,阿尔巴尼亚还是不如中非的大部分地区那样出名。"(50)

注意 | "过去进行扩张还有一些余地;所有的西方民族都给自己找到了各自足以在自己的'新欧洲'中进行发展的地盘,那时对立只会引起富有成果的竞争。但是现在,北美已经再也不愿意听到关于移民入境的事情,澳大利亚已经把门户关闭,西伯利亚只是一个特定的国家的臣民的利益,而在南非,极其明显地看出这样一个令人不快的事实,就是要在变得如此狭窄的世界上得到一块地方,移民

注意 ‖ 出境已经不能像以往那样对我们有所帮助了,欧洲人不

注意 ‖‖ 得不互相扼杀。土地在现在也还是很多的,但是,过去的小国成了大国,过去的大国则成了世界强国,它们现在已经要考虑为自己未来的居民找到足够的面积。美国佬不会把巴西的土地让给我们,而属于意大利人的的黎波里的干旱地带正引起法国人的嫉妒。变得更加严酷的生存

注意 ‖‖ 斗争正在加深欧洲人之间的仇恨,使他们互相残杀起来。而这种情况反过来有利于东方。"(215)

在《争夺古巴的战争》的一章中:

"美国佬在开始时提倡人人平等,力求建立一个充满和平和自足的幸福的理想国。而最后他们深信,人与人的不平等是改变不了的,终于采取了强暴的征服政策。他们在开始时主张一切自由,主张贸易和交往自由,对其他的宗教、种族和国家采取忍让态度。后来他们竟然实行了最强烈的保护关税制度,愈来愈仇恨天主教徒,对其他的种族和国家坚决实行侵略。他们先是剥夺中国人取

得国籍的权利，禁止他们入境，后来他们不是在法律上，而是在事实上消灭了他们在伟大的内战期间曾经那样徒劳无益地和愚蠢地为之而战的那些黑人的权利，最后是采用各种小手段限制他们曾经那样热烈期望过的白人侨民的流入。日益加强的闭关自守制度同美国的世界政策是同时并进的。使日益强烈的排外性和中央集权彻底完成，所缺少的只是专政了……”(252) #

注意
注意
哈哈!!

#同书，第 345 页：“实质上，战争(内战)没有任何意义，因为战争当年是为黑人而进行的，而黑人现在又正在被剥夺掉一切权利。” 注意

德美(萨摩亚(*))之间、德英之间、英法(法索达)之间的摩擦的加剧，军备的增加…… “表明这种普遍的进攻情绪的通用词就是‘帝国主义’。”(253)

(*)参看第 269 页：“从 1899 年 3 月至 5 月，德国人和萨摩亚人在阿皮亚附近同英国人和美国人处于公开作战的状态。”

在《太平洋和澳大利亚》一章中：

“当英国决定批准自己的北美属地合并成加拿大自治领的时候，大多数英国人连听也不愿意听到这种冒险政策的继续。特别是澳大利亚仿效这种政策，使他们极为担忧。经常可以听到这样的意见：成立加拿大这样的殖民地联邦制国家，只不过是完全脱离宗主

国的开始。现在,澳大利亚联邦的实现在英国被看做是殖民政策的胜利,张伯伦作为扩大和加强了帝国的殖

注意 ||| 民地大臣而被捧上了天! 最有力地促成这种情况的,是英国在南非战争期间所取得的经验。所有的殖民地并没有为了自己的利益而利用宗主国的困难处境,并没有像悲观主义者所预言的那样想要削弱自己同英国的联系,它们都毫无例外地最热烈地支持英国的斗争;

? 印度? || 它们所表现的与其说是爱国主义,不如说是一种沙文主义,使人不再怀疑几十年来执行的自由主义殖民政策的正确性。澳大利亚站在那些用自己的军队支持宗主国的殖民地的最前头。尤其是当时所有澳大利亚的殖民地都是处在财政困难的情况下,因此对澳大利亚所作出的牺牲更应予以珍视。英国很快地同意它们所缔结的联邦,就是表示承认它们的爱国主义,就是证明宗主国信任它们的忠诚。”(271)

注意:在澳大利亚享有特权的、垄断组织的参加者的同盟——广大领土的垄断占有者,共同掠夺“黄种人”和“黑人”……

A. 冯·佩茨:《英国和大陆》,1910。

? || 罗洛夫:《欧洲历史纪事》……【即舒尔特斯的】。

?? || 齐默尔曼:《论世界政治》,1901。

再保险条约[87](何时? **1884** 年产生;**1887** 年恢复,直到 **1890**

年)。德国+俄国答应保持友好中立,如果第三强国进攻的话。谁?英国还是奥地利!!(德国反对奥地利的秘密步骤。)

关于法俄同盟的历史:布朗热主义 1886—1889:1886.1.7——布朗热参加内阁。1889.4.4——布朗热因为被控从事阴谋活动而逃往布鲁塞尔(1891.9.30:布朗热自杀)。

顺便提一下:**维尔特**提供了数字:在普鲁士的**波兰**政策的结果:1890—1910 普鲁士的德意志居民+29.37%;波兰居民+23.48%(第 101 页)。几亿马克用于"移民"!!

参考书目:

施米茨:《政治的艺术》,1912,柏林。

德康:《新非洲》。

莱奥波德(比利时)是生意人、金融家、奸商,他买下了刚果并"发展了"刚果。这家伙!![88] ‖ 注意

瓦尔内克:《福音派传教士团的历史》。(传教士团在殖民掠夺中的作用。)

维尔特,第 85 页:1880—1900 年,传教士团的活动"几乎增加了一倍"。

青年埃及派代表大会

注意:
埃及民族运动

关于**埃及**民族运动的历史:
«Europäischer Geschichtskalender»[①](舒尔特斯的),1909,共**605**页
(学生运动,民族风潮,等等等等)。

注意
同爱尔兰
友好

1909年9月13日在日内瓦举行了"青年埃及派代表大会"(100人左右)。基尔·**哈第**答应在下院捍卫他们的事业,"下院议员爱尔兰人**凯特尔**提起埃及和爱尔兰之间的兄弟团结"。

塔迪厄:《法国和同盟》

安德列·**塔迪厄**(大使馆的一等名誉秘书):《法国和同盟。争取均势的斗争》,巴黎,1909。((很有用的著作!))

何时?
注意
何地?

作者在第17页上提到:"饶勒斯先生在他那封亵渎神圣的〈!!〉信中谈到'三国同盟,谈到必须同法俄沙文主义对立',他是唯一不顾历史和地理、不承认这个明显的真理〈法俄同盟的必要性〉的人"。

"从那时起的确改变了自己的见解的〈何时?

① 《欧洲历史纪事》杂志。——编者注

何地?〉饶勒斯先生本人在 1903 年 1 月 23 日声称,他对于同俄国的同盟没有任何原则性的反对意见……”(第 29 页) ‖ 原文如此!

英国同法国为争夺霸权而进行的战争:1688—1697;1701—1711;1742—1748;1754—1763;1778—1783;1793—1815(第 41 页)。

德国同英国:

1890 年 6 月 14 日条约 }瓜分非洲
1893 年 11 月 15 日 〃 〃

1898 年的秘密条约,“这个条约根据很少有人知道的条件,决定了葡萄牙殖民地的未来”(52)。 ‖ !!

意大利很早(马志尼在 1838 年! 第 **95** 页)就在觊觎北非。俾斯麦在 1866 年曾就此事写信给马志尼。由于突尼斯而产生的仇恨(1881),促使意大利接近德国。

在阿比西尼亚的失利和金融危机迫使同德国断绝关系。1900 年法国银行“拯救罗马市场”(101)[1])。

“德国的经济危机使意大利必须在政治上同法国接近。”(102)[1])“德国的金融市场无力担负起意大利银行家的职责……”(102)[1])

1900 年 12 月,法国和意大利交换友好照会。

注意 日期 1882—1900:意大利是德国的盟国:第 105 页。

“如果意大利在 1905 年对我们采取和 1889 年同样的态度,那会发生什么情况呢? ……”(109)

同西班牙……"法国资本的""帮助"(113)……

1904 年 10 月 6 日法西协定(瓜分摩洛哥)……

法国同德国的斗争(1870 年以后)"一方面是争取均势的斗争,另一方面是争夺霸权的斗争"(344)……

在哪里呢?**克里斯比**过去是个"赤色分子",并且努力纠正这一点!!

作者——塔迪厄——本人是外交家,行家!多次提到金融的作用。对事件的评论是完整的、很好的。作为一本用**法国**观点写的外交史,是有用的和必要的。

参考书目:

鲁伊尔:《英俄在亚洲的竞争》。

德·凯:《法索达》。

---

[1])G. M. 菲亚明戈:《法意友好的金融基础》。

A. 比约(我们的前任法国驻罗马大使):《法国和意大利》。

路易吉·吉阿拉(或基阿拉?):《现代史片断》。

维克多·贝拉尔:《摩洛哥事件》。

勒内·皮农:《地中海帝国》。

梅维尔:《从法兰克福和约到阿尔赫西拉斯会议》

安德列·**梅维尔**:《从法兰克福和约到阿尔赫西拉斯会议》,巴黎,

1909。翻阅了一遍;只是更差,更零碎,杂文笔调更浓,题目更窄。那个人(塔迪厄)是史学家和外交家。梅维尔是抨击性文章的作家。

确切些说,仅仅是 1905 年**前后**的事件的**概述**【题目窄得多】。

《政治手册》

《**政治手册**》

拉班德等人著。

第 1 卷。《政治基础》。(一般性的,议会制等等。)

第 2 卷。《政治任务》,**1912**。政治问题评论:政党,殖民地,**对外政策**(注意)等等等等。

短评是专家们写的,开列了参考书目,很有用处。 |||| 注意

德国的波兰问题
各国的对外政策
学校问题
伯恩施坦论社会民主党内的修正主义的文章
等等。

注意:
"德国的扩张"
"现代强国的政治目的"

《德国和世界大战》

《**德国和世界大战**》。

(论文集:共 686 页。)**柏林**,**1915**。(由奥·欣策、弗·迈讷克等人出版)

注意 || 教授**汉斯·于贝斯贝格尔**博士(维也纳):《俄国和泛斯拉夫主义》——关于俄国外交的一本很有用的概论,开列了许多原始材料……

马尔滕斯:《条约汇编》,15,第237页(**1848**年8月30日国务大臣涅谢尔罗德给驻巴黎的公使基谢廖夫的信,谈法国同俄国接近,反对德国的问题)。

巴尔苏科夫。波戈金的生平,5,第330页及以下各页;9,第262页(波戈金的札记,**1840**年,关于奥地利斯拉夫人的"解放")。

丘特切夫。在札记《俄国和革命》(写给亚历山大二世的)中——"当加利西亚成了俄国的领土时,捷克就自由了"(《俄国档案》,1873,第926页及以下各页)。

1864年的札记《现代政治》(根据哥尔查科夫的委托写成的)上说,奥地利斯拉夫人应该等待俄国给以自由:(埃克哈特)《1864年俄国的秘密备忘录》,载于«Deutsche Rundschau»[①],VI,11,第209页及以下各页。

莫斯科斯拉夫人慈善协会。它的政策。

丹尼列夫斯基:《俄国和欧洲》:1869—1870年《曙光》杂志上的论文和书:1871年第1版。

丹尼列夫斯基证明,打垮法国,以促使法国和德国互相争吵和仇视,**对于**俄国的统治是有利的(已载于1871年1月号的《曙光》杂志上;转载于**丹尼列夫斯基**的《经济和政治论文集》,圣彼得堡,1890,第27页和第29页)。

法捷耶夫:《关于东方问题的意见》,圣彼得堡,1870。

① 《德国评论》杂志。——编者注

П. А. 萨布罗夫的札记,《俄国档案》,1912,1,第 470 页((“1870 年普鲁士军队的胜利,也是我们的胜利”,原文如此!!!))。

伊万·谢尔盖耶维奇·**阿克萨科夫**:1878 年 7 月 4 日的演说(反对俄国外交,并且间接反对沙皇:对柏林会议不满)。

波克罗夫斯基:《俄国的对外政策》,载于《19 世纪俄国史》,9,第 204 页及以下各页(和第 174 页)(关于俄国对保加利亚的企图和它在 1877 年的铁路)。

1908 年和这一时期前后的“新斯拉夫主义”。

参看《**欧洲通报**》杂志[89],1909,№1,第 **386** 页

1908 年 5 月:一个捷克人(议员)、自由主义斯洛文尼亚人和亲俄罗斯的卢西人的俄国(圣彼得堡)之行。

德莫夫斯基:《德国、俄国和波兰问题》
(使波兰人**以**乌克兰人受压迫**为代价**同俄国“和解”的计划)。

彼·司徒卢威:«Patriotica»[①],第 **213** 页(《斯拉夫时代》)。

《莫斯科周刊》,1910,№**27**,第 4 栏。

叶夫根尼·特鲁别茨科伊反对缅施科夫,主张同波兰人接近。

戈里亚伊诺夫(外交部档案馆馆长):《博斯普鲁斯海峡和达达尼尔海峡》,**1907**。

格·特鲁别茨科伊:《俄国是一个大国》,第 122 页(意大利留在敌人阵营中目前更有好处!!!)

① 《爱国者》。——编者注

Г.叶夫列伊诺夫(参议员):《近东问题的思想体系》,圣彼得堡,1911。

《斯拉夫通报》,1913,№8(1913.1.6/19);1912,№45(1912.11.10/23)。

注意 || **《新环节》,1914,№13**,第 407 页(1914.3.28)——布良恰尼诺夫在萨拉热窝之前 3 个月预言,过一个半月到两个月将爆发欧洲战争。

弗兰克:《东亚大国》

这本文集里还有奥托·弗兰克的论文《东亚大国》。

是一篇把英法掠夺中国(法国掠夺安南,英国——缅甸,英国——西藏,法国——暹罗,英国——过去属于中国的地区或中国的附属国)的事实汇集在一起(一部分是指出资料)的很有用的文章。

注意:1898:关于英德日缔结反俄同盟的谈判

没有讲好价钱!!

第 **442** 页:“……从日本大使林董伯爵的札记中大家知道(可惜东京政府后来禁止继续发表这篇札记),1898 年,根据约瑟夫·张伯伦的倡议,在伦敦就英日德三国同盟问题同日本举行了谈判。这个同盟的目的是要阻止俄国继续渗入东亚。这件事情正好发生在伦敦就英德同盟问题向柏林秘密地讨价还价的时候。这次讨价还价没有结果,这至少是因为,英国除了把进兵俄国的荣誉让给德国以外,不能向德国提出或建议任何别的东西。日本则准备毫不犹豫地加入这个同德国的同盟……”(442—3)

1910 年 7 月(第 456 页),俄日条约:日本取得在朝鲜的自由。【几个星期以后兼并朝鲜。】 ——俄国在**蒙古**(1911 年春,俄中条约)。 ‖ 注意

1914.9.17:俄国同"独立的"蒙古签订条约(实际上确定了俄国对蒙古的保护关系)。 ‖ 注意

1911:英日条约(代替旧条约)——如果日美发生战争,英国保持中立。(日本**大概**得到了反对德国的"自由"。)

昂肯:《战争前的历史》

同书,赫尔曼·**昂肯**:《战争前的历史》。

第 475—7 页:1898 年英国同德国就缔结反俄同盟问题举行谈判(«The Saturday Review»[①]威胁说,如果英国同德国结盟,人民就要把王朝打倒!!),但没有达成协议:英国说:"德国要求得太多"(477),他说这不是事实,柏林没有提出要求(?!!?)。**直到** 1898 年 10 月**才**签订一项条约,"条约规定,如果葡萄牙不履行自己的支付贷款的义务,德国和英国将向葡萄牙的殖民地进行经济渗入"(477)。 ‖‖ (注意 妙论!)

1898 年 10 月英国和德国**瓜分**葡萄牙的殖民地。

阿德勒:《帝国主义的社会政策》

格奥尔格·**阿德勒**:《**帝国主义的社会政策**。——迪斯累里、拿破

① 《星期六评论》杂志。——编者注

仑第三、俾斯麦。概论》,蒂宾根,1897(共 44 页)。(序言写于 1897 年 3 月)
((转载«Die Zukunft»①杂志的论文))。

很有意思的小册子! 在关于宪章运动[90]的简短的引言(关于"锡利亚[91]式的期望"(2)、"幻想"(2)和它们在"群众运动"中的作用等等的一些话)之后,阿德勒用了不长的一章来论述卡莱尔和他的"社会贵族学说"(批判资本主义,仇视民主,"要求使现代经济活动封建化"(11),"社会贵族思想")。接着是第 3 章:"迪斯累里的社会政策"。犹太人,冒险家,起初是激进派,后来转入托利党,欠了一身债,在议会中的第一次演说受到了嘲笑(1838),1868 年迪斯累里成了托利党领袖和首相。奉行君主制+社会贵族思想(实质上是利用资产阶级同无产阶级的斗争)。1867 年实行选举改革(卡莱尔在《沿着尼亚加拉河而下——以后呢?》这篇抨击性文章中对选举改革进行了猛烈的攻击),对已失去自己的革命性质的工人运动进行微小的让步和献媚,1874—1880 年的出色的对外政策和殖民政策。总的说来="帝国社会主义者"(第 22 页)——在**很多地方**是"帝国社会主义政策"等等。

!! 例如:"**帝国社会主义**"及其他,第 44 页,第 43 页,第 35 页。

第 4 章论述拿破仑第三。也是冒险家、幻想家。《贫困的消

① 《未来》杂志。——编者注

失》(1844)的作者。蓬勃的经济发展,——出色的对外政策,——激烈地反对工人的**政治**组织而**鼓励经济组织**((第32页)),——互助储金会(向**各**阶级献媚)。**莱克西斯**在自己的一本论述"法国**工会**"的书中承认,1850—70年法国工人的状况无疑有了改善,拿破仑第三的政策取得了一定的成就:"一方面是对工人实行纪律和监督,另一方面是改善他们的物质状况,这就是路易-拿破仑的对内政策从来没有离开过的思想。"(阿德勒引证莱克西斯的话,第34页)

第5章:《俾斯麦的社会政策》。

他说,普鲁士这个"学校和兵营"的国家,当然成了实行"帝国主义的社会政策"的典范国家(36):俾斯麦反对自由思想,讨好工人,实行普选制(为了使资产阶级同无产阶级互相争吵),社会法……社会保险(阿德勒大加赞扬)。

阿德勒最后(第43页)说,这"不能"((!! 哈哈!!))和日趋衰落的罗马的凯撒制度相提并论,因为他们所支持的不是寄生的平民,而是从事工作的人。他说,**蒲鲁东**写过(在什么地方?)(引证**蒲鲁东**的话:"我们没有从国外得到一芬尼",第43页),凯撒制度(罗马的)是靠掠夺异族而生存的,而现在不是那样。 !!

"……其中可靠的一点是,帝国社会主义……在客观上是……在无产阶级参加现代社会方面,在无产阶级积极合作以实现现代社会的文化任务方面,迈进了一大步。"(44)((社会沙文主义的根源!!))——他说,因此"帝国社会主义"是一种"有世界历史意义的幻想",因为它是有益的,虽然它

参看恩格斯论拿破仑第三与俾斯麦

"波拿巴主义"　并没有使曾经是迪斯累里、拿破仑第三和俾斯麦的敌人的无产阶级和解。

((阿德勒的小册子完。))

西格弗里德:《新西兰》

安德列·西格弗里德:《新西兰》,柏林,1909。

(**注意**　第28章:《帝国主义》。)

注意　这是一本很有益的概论,涉及的经济和政治的范围**很广**。"帝国主义"的独特性:闭关性。**根本不让黄种人进入国内**。对移民入境限制**十分厉害**【例如:100英镑!!!——第190页】。这是一个位于世界边缘的国家(到澳大利亚要**4**天!)。它和意大利大小差不多,而人口不到100万!!!(**90万**——第189页;1907年是929 000人,第234页;法国的二分之一)((气候非常好等等))

居民的"趋炎附势"(第11章):对贵族("爵士"是一个高贵的封号,人们对他匍匐跪拜)、英国君主、宫廷等等等等奴颜婢膝。人口的增长**非常缓慢**。

这是一个落后的、不开化的、愚昧的、自私自利的小市民的国家,他们从英国带来了"**文化**",并且像狗占牛槽那样躺在上面。(土著人——毛利人——遭到大屠杀;用火与剑;一系列的战争。)

例子:迫害外地迁来的(1893,1898—)**奥地利的**(注意)工人(第191页):是"工党"迫害的。

妇女平权。——反对酗酒。——僧侣主义:浓厚的宗教感情;很多教派。

反对同澳大利亚联合,我们自己管自己。我们是"世界上最好的国家"(293)(!!)……

"新西兰帝国主义"(第294页)…… 它的"特有的形式"(同上)……"殖民琼果主义"(295以及296同),也可以叫做"澳洲帝国主义"(295)。 ‖ 注意

帝国主义的两派(两者是完全可以调和的):

(1)大国帝国主义(参加大不列颠的帝国主义)。 注意:

注意 ‖ (2)"**地方帝国主义**"(295)——自己的独特性……闭关性。 ‖ **"地方帝国主义"**

抗议法国人插足新喀里多尼亚——抗议德国人占领萨摩亚(297)等等。因此,从"大新西兰"的角度看来,就产生了不可调和的仇恨……

1901年6月,新西兰吞并了科克群岛。———

新西兰=大不列颠最"忠实的"、忠心耿耿的殖民地。

国债:5 120万英镑(共6 650万)——英国资本

贸易——66%是同英国进行的。

布尔战争中的极端爱国主义者(307)……(派兵去打布尔人)……

塞登**首相**——澳洲帝国主义的代表。"不折不扣的帝国主义者"(310)……(死于1906年6月10日。曾任首相(1893—1906)(第71页))

他第一次到英国去——1897

〃 〃 二〃 〃 〃 〃 〃 ——1902

注意 社会政策+帝国主义!

“为实现**社会政策**的先进战士在他〈塞登〉身上已经退居第二位,而把首位让给了实行**帝国主义**和**保护主义的**政治家。”(311)虽然也是一位改革家(主张在新西兰实行改革)——但他在英国还是向**托利党人**献殷勤。保守派对“社会主义者塞登”(311)大事称赞,«*The Times*»[①]1902年6月18日称赞塞登是一位激进派、民主主义者、帝国主义者!!(引文,第311页)

注意

特惠税率的主张和实践在加强……

他们的“社会主义”:“新西兰人讲求实际,他们的机会主义达到了无耻的地步”(67)———工人也是如此(67),他们十分“保守”,他们是有东西可“保护”的(同上)。

注意

(塞登——“自由党的工人集团”的代表人物。(68))

劳动保护法——工厂视察制——也视察在家里做的工作——工作周,男人48小时(1901年的法律);妇女45小时——最低工资等等。

强制性的仲裁法庭等等。

解决这一切问题的“关键”——保护主义(140)和工业的**繁荣**…… ((在实行自由贸易的情况下,是坚持不下去的))…… 养老金(65岁)……

注意:帝国主义资产阶级用社会改革来收买工人

建立**小块**土地所有制;赎买大地产(以最卑鄙的手段从毛利人等等手中抢来的,等等)(拍卖给小私有者)——这是“**民主**,而不是**社会主义**”(175)。((对!))

“变大土地占有为小土地占有!这正是法国革命所做的”

① 《泰晤士报》。——编者注

(175)……

霍奇:《俄国的土耳其斯坦》

奥托·霍奇:《俄国的土耳其斯坦和现代俄国殖民政策的趋向》……(«Schmoller's Jahrbuch»[①],第**37**年卷,**1913**,第**2**编)

((作者懂俄文,曾到过土耳其斯坦,对文献进行过很好的研究。)) 注意

俄国消费的土耳其斯坦(+希瓦+布哈拉)棉花大约1 100万普特(1亿卢布),美洲棉花大约1 100万—1 200万。 ‖ 注意

土耳其斯坦=150万平方俄里(1平方俄里=1.13平方公里)

希瓦 5

布哈拉 20

Σ=175万(差不多比德国大3倍)。人口[土耳其斯坦]=530万(1897)和670万(1910)。

居民是"印度–伊朗"混血种,大部分是"突厥–蒙古"混血种。

到处都是俄国大银行的分支机构……

"……正在经历着活跃的、日益发展的殖民地的经济生活……"(第388页)

这里,伊斯兰教占统治地位。享有**充分的**宗教自由。**大伊斯兰主义**。

"……来自伏尔加河区(诺盖人)和西西伯利亚的北方的鞑靼人–穆斯林,把大伊斯兰主 ‖ 注意

① 《施穆勒年鉴》。——编者注

俄国的 **大伊斯兰主义**

义的宣传带进了在这方面很平静的穆斯林萨尔特人和吉尔吉斯人中间去。这些鞑靼的知识分子在著作和政治方面,现在是伊斯兰教的先进分子,是伊斯兰教的最坚决的和最有影响的信徒。而且,伊斯兰教在内部和外部的加强以及在文化上的发展首先要归功于他们。**1880** 年,在俄国共有 1 100 万穆斯林,他们的全部出版物只有 7—8 种书;他们有一个印刷所,4 个领袖和 12 个受过高等教育的人,其中有一个曾在西欧留过学。到 **1910 年**,已经有 2 000 万穆斯林;他们已经印行了 1 000 种以上的书,14 个印刷所和 16 种期刊,200 个人在俄国受过高等教育,20 个人在西欧留过学,大约有 100 位著作家,6 所高等学校和 5 000 所初等学校,37 个慈善机关,3 家小银行和 3 所农村银行[1])。正是这个囊括了沃加基人、切列米斯人、楚瓦什人这样一些部落的伟大的‘穆斯林’运动,曾经在一本著作中……[2])特别是在学校和教育事业方面加以调查过。最近 10 年来,俄国的穆斯林居民在文化方面有了急剧的发展:现在在喀山的鞑靼

1880 和 1910

> **1880** 和 **1910**:
> 12—200 个受过高等教育的人
> 1—14 所印刷所
> 0—16 种期刊
> 8—1 000 种书
> 注意

注意

[1]) **奥斯特罗乌莫夫**:《伊斯兰教世界》,塔什干,**1912**。
同上。《萨尔特人》,塔什干,1908。
同上。《可兰经和进步》,塔什干,1903。

[2]) **安德列主教和 H. B. 尼科尔斯基**:《关于俄国东部异族人的最重

要的统计资料》,喀山,1912。

人中,每150个人就有一座清真寺和一名毛拉,在同一地区的俄罗斯人和异族人中,1 500个人才有一个神父;前者**100人**(不分性别)中就有**一所学校**;正教徒**1 500—3 000**人才有一所学校。在鞑靼穆斯林中,相对地说来书籍和报纸的销路更广。如果说由于这种文化上的优势和生命力而能使基督徒和多神教徒这些异族人更容易地与鞑靼-伊斯兰教徒同化,那么,现在后者对于政府实行的那种受到杜马支持的民族主义学校政策〈授课语言!〉感到非常不安并倾向于变得不大顺从,而且也产生了目前席卷整个伊斯兰教世界的那种激愤情绪,准备**向中国和印度的伊斯兰教徒寻求支持**。同土耳其斯坦的穆斯林居民的联系在这种情况下也就自然而然地建立起来了;而且,**大伊斯兰主义的骚乱**的确正在**从北方**向他们传来。俄国政府惧怕信仰伊斯兰教的鞑靼人的这种渗透,便尽量不让他们进入土耳其斯坦。俄国在土耳其斯坦的学校政策,诚然绝对不是民族主义的"……信仰自由和开办本民族学校的自由。萨尔特人乐意用俄语进行学习:"土著人乐意去上用俄语教课的"学校…… "在经济生活的影响下,讲求实际的萨尔特人愈来愈清楚地懂得俄语这个事务上的通用语和国语的意义。""文化上的俄罗斯化"正在

!!!
1:100
1:2 000

注意:

同伊斯兰教徒接近。
印度和中国

"从北方"……
"骚乱"

“逐步逐步地”进行(406—409)……

此外,关于**灌溉**,在第3编第362页中说:外里海州+锡尔河州+撒马尔罕+费尔干纳——225万俄亩灌溉土地,其中100万俄亩种小麦,379 000俄亩种棉花。

即(第363页)在全部15 900万俄亩的土地中,有15 675万俄亩是干旱的不毛之地;只有225万俄亩是由人工灌溉的。

参考书目:

注意:约克·冯·瓦滕堡伯爵:《俄罗斯强国向亚洲的渗透》,柏林,1900。

赫·万贝里:《俄国在亚洲的实力》,莱比锡,1871。

寇松:《俄国在中亚》,伦敦,1889。

阿巴扎:《征服土耳其斯坦》,圣彼得堡,1902。

社会主义在中国

«Die Neue Zeit»[①],1913—14,XXXII,1,第711—2页。

转述**A.杰克斯**(上海)在«The Socialist Review»[②](1913,№1)上发表的论文。

文章的标题:《**中国的反动派**》。

① 《新时代》杂志。——编者注

② 《社会主义评论》杂志。——编者注

作者翻译了中国社会主义政党和团体的章程。他说它们的“模糊不清”和“善良愿望”使人感到惊讶。中文的社会主义和社会是一个词(社会)。许多社会主义者被处死刑。一个名叫**文**的工人(上海的)(已被处死)创办了一个“**中华民国工党**”[92]。该党于1913年初领导上海制造局工人胜利地进行了三天的罢工。纲领极模糊。

社会主义

在中国

还有一个“中国社会党”[93]——和“纯粹(原文如此!)社会党”。大部分首领都被处死。这些政党都被袁世凯破坏了。

纳阿斯:《埃及农民的经济和社会状况》

约瑟夫·F.纳阿斯:《埃及农民的经济和社会状况》

(学位论文),巴黎,1901。

很幼稚的著作。引证了**参考资料**。

描写了(过于简短)农民的极端贫困状况,他们居住在土房子中,没有家具,**和牲畜住在一起**,从早到晚干活。受压抑、愚昧——和俄国一样。

埃及的**农民**

观点很值得注意:**自由主义民粹派的**观点,完全和1880—1900年俄国的一样!!

第38页,注释。英国正在扼杀工业!!!

《新时代》杂志,XXX,1

考茨基:《群众的行动》

«Die Neue Zeit»[①],XXX,1(1912)。

注意:第 45 页(卡尔·考茨基)。群众=3 000 万。1/10是有组织的。**注意**。

林克:《储金局是不是慈善机关?》

第 60 页。储金局:1/4的存折=存款总额的 87%。(普鲁士 1909。)(存款>600 马克。)

各国的人口计算

	国家数目	人口单位百万(约数)	{其中附属国}	其中殖民地:数目		(人口)单位**百万**
(α) 西欧	15	220	(10—15)	2	—	0.2
美洲	23	145	(无?)	7	—	13.5(?)
Σ	38	365	(10—15)	9 ……		14(?)
(β) 东欧和**它的**亚洲部分	12	215	(90—100?)	5 ……		25(?)
(ν) 亚洲的其余部分、非洲和澳洲	64(?)	870	半附属国约 300?	60 ……		480(?)
Σ	114(?)	1 450	100—115	74 ……		519

① 《新时代》杂志。——编者注

	平方公里（单位百万）	人口（单位百万）
日本………	0.4	46.5
中国………	3.9……	319.5
	+7.3……	10.6
阿富汗……	0.6……	4.5
波斯………	1.6……	9.0
(4)		390.1
		+480
	0.2	870
	7.9	
	0.04	
	0.4	殖民地
	0.14	498.5
	8.6	−17.3
	17.3	481.2

	人口（单位百万）	附属国	殖民地
(α)	400	<5%	<5%
(β)	250	40%—50%	10%
(ν)	900		>50%
	1 550		

约480（单位百万）
？60—100（?）

人口（单位百万）

	共计	其中附属国	殖民地		
α	400……	20 +	20=	40	10%
β	250……	100+	25=	125	50%
ν	900……	—+	500=	500	60%
	1 550	120+	545=	665	

	平方公里	人口（单位百万）		其中附属国	殖民地	人口（单位百万）
俄国……………	5.3	106.2		约60		
+						
+{希瓦……………	0.06	0.5	}24.6	}	}	(5)
布哈拉…………	0.2	1.5				
高加索…………	0.5	9.2				
中亚细亚………	3.5	7.7				
西伯利亚………	12.5	5.7				
俄国……………	22.1	130.8		(60?)	(5)—24.6	
奥匈帝国………	0.6	45.3		（约25）	—	—
塞尔维亚………	0.05	2.5		?	—	—
罗马尼亚………	0.1	5.9		?	—	—

	平方公里	人口(单位百万)	其中附属国	殖民地	人口(单位百万)
保加利亚………	0.1	…… 3.7	?	—	—
希腊……………	0.06	…… 2.4	?	—	—
土耳其…………	0.1	…… 5.9	(?)		
+					
亚洲……………	1.8	……17.2			
	1.9	23.1	(10?)		
没有阿拉伯?+2.5 平方公里,190 万人口					
		213.7	(90—100)	(5)	25(?)

国家的数目

		独立国	附属国
α	38	29	+ 7
β	12	7	+ 5
ν	64	2—4	—60—62

7
+ 5
12

西欧和美洲:

东欧:

奥匈帝国

俄国、巴尔干国家和土耳其(所以也包括亚洲的一部分):

亚洲的其余部分、非洲和澳洲。

笔　　记

"ξ"

("克西")

目　　录

ξ

战争和帝国主义

英国(1897—1911)—— 99 850 万英镑
1 997 000 万马克
德国 549 000 万马克
55 亿马克。

报纸摘录

«*L' Écho de Paris*»[①],1914. 10. 13.

评论茹奥和列金的谈话的《尤尼乌斯的文章》。

“……劳动总联合会书记茹奥先生于今年 7 月 24 日在布鲁塞尔(日期和地点是有象征性的)同德国社会党议员列金先生的这次谈话——如果我们的工会工作者要想利用这种教训的话——是怎样的一次教训啊！茹奥先生问道:‘你们打算采取什么行动来避免战争呢?’‘你们是不是下定决心行动了？在我们方面,我们准备响应你们的号召。’他还补充说:‘尽管这些问题已经提过几次了,但是列金……却没有作任何回答。我们在离开布鲁塞尔的时候,深信我们对德国组织的善良意志的信任一定会消失。’他从自己的失败中究竟得出了什么结论呢？我继续摘引他的原文:‘我们将草拟一份控诉书,来提醒所有的人们,要使国际关系持久和稳定,唯一的手段就是到处都采取同样的行动来争取和平,反对战争。’事件刚刚已经向他证明,采取这种共同的行动是不可能的。他认为这是一些偶然事件,并且继续抱着空想,而这种空想的错误,你一想起来就会不寒而栗。如果列金先生是一个不大诚实的

① 《巴黎回声报》。——编者注

人，他向他的天真的谈话对方保证给予援助，而后来却没有兑现，那结果将会怎样呢？”但是他说，我们是不会去考虑那些还没有发生的灾祸的。接着就是对茹奥先生的教训：

“像茹奥先生这一类有才智的人都承认（而且没有错），现在存在着阶级的利益，或者更正确些说，存在着职业的利益…… 但是，他们有一件事没有注意到，就是任何职业都不能存在于国家之外。工人和农民以及资产者，他们首先是属于某一民族，然后才属于某一个阶级…… 因此，如果说一个劳动者在属于一定的阶级以前，先要属于一定的国家，那么，国家的利益就高于阶级的利益。国际工会运动的全部错误就在于不懂得包含在事物本质中的这种依存关系。问题不在于对阶级利益估计不足。问题在于要确定它的位置…… 国际主义的错误教条在明显的民族的必要性面前，是连一小时也站不住脚的…… 我们向他们〈工会工作者们〉建议的，只是要他们领会这次战争的教训，要他们在考虑自己的阶级利益的时候，能同民族利益联系起来考虑。这样，我们才容易达成协议。”**尤尼乌斯**。（全文完）

«*Volksrecht*»[①]，№241，1914.10.16.

W.：《到目前为止战争耗费了多少钱》。

战争的费用：

战争的头两个月

各交战国——**625 000** 万法郎

---

① 《民权报》。——编者注

德国——18 亿马克=225 000 万法郎

其中包括替财政情况很糟的奥地利出的

英国— — — — — — — — — — — — — — 215 000

(其中自己负担的也许只占 ⅓)

440 000 万法郎

法国……………………………………… 104 000 〃 〃 〃

俄国 3 亿卢布= 75 000

Σ= 619 000 〃 〃 〃

俄国—— 75 000

法国 104 000

179 000

625 000—440 000=185 000—104 000=81 000

“在以后的 8 个星期中,战争的耗费将多一倍……”

勒鲁瓦-博利厄——见«*L' Humanité*»[①]——估计五大国每国每月要耗费 10 亿,7 个月为 50×7=350 亿+小国和中立国的 150 亿。Σ=500 亿。

基督教牧师论战争:

巴比牧师(法国人)提出一个**宣言草案**(并把它寄给了德国牧师):

“在下面签名的德国、英国、奥地利、法国、俄国、比利时和塞尔维亚的基督教徒们,由于正在使欧洲遭到毁灭和流血的冲突而感到不安和苦恼,因此他们声明:

① 《人道报》。——编者注

1° 他们每个人都对自己的祖国怀有深厚的感情,他们不愿做或不愿讲任何同鼓舞他们的真诚而炽热的爱国主义精神不相符合的事情或言论,

2° 但同时,他们也不能忘记或是否认,上帝是一切民族的上帝和所有人的父,耶稣基督是所有人的救世主;他要求他的信徒彼此看做兄弟,彼此像兄弟般相爱,而且正像圣保罗所说的那样,对于福音的信仰来说,既不分希腊人、犹太人、化外人、斯基台人——因而也不再分什么德国人和法国人、奥地利人和俄国人,所有的人都无一例外地信奉基督。

因此,他们有责任在上帝的面前,并且依靠上帝的帮助驱散自己内心中对目前必须称之为敌人的那些人的任何憎恨,而且一有机会,就对他们做些好事情;利用一切可能拥有的影响,使战争尽可能人道地进行,使战胜者,不论是谁,都不滥用自己的强力,使弱者的人格和权利得到尊重;他们应该以从前那种兄弟之间的爱来爱自己在信仰上的弟兄,而不论这些弟兄们属于哪个民族,应该在上帝面前毫无例外地为战争中的一切牺牲者祷告,祈求上帝尽快地把战争的惨祸变为公正的最终的和平的幸福,使我们现在所看到的种种不幸的残酷事件能够加速天国的来临。"

(«*Journal de Genève*»①,1914. 10. 17。)

这封信写于 1914 年 8 月 4 日,是尼姆的可敬的牧师**巴比**先生寄给柏林的宫廷传教士德国人**德吕安德尔**先生的。

这位德吕安德尔于 1914 年 9 月 15 日写了一封很长的回信,信上署名的除他自己外还有两个牧师(拉胡森和阿克森菲尔德)

① 《日内瓦日报》。——编者注

(«*Journal de Genève*»,1914. 10. 18),信中说:

“……我们愿意表示,我们同意第 1 条和第 2 条建议。它们是全体基督徒共同财富的一部分。爱国主义和基督教教义并不互相排斥,恰恰相反,是互为前提的”—— ——

其余的,我们在原则上接受,但我们不能签名,因为我们不想给人以**哪怕是最小的一点**借口,以为德国进行战争是不符合人道原则的,等等。我们不希望战争,我们是和平的人民,等等等等。进攻的方面是英国人和别国人,诸如此类,等等等等。

注意。«Volksrecht»(1914)№239(《向着永久和平》)和№242(伯恩施坦)

«Frankfurter Zeitung»[①](1914)№291(第二次上午版)10. 20. (谢德曼拥护战争)。

伯恩哈迪:《德国与即将到来的战争》

弗里德里希·冯·伯恩哈迪:《德国与即将到来的战争》,柏林,1913(第 6 版)(共 345 页)。

第 6 版的序言写于 **1913 年 2 月**。

这是一本典型的好战的著作,书中对德国人的爱好和平的精神表示惋惜,等等等等。作者常常引证他本人论述现代战争的那**两卷**著作。

赞扬战争及其必要性(“创造性的和清洗的力量”:第 9

① 《法兰克福报》。——编者注

页)…… 【第 1 章:《战争的权利》;第 2 章:《战争的义务》。】

为德国在摩洛哥事件中示弱、向法国让步而恸哭流涕(第 17 页及其他各页)。

“基督教的道德就是个人的和社会的道德,就其实质来说,任何时候都不可能是政治的道德。”(24—25)

对**社会民主党人**深恶痛绝:说他们在党派斗争中“原则上主张造谣和中伤”(32)。说他们“主张革命”(73)……(同上,75)

黑格尔、路德拥护战争等等

“……尽管社会民主党的煽动者发表了种种毫无内容的装腔作势的讲话,德国人一点也没有革命的精神。他们的全部天性推动他们走上健康的合乎规律的发展道路……”(80)

德国不像英国那样,拥有那么可靠的殖民地(市场)(89)……

第 5 章:《世界强国或者灭亡》……

意大利于 1912 年重新加入了“三国同盟”,**但是**,一旦爆发战争,**未必**能够指靠意大利(96)……(同上,180)

我们应该支持奥地利的巴尔干政策,并尽力把突尼斯夺过来给意大利(97)。

俄国已被革命所动摇(100)——“军队不可靠”(100)等等,俄国未必想发动进攻德国的战争(102)……

法国由于人口增长停滞(107)并且由于它的扩张野心已经达到饱和点(107)等等,对英国来说是并不危险的。

如果意大利退出……“那就可能形成极大的力量优势来对付德国和奥地利”(114)……

我们从陆海两面受到威胁(115)——我们生活在潜伏的、然而是巨大的危机中(115)。这一点必须注意,这一点"现在被各国的外交阴谋的欺骗手腕和**官方的热爱和平**等掩盖起来了……"(116)。

注意!!

无论如何要和法国算账。"必须彻底击溃法国,使它永远不再成为我们道路上的障碍。"(118)

比利时……是中立国,但是,法国和英国力图在比利时把自己的力量联合起来(123)——"永久中立这一概念是和国家的本质"(123)……"和它最高的道德目的根本矛盾的……"(123)

哈哈!!

"……制造口径30厘米的大炮需要整整一年的时间……"(141)

准备时期……

第7章:《我们的即将到来的战争的性质》。

各国的兵力…… 数字…… 法国可能有"极精锐的黑军"(150)……

哈哈!!

我们(加上奥地利)比法国+俄国少(?),必须在质量上赶上去(156)……

海军(根据1912年出的《航海年鉴》)——英国的舰队比我国舰队强一倍(170)。

俄国可以靠它的国土广大而得到保卫(176)——俄国不会有生存斗争……人民中有教养的一部分人主张革命(同上),正如日俄战争中那样(177),未必会出现"万众一心的民族热潮"(177)。

瑞士、比利时、荷兰(法国人和英国人会借道后两个国家)……

“中立不过是纸做的障碍物罢了”(179)。

英国力图消灭我国的舰队(184及以下各页。第8章:《即将到来的海战》)…… 它可能使我国的海外贸易陷于瘫痪(186)…… 在哈里季设防(189),在罗赛斯和斯卡帕湾兴建港口(191)…… 我们必须加紧发展空军(195)…… 我们应该竭尽全力从陆上击败法国舰队(196)——同法国作“殊死战”(196)……“永远消灭法国的大国地位”(196)。

只有在陆上取得胜利,我们在海上才有希望(199)…… 俄国+法国=18 000万人口。德国——6 500万(201)…… 扩充军队……现在,对士兵提出了更高的要求(205),更重要的是常备军…… 必须“进攻”(206)。

(“基干部队”,而不是“后备队”,210。)质重于量(213)……不能以“密集的”队形作战,个人的作用在增大,长官的作用在缩小(214)……

做好大批部队调动(和给养)的准备工作特别重要,由此产生特殊的任务(226及以下各页)。从军事技术方面详细论述了这一点……

骑兵的作用——侦察和“掩护”(235)……

组织上“变幻无常”(机动、灵活)是必要的(237)……

要准备实行新的,不要重复旧的(247及以下各页)……

军人必须有更高的素养——在军事学院等等举办“一般科学讲座”(267)。

我们(德国)应该实行世界政策(268、269)——为此必须有海军(第 12 章:《准备海战》)……——在海上,我们不能实行进攻,——保卫海岸等等。

口径 24 厘米的大炮"应当认为是完全不适于进行现代海战的"(276)……

……新的海军法规定要建造 72 艘新的潜水艇(277)……第三分舰队要到 1914 年才能准备好(278)……

青岛必须更好地设防(282)……

突然袭击:

英国于 1807 年 9 月 2— 5 日袭击哥本哈根……

〃 〃 〃 1882 年 7 月 11—12 日〃 〃亚历山大

(埃及)……

意大利袭击的黎波里和土耳其船只……

注意 ‖ 错误在于,我们从前没有和法国"算账"——理由是找得到的(287):"我认为,德国整个政策在可能犯的错误中,最严重的错误就是当世界局势对我们十分有利,可以坚信必然胜利的时候,没有去和法国算账。当时这样做的机会无疑是不缺少的……"(287)

人民的教育应该有**更多的宗教内容**和**爱国主义内容**,反对社会民主党人(以及他们敌视祖国的信念:291)……(第 13 章)……

注意 部队的成分>乡村的 注意 ‖ "在所有出生于德国的军人中,现在只有 6.14%来自大城市,7.37%来自中等城市,22.34%来自小城镇,64.15%来自乡村[1]),然而城乡人口的分布,却完全不同……"(第 292 页)

---

1) 波扎多夫斯基伯爵:《住房问题》,慕尼黑,1910。

1905:	乡村…………………………42.5%
	小城市 25.5
	中等城市 12.9
	大城市 19.1

"……农村人口十分紧密地和军队结合在一起"(292)……城市人口,它的广大阶层"对军队简直抱着敌对态度"(292)……

军事教育的良好效果((他说,军队没有**使**人民**离开**有益的工作,而是**对他们进行教育**【这一点**不**在第13章里】))……工厂工作在许多方面都是有害的……工作日短是有害的(294)……

他说,在俄国(不同于日本),有教养的阶级认为爱国主义是陈旧的概念,等等等等——因而出现了失败主义者(304)……

政府手中应当握有通俗的报刊(305)……

"如果能够强迫所有的报纸刊登政府的某些消息,使读者不致读到像党报所提供的关于社会关系的片面报道,我认为是一种造化……"(306) ‖ 哎呀!!!!

在"财政上和政治上备战"(第14章)的时候,不能够依据"小资产阶级的观点"(311)……不能够对"时代的软弱无能的慈善行为"让步(312)……

国民财产每人平均数单位马克	陆海军费用每人平均数单位马克
在德国=5 000—6 000…………………………	16
法国大约同上	20
英国 6 000—7 000	29

(第315页)

	对外移民人数	工会的失业会员
德国	20 000(1908)	4.4%
英国	336 000(1908)	10 %
法国		11.4%

(第 318 页)

德国的经济发展较快(316—7)……

!! ‖ 人民每年花在烟酒上的就有 50 亿左右马克,他们本来可以花“几亿”(320)来保卫自己的荣誉、独立和自己的未来。

‖ 拿破仑第三在 1870 年曾经指望同奥地利结成联盟(阿尔布雷希特大公访问巴黎,法国将军访问维也纳……**326**),但是,他的希望落空了……

跋(1913 年)——我国的状况恶化了。巴尔干战争、对土耳其和“三国同盟”的打击……　希望同英国保持和平是愚蠢的……应当利用英国“想接近的企图”更好地作准备(343)……

((本书写于 1911 年秋,共 338 页。))

完

吕多费尔:《当代世界政治的主要特征》

J. J. 吕多费尔:《当代世界政治的主要特征》,柏林,1914。

(XIII+252 页。)

(序言写于 **1913 年 10 月**。)

这是一位外交家写的大言不惭的书,他用一些空话把德国资产阶级的帝国主义野心包藏了起来。书的主题是民族趋势和世界主义趋势的斗争。

有关社会学和哲学方面的大话=最愚蠢的新康德主义[94]的滥调,把人民说成是一些个人,比做森林(重复了几十次),谈论什么神明等等胡言乱语。

题目虽然确实是现代的,但用一些关于亚里士多德的"隐德来希"[95]等等的词句包藏了起来。

英国为了完成它在非洲的计划(好望角—开罗铁路),"只需要解决同德国和比利时的争端"(94)……

"……所以,葡萄牙实际上是依附于英国这个世界帝国的国家,西班牙在较小的程度上也是如此。日本不可能从英国金融市场的手掌中挣脱出来;英国用不着在南美建立据点,因为伦敦交易所正在向南美一个最重要的、最有前途的国家——阿根廷提供资金,从而加以控制……

英国的世界霸权……除海上霸权外,还依赖两个支柱:不列颠文化的共同性和伦敦交易所……"(95)

德国没有可能进行扩张(亚洲已属于俄国,北非已属于法国和意大利),它两面都被封锁,来迟了(殖民地已被占领),处境困难。((第 2 章 §7,第 101 页及以下各页))

在摩洛哥问题上,曾不得不向法国让步。(105)

"德国世界政策的命运要在大陆上决定"(107)…… "德国的世界政策,如果没有海上的优势地位,也许还可以设想,但是如果没有陆上的优势地位,那就无论如何也不能设想了。"(同上)

（在欧洲大陆上的胜利——对德国来说，是一切的关键）

摩洛哥……“后退”（108）：我们不得不稍微后退……

“德国的世界政策这一章最清楚不过地说明了帝国的世界政治地位的特点，它进行扩张的可能性是有限的，世界政策和大陆政策的联系，德国的世界政策必须加以考虑的那些因素的复杂性……”（109）

他说，德国的民族主义还年轻……“暴发户的手腕”（112）。

在美洲，**民族**刚刚在形成（特别是罗曼语系和斯拉夫人的移民）。

“从金融方面看，可以把阿根廷看成由伦敦交易所控制的殖民地”（133）……　南美各国“在目前是，而且大概在将来很长时间内，也还会是世界政策的客体，而不是主体”（131）……

“现代的日本由于自己的成就正在大吃苦头”（137）——它制服不了自己的殖民地，它没有得到巩固，等等……（日本缺少宗教的基础：138）（（真是白痴！））……

世界主义的趋势——侈谈天主教……文明的理想……

“**资本**”及其力量……

注意 ‖ “如果从这个角度来研究近几十年来欧洲列强的殖民地扩张史，那就不难看出，最近时期有欧洲列强参加的一切战争，即使不是资本的利益直接挑起的，那也无疑地是由资本的利益所决定的……”①（157）

“文明世界的物质利益的互相交织，统一的世界经济的出现，是当代政治的主要事实之一……”（159）

① 见本版全集第26卷第260页。——编者注

争夺“股票的多数”的斗争[①](161)…… “具有直接政治意义的一切经济企业,如铁路、运河等等,现在都带有一定的民族性质,哪怕它们的资本按其来源或形式来说,是国际性的……”(161)

国际法和国际仲裁法庭?“总的说来,仲裁法庭这一工具只是用来防止由意外事件所引起的、并不损害民族切身利益的那些不合心愿的战争;但是,无论在什么时候、什么地方都没有发生过这种事情:仲裁法庭把民族的迫切问题调解好了或是依靠仲裁法庭就可以避免有人希望的战争……”(167)

国际社会主义?(第3章§5,第1册,第172页及以下各页)。

“如果国际社会主义能够从内部使工人完全脱离他的民族,使他仅仅成为阶级的成员,那它就胜利了;因为民族国家在当时还能试图用来束缚工人的那种纯粹暴力手段,继续用下去就自然失去效力。如果国际社会主义做不到这一点,如果把工人同称之为民族的机体连结起来的那种内部联系保留下来,即使是无意识地保留下来,那么,只要这些联系还存在,国际社会主义的胜利就成问题,甚至变为失败,如果事实表明这种联系终究是比较牢固的……”[②](173—174) ‖注意 |注意

“贫困化”是没有的,阶级的尖锐化也是没有的。(174)激烈的民族斗争和民族主义把工人也卷了进去(175)…… “因而,可以说,虽然社会主义运动从那时以来〈即在最近这一时期〉获得了大规模的发展,虽然各国的社会党极大地增强了自己的力量和影响,但是,运动的 |注意

① 见本版全集第26卷第260页。——编者注

② 同上。——编者注

国际因素在这一时期中不仅没有同时得到增长,而且其作用和势头反而削弱了。"(175)

近几年来的选举斗争迫使德国社会民主党人"掩盖或者削弱"了自己的国际主义(176)……

"……它〈德国社会民主党〉愤怒地驳斥了自己的反对者的意见:一旦爆发战争,社会民主党必将鼓动在它的影响下的工人群众调转枪口反对自己的指挥官,从而与法国社会党人结成联盟来阻止战争;它甚至认为指责它缺乏爱国主义是一种侮辱……

这个问题(关于"民族"趋势)是全部争论中的中心问题,它正在成为社会主义的**难题**。"[①](176)

"……问题仅仅在于,这些游行示威〈工人党和社会党争取国际主义等等的游行示威〉对于政治事件和人民及其领袖的政治决策,究竟有什么现实意义。在所有具有强烈的民族感情的国家里,这种意义是很小的。一般地可以说,凡在政府能够诉诸人民的民族感情的一切问题上,它们根本不用去考虑本国社会党的国际主义,到目前为止,没有哪一次民族战争曾经因为担心社会党人采取敌对态度而被阻止,就是在将来,这样的原因也阻止不了任何战争。可能,各国政府鉴于社会主义的和平主义理论,将力图用民族感情把自己的企图细心地掩盖起来,但是,事情的本质并不因此而有丝毫改变,有所改变的只

注意

!

注意

!

!!

① 见本版全集第26卷第260页。——编者注

不过是现代政治所运用的形式和技术而已。”① (177—178)

‖ 照他看来,骗人是很容易的!!

参看第 **103** 页:“社会民主党在自己的议会行动中和在人民中进行鼓动的时候,也已经不得不一年比一年更多地考虑民族的理由了。”(同上,第 110 页)

英国的殖民地对宗主国规定了优惠关税(206)——加拿大、澳大利亚、南非=“实际上是对非英属的生产国提高了关税”(206)……

‖ 注意

“似乎可以看出法国和意大利之间由于争夺霸权而产生的矛盾”(在地中海和非洲)(211)……

“……在俄国不费多大力气就可以向蒙古和波斯扩张的时候,它的扩张野心是不会指向奥匈帝国、巴尔干和君士坦丁堡的……”(211)

俄国凭借自己的地理条件可以免于“民族覆灭”(216)——“一旦失败,它要担心的最多不过是革命的胜利和它的发展进程的延缓〈?〉而已”(216)……

‖ 注意

一般说来,现在除了在“必要的”情况下,是不应该进行战争的(218),但是这是什么意思呢?

“在字面上防御和进攻很容易区别,但在实践中要不容置辩地确定谁是进攻者,谁是防御者却非常困难。”(218)

‖ 注意 防御还是进攻?

“认为现代的列强虽然已经武装起来,但是它们并没有使用自己的武装,这是不正确的。”(219)——对这些武装是要“计算”的,

① 见本版全集第 26 卷第 260 页。——编者注

在外交谈判中，在施加“压力”时，是要考虑的，等等。

注意 注意 ‖ “欧洲联盟是围绕着两大矛盾，即德法矛盾和奥俄矛盾而形成的……”(224)

“但是，在政治方面它的〈英国的〉行动是完全有计划的。它在南美、特别是在阿根廷的强大影响，是以伦敦交易所的证券发行业务为基础的；葡萄牙的依附关系以及英国在西班牙的优势影响，在某种程度上也是如此……”(235)

注意 “现代法国所表现的金融帝国主义的方法是最纯粹的。法国之所以成为世界银行家，并不是由于它拥有较多的财富，而是由于它的资本有较多的流动性。德国、英国、美国在目前要富得多，但是在这些较富的国家里，没有一个国家像法国那样，拥有那么多正在寻找投资场所的闲置资本……”(235—236)

他说，原因有二：法国比较“节省”，法国的经济生活对钱的需求较小。

人们无端地指责德国人，说他们没有利用摩洛哥事件，抓住“机会”——“把西班牙保持在反法的一边”(236)……

注意 注意 注意 “这种机会从来没有过，因为，德国连想都不能想到要割断西班牙同法国的金融联系，而挑起向这个需要金钱的国家提供资金的担子。法国一直是在多多少少公开地让奥地利和匈牙利明白：只是由于它们同德国友好，由于三国同盟，它们才在金钱需要的满足方面，在巴黎交易所中碰到困难……”(236)

“……如果说，德意志帝国目前还只是在很小的程度上把自己的国际政治影响建立在提供贷款上，那这首先是因为它虽然

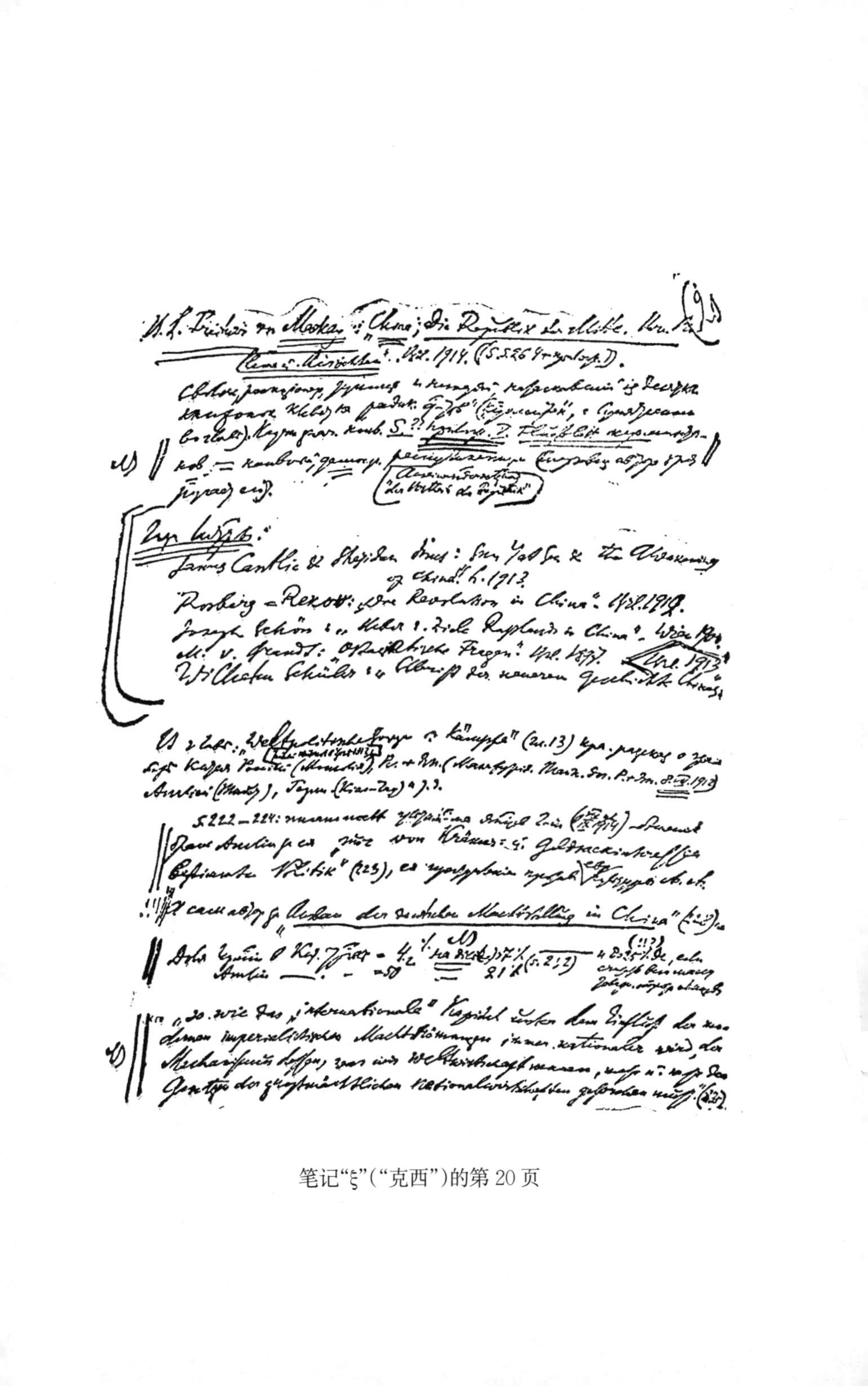

笔记“ξ”（“克西”）的第 20 页

比法国富裕,但它的资本的流动性不是那么大……"(237) 德国的经济发展较快,它本身需要资本……

"……土耳其经常得到德国银行的支持,以对抗法国提出的关于贷款的附加政治条件;罗马尼亚、匈牙利以及其他一些国家的情况也是如此。总之,可以说,对法国实行的金融帝国主义的反击,一定会使德国的政策也走上同样的道路。"(238) 注意

完

马凯:《中国,中华民国。它的问题和前途》

B. L. 冯·马凯男爵:《中国,中华民国。它的问题和前途》,柏林,1914。((共264页+附录。))

这个坏蛋、反动分子、蠢货、恶棍,从十来本书中拼凑了对"激进民主派"(以孙中山为首的"国民党")的诽谤。科学价值等于零。**页码??** **附录5。国民党人的传单**=幼稚的**民主**共和主义((这个坏蛋作者无故地咒骂它))。【"解释共和制的优越性"。】 注意

参考书目:

詹姆斯·坎特利和谢里登·琼斯:《孙中山和中国的觉醒》,伦敦,1913。

福斯贝格-雷科夫:《亚洲的革命》,柏林,1912。

约瑟夫·雪恩:《论俄国在中国的目的》,维也纳,1900。
麦·冯·布兰特:《东亚问题》,柏林,1897。
威廉·许勒尔:《中国现代简史》,柏林,1913。

《世界性的政治恐慌和冲突》这一章(第13章)简略地叙述了俄国(蒙古)【1912年库伦秘密议定书[96]】、俄国+日本(满洲。1912年7月8日俄国+日本秘密条约[97])、英国(西藏)、德国(胶州湾)等国对中国的掠夺。

第222—224页:是在日本人向德国提出最后通牒以后写的(1914年8月或9月)——疯狂地咒骂英国“仅仅从小铺老板和大财主的利益出发决定政策”(223),骂它对欧洲文化犯下了罪行,如此等等。而作者本人则主张“**扩大德国在中国的地盘**”(228)……

!!!

德国在中国的贸易中所占的比重=4.2%,**其实**(他说)(注意)>7%——如果把德国人的全部商品流转额计算在内,甚至达到25%(!!?)。

英国在中国的贸易中所占的比重=50%,**其实**——21%(第232页)。

注意

“……‘国际’资本在现代帝国主义的野心的影响下,日益变成民族资本,我们所说的世界经济,其结构也同样会愈来愈受列强民族经济规律的支配。”(235)

((第14章:《德国的使命》))

注意

英国和美国“仅在过去一年内就拨出1 800万马克在山东、汉口和香港创办高等学校”(236)——与此比较,德国在同时期内拿出的钱“显得微乎其微”。它们这些钱是哪里来的呢? 主要来源:英美大资本家在中国的工商企业!!

英国有“好几百”懂中文的“在自己的海关供职的”官员(“有经验的官员”)——先驱者(239)…… || !!

比利时及其在中国的商业利益(243):中国铁路研究协会,——它在中国有**两条铁路**租让权。

第245页——三个集团在中国拟建的(和已建成的)铁路图。

(1)德国的———(中等)

(2)英国的———(最小) (注意)

(3)俄、法、比的(最大)

根据**亨尼希**的资料(《世界交通》,莱比锡,1909),现在已有铁路:

(1)北京—天津(而且延伸到大连)

(2)胶州—济南府

(3)北京—**汉口**

(4)上海—浦口

“……长江口是大不列颠在东亚的阿拉伯河,长江流域的利益范围则是大不列颠在东亚的南波斯……”(246—7)

天津—浦口铁路是由英国人和德国人**共同**建筑的(247)。 ||| 注意

英国在中国有**1 900**公里的铁路租让权(247)…… || 注意

德国在中国有**700**公里的铁路租让权(248)…… ||

中国巨大的排灌工程任务——德国的技术在这方面领先(254—5及以下各页)……

他说,中国人应该同情的不是“新世界的激进民主 ||

马凯,第 245 页

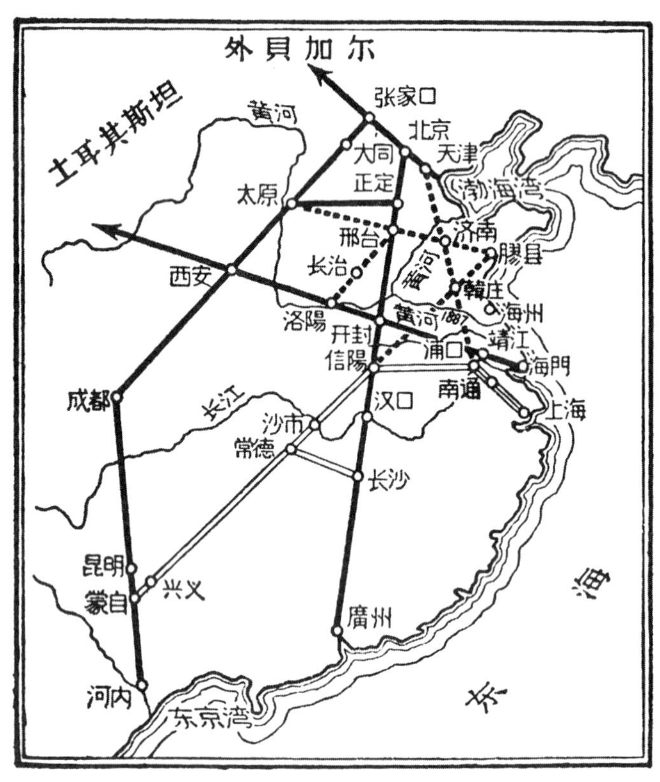

在中国已建成的和拟建的铁路

法俄比集团

德国集团

英国集团

((——不知道属于“谁”))

主义”,也不是盎格鲁撒克逊那种还保留着“褪了色的国王权力的”立宪制,而是君主制的德国(257)。 ‖ !!

接下去是冗长、枯燥、愚蠢地大谈其德国文化的美妙…… ‖‖ !!!

完

卢卡斯:《大罗马和大不列颠》①

查·普·卢卡斯爵士:《大罗马和大不列颠》,**牛津,1912**。(共184页)

(把罗马和大不列颠作了内容贫乏、多半是卖弄法律词句、杂文式的、哗众取宠的、夸大其词的对比。只摘记一点有关帝国主义特点的论述:)

65——阿尔及利亚地区在罗马时期,要比现在耕作(灌溉)得好(**阿诺德**:《罗马行省的管理》)。

66——澳大利亚的自流井(英国打的)(深度5 000英尺)……

68——与殖民地流行的疟疾作斗争(英国医生)……

(罗纳德·罗斯)

(李斯特尔勋爵)

(同上,70—71)

76—77:罗马人是战争走在贸易之前。英国人则*Vice Versa*②(在

① 见本版全集第26卷第260页和第27卷第395页。——编者注

② 相反。——编者注

殖民地）

（和平、贸易及其他）

80:但是，在18世纪也有过战争（加拿大、澳大利亚）

86…… 享有特权的公司，旧的有

东印度公司到1858年 }
哈得孙湾公司〃 1869年 }

新的有：皇家尼日尔公司 （1880—1890）
南非公司

91:说在我们那里（西印度），奴役是一种例外

【庸俗的、吹牛的民族主义者……】

94:罗马人并不考虑种族，并不排斥黑人。

96—7:在现代的不列颠帝国，“有色人种”没有平等的权利：在印度，他们没有选举权，——他们不能当官吏，等等等等。

98:“现在，在不列颠帝国的自治地区，有色的土著人虽然也是不列颠的臣民，但往往被剥夺选举权，例如，在澳大利亚、在南非某些地方或在英属哥伦比亚……”

99:限制黑人移民入境等等。

103:“在我们的帝国中，当白种工人和有色人种工人一块儿工作的时候，例如在南非，说实在的，他们的地位并不平等，白种工人与其说是有色人种工人的同事，不如说是他们的监工。” ‖ 注意

107——在澳大拉西亚，白种工人敌视黑种人和黄种人，把他们看做是压低工钱的人……

142:不列颠帝国的两个部分

（1）统治地区（对“劣等”种族的统治）

((印度、埃及等))

(2)殖民地区(不列颠人在殖民地的居住点:澳洲、美洲等)

175——在自由贸易和保护主义问题上,作者拥护"帝国优惠"(175),拥护"英明的机会主义"(176)。

"帝国优惠是要达到的目的。逐步渐进是达到这个目的的手段。"(176)

176—7…… "这些不列颠附属国的存在,可能成为,而且看来一定会成为促使自治领继续留在不列颠帝国范围内的最主要的动因",——因为,所有成熟的民族国家(西班牙、葡萄牙、法国、德国等)都需要有殖民地,但是所有殖民地都被占领了,而且大部分都在大不列颠的手中((他说,它们(澳大利亚等)在我们对印度、埃及等国的掠夺中也沾了点光))

参考书目:班菲尔德·**富勒**:《略论印度人的生活和心理状态》,1910。

克罗美尔:《古代帝国主义和现代帝国主义》。

贝尔格尔:《战争爆发后的社会民主党》[①]

埃尔温·贝尔格尔(反社会民主党帝国联盟的前总书记):**《战争爆发后的社会民主党》**,(60芬尼)柏林,1915(柏林西南区11.

---

① 见本版全集第26卷第260页。——编者注

德国康科尔迪阿出版社版)。(共 45 页)

3——赞扬“他们〈社会民主党人〉无可非议的、可敬的行为”……

6——“罗莎·卢森堡”——恶毒地攻击她好几次;攻击“匪党的报刊”(6)等等。

9——8 月 4 日和 5 日的帝国国会会议……“给我们带来了极大的喜悦”……“社会民主党的‘赞成’,是这幅画面上的光辉之点!”(10)……

“……因此,在一次世界性的党代表大会上它〈社会民主党〉也能够昂然地去受国际的审判……”(13)

……我们的帝国联盟现在正濒于死亡(16)……

“……能不能设想有哪个德国人比曼海姆的英雄、德国社会民主党的宠儿弗兰克博士更好的呢? ……”(21)

(8 月 4 日)“世界经历了无与伦比的历史转折点……”(21)

“……很难想象,有谁突然会从一个德国的**爱国主义者**重新变为执拗的**国际主义者**。这次战争一定会把‘**民族的**’和‘**德国的**’这两个概念深深地印在每个人的心里,以致谁也不能再把它们摆脱……”(26)

“……15 年前在公众集会上听过社会民主党人报告的人,往往会感到惊讶,有头脑的人怎么会相信那些充满仇恨、充满刺耳的谩骂的不像话的演说,而且还狂热地鼓掌。但是,近 10 年来常常参加社会民主党的集会的人,就会愈来愈喜悦地发觉,无论是报告人或是群众的水平都提高了……”(32)

阶级的仇恨——祸根就在于此(33 及以下各页)。

“……阶级的差别究竟到哪里去了呢? 现在不再有**任何**党派,更没有任何阶级的划分了。军官……”钳工等等(36)……

国王的儿子和巴伐利亚社会民主主义青年团的领袖米夏埃尔·施瓦尔茨，都获得了同样的“铁十字勋章”的奖赏(36)…… “这个曾经由于对祖国的热爱而奔赴战场的人会不会……在什么时候再次允许他的年轻的信徒对他的1914年的战友的子弟怀着仇恨呢？当然不会,只要他不愿意唾弃一切善良的东西……”(36)

“……改变策略的进一步的后果……” “采取反对立场,不管怎样”“是一种危险的武器”等等。

“这些原则能不能原封不动地保存下去呢？凡是不愿意自欺欺人的人,都得说:**不能！**……”(38)

“社会民主党作为一个政党”应该成为(41)没有“空想”的(43)、没有“暴力”思想的、没有“荒谬的东西”的(41)……“作为一个**纯粹**〈黑体是原作者用的〉工人的政党”……“**民族的**”政党。

“……战后,我们德国人传播**国际主义的空想**的土壤,还会缩小……”(44)

“……正如上面我们已经指出的,**德国**工人在有了一次经验之后,就应该冷静地权衡,彻底地抛弃社会民主党的国际主义倾向……”(44)

难道(社会民主党的)执行委员会没有同法国人的谎言、社会党国际局执行委员会(45)等等的谎言进行过斗争吗。

“……将来人们着手修改整个过时的爱尔福特纲领的时候——总有一天要发生这种事情——那就让他们作出应有的结论,而首先就要删掉纲领中的国际主义原则……”(45)

党应该“**承认自己是属于民族的**”(45)……

那时,站在工人后面的将不是国际主义的、“从事变革的”组织……“而是承认民族思想的力量、准备缔结实际的和平协定、

坚决捍卫自己的信仰者的利益的**德国工人政党！**"(45)(黑体是原作者用的)

((小册子的最后几句话。))

完

罗尔巴赫:《为什么这次战争是德国的战争！》

《德国的战争》,第1期(50芬尼)(柏林,1914)。**保尔·罗尔巴赫:《为什么这次战争是德国的战争！》**

反对"腐朽的和平"的沙文主义歇斯底里…… 他说,只有我们在为自己的生存而斗争,法国和俄国是出于"盲目的民族感情"(24),英国是出于私利("海盗的战争"——24)……

"……实际上,我们——奥匈帝国也如此——所能选择的不是战争或和平,而是现在打或是过一两年再打;不过那时,对我们来说,战争就无比地危险了……"(22)

"……可以推测,法国和俄国的军事指挥部策划在1916年年初或是上半年向德国和奥地利进攻……"(20)

瓦尔特斯豪森:《国外投资的国民经济制度》

奥·萨尔托里乌斯·冯·瓦尔特斯豪森男爵:《国外投资的国民经济制度》[1],柏林,1907。(共442页)

(全书分4册:……大部分我只是翻阅了一下,选择了一些最重要的东西。)

阿根廷="实际上是英国的商业殖民地"(45—6),"英国在那里的投资有**5 000**万英镑以上"(46)……

5 000×25=125 000万法郎

法国资本

在俄国	约90亿—100亿法郎(按1906年估计)(第48页)		
〃比利时	〃	6 〃 〃 〃	
〃英国	〃	9 〃 〃 〃	
〃瑞士	〃	4 (甚至**达**10)	
〃德国	〃	2—3	(勒鲁瓦-博利厄。«L' Économiste Français»[2],1902,II,第449页及以下各页)
〃西班牙		30 亿法郎	(第53页)……
〃突尼斯		51 200 万法郎……	(第50页)

① 见本版全集第26卷第260页和第27卷第398页。——编者注

② 《法国经济学家》杂志。——编者注

法国的国外投资

300 亿法郎（第 55 页）（勒·-博利厄，同上）
340 〃 〃 〃　（勒·-博利厄：第 98 页）
（*） 400 〃 〃 〃　（1905：作者的计算，第 98 页）

英国在美国的资本（1857）——**8 000 万**英镑（第 62 页——根据马克思《资本论》，III，2，第 15 页，注释）[98]

德国的国外投资【只是有价证券】

达 100 亿马克（1892）
（第 101 页）……
达 160 〃 〃 〃（作者对 **1906 年**的估计，第 102 页）
＋ 100 非有价证券（第 104 页）
（*） 260 亿马克

德国在**德国**殖民地的资本（1904）＝37 000 万马克（第 133 页）

伯·哈尔姆斯（第 234 页及以下各页）	
70	65
35	34
35	35
140	134

（*）即（1905）	单位十亿马克
英国	55
法国	32
德国	26
	113

“据统计，目前英国从美国得到的资本利润和利息约 **10 亿马克**。”（68）

（*）**英国**的国外投资（根据**斯派尔**对 1900 年的估计）＝**25** 亿英镑（第 94 页）。

×20＝500 亿马克

＋50（单位百万）一年
×5（1901—5）
250×20＝5 000
5＋50＝55　我的计算

外国资本

在**奥匈帝国**(1903)=

(第 107 页)

	980 900 **万克朗**
其中德国	465 300
法国	327 000
荷兰	64 700
英国	35 600
比利时	24 300
瑞士	24 200
其他	39 800

(**同上**伯·哈尔姆斯:《世界经济问题》,耶拿,1912,第 236 页。)

罗马尼亚煤油(1905)(第 145—6 页):

资本(私人的)	单位百万法郎
德国	—92.1
荷兰	— 8.0
英国	— 5.2
法国	— 6.5
比利时	— 4.0
意大利	— 7.5
美国	— 5.0

殖民地银行(1905)(分行)

	分行	资本 单位百万	
英国(第 151 页)	2 136	35.5	英镑
	+175	17.2	〃 〃
法国	136	328	法郎
荷兰	67	98.3	盾
德国(第 152 页)	87	60	马克

比利时在俄国的资本(1900)=49 400 万法郎(第 182 页)。

外国在美利坚合众国的资本(第 240 页)。

美国的债款(1902):

30 亿美元

在企业中等等

英国——40 **亿马克**(左右)(第 242 页)

德国 20〃〃〃

法国 45 000 **万法郎**

"……目前,在几大金融市场之间经常保持着均势,但是以特殊情况为转移,重心时而在伦敦,时而在巴黎,时而在纽约……"(251)

美国在墨西哥的资本(1902)
——5亿美元(第243页)
……在古巴——**15 900**万美元(第244页)。
从1900年起,美国在巴西取得了"巨大的成就"(243)
……

美国在国外的全部资本(第245页)。

		单位 百万美元
(1897)——	600——	800
(1902)——	1 300——	1 500

在1870—1年,据勒鲁瓦-博利厄计算,法国的(国民)财产是**1 400**亿法郎,年储蓄额是20亿法郎(第348页,《输出的资本和战争》这一章);国外资本=150亿(它们的收入=6亿—7亿)。

国债

俄国(1906)
—— 90亿卢布或
200亿马克
(第292—3页)
其中90亿—100亿马克是借法国的,
20亿—30亿马克是借德国的,
其余的是借英国的,
荷兰的,
奥地利的(!!)

第4册——《输出的资本主义和社会》(357—442)主要是阐述“**食利国**”的问题(以荷兰为例)——说现在的英国和法国也成了这样的国家——《德国的世界经济任务》(第4册第3章):

在这章中,作者表现出自己是一个十分明显的德国帝国主义爱国者。他**主张**和平地瓜分非洲的势力范围(和利润)等等(第424—5页及以下各页),但是又**完全准备打仗**(440末尾)……主张军备……

“……中国、摩洛哥、刚果国、土耳其帝国、俄国……对资本家和企业家来说,还有一些发展前途……”(423)

“……非洲……是欧洲的世袭领地”(425),如果把美洲让给美国。 ‖ 注意

“……在布兰科角和阿加勒斯角之间,欧洲资本的输出有极大的发展前途……”(425) ‖ 注意

说社会主义者存在着“空想”(引证了马克思和恩格斯)…… 其实现代的社会制度给工人展示了美好的前景。大多数富翁都是工人和小人物出身的(参看**K.施米特-魏森费尔斯**的《现代财富史》,柏林,1893,“该书提供了很有教益的例子,例如,博尔齐希当过木匠,克虏伯当过五金工人,莱滕贝格尔当过小工厂主,朗纳当过造船工人…… 西门子曾经是佃农…… 德雷泽当过钳工…… 路特希尔德当过小商人”,等等)…… ‖ 注意

我们德国人还不会像英国人那样珍视我们的殖民地及其意义(434)……

工人作为一个阶级,在经济上从殖民地和世界政策中获得好处…… 社会主义就是停滞不前:“丧心病狂的煽动者竟把这种蠢

事当做安乐的福音来向政治上不成熟的工人群众鼓吹……”(437)

“……关于普遍的民族福利的不断高涨,我们的社会民主党连听也不愿意听…… 它力图联合各国无产者来摧毁资本主义社会。大家知道,这种思想无论从宣传的意义上来看,或是从产生什么有益的社会结果上来看,都是没有什么效果的。既然无法建筑公共的新房子,那为什么要拆毁旧的住房呢? 对于这个问题,除了讲一些同民族这一生动的概念相对立的宣传性的空话以外,是无话可答的……”(438)

注意

称赞英国工人讲“现实主义”(进行反对移民入境的斗争)(438和**9**),希望德国工人也这样做……

注意 同一作者的《关于中欧经济联盟问题的材料》,载于«Zeitschrift für Sozialwissenschaft»[①],第5卷,第7—11期。

完

亨尼希:《世界交通》

理查·亨尼希:《世界交通》,莱比锡,1909(共284页)。

多半只是叙述,列举铁路,地图等等。

① 《社会科学杂志》。——编者注

非洲:铁路(1907)(第 213 页)

	单位公里	“修建中的 或 完成设计的”
不列颠殖民地	13 117	15 113
埃及	5 252	6 956
(英国)	Σ=18 369	22 069
法国殖民地	5 657	9 849
葡萄牙殖民地	1 173	2 313
德国殖民地	1 398	1 988
比利时殖民地	642	—
意大利殖民地	115	115
共计	27 354	36 334

指出了列强争夺租让权(铁路的,——例如,在中国)的极其无耻的斗争和欺诈行为以及诸如此类很有意思的事实。

黑尔费里希:《德国的国民福利》

卡尔·黑尔费里希博士(德意志银行经理):**《1888—1913 年德国的国民福利》**,柏林,1913。

吹牛……　歌功颂德、官样文章

不严肃,吹牛

德国的国民收入一年约 **400** 亿,而 1895 年是 **220** 亿—**250** 亿;400 亿中,约有 70 亿用于公共目的,约 250 亿用于私人消费,约 80 亿用于积累=400 亿(第 123 页)。德国的国民财产一年**>3 000**([1])

亿;而 1895 年是 **2 000** 亿。

第 114 页:

	单位亿马克	按人口平均(单位马克)
德国的国民财产	=2 900—3 200	4 500—4 900
法国〃〃〃〃〃	2 325	. 5 924
	(2 870 亿法郎)	(7 314 法郎)
英国〃〃〃〃〃	2 300—2 600	5 100—5 800
美国〃〃〃〃〃	5 000	5 500

(第 99—100 页)

(1908)	按人口平均
德国的国民收入——350 亿马克	555
法国〃〃〃〃〃——200〃〃〃	514
英国〃〃〃〃〃——350〃〃〃	815

(第 61 页)	煤产量(单位百万吨)			生铁产量(单位千吨)		
	1886	1911	+ %	1887	1911	+ %
美国	103.1	450.2	+336.6	6 520	24 028	368.5①
大不列颠	160.0	276.2	+ 72.6	7 681	10 033	30.6
德国	73.7	234.5	+218.1	4 024	15 574	387.0①
俄国				612	3 588	486.3
奥匈帝国	20.8	49.2	+136.5			
法国	19.9	39.3	+ 97.5	1 568	4 411	281.3①
比利时	17.3	23.1	+ 33.5	756	2 106	178.6

([1])其中,国外投资为 **200** 亿马克(第 113 页)。

① 黑尔费里希的原文如此。——编者注

克罗美尔:《古代帝国主义和现代帝国主义》

克罗美尔伯爵:《**古代帝国主义和现代帝国主义**》[1],伦敦,1910。(共143页)

几乎等于零。英国一个帝国主义官僚的哗众取宠的空话,摆出一副博学的面孔,大量援引罗马作家,最后大声疾呼地**主张**保持住对印度的统治,反对那些想让印度分离的人。解放印度将是"对文明犯罪"(123)……如此等等。

同罗马对比,官僚的一些几乎纯属"行政管理"性质的想法和主意,——如此而已。

第101页:印度(《印度调查》,第173页)能用英语读和写的人,每10 000个男子中有90人,每10 000个妇女中有10人(101)……

103:好在我们没有反对在南非教授荷兰语:现在,这种语言将自行消亡……

107:对刺杀怀利·寇松爵士(并且用英文写了自己的辩护词)的"卑鄙的青年"(丁格拉)的憎恨和愤怒……

110:摘引了«Journal of the Statistical Society»[2],第41卷:**沃尔福德**的《世界的饥荒》……(饥荒350起)。在印度的饥荒中饿死了300万—1 000**万人**(111)…… **罗梅**

① 见本版全集第27卷第395页。——编者注

② 《统计学会杂志》。——编者注

希·达特:《印度的饥荒》(引文,113)……

122:印度有147种语言;27 600万人讲23种语言(《印度调查》,第248页)……

124,注释:劝告年轻的英国人“阅读、留心、研究和熟悉”“印度起义”的历史……

笔　　记

"*o*"

("奥米克隆")

目　　录

o

«Die Gleichheit»[1]。«Bremer Bürger-Zeitung»[2]
开姆尼茨«*Volksstimme*»[3]　　引文
洛伦茨 17　　«Die Gleichheit»
　　+各种书报

注意:

1。——**马克思**:1878 年写的关于国际的文章。
关于民族**自决的意见**。

2。——巴塞尔宣言和开姆尼茨决议。

3—6。«Die Gleichheit»杂志,1914 年 8 月 5 日。

7(和 12)。德尔布吕克。

8—11。«*Volksstimme*»(开姆尼茨)。

---

① 《平等》杂志。——编者注
② 《不来梅市民报》。——编者注
③ 《人民呼声报》。——编者注

13。关于民兵制的参考书目。

14。伦施论民兵制(1912)。

15。1910年和1912年的卡·考茨基。

16。贝·-巴克斯论**帝国主义**(1900)。

18—20。伦施:《社会民主党……》

21—22。开姆尼茨«Volksstimme»。

23—29。乌布利希。民族和帝国主义。

30。弗·**阿德勒**和**伦纳**。

31。希法亭(考茨基主义观点)。

32、33。**恩格斯**和**马克思**论英国工人……

33。卡·考茨基论爱国主义。

34—35。奥·鲍威尔。

36—37。**恩格斯**。

38—39。恩·海尔曼(«Die Glocke»①)。

注意 ‖‖ 40—41。威·李卜克内西和**马克思**(**1878年给李卜克内西的信**)。

42—44。**格罗伊利希**和«*Grütlianer*»②。

45。«Schweizerische *Metallarbeiter-Zeitung*»③

注意:

‖ 恩格斯(论英国工人阶级)——第14页。

+«*Neue Rheinische Zeitung*»④,第46页和第47页。

① 《钟声》杂志。——编者注

② 《格吕特利盟员报》。——编者注

③ 《瑞士五金工人报》。——编者注

④ 《新莱茵报》。——编者注

卡·考茨基论宗教……第15页(?)。

社会党人和黑人(美国)……**15**。

在瑞士的意大利工人和波兰工人 **17**。

日本人与美国工人的沙文主义……**41**。

马克思论法兰西争取自由的战争(**1871年**1月):22。	**注意:** →马克思对1870年战争的观点的发展:**第22页**。

马克思论爱尔兰:22。

马克思论即将到来的**战争**(在1874年)——**22**。

参考书目(索引)……**13**和**16**。

注意

1900年巴克斯论帝国主义……第**16**页。

垄断和技术……**17**。

加拿大的工人运动……**17**。

考茨基论宗教(庸俗见解)——15。

1791年和1848年的法国宪法论**民族战争**:**第30页**。

近代史的"时期",**第28页**。

圣西门的名言——**49**。

《施穆勒年鉴》,1915,第1编

在《战时和平时的国民饮食状况》(«Schmoller's Jahrbuch»①,1915年,第1编)一文中,卡尔·**巴洛德**试就国民饮食状况作了一个综合统计(不完全的):

素食和荤食。

每人每天的总数

次序	热量(单位卡)	其中 素食	荤食
4. 德国 ………	2 708	2 164	**544**
2. 英国 ………	2 900	1 925	**975**
5. 意大利 ……	2 607	2 367	240
3. 法国 ………	2 749	2 205	**544**
6. 奥地利 ……	2 486	2 030	**456**
1. 美国 ………	2 925	1 870②	**1 054**
7. 俄国 ………	2 414③	2 235	279
8. 日本 ………	1 814	1 764	50

德国

素食+荤食

2 103+294=2 397

150 150

2 103+444=2 547

61 61

2 164+444=2 608

100

2 164+544=2 708

英国

1 925

975

2 900

国家的次序是我排的。巴洛德没有把德国的数字全部按荤食和素食划分。这里是我根据他的局部的材料划分的。

① 《施穆勒年鉴》。——编者注

② 这里巴洛德弄错了,应当是:1 871。——编者注

③ 这里也弄错了,应当是:2 514。——编者注

同上,**耶格尔**的一篇文章:《马克思主义的新批判主义》,对于把马克思主义和康德主义结合在一起的阿德勒作了评论。

同上,施穆勒一篇评论马克思和恩格斯的通信的小文章:以轻蔑的口吻谈论革命,说应当以改革代替它(第 432 页)。

工会比政党强大;社会民主主义运动中的官僚(5 000—10 000 人)…… "总之,马克思主义的德国工人党正处在瓦解或者向资产阶级蜕化的过程中,尽管它矢口否认这一点。"(424)

注意,同书中**格奥尔格·西格瓦尔特**的文章:《土地的肥力是一个历史因素》。

马克思:1878 年写的关于国际的文章。关于民族自决的意见

卡·马克思
1878:

在«Die Neue Zeit»[①], XX, 1, 第 585 页(1901—2)上,登载了麦·巴赫译的**卡·马克思**在 **1878** 年用英文写的一篇文章:《乔治·豪威耳先生的国际工人协会史》**[99]**。

马克思极其鄙视这个豪威耳(他是一个典型的自由派工人政客),纠正了他对国际的一系列错误论断,马克思说,他自己是《法

① 《新时代》杂志。——编者注

兰西内战》一书的作者并且早就在«The Daily News»①上发表了这一著作,马克思还谈到"国际"向新的"高级"形式的过渡以及其他一些意见。马克思在文章中还写道:

注意 马克思 (1865) (和 1878) 论**民族**自决

"顺便说一下,我荣幸地替总委员会起草的议程〈1865 年代表会议的〉有一条是这样写的:'必须**通过实现民族自决权原则**和在民主和社会主义的基础上重建波兰,来消除俄国佬在欧洲的影响。'"(第 586 页)((1878 年 8 月 4 日《世俗纪事》[100]第 10 卷,№5。"自由思想派-共和派"的杂志。女出版人哈里埃特·罗曾经是国际的成员。))

((黑体是我用的。))

巴塞尔宣言和开姆尼茨决议

帝国主义。在 1915 年格律恩贝格版的《社会主义历史文汇》[101](第 1 编和第 2 编)上刊载了**开姆尼茨**党代表大会(**1912 年** 9 月【1912. 9. 15—21】)关于**帝国主义**的决议。(第 **314**—**5** 页)

决议强调指出:**资本**的输出,获得"新的投资领域"的欲望,业主的组织,这些组织对国家的影响和"扩张的欲望","从经济上"控制"全世界广大领土"的欲望…… 结论是:"赤裸裸的**侵略**和**掠夺**政策……是这些帝国主义的扩张欲望的结果。"

由此产生了**国与国**之间的冲突,——**战争**的危险,"军用物

① 《每日新闻报》。——编者注

资”供货人的利益。

“……暴力的帝国主义”

为了缓和(mildern)它的暂时的后果,——贸易自由,缔结“国家之间的协定”等等。决议的最后一句是:

“无产阶级的任务是把发展到最高阶段的资本主义转变为社会主义社会,从而长久地保障各国人民的和平、独立和自由。” ‖ 注意

同上,第324页——在耶拿代表大会(1913)[102]上对罗莎·卢森堡提出的修正案(关于群众性罢工)的表决情况:

赞成罗莎的——144=30%

反对的…………336

480

同上,第306—311页——巴塞尔宣言(1912.11.24—25)

注意,同上,书评:

O.费斯蒂:《七月王朝建立初期的工人运动》,巴黎,1908(共359页),10法郎。

他的另一著作:《1831年的里昂起义》,«Annales des sciences politiques»①,1910(第85—103页)。

《平等》杂志,1914年8月5日

«*Die Gleichheit*»②,1914,№23,1914年8月5日。

① 《政治学年鉴》。——编者注

② 《平等》杂志。——编者注

《以战争对付战争》

第一篇评论《以战争对付战争》——引自斯图加特代表大会的决议[103]——在爆发战争的危险下召开社会党国际局会议并采取一切手段反对战争。一旦爆发战争,那就**如何如何**。

《无产阶级的妇女们,准备着!》

第二篇文章:《无产阶级的妇女们,准备着!》

该文是在向塞尔维亚宣战以后和欧洲战争爆发**以前**写的。

文章说,奥地利估计,俄国和其他一些国家未必能够作战。奥地利“帝国主义”和它的“罪行”。“它〈奥地利帝国主义〉仅仅是为了反动的哈布斯堡王朝的利益而战,为了残酷的丧尽天良的大地主大资本家夺取黄金和权力的贪欲而战……”

德国报纸“丧心病狂地”叫嚷战争……

“任何时候都不应当发生这种情况。德国的无产者——男子和妇女——应当用行动来证明,他们已经觉醒了,对争取自由来说已经成熟了……”

德国政府硬说它是要和平的。“但是人民已经体会到,政府要人们的舌头,像蛇舌头那样,是分叉的。”

资产阶级是沙文主义的,但是

“只有无产阶级将挺起宽阔的胸膛来抵挡即将来临的世界大战灾祸……”

在俄国,无产阶级的斗争是战争的最大阻力。

“我们不会比他们〈=俄国工人〉更胆小、更懦弱。”

“我们连一分钟的时间都不会浪费。战争已经迫在眉睫……

我们大家要走出工厂和作坊，走出茅舍和阁楼，来举行群众性的抗议活动……”

“被剥削群众有足够的力量担负起建立当今整个秩序的重任…… 难道他们竟这样软弱，在争取和平和自由的斗争召唤他们的时候，他们会对艰难困苦畏缩不前、被危险和死亡所吓倒吗？难道他们竟会让不久以前被最广泛的舆论谴责为屠杀他们的儿女和弟兄的野蛮刽子手——军国主义通行无阻吗？”

对于工人阶级来说，各国人民的兄弟友谊并不是什么“幻想”，而是与切身利益有关的问题，是“各国被剥削者团结”的问题。

“它〈这种团结〉将阻止无产者对无产者举起杀人的武器。它应当激发群众的决心，使他们在反对战争的战争中利用一切能够利用的武器。无产阶级群众用来对付世界大战这个复仇女神的那种无坚不摧的力量，将预示他们在争取解放的斗争中赢得胜利。他们在行动中所表现出来的革命毅力和革命热情将使他们遭到迫害，带来各种危险，要求他们作出牺牲。但是这又有什么呢？无论在个人生活中，或者在整个国家人民的生活中都会有这样的时刻，就是只要孤注一掷，就能够赢得一切。这样的时刻已经来到了。无产阶级的妇女们，准备着！”（第 354 页）。

全文完

《政治评论》

在《政治评论》中

（第 363 页）“西欧各国无产阶级群众的革命力量，大部分还在沉睡中，但它们存在着，正是战争的火炬能够把 ‖ 注意

‖ 它们唤醒。”

(他说,萌芽状态的革命不仅在俄国存在,“在其他的欧洲国家”也存在……)

这里还有一篇短评,谈俄国罢工的发展和街垒,还有 10 行字谈到 1914 年 7 月 16—18 日布鲁塞尔代表会议[104],说统一将有助于运动……

德尔布吕克:《政府和人民的意志》

汉斯·德尔布吕克:**《政府和人民的意志》**,柏林,1914。

总的说来,是一本拙劣不堪的反动著作,玩弄概念来**反对**民主。通篇都是在**反对**民主。一系列的诡辩、历史例子等等。

稍有价值的地方:(1)对**资产阶级**民主的揭露(例如, (**) 列举了**英国的**揭露资产阶级民主的著作)。

参考书目: (**)

威廉·哈斯巴赫:《现代民主制》(1912)。

阿道夫·特克伦堡:《法国 1789 年以来选举权的发展》。

J.乌诺尔德:《从进化论看政治》(他说,是一个记者的著作)。

洛韦尔:《英国宪法》。

贝洛克和切斯特顿:《政党制度》。

(2) **波兰问题**。作者反对普鲁士的波兰政策,说这种政策是没有效果的。

第 1 页。什么叫做民族?德意志民族?——在我国有“好几百万的——波兰人、丹麦人、法兰西人”(第 1 页)。

“在阿尔萨斯—洛林也有说德语的人,他们一直表示,不肯在政治上成为德国人。”(第 1 页) ‖‖ 注意

黑格尔的名言:“民族是国家的不知道想要什么的那一部分……”(第 41 页) | 黑格尔论“民族”

“要知道,要使民族中随意抽出来的每一部分都有自决权,那显然是不可能的。如果我们承认所有的阿尔萨斯—洛林人都有这种权利,那么,为什么不承认士瓦本人、法兰克人和法兰西人这三个部落中的每个部落都有这种权利呢? 而且为什么不承认每一个村庄归根到底都有这种权利呢?”(第 2 页) | 注意:反动分子论民族**自决**

关于社会民主党人:他说,米歇尔斯承认,社会民主党人正在丧失革命性(为组织担心)。“而且,在另一方面,早已预言过,这种革命政党随着自己的成长,不是逐渐接近自己的真正革命的目的,骨子里是离它愈来愈远。”(第 80 页)第 82—3 页反驳梅林:他说,组织**始终**需要领袖,**群众**,甚至是**最有教养的群众**,也需要他们,“这些领袖是利用自己的权力去进行革命,造成普遍的变革,去冒毁灭自己的危险,而不是冒毁灭现存国家、现存社会的危险呢,还是有时宁肯作些妥协,这就是问题的所在”(83),他说,梅林否认这个问题是毫无根据的。(写于 1914。序言:1913. 11. 11。)

‖ 注意 °**°

‖ 注意

‖ 注意

°**° 梅林答复德尔布吕克说,他,梅林,**没有**写过这篇文章,说社会民主党人比所有其他人都更有“办法”反对官僚,这样说实质上是非常非常软弱无力的。(«Die Neue Zeit»[1],1913—4,32,I,第971页)

注意:德国官员的数目=1 350 000左右=选民的1/10左右。1907年选民是13 300 000,第182页

|| 使波兰人德意志化的普鲁士政策,到目前花了**10亿**马克。为什么“**彻头彻尾地破产了**”呢?(161)

||| 德国学校激怒了波兰人:波兰的孩子们“同时亲身尝到了异国统治的痛苦,因为,要知道对民族意识最深的侮辱”,莫过于语言问题了(162)。

波兰人正在使城市波兰化。在4个等级(贵族、僧侣、农民、资产阶级)中,只有后一个等级是不妥协的。德国的殖民政策激怒了波兰人,促成了他们的民族团结。贸易抵制:“各归各”。

要波兰人“顺从”是不可能的(第171页),必须分裂他们,协助建立一个普鲁士—波兰党(172)。

|||| “已经顺从了的波兰人,就其思想上来说,当然也还是如我们所说的‘有一定期限的普鲁士人’”(第174页)——这是不可避免的,但应当实行这样的政策,使得“思想上可能有的期限(Kündigung),永远不致成为现实”。

|| “一个民族在别的伟大的、有文化的民族那里享有什么样的

① 《新时代》杂志。——编者注

声誉,这对于任何对外政策都有重大意义。德意志民族——在这一点上不应该抱任何幻想——是最不受人喜爱的民族,而这绝不像我们在替自己辩解时所爱讲的那样,只是出于妒忌,别的民族才那么藐视我们。正是我国的不正确的民族政策在相当程度上使我们处处受人这样憎恨”(175):波兰人和**丹麦人**(注意)向全世界大肆叫嚷,说我们怎样怎样!!

《人民呼声报》(开姆尼茨)

《反对两个尤尼乌斯》

«Volksstimme»①(开姆尼茨),№131(1916.6.8)的副刊。

一篇短文:《**反对两个尤尼乌斯**》。

“谁要是只凭这次战争所造成的骇人听闻的牺牲和痛苦来进行判断,谁要是只在愤激和绝望的情绪支配下说话,对这样的人当然根本无法在政治上说明任何问题。但是,谁不想盲目地决定问题,谁是在进行研究和思考,那现在的情形他大概就十分清楚了。我们的读者从我们的报道中知道,尤尼乌斯那本小册子的任务在于劝德国无产阶级相信,德国的失败对于德国无产阶级最为有利,工人阶级应该集中全力来实现这一点。那本对首相进行诽谤的、出自蒂尔皮茨[105]的反对党人之手的、主张兼并的、嗜血到了发狂地步的泛日耳曼主义的小册子,它的匿名作者取名**老尤尼乌斯**(第二个尤尼乌斯),并不是偶然的。这两个尤尼乌斯,一个鼓吹德国

① 《人民呼声报》。——编者注

的失败,另一个鼓吹德国的世界霸权,实际上是在相互效劳。所以,在读第一个尤尼乌斯的小册子时,我们不止一次地怀疑过,写这本小册子的难道真的是一个失去任何正常理智的社会民主党人,而不是一个俄国的奸细!德国的工人阶级一定会把两个尤尼乌斯都赶走。它将继续进行顽强的斗争,一方面反对外部的敌人,直到他们表示愿意缔结合理的和约,一方面反对内部的敌人,这些人希望德国人为了狂妄的征服计划流出宝贵的鲜血。社会民主党的政策就是如此,而工人运动的历史将会感激在这些日子里不顾种种攻击和诽谤、在帝国国会中如此坚决地代表这个政策的领袖们。”

完。**全**文。

《完全正确》

注意: «**Volksstimme**»[①](开姆尼茨),1916,№133(星期六,1916年6月10日):

“**完全正确**。«Bremer Bürger-Zeitung»[②]就我们对伦施博士同志关于殖民地问题的讲话的评论写道:

‘看来,开姆尼茨的«Volksstimme»很重视停止党内纠纷。它这样做大概是在利用甚至是党内中派的极左翼的行动所造成的社会爱国主义者、社会帝国主义者和社会和平主义者联合起来的前景。开姆尼茨的党机关报在这点上大概是不会错的。至于说到左派激进主义,报纸指望它同社会爱国主

① 《人民呼声报》。——编者注
② 《不来梅市民报》。——编者注

义者恢复统一,那当然是枉费心机。'

我们可以向不来梅报肯定地说,它的意见是完全正确的。我们的确非常重视停止党内纠纷,或者至少〈原文如此!〉把它限制〈原文如此!〉在不再威胁组织上的统一的范围之内。我们现在也还是坚定地希望,社会和平主义者——在«Bremer Bürger-Zeitung»的习惯语中所指的就是哈阿兹—累德堡集团——同社会爱国主义者(后者指的就是我们)和社会帝国主义者(这里指工会领袖伦施、库诺等人)会重新联合成一个统一的、团结的社会民主党。吕勒—克尼夫集团已经宣称过**党的分裂是它今后活动的先决条件**〈黑体是开姆尼茨的«Volks-stimme»用的〉,所以不会参加,这一点我们已经知道了。但是,无产阶级能够经受得住这种损失,而不致使自己的战斗力受到损害。"

((全文))

《不来梅市民报》

《德国国际社会党人和国际派》

«*Bremer Bürger-Zeitung*»①,1916,№139,1916.6.16。

《德国国际社会党人和国际派》[106]

克尼夫同志在休假期间给我们来信说:

"«Bremer Bürger-Zeitung»前天登载了编辑部对国际派呼吁书的按语。这个按语会助长对**德国国际社会党人**和国际派之间的

① 《不来梅市民报》。——编者注

关系的错误看法的传播。”

他说,我们不止一次地,特别是在№77(3 月 31 日)的社论中,谈论过这两派的关系。

在那里可以看到:

“反对派是由**两个**根本不同的派别组成的:一个是**党内中派**(考茨基…… 哈阿兹—累德堡…… «Die Neue Zeit»①……«Leipziger Volkszeitung»②、«Vorwärts»③)……一个是**左派激进主义**。属于后一派的有……德国国际社会党人和国际派……(«Lichtstrahlen»④、«Bremer Bürger-Zeitung»、不伦瑞克的«Volksfreund»⑤、«Der Sozialdemokrat»⑥(斯图加特)),还有莱茵的一些报刊,虽然它们是不十分坚定的。”

不伦瑞克的«Volksfreund»过去是由塔尔海默主编的左派激进主义的报纸,——现在由**韦泽迈耶尔**主编,“代表中派的观点”。

«Bremer Bürger-Zeitung»№74 (3 月 28 日)上刊载了(亨克不在的时候)不伦瑞克的«Volksfreund»的一篇短评,短评说这家报纸是站在(当时站在)国际派的立场上(并且把“‘斯巴达克’信中的指导性提纲”看做是自己的“策略性的和原则性的纲领”)……

“可见,德国国际社会党人和国际派不尽相同。两派都属于左派激进主义,特别是在策略上都对党内中派和‘社会民主党工作小组’采取反对立场。但是,德国国际社会党人是一开始就站在这个

① 《新时代》杂志。——编者注

② 《莱比锡人民报》。——编者注

③ 《前进报》。——编者注

④ 《光线》杂志。——编者注

⑤ 《人民之友报》。——编者注

⑥ 《社会民主党人报》。——编者注

立场上的，国际派则是逐渐离开聚集在累德堡—哈阿兹周围的反对派。«Bremer Bürger-Zeitung»当时欢迎这一过程，认为这样就进一步明朗化了（№74，3.28.）…… 从此以后，国际派就在自己的‘斯巴达克’的信中猛烈而坚决地反对‘社会民主党工作小组’。”

（摘引“斯巴达克”的最后一封信。）

“在对待私有财产〈‘社会民主党工作小组’的私有财产??〉的这种态度上，正如已经讲过的，德国国际社会党人和国际派是完全一致的，虽然在某些其他的问题上它们也有分歧。” ‖ 注意

两派现在都是“**在**现有组织的**范围内**”进行工作，将一直工作到“党内官僚的暴虐使他们不能再这样做的时候”……

他说，所有这一切都是重要的，因为有人常常犯错误，企图“抹杀中派和左派激进主义之间的界限”……

“两派在组织上单独存在的道路上还要走多远，这当然完全取决于党内关系的发展。不管怎样，它们在外表上名称就不同，为了明确起见，这是应该欢迎的。”（完。）

约翰·克尼夫

亨克：《不尽相同，但还是一样》

同上，№140（1916.6.17）。

亨克的答复：《不尽相同，但还是一样》……

“……我已经记不得我曾经读到过两派的差别和它们在左派激进主义上的高度的一致。这种健忘，也许是这样的宗派集团引不起人们多大兴趣而造成的。” ‖‖ 注意 注意

‖　"我本人既不属于这一派,也不属于那一派……"

他说我向来拥护"社会主义原则"等等等等,诸如此类的空话,毫无明确的东西。

亨克

《不来梅的又一种期刊》

№141(1916.6.19)——转载了关于《工人政治》杂志[107](左派激进主义的周刊)的呼吁书。

关于民兵制的参考书目

民兵、军队——等等

《军队中的社会民主党。德国为了防备社会民主党而实行的兵役制改革》,耶拿,1901(施塔姆哈默尔,第3卷)。

加斯东·**莫克**:《一个民主国家的军队》,巴黎,1899(德文本,斯图加特,1900)。

P.施韦尔特:《军官和社会民主党人》,慕尼黑(R.阿布特),1899?(施塔姆哈默尔,第3卷)。

勒贝尔:《如何反对军队中的社会民主党?》柏林,1906(1907年第2版)。

R.君特:《军事和社会民主党》(«Grenzboten»①,1899,1)。

① 《国外消息》杂志。——编者注

J. 夏尔蒙:《军队和民主》(«Revue politique et parlementaire»[①]。1900. 6)。

《军人和社会民主党》(«Neue Zürcher Zeitung»[②], 1907, 9. 17—18)。

卡·布莱布特罗伊:《民主的军队》(«Die Zeit»[③], 维也纳, 1900. 7. 21, №303)。

冯·米科斯:《社会主义和军队》, 金茨, 1907。

《德国军队中的革命社会主义》, 第4版。巴黎(艾特尔), 1901。

《军队和罢工》, 洛迦诺, 1906。

中尉Z.:《罢工期间的军队》(1902年10—11月的罢工)(巴黎, 1904)(《社会主义丛书》, №23—4)。

阿瑟·**迪克斯**:《历次社会党人代表大会上的社会民主党、军国主义和殖民政策》, 柏林, 1908。

昂利·**贝利**:《军国主义, 同它斗争的手段》, 里昂, 1903。

考茨基:《英国的军国主义和社会主义》, «Die Neue Zeit»[④], 18, I (1899—1900)。

〃 〃 〃《席佩耳和军国主义》, «Die Neue Zeit», 17, I(1898—9)。

罗·卢森堡:《是社会改革还是革命?》(附录:"民兵制和军国主义"), 莱比锡, 1899。1908年第2版。

卡尔斯基:《国际法和军国主义》, «Die Neue Zeit», 17, 2 (1898/9)。

克·洛伊特纳尔:《反军国主义者(卡·李卜克内西)》。«Die

① 《政治和议会评论》杂志。——编者注
② 《新苏黎世报》。——编者注
③ 《时代报》。——编者注
④ 《新时代》杂志。——编者注

Neue Gesellschaft»[①],1907. 3. 20。

K.洛伊特纳:《军队和革命》,**同上**,1906,36。

《资本的**看家狗**》(反军国主义同盟),**苏黎世**,**1906**。

《瑞士工人阶级在军事问题上的立场。党代表大会的记录》,**奥耳顿**(1906. 2. 11),苏黎世,**1906**。

《军国主义和社会民主党》,«Die Neue Zeit»,19,2(1900—1)。

斯基亚维:《军国主义和意大利的社会主义者》,«*Le Mouvement Socialiste*»[②],1903,№113。

卡·埃米尔:《反军国主义》,«Die Neue Zeit》»,25,2(1907)。

〃 〃〃〃 《资产阶级政党和军国主义》,«Die Neue Zeit»,25,2(1907)。

皮埃尔·拉米斯:《反军国主义的历史发展》,(«Kultur und Fortschritt»[③],153。)莱比锡,1908。

多伊米希:《军国主义的牺牲品》,«Die Neue Zeit»,18,2(1899—1900)。

E.瓦尔特:《军事组织和工人阶级》,苏黎世,1907。

卡·李卜克内西:《军国主义和反军国主义》,莱比锡,1907。

伦施论民兵制(1912)

保·伦施:《民兵制和裁军》,«Die Neue Zeit»,1912(30, 2)。

?? ‖ ——其中有这样的话:“民兵制是民主国家的武装力

① 《新社会》杂志。——编者注

② 《社会主义运动》杂志。——编者注

③ 《文化与进步》。——编者注

量组织，目的在于保障国内外的安全。民兵制无论如何不适用于侵略战争，正因为如此，我们才主张这种制度。”（第768页）

乱七八糟!!

??

这里引用了恩格斯的话，1865（摘录），他说，不管哪一个大国占优势，对工人说来，都是一样的，但是，学习不学习军事这一点，对他们来说，并不都是一样的。

恩格斯论英国工人阶级

这篇文章引用了**恩格斯**的话（显然是引自《工人阶级状况》一书的新版序言[108]）（《状况》第2版中的第XXIII页）。

“当英国**工业垄断地位**还保存着的时候，英国工人阶级在一定程度上也**分沾过这一垄断地位的利益**。这些利益在工人中间分配得极不均匀：**享有特权的**少数人捞取了绝大部分利益，但**广大的群众至少有时也能沾到**一点。而这就是自从欧文主义灭绝以后，社会主义在英国未曾出现的原因。**随着**英国**工业垄断的破产**，英国工人阶级**就**要失掉这种特权地位，整个英国工人阶级，**连享有特权和占据领导地位的少数在内**，将同其他各国工人处于同一水平。而这就是社会主义将重新在英国出现的原因。”①

恩格斯论英国的工人阶级和垄断地位

恩格斯论英国的社会主义

① 见本版全集第28卷第77页。——编者注

毕尔克利:《我国军事的民主化》

卡尔·**毕尔克利**:《我国军事的民主化》,苏黎世,1897。(1896年11月15日在社会民主党温特图尔代表大会上的报告。)

在一开头(第5页)就指出,资产阶级(瑞士的)"仅仅造成了一个君主军国主义的很糟糕的翻版;模仿外国,在我们这儿实行某种新的普鲁士主义——这就是它不倦地追求的东西"。

注意 早在1896年 ‖

1910年和1912年的考茨基

考茨基:《哥本哈根代表大会》

«*Die Neue Zeit*»[①],1910(28,2)(1910.8.26)。

卡·考茨基:《哥本哈根代表大会》

第776页:"德英之间一旦发生战争,其争端将不是民主制度,而是世界霸权,即对全世界的剥削。在这个问题上,社会民主党人是不应当站在本国剥削者方面的"(接下去(和前面一样)直接反对海德门)。

注意 |||

把这段话同第23年卷第2册(论爱国主义和战争)[②]相比较。

① 《新时代》杂志。——编者注

② 见本卷第698—699页。——编者注

考茨基:《再论裁军》

卡·考茨基,1912(30,2),1912.9.6,《再论裁军》,第851页:

“帝国主义这一思想和名称的出发点就是把英国属地的各个组成部分联合成为一个闭关自守的大帝国,这个出发点在最近几年已经完全退居次要地位,可以说实际上已经放弃了。” ‖ !! 哈哈!!!

第850—851页:帝国主义并不是资本要求扩张的“自然的、必然的企图”……而只是一种“特殊的方法”——即暴力。

考茨基论宗教[109]

卡·考茨基论宗教。其中第353页:对于宗教问题,“我们的鼓动员”“应当回答说,这个问题在我们党的会议上是不提出来、也不加以解决的,因为我们要使宗教成为某些人的私人的事情,**而且**要求国家**也**这样来看待它”…… ‖ !!?? 考茨基**论宗教**

【庸人!】

美国的社会党人和黑人[110]

美国的**社会党**[111]**和黑人**:第**382**—**3**页:“**世** ‖‖ 对黑人的

态度 **注意**:社会党人和**黑人** ‖‖ **界产业工人联合会**[112] **支持**黑人。社会党的态度“**不是完全一致的**”。只是在1901年发表过一个支持黑人的呼吁书。仅此而已!!!

黑人和社会党人!! | 同上,第592页:在密西西比州,社会党人把黑人组成一些“单独的地方团体”!!

参考书目

«Die Neue Zeit»①,32,1(1913—14)。

恩格斯:《论权威》。**马克思**:《政治冷淡主义》。[113]

梁赞诺夫反对布鲁普巴赫尔(及其辩护者梅林)

注意 “**退教运动**[114]”:若干篇文章。

«Die Neue Zeit»,**30**,**2**(1912,4—9.)。考茨基(和伦施)论民兵制和“裁军”的文章。

同上,**格里姆**论瑞士的民兵制。

28,2(卡·考茨基论**1910年的哥本哈根**代表大会和“裁军”。同上,罗特施坦)。

29,1:罗特施坦反对海德门。

29,2:奎尔奇论述同一题目的文章。

贝尔福特-巴克斯论帝国主义(1900)

«Die Neue Zeit»,XIX,1(1900—1)(1900.11.21),第247页。

---

① 《新时代》杂志。——编者注

贝尔福特-巴克斯:《一个广泛流传的错误结论》。　注意:**1900**

“在讨论关于**帝国主义和新殖民政策**的问题时碰到的一个最常见的谬误,看来已经进入某些社会党人的头脑”……　接着分析了那些由于资本主义具有进步性而**拥护**殖民政策的人提出的理由。巴克斯驳斥了这些人……　帝国主义

“……**资本民族帝国主义**——这就是资本主义给国际社会民主党的回答……　世界历史现在已面临着这样的转折点——或者是**民族资本帝国主义**,或者是国际社会主义民主!……”　关于帝国主义

……现代经济体系……(由于它占有了新的活动范围)……“可以人为地延长自己的寿命”……

顺便谈到伯恩施坦同考茨基的争论。伯恩施坦提醒说,贝尔福特-巴克斯早在1896/7年就骂过伯恩施坦,而考茨基在当时是**支持**伯恩施坦的。考茨基回答说:当时巴克斯甚至说出“奴隶制也比资本主义强”这样的话来(就是这么说的),我无论在当时或现在从没有**在这一点上**支持过巴克斯,而认为这是“伤感主义的空想主义”。但是我向来都是**反对**殖民政策的。

参看«**Die Neue Zeit**»,XIX,1(1901),第804页:**麦·贝尔**论英国的衰落和论**帝国主义**。«**Die Neue Zeit**»,XX,1,第209页:“社会帝国主义”(费边派),第243页,“帝国主义社会时代”。　**注意**

关于德布兹

关于德布兹

«*Die Neue Zeit*»,1913—4,32,1,第 1007—8 页。**德布兹**在《**国际社会主义评论**》杂志[115](1913 年 3 月)上**支持**社会党+社会主义工人党[116](德布兹是“**世界产业工人联合会**”的创始人)和“世界产业工人联合会”采取一致行动反对美国劳工联合会[117]。1913 年 3 月 7 日的«New Yorker *Volkszeitung*»①激烈反对德布兹,说他滥用自己“说蠢话的特权”(原文如此!),说“世界产业工人联合会”=零,美国劳工联合会=“美国工人运动”,“建立具有激进纲领的所谓革命组织,不可能‘把进步思想灌输给’本国的工人运动”(原文如此!)…… (显然,那里也存在常见的情况:«New Yorker Volkszeitung»=“正统派”、考茨基分子,而**德布兹**是革命者,但是没有明确的理论,不是一个马克思主义者。)

在瑞士的意大利工人和波兰工人

雅·洛伦茨:《论在瑞士的意大利人问题》,**苏黎世**?

① 《纽约人民报》。——编者注

雅·洛伦茨:《在瑞士的波兰工人》,苏黎世,1910。

开列了参考书目。1896 年 7 月 26—29 日苏黎世发生意大利人的暴动。

他们的人数:1860—— 9 000
1870—— 18 000
1900——117 000

极端贫困。如:3 个房间挤了 **50 个人**!!(第 16 页)。在房间角落睡铺板过一个夜付 10—20 生丁,等等。

1910 年——400 人。极端贫困。

吃东家的饭一天工资 1.50—1.60 法郎

有时还"挨打"(第 11 页)

参看他在«Neues Leben»[118] 1916 年第 1 号的文章

加拿大的工人运动

加拿大的工人运动("资产阶级化了")

"……**工人阶级**中的一部分熟练工人,特别是讲英语的熟练工人,**完全资产阶级化了**。他们对工会的看法,同目光短浅的英国旧工联的观点仍然是完全一致的。此外,在精神方面,他们还完全受教会支配。被人说'叛教'是最大的耻辱,'受人尊敬'是最大的光荣。"现在这种情况正在变样:不满情绪……

加拿大的工人运动(资产阶级化了)

42个人……全部财富的1/3 || 物价昂贵。"现在42个人实际上掌握着国家全部财富的1/3以上"…… 小资产阶级,尤其是农业中的小资产阶级反对托拉斯。(«Die Neue Zeit»①,1913—4,32,1,第382页,古斯塔夫·迈耶尔《加拿大农民的不满》一文的转述摘自«*The New Review*»②**1913年**9月。)

南非 || 同上,第**384**页,关于南非("兰德")。工人中有中国人、卡菲尔人和白人(因布尔战争而破产的)。英国的资本家、矿主和政府的卑鄙行为不可胜数。**全体**雇佣工人的阶级斗争略有发展,但是很缓慢,这在"很大程度上是由于还完全受着旧工联主义支配的工人领袖犹豫不决、狭隘和冷漠"。(摘自«The International Socialist Review»③1913年10月,转述。)

"工人领袖"狭隘、冷漠、是旧工联主义者

利沙加勒:《1871年公社史》

利沙加勒:《公社史》,1894,第193页(第17章的题词):"如果法兰西民族完全由妇女构成,那将是一个多么令人畏惧的民族啊。"«The Daily News»④1871年5月。

注意 ||

① 《新时代》杂志。——编者注

② 《新评论》杂志。——编者注

③ 《国际社会主义评论》杂志。——编者注

④ 《每日新闻报》。——编者注

瑞士的新军事法于 1907 年 11 月 3 日通过：+329 953
−267 605

垄断和技术

托拉斯，**垄断和技术**：

“**垄断的**形成**与其说加速**这种唯一保证输出能力增长的技术改进，**不如说阻碍**这种技术改进。”（«Die Neue Zeit»[①]，32，1，1913—4，第 383 页，路易·C.弗赖纳的文章的转述。《集中、垄断、竞争：国民经济中的新趋向》，载于«The New Review»[②]（纽约）（1913 年 9 月））。 注意 注意

伦施：《社会民主党，它的终结和成就》

保·伦施：《社会民主党，它的终结和成就》，莱比锡（希尔采尔），1916（1916 年 5 月 22 日序言）。

第 11—12 页。马克思对裁军、“民族自决[③]权”等等“善良的想法”只是给以“嘲笑”。 ！

（第 41 页：“小资产阶级的旧教义”）

① 《新时代》杂志。——编者注

② 《新评论》杂志。——编者注

③ “自决”这两个字在手稿中是用箭头同下面附加的话“（第 41 页：“小资产阶级的旧教义”）”连接起来的。——俄文版编者注

“宗派” ‖ 第15页—— ——从90年代起,社会民主党“逐渐地抛弃自己身上曾经有过的一切宗派性质的东西”……(对千年王国等等的希望破灭了,等等)……

一切都从“宣传”着眼来估计(17)……德国社会民主党的“热情时期”……(而且早在1889年就作出了关于5月1日的决定)。

帝国主义的发展——19世纪末——英国、法国以及德国的(26—27)……

哈哈!! ‖ 修正主义的发展:两种思潮(修正主义和激进主义)都是必要的和有益的(31—5)……

马克思和恩格斯并不“像小资产阶级那样感伤”:“他们知道,在战争中总是要死人的”(39)……

62—68。8月4日应当投票反对拨款(事实上一切都将和原来一样),而1914年12月2日投票赞成,因为法国人和英国人违背了国际精神。【骗子!!】

这样可以减少国际上对德国人的憎恨,从而加强他们**民族的**事业:69—70。

嗬,这个骗子!!!

哈哈!!! ‖ “国际的破产”(第3章)在于法国人和英国人**拥护**战争。(原文如此!!)

原文如此! ‖ 当然,还会有第三国际,不过它“少带空想”(112),更多地意识到自己的“经济基础”……

原文如此! ‖ “一个国家的无产阶级愈成熟,它在战争中也

就愈积极”(113)——伦纳的这个论点是“不正确 ||||
的”,因为决定他们在英国和法国这样行动的,不
是“成熟”,而是同德国争夺世界霸权。

英国工人维护自己的(垄断的)特殊地位和自己的特权(114—5)……

英国无产阶级的贵族上层(115)。

只要有剥削者民族存在,只要“列强”之间还没有出现“均势”(116),谈论工人阶级的国际团结还“为时过早”(117)…… || 哈哈!

而“一系列虔诚的愿望”(自决权(小资产阶级的等等),反对兼并等等),都是抽象的,没有考虑到战争的具体(121)任务——打垮英国的“阶级统治”(114)(+122)、垄断(122)和“特殊地位”(120)……

——这是“**革命**”(123 和序言),这就是现在的战争!!“**这个阶级**”(无产阶级)“**的奋起,虽然是在世界革命战争的雷声下进行的,但没有国内革命战争的闪电……**”(124)(黑体是原作者用的) || 见鬼!

“**震撼**英国的世界霸权”=革命。

潜水艇和齐柏林式飞艇(125)……英国统治地位“终结的开始”(126)(它们的作用在战后将更强大)

131——在 19 世纪最后的三四十年中,英国除自己原有的 1 500 万平方公里殖民地外又增加了 **1 500** 万平方公里

参看我列举的数字①

① 见本卷第 270 页。——编者注

‖**哈哈**‖ 英国＋法国＋俄国＝“瓜分世界的辛迪加”(132及其他各页)，其目的是“weltpolitisch aushungern”德国[①]。(132) ‖注意‖ 注意
好一个用语!!

175:英国的工人阶级几乎有一半被剥夺了选举权。

!!! “组织原则”——这就是普鲁士历史的实质。这就是德国的力量的源泉。它最接近于“**社会革命**”(184)，它体现“革命的原则”，英国则体现“反动的原则”。

186:“对柏林工会大厦有象征性意义的访问”……(政府承认了工会的作用)(赞扬工会领袖)(185—6)

188——我把这叫做“**战争社会主义**”，这个词已经得到了“国际的公认”。

195:新的开支(一年40亿)在战后不可避免地导致社会化和垄断。

198:“军队组织的民主化”——由此……＝“武装人民”(204)＝“我们社会民主党的”纲领的思想。

209—210—— ——德国党内的少数派历史地看是反动的，所以 ||| 他们的命运:“不可能主义，以及宗派主义的空谈”。

社会民主党今后将较少带狭隘性；回到党内来的将有“知识分子”，甚至军官。(212)

国家承认需要社会民主党，并允许社会民主党人去担任军官(!!)。

注意 ||| 社会民主党为工人的“奋起”做了工作，从**民族的角度**发动了他们(215 in fine[②])(“民族的奋起”)

---

① 这个用语按字面的意思是:“在世界政策方面饿死德国”，即把德国困住，使它无法推行世界政策。——编者注

② 末尾。——编者注

(="社会民主党是所有政党中最有民族性的政党")(216)。

到处在玩弄"辩证法"这个名词,对它的了解却非常庸俗。没有丝毫的全面性。**用诡辩的方法抽出**一条:破坏英国的世界霸权。

不是辩证法,而是诡辩术

佩兰·德·布萨克:《论殖民军》和《劳动书目》

佩兰·德·布萨克:《论殖民军》,学位论文,巴黎,1901。毫无价值,幼稚的著作。援引**德·拉内桑**:《殖民原则》——殖民军士兵作为殖民者、农场主、土地**所有者**的作用,等等((**注意**:殖民军士兵变成殖民地的地主,这就是**前途**!!))

《**劳动书目**》,1913,波士顿,1914:共150页,是一部非常**详细**出色的书目。

注意
注意:
注意

开姆尼茨《人民呼声报》

《叛党——叛国》

«Volksstimme»[①](开姆尼茨)№156(附刊1),1916.7.8,

文章:《**叛党**——**叛国**》。

注意:宝贵的自供

① 《人民呼声报》。——编者注

“好几个月以来,**许多匿名的传单**用各种调子,甚至用‘**狗**’这样的字眼,对党和工会推选出来的久经考验的领袖横加指责,说什么在世界历史大危机的关头(对党的政策来说,1914年8月4日无疑是这个危机的顶点),他们出卖了和背叛了无产阶级。起初,人们读到这一点,还感到可笑。但是,随着人们愈来愈严重地感到战争的恐怖,牺牲愈多,缺粮愈严重,和平的希望愈小(由于敌人坚持其破坏计划),愿意相信这种卑鄙诬蔑的人也愈来愈多。”

“愈来愈多”

> 用“狗”的字眼,显然是暗指一张传单的说法:必须用“狗鞭子”抽打社会帝国主义者!

“谢德曼、大卫和兰茨贝格为什么要背叛无产阶级,为了得到什么报酬,到目前为止还没有人对我们说……” 不是为了党内的地位:“否决拨款是没有生命危险的……” 更不清楚的是,背叛在**什么地方**,因为据说这是他们的信念和对事实的估计…… “因而对背叛的指责是没有任何意义的。”

“但是对于党来说,这种指责是非常危险的。党员群众在想些什么,关于这一点可以提出疑问,可以争辩。但是,那些在平静的和平时期因为自己有功而被无产阶级选为领袖的人,现在至少还有¾认为投票赞成拨款是正确的和必要的,这是没有**任何**疑问的。这样,社会民主党在帝国国会中的110个代表中有90多个似乎都在8月4日背叛了,而且有¾以上的领袖和党的工作者现在还在背叛。如果真是这样，那最聪明的做法是让党自杀，并且尽快地把它装进棺材，埋入地下。因为，如果无产阶级经过 50 年的组织工作以后，它的领袖几乎全是叛徒，那就无可辩驳地、确凿地证明：无产阶级在政治上无能为力，并且将永远受骗。还能得出什么其他的结论呢？即使可以把全部老领袖都赶走，全部选举新领袖来代替，但是仍然不能保证：在下一次大危机时，新领袖就不会发生叛变……” 因为许多极端激进的分子都赞成 8 月 4 日的行动（普凡库赫、艾伯特等人）……“既然这些人都是叛徒，而他们的每个继承者最后又会成为叛徒，这样，能给工人以什么保证呢？”

注意

参看马尔托夫!!

原文如此!!

现在，匿名的传单甚至直接号召在军事工业中举行罢工。这＝叛国。

“因为不言而喻，举行群众性的罢工这一主张无论在怀抱民族主义狂热的法国人中间，还是在傲慢的英国人中间，都不会有丝毫的实际效果……”

显然，这不是社会民主党人，这或者是**疯子**，或者是**英俄的奸细**…… 这太“不光彩和没有爱国心”了，我们同这种人永远不可能有任何共同之点，等等。

参看马尔托夫，在《通报》**119**等上的话

《莱比锡人民报》

«Leipziger Volkszeitung»①，1916. 7. 10。

① 《莱比锡人民报》。——编者注

党的工作[120]

《叛党——叛国》

这是开姆尼茨«Volksstimme»①上一篇文章的标题。该文激烈反对“许多匿名的传单用各种调子,甚至用‘狗’这样的字眼,对党和工会推选出来的久经考验的领袖”横加指责,说他们叛党。

在这种辩护以后,接着转入了进攻。文章的第二部分谈到“叛国”。它说:

“同时,匿名传单却造成了公开的叛国。当然,我们并不是指卡尔·李卜克内西,军事法庭根据某种法律上的推断,想用图谋军事叛变的罪名惩罚他,但是他的行为同人们所认为的叛国行为根本没有任何共同之点。我们指的是不容置疑的叛国行为。«Hamburger Echo»②报道说:现在,在工人中间正在通过秘密的途径散发一份**号召**在**军事工业**中举行**总**罢工的传单③。在‘打倒战争!’的口号下,传单号召采取‘新的行动方式’,并且非常明确地举例说明,这就是指群众性的罢工。这就是说,正当敌人在前线疯狂地举行进攻,大量的钢铁像冰雹似地倾泻在德国士兵头上的时候,有人却想使德国的大炮得不到炮弹;让得不到大炮支援的德国步兵,让当兵的德国无产者,在敌人的炮弹下死去。因为不言而喻,举行群众性的罢工这一主张无论在怀抱民族主义狂热的法国人中间,还是在傲慢的英国人中间,都不会有丝毫的实际效果。

因此,这种宣传简直就是叛国行为,是对我们军队中的阶级同志的背叛,我们希望能知道,对于这种癫狂行为,我们军队中的同志会说些什么。

我们坚信:德国工人阶级也一定会给那些向他们提出这种要求的人以应有的回答。正如我们上面所说的,传单是匿名的;这些传单是疯子写的还是英俄奸细写的,我们不知道。社会民主党人是绝不会写这样的传单的。谁要是支持这种宣传,哪怕只是消极地支持,谁就永远不能再置身德国社会民主党内。因为这种宣传太不光彩和没有爱国心了,我们同堕落到如此地步的人当然不可能有、根本不可能有任何共同之点。

但是这种现象能够发生,仅仅这一点就已经说明:这种匿名传单可能会

① 《人民呼声报》。——编者注

② 《汉堡回声报》。——编者注

③ 这里和下面的黑体都是文章的原作者用的。——编者注

造成什么后果。传单一开头是不成体统的谩骂,传单的作者不敢为此向党内同志负责,然后就堕落到从事奸细的勾当。先是大叫叛党,然后是公开叛国!这就是说,已经到了彻底同它决裂的时候。谁在现在想说什么话,就应当有勇气对自己所说的话负责。也许这些人胆子太小,害怕在千万人为了自己事业牺牲生命的时候,会遇到被追究的危险吧?但是这种匿名的做法还是不能解救这些匿名传单的**散发者**;他们一旦被抓住,当然应该受到最严厉的惩罚。

这种匿名宣传的危险性现在已经十分清楚。它使人无法分辨,这是正直人的错误,还是显然接受外国金钱的卑鄙的叛国行为。因此我们号召党员同志消灭这种匿名传单。这些传单是为那些想让德国人民首先是德国无产阶级蒙受不幸的人打掩护的。谨防奸细!"

为了让我们的读者看到«Hamburger Echo»和开姆尼茨«Volksstimme»所认为的当前任务是什么,我们认为有必要转载这些言论。如果这两家报纸就实质问题反对传单的散发者,那是他们应有的权利,如果它们声嘶力竭地宣布这种宣传是叛国行为,那就是**告密**,工人阶级应该对此作出正确的评价。

再者,这种指责在实质上是完全没有根据的,因为,上述传单,至少就我们所知,提出罢工只是作为明确地表达工人阶级在当前紧要问题上的要求的一种手段。至于«Hamburger Echo»和开姆尼茨«Volksstimme»对传单所推测的**那种**目的,在传单上是连影子都没有的。

马克思论法兰西争取自由的战争(1871年1月)、论爱尔兰、论即将到来的战争(在1874年)

马克思论1870年的战争:

马克思在国际的第一封信(1870年7月23日)中引用了开姆尼茨50 000工人的代表所通过的决议,该决议宣布战争"只是王朝的战争"。(《内战》第3版,第18页)

[同上,第17—18页:从德国方面来说,这次战争是防御性战争。]

在第二封信(1870年9月9日)中说道:“防御性战争……到宣告共和国成立时告终的”(第19页)……“法国工人阶级正处于极困难的境地”……“不应当为民族历史上的1792年所迷惑”……“推翻新政府的企图都将是绝望的蠢举”……“镇静而且坚决地利用共和国的自由所提供的机会,去加强他们自己阶级的组织”[121](第25页)。

注意 |||

1870年12月13日的信:“不管战争怎样结束,它已经教会法国无产阶级掌握武器。”[笔记:《**马克思主义论国家**》,第2页,旁边[122]]

1871年1月16日«The Daily News»①上的文章:“法国目前不仅是为它自身的民族独立,而且是为德国和欧洲的自由而战斗。”[123]

1871年4月12日的信:为“巴黎工人的历史主动性”而欢欣鼓舞,等等。(笔记:《**马克思主义论国家**》,第12页)[124]《法兰西内战》,1871年5月30日。

马克思在1871年2月14日给库格曼的信(«Die Neue Zeit»②, XX,2,第608页)中引用了自己发表在**1871年1月16日**«The Daily News»上的信,这封信的结尾说:“法国目前不仅是为它自身的民族独立,而且是为德国和欧洲的自由而战斗,幸而它的事业绝不是没有希望。”[125]

法国在1871年1月既是为自己的民族独立,也是为德国和欧洲的自由而战斗……

同上,在1870年3月28日的信中,马克思引了自己对巴枯宁的指

① 《每日新闻报》。——编者注

② 《新时代》杂志。——编者注

控和1870年1月1日总委员会的决议原文,决议还阐明了总委员会对**爱尔兰**问题的态度:

"……总委员会关于爱尔兰大赦的决议只是其他决议的引言;其他决议将断言:撇开任何国际正义不谈,英国工人阶级解放的先决条件是把现存的强制的联合(即对爱尔兰的奴役)在可能的情况下变为平等自由的联盟,而在必要的情况下,则使它完全解体。"[126](第478页)——

马克思论爱尔兰(1870)

同上,第800页:1874年5月18日的信: ‖ (1874)

"……尽管采取了一切外交步骤,新的战争迟早是不可避免的,而在战争结束以前,未必会在什么地方发生剧烈的人民运动,或者说,运动至多只会是地方性的和无足轻重的。"[127]

乌布利希:民族和帝国主义

埃德蒙德·乌布利希:《世界强国和民族国家》,(**1500—1815年**的政治史)古斯塔夫·**罗森哈根**整理出版,莱比锡,1910(共668页)。

文中屡次谈到"**帝国主义的**计划"等等。

谈到1815年以后时期的只有两页半——666—668:"总结和前途"。

"解放战争附带完成争夺海上霸权和贸易霸权的世界历史性的斗争:结果——英国争得了海上霸权。

但是革命时代和解放战争也意味着新的发展的开始。革命破坏了法兰西旧的封建制度,从而推动了社会秩序和国家的改造,而其他欧洲国家只是依靠全民族的帮助才终于保卫住了自己,抵挡住了法国革命发动起来的力量。最初在一切革命思想中没有一个思想比民族思想更有效的了。在残酷的异族统治的压迫下,在反对这种压迫的英勇斗争中,欧洲其他民族也提高了认识,认识到国家和民族之间的内在联系。如果说在18世纪为了维护欧洲的独立和均势、不被个别强国激剧增强的力量压倒,有一些大的国家兴起,那么现在各个民族本身由于从内部涌现出新生的力量而变得更加年轻,更加朝气勃勃。民族思想成为19世纪几乎所有战争的核心和目的。

注意 ‖‖

注意 ‖‖

一个民族愈来愈认识到自己的力量,这一点在他们自己国内当然也一定要发生作用。群众开始力求干预国家生活。

法国革命、拿破仑称霸世界和解放战争的结果是,民族感情和对政治自由的渴望已经成长为现代史上不可战胜的力量。民族的倾向同导源于启蒙时代的自由、民主思想交织在一起,同它融合成为民族主权的理论,根据这个理论,国家组织应当建立在不可分割的民族的基础上,正因为如此,最高的意志和最高的权力属于民族,只有有了民族的权利,才有国家首脑的权利。”(667)

这个理论既威胁了君主国家,也威胁了它们的民族的构成:复辟势力反对这些思想……

但是整个19世纪是向政治自由和民族国家前进的。

“但是,从产生货币经济和伟大发现以来愈来愈决定各国历史的贸易政治斗争,在19世纪并没有因此而退居次要地位。不错,最初绝对的贸易霸权是属于英国的,它仗着自己在这方面的雄厚实力,依靠贸易自由的学说,渡过了重商主义所引起的经济斗争的时期。英国依靠这种学说(它和政治上的自由主义一样,产生于启蒙时代)征服了世界,在国际生活中胜利地实现了贸易和交往的自由。经济上比较弱的国家有个时期受这个体系的支配;甚至欧洲民族强国中最年轻的意大利和德国对这个新的学说也不能置若罔闻。

但是美国在克服了国内的严重危机之后,以新的强有力的竞争者的姿态出现在贸易政治的舞台上。经济斗争的新时代开始了,这个时代的标志是恢复以保护关税和签订贸易协定的办法来保护民族劳动的政策,但是不恢复旧的重商主义所固有的激烈的暴力政策。继美国之后走上这一条道路的有法兰西第三共和国,从1880年起还有新德意志帝国。在争取自由的民族的国家制度的斗争完成之后,在立宪国家的内部建设完成之后,人们力图为已经巩固的民族力量创造尽可能宽广的天地。在殖民主义的竞争中,列强力图获得销售自己的商品的地区和取得他们所需要的原料的产地;他们通过不倦的外交活动竭力为本国的劳动人民开辟新的贸易区。另一方面,与这种扩张的愿望相适应的,是日益强烈的在经济上自给自足的要求。英国想同自己的殖民地一起形成一个统一的、封闭的贸易区,即大不列颠。美国力图在经济方面做到自给自足,希望在贸易和工业方面不依赖旧大陆。只是现在才开始了各国争夺世界霸

哈哈!!

注意

注意

注意 权和世界贸易的名副其实的竞赛。它会产生**几个**相互并存的**世界强国**,只要它们想保住自己,**帝国主义就必须成为它们的政策**。

"帝国主义"

"新帝国主义"

新帝国主义的名称和概念并不是来自罗马帝国,也不是来自中世纪帝国和罗马教廷,现在问题已经不是某个唯一的强国独霸世界。殖民主义扩张、参加世界贸易、依靠强大的舰队保护自己在海外的利益——这就是从英帝国的样板得出的现代世界强国的特征。这些强国完全可以相互并存,并且在各国之间的和平竞赛中促进人类的进步。"(667—668)(全书完。)

"特征"

哈哈!!

注意 **老的和新的帝国主义:**

摘自**导言**,第XXIII页:

"老帝国主义死了"

"**老帝国主义**已经被埋葬在圣赫勒拿孤岛上;它的最后一个代表已随同波拿巴一起死去;而过去称帝时的那种不可一世的有浪漫色彩的荣耀还庇护着这位建树过丰功伟绩的人物。现代史开始了;民族思想是它的基础,这种思想比拿破仑垮台以后的最初几十年间国王和国家要人的反动愿望更加有力。16世纪开始的事业在19世纪完成。好几个世纪以来一直作为外国剥削对象的中欧两个民族意大利和德意志,终于获得了民族的统一。但是**在这种民族的基础上**有了产生**新世界政策**的可能性。**帝国主义这个名词以新的内容又复活起来了**。从来没有被拿破仑战胜过的对手**英国**,早在 18 世纪就为此奠定了基础,它与其说是自觉地,倒还不如说是不自觉地用夺取海外殖民地、保持一支强大海军的办法,建立了一个超出欧洲范围的**新的世界帝国**。**今天步英国后尘的还有世界上其他的大国**:经济上的需要驱使**全世界所有的民族投入**经济竞赛。”

注意:“新世界政策”

注意 “新帝国主义”

整个著作分为 3 篇。

“第 1 篇:1500—1648 年,宗教改革和反改革时代中世纪世界帝国的灭亡和民族国家的产生。

第 2 篇:君主专制时代欧洲五大国的形成。

第 3 篇:1789—1815 年,新的世界大国法国的兴起和终结,以及各大国争取自己的民族独立的斗争。”

我的补充:(“时期”)时代

Ergo[①],1500—1789=289 年

1789—1871=82 年

1871—1914=43 年

要点

第 1 篇:

“西班牙民族国家”的产生(第 24 页及以下各页)以及“西班牙

① 即。——编者注

哈布斯堡世界强国的建立”(第 51 页及以下各页)。

1517—1555 年查理五世争夺世界霸权的斗争(德国的宗教改革)。

丹麦和瑞典的民族王权(第 148 页及以下各页)…… “瑞典征服爱斯兰”等等。

波兰发展成为大国(163 及以下各页)……波兰瑞典联盟…… 波兰和争夺俄罗斯的斗争。

同西班牙斗争的开始。荷兰的“解放战争”和“荷兰脱离西班牙”。1588 年的“无敌舰队”。斗争的结局:“法国、英国和荷兰的兴起。西班牙的衰落。”(233 及以下各页)

三十年战争,1616—1659 年:“西班牙哈布斯堡的天主教世界政策同德国新教、同丹麦和瑞典、同法国和英国的斗争。”(273 及以下各页)

(其中包括英国、荷兰、丹麦的反奥联盟。

瑞典人逼近维也纳。瑞典同法国作战,等等)

17 世纪英国的革命。

第 2 篇:

“法兰西民族国家的建成”(黎塞留)和“法国取得欧洲的统治地位”。1661—1685。

欧洲均势的恢复(西班牙王位继承战争);英国、奥地利、俄罗斯、普鲁士的兴起。

俄罗斯同瑞典(和波兰)的斗争……

“同丹麦、波兰、勃兰登堡、奥地利和荷兰作战的瑞典”(1655—1660)。

奥地利同土耳其的斗争(17 世纪)。

列强间的斗争(1740—1789)。

七年战争(1758—1762)(英法的“殖民战争”)。

美国独立战争(同法国、西班牙和荷兰的联盟)。

“约瑟夫二世和叶卡捷琳娜二世的帝国主义计划。波兰的灭亡。”

第 3 篇:

反对法国革命的战争。

第一次联合战争(1792—7)

第二次〃〃〃〃(1799—1801/2)

英法战争(1793—1799)。

拿破仑同普鲁士的战争和“拿破仑的独霸世界的计划”。(于1812 年破产。)

“1813—1815 年的解放战争”。

1660 年以前的波兰(根据历史地图):

根据卢布林联盟(1569 年)**波兰**拥有包括但泽在内的波罗的海沿岸地区、库尔兰、连同里加在内的里夫兰(1660 年根据**欧利伐和约**让给瑞典)、连同基辅、波尔塔瓦和切尔尼哥夫在内的小俄罗斯、波多利亚、沃伦等等以及连同斯摩棱斯克在内的白俄罗斯。

(1667 年根据安德鲁索沃和约把斯摩棱斯克、基辅、切尔尼哥夫、波尔塔瓦等让给俄国。)

{波兰被瓜分:
第一次　1772
第三次　1795}

南美现在除三个圭亚那以外已全部获得自由:

<table>
<tr><td rowspan="3">16—17 世纪的西属、葡属和荷属三个圭亚那</td><td>英属</td><td>(1781)</td></tr>
<tr><td>荷属</td><td>(1667)</td></tr>
<tr><td>法属</td><td>(1674)</td></tr>
</table>

1783 年的北美。13 个州脱离英国获得独立

路易斯安那(今天的几个州):	1763 年属于西班牙 1802 年属于法国,1763 年属于不列颠,
密西西比河流域	1803 年属于美国,1783 年属于美国。

墨西哥和中美:属于西班牙

(墨西哥从 1810 年起建立了共和国)

土耳其:穆罕默德四世(1648—1687)统治下的奥斯曼帝国几乎达到奥地利的维也纳

罗马尼亚、克里木,高加索

整个巴尔干半岛以及其他地区。

<table>
<tr><td rowspan="2">塞尔维亚</td><td>1718 年起为匈牙利占领</td><td rowspan="2">1817 年起建立了王国</td></tr>
<tr><td>1739 年起为土耳其统治</td></tr>
</table>

1719 年以前(17 世纪中叶起)瑞典还拥有

芬兰

英格尔曼兰(圣彼得堡)[128]

(从 1815 年起挪威归瑞典) 爱斯兰

里夫兰

德国的一部分(波美拉尼亚西部(斯德丁)+不来梅)

美国。1775—1783 年的独立战争	1763 年法国把加拿大让给英国

1778 年同**法国**签订友好条约 1779 年同**西班牙**签订友好条约	1776 年 7 月 4 日 13 个州宣告独立
1781 年美法军队打败英国人	战争的结束:1783.9.3:凡尔赛和约。根据这一和约,美国的军事盟国西班牙收回了佛罗里达。

佛罗里达只是在 1819 年才同美国合并。

葡萄牙在 1580—1640 年属于西班牙

荷兰在 1581 年脱离西班牙

1796 年比利时归属法国
荷兰＝巴达维亚共和国
1814—1831 年比利时归属荷兰

近代史的“分期”

关于近代史的分期问题,再参看**保·赫勒**的《世界史的史料学》(莱比锡,**1910**),这部著作附有**参考书目**,并对时期作了通常的划分,举出这样一些“**时期**”:“中世纪的世界霸权思想**时期**”(约 800—1250)。——“民族国家产生时期”(约 1250—1500)……“民族立宪国家的形成和发展时期”(约 1789—1870)……“**世界国家和世界经济时期**”(“约 1870—1910”)。

注意:近代史的“分期”

《斗争》杂志

阿德勒和伦纳

«Der Kampf»①,1916,№2。弗·阿德勒在《战争的目的》(反对兼并)一文中,引证了**他们**在«Suddeutsche Monatshefte»②上发表的声明**129**:

明确!

“现在组成世界的国家,是以实力为基础的国家。但是它们的力量在于土地、人和财产……” “他们‹士兵们›期待着‘现实的保证’:他们在期待土地、人和财产……”

并比较**1791**年的宪法第6条:

1791年的法国宪法论民族**战争**

“法兰西民族决不发动任何带有侵略目的的战争,永远不使用自己的武力去侵犯任何民族的自由……”

和**1848**年的宪法:“法兰西共和国尊重其他民族,也希望其他民族尊重法兰西民族。她决不发动任何带有侵略目的的战争,永远不使用自己的武力去侵犯任何民族的自由……”

我的补充:

1791、1793年和以后的法国宪法的全文,见**福·埃利**《法国宪法》。

① 《斗争》杂志。——编者注

② 《南德意志月刊》。——编者注

同上，№**1**：**卡·伦纳**在《是现实还是妄想?》一文第17页上称托洛茨基为"希法亭的亲密的朋友"。 哈哈!!

伦纳
论
托洛茨基

他**主张**德国和奥匈帝国联盟的理由："如果在我们的世界上**只有**两大经济体系，我们社会民主党人要克服最后一个巨大障碍就比较容易，即比现在要容易得多，因为现在我们处于一种迷宫中，要探索自己的道路十分费劲。愿全世界平静地走上联盟的道路，这对我们更好，我们会更接近最终的目的。"(19—20)

很能说明问题!!

(第16页："所谓中欧运动目前还完全是在资产阶级的基础上展开的，而我所说的首先就是这一点。")

注意：**参看**
中欧和欧洲
联邦

我们和他们：

(1) 伦纳、《社会主义月刊》、《钟声》杂志[130]之流＝帝国主义资产阶级的奴仆

(2) 考茨基、希法亭之流(＋亲密的朋友＝托洛茨基)＝帝国主义资产阶级的劝说者

帝国主义资产阶级的劝告者

它的改革者

(3) 左派＝**反对**它的革命战士。

希法亭(考茨基主义观点)

«Der Kampf»,1916,№2,第 59—60 页。

希法亭提出考茨基惯用的一个论据:说什么世界经济的联系要求的**不是**闭关自守,英国殖民地的输入和输出(1899—1913)的增长已经**不是**靠同英国的贸易(第 57 页):“德国过去没有花大量的资金来攫取和统治殖民地,但是只要它的资本主义的发展允许它这样做,它就会从殖民地的生产能力中获得和英国同样的利益。英国要垄断殖民地,那是谈不上的”……(说英国垄断铁路、租让、资本输出,那同样是完全错误的。德国超过了英国,**虽然**英国有殖民地。英国如果没有殖民地可能会更落后。这是其一。其二,英国的金融资本**比较**“安于既得的成就”。**而现在德国的金融资本也**想“安于”一下。)

金融资本的掠夺行为

主要之点:

“帝国主义政策的特点在于:它为了在国家中占统治地位的资本家阶层的利益,力求通过国家暴力手段来解决经济竞争问题。它依靠保护关税保证本国卡特尔利用国内市场;它力图通过自己的殖民政策和势力范围政策,让本国资本家稳固地垄断世界市场的某些部分,用经济上和政治上的压力把小国变为本国资本剥削的地盘。这样一来,它同其他国家的帝国主义政策的矛盾就日益加剧。因此要求加强国家政权,日益加紧海军和陆军的军备竞赛。正是这一政策带来了灾难。各国人民现在面临着这样的抉择:战后他们(!!!)将继续实行这一政策呢,还是打算结束这一政策。是继续实行彼此有密切联系的保护关税政策、殖民政策和军备政策呢,还是同大国政策相决裂!"(59—60)——

注意

"他们"

注意

首先必须**自己**掌握**政权**,而不要空谈"政权"。

"问题不在于只是简单地调整贸易关系,而在于想用损人利己的办法来保证本国资本的垄断地位的大国政策——产生战争危险的政策。难道因为战前就是如此,我们就应当容忍这一点,而不是千方百计地反对继续执行,反对变本加厉地执行这种政策吗?我们的看法正相反:正因为我们已经看到,一些国家的大国垄断政策会导致什么结果,我们就应当用各种办法反对继续执行和扩大这一政策。"(61)

注意

注意

恩格斯和马克思论英国工人

恩格斯:《英国工人阶级状况》,第 2 版,1892。[131]

第 XX 页。"工人阶级中的贵族"——"享有特权的少数工人"和"广大工人群众"相对立。(摘自 18**85** 年 3 月 1 日的论文!)

注意

其他国家的竞争破坏了英国的"工业垄断地位"(XXI)

注意

S ‖ (工人阶级中间)只有那些“享有特权和受到保护的区区少数”(XXII),才获得了在1848—68年的“长期的利益”,

S ‖ 而“广大群众的状况至多也不过得到暂时的改善”[①]。

(见本笔记第**14**页[②])

第XXIV页:“新工联”即**非熟练**工人联合会的发展:

注意 ‖ “他们〈这些新工联的成员〉拥有一个无比的优点:他们的心理还是一块处女地,丝毫没有沾染上传统的‘体面的’资产阶级偏见,而那些处境较好的‘旧工联的成员’却被这种偏见弄得昏头昏脑。”[③]

关于1892年的选举:

“在以前的所谓工人代表中,即在那些情愿把他们属

注意 ‖ 于工人阶级这种性质淹没在他们的自由主义海洋里,因而使他们的这种性质受到宽恕的人们当中,旧工联的一个最显赫的代表亨利·布鲁德赫斯特可耻地落选了,因为他宣布反对八小时工作日。”[④]

‖ 1847年以后:“由于这两种情况【(1)宪章运动的死亡;(2)工商业的繁荣】,英国工人阶级在政治上成了‘伟大的自由党’即工厂主领导的政党的尾巴。”(XVII)

同左尔格的通信。

马克思论英国的工人领袖:

弗·恩格斯给左尔格的信(1872.9.21):“……黑尔斯在这

① 见本版全集第28卷第77页。——编者注

② 见本卷第665页。——编者注

③ 见本版全集第28卷第77—78页。——编者注

④ 同上书,第78页。——编者注

里,在联合会委员会中引起了一场大风波,竟然责备马克思不该说英国工人领袖被收买了,但是这里的一个英国支部和一个爱尔兰支部已经表示反对,认为马克思是说得对的……”[132]

恩格斯在 1872 年 10 月 5 日给左尔格的信中说道:“黑尔斯在这里发动了一个反对马克思和我的大规模的诽谤运动,然而,这个运动已经反过来朝着他自己了……　马克思关于英国工人领袖被收买的声明是导火线……”[133]

马克思在 1874 年 4 月 4 日给左尔格的信[134]中写道:“……至于说到城市工人〈英国的〉,遗憾的只是那帮领袖都没有进入议会。不然这倒是摆脱这帮混蛋的一条最可靠的道路……”①

\#

参看第 40—41 页②,这里谈得更有力

见第 36 页的续页③:

卡·马克思于 1874 年 5 月 18 日写信给库格曼说:“在英国,目前只有农业工人的运动有所进展;工业工人应当首先摆脱他们现时的领袖。当我在海牙代表大会[135]上揭露这些家伙的时候,我就知道,我会因此而招人讨厌、受到诽谤等等,但是对于这一类的后果,我从来是毫不在意的。现在有的地方人们开始认识到,我只不过通过这种揭露来尽我的责任而已。”[136]

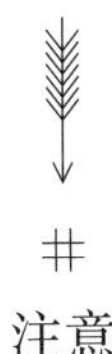

\#

注意

① 见本版全集第 28 卷第 76 页。——编者注

② 见本卷第 707—708 页。——编者注

③ 摘自笔记第 36 页和第 37 页(见本卷第 702—704 页)上恩格斯同左尔格的通信中的话。——编者注

||| («Die Neue Zeit»[①],XX,2,1901—2,第800页。)

(1872年9月海牙代表大会)

耶克:《国际》,第191页:马克思在海牙说:“如果谁在英国没有成为公认的工人领袖,那完全是他的光荣,因为伦敦的每一个‘公认的工人领袖’都是由格莱斯顿、莫利、迪尔克之流豢养的……”

> 参看«Die Neue Zeit»,XXIII,2,第28页上**耶克**关于同一问题的文章。

考茨基:《爱国主义、战争和社会民主党》

卡·考茨基:《爱国主义、战争和社会民主党》,(«Die Neue Zeit»,XXIII,2;1905)

罢战=“英勇的**蠢举**”(370),同资产阶级和平主义者“企图”通过仲裁法庭来消除战争一样。这两种蠢举“都是由于误认战争是孤立的事实而产生的”。

|| 但是战争灾祸的危险是存在的:“但在轻举妄动的战争中遭到失败,——这是一种导致最彻底破产的灾祸。”(371)

无产阶级“现在在任何地方还未必有足够的力量”通过革命(而罢战**就是**革命)在战争爆发以前就制止战争。“但是各资本主

① 《新时代》杂志。——编者注

义国家的无产阶级已经强大到能使任何一场损失重大而没有结果的战争成为建立无产阶级制度的革命的起点。”(371)

鲍威尔:《民族问题和社会民主党》

奥托·鲍威尔:《民族问题和社会民主党》,圣彼得堡,1909。

摘自§30:《社会主义和民族原则》。

第534页:“……社会主义公团永远不能强制一些民族成为自己的一员。试设想一下那些拥有全部民族文化财富的、充分和积极参加立法和管理工作的、并且配备有武装的人民群众吧,——难道能够强制这样的民族服从异族的社会机构的统治吗?任何国家政权都以武装力量为基础。由于巧妙的机制,现在的人民军队同从前的骑士军队和雇佣军队一样,仍然是一定的人物、家族、阶级手中的工具。而社会主义社会民主公团的军队无非是武装的人民,因为它是由具有高度文化的人组成的,他们自愿地在公共的工厂里工作,并且充分地参与各个方面的国家生活。在这种情况下,异族统治的任何可能性都会消失。”(534) 注意 **这种**

欧洲联邦“不是空洞的幻想”,而是“各民族早已走上的道路的必然结果”(542)。

假定社会主义德国打算让一部分工作人员去乌克兰,那么,“在他们的文化独立没有得到保障以前”(543),它(德国)是不会放他们去的……(这是§30的结尾)

§29:**《帝国主义和民族原则》**(俄译本 512—529),作者在这一节引证了舒尔采-格弗尼茨关于**不列颠帝国主义**的言论,指出土耳其的解体,意大利夺取阿尔巴尼亚的野心:"眼睛会看着特里恩特和的里雅斯特,而心里想的却是阿尔巴尼亚。"(519)"这样,意大利民族的群众会把具有侵略目的的帝国主义战争看做争取民族自由的战争……"(519)

巴格达,俄国在波斯,等等——"这就是这些未来的冲突的种子和因素"(518)……

注意 同样地,"不列颠帝国主义正在向选民群众展示一幅统一的不列颠民族统治下的有 4 亿人口的帝国的骗人的图画,然而它心里想的却是钢铁大王的卡特尔利润和伦敦交易所的投机生意……""说不定什么时候俄国帝国主义也许会宣告波兰和乌克兰自由和统一,以便为彼得堡、莫斯科和洛兹的工厂主开辟新的市场……""德国帝国主义也一定会以 1848 年大德意志思想继承者的面目出现,一定会在自己的旗帜上写上建立统一的伟大的德意志祖国,而它所想的却是为了资本在底格里斯河和幼发拉底河的利益,牺牲德国工人和农民的生命……"(522—523)

"在资本主义社会内部,奥地利的崩溃只能是帝国主义的事……"(528)

"奥地利瓦解的前提是,帝国主义在德国、俄国和意大利的胜利。但帝国主义胜利的前提是,工人阶级在这些国家遭到失败。"(527)奥地利工人不应当把希望寄托在帝国主义的胜利上……

格鲁姆巴赫:《齐美尔瓦尔德—昆塔尔的错误》

索·格鲁姆巴赫:《齐美尔瓦尔德—昆塔尔的错误》,伯尔尼,1916(共95页)(社会沙文主义者的平庸之作)。

第24页:"……虽然他〈考茨基〉在1914年8月4日对形势还没有清楚的了解,但是对我们〈!!!〉和对各国的社会党人来说,他仍然是国际的起领导作用的理论家之一……" ‖ !

第26页 "……正如齐美尔瓦尔德和昆塔尔所宣扬的,总的说来,彼此一样……"

——第**40**页——德国社会民主党人没有答复瓦扬—基尔·哈第的**建议**,并且违背诺言在开姆尼茨(1913年)也没有讨论这个建议(为了1914年的维也纳代表大会[137])!!!(废话!好像列金之流本来**能够**做到这一点!!)(参看胡斯曼给瑞士党的信——同上。)

法国的少数派**也**主张保卫祖国!!(—54—)【说格里姆在1914年8月和11月曾主张保卫祖国——68。】

第77页:列宁**支持**摩洛哥的战争,等等。

(德文版小册子第4页①)。"这里痴呆正在成为一种方法!"摩洛哥可以自卫,而法国不能!!(真见鬼!)

第78页:列宁(《先驱》杂志[138]№1②)认为德国的饥民骚乱是"群众性的革命斗争的开始"!!这是**幻想**!!恰恰相反,这说明

① 见本版全集第26卷第324页。——编者注

② 见本版全集第27卷第129页。——编者注

“德国人民完全丧失了革命性”(78)。

82:迈耶尔·**伦敦**于1916年1月18日在美国国会说,如果遭到进攻,他就要保卫自己的祖国!!!!

84—5:累德堡声明反对德国国际社会党人,而博尔夏特声明反对累德堡。你们要拒绝“**保卫祖国**”,是“永远”办不到的!!! 说李卜克内西也**主张**保卫祖国!!

恩格斯:给左尔格的信

恩格斯 1885年6月3日给左尔格的信…… 关于轮船公司津贴[139](非常法废除以后);“分裂就有可能发生,也只有在那时分裂才是有利的。小资产阶级的社会主义党团,在德国这样的国家里是不可避免的,因为小市民阶级在德国比历史权利更‘没有任何日期’……”[140]

1886.4.29:“德国在平静时期一切都变得庸俗了。在这种时候,法国竞争的刺激是绝对必要的,而这种刺激是不会没有的……”[141]

1888.2.22:“……只要有什么地方一开始,资产者就会对原来是隐蔽的、到那时爆发出来变为公开的社会主义大吃一惊……”(291)[142]

1889.12.7:“……这里〈英国〉最可恶的,就是那种已经深入工人肺腑的资产阶级式的‘体面’……连我认为是他们中间最优秀的人物汤姆·曼也喜欢谈他将同市长

注意 ||| 大人共进早餐。只要把他们同法国人比较一下,就会发现

革命有什么好处……”143 ①

1890. 2. 8“……费边社派,一群善意的、有教养的资产者……来反对马克思,他们的主要目的……就是使**资产者**皈依社会主义,从而用和平的和立宪的办法来实行社会主义……”(331)144

((关于费边社派 393(1893. 3. 18)——第 401 页(1893. 11. 11)……——他们想使自由主义渗透社会主义;应当使他们自己渗透工人的精神。))145

1890. 4. 19…… 在英国,有无穷的争论……传统的东西、纠纷以及熟练工人的偏见,等等等等。

“……但是运动**暗中正在**向前发展,席卷着越来越广大的阶层,而且往往是那些至今处于停滞状态的**最低层的**〈黑体是恩格斯用的〉群众,在不久的将来,这些群众会猛然醒悟,**认识到自己的地位**〈黑体是恩格斯用的〉,认识到原来正是他们自己才是一支伟大的运动着的力量……”②(336)146 注意 注意

1891. 3. 4……但如果煤气工人和码头工人以及他们的工联失败了,他们的“新工联都将被破坏。那时,战场上将只剩下一些**富足的**〈黑体是恩格斯用的〉因而也是胆怯的旧的保守的工联”(359)147。 注意

1891. 9. 14。工联纽卡斯尔代表大会也是一次胜利(和国际代表大会一样)…… “以纺织工人为首的**旧**〈黑体是恩格斯用的〉工联以及工人中的所有反动分子曾竭尽全力想废除 1890 年关于八小时工作日的决议。他们失败 注意

① 见本版全集第 28 卷第 76 — 77 页。——编者注

② 同上书,第 77 页。——编者注

注意 了……而资产者的报纸惊恐哀鸣,战战兢兢地承认**资产阶级工人政党**〈黑体是恩格斯用的〉遭到了彻底失败。”① (368)**148**

1891.10.24……关于可能发生的战争……我们德国人一定会(也许)“演一次1793年”……这将是一种不幸:如果发生战争,如果战争使我们“提前掌握政权,那就必须对这种情况有所准备”(371)**149**……

同上,376:如果发生这种战争,“我们一定会孤注一掷”(376)。

“……群众〈德国的〉是很出色的,大都胜过领导人……”(399)(1893.10.7)**150**

1893.12.2…… 美国工人运动发展中的困难:(1)“政党执政”制度(两个党;没有支持第三党的选票);(2)外来移民把工人分为两派;移民本身又分成一些小派别;还有**黑人**;(3)保护关税使工人“受到”在欧洲所没有的“繁荣的影响”……(403)**151**

412(1894.5.12),在美国,社会民主联盟和在美国的德国社会主义者的**宗派主义**,把理论变成“死板教条”……((要工人对理论不加发挥地囫囵吞下))**152**

《钟声》杂志

恩斯特·海尔曼:《争论的实质》

«Die Glocke»②,1916,№20(1916.8.12)。

---

① 见本版全集第28卷第77页。——编者注

② 《钟声》杂志。——编者注

恩斯特·海尔曼:《争论的实质》(770—786)。

目的——阐明“三个争论的派别的基本思想”(770):……

“多数派、工作小组和国际主义派(李卜克内西派)”(771)……

1——希望“德国胜利”

2——“战争的结局不分胜负”

3——“德国失败”(771)……

“前两派站在保卫祖国的立场上,尽管工作小组非常担心,唯恐超出纯粹防御的范围,‘第三国际’的拥护者则否认‘保卫祖国’的原则,认为这是迷惑人的词句……”(771) ||| 注意

“李卜克内西派始终十分坚持自己的立场…… 这一派现在已经组成一个新的政党,通过了斯巴达克纲领。它追随自己的理论领袖——俄国人列宁,想把下列义务作为一项国际责任强加给各国社会民主党,即采用一切手段——散发非法的传单、成立秘密组织、举行群众性的罢工和起义——无条件地促使本国失败……”(771)“在俄国,这一派的拥护者直言不讳地自称为失败主义者。”(772)

“斯巴达克派的宣传告诫说,敌人的入侵并不是最可怕的,相反,它可能导致获得自由。这种宣传在侨居瑞士的俄国理论家中,也许会得到最多的拥护者;实际上,这种宣传可能只对德国起作用,所以说,这是在宣传德国的失败……”(772)

“工作小组或称齐美尔瓦尔德右派(其理论家是考茨基,而政治领袖是哈阿兹和累德堡)不仅根据实际情况推断说,这次战争会不分胜负地告终,而且希望这场大战出现这样的结局。” ||| 注意

"批评这种不彻底的立场是非常轻而易举的。断定德国的防御任务已经解决的说法,同事实的矛盾是如此明显,以致只能使那些了解情况的人感到可笑……"(773)

注意 ‖ "它〈多数派〉力求尽可能迅速地签订和约,但是这种和约只能由现在的政府来签订。"(778)

"认为灾变或革命是建立社会主义社会的手段的思想,我们必须永远地加以埋葬,而且这不是由于某种特定的情况,而是在原则上应当如此。**要成为社会主义者,这就是说要在原则上反对革命**〈黑体是原作者用的〉;相反的观点不过是资产阶级解放斗争遗留下来的、我们在思想上还远没有完全摆脱的观点……"(780)

注意 ‖

哈哈!! ‖

第 782 页:用伯爵和将军(他们的子弟都是军官等等)在战争中阵亡作为例证(半页人名),证明:"在敌人面前,我们大家都是平等的"(783)(!!!!)。

"由此可见,8 月 4 日的政治危机归根到底无非是恢复灾变论和进化论之间旧有的斗争;现在,这个斗争以进化观点的胜利而接近结束。因此把双方的一小撮倒戈分子除外不算,我们所看到的仍然是改良主义者和革命者,也可以说是修正主义者和激进派这两个旧有的相互对立的战斗队伍,所听到的是旧有的口号……"(784)

注意 ‖ "进化史观虽然受到无穷的咒骂,但在党内愈来愈站得住了,即使在战后,在深受苦难的人民的义愤在有的地方会爆发为革命的情况下,这种观点也将取得胜利。急风骤雨的甚至流血的事件可能延缓或加速发展,但是决不能改变它的基本特点。"(785—786)

这句话的关键在前半句

“不靠私人经营活动谋生的或不从私人手里拿薪金和工资的人数日益增加，在这种情况下，社会主义一天比一天多地在实现。国营企业、公用企业和合作社企业的工人，和伤病救济基金会的医生或工会职员一样，已经社会主义化了。”(784) !! 妙论

威·李卜克内西和马克思

(1878 年给威·李卜克内西的信)

威·李卜克内西：《论东方问题，或欧洲是否应该是哥萨克的？对德国人民的警告》，**第 2 版**，莱比锡，1878，第 **57** 页和第 **59** 页。 注意 待查!!

引自«*Sozialistische Monatshefte*»①，1916，第 1095 页(№21，1916.10.19)，席佩耳的文章，该文说，在李卜克内西的这本小册子里附有一位“朋友”——显然是**马克思**——的两封信。(在威·李卜克内西的小册子第 1 版中**没有**这些附录**153**。)马克思在当时这样写道：

“由于 1848 年开始的**腐败时期，英国工人阶级**渐渐地、愈来愈深地陷入**精神堕落**，最后竟然成了伟大的自由党的尾巴，也就是奴役英国工人阶级的资本家的**尾巴**。英国工人阶级 (1848—1878) **马克思**论 1878 年的英国工人

① 《社会主义月刊》。——编者注

的领导权完全落入了**卖身投靠的**工联首领和职业鼓动家手中。这帮家伙跟在格莱斯顿、布莱特、蒙德拉、莫利之流以及工厂主恶棍等等的后面，为各族人民的解放者——沙皇的更大的荣耀而呐喊和鼓噪，可是自己在南威尔士的阶级**兄弟**被矿主**逼得快要饿死了**[154]，他们却无动于衷。**卑鄙的家伙**！为了把这一切做得更彻底，在下院最近投票时(2月7日和8日，伟大的自由党的大多数显要人物——福斯特、娄、哈科特、戈申、哈廷顿甚至(2月7日)伟大的约翰·布莱特本人——为了避免表决使自己过分丢脸，在投票时丢下自己的队伍不管而逃之夭夭)[155]，下院中仅有的工人议员，而且说来可怕，是直接代表矿工而且本人就是矿工出身的伯特和卑鄙无耻的麦克唐纳，竟然同狂热崇拜沙皇的‘伟大的自由党’的喽罗一起投票！但是，迅速展示出来的俄国人的计划突然驱散了魔力，破坏了机械的鼓动(一张张五英镑钞票就是这种机械的主要推动力)；在这种时候，莫特斯赫德、豪威耳、约翰·黑尔斯、希普顿、奥斯本之流以及所有这些坏蛋要是敢在任何一个公开的工人集会上讲话，就会有‘生命危险’；甚至他们的‘凭票入场的秘密集会’也会被人民群众用暴力驱散。”

注意：1878年马克思的信(给李卜克内西？)

日本人与美国工人的沙文主义

«Die Neue Zeit»①,1913(31,2),第 410—412 页(1913 年 6 月 20 日出版的一期)

注意
工人的沙文主义

埃尔温·古德:《反对在美国的日本人的新非常法》。(日期:1913.5.21.旧金山。)

这项法令禁止日本人购买土地(租地只能租 3 年),该法令是州长违背伍德罗·威尔逊的主张于 1913 年 5 月 19 日签署的。

美国工人及其**沙文主义**

这是"最坏的非常法"(410)——"比普鲁士对待波兰人的政策还要坏的政策"(412)。

而美国工人也有"**沙文主义**"(注意)(412)的错误。"'美国劳工联合会'的先生们不仅想剥夺'黄种人'的一切权利,而且还想干脆把他们驱逐出境。"(411)

对待**日本人**

注意

这个非常法"向我们证明:加利福尼亚的居民,首先是工人,被缚在早已准备对日作战的美**帝国主义者**的战车上。**社会党在这个问题上也同样未能有所作为**"(411)。

工人支持帝国主义者……"社会党"也同样!!!

这项法令"只是一长串法令链条中的一环"(412)……

① 《新时代》杂志。——编者注

格罗伊利希和《格吕特利盟员报》[156]

格罗伊利希:《致霍廷根格吕特利联盟的公开信》

«Grütlianer»[①]№230,1916(1916.10.2)。

海尔曼—**格罗伊利希**:《致霍廷根格吕特利联盟的公开信》。

只有少数工人参加工人运动。"因此生活水平提高得很少,而且**仅限于**工人阶级的**上层**分子。工人群众仍处于贫穷困苦之中。因此,对过去所走的道路是否正确常常发生怀疑。批评家们正在寻找新的道路,特别希望一种**更坚决的行动**能成功。为此人们正在进行尝试,但是这些尝试照例遭到失败,这就更加促使人们回到旧的策略。谁只要考察一下较长时期内的工人运动的过去,谁就会看到这条起伏的波浪线……　但是世界大战到来了……广大群众……大失所望……生活状况空前恶化,达到了连那些过去过得还不坏的阶层也陷入贫困的地步,因而**正在加强革命的情绪**。对过去的一切,过去的原则、策略和组织,都发生了疑问。……谁只要在思想上能够超脱这些日常的琐事……谁就会认识到这种大的争论〈关于革命的原则和策略的争论〉是可以理解的,而不会因此陷入绝望。当然,蠢事做了不少,但是双方都做了……

!!!

!!

① 《格吕特利盟员报》。——编者注

到目前为止,几乎只有我一个人采取了中间的做法…… 党的领导确实是不称职的,受那些头脑发热的人的影响太深…… 格吕特利联盟中央委员会决定采取'**实际的民族政策**',但它打算在党外实行…… 为什么不在党内实行呢?为什么它几乎总是让我一个人去同极端的激进派作斗争呢?…… 哈哈!!

……我坚信,目前党内的发酵最终会酿出好酒来,只要在发酵没有完成之前,不要把桶塞死…… 党只能是无产阶级的党,而不应该成为其行动不能为无产阶级所理解的宗派…… 如果它〈格吕特利联盟〉……拒绝同党达成协议,那么在这个联盟内就再也没有我的立足之地了。我相信党的未来,因此我永远站在党的这边"。(完。)伯尔尼。**1916.9.26**。 !!

该报还登了格吕特利联盟中央委员会给格罗伊利希的回信。极端的激进派和"中间派"——反对格吕特利联盟的存在。该报还有一篇杂文,题为:"斯巴达克是何许人?"(颂扬)!!!

《是石头而不是面包!》

«*Grütlianer*»№**255**,10.31。社论:一个"**工会工作者**"写的《**是石头而不是面包**》。作者说,"激进派"给的"是石头而不是面包"。应当有"改良主义的观点"、"实际的社会改革"、"民主社会主义改革"……(反对所谓的"马克思主义者")…… !

《估计上的原则分歧》

№253,1916.10.28。社论:《估计上的原

他们赞成“中派” | 注意 ||| 则分歧》,摘自«*Leipziger Volkszeitung*»[1],社论维护“社会主义的观点”。苏黎世和伯尔尼的报纸咒骂佩尔纳斯托弗。我们则**既不同意德国的多数派**,也不**同意**苏黎世和伯尔尼的报纸,我们**赞成**“合法”途径。我们认为阿德勒的行动“**不过是**一种癫狂行为”……

《我们之间没有任何原则分歧!》

||| №249,1916.10.24。社论:《我们之间没有任何原则分歧!》(带引号的)——这是**胡贝尔**(罗尔沙赫)在格吕特利联盟代表大会上说的话,说«*Volksrecht*»[2]赞扬阿德勒!! **而我们在原则上**谴责他! (注意 ||)

《筛除“国际社会主义小麦”中的“民族主义糠秕”》

№248,1916.10.23。社论:《筛除“国际社会主义小麦”中的“民族主义糠秕”》(这是瑞士社会民主党代表**在**瑞士的**意大利**社会党人代表大会**上**说的话)。

《报告提纲》

№235,1916.10.7。格吕特利的**纲领**提纲。

《外国人入国籍》

№243(1916.10.17)及以前**几号**(№№237(10.10)——243)。

---

① 《莱比锡人民报》。——编者注

② 《民权报》。——编者注

关于《**外国人入国籍**》的文章……

“九人”委员会(包括格罗伊利希和武尔施勒格尔在内)在1912年提出了请愿书。

过15年即强制加入国籍。取得国籍的费用不超过300法郎!! ‖ !!!!

№242和243。

《是党还是格吕特利联盟?》

«Grütlianer»**1916.10.18**。瑞士“社会爱国党”。

《工会和军事问题》

«Grütlianer»,№216(1916.9.15):文章的题目是:**《工会和军事问题》**。 ‖ 注意

“在«*Schweizerische Metallarbeiter-Zeitung*»①(*)(1916,№38,1916.9.16)上,通讯员【巴塞尔的**J.H.**】(**)在讨论上述问题时得出了简短明确的结论:‘工会会员的责任就是促使党在原则上明确地解决军事问题。今天,要最积极地同军国主义作斗争,反对保卫祖国;明天,要随着社会主义的实现废除武装。’

(*)伯尔尼卡培尔街6号

(**)这个巴塞尔的**J.H.**的文章是一篇非常出色的、纯粹是工人的和革命—国际主义的文章

该报编辑部(《编后记》)施内贝格尔同志就此发表评论说,工

① 《瑞士五金工人报》。——编者注

会,就其本身来说,既不应该研究裁军问题,也不应该研究废除武装的问题。因为一个人加入工会,并不就是社会民主党人,也不就是反军国主义者;他们的政治观点或宗教观点本身同他们的工会会籍并没有任何关系。不错,在大多数情况下,工会会员很快会成为社会主义或社会民主主义观点的拥护者。但是他们与其说是在工会内表明这种观点,不如说是在以此为宗旨的社会民主党组织内表明这种观点。这种情况是非常合乎情理的,由于这一点,同样也由于工会在经济方面的任务的范围相当广阔,这种情况在今后也应该保持下去。

!!

再者,工会或它的各级机关根本不可能在这方面进行真正的教育工作。

这篇文章还有不少空泛的言论,这些都是于事无补的;而且也不可能说服那些往往持有完全不同的观点的人,就像三言两语不可能阐明战争的实质,就像夸大瑞士军事力量在同工人斗争中的作用不可能影响没有偏见的公正的读者一样。只要回忆一下意大利、西班牙、法国、德国,甚至自由的美国的工人斗争情况,就会承认瑞士的条件毕竟比俄国要好些。

至于‘工人没有祖国’之类的话,在目前这种情况下,更是十分荒唐了,目前全欧洲绝大多数工人和资产阶级肩并肩地同自己祖国的‘敌人’作战已有两年,留在后方的人尽管受尽种种的苦难,还是想‘坚持下去’。瑞士如果遭到外来的进攻的话,我们很可能会看到同样的情景。在这里,目前调子唱得最高的人,也可能同样地首先放弃自己的阵地。”

[标有]‖符号的几段话,«Grütlianer»在转载时是用黑体字排印的。该报加上编者的名字,转载了编后记的**全文**。«*Metallarbeiter-Zeitung*»上印的是:编辑部:奥·施内贝格尔和卡·迪尔((注意))。

《瑞士五金工人报》

E. Th.:《述评》

«*Schweizerische Metallarbeiter-Zeitung*»①,1916,№40(1916.9.30)…… **E. Th.**《述评》:"经济性质的"战争…… "国际的破产"…… "资本家的组织——'德国'"反对同样的组织——"英国"……除了有专业(钳工等)以外,我们还应该成为政治家**和**力图使"生产资料社会化"…… "工会不可能脱离政治";我们有"使自己扮演资本主义护理人角色"的危险…… ‖ 很好!

《述评(另一种观点)》

№41(1916.10.7)上的一篇**没有署名**的文章:《述评(另一种观点)》,该文说 **E. Th.** 既不同意《工会和军事问题》一文的作者,**也不同意编后记**。他反对"孤立"工会,反对使工会"局限于""纯粹工会问题"。‖ 注意

该文作者用了 3½半栏的篇幅为自己辩护:说什

① 《瑞士五金工人报》。——编者注

么我们管不了那么些;事情一大堆(列举了许多**改良主义的**问题!!);关于“帝国主义”的文章我们也已经有了6篇,同样是用社会民主主义的观点写的;五金工会中央委员会在卢塞恩的代表**施内贝格尔**于1904年反对

!! “贸然采取〈作为工会〉政治行动”,并在卢塞恩工会代表大会上获得了56票,**18**票反对;——“我们不去进

!! 行有计划的〈第2版第3栏〉有成效的工作,以便首先尽可能地实现工会章程中所提出的任务,却不着边际地热衷于用各种计划来改善世界,尽管人们将声嘶力竭地叫喊这些计划,但是一个也不会实现。大多数工

!! 人都是以事实为根据的。尽管他们希望‘生产资料的社会化’成为现实,但是他们仍然不会去贸然冒险”。

《新莱茵报》

«*Neue Rheinische Zeitung*»[①],政治经济评论,卡·马克思主编(1—5/6期合订本),伦敦,1850。

第**1**期,1850年1月。——第**2**期,1850年2月。——第**3**期,1850年3月。——第**4**期,1850年4月。——第**5/6**期合刊(没有封面)1850年。

第47页末尾。　　好像梅林在《遗著》中**全部**(不是全部[②])都

① 《新莱茵报》。——编者注

② 后来列宁在第4期和第2期发现了梅林没有翻印的文章,因此把“全部”改为“不是全部”(见本卷第719页和第720页列宁的批注)。——编者注

翻印了(待查!)。第4期《**杂谈**》栏的短评《**哥特弗里德·金克尔**》[157](痛斥他在军事法庭上作了卑鄙的保皇主义的发言)(没有署名)中的一段典型的话:

“……金克尔先生同样还向军事法庭告发了自己的党:他谈到把莱茵河左岸划归法国的一些计划,并表白自己同这些罪恶的计划毫无关系。金克尔先生明明知道,把莱茵省并入法国只是在以下意义上说的:莱茵省在革命同反革命进行决战中将无条件地站在革命一边,不管代表革命的是法国人还是中国人……”(第71页)

注意!

把莱茵河左岸割让给法国人

注意

梅林版第3卷第397页

梅林写道,第479—480页(第3卷),他把“四月述评”(即第4期上的述评)全部遗漏了,从二月(第2期)述评中也只收录了关于加利福尼亚等等和关于中国的社会主义的材料。

同革命的民族站在一起——不管是法国人,还是中国人! 参看恩格斯于1859(?)年在《波河与莱茵河》[158]一文中说的话;他在该文中燃起了德国人的民族激情,反对拿破仑第三把“我们最好几个省份”变成外交把戏的对象等等。

这非常能说明民族问题!

一切取决于当时是革命的民族还是拿破仑第三!!

同上,第4期,第**58**页(梅林版第3卷第438页)(**德·日拉丹**:《社会主义和捐税》)[159]:

“废除”国家 ||||

“……废除捐税的背后就是废除国家。共产党人认为,废除国家只有作为废除阶级的必然结果才有意义,随着阶级的废除,自然就没有必要用一个阶级的有组织的力量去镇压其他阶级了……”

同上,第55页:“在革命时期,大幅度增加的捐税可以用作打击私有财产的一种方式,但是即使在这种情况下,捐税不是促使进一步采取新的革命措施,就是最后又造成旧的资产阶级关系的复辟……”

梅林版第3卷第436页

注意:宪章派的两个派别:(1)小资产阶级+工人**贵族**(小资产阶级改良主义者)(2)真正的无产者**革命者**“群众”

第5/6期合刊,**第158页**(摘自《述评。5—10月》;日期1850.11.1,伦敦。没有署名)[160]。

“……迄今尚存的宪章派组织也在土崩瓦解。还留在该派中的**小资产者跟工人贵族**联结在一起,组成纯民主主义的**一派**,它的纲领限于人民宪章和其他一些小资产阶级的改革。生活在**真正无产者**条件下的**工人群众**是属于宪章派的**革命**派。”(前者的领袖是菲格斯·奥康瑙尔;后者的领袖是朱利安·哈尼和厄内斯特·琼斯)(梅林版第3卷第468页。)

第2期第71—73页(在《述评》中)[161]关于1848年和1849年后**俄国**的反革命作用,关于可能发生的反对俄国的“欧洲战争”(据说**决定于**英国),关于“野蛮的俄国大军”可能“遍布德国”。 注意 梅林版里没有

同上,第78页——(伦敦,1850.1.31)——关于中国的革命(中华共和国——这就是“欧洲的反动分子”在中国可能看到的) 真有趣!

梅林版第3卷第**445**页

“我们欧洲的反动分子在不久的将来会逃奔亚洲”:**哈哈!!** ×

欧洲的反动分子为躲避欧洲的革命将逃奔亚洲,跑到中国的“万里长城”,他们会在城墙上看到这样的字样:“中华共和国。自由!平等!博爱!”这是马克思的论断。 ×

同上,第80页:瑞士的例子说明,“处于现代列强包围中的小国获得虚假的‘独立’和‘自主’”意味着什么(不是神圣同盟打败瑞士,就是革命“**不允许**”“在欧洲的中心存在这样一个变节的怯懦的政府”……) !!! 梅林版里没有

关于瑞士的看法是在进攻瑞士(德国+奥地

梅林版里没有

利＋俄国＋法国)的**计划**公布以后写的——这是一个在佯攻瑞士和土耳其的同时进攻法国的计划。“神圣同盟”进攻革命。

注意：反革命同革命斗争的插曲！

梅林版里没有

“有一点是肯定的：神圣同盟在今年或者首先会进攻瑞士或土耳其，或者直接进攻法国，在这两种场合下，联邦委员会的命运都是早已注定了的。不论是谁首先进入伯尔尼，是神圣同盟也好，是革命也好，联邦委员会本身由于采取怯懦的中立政策注定必然灭亡。反革命决不会满足于联邦委员会的让步，因为它或多或少是革命的产物；革命一刻也不会允许在欧洲的中心，在3个最热衷于运动的国家中间存在这样一个变节的怯懦的政府。**瑞士联邦委员会的所作所为是处于现代列强包围中的小国获得虚假的‘独立’和‘自主’的最明显的例子，我们希望这也是最后的例子**。”(第80页)(完。)

注意

和第72页——瑞士“对神圣同盟和流亡者”都是软弱的(注意)……“即便瑞士侮辱了神圣同盟，另一方面它还是叛变了革命”(73)。

第72页——相信欧洲战争即将爆发(俄国将发动进攻土耳其的战争)。在巴黎——“革命的中心”(72)——和“西欧”(原文如此！！**71—2**：“西欧”)革命在增长……

法国的革命力量正在日益壮大(74)，农民将被卷入运动，因此“相信革命将很快取得胜利”(74)(原文如此！！)……

圣西门的名言

"……大家知道,**圣西门**曾断定说:法国因一千名高级官员或皇室成员突然死去所遭受的损失,同死去一千名优秀的法国工人所带来的损失相比,是微乎其微的,就是因为说了这句话,他受到了控告。"(埃米尔·卡勒尔《威廉·魏特林》,苏黎世,1887,第11页,《社会民主主义丛书》№11。)

根据布罗克豪斯百科词典(德文版),圣西门说的不是1 000,而是10 000(注意)——是在《组织者》(1820)第1期的《政治寓言》中说的。

"布雷斯福德"笔记

目　　录

布雷斯福德:《钢和金的战争》

亨利·诺埃尔·布雷斯福德:《钢和金的战争》

对武装的和平的研究。伦敦,1914。

(书内标明的日期是 1914 年 3 月)(第 317 页)

"在巴尔干国家,很有可能出现这样的情况,即凭借着三国同盟优势的奥地利,利用了随着青年土耳其革命而来的一次危机,为自己铺设通向萨洛尼卡的道路,至少是兼并马其顿的一部分……

从法兰西帝国崩溃到法俄结盟这 25 年间,欧洲有德国'称霸'的长期经验。没有发生任何奇灾大祸。没有一个小国遭到侵犯,没有一条邻国之间的边界被移动,没有一个王位被推翻,任何民族的或宗教的自由都没有受到威胁。"(第 34 页)

"在欧洲,征服的时代已经结束;除了巴尔干,也许还有奥地利帝国和俄罗斯帝国的边境以外,可以用政治上可能有的最大的把握说,我们现代的民族国家的疆界已经最后确定了。我个人认为,6 大国之间不会再发生战争。"(第 35 页)

"欧洲现有的领土版图,除了少数的例外,都是按照民族的界限来划分的。"(第 35 页)

"德国是否应该开采阿特拉斯山坡的铁矿,并把它制成钢轨运往巴格达?这是现代外交的典型问题,清醒地考虑一下,它比旧世界的典型问题——是谁,是波旁还是哈布斯堡应该做西班牙国王的问题,要重要得多。为了解决这个问题和其他这类的问题,欧洲的青年正在受军训,人们正在造军舰,滥用税款。而可能关系到欧洲哪怕是一英亩土地的命运或者占有权的事情,却根本没有被提出来。即使这些问题用别的办法来解决,或者根本没有解决,任何一个欧洲国家的政治、宗教或社会生活都不会因此而发生任何变化。"(第 36 页)

"但是在英国,谁会关心摩洛哥的铁矿石是运到埃森去铸造德国的大炮,而不是运到克勒佐去铸造法国的大炮呢?"(第 36 页)

"标志着同德国的关系开始紧张的英法诚意协定,据世界舆论所知,仅仅是以一个文件为基础的,这个文件只不过是实际地调整英法在埃及和摩洛哥的利益而已。"(第 37 页)

"德国麦尼斯曼兄弟公司可以有理由地夸口说,它已获得了开采摩洛哥的一切矿山的特别租让权,作为它在内战时期贷款给处境困难的苏丹的补偿。在巴黎和柏林为了调节冲突而举行的谈判中多次讨论过的那些条件证明,争论的焦点正是这一点。1910 年的协定使冲突获得了'解决'或暂时的调节。这个协定只有一条,就是德国金融界将同法国金融界一起,参与各种企业和公司,目的是通过建筑港口、修筑铁路、开采矿山以及其他公共工程来‘开发’摩洛哥。这个协定没有产生任何实际的结果，而德国对法国外交和法国金融界的拖延日益恼怒，终于派遣‘金钱豹’号炮舰开往阿加迪尔，作为进一步‘谈判’的前奏。我们从参议院委员会后来的调查中知道，如果凯约先生继续执政的话，这些谈判会有什么结果。他不仅会协调法国和德国的殖民利益，而且还会缔结一个包括法德全部关系的总协定。他开始谈判时所谈的各项条款都是经济性质的，其中主要的是建议法国金融界停止对巴格达铁路的抵制，允许德国的有价证券在巴黎的交易所里开盘。凯约先生的这种大胆措施在法国的爱国者和英国的帝国主义者中间引起的惊慌还没有被人忘记，而当 1913 年年底凯约先生回到政府时，它的余音在伦敦和巴黎都可以听到。他通过这些非正式的谈判，为改变法德的关系作了一个开端，如果凯约先生再当几个月总理，那不仅会改变法国的政策，而且会改变欧洲的政策。法国的爱国者焦急不安，担心他打算打消他们为 1870 年报仇的宿愿。英国帝国主义者在我们的保守党的报刊上攻击他，是因为害怕法国解决了同德国的争端，英国会陷于孤立。在阿加迪尔危机以后举行辩论的时候(1911 年 11 月 27 日)，爱德华·格雷爵士在一句话里用的那些说法表明，我们的外交界同保守党报刊一样地感到恐惧。用他的话来说，就是当时存在着法国可能被拉入德国外交轨道的危险。正因为这个原因，而不是因为我们真的关心法国为了侵占摩洛哥在刚果给了德国多大的补偿，我们才愿意在必要时甚至用武力来支持凯约先生的继任人的比较不调和的外交。这大概是现代欧洲外交史上最耐人寻味的事件。”(第 38—40 页)

“法国佩里埃银行不久前贷给土耳其政府 100 万英镑，土耳其政府愿把这笔款的第一期付款用来支付在纽卡斯尔建造的一艘巡洋无畏舰的费用。几天以后宣布,这家银行获得了士麦那到达达尼尔海峡的铁路的租让权,显然是作为佣金。我们虽然认为,没有商品的某种流动,资本输出是不可能实现的,但是从阶级的社会学观点来看,我们终究应当在金融业务和简单的商品交换之间划一条清晰的界限。对于投资阶级来说,在精密的信贷结构的基础上进行的贸易比在经济发展水平相同的国家之间进行的简单交换更加有利。如果我们把威尔士的煤运往法国,去换回假花,那么资本可获得双重利润——英国煤矿老板的利润和法国包工头的利润。但是,如果我们贷款给阿根廷,让阿根廷用这笔贷款来买我们的钢轨,为了以后把肉类输出来卖给我们,以支付借款的利息,那么资本就会获得三重利润——英国炼钢工业的利润,阿根廷肉类商业的利润和英国银行家和投资者的利润。靠不劳而获的收入为生的阶级,对这第三种利润最为重视。发展这种需要上述信贷基础的贸易,即同较弱的债务国的贸易,就是帝国主义的目的。"(第73—74 页)

"据马尔霍尔先生为《**政治经济学词典**》所作的计算,从 1882 年到 1893 年我国的国外投资和殖民地投资增长得异常迅速——一年增长 74%。但是罗伯特·吉芬爵士举出了有决定意义的证据。他计算出,1899 年我国同外国和殖民地的全部对外商品贸易的利润只有 1 800 万英镑,而同年国外投资和殖民地投资的利润,据他计算有 9 000 万—10 000 万英镑。"(第 77 页)

"如乔治·佩什爵士在皇家统计学会作报告时所指出的,10 年后,我国国外投资和殖民地投资的利润达到 14 000 万。"(第77—78 页)

“在他们[①]的背后是大使馆，而在大使馆背后是全欧的舰队，如果支付欧洲铁路公司或土耳其债券持有人应得的收入稍有拖延或迟疑，这些舰队在接到命令几小时以后，就会驶向土耳其的领海。一句话，就是运用外交和武装来保持无耻的高利贷契约，这些契约是赫希男爵及其效法者靠行贿而同那些没有一个正派人愿意与之握手的土耳其大臣们签订的。”(第 85 页)

“长时期以来，军队和民政部门的职位很多，有钱的资产阶级的子弟都能得到。对于这些人来说，印度和埃及终于有了现实的意义——这是让儿子、兄弟甚至堂兄弟‘过好日子’的地方。”(第86—87 页)

“文学硕士约·特·沃尔顿·纽博尔德的《**被揭露了的军火托拉斯**》(国民劳动出版社，曼彻斯特，1 便士)谈的主要是关于英国军火公司的相互关系。普·乌·乌·的《**军备和爱国主义**》(«The Daily News»[②]，1 便士)全部是谈米利纳尔先生如何参与制造 1909 年的海军恐慌的事情。G. H. 佩里斯的《**做战争生意的人**》(全国和平委员会，167，圣斯蒂芬大厦，威斯敏斯特，2 便士)包括其他两本小册子中所列举的大部分事实并附有一些补充材料。这些都是以官方的确凿材料为根据的。”(第 89 页，注释)

“这是一个兴旺的康采恩。本世纪里，阿姆斯特朗的利润从来没有少于 10%，而且股息经常达到 15%。在克勒佐(施奈德)的法国大工厂有时甚至达 20%。建

注意 ‖ 造和装备一艘无畏舰会给接受订货的公司至少带来 **25**

① 土耳其债券的持有人。——编者注

② 《每日新闻报》。——编者注

万的利润。这样的收益是值得为之作一番努力的,而这些公司完全能够施加政治压力和社会压力。仅仅阿姆斯特朗一个工厂的股东名册上就有 60 个贵族或他们的妻子、子女,15 个从男爵,20 个骑士,8 个议员,5 个主教,20 个陆海军军官和 8 个新闻记者。在和这些公司有利害关系的人中,在去年夏天,有 2 名自由党的大臣,1 名高等法院的法官和 2 名议会反对党领袖。有趣的是,这些股东名单同海军联盟和全国军人联盟的登记簿是相符合的。"(第 90 页)

"海军上将冯·蒂尔皮茨在帝国国会里,还有克虏伯公司的首脑,都曾经讲明了真正的事实。议会宁肯相信米利纳尔先生。结果,马肯纳先生计算出,德国到'危险的时刻'即 1912 年 3 月,将有 17 艘无畏舰,并根据这种情况修改了自己的计划。巴尔福先生甚至预言,德国将有 21 艘或 25 艘战列舰。后来的事实证明,海军上将冯·蒂尔皮茨说的是真话:当这个时刻来临时,德国拥有 9 艘。这场恐慌使我们花了 4 艘'定员'无畏舰的钱,这个数目虽然不算大,但是它却把欧洲的怨恨和不信任的气氛加剧到了无法用任何数字来计算的程度。"(第 91 页)

"**买卖军火的**公司的**国际关系**是一个引人入胜的讽刺主题。从表面的事实中就可以作出必然的评论,这些事实在这里将得到**毫不夸张**的叙述。资本是没有爱国心的。德国的一家著名的公司受法国经理领导。德国公司在重建作为德国海军敌手的俄国舰队。不列颠公司在意大利设有分公司,这些公司建造的正是人们称之为我们的敌手的意大利无畏舰。所有主要的武器制造公司——英国的、法国的、德国的和美国的——都加入了诺贝尔托拉斯,不久前还加入了哈维公司。有一段时期,法国的施奈德公司和德国

的克虏伯公司联合成一个辛迪加,来开采阿尔及利亚温扎的铁矿。”(第 92 页)

“在全世界,这些集中的、坚决果断的、消息灵通的力量正在不断地压倒比较分散的、不大好集中领导的拥护裁军和和平的力量。靠军备和战争发财的人数,和文明世界的总人口相比,是比较少的。但是他们个人的能量却很大,他们是同把帝国看成是自己的子弟飞黄腾达的场所的‘上流社会’以及把帝国当成是投资场所的金融界联合起来活动的。”(第 93 页)

“格莱斯顿先生是在中洛锡安运动以后带着坚决反对帝国主义的纲领上台执政的。他的政府的对外政策的主要活动是占领埃及。从此,自由党的灵魂里就储存下一个谎言。”(第 103—104 页)

“在这种影响下,自由党就成了帝国主义者的政党,并且以罗斯伯里勋爵、后来以爱德华·格雷爵士为其对外政策的唯一可能的领导者。罗斯伯里勋爵同路特希尔德家族结了亲,正是路特希尔德的影响造成了对埃及的占领。”(第 105 页)

“那就不会同法国决裂,而**诚意协定**就可能早 20 来年签订。欧洲的军备就不会那样地压倒一切,俾斯麦的外交也就不会取得那样大的胜利。而最主要的是,那就决不会缔结那样一个用法国的黄金去填满俄国专制君主的国库、从而使欧洲最残暴的专制制度万古长存的同盟了。”(第 108 页)

“‘1907 年在库马西动工或完工的公共工程有:邮局、女子监狱、医院和防治所、欧洲医院、为欧洲人洗衣服的洗衣坊和一些供黄金海岸团队用的建筑物。’

翻过一页来就会看到,‘建成了一个有 13 个球穴的高尔夫球场’。金矿、监狱、营房、用公共资金给欧洲人建造的洗衣坊,以及

高尔夫球场——这就是我们的文明工程。但是一所学校也没有办。”(第 127 页)

“换句话说,不管什么党执政,担任外交大臣的总归是帝国主义者,是«The Times»[①]、西蒂和保守党可以无条件信赖的人。激进派担任外交大臣的机会,并不比罗马的天主教徒当大法官的机会多。‘继承’主义意味着,外交事务实际上已经从政党政治的范围内取消,它在今天只受统治阶级的影响,也就是说,只听从出入宫廷和上流社会的、把军队和文职看成是固定给自己家族的职务、把不列颠诸岛以外的世界看成主要是投放自己过剩财富的场所的那些人的意见。”(第 132 页)

“更重要的是,下院对于条约无能为力。如果条约中没有财政条款,那就不一定要提交给议会,而在这些条约没有最后签字、批准和公布以前,是不可能对它们进行任何讨论的。这样的后果还表现在秘密条约对我们的约束并不下于已公布的条约。某一届不列颠政府正式签订和批准的秘密条约,约束着它的继任人。在理论上,国王和他的外交大臣在自己的内阁同僚的同意下进行工作,有权代表诸岛上的 4 000 万他们治理下的臣民,担负起最重要和最重大的责任,而无需征求他们选出的代表的意见。”(第 137—138 页)

“在这些信件中公开承认,首相约翰·罗素勋爵完全不能控制帕麦斯顿,帕麦斯顿经常没有得到整个内阁甚至内阁首脑的授权就决定重大事务。他甚至做到如此程度,以至于不仅违背社会舆论的意愿,而且甚至违背女王和自己同僚的意愿,完全由自己个人

① 《泰晤士报》。——编者注

负责地承认发动了 coup d'état[①]的路易-拿破仑。对于撤换帕麦斯顿的建议,约翰·罗素勋爵总是回答说:如果把他撤换了,他就会进行报复,去参加反对派,把政府推翻。下列事件说明这种担心是完全有根据的。帕麦斯顿终于在 1851 年 12 月底不得不辞职。但是在 1852 年 2 月他就把自己过去的同僚推翻了。一个无法免去某一位大臣职务的内阁,就应当同意让他有行动的自由。”(第 143—144 页)

“另一方面,她[②]经常来往的世界是君主和政府的世界。她看不到民族也不承认民族。对于在 1848 年和 1860 年之间发生的并造成了意大利民族的那些巨大动荡,她除了认为是撒丁对奥地利的一系列进攻之外,什么也没有看出来。”(第 148—149 页)

“当帕麦斯顿和路易-拿破仑在 1848 年就举行全民投票来决定伦巴第的命运的问题进行谈判时,她宣称,如果允许人民通过全民投票来改变国籍的话,‘那将对未来贻害无穷’。”(第 149 页)

“要想民主派在发生民族危机的时刻表现坚定,就必须先加强教育宣传,必须更加自觉地努力确立原则。”(第 160 页)

“必须灌输普遍而根深蒂固的怀疑情绪,使人们对那些热烈的言词和华而不实的抽象概念都能本能地反问一句:‘你们所谈的究竟是些什么样的贷款、租让权或经济利益范围呢?’这样的任务不是我们的那些专门宣传和平的人所能胜任的,有时甚至不是他们所能了解的。”(第 160 页)

“他今天高谈裁军和仲裁,而明天就会为这样的党工作:这个党对于保持着外交和金融的现代联系的大承包人和银行家的依

① 政变。——编者注

② 女王。——编者注

赖,恐怕不下于自己的敌手。为了和平而进行的教育和组织工作只有社会主义政党才能胜任,而且只有它们才是永远会齐心一致地反对军国主义和帝国主义的力量。"(第161页)

"……战争是一种时代的错误,在以尊重私有制为基础的、习惯于根据世界主义的信贷制度来进行自己的事情的社会里,几乎是一种不可能有的现象。"(第162页)

"假如说,从民族利益的观点来看,战争是愚蠢的行为,然而从人数很少、但很有实力的统治阶级的观点来看,战争可能是完全合乎理智的。"(第163页)

"**现代帝国主义者**不是把自己眼光集中在'阳光下的地盘'。它正在寻找新的国家'来开发',寻找大有可为的地区,那里有未经开采过的矿藏、没有耕种过的土地、没有设银行的城市,没有铺设铁轨的道路。这就是它所渴望的机会。它乐于不用征服而获得它们,它不希望战争。它的理想就是把它们圈起来作为经济利益范围,它可以在民族垄断的基础上在其中投放自己的资本。

我们要想了解军备的生命力,就应当清楚地设想到这个过程。但是这个过程在诺曼·安吉尔[163]先生的学说中考虑得太少了。"(第164页)

注意

"在三协约国占优势的时候,它们就夺取摩洛哥,瓜分波斯。在三国同盟占上风的时候,三国同盟就夺取的黎波里,保证自己对波斯尼亚的控制,推进对土耳其亚洲部分的经济渗透。"(第167页)

"我们的文明的特点就是利用那种讲客套和虚伪的文雅风尚作为幌子,来掩盖外交同军备以及外交同金融的联系。"(第

168 页)

“即使所有的大国忽然出现健全的思想,明天就决定把自己的武装裁减一半,这也不能使我们免除为造成威信和实力的均势而发生的不可消除的冲突在精神上的后果。”(第 169 页)

“委员会的成员选得好,会在某种程度上保证外交部的政策能真正反映民族的意志。”(第 213 页)

“民主派只有把自己的注意力集中在这类建议上面,特别是集中在建立常设的外交政策委员会上面,才能指望对决定和平和战争、制约军备扩张、限制我们为世界人道事业服务的可能性的那些因素,产生决定性的影响。”(第 217 页)

注意 ‖ “从 1854 年到 **1906 年**西蒂是抵制**俄国**的。**1906 年**的借款是在**爱德华·格雷**爵士的演说作出暗示以后,是在«The Times»[1]发表了几篇显然是在别人授意下写的、推测当时正在谈判的政治协定将会签订的文章以后才贷给的。金融和外交互相效劳,在现代世界里它们是相互需要的。对于同债务国打交道的外交来说,它的巨大的支柱就是认识到它实际上握有富裕国家的输出资本,这种资本它可以贷给或者扣下来不贷给。如果某一个大国或者大国集团在世界金融市场上保持哪怕是只有几年的垄断地位,并且有意识地加以利用,以达到政治的目的,那它终于会使俄国、中国、土耳其和拉丁美洲各共和国听从自己的意志。”(第 221 页)

① 《泰晤士报》。——编者注

“俄国是软弱的,因为它同拉丁美洲的任何一个共和国一样,完全要靠自己在西方市场上的声誉。它的大部分借款都得向国外举借。俄国本国的资金甚至不能保证自己城市里的市政企业。它那些尚未开采的煤矿、铁矿和油田正等待着外国资本去开发。如果我们能稍微设想一下,假如我们不得不通过德意志银行来发行自己的统一公债,假如曼彻斯特不得不向柏林借款来建造自己的电车,假如南威尔士的煤矿不得不力求得到汉堡某个金融家的好评,德国的意见对我们来说会意味着什么,那我们也就会大致地明白,为什么英国人的好评对俄国政府具有意义和有多大的意义。信用是一件微妙的事情。只要在英国投资者看来,俄国是一个对我们自己有危险的敌对的帝国,或者是一个受着革命威胁的不稳固的专制政府,那么,俄国金融家向西蒂提出自己的建议就总是徒劳无益的。小心谨慎、爱国主义和人道都是不利于他们的。当保守党的报刊主张**亲善**,当«*The Times*»不再以显著的地位刊登贬斥这个专制政府的报道,当大家都知道关于波斯的协定正在签订的时候,有产阶级的观点开始改变了。改变态度的原因并不是什么秘密。爱德华·格雷爵士宣称,为了重建欧洲的均势,必须恢复俄国的大国地位。译成普通的话来说,就是我国的外交需要俄国的支持去反对德国,而法国力求和解并进行了调停。1906年的最初几个月是俄国财政的紧要关头,而这时也正是它的宪法发展中的紧要关头。正当俄国力图从西欧获得1亿贷款的时候,该进行第一届杜马选举了。宪法依然是一纸空文。一切取决于杜马是否能维护自己的权威,是否能把官僚制度置于自己的控制之下,使自己成为俄国的最高权力机关。要做到这一点,它有一个显而易见的方法。它应当控制住国库,而这在当时就是要控制这笔外国的贷款。如果贷款在杜马开会以前签订,那到杜马开会时,官僚制度就已经拥有充足的军费了。在那几个月或者说几个星期里,欧洲的舆论成了俄国命运的潜在的主宰。它公开表示自己同情立宪运动,并且能够使这种同情见诸实效。俄国的自由派(立宪民主党人)和社会党人一起,坚决主张借款首先要得到杜马的同意。这样做,会推迟两三个月,但是议会的多数派就能迫使已经对自己的让步感到后悔的沙皇接受他们的条件。自由派和社会党人只要在选举中一取得压倒的胜利,就可以对沙皇的大臣们说:‘我们得到俄国的支持,我们也得到欧洲的支持。你们的国库已经空虚,你们的贷款已经用完。如果你们承认我们有责任政府的充分权利,我们就同意你们的捐税,批准你们的贷款。如果否认我们的权利,那我们相信,无论在伦敦还是巴黎,你们都找不到钱来解脱你们的困境。’但是,在 1906 年 3 月,巴黎和伦敦已经给了一大笔贷款,而到 5 月杜马开会时,杜马所面对的已经是一个用不着害怕俄国、也用不着对欧洲期待更多东西的政府了。欧洲使它已经能够给自己的哥萨克发饷。我们对沙皇关闭金融市场有两代之久,而我们这次开放金融市场却早了 3 个月。如果我们能像俄国的自由派报刊向我们要求的那样,等过这 3 个月,那么,进步的政党大概就会胜利了。哥萨克没有金融家作后盾是不会有多大作为的。但是,如果外国银行已经先满足了专制君主的需要,那么不管什么议会也不可能有效地利用预算这个传统的武器。在这种情况下,就要取决于伦敦了。疲于支持俄国不稳定的混乱局面这副担子的巴黎的银行,提出了支持这种贷款的条件,就是要英国的银行也来分担这付有利可图的担子。为获得杜马的批准所必需的短时期的推迟,取决于英国的银行。可以说,‘生意就是生意’;不能指望银行家在有人要

给他一大笔贷款佣金时,他会考虑自己的行动对别国人民的自由可能引起的一切后果。”(第225—228页)

“我们进行了种种的收买,但是既没有能买到俄国的忠诚,也没有能阻止俄国向我们的对手德国卖弄风情。然而,当时所有的牌都在我们手里。德国可以为俄国做许多事情,唯独不可能借钱给它。如果当时我们在贷款以前提出条件,甚至停止黄金的流动,我们就能在某种程度上控制俄国的政策了。如果当时法国支持我们(而我们在摩洛哥危机时是得到它的支持的),那么,我们就可以对俄国说:‘如果不撤出波斯,就不再给钱了。’归根到底,对俄国来说,波斯终究是奢侈品,而钱则是必需品。”(229)

“欧洲表现出了或假装表现出某些没有多大效果的努力,来制止巴尔干战争的爆发。这些努力失败了,因为是不真诚的。正如我们现在所知道的,俄国不仅没有设法防止战争,而且事实上策划了战争,指使建立巴尔干联盟。就在它参加列强的共同行动,宣布不允许任何一个同盟国保持侵占的领土的同时,它却在关于瓜分的条约上盖了自己的印,并且充当瓜分领土时的仲裁人。这种两面手法也就使得列强的任何共同行动都不能产生效果。如果当时禁止法国的银行拨款给交战国,所有这些战争都是可以防止的,但是没有人禁止法国的银行这样做,因为俄国有另外的想法。”(第230—231页)

“另一方面,那个叫做债役的制度,流行于整个拉丁美洲,而这种制度借以起作用的资本往往是外国的,有时是英国的。这在墨西哥和巴西,也许在南美所有比较落后的共和国里已成为一种常规。受害者通常是土著人,有时是白人或摩拉托人,他们陷于对种植园主或商人的债务依赖关系,而根据拉丁美洲的关于债务人和债权人的法律(没有 Truck Acts①),在他们还没有还清债务以前,实际上是种植园主或商人的奴隶。但是债是永远还不清的;账是由种植园主记的。在这种显然伪造的债务的掩盖下,买卖奴隶,消灭整个整个的村庄,有土地的农民沦为农奴,整个整个的部落被赶到遥远的地区去受压迫。儿童被买卖,年轻的妇女沦为职业娼妓。所有这一切都是拉丁美洲文明的典型表现。但是渗入这些国家的外国资本能适应周围的环境,它在墨西哥就跟在自己家里一样。它把懒散的西班牙地主所采用的比较懈怠和没有效果的剥削,变为一种范围宽广的积极的制度,而在实行这种制度时,其残酷程度和规模远远超出了这些国家的风俗习惯。这种情景并不是欧洲的民主派可以无动于衷、等闲视之的。如果墨西哥人或者巴西人建立了自己的资本主义制度,那么,不管这个制度带来什么样的灾难,显然应当让这个过程自然而然地发展。对于纯粹墨西哥的祸害,墨西哥人自己必定会找到办法来医治。但是用我们武库中的资源武装起来的欧洲金融家出现了,他们在我们的旗帜的庇护下,在我们的威信的掩护下,进行着征服和剥削。”(第236—237页)

“在应不应该予以批准**164**的问题上有争议的地区,仍然会是相当多的,其中包括俄国、土耳其、中国和波斯,以及葡萄牙殖民地和拉丁美洲的大部分。”(第242—243页)

“如果拿英国和德国在20世纪用来扩充军备的费用的总额来看,那么,其增长额可以粗略地大致分列如下:50%或者稍少一些用于解决谁来剥削摩洛哥的问题;25%或者多一些用于争夺建筑到巴格达和更远一些的铁路的特权;25%或者多一些用来解决那

① 关于以实物支付工资的条例。——编者注

些前途悬而未决的问题,即非洲的葡萄牙殖民地的命运和中国的命运问题。其次,划分势力范围对于遭到瓜分的国家的民族生存来说,几乎是不可避免的厄运,而且还同样不可避免地增加了帝国的责任重担。波斯就是这种情况的一个鲜明的例证。爱德华·格雷爵士显然不愿在事件的进程逼迫下对管理不列颠的势力范围担负任何直接的责任。他的决定是值得赞扬的,但是俄国随时都可能使这种决定不起丝毫作用。"(第246—247页)

"我们自己对长江流域这块肥肉的觊觎,没有得到其他任何一个大国的认可,外交部是否还支持这些要求,也是非常值得怀疑的。"(第248页)

"这有利于向国外输出资本的整个阶级。但是,如果忽视或低估工业的直接利益,那是愚蠢的。这是在政治界扎下了深根的利益,正如米利纳尔先生的功绩所表明的,这是格外有生命力和有生气的利益。如果政治生活今后也将沿着这条路线发展,明天要是发现自由党的资金不是投入马可尼的企业,而是投入克虏伯的工厂,那该是最大的丑闻了。"(第267—268页)

"多么奇怪的理论:只是因为英国和俄国在波斯有巨大的物质利益——政治的、战略的和商业的利益,它们就有权支配波斯人民的命运。"(第290页)

"如果认为,既然承认了〈列强〉共同行动至上的原则,就会立刻造成和谐和导致军备的缩减,那当然是愚蠢的。但是它会立即造成以下的结果:会给文明世界的意识树立一个道德标准,会提供一个考验任何政策是否忠诚的客观准绳,而最主要的是,会建立一个可以把拥护和平的各方聚集在一起的共同基础。它会使欧洲的紧张局势逐渐缓和,使现有的联盟逐渐削弱,渐渐地造成这样一种气

氛,使缩减军备的建议,也许还有建立一个松散的联邦委员会来解决全欧问题的计划,至少能够成为讨论的题目。”(第293页)

“从阶级利己主义的观点来看,军备对于资本家阶级来说是完全合理的;军备竞赛是有充分根据的,而争取力量均势的斗争是现代金融制度的一个阶段和表现。”(第310页)

“人们不愿意相信,那些使各国分开的利益实质上是卑贱的、自私的。我们用伟大的抽象的字眼把这种利益装饰起来;我们唤起对英雄时代的回忆。我们一直在拿过去的均势的神话大做文章,一直要使自己相信我们的家园处在危险之中,我们的信仰和自由受到威胁。但这些是旧世界的恐惧,在今天,它们如同马尔波罗和威灵顿显灵一样是不现实的。今天,列强进行斗争完全不是为了争取有切身重要意义的东西,不是为了争夺关系到我们的家园和我们日常生存的东西。群众的浪漫主义的感伤有利于统治阶级的狡诈的现实主义。”(第315—316页)

“关于马克思主义和帝国主义”的笔记

目　　录

梅林:《马克思和恩格斯传记的新材料》

弗·梅林:《卡·马克思和弗·恩格斯传记的新材料》,«Die Neue Zeit»①,第25年卷(1907)。

“我认为马志尼的政策是根本错误的。他鼓动意大利立即同奥地利决裂,他的活动只是有利于奥地利。另一方面,他忘记了:他应当面向多少世纪以来一直深受压迫的那部分意大利人,即农民,他忘记了这一点,就是在为反革命准备新的后援。马志尼先生

① 《新时代》杂志。——编者注

只知道城市以及城市中的自由派贵族和‘有教养的公民’。意大利农村居民(他们同爱尔兰的农村居民一样,都遭到了敲骨吸髓的压榨,经常被弄得精疲力尽,愚昧无知)的物质需要,对马志尼的世界主义的、新天主教的、痴心妄想的宣言里的那一套高谈阔论来说,当然是太卑下了。但是毫无疑问,要向资产阶级和贵族说明:使意大利获得独立的第一步就是使农民得到完全的解放,并把他们的对分租佃制变为自由的资产阶级所有制,这确实是需要勇气的。马志尼似乎认为,借 1 000 万法郎要**比争取 1 000 万人**更革命一些。我很担心,奥地利政府在紧要关头会自己动手去改变意大利的土地占有制形式,会按照‘加利西亚的方式’去进行改革。”(第 58—59 页)**166**

“至于讲到我,无论是发现**现代社会中有阶级存在**或**发现各阶级间的斗争**,都不是我的功劳。在我以前**很久**,**资产阶级**历史编纂学家就已经叙述过阶级斗争的历史发展,资产阶级经济学家已经对各个阶级作过经济上的分析。**我所加上的新内容**就是证明了下列几点:(1)阶级的存在**仅仅同**生产发展的**一定**历史阶段**相联系**;(2)阶级斗争必然**导致无产阶级专政**;(3)这个专政**不过是**达到消灭一切阶级和进入无阶级社会的**过渡**①。像海因岑这类不仅否认阶级斗争,甚至否认阶级存在的无知的蠢材只不过证明:尽管他们发出一阵阵带有血腥气又自以为人道的叫嚣,他们还是认为资产阶级赖以进行统治的社会条件是历史的最后产物,是历史的极限;**他们只不过是资产阶级的奴才**。这些蠢材越不懂得资产阶级制度本身的伟大和暂时存在的必然性,他们的那副奴才相就越令人作呕。”(第 164—165 页)**167**

① 见本版全集第 31 卷第 31 页。——编者注

"**1870 年 1 月 1 日**总委员会发出一个**由我**用法文**草拟的**秘密通告(就对英国的反作用而言,重要的仅仅是法国报纸,而不是德国报纸),其中阐述了**爱尔兰的民族斗争**和工人阶级解放的关系,从而也就阐述了**国际工人协会**对爱尔兰问题应该采取的态度。在这里,我只简略地把**要点**告诉你们。

爱尔兰是英国土地贵族的堡垒。对这个国家的剥削不仅是他们的物质财富的主要来源,而且也是**他们最大的精神力量**。英国土地贵族事实上代表着英国对爱尔兰的统治。所以爱尔兰是英国贵族用来保持他们在英国本土的统治的**重要的工具**。

另一方面,如果英国军队和警察明天从爱尔兰撤走,那么**爱尔兰立刻就会发生土地革命**。而英国贵族如果在爱尔兰被推翻,其后果就是**他们在英国**也必然会**被推翻**。这就为英国的**无产阶级革命**创造了前提。因为在爱尔兰,土地问题一向是社会问题的唯一形式,因为这个问题对绝大多数爱尔兰人民来说是一个生存问题,即生或死的问题,**同时它又是同民族问题分不开的**,所以,在爱尔兰消灭英国的土地贵族比在英国本土要**容易得多**。何况爱尔兰人比英国人更热情,**更富于革命性**。

至于英国资产阶级,它首先是和英国贵族有着共同的利益,都想把爱尔兰变成一个纯粹的牧场,向英国市场提供最廉价的肉类和羊毛。他们也都想用驱逐佃户和强制移民的办法使爱尔兰的人口尽量减少,少到能够让英国资本(租佃资本)'安全地'在这个国家里发挥作用;他们都想清扫爱尔兰领地,像过去清扫英格兰和苏格兰的农业区一样。此外,现在每年流入伦敦的在外地主[168]的收入和其他从爱尔兰得到的收入 6 000—10 000 英镑,也应当计算在内。

但是,英国资产阶级在爱尔兰当前的经济中还有更重要得多的利益。

由于租地日益集中,爱尔兰就**不断为英国的劳动市场**提供**自己的过剩**人口,**因而压低了英国**工人阶级的**工资**,使他们的**物质状况和精神状况恶化**。

而最重要的是:英国所有工商业中心的工人阶级现在都分裂为**英国**无产者和**爱尔兰**无产者这样**两个敌对阵营**。普通的英国工人**憎恨**爱尔兰工人,把他们看做会降低自己生活水平的竞争者。英国工人在爱尔兰工人面前觉得自己是**统治民族的一分子**,**正因为如此**,他们就把自己变成了**本民族的贵族和资本家用来反对爱尔兰的工具**,**从而**巩固了**贵族和资本家对他们自己的统治**。他们对爱尔兰工人怀着宗教、社会和民族的偏见。他们对待**爱尔兰工人**的态度和以前美国各**蓄奴**州的**白种贫民对待黑人**的态度大致相同。而爱尔兰人则以同样的态度加倍地报复英国工人。同时他们把英国**工人**看做**英国**对爱尔兰的**统治的同谋者和愚笨的工具**。

注意

注意

报刊、**教堂讲坛**、**滑稽书小报**,**总之**,**统治阶级**所掌握的一切工具都人为地保持和加深这种对立。这种对立就是**英国工人阶级虽有自己的组织但没有力量**的秘密所在。这就是资本家阶级能够保持它的权力的秘密所在。这一点资本家阶级自己是非常清楚的。

祸害还不止于此。它还越过了大洋。英国人和爱尔兰人之间的**对立**是**美国和英国之间的冲突的隐秘的基础**。它使**两国工人阶级之间不可能有**任何认真的和**真诚**

的合作。它使两国政府能在它们认为合适的时候用互相恐吓的手段,**在必要时用两国之间的战争**去缓和社会冲突。

英国作为资本的大本营,作为至今统治着世界市场的强国,**在目前对工人革命来说是最重要的国家**,同时它还是这种革命所需要的物质条件在某种程度上业已成熟的**唯一**国家。因此,加速英国的社会革命就是国际工人协会的最重要的目标。而加速这一革命的唯一办法就是**使爱尔兰独立**。 注意

因此,国际的任务就是到处把英国和爱尔兰的冲突**提到首要地位**,到处都**公开站在爱尔兰方面**。伦敦中央委员会的特殊任务就是唤醒英国工人阶级,使他们意识到:爱尔兰的**民族解放**对他们来说**并不是一个抽象的正义或博爱的**问题,而是**他们自己的社会解放的**首要**条件**。”(第226—228页)[169]

《关于工资不断降低的国外工人和国际对这些工人的态度》

《关于工资不断降低的国外工人和国际对这些工人的态度》,«Die Neue Zeit»①,第25年卷(1907)。

“总委员会邀请英国工会参加**1868年**布鲁塞尔代表大会时声明:

① 《新时代》杂志。——编者注

‘协会的基本原则是:劳动产品应当属于工人,**劳动的兄弟友谊**应当是社会的基础,所有国家的工人应当抛弃无谓的纷争和**民族恶感**,以便进行反对资本的统一斗争。**劳动无祖国**。工人在任何地方都必须和同一个恶势力进行斗争。资本只是积累的劳动。为什么工人要做自己生产的产品的奴隶呢?资本家利用劳动儿女的民族隔离从中取利,已经很久了。外国竞争经常是作为降低工资的适宜的借口。’”(第511—512页)

“英国资本家经常叫嚷大陆上工人工作日较长、工资较低,以致工资必然要降低。只有努力使**全欧洲的工作日和工资达到同样水平**①,才能胜利地与这种号叫相对抗。这是国际工人协会的任务之一。”(第512页)

注意

“事实上,这是保证**处境较好**的那部分国际无产阶级的**成果**的**唯一方法**。只要这些成果还只有少数人享受,这些成果总是会有失去的危险,而且大多数无产阶级群众的水平比这些少数人愈低,危险就愈大。这无论就一国内的群众来说,或是就**整个世界市场范围**内的群众来说,都是如此。**先进的无产阶级**,只有团结起来,**支援落后者**,而不是与他们不相往来,不是和他们互相隔绝,不是抑制他们,才能够捍卫自己。在无产阶级受**目光短浅的行会习气**影响而采取后一种方法的地方,这种方法**或晚要破产**并成为**削弱无产阶级解放斗争的最危险的手段之一**。”(第512页)

① 黑体是《新时代》杂志用的。——编者注

西利:《英国的扩张》

《英国的扩张》,文学硕士约·罗·西利著。

“西欧五个强国在新大陆上都有自己的帝国,这个事实是人们时常忘记的、18世纪和17世纪欧洲国家的基本特征。在17世纪以前这种情况刚刚开始形成,而在18世纪以后这种情况已经不复存在了。哥伦布的发现所造成的巨大的不可估量的成果,发扬得极为缓慢;整个16世纪过去了,欧洲这些国家多数并没有动起来,并没有宣布它们在新大陆要有自己的一份。16世纪末,还不存在独立的荷兰,更没有大荷兰。英国和法国在这个世纪里也还没有成为殖民地占有者。诚然,法国已经打算在北美建立殖民地(由法王查理九世的名字而来的卡罗来纳这个地名现在还可以证明),但是受到了邻近的佛罗里达的西班牙人的阻碍。过了一些时候,沃尔特·雷利爵士在靠近佛罗里达建立的殖民地消失得无影无踪。所以,在几乎整个16世纪,新大陆是由两个对新大陆的发现贡献最大的强国——西班牙和葡萄牙统治的,并且在1580年这两国还没有结成维持了60年的同盟以前,西班牙的目光主要是投向美洲,而葡萄牙的目光主要投向亚洲。在1595年到1602年的7年间,荷兰人开始为建立自己的帝国而进行广泛的斗争,17世纪头几年,即在我国国王詹姆斯一世在位的时候,法国和英国就跟着开始了。

在19世纪,这五个强国在新大陆上的竞争停止了。竞争停止的原因有两个:一个是由于发生了一系列争取独立的战争,这些战争使大西洋彼岸的殖民地脱离了宗主国,另一个原因是由于英国夺得了殖民地。我已经叙述过百年战争，在百年战争期间，大法兰西的属地被大不列颠所吞并。大荷兰也损失很大，被英国人夺去了好望角和德梅拉拉，虽然由于还拥有人口不下 1 900 万的爪哇这块富饶的殖民地，现在还可以谈得上大荷兰的存在。大西班牙和大葡萄牙的衰落发生在我们这个世纪，活在我们中间的人们亲眼看到了它们的衰落。如果在评价一些事件时主要不是根据这些事件在当时引起的波动，而是根据它们无可怀疑的后果，那么我们应当把上面这件事叫做世界历史上最重要的事件之一，因为它成了几乎整个南美和中美的独立生活的开端。它主要发生在本世纪 20 年代，并且是多次起义的结果；我们在研究起义的起源时，发现这些起义是西班牙和葡萄牙受拿破仑入侵的打击的结果，所以，事实上，拿破仑的重要业绩之一，甚至是最重要的业绩，就是大西班牙和大葡萄牙衰落以及南美取得独立。

关于所有这些巨大的变革，据我看，你们之中只有少数人知道一些，这些变革的结果就是，西欧的强国，除了英国以外，基本上重新与新大陆隔绝了。当然，这样说只是大致正确。西班牙仍然还占有着古巴和波多黎各，葡萄牙有广大的非洲属地，法国开始在北非建立新的帝国。尽管如此，这四个强国的国际地位有了重大的变化。它们又像在哥伦布横渡大西洋以前一样，主要是纯粹的欧洲国家了。”（第 62—64 页）

“因此，我们看到，17 世纪是，而 18 世纪更是，新大陆与欧洲体系的五个西方国家有着特殊联系的时期。这种联系造成和决定这一时期里发生的所有战争和缔结的条约以及欧洲的一切国际关系。在上一讲里我已经指出，如果只把注意力放在欧洲的话，这两个世纪里英国和法国之间所发生的斗争是不能理解的，因为斗争的双方乃是两大世界强国——大不列颠和大法兰西。现在我要指出,同样地,在这个时期的历史上,我们应当始终把荷兰、葡萄牙、西班牙看做大荷兰、大葡萄牙和大西班牙。我还要指出,这种情况现在已经不复存在,西班牙帝国已经遭到了和法兰西帝国一样的命运,而葡萄牙帝国和荷兰帝国的遭遇也大致相同。但是大不列颠仍然存在。因此,我们就来探讨一下这个帝国的历史起源和性质。"(第 64—65 页)

"我们曾两次被卷入大的战争,主要是为了我们的殖民地,彻底的破裂与其说是英国对殖民地施加压力所致,不如说是殖民地对英国施加压力而引起的。如果说我们向殖民地征税,那只是为还清我们借给这些殖民地的债款,而使我们自然感到痛心的是,我们自己帮助了我们的殖民地不依赖于我们,为了它们的利益消灭了法国人在北美的统治。"(第 75 页)

"在中世纪,英国在经济上不是一个先进的国家,而就整体来说是一个落后的国家。当时它不能不受到一些最重要的商业国的轻视。就像英国现在看待一些在贸易制度和银行制度比英国老式的国家(如德国、甚至法国)一样,中世纪的意大利人也必然这样看待英国。他们过着城市生活,有广泛的商业联系,做起生意来精明能干,所以必然把英国和法国看做老式的、不合时代主要思想潮流的、农业的封建国家。"(第 96—97 页)

"西欧五个海上强国为新大陆而**你争我夺**,这是从 17 世纪和 18 世纪大部分历史中总结出来的公式。这是我们在仅仅研究个别国家的历史时容易忽略的一种概括。"(第 108 页)

"我们是怎样征服印度的呢? 难道这种征服不是我们同印度进行贸易的直接结果吗? 而这只是一个最明显的例子,它说明在整个17和18世纪的英国历史上占主要地位的规律，即战争与贸易相互紧密依赖的规律，由于这种规律，在这整个时期内，贸易自然而然导致战争，而战争又滋养着贸易。我已经指出过，18世纪的战争比中世纪的战争规模大得多，负担也重得多。17世纪的战争规模也很大，虽然没有大到这样的程度。正是在17和18世纪英国逐渐变成了一个商业国。而随着英国的愈来愈商业化，英国确实变得愈来愈好战了。”(第120页)

“确实，要为创建大不列颠的人们的行为辩解是不容易的。”(第145页)

“也许你们要问，既然它是以犯罪起家的，我们能否期待或希望它繁荣富强呢？但是显身在历史中的上帝通常不是这样看的。我们在历史上并没有看到：上一代所获得的不义之财，在下一代必然会丧失，至少是可能丧失。”(第146页)

“在17世纪，我们的殖民帝国本身逐渐发展，我们参加的奴隶贩卖也逐渐发展。参加奴隶贩卖可以说是经乌得勒支条约批准的，它成了‘英国政策的主要目标’〈这是引用勒基先生的话。见《18世纪英国史》，2，第13页〉。恐怕从这个时候起，我们就在贩卖奴隶上居于领先地位，而且由于贩卖奴隶的骇人听闻的和丑恶的野蛮行为而比其他国家沾染了更多的污点。”(第148页)

“我已经指出过，在现代世界上，距离在很大程度上失去了它的意义，而某些迹象表明，国家将比过去广阔得多的时代即将到来。”(第308页)

保·德恩:《论德国的殖民政策和世界政策》

保尔·德恩的《**论德国的殖民政策和世界政策**》(第2版,柏林,1907)。

"目前,在海上航行的,除了军舰以外,约有4万艘大商船(汽轮和帆船),它们的净吨位是2 500万注册吨,载重量是6 100万公吨。"(第37页)

"它①每年使英国人获得18 000多万马克,德国人(他们有220艘渔轮)获得大约2 500万马克,法国人获得1 000万马克。"(第39页)

"德国的海岸线只有1 270公里,仅占陆地边界的¼,而法国三面环海,海岸线总长3 175公里。"(第41页)

"据埃克尔特教授在他的《莱茵省和威斯特伐利亚的海上利益》(1906)这本书里所作的统计,德国在海上的全部输入有⅓、输出大大超过⅕,要通过荷兰和比利时的港口。"(第42页)

"1907年初'韦里塔斯'办事处共有14 656艘轮船,1 890万注册吨。其中英国有6 249艘轮船,980万吨;德国有1 351艘,210万吨;美国有885艘,120万吨;法国有586艘,70万吨。在总共有750万注册吨的26 579艘帆船中,英国的最多,共有6 338艘,180万吨。其次是美国——3 695艘,150万吨,法国——1 356艘,德国——991艘,总吨位都是50万吨。1882年到1905年期间,英国

① 在公海上捕鱼。——编者注

通过苏伊士运河的船舶吨位增加 103%，德国增加 1 561%！”（第 43 页）

“根据美国的统计材料，地球上煤矿矿床的总面积约有 150 万平方公里。其中 52 万平方公里分布在中国，50 万平方公里在美国，169 000 平方公里在加拿大，91 000 平方公里在英属印度，62 000 平方公里在新南威尔士，52 000 平方公里在俄国，31 000 平方公里在英国，14 000 平方公里在西班牙，13 000 平方公里在日本，5 400 平方公里在法国，奥地利、匈牙利和德国各有 4 600 平方公里，1 300 平方公里在比利时。这些煤矿的开采取决于煤矿矿床的深度、质量和位置。”

*　　　*　　　*

“据英国的报道，1905 年总共开采了约 84 000 万吨煤，价值约 60 亿马克。

1905 年的世界采煤量

	单位 百万吨	占总数的 百分比	按人口 平均计算
美国	350.8	41%	4¼吨
大不列颠	236.1	28	5½
德国	119.3	14	2
法国	34.8	4	1
比利时	21.5	2.7	3
俄国	19	2.3	
日本	10	1.2	
英属印度	8.4 }		
加拿大	7.8 }	3.5	
澳大利亚	9.8 }		
英属南非	3.6 }		
其余国家	19.1		
	840		

三个采煤最多的国家占总开采量的83%。"(第46—47页)

"在1883—1903年期间,煤的消耗量在英国增加了24%,德国增加了102%,美国增加了129%。"(第47页)

"英国出口的煤几乎有3/4运往欧洲大陆和地中海地区。"(第55页)

"英国人在遍布于世界各地的近40个海军基地设置了大煤库。"(第56—57页)

"那些地方的存煤量是以百万吨计算的,佩茨曾经把这些煤库称做英国海上霸权的路标。"(第57页)

"如果把英国输出到各国的煤的运费每吨平均只以5马克计算,那么,1906年的总输出5 800万吨,就使英国航运业获得将近3亿马克的运费年收入。"(第57—58页)

"遗憾的是,直到现在还未能把英国的煤从北海和波罗的海区域排挤出去。甚至柏林所需要的煤有1/6(大部分是焦炭)仍然要从英国输入。"(第62页)

"国务大臣德恩堡用数字说明了德国工业在棉花供应方面的严重情况。每磅价格提高4芬尼,全世界用棉的支出就要增加32 000万马克。价格的提高从1899年以来已有几十亿了!德国在1905年消耗了160万包棉花,最近纽约投机商抬高价格,使价格波动,因此德国每年比过去**多**①支付15 000万—20 000万马克,即比它每年用于殖民地的拨款多4—6倍。它应当摆脱这种向国外交税纳贡的状况。

英国商人和工厂主为了免受交易所投机的影响,愈来愈频繁

① 黑体是德恩用的。——编者注

地遍走美国南方各州,就地采购他们所需的原料。英国工厂主在得克萨斯购买了大片土地,以便自己在那里种植棉花或者出租土地。”(第 81 页)

“在美国,纱锭的数量从 1890 年的 1 460 万支增加到 1906 年的 2 320 万支。”(第 82 页)

“美国在 1906 年的棉花消耗量是 480 万包(与之相比,大不列颠仅仅 360 万包,德国 160 万包)。在 19 世纪 60 年代初,美国消耗了本国收获量的 20%,在 80 年代,消耗了 32%,在 90 年代,消耗了 35%,而从 1900 年起达到 40%。”(第 82 页)

“如果美国不需要再到国外为自己的大部分棉花寻找销路,那么世界市场的棉花供应就将成为实力问题。”(第 83 页)

“作为棉花市场的支配者,美国拥有出口税这一对付欧洲的非常锐利的武器。欧洲国家无论如何应当避开这把达摩克利斯剑[170]。在这里要不惜任何牺牲。归根结底,这里摆着一个实力问题,不过这个问题可以通过和平的工作来解决。”(第 87—88 页)

“根据殖民地经济委员会的倡议,欧洲棉纺织业的代表在 1903 年纽约的棉花投机倒把行为发生以后,曾在 1904 年年中在苏黎世、1905 年 4 月在布鲁塞尔、1906 年 6 月在曼彻斯特和 1907 年 5 月在维也纳举行了国际会议来制定对策。”(第 88 页)

“在德国的旗帜下鼓励植棉业是德国殖民经济和殖民政策的最重大的任务之一。这一点俾斯麦已经理解到了。”(第 90 页)

“在殖民地鼓励植棉业不仅可以保证德国得到必不可少的原料,而且也促使殖民地本身经常繁荣,让它们发展成德国工业产品的消费者。

社会民主党人卡尔韦尔指望在德国的殖民地创建植棉业也使

德国工人得到好处……”(«Sozialistische Monatshefte»[①],1907,第3期)(第96—97页)

“英国在非洲有18 369公里的铁路,法国有5 657公里,德国有1 398公里,葡萄牙有1 173公里,意大利有115公里,刚果国有642公里。”(第104页)

“把社会民主党的虚无主义者除外,反对有殖民地的人,尽管作过种种的盘算,仍然回避作出最后的结论,——他们不敢说:需要这么多拨款的属地是没有任何价值的;他们不提出放弃这些属地的要求,而他们这样做是很明智的,因为这个最后的结论将表明他们的全部立场是错误的。”(第113—114页)

“社会民主党的鼓动家和报刊在1907年选举前夕展开了一场特别激烈的反对德国殖民政策的运动;中央机关报说这个政策‘力图以德国无产阶级的财产和鲜血为代价,建立一个新的奴隶占有制德国’。他们认为应当使这个政策遭到‘毁灭性的失败’。

尽管有这一切情况,社会民主党阵营里也有拥护殖民地的呼声,这些人驳斥了那种对德国的殖民地一味嘲讽,说它和沙漠一样毫无价值的观点。

前社会民主党议员卡尔韦尔1907年初在«Sozialistische Monatshefte»上反驳了社会民主党人激烈否定德国殖民政策的立场。”(第121页)

“卡尔韦尔同志1907年3月在«Sozialistische Monatshefte»著文反对社会民主党领导对德国舰队抱敌对态度,这表明他是理解到世界局势的要求的。”(第130页)

① 《社会主义月刊》。——编者注

“卡尔韦尔有充分根据嘲笑某些同志，他们认为，不必首先关心德国在殖民地和在世界市场上的地位，就可以一下子把德国的工资提高到英国或美国的水平。”（第132页）

“1905/6年间波斯的输入约14 000万马克。其中俄国占7 000万，英国3 000万，英属印度1 600万，法国800万，奥匈帝国500万，德国则勉强占了300万马克。”（第148—149页）

“如果巴格达铁路一旦在德国人的领导下真的修成，而英国人又不放弃自己的既定目的，那么直到现在还是与外界隔绝的波斯湾就可能成为世界政治风暴的一个策源地。”（第158页）

“有关国家，首先是英国，还有法国、荷兰和丹麦，由于门罗主义而应当考虑到它们有可能在不久的将来失去自己的殖民地。”（第196页）

“根据半官方材料，到1904年年底，德国投入美洲的地产、工业、铁路和商业的资本有50亿—60亿马克，而且仅仅在中美和南美就有28亿—34亿马克。”（第229页）

“据估计，美国投入加拿大地产和工厂的资本有20亿马克以上。

根据1907年年中的半官方报告，美国在墨西哥的投资大约达到35亿—40亿马克。”（第232—233页）

“欧洲和美洲的两个最大的电力公司——柏林的电气总公司和纽约的通用电气公司，按照已经签订的协定，把世界市场划分成两个利益范围。同时这家美国公司还把中美和南美划为它独自经营的范围。”（第249页）

“在已经实行优惠关税的地方，这种关税显得不足以排挤外国商业。这种优惠关税将始终只能在非常有限的范围内实行，因为当地的利益,特别是正在发展的工业部门的利益,以及日趋衰落的农业的利益,不仅要求有一定的保护,而且要求排除一切外国的垄断。这种抵抗力量很大,使那些竭力促进大不列颠关税和泛美关税的人无法达到自己的最终目的——建立完全封闭的关税同盟。

近代整个世界经济的发展,这种发展所固有的、通过克服人为的壁垒扩大国际交换的趋势,以及强大的国家在本国范围外和甚至本洲范围外获得自由的经济活动场所的需要,都是同上面这两种建立关税同盟的努力相矛盾的。成立大的、自给自足的关税同盟的趋势,已经在事实上退居次要地位。"(第254—255页)

"争夺欧洲霸权的斗争并不存在。即使英国挑起这种斗争,那么它也绝不一定会引起战争。只要执政的还是自由党内阁,和平就有保证,因为最忠实地支持这一内阁的都是英国的世界和平之友,他们对德国丝毫没有敌意。"(第329页)

“帝国主义”笔记

目　　录

帝 国 主 义[171]

雷文特洛：《1888—1913年德国的对外政策》

恩斯特·**雷文特洛**伯爵的《1888—1913年**德国的对外政策**》，柏林，1914。

第4篇。

“除此之外，从1903年起，德国提出的、被土耳其采纳的巴格达铁路方案，又像一个危险的怪影似的出现了。”（第314页）

“如果对此再补充一点，即巴尔干委员会的主要任务是有意识地进行政治宣传,那么用不着证明这个掌握大量货币资金的委员会是英国官方政策的多么强大而又多么不负责任的助手。"(第 314 页)

"桑沙克[1]铁路同未来的巴格达铁路之间的思想联系是很明显的。"(第 317 页)

"1906 年巴黎出版的«Revue Slave»[2]写道,中欧和巴尔干所有的斯拉夫人应当力求同俄国、匈牙利、罗马尼亚和希腊结成巨大的关税同盟。'所有这些国家无疑会从这种同盟获得比同德国订立关税同盟多得多的好处…… 一旦所有的斯拉夫人在俄国的精神支持下联合起来,坚决反对任何粗暴的实力政策,俄国的重新恢复了的实力将是不可动摇的。'"(第 318 页)

"在最初,运动具有强烈的犹太特征,把运动和欧洲资本的各个中心联系了起来。青年土耳其运动经常获得,特别是通过巴尔干委员会获得法国和英国的支持。"(第 319 页)

"1908 年 7 月 19 日国王爱德华七世访问了俄国沙皇并在雷瓦尔碇泊场会见了沙皇。这次会见是英俄亲善的胜利,轰动了欧洲的政治界。"(第 319 页)

"人们的确需要回忆一下 1906—1908 年笼罩着整个欧洲尤其是德国的那种人心惶惶的情景。我们看到,在 1906—1907 年,'包围'德国(国王爱德华的协约政策)这个口号的现实政治意义,愈来愈得到证实了。地中海协定和同俄国的协定看来已经连成一个包围圈了。"(第 320 页)

"曾经谈到瓜分土耳其的长远计划。"(第 322 页)

① 桑沙克是苏丹统治时期土耳其的行政区划单位。——编者注

② 《斯拉夫评论》。——编者注

“伦敦和巴黎一样地惊慌失措。”(第327页)

“毫无疑问,如果德国只是有条件、有保留地支持两位一体的君主国,那么后者将受到协约国列强极大的压力,也就是说,到一定时候英国和俄国将要力求达到相反的结果,以便通过这种压力表明,奥匈帝国最好是加入三国协约;这对奥匈帝国本身说来比同德意志帝国结成同盟更为有利。”(第332页)

考茨基:《社会主义与殖民政策》

卡尔·考茨基:《社会主义与殖民政策》,柏林,1907。

“但是资本主义生产方式已经起完了这种最有力地刺激生产力发展的作用。早在上一世纪80年代,资本主义生产方式就已达到了极限,超出这种限度,它就愈来愈成为生产力进一步发展的障碍。这还不是说,生产力已经不可能有任何进一步的增长;相反,这种增长仍然在继续;而是说,已经有可能产生一种使生产力比在资本主义生产方式下发展更快的生产方式,而资本主义生产方式为了保全自己,不得不对生产力的发展造成愈来愈大的障碍。”(第35页)

“社会主义在今天已经成为经济的必然。它在什么时候来临只是一个力量问题。通过组织工作和教育工作为无产阶级创造这种力量,是社会民主党在目前比以往任何时候更为重要的任务。令人十分奇怪的是,有些社会党人认为他们应当同时关心资本主义实力的继续发展。”(第37页)

恩格斯:1882 年 9 月 12 日的信[①]

弗里德里希·恩格斯的信(1882.9.12)

[“在德国,寻求殖民地的运动开始以来已经有 25 年了(**1907—1882=25**)。我在研究这个问题的时候,有一次问过恩格斯,英国工人对自己的殖民地抱什么态度。”][②]

对于这个问题,**恩格斯在 1882 年 9 月 12 日给我**的答复如下:

“您问我:英国工人对殖民政策的想法如何?这和他们对一般政策的想法一样:和资产者对它的想法一样。这里没有工人政党,只有保守派和自由主义激进派,**工人十分安然地分享英国在世界市场上的垄断权和英国的殖民地垄断权**[③]。依我看,真正的殖民地,即欧洲移民占据的土地——加拿大、好望角和澳大利亚,**都会独立的**;相反地,那些只是被征服的、由土著人居住的土地——印度、阿尔及利亚以及荷兰、葡萄牙、西班牙的属地,无产阶级不得不暂时接过来,并且尽快地**引导**它们**走向独立**。这一过程究竟怎样展开,还很难说。**印度也许会,甚至很可能会闹革命**,既然争取解放的无产阶级**不能进行殖民战争,那就必须容许它这样做**,那时自然不会没有种种破坏,但是,这类事情恰恰是任何革命都免不了的。在其他地方,如阿尔及利亚和埃及,也可能发生同样

注意

① 考茨基把恩格斯的信作为附录载于他的小册子(见前文)的末尾,并为此信作了序和后记。——编者注

② 考茨基为恩格斯的信作序的这一段被列宁勾掉了。——俄文版编者注

③ 见本版全集第 27 卷第 419 页。——编者注

‖ 情况，这**对我们来说**[①]当然是最好不过的事情。**我们在自己家里将有足够的工作要做**。只要欧洲和**北美**一实行改造，就会产生巨大的力量和做出极好的**榜样**，使各个半文明国家完全自动地跟着走，**单是经济上的需要就会促成**这一点。至于这些国家要经过哪些社会和政治发展阶段才能同样达到社会主义的组织，我认为我们今天只能作一些相当空泛的假设。不过有一点是肯

注意 ‖‖ 定的：**胜利了的无产阶级不能强迫任何他国人民接受任何替他们造福的办法，否则就会断送自己的胜利**[①]。当然，这**决不排除各种各样的自卫战争**[②]。

埃及的事件[172]是俄国外交家制造的。让格莱斯顿侵占埃及（埃及还远未落入他的手中，他即使能够得逞，也还绝不是说他已经能保持住埃及），是为了使俄国可以占据亚美尼亚，——按照格莱斯顿的说法，这样做又可以把一个基督教国家从伊斯兰教的压迫下解放出来。**在这件事上其余的一切都是幌子、把戏、借口**[①]。这种企图是否会成功，很快就会见分晓。”[173]

“信的末尾说的是，阿拉比-帕沙领导的埃及起义发生以后，英国人占领埃及的事情。不久以前，曾经发表了恩格斯在1882年8月9日写的关于这个问题的信[174]，他在信中警告说，对待埃及的民族运动不要只从感情出发。由此曾经得出结论，似乎恩格斯对于英国人并吞埃及的事情深表同情。现在我们看到这是多么不符合实际。”[③]（第79—80页）

① 这里的黑体是考茨基的这本小册子中原有的。——编者注
② 见本版全集第28卷第48—49页。——编者注
③ 这一段是考茨基为恩格斯的信写的后记。——编者注

克瓦德弗利格:《1774—1914 年俄国的扩张政策》

弗兰茨·**克瓦德弗利格**博士的《**1774—1914 年俄国的扩张政策**》，柏林,1914。

“当英国通过科威特条约把它同俄国在土耳其问题上的矛盾转移到亚美尼亚和小亚细亚上去的时候,俄国在亚美尼亚暗中进行工作,法国渴望占据叙利亚,而德国想占领幼发拉底河地带。因此,土耳其问题看来还会使欧洲不安一百年(其中会有不大的间歇),而俄国的外交会更加注意南亚问题。俄国在亚洲大肆扩张的政策应当说明它也把未来寄托在海上;如果没有强大的和行动自由的舰队,就不可能有什么俄国的亚洲;经过马尔马拉海的通路,对俄国的海上政策来说,在 1905 年俄国再次失去它在东亚的有利地位以后,更加具有重大意义。”(第 96 页)

“在 1907 年 8 月 7 日的瓜分条约以后,上述方案同样可以不违反条约中所规定的权利而得以实现。1907 年的这个条约把波斯分割成三部分:俄国的势力范围、英国的势力范围和这两个强国的公共地带。英俄两国政府彼此保证不从对方的势力范围内获取政治或贸易性质的租让权,并保证不去帮助自己的臣民或第三国的臣民获得这种权利。波斯整个北部,即从席林堡—伊斯法罕—亚兹德—卡赫到波斯、阿富汗、俄国的交界点一线以北的地区归俄国,而东部即阿巴斯港—克尔曼—比尔詹德—加集克一线以东以南为英国的势力范围。”(第 134 页)

“1913年在伦敦签订的英国土耳其哈基-帕沙协定是英俄政策的最后一着，关于这个协定，到分析俄国在小亚细亚的政策时还要谈到。根据这个协定，英国得到了巴格达铁路的最后一段，即巴士拉—巴格达这一段，于是在塞浦路斯—印度这条路线上又有了一部分。其次，土耳其放弃了科威特苏丹王国。诚然，科威特一向只是在很小程度上依赖土耳其，而现在该成为英国的藩属国了。这样一来，从幼发拉底河口到霍尔木兹海峡的整个波斯湾西南岸都属于英国了。”(第135页)

“俄国政策在波斯的成就不如英国，因为英国可以从海上威胁波斯。”(第136页)

“最近俄国又恢复了它过去那种策划暴动的政策，也就是说，它又利用它的亚美尼亚人充当代理人，在土耳其一些地区煽起暴动；不过，关于这一点，现在当然还不能说得很多。相反，英国则利用了1913年的巴尔干纠纷来实施和平改革，使俄国找不到干涉土耳其内政的借口，而如果有必要进行干涉，那也应当是英国的事，因为土耳其答应了英国实行改革。按照科威特条约，英国保证苏丹在40年内保持土耳其在亚洲的属地，这就是说，一旦俄国采取侵略行动，英国有权重新充当土耳其的保护国和重新夺回俄国人可能获得的成果。土耳其则保证在亚美尼亚、安那托利亚和一切住有一部分基督教居民的小亚细亚地区进行改革，作为交换条件。”(第146—147页)

“罗尔巴赫写道：‘根据上述的报道，英国保证了今日的土耳其在40年内保持完整，而这在目前对于正在亚美尼亚进行颠覆活动的俄国是很重要的。’”①(第147页)

① 《慕尼黑新闻》1913年4月4日第280号。——编者注

“建立由铁路、水路、军用公路组成的交通网这件事表明,俄国并不认为南亚问题已经解决。相反,这种有计划的建设证明,到适当的时机,谁将是南亚的唯一统治者的问题,将会用武力来解决。”(第 171 页)

“早在 1903 年,伊藤博文公爵就主张日俄联盟,因为联合可以大大便于瓜分中华帝国,又能满足每一个参加国。”(第 173 页)

“俄国和日本在 1907 年 7 月 17—30 日缔结的条约表明了俄日两国政策的新动向。这样,英国就孤立了,英日同盟在很大程度上失去了它的价值。”(第 173—174 页)

“日俄协定订立以后不久,英国同俄国签订了 1907 年 8 月 7 日的公约,根据该公约,俄国暂时放弃继续向阿富汗推进。”(第 174 页)

“日俄亲善政策在 1910 年 7 月 4 日的条约中得到了继续;这个条约与防御同盟非常相似。”(第 219 页)

“1911 年 5 月 7 日的补充协定扩大了这个条约。两国保证互相尊重在满洲的相应的利益范围并对任何外来的干涉给以回击。为此日本给了俄国在蒙古活动的充分自由。”(第 220 页)

“但是,俄国在这个时候开始提出了蒙古问题,这是根据 1911 年 5 月 7 日的条约得到日本人同意的。蒙古的贵族借口革命,借口中国的先平民后军队的移民政策破坏满族人和喀尔喀族人之间的条约,宣告蒙古地区独立。俄国急忙承认蒙古的独立,尽管它没有采取过任何办法促进独立的实现。”(第 220—221 页)

“因此,尽管在表面上中国保持了对蒙古的最高权力,但俄国的报纸说俄国已把蒙古置于自己的保护之下,这话也并不错。俄国的外交在蒙古取得了它在 1904 年以前在朝鲜取得的那种成绩。这次,俄国得到了日本的同意,这比起过去不得不对付这个强国的阻挠来,要幸运一些了。”(第 221 页)

“问题只是在于中国会不会进行改革。中国是一个有 3 亿人口的稠密的大国,中国人民热爱祖国并且非常痛恨外国人对他们祖国的蹂躏。1911 年中国发生了革命,结果赶走了满族人。从此中国解决了自己的第一个任务——推翻异族的统治,这是它屡次尝试而未获成功的任务。袁世凯或者另一个人是否将成为中国的改革者呢? 中国一旦觉醒过来,将是俄国的扩张政策的比日本更可怕的反对者。乌赫托姆斯基公爵说得完全正确:‘中国将按照在它几千年历史中有过多次的先例,靠自己力量复兴起来,这种复兴将比日本缓慢,然而可能比日本更加巩固;因此,将来的问题不是俄国或日本,而是俄国或中国。’”(第 222 页)

“俄国 19 世纪的巴尔干政策的指导原则是想方设法控制土耳其的地方,其手段或者是在国家法律上把这些地区并入俄罗斯帝国的版图,或者是根据国际法获得对土耳其本身的宗主权或对由土耳其帝国组成的巴尔干国家的联邦的宗主权。这种宗主权可以在以后变成国家法律性质的权力。

俄国在中亚细亚和南亚(包括小亚细亚在内)的最终目的在不同时期尽管会有所不同,但仍然可以把它们归结为一个公式。最终目的是先把那里所有的国家——亚美尼亚和土耳其、波斯、阿富汗及邻近的小国——归入俄国的势力范围,然后迫使它们受俄国保护,以便在最后把它们并入自己的帝国。”(第 227—228 页)

“俄国暂时放弃了朝鲜和满洲的一部分,但是同日本人亲近了,以便更可靠地把蒙古和北满并入帝国的版图。目前,这一政策通过巧妙地利用在蒙古和统治国中国之间一直存在的特殊的政治关系和社会关系,在日本政府的同意下,显然会达到它的目的。由此可见,在东亚也一贯按预先考虑好的计划(这个计划看情况而变动,但其重要部分保持不变)在实行扩张,目的在于直接占领一直到万里长城脚下的大片领土,并获得在东亚的霸权。

因此作出下面这个最后的结论是完全正确的,这个结论是:19世纪俄国政策的宗旨就是要建立一个世界帝国,而所谓世界帝国,必须理解为这样一种国家,它在确定最后的疆界时,不考虑任何通常作为构成一个国家的准则的因素。它所要求的疆界,既不符合民族的疆界,又不符合共同语言、种族的疆界,更谈不上更不被重视的宗教的疆界;这种疆界不是根据地形确定的,因此不是处处都符合自然条件形成的自然疆界。"(第 230—231 页)

"捷林说:'世界帝国总是要垄断土地——一切物质财富的泉源。'现代世界帝国俄国、英国和美国则更进了一步。它们把自己的帝国扩大到,或者企图扩大到所有地区,这不是指字面上的意思,而是说要做到凡是土地能够提供的一切东西都能够在本帝国的范围内获得。英国已经达到了这种地步。地球上有人居住的地区,它占据了¼,张伯伦在殖民地总理会议上骄傲地宣称,没有一种东西不能在幅员广阔的帝国的某一地区获得。俄国和美国如果能够实现自己的建立世界帝国的计划,就会占据另外两个¼的土地,并且也会处于和不列颠帝国同样优越的地位。"(第 234 页)

"关于德国特有的另一条道路,施穆勒作了如下的说明:'我们不愿意也不会去推行沙文主义的世界政策。我们不会按照无限制地扩大海军和增强海上实力的计划行事,但是我们要把我国的贸易和我国的工业扩大到使我们能够生存,能够维持日益增加的人口的生活；我们要保卫我们的殖民地，并且根据可能在某一地方获得德国的农业殖民地；我们将处处反对过分的、掠夺性的重商主义和三个世界强国——英国、俄国和美国对世界的瓜分，这三个国家想排斥所有其他国家，同时消灭它们的贸易。’但目前只有几个大国能走这后一条道路而有希望获得成功。”(第 237 页)

“**英国一向做较弱的强国的朋友**①，是为了把较强的强国削弱到不足以危害英国的程度。英国起先同荷兰联合，为的是消灭西班牙人的实力，接着同法国联合，为的是不让尼德兰共享海上霸权，然后又支持弗里德里希大帝，以便获得更好的机会粉碎法兰西殖民帝国；同样，它同日本联络是为了对付俄国人在东亚海上有威胁性的实力增长；它现在又成了法国或俄国的朋友，以便消灭德国在海上的强大地位；它也会成为德国的盟国，只要德国的海军对它不再有什么威胁——或者是因为德国海军被消灭，或者是因为德国自愿放弃竞争。那时沙皇帝国就会成为英国的下一个对手。”(第 246 页)

下表说明俄国铁路的发展情况(第 239 页)：

	总长	中亚细亚地区	西伯利亚和满洲
1858	1 165 公里	………公里	………公里
1878	22 910 〃 〃	……… 〃 〃	……… 〃 〃
1890	32 390 〃 〃	1 433 〃 〃	……… 〃 〃
1908	73 699 〃 〃	4 519 〃 〃	10 337 〃 〃
1909	76 284 〃 〃	6 544 〃 〃	10 337 〃 〃

“欧洲中部国家——德国、奥匈帝国和意大利缔结了对付俄法两国政策的侵略倾向的同盟。这个同盟保持了很长一个时期，

① 黑体是克瓦德弗利格用的。——编者注

因为这三个盟国之间只可能产生一些不重要的分歧;这些分歧只在奥地利和意大利之间存在,——因为在同意大利接壤的奥地利边境仍然有讲意大利语的居民,这一矛盾由于的里雅斯特和意大利蒂罗尔的意大利领土收回主义者进行阴谋活动而有所加深;所以,不能无条件地否认这种非常松散的国际联合有可能转变为比较巩固的联合。可见,这里已经有了欧洲国家联合体的开端。没有侵略企图的三个欧洲大国团结在一起是为了对付斯拉夫民族的进攻,或者确切些说,是为了对付俄国和俄国政府领导的巴尔干半岛斯拉夫小国的扩张。"(第 248—249 页)

"面对着英国和俄国这两个世界强国(在门罗宣言以后泛美主义倾向大大发展的北美合众国也作为第三强国加入进来),对欧洲大陆国家来说十分必要的团结一致,却因此遭到破坏。只要欧洲国家还是各自为政,上述三个强国就可以进一步瓜分世界其余部分。从英俄在亚洲的竞争可以看出,几乎只有这两个强国在起作用,而其余的欧洲国家所起的作用是极次要的。如上所述,俄国在整整一个世纪里,除掉短暂的间歇以外,一直在这里那里扩张自己的帝国;同样,英国从 1800 年占领马耳他起到 1900 年征服布尔共和国为止,没有哪十年不是在扩大自己庞大的帝国。如果说,俄国和英国瓜分了欧洲以外的世界,那么美国人则专门给自己留下了整个美洲大陆作为征服对象。因此,俄国的征服政策使人感到只是不列颠帝国主义和北美泛美主义的重复;虽然在局部目的上,它们在表面上有所区别,但是它们的最终目的是一个,就是建立一个用关税的高墙同外界隔绝的、独立的世界国家。在 19 世纪,开始了建立世界强国的运动,在 20 世纪,这个运动将成为国家对外政策最典型的特征;这种趋势将表现为最大的强国的扩张和较小的国家以及那些登上舞台太晚的强国的联合,即除了英国和俄国以外的欧洲国家的联合。张伯伦1903年1月17日在约翰内斯堡的演说中所讲的话正在得到证实,他说:‘小国家和小的角逐的时代已经过去;未来将属于大的帝国。’”(第254—255页)

“埃格尔哈夫”笔记

埃格尔哈夫:《现代史》[175]

哥特洛布·埃格尔哈夫:《**现代史**。从法兰克福和约到现在》,第 4 版,斯图加特, **1913**。

序言,1912.11

作者是个坏蛋,是个俾斯麦主义者。但是这本书作为事实的综合材料和参考资料,还是很有用的。这种简单的综合提供了作为**时代**主要特征的**帝国主义**和**民主运动**的图景。(注意。对“时代”这个概念非常重要!!)由于作者顽固的反动,关于社会主义谈得非常少。

作者写了**许多**历史著作,其中有关于威廉一世和**俾斯麦**的大部头著作;其次是《**简史**》——共分三部分:古代、中世纪、近代,1905—1909 年(莱比锡出版)——和《每年政治评论集》,1908 年……到 1912 年。 ‖ 注意 ‖ 注意

本书的突出的特色是:白痴作者以学究式的精确性提供了有关每一个小国王和王族的活动以及荷兰女王的流产(原文如

此！第 **440** 页）等等的日期等，可是一笔也没有提到 1907 年罗马尼亚的农民起义[176]（*）！！

（*） 附记：1907 年的«*Europäischer Geschichtskalender*»[①]上谈到这次起义的**只有**政府的报道（第 340 页），其中指出，“波将金”号的俄国水兵是“危险的骚动分子”（原文如此！！）……

书中所附的《年表》编得很拙劣，枯燥、空洞、**没有系统**。

首先摘出下面一些（不按总的系统）：

第 5 页：德国人使用了 50 亿法郎的法国赔款（1871）——12 000 万用做“军备基金”

（原文如此！**发给将军**和其他人的**奖金**！） 1 200 万——“用做发给 28 个有功的将军和帝国首相办公室主任德尔布吕克的奖金（津贴）”。

35 000 万——用于修筑要塞和兵营……

（文明的战争和**掠夺**） 1 700 万——“给在战争中受到损失的船主”等等。

注意！！ 第 7 页…… “在 1874 年的帝国国会选举中（在阿尔萨斯—洛林）有 10 个教皇至上派和 5 个反对合并的代表当选，他们在 2 月 18 日企图在事后由帝国国会通过一项关于居民就属于法国还是属于德国这个问题进行

① 《欧洲历史纪事》杂志。——编者注

投票的提案;但是这个提案没有经过辩论就以全数票对**23**票被否决了。” !!

关于自决问题

((有意思的是,这**23**票是谁投的呢?根据1874年1月10日的选举来看,1874年的帝国国会中,有15个“阿尔萨斯自治派”+9个社会民主党人。15+9=24??(丹麦人1个、波兰人14个、韦耳夫派[177]4个)。大概,投票**赞成**的是阿尔萨斯派+社会民主党人。待查!到哪里查去?到倍倍尔那里?))

赫雷罗人(西南非)起义——1904—1905.12。他们唱的歌是:“赫雷罗兰属于谁?”,副歌是:“赫雷罗兰属于我们。”德国军队达到17 000人(第298—9页)。赫雷罗人“大部分被**消灭**”(原文如此!)——“他们损失惨重,我们也是一样”(299),因为“劳动力”没有了(!!)……

关于**殖民战争的结果**问题:

“根据1906年10月官方的公报,殖民军队中有**591个士兵**决定不回德国,留在那里当农民和牧民,这个事实就证明这一地区仍不失为一个有价值的诱人的地方。在随后的几个月里,这一数字增加得更多,由于1907年5月10日的新帝国国会已决定拨**500万**马克给农场主,以补偿他们在战争期

(掠夺土地并变为地主!)

间所受的损失，这样就可以开始恢复被破坏的东西。”(299)

1908 年英国人同德国人**一起**进行殖民战争!!

霍屯督人(也在西南非)的起义从 1904 年 9 月起到 1907 年止。有几股一直支持到 1908 年 12 月底，他们“又一次使德国和英国当局采取共同讨伐的措施”(300)。

(不同国家的工人)

法兰西共和国对意大利的憎恨(教皇的事也是一个原因)(又例如)：“**1893 年 8 月**，意大利工人在**艾格莫特**被他们的法国竞争者打得半死。”(345)

选民人数(单位百万)		英国的选举改革
	0.4	**英国的选举改革**：
	0.8	……第一次 **1832**(取消“衰败城镇”[178]。资格。选民人数从 40 万左右增加到 80 万)。
	1.5	……第二次 **1867**(选民人数从 1 056 000 增至 150 万。房主和租房者)。
	4	……第三次 **1884**(选民人数增加 75%)。从 150 万增至 **400** 万。资格——定居一年。仆役和租房者等除外。“因此，到 1912 年，英国约

英国的选举改革

600 万成年男子中还有 200 万人左右没有投票权。”(368)

6.5 ……第四次 **1912**(凡是>**21 岁**的男子都有,没有以前那种差别;资格——定居**半年**(第 377 页)(参看舒尔特斯的《Europäischer Geschichtskalender》))

(1912.6.17 提出
1912.7.12 通过
应于 1914.6.1 开始生效)

((1832—1912,即 80 年!))

“一件小事”:爱德华七世(1841—1910)“早年嗜爱酗酒,往往到该惩罚的程度〈原文如此!!〉,并且嗜爱运动”(425)。 ||| 刑事罪!!

对于镇压中国**义和团**起义的军事讨伐(1900—1901)(**俄国**、**日本**、**德国**、**法国**、**英国**、**美国**的联军),法国将军**弗雷**是这样评价的:这次讨伐“**第一次实现了理想主义**政治家的**宿愿——文明世界的联邦**……”(469)((说社会民主党人的书信——“匈奴人的书信”不是撒

|| 妙论!!

||| “文明世界的联邦”(!!!)

谎就是伪造!(467)那当然了!))

海牙会议和朝鲜!!!!

当朝鲜亲王(李隽)出席**第二次**海牙会议(1907年6月15日开幕),控诉了日本人并且发表了朝鲜独立宣言时,日本人就把朝鲜皇帝赶走,扶植他的儿子登基,并在1907年7月24日同他订立了“条约”,规定一切外交事务都要通过汉城的日本总督。

注意

资产者的评语:修正主义者“比激进社会民主党人更危险”

注意

作者埃格尔哈夫就修正主义者在纽伦堡代表大会(1908)上遭到失败一事(258人对119人**反对**投票赞成预算)发表评论说:

“其实,**修正主义者**与激进社会民主党人所不同的不在于他们的最终目的——使一切关系社会化,而在于他们那种希望不要吓跑资产阶级群众、尽量和资产阶级左派一道走的谨慎的策略。由于他们的举动温和,因此**他们实质上比极左派中的‘野蛮人’更危险**。”(523)

俾斯麦**赞成**法国的共和制

俾斯麦为了使法国同君主制的俄国**分离**(注意),曾经**赞成**法国的共和制,**为**恢复君主制而在巴黎进行“活动”的大使哈利·**阿尔宁**伯爵于1874年(1874.3)被**召回**,并于1875年以公开国家机密文件的罪名被判处5年苦役(!)(逃往尼斯)(第93页)。

注意!!

爱尔兰:1796年12月**奥什**将军带领两万军队进逼该岛,只是暴风雨阻拦了他们的登陆(第380页)。

(法国革命引起了爱尔兰的运动。) ||

美国:1775—83——“在法国和西班牙的帮助下”的解放战争。1819年,“西班牙把属于它的……佛罗里达半岛以500万美元的代价卖给了美国”(第453页)。	不坏!(“同盟”——和“出卖”)

引用的**著作**:**吉尔贝**的《南非战争》,巴黎,1902。

1870—1871年以后列强国际政策中的主要危机

1870—1871年以后列强国际政策中的(主要的)危机:	1914—6年战争的准备(“路标”)
1877—1878:(巴尔干民族国家的解放。)掠夺(“瓜分”)**土耳其**(**俄国**+英国+奥地利)。	1879:德奥同盟
1885: 俄国差一点同英国作战。掠夺(“瓜分”)**中亚**(**俄国**和英国)。	1891:俄法同盟
1895: (中日战争。)掠夺(“瓜分”)**中国**。(日本+**俄国**+英国+德国+法国)。	
1898: 英国差一点同法国作战(法索达)。掠夺(“瓜分”)**非洲**。	
1904/5: (日俄战争。)掠夺(“瓜分”)**中国和**	

		朝鲜(**俄国**和日本)。
1907:俄英同盟	1905:	德国差一点同法英作战。掠夺(“瓜分”)**摩洛哥**。
	1911:	德国差一点同法英作战。掠夺(“瓜分”)**摩洛哥**。用摩洛哥**交换**刚果。

注意:1877.1.15 俄国和奥地利“瓜分”土耳其的秘密条约……

注意:**1876**:亚历山大二世询问俾斯麦,俄奥发生战争,德国是否会保持中立【埃格尔哈夫,第128页】

1891.1.10:英国给葡萄牙的最后通牒:掠夺(“瓜分”)非洲。

1889:掠夺萨摩亚群岛(英国、德国和美国一起)。

1898:美西战争。(掠夺古巴和菲律宾。)

1898:英国同德国进行有关反俄同盟的谈判。(没有谈妥!)

1898.10:英德条约:瓜分葡萄牙的殖民地(“一旦”它的财政支持不住)……

1899:德、英、美为萨摩亚而发生“摩擦”。战争威胁。冲突。“瓜分”这些岛屿的条约:1899.11.14。

1900:一起扼杀中国:德国+俄国+美国+日本+英国+法国。

1903:向委内瑞拉索取债款(轰炸):德国+英国+意大利。

1904:英法条约(4月8日):瓜分非洲(准备同德国作战)。

1907:俄英条约(8月31日):瓜分波斯、阿富汗、西藏(准备同德国作战)。

1908:日美关于保障两大国在太平洋的“属地”的条约(11月28日)。

1910.7:俄国同日本订立条约:用朝鲜"交换"蒙古!

1911:俄德条约(8 月 19 日):也是一种特殊的"再保险"(用巴格达换波斯)。

1911:英日条约(如果日美发生战争,英国保持中立)……

(见弗兰克的文章,载于《德国和世界大战》文集。)

1914.9.17:俄国同"独立的"蒙古签订"条约"。(掠夺蒙古。)

1870年以来世界历史
((埃格尔哈夫

	A	B	C	D	E
	战争	外交	殖民政策	经济政策(托拉斯等;关税条约等;大租让企业……)	工人运动和社会党
1870	普法战争(70—71)。	“三帝同盟”(71)。 72:三个皇帝在柏林会晤。	(1866—7:俄国占领浩罕)。 1868:俄国占领布哈拉。 1873:俄国占领希瓦。	73:德国实行金本位制。	巴黎公社(71)。 71—75:对公社战士的审判。
—1875		1875:德法冲突。亚历山大二世的干涉。		75.11:英国收购苏伊士运河股票。	75:社会民主党哥达代表大会。统一。
1876		76:俄德关于俄奥战争的谈判。			

主要资料综合试作和其他资料))

	F	G	H	I	K
	革命运动（非无产阶级性质的）	民族运动和民族问题	民主改革	社会改革	其他及备注
	1868—1871：日本。（革命和改革。）	（1867：匈奥协定。）	61—72：农民改革和资产阶级民主改革。**俄国**。 71：德国“文化斗争”开始（71—78）。 71—79：在法国同保皇党人和教权派的斗争（75：共和制的胜利）。		70.9.20：意大利占领罗马。
	73：西班牙共和国。1873.8.1.德国海军军官威纳尔的干涉。		73.4.2：奥地利选举改革（4种选民团）。		
	74：西班牙阿尔丰斯十二世即位和74—6：卡洛斯派战争。	75：波斯尼亚-黑塞哥维那起义。	75：德国的世俗婚姻。		
		76：保加利亚起义。	76.3：到91年止的意大利左派内阁（德普雷蒂斯）。		

	A	B	C	D	E
	战争	外交	殖民政策	经济政策(托拉斯等;关税条约等;大租让企业……)	工人运动和社会党
	77:俄土战争。	77.1.15:俄奥条约(关于瓜分土耳其)。	77.英国占领德兰士瓦		
		78:柏林会议(掠夺土耳其)。 78.10.11:奥普条约(关于取消布拉格条约关于丹麦的条款)。	78:英国占领塞浦路斯。		78:德国颁布反社会党人法(10.19)。
	79:英国与祖鲁人的战争。	79:德奥同盟(**79**.10.7)。	79:“非洲同盟”(南非的荷兰人同盟)。	79:德国通过保护关税税率(工业家和大地主同盟)。	
—1880			80:汉堡商人戈德弗鲁瓦在**萨摩亚**建立贸易公司。(**80**.4.27 帝国国会拒绝给予津贴。)		

续

	F	G	H	I	K
	革命运动（非无产阶级性质的）	民族运动和民族问题	民主改革	社会改革	其他及备注
		77:俄土战争。	1877:普及学校教育法（意大利）。		
			79:法尔克辞职（“文化斗争”结束。见 87）。79:德国的新诉讼程序。		1879.1.30:麦克马洪辞职。79:德国的反犹太人运动(78:基督教社会党的成立)。

A		B	C	D	E	
战争		外交	殖民政策	经济政策(托拉斯等;关税条约等;大租让企业……)	工人运动和社会党	
1881	**81**.2.27:布尔人打败英国人(在马茹巴山下)。	81(8.3):英国承认德兰士瓦独立。	81:法国占领突尼斯。 81:意大利在**阿萨布**。			
		81:俄国征服土库曼人。 82:英国占领埃及。 83:“三国同盟”(德国+奥地利+意大利)(1882.5.20)。	←81			
		84:三个皇帝在斯凯尔尼维策会晤。	84:德国占领西南非的殖民地+喀麦隆。			
		84.11.15。柏林。刚果问题会议:瓜分非洲。 刚果“独立”!!	84:俄国占领**麦尔夫**。			

续

	F	G	H	I	K
	革命运动（非无产阶级性质的）	民族运动和民族问题	民主改革	社会改革	其他及备注
	81.3.1：亚历山大二世被刺。		81：格莱斯顿的爱尔兰土地法案。	81：威廉一世关于社会改革的信件。	
		82：布拉格大学分为捷克部和德国部。	82：法国的世俗学校。		
				83：德国实行疾病保险。	
			84：格莱斯顿的选举改革。	84：德国实行意外事件保险。	

A		B	C	D	E
战争		外交	殖民政策	经济政策(托拉斯等;关税条约等;大租让企业……)	工人运动和社会党
—1885	85:中法战争(争夺东京)。		85:德国同西班牙为加罗林群岛发生争执。 85:英国占领贝专纳(南非)。 85:意大利进入马萨瓦。 85:法国占领东京。85:英国占领缅甸。	85:给德国轮船公司津贴。 1880—88:通往撒马尔罕的铁路。	
1886	87:“再保险条约”(德国同俄国)。			88:法国的“巴拿马案件”。 88(10.4):德意志银行获得巴格达铁路	

续

	F	G	H	I	K
	革命运动(非无产阶级性质的)	民族运动和民族问题	民主改革	社会改革	其他及备注
		86:关于波兰人的第一个法案(德国)(移民委员会)。	86:格莱斯顿的第一个爱尔兰自治法案。 87:德国“文化斗争”结束(1887.5.23)。 88:英国民主的地方自治。		86:布朗热就任陆军部长。

	A	B	C	D	E
	战争	外交	殖民政策	经济政策(托拉斯等;关税条约等;大租让企业……)	工人运动和社会党
				(到安哥拉①)的租让权。 89:塞西尔·罗得斯建立了南非特许公司。	
—1890		90:英德条约。(用黑尔戈兰交换非洲的一部分地方。)			90:德国非常法结束。
1891		91.1.10:英国给葡萄牙人的最后通牒(掠夺非洲)。 91:法俄同盟。		91:德国同奥地利等国订贸易条约(降低关税)。 92:奥地利的币制改革。	

① 现名安卡拉。——编者注

续

	F	G	H	I	K
	革命运动（非无产阶级性质的）	民族运动和民族问题	民主改革	社会改革	其他及备注
				89:老龄保险(德国)。	90:俾斯麦垮台。
			1891:德国的所得税。 92:英国的“小土地使用法”。		92:法国的“参加派”(参加共和国)。

	A	B	C	D	E
	战争	外交	殖民政策	经济政策(托拉斯等;关税条约等;大租让企业……)	工人运动和社会党
			93:法国占领**达荷美**。	93:德意志银行获得更多的巴格达铁路租让权。	1893:荷兰铁路员工罢工。
	94—5:中日战争。				
—1895	1895:法国对马达加斯加的战争。	95:马关和约。 95:帕米尔条约(俄国同阿富汗)。		95:威廉二世皇帝运河[①]。	
1896	96:阿比西尼亚战胜意大利(3.1)(1896.10.26和约)。		96:詹姆森的袭击(英国在南非)。 96:英国占领**阿散蒂**。		

① 即德国的基尔运河。——编者注

续

	F	G	H	I	K
	革命运动（非无产阶级性质的）	民族运动和民族问题	民主改革	社会改革	其他及备注
			93:格莱斯顿的第二个爱尔兰自治法案。 93:两年兵役制（德国）。 1893:比利时实行选举改革（复票制）。		93:“农村业主协会”（德国）。
			94:德雷福斯案件开始（法国）。 94:匈牙利的世俗婚姻。		
		95:古巴的起义。	1888—1895:梵蒂冈同克维里纳尔谈判。 没有成功！		
			96:巴代尼在奥地利国会成立第五选民团。		

	A	B	C	D	E
	战争	外交	殖民政策	经济政策(托拉斯等;关税条约等;大租让企业……)	工人运动和社会党
—1900	97:希土战争。 98:美西战争。 99—1902:英国同布尔人的战争。	97:俄奥关于巴尔干的协定。 98:法索达事件(英国和法国瓜分非洲(1899.3.21))。	97:法国占领马达加斯加。 97:德国占领胶州湾。 98:威廉二世在耶路撒冷。 98(?):安集延的起义。 99:德国占领加罗林群岛、萨瓦伊岛等岛屿。		
1901	1900—01:同中国的战争(义和团起义)。	1902:英日协定。		01:西伯利亚铁路竣工。 02.1.22:“德法公司”获得巴格达铁路的租让权+美索不达米亚的通航权+矿山。	

续

	F	G	H	I	K
	革命运动（非无产阶级性质的）	民族运动和民族问题	民主改革	社会改革	其他及备注
		98:关于波兰人的第二个法案（德国）。 99:镇压芬兰。	98:奥地利的"滚出罗马"运动。		97:卢埃格尔就任维也纳市长。 98:第一个海军法（德国）（1898.4.30成立海军同盟）。 900:德国第二个海军法。
		1902:关于波兰人的第三个法案（德国）。	01:澳大利亚"联邦"（"Common-wealth"）。 01:法国的结社法（对付僧团）。 1902:废除了在阿尔萨斯–洛林实行"独裁的条款"。		

A		B	C	D	E
战争		外交	殖民政策	经济政策(托拉斯等;关税条约等;大租让企业……)	工人运动和社会党
				1902:德国重订关税率。 1903:张伯伦主张不列颠帝国实行关税同盟。	
	1904—07:同赫雷罗人的战争。	1904:英法协定。 1904:卢贝在意大利。	04:英国在**拉萨**。		
—1905	1904—5:日俄战争。	1905:第二个英日协定。	05:威廉二世访丹吉尔(摩洛哥)。	1905:德国新贸易条约。	
1906		1906:阿尔赫西拉斯会议。			

续

	F	G	H	I	K
	革命运动（非无产阶级性质的）	民族运动和民族问题	民主改革	社会改革	其他及备注
		1903：匈牙利危机。（由于军队中使用何种语言问题而同奥地利发生冲突。）	1903：孔布封闭法国天主教僧团。 1903：爱尔兰法案（土地法案）。		
	1905：俄国革命。 1905：挪威的分离。	←1905	1905：德国的两年兵役制。 1905：法国教会同国家分离。		
	1906：波斯的议会。	1906—7：普属波兰学生“罢课”（达5万人）。	1906：帝国国会津贴[1]。 （1906.7.12：恢复德雷福斯的权利。）		

① 国会议员所得的津贴。——编者注

	A	B	C	D	E	
	战争	外交	殖民政策	经济政策(托拉斯等;关税条约等;大租让企业……)	工人运动和社会党	
	1907:非洲战争(同赫雷罗人等)结束。	1907:法俄日协定。 1907:俄英协定。		1907(8):法院判处美孚油公司2 900万美元罚金。		
		1908(08.6.9):爱德华七世和尼古拉二世在列韦里会晤。 1908:日美太平洋协定。				
		1909:德法关于摩洛哥的协定。			1909:巴塞罗那和马德里的街垒。费雷尔被刺(10.13)。	
—1910		1910:波茨坦会晤(威廉二世和尼古拉二世)。	1910:日本兼并朝鲜。		1910:白里安镇压铁路工人罢工。	

续

	F	G	H	I	K
	革命运动（非无产阶级性质的）	民族运动和民族问题	民主改革	社会改革	其他及备注
	1907:俄国政变。		1907:奥地利的普选制。 1907:英国土地法（扶助小所有制）。		
	1908:葡萄牙卡卢什一世被刺。	1908:冰岛要求脱离丹麦独立；成立议会。			
	1908:土耳其革命。	1908:关于波兰人的第四个法案（强制购买）。 1908:奥地利兼并波斯尼亚-黑塞哥维那。 1908:保加利亚宣布独立。			
	1909:阿卜杜尔-哈米德被推翻。 1909:波斯王被推翻。		1909:给爱尔兰农场主新的优待。		
	1910:葡萄牙成立共和国。	1910:匈牙利“民族劳动党”战胜独立党。	1910:英国下院与上院冲突。		

	A	B	C	D	E
	战争	外交	殖民政策	经济政策(托拉斯等;关税条约等;大租让企业……)	工人运动和社会党
1911	1911(9.29)(—1912.10.18):土意战争(的黎波里塔尼亚战争)。 1912:巴尔干战争(第一次和第二次)(1912.10.8—10.17:宣战)。	1911:俄德关于波斯的协定。 1911:德法关于摩洛哥的协定。	1911:法国和西班牙向摩洛哥“前进”。	!! 11.5.15:法院宣判美孚油公司为非法。	

续

	F	G	H	I	K
	革命运动（非无产阶级性质的）	民族运动和民族问题	民主改革	社会改革	其他及备注
		1910：芬兰独立被取消 !! 1910.4.21：关于中等学校使用佛来米语（在4个讲佛来米语的省份）的法律（比利时）。			
			1911：英国废除（缩小）上院特权。 1911.4.21：葡萄牙教会同国家分离。	1911：英国颁布保险法。	
	1912：中国成立共和国。		1912：阿斯奎斯的爱尔兰自治法案。 1912.5.25：意大利选举改革（选民人数从200万增至600万）。		

A		B	C	D	E	
战争		外交	殖民政策	经济政策(托拉斯等;关税条约等;大租让企业……)	工人运动和社会党	
			1913:俄国对亚美尼亚的觊觎。			
—1915	1914:欧洲大战。					

续

	F	G	H	I	K
	革命运动（非无产阶级性质的）	民族运动和民族问题	民主改革	社会改革	其他及备注
			1912.6.17:英国选举改革（普选制）。 1912.4.11:爱尔兰自治法案获通过。		

《1870年以来世界历史主要资料综合试作》表格纲目草稿

I

3——（Ⅰ）战争、外交、殖民政策。

1——（Ⅱ）经济政策（§8）。

1——（Ⅲ）工人运动和社会党。

2——（Ⅳ）**其他性质的**革命运动和其他民主民族运动。

2——（Ⅴ）民主改革，
社会改革。

II

（1）战争。
（2）外交……
（3）殖民政策。

（4）工人运动和社会党。
（5）革命运动（资产阶级的），不只是社会主义的。
（6）民主改革（包括反对教会）。
（7）社会改革。

（8）经济政策
托拉斯；关税法；贸易条约；关税战争。

（9）民族运动。

“奥地利农业统计”笔记摘录及其他

帝国主义国家间的殖民地分配

奥托·许布纳尔:《地理统计表》,**1916**,和«*The Statesman's Year-Book*»[①],1916(=St.[②])(数字根据许布纳尔)

东欧和它的亚洲部分

			单位千平方公里	人口单位千	
(亚洲)		俄国欧洲部分	5 452	140 841	芬兰:
35 559		〃 〃亚洲〃 〃	16 637	33 259	81.4%芬兰人 10.7%瑞典人
	(亚洲)	俄国的藩属国(希瓦和布哈拉)	271	2 300	土库曼人、乌兹别克人、吉尔吉斯人、塔吉克人
		全俄国………	22 360	176 400	大俄罗斯民族即大民族占**43**%
		+里海和咸海:………	506	—	许布纳尔那里是44.3%???

① 《政治家年鉴》。——编者注

② 《政治家年鉴》的简称。——编者注

		单位千平方公里	人口单位千	
	奥匈帝国和波斯尼亚…	677	51 390	1 200 万德意志人 1 000 〃匈牙利人 2 200 〃即大民族占 **42.8**%
巴尔干：	罗马尼亚……	140	7 602	1899 年罗马尼亚人约占 92%
	保加利亚……	114	4 767	80.7%保加利亚人 10.7%土耳其人
	希腊(＋克里特)	120	4 822	在旧的(1912 年前)领域内，在 198 万总数中希腊人占 185 万
	＋塞莫斯[1])…	0.5	53	＝93.4%
	塞尔维亚……	87	4 490	**1910** 年(即 1912 年战争以前)95.4%塞尔维亚人
	阿尔巴尼亚…	28	850	“阿尔巴尼亚人”(全是吗??)
	门的内哥罗…	14	435	塞尔维亚人、土耳其人、阿尔纳乌特人
	土耳其欧洲部分	28	1 891	43%土耳其人
19 709 (亚洲)	〃 〃 〃亚洲〃 〃	1 767	19 709	33%叙利亚人、阿拉伯人
55 268 (亚洲)	全土耳其……	1 795	21 600	3. 俄国＋奥地利＋土耳其 249 390
	东欧：		272 409	6. 巴尔干小国家 23 019 272 409

		单位千 平方公里	人口 单位千	
+ 819 330	**亚洲其余部分：**			
874 598	中国…………	11 139	329 618	主要是汉人，其次是“本地人”[179]、蒙古人等等
	日本…………	674	72 673	主要是日本人（百科词典上日本本土的日本人>99%）
	“包括”福摩萨①…	36	3 612	52 986＝日本 19 687＝日本的殖民地 72 673＝全部
	“包括”桦太岛	34	49	
	“包括”关东……	3	517	
	“包括”朝鲜……	218	15 509	

半殖民地（7个国家）：

		单位千 平方公里	人口 单位千	
中国： 329 618 27 049 356 667	1. 波斯 …………	1 645	9 500	
	2. 暹罗 …………	600	8 149	—— 暹罗人 1 800 中国人 1 400 等等
	3. 阿富汗 ………	624	4 450	—— 阿富汗人 351 000、塔吉克人 225 000及其他
	4. 尼泊尔 ………	154	3 000	—— 蒙古人和印度人
	5. 阿曼 …………	212	1 000	—— 阿拉伯人、印度人、波斯人、黑人
	6. 独立的阿拉伯	2 279	950	—— ……？

1)许布纳尔把它归入亚洲并且单独列出。*St.* 把它归入希腊。

① 即我国台湾省。——编者注

		单位千平方公里	人口单位千	
				其中 4)印度 315 961 锡兰 4 263
不列颠的	7个属地	5 265	324 879	
荷兰的	2—〃—	1 521	37 717	——约有98%土著人
法国的	5—〃—	803	17 267	
葡萄牙的	3—〃—	23	980	
德国的[2])	1—〃—	0.6	209	=389 990=∑在亚洲的欧洲殖民地
美国的	1—〃—			
（菲律宾）		296	8 938	+ 19 687=日本的殖民地
			819 330	409 677=∑在亚洲的殖民地 + 356 667=半殖民地 52 986=日本 819 330

“国家”的大概数字（“etwa”①）

[2]) 胶州湾——500平方公里和192 000人口+天津——100平方公里和17 000人口。

[4]) 英属印度在1911年有100多个部落；在31 330万人中，雅利安印度人占74%。

非　　洲：

	单位千平方公里	人口单位千
法国属地 ……………	9 660	38 500

① 大约。——编者注

	单位千平方公里	人口单位千	
阿尔及利亚…………	575	5 564	——85. 8%阿拉伯人及其他 8. 9%法兰西人
突尼斯………………	125	1 957	——88. 4%土著人
摩洛哥………………	500	5 000	
西非和赤道非洲……	5 352	21 895	
东非…………………	714	3 635	
不列颠属地…………	—	51 660	
南非联邦……………	1 222	6 212	
尼日利亚……………	869	17 471	
黄金海岸……………	309	1 502	
桑给巴尔……………	2	199	
其他国家……………	3 788	11 507	
埃及…………………	3 485	14 726	——92.7 %埃及人
＋西奈………………	59	31	
＋萨索斯[3])…………	0.3	12	
比属刚果……………	2 365	15 003	黑人和少数民族
德国属地……………	2 707	11 527	
葡萄牙属地…………	2 070	8 352	
意大利属地…………	1 590	1 368	36 839
的黎波里塔尼亚………	1 100	723	
厄立特里亚和索马里…	490	645	
西班牙属地…………	560	589	
摩洛哥(丹吉尔)…………	0.6	60	主要是阿拉伯人
阿比西尼亚…………	1 120	8 000	9 560＝“半殖民地”；
利比里亚……………	95	1 500	
三湖(乍得、坦噶尼喀和尼亚萨)……………	87	—	非洲其余地方＝殖民地
		136 559	

非洲：

法国殖民地	38 500
不列颠殖民地	51 660
其他国家的殖民地	36 839
半殖民地	9 560
	136 559

非洲的全部殖民地
＝126 999

[3])许布纳尔把西奈列入亚洲，萨索斯列入欧洲，而且不把埃及算做“不列颠属地”。*St.* 把埃及列入不列颠属地。

	单位千平方公里	人口单位千
西欧＋英国＋日本	没有殖民地的	有殖民地的
1871—1876————	(14中有8)	6
1914—1916————	(14中有3)	11

半殖民地
9 560 在非洲
＋ 356 667 〃亚洲
366 227
3＋7＝10个国家
＝全部半殖民地

澳洲和大洋洲

不列颠属地:…………………	8 261	6 675	
澳大利亚联邦 ……	7 704	4 922	——82.3%澳大利亚人
新西兰 ……………	271	1 085	——69.7%新西兰人
斐济群岛 …………	19	154	
德国属地 …………………	245	641	
荷兰〃〃 …………………	395	240	
美国〃〃 …………………	17.4	228	
夏威夷 ……………	16.7	208	
图图伊拉 …………	0.2	7	
关岛 ………………	0.5	13	
法国属地 …………………	23	81	
未占领的岛屿 ……………	13	—	
整个澳洲和波利尼西亚:	8 955	7 865	
亚洲		409 677	
非洲		126 999	
欧洲		250	
美洲		12 306	
所有殖民地		557 097	

西欧:

1.德国 ……………………	548	64 926	92.5%德意志人。约有500万“异”族 波兰人 ——5.47% 法兰西人——0.37 丹麦人 ——0.25 阿尔萨斯—洛林的人口＝ ＝1 874 000

	单位千平方公里	人口单位千	
2. 大不列颠 ……………	318	46 813	95%讲英语
包括欧洲殖民地直布罗陀、马耳他、果佐和科米诺 …………………	(0.3	250)	**爱尔兰** 83 000 平方公里 **4 375 000** 人口=440 万
3. 法国 …………………	536	39 602	93.7%法兰西人 2) 意大利人 1.3% 2) ‖ 注意
4. 意大利 …………………	287	35 598	99.1%意大利人
5. 西班牙 ………………… (+加那利群岛和普勒西迪奥斯)	504	20 366	96.6%西班牙人
6. 比利时	29	7 571	43.4%佛来米人(3) 38.1%法兰西人 —— 81.5%只按语言分 53%佛来米人
7. 荷兰	34	6 213	98.8%荷兰人
(+沿岸领水)	7	—	
8. 葡萄牙 (+亚速尔群岛和马德拉)	92	5 960	99.5%葡萄牙人
9. 瑞典	448	5 639	99.4%瑞典人 芬兰人——25 000 拉普人—— 7 000
10. 丹麦 (+法罗群岛和冰岛)	145	2 860	96.3%丹麦人 **(生于丹麦)**

2) 1881 年的材料。

		单位千平方公里	人口单位千	
11. 挪威		323	2 358	98.9%挪威人
Σ=310+2[1])	12. 卢森堡	2	260	93.1%德意志人
	13. 摩纳哥	0.001	23	(意大利人、法兰西人等等)
	14. 马里诺	0.06	11	(意大利人)
	15. 列支敦士登	0.1	11	(德意志人)
	16. 安道尔	0.4	5	(西班牙人)
17. **瑞士**		41	3 765	69%德意志人 21.1法兰西人 8.0意大利人 } 98.1% 31%? “异”族
整个西欧			242 161	

[1]) 许布纳尔还加上“萨索斯(属于埃及)”。我把它列入埃及,算在非洲。([3]) 在比利时43.4%**只**讲佛来米语、38.1%**只**讲法语。即大概是:居民中的佛来米人占81.5%中的43.4%=53.2%。

西欧:

17个—5个极小的国家=12个

其中没有殖民地的(9. 11. 17)是3个

9个有殖民地

在1876年,没有殖民地的(1. 4. 6. 9. 11. 17)是**6个**。

6个有殖民地

没有殖民地的: 瑞典……………560万人口

丹麦……………290〃 〃 〃

挪威……………230〃 〃 〃

瑞士……………380〃 〃 〃

1 460

美洲:

	平方公里(单位千)	人口(单位千)			
美国(不包括夏威夷)	9 369	98 902			74.3%美利坚人 88.7%白人
+湖泊和沿岸领水	241	—			74.3%美利坚人 14.4%生于外国的人 10.8%黑人和摩拉托人 0.3%印第安人
“巴拿马运河地带”	1	63			
“波多黎各”	9	1 184			
全美国:		100 149	(1783) ←		这一栏是独立年
巴西	8 497	24 908	(1829)	40%	白人
				55.9%	印第安人、梅斯提索人以及其他
墨西哥	1 985	15 502	(1823)	99.3%	墨西哥人
阿根廷	2 950	7 468	(1810)	78.5%	阿根廷人
				16%	法兰西人、西班牙人和意大利人
秘鲁	1 834	5 580	(1821)	86.4%	印第安人、梅斯提索人、摩拉托人
				12%	白人
哥伦比亚	1 206	5 071	(1819)	10%	白人
				90%	梅斯提索人、黑人、印第安人
智利	758	3 505	(1820)		克里奥耳人、梅斯提索人以及其他
委内瑞拉	1 020	2 756	(1813)	99%	摩拉托人
				1%	克里奥耳人

	平方公里（单位千）	人口（单位千）			
“海地”(海地岛西部)	29	2 500	(1820)	90%	黑人
古巴	114	2 469	(1902)	66.4%	白人
				33%	黑人、摩拉托人
玻利维亚	1 470	2 521	(1825)	77.8%	印第安人、梅斯提索人以及其他
				12.8%	白人
危地马拉	113	2 119	(1821)	65%	拉丁诺人
				35%	印第安人
厄瓜多尔	307	1 500	(1822)	53%	印第安人、黑人以及其他
				33%	西班牙人和梅斯提索人
乌拉圭	187	1 279	(1828)		“白人和混血种人”。“异族人 181 000”
萨尔瓦多	21	1 226	(1821)		主要是混血种人和黑人
巴拉圭	253	752	(1811)	>90%	白人和混血种人
圣多明各共和国	48	708	(1843)		主要是克里奥耳人和摩拉托人
洪都拉斯	115	566	(1821)	95%	印第安人和混血种人
尼加拉瓜	128	460	(1821)	99%	印第安人、黑人等等
				1%	欧洲人
哥斯达黎加	48	411	(1821)	99.5%	克里奥耳人、印第安人、黑人
巴拿马	86	364	(1903)		约$\frac{9}{10}$混血种人、黑人和印第安人

	平方公里（单位千）	人口（单位千）	
不列颠属地	8 962	10 431①	
加拿大	8 528	8 075	1763 年起属于不列颠 54%不列颠人 28. 5%法兰西人 1. 5%印第安人
纽芬兰和拉布拉多	129	245	1713 年起属于不列颠
西印度群岛	32	1 752	牙买加 1494 年起属于西班牙 1659 年起属于不列颠
圭亚那	234	305	1667 年起属于荷兰 1803 年起属于不列颠
洪都拉斯	22	41	1786 年起属于不列颠
福克兰群岛和百慕大群岛	17	24	福克兰群岛 1833 年起属于不列颠
法国属地	91	460	1674 年属于法国
荷兰属地	130	141	1667 年属于荷兰
丹属西印度	0. 3	27	
全美洲：	39 977	192 873	

美国 …………………………… 98 902
　全部殖民地 ………………… 12 306
　美洲其余部分 ……………… 81 665

美洲的全部殖民地：	
不列颠的	10 431
法国的	460
荷兰的	141
丹麦的	27
美国的	63
	1 184
	12 306

① 许布纳尔的原文如此。——编者注

类别:	国家类型:	国家数	人口 单位百万	被压迫民族的%	民族运动和民主运动的时期
I	西欧	(12)17 } 19	242 } 394	7% } 7%	**1789** (1789. 1848) 1566(*)—1871
I	美国	1	99	11%	**1783**—1865
I	日本	1	53	0%	—1871
II	东欧和它的亚洲部分	9	272	53%	(1848.) **1905**. 1909[①]
II	南美和中美	20	82	?	(1823—1911)[②]
III	半殖民地	10	366	?	**1911**[①]
III	殖民地	? 约(60)?	557	100%	(?)20世纪[①]
	共计	(118)	1 671		

(*) 1566=荷兰开始的革命

全世界:

(单 位 千)

	平方公里	人口
亚洲	44 450	874 928
欧洲	9 977	459 261
非洲	29 888	136 438
美洲	39 977	192 873
澳洲	8 954	7 865
两极地区	12 669	15
全世界	145 917	1 671 380

① 见本卷第815页。——编者注

② 见本卷第809—810页。——编者注

(1916) **殖民地**(人口单位千)

	在欧洲	亚洲	非洲	澳洲	美洲	共计	— 在1871年没有殖民地
英国的	250	324 879	51 660	6 675	10 431	393 895	
法国的	—	17 267	38 500	81	460	56 508①	1876年是**6 000**
荷兰的	—	37 717	—	240	141	38 098	
葡萄牙的	—	980	8 352	—	—	9 332	
德意志的(德国的)	—	209	11 527	641	—	12 377	—
美国的	—	8 938	—	228	1 247	10 413	—
日本的	—	19 687	—	—	—	19 687	—
丹麦的	—	—	—	—	27	27	
比利时的	—	—	15 003	—	—	15 003	—
意大利的	—	—	1 368	—	—	1 368	—
西班牙的	—	—	589	—	—	589	

393 895
+ 56 508
450 403

	人口(单位千)
1. 英国	393 895
2. 法国	56 508
3. 荷兰	38 098
4. 葡萄牙	9 332
5. 德国	12 377
6. 美国	10 413
7. 日本	19 687
8. 丹麦	27
9. 比利时	15 003
10. 意大利	1 368
11. 西班牙	589
全部殖民地:	557 297

① 手稿原文如此。——俄文版编者注

全部殖民地 ＝55 700 万　　　其中印度—— 32 000 万

半殖民地　＝36 600〃　　　〃〃中国　　33 000〃

合计………　92 300〃　　　中国＋印度　65 000〃

丹麦现在（1916. 12）已经不算入殖民国家（? 而冰岛【是同族】）。

注意 ‖ 有殖民地的10个国家里有**5个**国家**只是**在1871年以后才获得殖民地。

国外投资 单位十亿法郎（1913）		（4）最富的国家	它们的人口（单位百万）	它们的殖民地（单位百万）	殖民地人口占人口的百分数	资本主义发展的程度	生铁产量（单位百万吨）	铁路（这里是本国＋殖民地）长度（单位千公里）
阿恩特 ε1①								
75	78.7	1. 英国……	47	394	842%	3	9.0	207.8
60	40.0	2. 法国……	40	56	141%	4	4.9	63.5
44	32.5	3. 德国……	65	12.5	20%	2	17.6	67.9
179	10.0?	4. 美国……	100	10.4	10%	1	30.2	412.7
	161.2							
	伊施哈尼安 δ14②	Σ＝	252	473				
		其余殖民地国家……	129	84	65%			
			381	557				

① 见本卷第296—297页。——编者注

② 见本卷第291—292页。——编者注

世界瓜分图

（由于民族的发展）

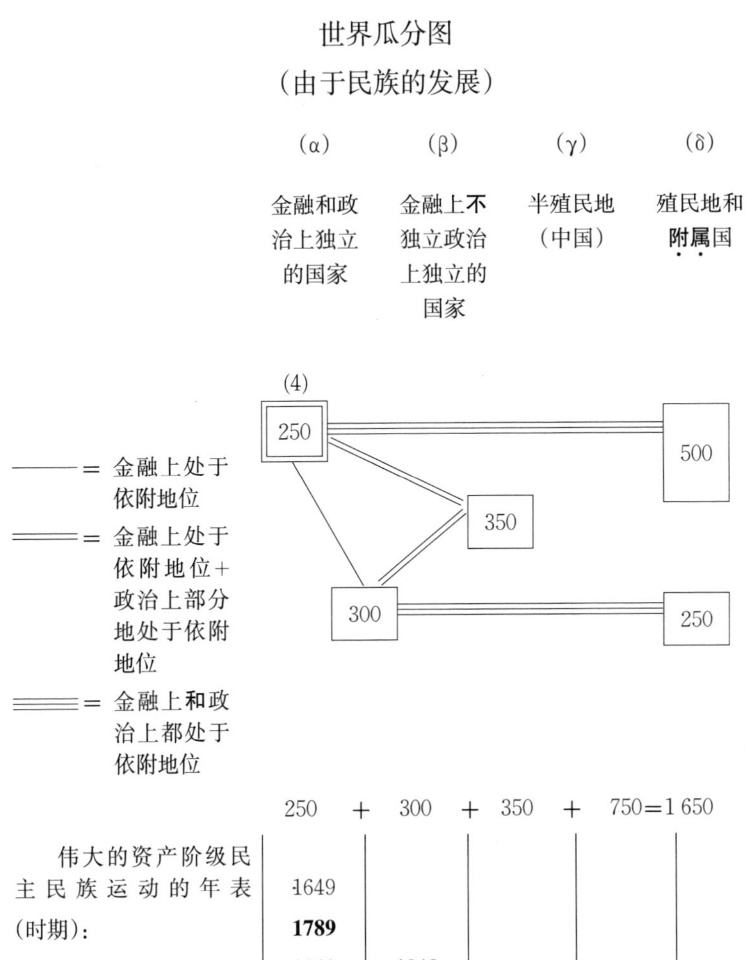

	250 +	300 +	350 +	750=1 650
伟大的资产阶级民主民族运动的年表（时期）：	1649			
	1789			
	1848	1848		
	(**1871**)	**1905**	**1911**	20 世纪

α=不<1 600（??）亿法郎国外资本。不下 **3 000** 亿法郎!!

（α）英国+德国+法国+美国 4 个国家=25 200 万人口

它们有:**47 300** 万殖民地人口

(β) 在东欧有 12 800 万（俄国+奥地利+土耳其）═══ 附属国 14 400 万

\+

\+ 西欧小国 12 900 〃 ═══ 殖民地 8 400 〃

25 700　　　　22 800

日本 5 000

30 700+南美和中美的一部分

(γ) 中国+半殖民地部分

(δ) 殖民地 55 700+14 400=70 100 万　附属国+南**美**和中**美**的一部分+半殖民地的一部分。

关于波斯材料的笔记[180]

目　　录

德莫尔尼:《波斯问题和战争》

古·**德莫尔尼**:《波斯问题和战争》,巴黎,1916。

((作者是波斯政府的法律顾问和德黑兰政治学学校的教授。他用波斯文和法文写了许多关于波斯的著作和文章。))

这本书是极其值得注意的,它描述了波斯遭受俄、英、德**这三个**——首先是这三个——大国最无耻的侮辱和掠夺的真正悲惨状况。作者当然完全是一个法国的"爱国者"。因此更有意思的是,他不得不对**俄英之间的斗争**——最凶狠的斗争进行无情的揭露。

波斯在这场战争中在形式上是中立的。而事实上,无论是俄国人和英国人,或者是土耳其人同德国人都是**在波斯的领土上打仗**和进行掠夺的。

注意!! ‖ **第 277 页**:1915 年 8 月 27 日德国副领事舍内曼攻击俄国领事和英国领事等。

书里附有波斯地图，图中标明了俄英两国的“势力范围”。

俄英两国关于在波斯瓜分“势力范围”的条约（1907年）并没有满足（“实施（1907年条约的实施）没有达到目的”（67））它们的要求，——两国之间的斗争和互不信任（“英俄竞争”，第64页及其他各页）仍在继续。德国利用了这一点，它同俄国的条约（**1910**年的波茨坦会晤）就是“德国外交的胜利”（第57页）——是德俄瓜分波斯的一次企图。“让我们来瓜分波斯，把英国排挤出去”（57）——德莫尔尼就是这样表述这项条约的内容（确切些说：目的和实质）的。

“英印帝国主义”（第**65**页及其他各页）。

事实上，在“中立”地带（波斯国内）也是英国主宰一切，同俄国的斗争仍在继续。

“从政府起，一切在国内有意义的东西，都是处在俄国、德国或英国的保护之下。”（78）

多次引用**摩根-舒斯特**的《扼杀波斯》一书（纽约，1912）。他是因为“独裁”作风而被俄国人逼走的（1912年1月11日）。英国人曾经试图保护他，但未成功。作者把他的书叫做“辛酸”的书（“埋怨波斯、俄国、英国和德国的一本辛酸的书”（86）），并说，他“不了解情况”，他“不是外交家”（“很糟糕的外交家”（85））。

外国没有得到俄国或英国的同意，是不能在波斯取得租让权的（80）。

他说，（我们法国人）在盘算的时候不要忘记**叙利亚**（82）……

领事们（所有三个大国的）正在进行无耻的阴谋，收买匪帮，煽动斗争，“领事的狂暴行动”（第110页及其他各页），诋毁“温和的”

大使等等(第 89 页及其他谈到俄国的各页)。

“都在力图控制国家的财政，这种控制已成为伪装起来的保护制度的新公式，这种公式在目前极为行时。”(93,注释) ‖ 注意！说得好！

“俄国帝国主义”(第 120 页及其他各页)…… ‖ 注意

“……朱利法—大不里士—雷扎耶—德黑兰铁路的租让权是在 1913 年 1 月 24 日—2 月 6 日给予在德黑兰的俄国贴现银行的……”(168)

“从 1912—1914 年,英俄的竞争仍以同样的形式在波斯继续进行。”(196)

“……同时还有一个激烈地讨论过的横贯波斯的大铁路的问题…… 在这个问题上,得到波斯政府巧妙地支持的英俄竞争被德国巧妙地利用了。也正是在这个问题上,法国的利益至今仍然受一些金融集团的秘密勾当的支配……”(262)

“12 月 24 日〈1915 年还是 19**14** 年?〉预定用来谋杀俄、法、比、英四国公使的一枚炸弹在德黑兰爆炸了,但谋杀没有成功,却炸死了德国—土耳其匪帮策划的阴谋的一名参加者。德国外交使团并不灰心,它招募了 1 000 个匪徒,每人每月发给 90 法郎,并给以武器。这些匪徒赶紧把枪支弹药卖掉溜了。”(273)

俄国工业家们 1910 年 11 月 23 日在莫斯科举行的会议反对横贯波斯的铁路，因为这条铁路会加强英国和德国的竞争力。(266—267) ‖ 原文如此！！

(现在,1915 年,在波斯)“已经没有势力范围,俄国人和英国人现在彼此正在接近,以压迫德国人。300 个哥萨克离开了梅舍德,跟踪不久以前离开这个城市前往阿 | 注意

注意 | 富汗想去煽动暴动的 4 名德国军官和 83 名巴赫蒂亚里人。”(296)

如此等等。

有波斯贸易的数字:

总额 62 800 万“克兰”(=0.45 法郎)

(1) 俄国——占整个贸易的 63%(第 247 页)

(2) 英国——25%

(3) 土耳其——9%

(4) 德国——(2 400 万克兰)

(5) 法国——(1 100)

(6) 意大利

耶格尔:《波斯和波斯问题》

教授 **Th. 耶格尔**博士(汉堡):《波斯和波斯问题》,魏玛,1916。(《德国东方丛书》,恩斯特·耶克版,XIV)(共 179 页)

注意:这本书比前一本好。

是一本很好的书,写得详尽、清楚,叙述得很确切,多处引用文献资料。波斯地图好极了,标明了英俄的势力范围。当然,作者是一个帝国主义混蛋。

引用了一位“波斯爱国者”写的、在该书付印时出版的《波斯和欧洲战争》一书。(价格?出版地点?) || 注意

书中在各种不同的地方引用了**寇松**的《波斯》一书(伦敦,1892。共2卷)。

本书一开始就援引了《彼得大帝遗嘱》,他说,拿破仑第一"在1812年当他需要制造向俄国进军的情绪时,曾经提纲挈领地口述过这份遗嘱"(第9页)。

1722—3:彼得大帝夺取了杰尔宾特、巴库、拉什特和吉兰的大部分地区(波斯西北的一个省,靠近里海)。

1735——吉兰、杰尔宾特和巴库重新归还波斯。

1802——格鲁吉亚成为俄国的一省。

1800——拿破仑第一同保罗一世策划进攻印度。

1807——拿破仑第一驻波斯的军事使团(**加丹**将军率领的70名军官和其他人员)。

1808——英国派一名特使到波斯;英国帮助波斯同俄国作战。

1813——波斯在对俄战争中被打败。古利斯坦和约。波斯割让了杰尔宾特、巴库及其他等等地方。保证不在里海停泊军舰。

1814——英国同波斯签约:"攻守同盟"(13)……

1825——波斯同俄国作战(他说,俄国像英国在1899年把布尔人拖入战争一样,把波斯拖入了战争)。英国背弃了波斯:说这种情况不在我们的条约范围之内!!

1828——波斯在对俄战争中被战败。土库曼彻和约(割让纳希切万、埃里温等地);350万英镑的军事赔款。

1890——英国(**一家**英国公司)用30万马克+¼的纯利获得了为期50年的烟草垄断租让权。

这家资本为1 300万马克的公司,在作了各种扣除以后,获得了750万马克,**即>50%的纯利**。(第17页) ‖ 好例子!!

因此引起的民众风潮……("数百人被打死"!! 第17页)——1892年,波斯政府以1 000万马克(!!)赎回租让权。这1 000万是以6%的利息向英国借来的!!!

1906年8月5日。波斯王答应给人民以宪法和议会。

1909年。由于英国的坚决要求,最无耻地煽动阴谋活动等的俄国代表**哈特维希**(冯·哈特维希)被从波斯召回(派往贝尔格莱德,他在那里后来成了"谋杀大公-皇太子夫妇的主谋之一",第21页)。

1908年6月23日。波斯政变。在利亚霍夫的帮助下解散了国会。

1908年5月31日—6月13日——利亚霍夫给高加索军区总参谋部的信(全文)——引自**布朗**的《**1905—1909年的波斯革命**》,剑桥,1910,第222页。在波斯进行反革命活动、收买、制造大暴行等的**最无耻的**计划。((耶格尔一书第26—28页)) 注意

1911年11月29日——俄国(给波斯)的最后通牒(第二次):摩根-舒斯特调走等。

俄国不断在阿塞拜疆推进。(从朱利法到大不里士的铁路开始兴建。)

从布朗的书中引用了许多关于哥萨克最无耻的抢劫和暴行的事实……(38及以下各页)…… 哥萨克绞杀伊斯兰教僧侣(41)等等!!

有位法国人的信也谈到这些事(«*Siècle*»[①],**1910. 1. 11**)

① 《世纪报》。——编者注

——第 39 页。

为了维持秩序,请来了**瑞典的**宪兵队……(42)

1914 年——俄国人把俄国农民移居到阿塞拜疆……

波斯现在既没有“现代的官吏”,也没有“货币”(49)。征税完全**包**给别人办理。引证**摩根-舒斯特**的《扼杀波斯》(1912)。((摩根在内阁会议上揭发了一个大臣受贿 83 000 托曼=332 000 马克。回答说:我不知道这件事,这是我的私人秘书干的!)) ‖ 注意

比利时的海关官员也干这种事。(德·**诺斯**用在波斯“挣来的”钱买了一所公馆(53))

波斯=1 645 000 平方公里。

人口——400 万(“大约”)(1 000 万是夸大了,第 60 页)。

波斯的贸易:		1900/1	1912/3
	输出	6 020 万马克	16 580
	输入	11 940	21 570
		Σ=17 960	38 150
		其中 俄国	62.7%
		其中 英国	20.9%
			83.6%

	1900/1		1912/3
波斯从德国输入	0.9	(单位百万马克)	4.6
从俄国输入	45.5	— — —	131.6
从不列颠帝国输入	50.1	— — —	60.0
从法国输入	9.5	— — —	4.4
从土耳其输入	5	— — —	9.5
波斯从德国**输出**	0.07	— — —	7.8
对俄国**输出**	35.3	————	120.0
对不列颠帝国**输出**	10.2	————	20.3
对法国**输出**	2.6	————	1.9
对土耳其**输出**	7.2	————	15.3

俄国把波斯看成是“自己的”土地,不许自由进入波斯境内(67)……

规避这种措施的办法:投寄**邮包**:

(第 68—9 页)		共计	其中德国	
	1904——	10—————	1	!!
	1913——	384 368	193 816	

注意!! ‖ 俄国试图从 1914 年 2 月 1 日起禁止投寄邮包,但遭到**所有**大国的反对(包括英、法在内),俄国只得让步。(第 70—71 页)

1902 年,俄国同波斯签订了贸易条约,使“自己的”糖、煤油等得到了市场(71)……

摩根-舒斯特说,这种税率对波斯极为有害,对俄国有利(73)——(舒斯特的书第 270 页)……

!! ‖ 这样,俄国就在波斯北部取得了**垄断地位**(74),迫使波斯人用高价购买低劣的商品!!

为在波斯的影响进行斗争:学校(俄国的,法国的,德国的),医院(俄国的,英国的,德国的)等等。德国**药房**(88),地毯贸易公司(89)。

1861—1891 年,俄国在中亚细亚侵占的地区(1911 年的估计)

			平方公里	居民
	(1869—1873)	外里海州	598 090	451 000
		布哈拉 ——	203 430	1 500 000
	(1873)	希瓦 ———	67 430	800 000
		锡尔河 ——	489 240	1 874 000
{1884 年 **麦尔夫**}	(1875—6)	费尔干纳 —	142 790	2 069 000
		撒马尔罕 —	87 560	1 184 000
			1 588 540	7 878 000

1903 年 5 月 5 日拉明顿勋爵在上院发表演说(第 100 页及以下各页)(反对俄国:他说,**波斯湾**是我们所必需的——它是印度边界的屏障……)

埃伦伯勒勋爵也发表了演说:

“……我宁愿在君士坦丁堡看到俄国,而不愿在波斯湾海岸看到一个欧洲兵工厂。”(111) ‖ 注意

1907 年 8 月 31 日俄英条约(条文:第 114 页及以下各页)(“英俄关于瓜分的条约”)……

俄国的范围——790 000 平方公里

英国〃〃〃——355 000〃〃〃〃(第 119 页)……

英国和俄国大使照会波斯(1912 年 2 月 18 日)——第 124 页及以下各页———答应两国各贷 10 万英镑给波斯,利息 **7%**!!! 等…… 大臣们都是俄国的走狗,当然**同意**!! ‖ 7%

1911 年 8 月 19 日的波茨坦条约——(条文:130 及以下各页)。德国承认俄国在波斯的势力范围,俄国同意不反对巴格达铁路。

德国首相在帝国国会发表演说,也谈到这个问题(1910 年 12 月 10 日)……

(俄国同英国瓜分了以后,又由德国再保险!!) 再保险!!

| 他说,德国必须有一条通往波斯和印度的路,——当然,仅仅是为了贸易,仅仅!! ——巴格达铁路的终点在波斯湾,这不行,可能被英国封锁。铁路的终点要在阿巴斯港(!!)

阿曼事实上在英国手里。(第 144 页)

大不里士(居民 22 万)。贸易(1906/7)

输出——2 340 万马克
输入——3 090 〃 〃 〃

其中	俄国	34.0%
	英国	31
	奥地利	10
	土耳其	4.2
	法国	3
	意大利	5.6
	德国	4.5

∑=92.3 (第 150 页)

(他说,这同德国的贸易能力不相适应。)

1914 年**夏天**:关于瓜分小亚细亚铁路的条约。

(第 151 页)!! | 法国在土耳其获得了 **4 522** 公里的铁路
德国获得了 **4 909** 公里

阿富汗——山区。

624 000 平方公里,**445 万**居民。**名义上是**完全**独立的**。事实上,全部**对外**政策都掌握在英国手里;艾米尔[1]的**薪俸**由英国发给。根据俄英条约(1907.8.31),英国承认在阿富汗的贸易自由,俄国承认阿富汗"**不属于它的势力范围**"。

英国人甚至不允许外国人进入(!!)阿富汗。(!! 第 154 页)

阿富汗人在军事上"绝不是可以低估的对手"(157)。

英国对他们极其小心:

注意 ‖ "这里表现出了英国的'丝绒手套'政策的英明,因为英国人实际上对任何人也不会像对他〈阿富汗的艾米尔〉那样谨慎小心。"(158)

---

① 东方一些伊斯兰教国家统治者的称号。——编者注

土耳其斯坦(=中亚细亚)。乌拉尔州、图尔盖州、阿克莫林斯克州、塞米巴拉金斯克州、费尔干纳州、撒马尔罕州、谢米列奇耶州、锡尔河州、外里海州(第 161 页)

——3 488 530 平方公里和 10 957 400 居民

+ 希瓦和布哈拉

ΣΣ=376 万平方公里和 1 325 万居民。

居民几乎都信仰伊斯兰教。

“目前这些地方的特使们,特别是吉尔吉斯州的,正在遍走四个联盟国和一些中立国的宫廷,向它们控诉俄国的压迫,**要求**摆脱俄国的束缚,**复兴自己过去的国家**。”(162) 注意

关于土耳其斯坦,他说,请看已译成德文的“札记”(克里沃舍因的?)和《**俄国的土耳其斯坦**》,比利时领事的报告(布鲁塞尔,第 **160** 卷。1912)。 注意

俄英关于**西藏**的协定(同年,1907 年)——双方承认中国的主权(条文,第 169 页)和西藏领土不受侵犯等等。(把争夺西藏的斗争移到北京的“朝廷”)……

“巴格达铁路问题……成了波斯问题……”(173)

俾路支在形式上是独立的。英国拥有铁路和两旁各 **200** 码的“英国领土”(“租借”!!)。整个国家“同英国有着极其紧密的友好和联盟关系”,(这个国家)“当然把自己的全部对外政策完全交给它(英国)掌管,但是在其他方面,同阿富汗或尼泊尔一样,是一个独立的土著人的国家。”(174—5) !!

作者的结论：

“与此相反”（与恶劣的英国和俄国不同），“德国唯一的愿望，只能是不要作为第三种力量站在俄英这两兄弟之间，以免在某种情况下遭到双方的攻击；德国的目的，像在一切类似场合（土耳其、摩洛哥）一样，仅仅是要波斯成为一个强大的独立的国家，给各国以同样的权利，——至多给德国以一些优待……”（176）

哈哈！！！

“仅仅”

！！！

土耳其从德国输入		土耳其向德国输出
1882——　590	— — —	120 万马克
1887——1 200	— — —	320
1891——3 700	— — —	1 380
1900——3 440	— — —	3 050
1912——9 840	— — —	7 400（第 179 页）

！！

1914 年 7 月 17 日：英国下院通过了（254 票＞18）政府关于收购英波石油公司股票的提案（卡伦河上的丰富的石油资源）。作者把这同收购苏伊士运河股票相比。

第 158—9 页：阿富汗的老艾米尔（阿卜杜尔-拉曼）的遗嘱——应竭力使波斯、土耳其和阿富汗结成联盟，以保卫整个穆斯林世界不受俄国侵犯……

注意

载于 1933—1938 年《列宁文集》俄文版第 22、27、28、29、30、31 卷；笔记“δ”载于 1938 年《无产阶级革命》杂志第 9 期

译自《列宁全集》俄文第 5 版第 28 卷第 1—710 页

单独的札记

（1912—1916年）

关于辛迪加的论文的提纲[181]

1.价格上涨。掠夺。"罢工"。哥卢比亚特尼科夫……

马尔柯夫第二和自由派

2.欧洲(美国)和俄国的辛迪加("世界现象")

(a)生产的发展

(b)国内市场。农民的贫困

(c)工人的状况。无权地位

(d)政治自由。

3.辛迪加和"**官僚政治**"。

4.石油辛迪加和糖业辛迪加**与**地主……(农奴主-地主辛迪加)

5.辛迪加和**乌拉尔**……

6.官僚自由主义(或官僚自由主义观点)("蹂躏异族的社会主义")与阶级斗争。官场的死气沉沉和**生活**。

7.小偷和小偷的连环保。

补 7。资本主义和辛迪加。

8.手段:(1)开放国界

(2)2 000万用于修建煤矿区和石油区的工人住宅

(3)官办的生产和监督的民主条件

(5)(4)工会和政治自由

(4)(5)调查和公开委员会以及完全揭露。

美国的石油生产和价格

«Statistical Abstract of the United States»，第 211 页和第 **223** 页[①]。《〈言语报〉年鉴》，第 681 页

1900

75 752 691 美元 ÷ 63 620 529＝1.19 美元

2 卢布 38 戈比 ÷ 8＝29(30)戈比 1 普特
51 700 万普特《〈言语报〉年鉴》，第 681 页
5 170 ÷ 636＝8.1 普特 **1 桶**

{大概 **1 桶**有 8 普特多石油}

1907

1 407 ÷ 166＝8.5 普特 1 桶

1908 151 200 万普特 ÷ 17 850＝8.5 普特 **1 桶**

1909 145 500 万普特 ÷ 18 300＝(8)7.9 普特 1 桶

1910

127 896 328 美元 ÷ 209 556 048 桶＝
＝0.61 美元(原油)
61 分 1 桶(＝42 加仑)
1 加仑＝$^{61}/_{42}$＝1.4 分

① 《美国统计汇编》第 34 卷，华盛顿，1912，№117，《矿物的生产。石油》。——编者注

171 400 万普特,《〈言语报〉年鉴》,第 681 页
1 714 ÷ 209=8.1 普特 **1 桶**
61 分(约 1 卢布 22 戈比 1 桶)
122 ÷ 8=15 戈比 1 普特

倍倍尔论德俄战争[182]

倍倍尔在 1886 年主张同俄国作战。

«Die Neue Zeit»[①]杂志,**1886**(1886 年 11 月)(第 4 年卷(№11)),第 502—515 页,刊载了倍倍尔的文章:《德国、俄国和东方问题》。

文章宣传**德国对俄国和法国发动**(所谓)“先发制人的”**战争**。

作者说,在 1878 年,“本来应当还走得更远些”(第 513 页,第 1 栏),也就是说,不仅应当抑制俄国的要求,而且应当使新成立的巴尔干国家挣脱俄国的支配并建立“巴尔干联盟”(原文如此)。

“如果俄国拒绝满足这些要求,那就应当用战争来回答,用战争使俄国的势力整整几十年起不了作用……”(513,第 2 栏)

1886 年(或 1885 年),**即在亚历山大大公回到保加利亚以后**(大概是在 1885 年 9 月 18 日的保加利亚革命之后),塞尔维亚人和罗马尼亚人都害怕俄国的加强,当时就应当把巴尔干

他说,德国全国,德国各阶级都对德国的对外

① 《新时代》杂志。——编者注

政策不满：511，第2栏

国家组成一个“得到德国和奥匈帝国支持的独立的”巴尔干“国家联盟”。

“如果俄国在当时敢于宣战，那德国就会比任何时候都更加一致地起来反对俄国，并且同奥地利、同巴尔干国家，也许还同土耳其结成联盟，就能够稳操胜券地同俄法作战，而这场战争德国在以后反正得进行，但那时可能会——甚至显然会——在**不利得多的条件**下进行。”(513，第2栏)

黑体是倍倍尔用的

《新时代》杂志，1912—1913

库尔特·维登费尔德：《莱茵—威斯特伐利亚煤业辛迪加》，波恩，1912。

(科隆工商业博物馆，《现代经济制度》，第1编。)

«Die Neue Zeit»[①]评论(Sp.)，1913，第2卷，第946页。

同上，关于群众性罢工的争论(许多文章)和罗莎·卢森堡。“半官方性”。

同上，关于军备法案。

«Die Neue Zeit»，1912，1。

考茨基同希法亭关于货币的论战(同上，瓦尔加和希法亭)。

考茨基《群众的行动》……

① 《新时代》杂志。——编者注

胡埃的《摩洛哥与德国对矿石的需要》一文证明,德国完全不需要矿源((“根本不缺乏矿石”)),它的矿源比谁都丰富,“花在赫雷罗人起义上面的数百万”本来应当用来改善采矿业等等。

希法亭《关于联合制的理论》:关于马克思在《理论》中的错误和关于**联合制**的意见。

恩·科拉迪尼:《意大利的民族主义》

恩里科·科拉迪尼:《意大利的民族主义》,米兰,1914。

战前写的。在《民族主义和社会主义》一文中(1914年1月14日),有小民族的帝国主义者的有趣的说法。法国和英国=拥有3 000和4 000**亿**资本的银行(第162页)。财阀民族(法国、英国、德国)之所以“有和平主义情绪”(原文如此!)(哈哈!)“主要是因为它们是财阀民族”(188),而无产阶级民族(意大利)同土耳其斗争,也就是同财阀民族斗争(原文如此!! 哈哈!)。他说,帝国主义是当代的现象,但这种现象把民族分成为财阀民族和无产阶级民族;“这〈民族主义〉就是世界上的意大利民族的社会主义”(156)。 注意

这本糟糕透了的书,其内容的全部精华就是:别的民族掠夺了很多。“社会主义”就是要使我们这个弱小贫穷的民族赶上或者说努力赶上掠夺了很多的民族,使我们也能多掠夺一些!!

尼蒂:《在意大利的外国资本》

在«Revue d'économie politique»①(1915,№4,7—8月)上载有对弗兰契斯科·**尼蒂**的《在意大利的外国资本》一书(共156页)的评论。他说,总共只有5亿(??),其中

比利时……18 200万
法国………14 800
英国………11 000
瑞士……… 4 600
德国……… 2 800

Σ=50 400(我加的)

> 有问题,是不是少了一些?同**佩什**和**哈尔姆斯**的183核对一下

罗·利夫曼:《战争是不是使我们接近社会主义?》

教授**罗伯特·利夫曼**博士:《**战争**是不是使我们接近**社会主义**?》

(《德国的战争》№56,恩·耶克版,斯图加特—柏林,1915。)

① 《政治经济学评论》杂志。——编者注

作者反对那种认为战争使我们接近社会主义的观点(**雅费**等人)。税收、垄断、面包配给制——他说，所有这一切同社会主义毫无共同之处(他说，共产主义＝调节**消费**，社会主义＝废除私有制)。

都是些极其庸俗的反对社会主义的道理。当然,赞成“改良”,赞成“缓和阶级矛盾”等。

他说,一般说来,社会主义是“梦想”(39),“幻想”(37),“极有害的国际主义”(社会民主党人)——(37)……

他说,人们指责德国社会民主党人对战争的态度,而“一点也没有听到”(37)(原文如此!)“指责”法国和英国的社会党人。

“德国社会民主党的行为……值得尊敬……”(37)

‖ 夸奖社会民主党人!

“……消灭现代的经济制度，这在国际范围内是不可能的,在一国范围内则会带来害处……”(39)“其他国家的工人对现实考虑得较多,并不想在实践中对此进行试验”(同上)(他说,特别是**英国**的工人,第38页)……

‖‖‖ 其他国家的工人不想社会主义

……他说,让法国去“试验”社会主义吧(39—40)……

“很难说德国**社会民主党**的党员对社会主义的理想实际上还〈!!〉忠实到什么程度,很难说这个党不仅仅**是一个主张**在**民主基础**上**进行社会改良的党**……”(40)　他说,我的意见“仅仅是主张修正主义派别在社会主义运动内部所主张的那种东西”(40)……

‖ 是社会民主党人,**还是**“改良主义者”?

‖ **我赞成**修正主义!!

!! “如果能使社会民主党明确地**放弃**这一理想，或者至少声明它暂时不去维护实现这一理想的措施，那对于战后进行共同的政治工作来说倒是非常合乎心愿的，换句话说，如果德国社会民主党内以此为目的的**修正主义运动**能得到普遍的承认，那么，对于战后社会民主党的立场就不会有什么不清楚的地方了……”(41) !

《康拉德年鉴》，1915，第2编，8月

«*Conrad's Jahrbücher*»[①]，1915，第2编，8月（第214—6页）。

迪尔关于**丹麦**1915年5月10日的法律的短评。战争所得税。对一切**超额收入**(1912—15年以后)征收10%的税。

(不单是战争所得，而是任何一种超额收入。)

(纳税人如果能证明超额收入的任何一部分都**不是**由于战争而获得的，则可以免税。)

注意 [关于一般在帝国主义制度下的**改良**的问题。]

① 《康拉德年鉴》。——编者注

《社会政治协会学报》

«*Schriften des Vereins für Sozialpolitik*»①，**第 145 卷，III**。(**见反面**)②

卡尔·冯·梯什卡博士:《19 世纪西欧的工资和生活费用》(莱比锡,1914)。

法国和**英国**的资料的最详尽的汇编，**西班牙、比利时**和**德国**的资料简编。**计算的结果是英国的情况最好**。总计表（**是我简化的**）:

指数:1900=100。**实际工资的相对变动**。

年份	英国	普鲁士	南德	法国	西班牙	比利时
1870	53.8	57.8	(1875:93.0)	69.0		51.0
1885	68.2	56.1	90.9	74.5	(1890:89.5)	78.6
1900	100	100.0	100.0	100.0	100.0	100.0
1910	92.2	82.9	99.5	106.0	102.0	1905 年 86.5

他说,英国由于实行自由贸易吃物价昂贵的苦最少(第 289 页及其他地方)。

英国较早成为“工业国”(第 101 页),它的物价较能适应,完全转上了这一基础。

(94——如果拿“加权”平均数来看,即考虑到报酬低的职业的

① 《社会政治协会学报》。——编者注

② 见本卷第 840 页。——编者注

增加**较多**,则工资的增加是**比较少的**。这是指德国机械工业中的26个行会而言。)

注意:但整个著作也都是如此。

注意。第145卷:《大城市的生活资料费用》(I—IV)。

注意 ‖ 关于汉堡的一篇**很**详尽的(**145**,IV,1915)著作(1890—),**价格**和**收支**、**消费**、**住宅**等,与伦敦比较。

«Schriften des Vereins für Sozialpolitik»。

第140卷,II,《城市的牛奶供应》(1914)。

有关于**个别**牛奶场的**零碎的**资料(乳牛头数;产量等等)。

牛奶的"工厂自销"和公开销售的发展;啤酒被排挤(不发达而且稀少)。

关于物价的详细材料。

第140卷,V,《德国牛奶的社会供应》(1914)。

‖ **汉斯·赫斯**:**《物理学各门类中的电子》**,«Himmel und Erde»[1],1915,3月(№3)。(第27年卷,第3编)

总结电子理论成就的一次有意义的尝试

① 《天与地》杂志。——编者注

《社会帝国主义和左派激进主义》

«*Bremer Bürger-Zeitung*»[①],1915,№291(12.13.)

社论:**《社会帝国主义和左派激进主义》**…… “它[左派激进主义]是德国激进主义中在争取普鲁士选举权运动时期和在1910—1913年关于裁军问题的辩论中形成的一个派别……”

“……他〈考茨基〉企图把帝国主义描绘成一种可以用另一种和平的形式来代替的资本主义扩张形式……” ‖ 注意

属于这些左派的有“罗莎·卢森堡、潘涅库克、拉狄克、塔尔海默、蔡特金等人”……

“……左派激进派对英国曼彻斯特派的对外政策的思想残余〈**累德堡**和**卡·考茨基**以及**埃克施泰因**的〉进行了尖锐的斗争……”

左派激进派和社会帝国主义者相一致的是认为“世界进入了帝国主义时代”……

“……在左派激进派看来,甚至**民兵制**也不是在帝国主义时代能消除帝国主义扩张趋向的工具;他们主张民兵制,仅仅是希望实行了这种制度,人民群众的反帝趋向会达到成熟,而社会帝国主义者却利用这次战争所提供的、但只能在与战争所捍卫的政策相矛盾的情况下才能实现的每一个支持民兵制的理由来作为使社会民主党军国主义化的诱饵。” |

① 《不来梅市民报》。——编者注

一个很好的对

‖ 一个很好的对照数字综合表 ‖

注意 ‖

恩斯特·君特博士:《德国及其主要对手的

(«Kriegshefte aus

人口(单位百万)(整数)

年代	德国	奥匈帝国	法国	英国	俄国	德意志人+奥地利人
1810	30	30	30	20	45	267
1910	65	51.5	39.5	46	136.5	258

德国的耕种面积(单位千**公顷**)

	黑麦	小麦	燕麦	大麦	**谷物共计**	马铃薯
1800	4 623	1 027	2 569	2 055	10 274	350
1901/10	6 080	1 849	4 271	1 666	13 866	3 291
	+23%	+80%	+67%	−19%	+35%	+840%

最近五年平均每公顷的收获量(单位双担)

	小麦	黑麦	大麦	燕麦	马铃薯
俄国	7.0	8.0	8.7	8.2	76.7
美国	9.3	8.9	11.7	8.1	107.0
匈牙利	12.2	11.5	13.9	11.4	78.0
奥地利	13.9	13.9	15.4	12.9	99.0
法国	14.0	11.3	14.3	13.1	98.9
大不列颠	20.7	—	17.9	16.7	153.3
德国	21.4	18.2	20.8	19.7	136.0
比利时	25.9	22.3	28.0	23.3	187.3

照数字综合表

经济资源》,埃森,1915

dem Industriebezirk»[①],第7编)。80芬尼。

在1 000欧洲人中有			每1 000人的死亡率		
英吉利人	法兰西人	俄罗斯人	时期:	**德国**	**法国**
93	153	200	20—25年前	25	22
103	88	300	现在	16	18

每公顷收获量(单位**双担**)			
黑麦	小麦	燕麦	大麦
8.62	10.28	5.64	8.00
16.3	19.6	18.30	19.00
+90%	+90%	+227%	+137%

每公顷收获量(小麦)(单位双担):			
1881/90	1901/10		
5.45	6.77	+1.32	+24%
8.27	9.30	+1.03	+12%
(1876—85)	(1899—1901)		
12.0	13.9	+1.9	+16%
18.2	20.0	+1.8	+10%
14.8	19.6	+4.8	+32%

① 《关于工业区的军事笔记》。——编者注

纺织工业的工人人数 (单位千)		
	英国	德国
1895	1 018	945
1907	1 015	1 057

机器输出 (单位百万马克)		
	英国	德国
1902	400	183
1913	674	678

占世界(煤)产量百分比			
	英国	德国	美国
1860	60%(8 100 万吨)	12.4%(1 650 万吨)	10.0%
1880	45	18	20
1900	30	20	32
1910	24	19	37
1913	21 (28 000 万吨)	21	39

铁产量 (单位百万吨)		
	英国	德国
1880	7.8	2.6
1900	9.1	8.5
1913	10.5	19.5

德国、法国和英国的船只载重吨位

	1870	1880	1890	1900	1910	1912
德国(单位千吨)	1 146	1 614	2 835	4 569	7 698	8 454
%	100	141	247	399	672	739
英国(单位千吨)	7 917	12 027	18 062	23 687	32 412	33 849
%	100	152	228	299	409	427
法国(单位千吨)	1 528	1 767	2 444	2 622	3 082	3 139
%	100	116	160	172	202	206
德国船只	100	100	100	100	100	100
英国〃〃	691	745	637	518	421	400
法国〃〃	133	109	86	57	40	37

机械和造船工业的工人人数（单位千）

	英国	德国
1881	217	206
1901	400	700

铁路（单位千公里）

英国	德国
29	34
38	63

占世界贸易总额的%

	1886	1900	1910	1912
德国——	10.3	12.1	12.0	12.9
法国——	12.5	10.0	9.4	9.2
英国——	20.8	19.5	16.9	16.6

对外贸易（输入+输出）

	德国特种贸易 单位百万马克	%	大不列颠贸易总额	%	法国特种贸易		德国	英国	法国
1880	5 712	100	14 232	100	6 896	100	100	249	121
1890	7 473	130	15 253	107	6 633	96	100	204	89
1900	10 377	181	17 900	126	10 776	155	100	172	69
1913	20 868	365	28 644	201	12 307	178	100	137	59

埃·拉帕尔:《论民族协定》

威廉·埃·拉帕尔博士:《论民族协定》,苏黎世,1915(«Schriften für schweizerische Art und Kunst»[1],26)。(国立图书馆。)

“在 1870 年以前,**德国同法国**的人口比例是
8∶8;13∶8 ‖ 9 比 8;现在是 13 比 8。近 40 年来法国的采煤量
增加了大约一倍,德国增加了大约三倍,因此目前
3∶1; 6∶1 ‖ 德国同法国的采煤量的比例是 6 比 1。**在生铁产**
量方面,两国在 40 年以前大致处于同一水平。现
1∶1; 3∶1 ‖ 在德国已超过法国大约两倍。”(第 15 页)

((400x∶200y=6∶1;400x=1 200y;1x=3y))

阿·布·哈特:《门罗主义》

阿·布·哈特:《门罗主义》,波士顿,1916。

似乎是一本不无价值的美国对外政策史。

有书目。

第 373 页:“反帝国主义者”失败了,1898。

303—4:1823—1915 年的美国国家发展表(很值得注意)。(美国帝国主义的发展等)

314:“在民族生活中最惊人的变化——就是大联合组织的成

① 《瑞士风格和艺术文集》。——编者注

立。联合不仅在银行、企业和铁路中进行,而且也在大国之间进行。"下一世纪将有五个大国出现:大不列颠、德国、俄国、中国和美国(!!)……

保护关系和"势力"(和金融利益! 332)的增长。美国在中美! ——332——

注意:"保护关系的一定的政策。"(335)

359:**罗兰·格林·阿舍尔**:《泛美主义。关于美国同欧洲的战胜者之间的不可避免的冲突的预言》,纽约,1915(第419页)。

作者痛斥他,但自己却为了"保护美国的资本"(369)而捍卫"保护制度的"……"学说"(369)!! !!

ΣΣ(402)**主张**军国主义!!(**注意**)(特别是§**5**)——特别(!!!)反对德国和日本(403)。**注意**

欧·菲力波维奇:《垄断组织》

欧·冯·菲力波维奇:《垄断组织……》[184]

在美国(1912)——**180名**公司的老板及其经理(18家银行的)在**134家**公司中占有**746个**经理席位,这些公司拥有资本Σ**2 532 500**万美元(=1 013亿马克)。"这大概等于美国全部国民财富的三分之一。"(第159页)

180人(家?)
250亿美元

电气总公司。资本(1912)=**37 800万马克**。它的监事会有**32名**监事,他们在各种企业中大约占有**500个经理席位**。

《日内瓦日报》,1916年4月18日

«Journal de Genève»[①],1916. 4. 18。

注意 注意 ‖ 据来自罗马的消息说,国际农业研究所发表了**世界**谷类作物**产量**的统计数字:

(单位百万公制担)	1915和1915/6	1914和14/15 %	最后五年平均产量的 %
小麦 …………………	1 161	119	116.4
黑麦 …………………	462	106.6	103.5
燕麦 …………………	706	114	108.7
玉蜀黍 ……………	996	105.2	109.3
大米 …………………	638	167.2	113.7
大麦 …………………	323	105.9	99.2

各国钾的消费

维也纳«Arbeiter-Zeitung»[②],1916.4.22,第6版。

……根据钾业辛迪加的资料,近年来奥匈帝国和德国用做肥料的钾的消费量每平方公里可耕地为(单位公斤):

	1900	**1910**	**1913**
奥地利	12.4	64.3	114.2
匈牙利	0.5	6.1	19.8
德国	334.4	1 025.1	1 529.3

① 《日内瓦日报》。——编者注

② 《工人报》。——编者注

《社会科学和社会政治文库》

注意«Archiv für Sozialwissenschaft und Sozialpolitik»[①],1916

(1916年8月4日)(第42卷,第1编)。

文章:——ρ.《1915年的工会运动……》

《工会的思想体系》一章……

改良主义和激进主义**不能**概括的两种派别。«*Korrespondenzblatt*»[②]与«*Sozialistische Monatshefte*»[③]相符。

"相反,只有少数工会杂志明显地反映了不同的、比较激进的观点。这些多半是以非熟练工人或女工为主的工会出版的刊物……"(325)

"……因为一些老的大的工会的刊物完全站在多数人一边,其余的则谨慎得多。就我们所见,明确地说**赞成**少数派的观点和策略的意见是没有的……"(327)

作者在谈到五金工会时指出,理事会赞成大多数人,这个行业的工资较高(330),召去的人较少[④],这是一个老的很大的工会,"它一向是温和观点的支柱",1915年6月30日的全体大会……提出了对理事会的间接的委婉的指责:"这个提案的通过无论如何是表明了,在会员群众中占统治地位的观点和情绪是与领导不同的……"(332)

① 《社会科学和社会政治文库》。——编者注

② 《通讯》杂志。——编者注

③ 《社会主义月刊》。——编者注

④ 指服兵役。——编者注

在上层当中正在形成一个“小资产阶层”(335)……

«*Korrespondenzblatt*»(1915. 4. 17)说同帝国主义斗争是和破坏机器一样地荒谬。

而它却指责法国和英国工会组织中的**多数派**(和它本身所代表的一样),这引起了资产阶级作者的恶毒的指摘:

“因此,不能说,德国整个右派已经完全不再去理解激进的工人政策了。”(338)

作者承认,其实多数派已经不是社会主义者了(第340页及**其他各处**)。

洛伊特纳:《俄国的民族帝国主义》

«Die Neue Rundschau»[①]((1915年5月))

K. 洛伊特纳:《俄国的民族帝国主义》

第590页:——关于普列汉诺夫,说他“转入了战争阵营”。

“……连俄国最极端的激进派不久也会了解到迫切需要进入公海的自由出海口……”

“不仅俄国沙皇……而且俄国民族……抱着侵略和征服的传统愿望站在我们的边境上。”

“大俄罗斯人在帝国的边界所保卫的不是本民族的生存、独立和不可侵犯性,而是他们对4 000万非大俄罗斯人的统治……”

① 《新评论》杂志。——编者注

《工人报》的《关于帝国主义和民族压迫的提纲》的摘要[185]

I. (1)帝国主义的定义(经济的)。

边界的改变。

"民族国家"。不是**唯一的**形式(过去)

(在一定的条件下+多民族的国家)殖民地和军税

兼并——**民族压迫**的加剧。

---

(2)(违背工人阶级的利益)……

(特别是**被压迫**民族的)

(复仇)

---

(3)反对**兼并**和**民族压迫**(坚决斗争(energisch bekämpfen))

(社会主义不需要殖民地)

反对带有兼并的和约

---

(4)反对用暴力维持统治的斗争在于

(1)拒绝保卫祖国……

(2)揭穿(Denunzierung)民族压迫

(3)同对付民族运动的精神暴力作斗争

(5)要按照工人阶级的利益来改造帝国主义是不可能的

要使帝国主义不进行民族压迫是不可能的

只有社会主义……斗争应该是革命的,在社会主义制度下不是自决,而是**共同决定**

不作任何拖延,不抱任何幻想。

II. (1)在资本主义制度下不可能有民族自由

(2)自决要以无阶级社会为前提

以民族独立为前提

空想

(3)在纲领中不应该有空想

"引起不能实现的对资本主义适应能力的希望"

"**民族**改良主义的"

需要……

明确的、毫不掩饰的社会主义。

(4)不需要这种所谓的"权利"……

小资产阶级民主派思想的残余……

论考茨基主义的文章的提纲

论考茨基主义: { «Vorbote»① №1 / 《共产党人》 } 186

1.帝国主义的定义。(δ 9②)

补 3。1912 年论帝国主义已失去意义。(ο 15③)

① 《先驱》杂志。——编者注

② 见本卷第 285—286 页。——编者注

③ 见本卷第 666—667 页。——编者注

5. 战争的性质(《共产党人》)

2. 贸易政策(自由贸易)(《共产党人》)

4. 同帝国主义的斗争(和“部分资本家**赞成**”)。

8. 兼并……

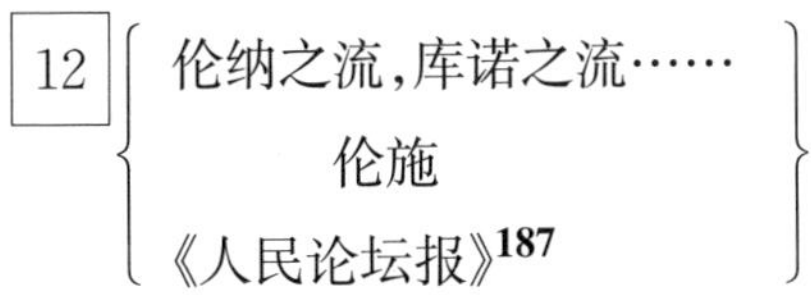

12 伦纳之流,库诺之流……
伦施
《人民论坛报》[187]

7. 和平:“大家都赞成”(专题报告)……

3. 超帝国主义论

9. 莫尼托尔和考茨基[188]

10. 1915 年 11 月 26 日考茨基**反对上街游行示威**

11. 开姆尼茨«Volksstimme»①论同考茨基之流的**统一**(参看恩斯特·**海尔曼**,载于«Die Glocke»②)

6. 否认目前的危机同机会主义的联系(卡·考茨基 1915. 5. 28)(《共产党人》)

对待战争的态度(在下列各年**以前**的):

社会革命	**1902 年**	1902
取得政权的道路	1909 年	1905
1905(o 33③)		1908
1910(o 15④)		1910
1912		1912[189]

① 《人民呼声报》。——编者注

② 《钟声》杂志。——编者注

③ 见本卷第 697—699 页。——编者注

④ 见本卷第 666—667 页。——编者注

吕勒与«Vorwärts»[①]

{革命同战争有联系。}

{裁军和**欧洲联邦**。}

A. 经济和基本的阶级对比关系(1—4)

B. 政治(5—8)

C. 党内的“泥潭派”(9—12)

D. 俄国的考茨基分子

{阿克雪里罗得
马尔托夫
齐赫泽和斯柯别列夫}

供翻译的

(1)克梅雷尔

(2)吉尔布雷思:《对动作的研究》

(3)霍布森:《帝国主义》

文 章 片 段

目前德国社会民主党人中间有些教条主义的、歪曲马克思主义的人对目前德国的兼并采取漫不经心的态度,恩格斯在1893年说的一段话可以表明他同这种态度相去有多远:

“我们不应忘记,俾斯麦的27年统治使德国受到——不是没

① 《前进报》。——编者注

有根据的——全世界的憎恨。吞并丹麦的北石勒苏益格，不遵守以及最后用欺骗办法废除布拉格和约中有关丹麦人的条款，吞并阿尔萨斯—洛林，卑鄙地迫害普鲁士的波兰人——所有这些与恢复'国家统一'毫无共同之处。"(《欧洲能否裁军?》，纽伦堡，1893，第 27 页)**190**根据 1866 年 8 月 23 日的布拉格条约，奥地利把石勒苏益格-荷尔斯泰因让给了普鲁士，条件是：如果石勒苏益格北部地区的居民在自由投票时赞成同丹麦联合，那就要把该地区居民划归丹麦。1878 年 10 月 11 日德国同奥地利签订的维也纳条约用欺骗办法废除了这一条。15 年后，到 1893 年，恩格斯还没有忘记这种骗局，并且痛斥这种骗局，强调指出了建立德国人的国家统一同对依附德国人的民族采取一系列强制的和欺骗性的压迫措施之间的差别……①

《国民饮食状况。群众饮食状况》

《国民饮食状况。群众饮食状况》，柏林，1916。

(劳动者福利中央联合会丛刊。1915 年 10 月 28 日)。

第 27 页(摘自**鲁布纳**教授的"报告")：

现将英国各阶级间分配情况的材料摘引如下：

① 手稿到此中断。——俄文版编者注

英国各阶级及**肉类**的分配

	占全体居民的%		占肉类总消费量的%		我的计算：以居民人数为100计算的各阶层肉类消费量
农业工人和非熟练工人	23	73	16.5	61.3	71.7
熟练工人	50		44.8		89.6
中下层	15	15	15.3	15.3	102.0
中层	7	12	10.5	23.4	150.0
上层	5		12.9		258.8
总计	100	100	100.0	100.0	

《巴塞尔前进报》

《瑞士的国外投资》

«Basler Vorwärts»[①]1917年1月26日：

《瑞士的国外投资》。

伯尔尼大学政治经济学研究班(赖歇斯贝格教授主持的)报告汇编。

阿尔弗勒德·费舍的报告：

“瑞士的债务与它的国外投资有因果关系。债务共15亿 ||| 计15亿法郎,其中10亿是欠法国的。”

① 《巴塞尔前进报》。——编者注

"只能大致确定瑞士的国外投资总额。估计总额在25亿法郎和45亿法郎之间。由此可见,瑞士肯定是个债权国,因为它的国外投资比它的国外债务高出将近一倍。"

图 书 目 录

I

L. F. 霍夫曼:《日暮途穷的英国》(«La Patrie Egyptienne»[①]出版。)日内瓦,1914。

((印章:埃及爱国者俱乐部。1914.3,日内瓦 韦松内街3号。))

"«La Patrie Egyptienne»出版的这本小册子免费发给所有愿意索取的人。需者可向管理处索取,日内瓦 韦松内街3号。"

穆罕默德·法赫米:《埃及问题真相》(日内瓦,1913)(《1912年给第十九届和平大会的报告书》)。

J. 戈尔德施泰因博士:《德国建筑业中的工人和企业主》,莱比锡,1913。(《**苏黎世**国民经济研究》,第5编。)

教授 **W. 许内瓦德尔**博士:《欧洲大战的历史前提》,温特图尔,1915(小册子——看来是一本写得很平庸的概论性的东西,很短,很肤浅)。

① 《埃及祖国报》。——编者注

II

“伊斯兰教进步”协会。

富斯特里大厦,日内瓦。

他们的出版物«*Bulletin de la société...*»[①]。第 3 年卷,№1 和 2,1915 年 6—7 月。

《不能忘记》。

英国人在埃及的历史一页。1915 年 5 月。署名 **M. M. 里法特博士**。

叙述埃及人因揍了几名开枪打鸽子并打伤一名妇女的英国军官而于 1906 年 6 月 26 日被判刑和杀头的事。

小册子:《对英国的判决》,柏林,1915. 5. 2。**M. M. 里法特博士**作序。

辑录了从 1882 年一直到 1914 年 12 月 7 日**合并**(兼并)为止,英国就埃及问题所许的诺言和所发表的声明。

III[191]

贝利乌斯:《英国人和法国人的有色人种帮手》,柏林,1915。

布兰特:《在东亚的 33 年。一个外交家的回忆录》,共 3 卷,莱比

① 《……协会公报》。——编者注

锡,1901。

科尔纳:《瑞士的烟草垄断》,洛桑,1914。

戴维斯:《英国和德国的财政》,伦敦,1915。

艾尔-哈迪-阿卜杜拉:《法国军队中的伊斯兰教》,君士坦丁堡,1915。

《印度的忠诚》(印度一个民族政党出版),同上,法文版。

弗兰克:《冰川时代人们的假想的语言》,莱比锡,1911。

格林:《印度》,共2卷,1911。

《格鲁吉亚和目前的战争》,1915。

基利阿尼:《德英经济矛盾》。

洛伊埃:《殖民地生活写照》,1903。

迈伦:《欧洲大战时期我们在中国的机会》,芝加哥,1915。

尼汉斯:《现代各民族的改造和基督教争夺世界统治权》,伯尔尼,191?。

彼得:《法国长篇小说的发展》,1913。

里法特:(关于埃及反英斗争问题)。

《英国在印度的统治受到谴责》,伦敦,1915。

舍里夫:《突尼斯人及其他。对法国统治的抗议》。原文如此!柏林,1916。

鲁特曼:《现代心理学的主要成果》。

西韦金:《现代经济史基础》,1915。

菲埃托尔:《德语语音词典》。

齐库尔施:《俄国的巴尔干政策》,1915。

IV

（1）**莫·莱尔**:《德国帝国主义》,**巴黎**,1908(?)[①]3.50法郎。

（2）**贝拉尔**:《法国和威廉二世》(3.50法郎)?

〃 〃 〃 《摩洛哥的冲突》(4法郎)

〃 〃 〃 《苏丹,伊斯兰教……》,巴格达(4法郎)。

同一作者:《亚洲的暴动》,巴黎,1904。

（3）**乔·布隆代**:《德国人民的工商业的高涨》,巴黎,1900。

〃 〃 〃 〃 《法国和世界市场》,巴黎,1901。

勒鲁瓦-博利厄:《亚洲的复兴》,1900。

〃 〃 〃 〃 〃 〃 《新盎格鲁撒克逊人协会》。

V

S. A. 里夫:《竞争的代价》(共617页),纽约,**1906**(2美元)

注意 ‖ (麦克卢尔、菲力浦斯公司)。(“关于竞争过程造成的损失的研究,和关于社会主义改革的建议”。)

«The Economist»[②],1915.12.25。

英国人论**德国**化学工业的优势。

---

① 此书不是在1908年出版,而是在1902年出版。见本卷第217页。——编者注

② 《经济学家》杂志。——编者注

《经济学和法学书目》,1906(1)及以后各年,1908(3),1909—1912(第4—8卷)。

VI

注意。**约翰·阿·霍布森**。注意

《关于最低纲领各条的报告集》,共2卷(《建立持久和平的中央组织》),海牙,1916。

VII

波勒:《军事历史丛书》。

维蒂希:《革命的世纪》,共2册,苏黎世,1875。

达尔克:《战争通史》(共2卷),巴黎,1758。

穆里埃:《商业战争(1486—1850)》,巴黎,1863。

弗·埃尔拉赫:《弱小民族反对强大军队的解放战争》,伯尔尼,1868。

施图德尼茨和勒德利希:《不同期和同期的评论》。

哥利岑?

祖特尔:《理查·阿芬那留斯的哲学》,1910。(学位论文。)

VIII

注意

盖尔
埃格尔哈夫 } 政治评论和历史纪事(一年的)

罗洛夫:«Europäischer Geschichtskalender»[①]((?))。

苏黎世州立图书馆索书卡

阿什利:《英国的经济组织》,1914。

贝尔扎:《在血泊中》,华沙,1906。

比尔曼:《文克布莱希(马尔洛)》,共2卷。

比特曼:《工人收支和物价昂贵》,1914。

布瓦西埃:《圣西门》。

«Bolletino Storico della Svizzera Italiana»[②],1—23年卷(1879—1901)。

布雷斯尼茨·冯·西达科夫:《尼古拉二世帝国秘史》,共5卷。

《给左尔格的信》,斯图加特,1906。

保尔·布申:《1860年前英国和它的殖民地之间的贸易政治关系的发展》,附1826—1900年殖民地贸易一览表,斯图加特,1902。

卡内基:《国际和平宣传基金》,1911和1912年鉴。

多扎:《印象和见闻》,1914。

德尔·韦克基奥:《战争奇观》,萨萨里,1909。

埃·德马雷:《殖民地组织和联邦;法兰西和它的殖民地联邦》,学位论文,巴黎,1899。

《瑞士民主派还是国际社会主义》,弗劳恩菲尔德,1892。

---

① 《欧洲历史纪事》杂志。——编者注

② 《瑞士意语区史料通报》。——编者注

《瑞士联邦银行报告书》,1863—1913。

德托:《社会主义和法国议会》,学位论文,巴黎,1903。

迪特里希:《企业的组织》,1914。

《美国的职业教育》,1900。

埃格尔哈夫:《现代史》,1913。弗·乌里扬诺夫。1916 年 8 月 4 日。**10 月底**。

埃格尔哈夫:《现代史》,1908。9 月 25 日借出。州立图书馆 9 月 18 日借出。弗·乌里扬诺夫。1916 年 10 月 4 日。10 月底。

埃伦贝格:《豪富(富格尔—路特希尔德—克虏伯)》,1905,**共 2 卷**。

恩格斯:《家庭……的起源》。

埃尔梅尔斯:《法国的殖民贸易政策》,柏林,1910。

《瑞士的工厂统计》,1911。

弗雷斯:《刚果河流域附属国的国际地位》,学位论文,卡尔卡松,1904。

弗里曼:《比较政策》,伦敦,1873。

恩斯特·**弗里德里希**:《世界贸易和世界关系地理》,1911。

弗罗贝尔:《论目前英德法存款银行的动向》(学位论文),1903。

加尔:《现代报刊事业的经济基础》,1912。

加佐:《英国帝国主义。卡莱尔—西利—张伯伦》(学位论文),1903。

«Deutscher Geschichtskalender»①,**1913** 年卷。

吉贝尔:《对钾碱工业的拨款》,1912。

日罗:《殖民原则》,第 2 版,巴黎,1904。

---

① 《德国历史纪事》杂志。——编者注

戈埃斯:《印度的大城市》,1910。

《中世纪史和近代史手册》(迈讷克等),1903 及以后各年。((只是几篇专题论文,看来什么也没有))

埃尔芒:《1848 年的匈牙利革命:民族,它们的斗争和它们的要求;俄国的干涉和波兰的干涉》,学位论文,1901。

威·G.赫茨:《英国向外国人征收所得税》,斯图加特,1910。

赫特纳:《英国的世界霸权和战争》。

海德:《德国雪茄和纸烟工业技术发展的国民经济意义》,斯图加特,1910。

希尔施:《零售商业的分支企业》,1916。

弗兰克·希契科克:论述美国对外贸易的几本小册子。

赫尼格尔:《德国军事的经济意义》,莱比锡,1913。

霍利切尔:《历史的规律。对唯物主义历史观的批判》,学位论文,1901。

霍尔斯蒂:《战争同国家起源的关系》,学位论文,1913。

奥诺雷:《横贯撒哈拉的铁路和法国人渗入非洲》,学位论文,1901。

《在争取俄国自由的斗争中》,1906。

爱·雅科布:《合作社的国民经济理论》,1913。

«Journal asiatique»①,(1)**第 10** 期目录,(2)第 11 期。

《俄国反犹太暴行》,共 2 卷,1910。

神户正雄:《日本国民经济的发展》,1914。

考茨基:《议会制》,斯图加特,1893。

凯泽尔:《钢筋混凝土建筑的发展和成就》(讲演),达姆施塔

① 《亚洲杂志》。——编者注

特,1911。

金德曼:《强制和自由。各族人民生活中的普遍因素》,耶拿,1901。

木下伊太郎:《日本商业的过去和现在》,学位论文,1902。

威·克莱:《克虏伯所拥有的。社会政治问题随笔》,1899。

戈·科赫:《1794 年的雅各宾国家》,柏林,1904。

朗格:《大战文献》,1915。

朗之万:《论向法国和外国交易所证券征收的印花税》,学位论文,1900。

列曼:《亚美尼亚的过去和现在》,1910。

拉德洛:《英国的劳动阶级》,1868。

马克思:《德国的革命和反革命》,1896。

南森:《西伯利亚》,1914。

诺斯蒂茨:《英国工人阶级的奋起》,耶拿,1900。

奥斯特里德尔:《垄断还是竞争》,1903。

«La Paix par le Droit»[①],第 21 年(1911)。

佩茨和德恩:《英国的霸权。I. 大陆封锁时代纪要》,莱比锡,1912。

佩茨:《论最新贸易政策问题》,维也纳,1895。

佩斯尔:《最低工资》,1914。

《波兰和瑞士人民》。作者是瑞士人,波兰起义的目击者。**1863**。

«Politisches Jahrbuch»[②],**最近两**年。

波利:《论俄国革命》。

普拉多:《俄国的死路》,1907。

威·拉帕尔:《瑞士现代民主制产生的经济因素》。

---

① 《正义的和平》杂志。——编者注

② 《政治年鉴》。——编者注

《论文集》(马丁)。

《拉脱维亚革命》。

里德:《公共企业的组织和管理》,1914。

斯克尔顿:《社会主义。批判的分析》,学位论文,剑桥,1911。

《现代国家史》?(第1—28卷),莱比锡,1858。

«Staatsarchiv»[①],索引78—93,最后一年**1914**。

施特拉塞尔:《资本主义和战争法》。(补编№11。)

施特罗:《德国政治文献中的1801—3年法英关系》(=历史评论,第121编),1914。

施特鲁普:《俄国和中国的冲突》,1911。

于贝斯贝格尔:《近二百年来俄国的东方政策》,第1卷,1913。

乌尔曼:《德俄的木材交易》,学位论文,1913。

于里:《法国的罢工及其结局》,学位论文,1902。

泰奥多尔·**费特尔**:《约翰·拉斯金和威·莫里斯,技术的反对者和拥护者》,弗劳恩费尔德,1912。

(瓦尔茨-艾登本茨)《政变还是改良》,共3册。

怀特:《我的外交生涯片段》,1906。

扬曼:《豪富的经济原因》,学位论文,1909。

«Zeitschrift für schweizerische Statistik»[②]。

西利亚库斯:《革命的俄国》,1905。

载于1936年和1937年《列宁文集》俄文版第29卷和第30卷

译自《列宁全集》俄文第5版第28卷第711—740页

① 《国家档案》杂志。——编者注

② 《瑞士统计杂志》。——编者注

注　释

1 《关于帝国主义的笔记》是列宁研究帝国主义问题时所作的笔记的汇编，其中包括写作《帝国主义是资本主义的最高阶段》一书的全部准备材料。

列宁很早就注意到了资本主义发展中的新现象。他在1895—1913年写的一系列著作中揭示和分析了帝国主义时代的某些特征。第一次世界大战开始以后，列宁着手对资本主义发展的垄断阶段进行全面的研究。由于革命斗争的需要，他从1915年中起，特别加紧了这方面的研究工作，开始编参考书目、拟大纲、作摘录、写札记。1916年初，列宁应彼得堡孤帆出版社之约，开始撰写《帝国主义是资本主义的最高阶段》一书。2月上半月，他从伯尔尼移居苏黎世。在那里，他继续收集和整理有关材料，除充分利用苏黎世州立图书馆的丰富资料外，还从其他城市借阅了一些参考书籍。列宁在准备写作的整个过程中共作了15本笔记，分别用希腊文字母编了号（从"阿耳法"到"奥米克隆"），此外还作了《"布雷斯福德"笔记》和整理了其他材料。列宁写完《帝国主义是资本主义的最高阶段》并于1916年7月初把手稿寄往出版社以后，仍然继续收集有关帝国主义问题的材料。《"埃格尔哈夫"笔记》和《关于波斯材料的笔记》等就是在这个时期作的。

《关于帝国主义的笔记》收载了上述共20本笔记，此外还收了列宁在1912—1916年期间所作的有关这个问题的单独札记。笔记都是用有关著作和报刊的原文摘记的。这些材料最初以原文和俄译文对照的形式，分别发表在1933—1938年出版的《列宁文集》第22、27、28、29、30、31卷。《笔记"δ"（"迭尔塔"）》因发现较晚，直到1938年才译成俄文，在《无产阶级革命》杂志第9期上首次发表。1939年上述全部材料（原文摘录均译成俄文）用《关于帝国主义的笔记》这个书名编成单行本出版。《列宁全集》俄文第4版和第5版收入此书时，基本上未作变动，只分别对1912—1916年期间的单独札记部分作过增删。

列宁在《帝国主义是资本主义的最高阶段》一书以及其他著作中引用过《关于帝国主义的笔记》的地方，本卷中分别加了脚注，以便读者了解列宁是如何利用笔记中的材料写作的。——1。

2　这篇论同“泥潭派”作斗争的文章，看来没有写成。——5。

3　《取得政权的道路》是卡·考茨基写的，1909年在柏林出版。列宁在《国家与革命》第6章中说该书是“考茨基最后的也是最好的一部反对机会主义者的著作”（见本版全集第31卷第106页）。——5。

4　巴塞尔宣言即1912年11月24—25日在巴塞尔举行的国际社会党非常代表大会一致通过的《国际局势和社会民主党反对战争危险的统一行动》决议，德文本称《国际关于目前形势的宣言》。宣言谴责了各国资产阶级政府的备战活动，揭露了即将到来的战争的帝国主义性质，号召各国人民起来反对帝国主义战争。宣言斥责了帝国主义的扩张政策，号召社会党人为反对一切压迫小民族的行为和沙文主义的表现而斗争。宣言写进了1907年斯图加特代表大会决议中列宁提出的基本论点：帝国主义战争一旦爆发，社会党人就应该利用战争所造成的经济危机和政治危机，来加速资本主义的崩溃，进行社会主义革命。——5。

5　康拉德年鉴是《国民经济和统计年鉴》的别称。

《国民经济和统计年鉴》（«Jahrbücher für Nationalökonomie und Statistik»）是德国资产阶级的经济学杂志，1862年由布鲁诺·希尔德布兰德创办，在耶拿出版，通常每年出两期。1872—1890年由约翰奈斯·康拉德编辑出版（1872年起协助编辑，1878年正式出任编辑）。1891—1897年由威廉·莱克西斯编辑出版。——11。

6　德国电气总公司（也译德国通用电气公司）是德国电气工业最大的垄断组织，1883年成立。它同德国另一家电气托拉斯西门子公司一起垄断了德国电气工业。第二次世界大战前夕，在34个国家设有子公司和代办处。战后，它在德意志民主共和国境内的企业被收归国有，在德意志联邦共和国的企业仍属原资本家所有。1966 年同无线电器材公司合并，改称德国通用电气-无线电器材公司，1985 年改称通用电气公司。

美国通用电气公司是美国最大的电气托拉斯，也是资本主义世界实力最强的垄断组织之一。它成立于 1892 年，主要由摩根财团控制，产品范围极广，从家用电器直到发电机、电力机车。第二次世界大战期间是军需品主要供应者之一。战后又从事核武器、喷气发动机的生产。在国外设有子公司。

1907 年电气总公司和通用电气公司签订了瓜分世界的协定（参看本卷第 375—379 页）。第一次世界大战以后，1922 年，这一协定被恢复。——14。

7 指俄国社会民主工党第二次代表大会通过的党纲的第 9 条。这一条宣布“国内各民族都有自决权”（见本版全集第 7 卷第 427 页和《苏联共产党代表大会、代表会议和中央全会决议汇编》1964 年人民出版社版第 1 分册第 38 页）。——19。

8 下面是 1913 年美国工人的年工资数字，引自司各脱·尼尔林的《美国工资的相称性》一文，见《美国政治和社会科学学院年刊》第 59 卷第 115 页。——28。

9 列宁在《帝国主义是资本主义的最高阶段》一书中，系统地论述了资本主义进入帝国主义阶段的生产社会化问题，对资产阶级经济学家用来回避和模糊马克思的社会化概念的所谓“交织”、“不存在孤立状态”等说法，作了进一步分析和批判（参看本版全集第 27 卷第 340、341—342、437—438 页）。——37。

10 这里说的银行业的“民主化”是指所谓股票所有权的“民主化”。资产阶级经济学家根据一些国家发行小面额股票，部分劳动人民握有少量股票的情况得出结论说，所有权已分散，劳动人民变成了资本家。列宁对这种所谓资本“民主化”的理论的分析和批判，见本版全集第 6 卷第 269—270 页和第 27 卷第 363—364 页。——42。

11　厄·约·卡斯尔是英国银行家和慈善家。出生于德国科隆，后移居伦敦。1899 年受封为爵士。——49。

12　花旗银行是美国纽约国民城市银行的中文名称（另一个中文名称是万国宝通银行）。该银行于 1812 年成立，1955 年同纽约第一国民银行合并后称为纽约第一国民城市银行（纽约第一花旗银行），1962 年改名第一国民城市银行（第一花旗银行）。以它为核心形成了一个大垄断资本集团，投资于美国许多工业部门，主要是军事工业和尖端技术工业。——63。

13　表中瑞士的统计数字是 1908 年的，匈牙利和法国的统计数字是 1909 年的，其余各国的统计数字都是 1910 年的。——68。

14　破产统计是对破产案件以及追缴赔款情况的统计。在资本主义国家，债务人（自然人或法人）无力偿还欠款时，可向法院申请破产，由法院专门指定的清偿委员会进行处理。清偿委员会查明债务人的全部财产和债务情况后，按照法律规定的顺序和比例将其全部财产分配给债权人，不足的数额不再偿付。——70。

15　德意志银行是德国的大银行之一，1870 年创立。第二次世界大战后曾分散为若干区域性银行，1957 年重新合而为一，称为德意志银行股份公司，是联邦德国金融资本的重要中心。——73。

16　美孚油公司是美国石油垄断组织，属于洛克菲勒财团。它创办于 1870 年，1879 年成为美国第一个托拉斯组织。美孚油公司及其子公司曾支配资本主义世界石油开采和加工业的 1/3 以上。这个垄断集团中最大的新泽西美孚油公司成立于 1882 年，到 20 世纪初控制了绝大部分美国石油工业。为了应付反托拉斯法，美孚油公司于 1911 年形式上分成了 33 个独立的公司，实际上大多数仍由洛克菲勒家族控制。从 1900 年起，美孚油公司在旧中国许多地方设立了分支机构。——73。

17　列宁在此处把 8 150 亿法郎这一数字算做 1911 年的统计数字，而在《帝国主义是资本主义的最高阶段》一书中则把它算做 1910 年的统计数字(见本版全集第27卷第375页)。本笔记所摘录的这个数字是F.W.R.齐默尔曼从阿尔弗勒德·奈马尔克那里转引的,而奈马尔克是把它列为1910年12月31日的数字(见本卷第142—143页)。——80。

18 引起纠纷的苹果出典于希腊神话。据说在一次众神的宴会上,三位女神为争夺一只金苹果相持不下,请牧童帕里斯(后来的特洛伊王子)裁决。帕里斯把它给了爱与美之神阿芙罗狄蒂。后来阿芙罗狄蒂为了报答帕里斯,就帮助他引诱斯巴达王之妻、绝代美人海伦,使她弃家随他私奔到特洛伊。由此,斯巴达与特洛伊之间爆发了长达10年之久的"特洛伊战争"。后人常用"引起纠纷的苹果"比喻造成争执和纠纷的根源。——94。

19 泥足巨人出典于基督教圣经《旧约全书·但以理书》。据说巴比伦国王尼布甲尼撒梦见一个生着金头、银臂、铁腿、泥脚的巨大塑像,一块大石滚来,砸烂了巨塑的脚,于是整个塑像轰然倒下,跌得粉碎。后来,"泥足巨人"一词便被用来形容外强中干、色厉内荏的庞然大物。——104。

20 蒲鲁东主义是以法国无政府主义者皮·约·蒲鲁东为代表的小资产阶级社会主义流派,产生于19世纪40年代。蒲鲁东主义从小资产阶级立场出发批判资本主义所有制,把小商品生产和交换理想化,幻想使小资产阶级私有制永世长存。主张建立"人民银行"和"交换银行",认为它们能帮助工人购置生产资料,使之成为手工业者,并能保证他们"公平地"销售自己的产品。蒲鲁东主义反对任何国家和政府,否定任何权威和法律,宣扬阶级调和,反对政治斗争和暴力革命。

列宁把考茨基派的改良主义理论称为新的蒲鲁东主义或现代的蒲鲁东主义,因为这种理论把垄断组织和银行的统治、金融寡头的无限权力、殖民掠夺、兼并和帝国主义的其他不可分割的特点说成是资本主义身上偶然长出的赘瘤,并为"健全"资本主义制度和消除垄断"弊端"构思了各种各样的方案。列宁指出,坚持这类理论的人"想'退'向小资本主义(而不是走向社会主义)"(见本卷第77页)。——105。

21　温和谨慎一语出自俄国作家亚·谢·格里鲍耶陀夫的喜剧《智慧的痛苦》，是该剧主人公莫尔恰林自诩的长处。他热衷于功名利禄，一心依附权贵，为了得到赏识和提拔，在上司面前总是唯唯诺诺，寡言少语。列宁用这个成语说明，改良主义者所主张的资本主义就是这样一种"温和谨慎"的资本主义。——106。

22　俄华银行由沙皇俄国政府设立，是推行其侵华政策的工具，中文名称为华俄道胜银行。该行于1895年12月在彼得堡设总行，次年起先后在上海、天津、汉口、北京、哈尔滨、大连等地设分行。该行资本以法国投资占多数，而董事会中的席位则由俄国占多数。沙皇政府还迫使清朝政府从"俄法借款"中拨出500万两白银入股，使该行取得中俄合办名义，但中国方面无董事席位，对该行事务无权过问。该行曾承办中东铁路的建造和经营，在旧中国发行纸币（在东北还推行卢布的使用），参加对华贷款的帝国主义银行团。1910年该行和沙皇俄国政府设立的另一家有法国投资的银行——俄国北方银行合并，改称俄亚银行，中文名称未改。俄亚银行是俄国当时最大的商业银行，十月革命后被苏维埃政府收归国有，并入统一的苏维埃共和国人民银行。1920年俄亚银行总行改设于巴黎。1926年巴黎总行和各分行一起停业。——107。

23　指法国贸易和工业发展促进总公司，我国通称为法国兴业银行，1864年成立，是法国大商业银行之一。该行总行设在巴黎，在国内外有分支机构。——107。

24　《工商报》（«Торгово-Промышленная Газета»）是1893—1918年在彼得堡出版的一家报纸（日报），1894年以前是沙皇俄国财政部刊物《财政与工商业通报》杂志的附刊。——122。

25　德意志亚洲银行即德华银行，是德国资本在旧中国设立的金融机构，1889年由德国几家大银行投资建立，总行设在上海，青岛、济南、天津、北京等地设有分行。该行曾在旧中国发行纸币，并参加对华贷款的帝国主义银行团。第二次世界大战结束后，由当时的中国政府指定的银行接收清理。——133。

26 卡·考茨基在1914年9月11日《新时代》杂志第21期上发表的《帝国主义》一文中首次提出了比较完整的关于“超帝国主义”的观点(见本卷第287—288页)。在1915年4月30日《新时代》杂志第5期上发表的题为《两本用于重新学习的书》的评论中,他对“超帝国主义”论作了以下最完整、最明确的表述:“英国保护主义运动的削弱、美国关税的降低、裁军的意图、战前几年法德两国资本输出的锐减,以及各金融资本集团日益紧密的国际交织——所有这一切都使我考虑到:现在的帝国主义的政策会不会被一种新的超帝国主义的政策所取代,这种新的超帝国主义的政策,将以实行国际联合的金融资本共同剥削世界来代替各国金融资本的相互斗争。不管怎样,资本主义的这样一个新阶段是可以设想的。至于它能否实现,现在还没有足够的前提对此作出判断。”

列宁在《第二国际的破产》、《给布哈林的小册子〈世界经济和帝国主义〉写的序言》、《帝国主义是资本主义的最高阶段》、《帝国主义和社会主义运动中的分裂》等著作中批判了考茨基的“超帝国主义”论(见本版全集第26卷第240—244页,第27卷第142—145、388—389、405—410、428—434页,第28卷第71—73页)。——145。

27 这些关于德国铁产量的资料系摘自1911年《银行》杂志上半年卷《百年来的钢铁工业》一文中的一个表(见该卷第95页),补写于手稿的空白处。列宁在手稿的下一页又以《钢铁工业的最新统计资料》为题摘录了这个表的部分内容(见本卷第181页)。——180。

28 巴格达铁路是20世纪初人们对连接博斯普鲁斯海峡和波斯湾的铁路线(全长约2 400公里)的通称。德国帝国主义为了向中近东扩张,从19世纪末就开始谋求修建这条铁路。1898年,德皇威廉二世为此亲自访问了土耳其首都伊斯坦布尔。1903年德国同土耳其正式签订了关于修建从科尼亚经巴格达到巴士拉的铁路的协定。这条铁路建成后可以把柏林、伊斯坦布尔、巴格达连接起来,使德国的势力延伸到波斯湾。这不仅威胁着英国在印度和埃及的殖民统治地位,而且同俄国在高加索和中亚的利益发生矛盾。因此,英俄法三国结成同盟来反对德国。

这条铁路到第一次世界大战爆发时尚未建成，它最后是由英法两国的公司于1934—1941年修建完成的。——188。

29 19世纪德国唯心主义哲学家弗·尼采的思想观点反映了正在形成的垄断资产阶级的要求和愿望。尼采谴责自由资产阶级，称他们是因循守旧、苟且偷生的"庸人"。他强调主观战斗精神和"权力意志"的作用，认为人生的目的在于发挥权力，"扩张自我"，历史的进程是由追求权力的个人意志决定的，"超人"是历史的创造者，而普通人则是"超人"实现其权力意志的工具。尼采还公开歌颂战争，声称"宁可为战争而牺牲善行"。——206。

30 欧洲联邦是资产阶级政治家在第一次世界大战以前提出并在战争期间得到广泛传播的一个口号。在各国社会民主党人中也有人宣传这一口号。列宁在第一次世界大战爆发后所写的《革命的社会民主党在欧洲大战中的任务》和《战争和俄国社会民主党》这两个文件中曾把建立共和制的欧洲联邦作为社会民主党当前口号之一（见本版全集第26卷第6、17页）。后来经过进一步分析，列宁认为"欧洲联邦"的口号是不正确的。关于这个问题，见列宁的《论欧洲联邦口号》和《为俄国社会民主工党中央的宣言〈战争和俄国社会民主党〉加的注释》（本版全集第26卷）。——213。

31 门罗主义是指美国总统詹姆斯·门罗于1823年12月2日在致国会的咨文中所阐述的美国对外政策原则，即所谓"美洲是美洲人的美洲"，反对欧洲列强干涉美洲国家事务和使该地区殖民地化。后来，门罗主义被美国扩张主义者用来在美洲大陆建立美国的霸权。——214。

32 安集延起义是指1898年5月18日在中亚费尔干纳州安集延地区爆发的反对沙皇政府殖民统治的起义。参加起义的有2 000人，主要是当地的农牧民。起义的领导权掌握在封建贵族和宗教界人士手中，他们企图利用群众对沙皇政府殖民政策的不满来恢复1876年被沙皇俄国吞并的浩罕汗国。起义很快被沙皇政府镇压下去，383人受审，18人被处绞刑。——219。

33 这里记的是列宁1916年7月2日给米·尼·波克罗夫斯基的信(见本版全集第47卷第267号文献)的要点。

《帝国主义是资本主义的最高阶段》一书的注释最初是放在卷末的。“注释№.101”即该书第8章末尾的一条注释,见本版全集第27卷第420页上的脚注。——258。

34 帝国主义经济主义者是第一次世界大战期间在一些国家的社会民主党内出现的一种机会主义派别。在俄国社会民主工党内,这一派别的代表人物是尼·伊·布哈林、格·列·皮达可夫和叶·波·博什。1915年春,布哈林在俄国社会民主工党国外支部代表会议上提出一个关于无产阶级的任务和策略的提纲。1915年11月,布哈林和皮达可夫等人又在斯德哥尔摩向俄国社会民主工党中央委员会提出了《论民族自决权口号》这一提纲。在这些文件里,他们反对民族自决权,反对俄国社会民主工党纲领中为争取民主改革而斗争的全部最低纲领。他们认为,帝国主义既然否定民主,民主在帝国主义条件下就是不能实现的,谈论权利(即民主)是无用的,能够同帝国主义战争相抗衡的只有社会主义,在党的最低纲领中提民主口号就是一种欺骗和幻想。从否认政治斗争这一点来说,这种思想和历史上的经济主义相似,所以列宁把它称为“帝国主义经济主义”。这一类思想在荷兰社会民主党、美国社会主义工人党及其他一些党内也出现过。列宁在《论正在产生的“帝国主义经济主义”倾向》、《对彼·基辅斯基(尤·皮达可夫)〈无产阶级和金融资本时代的“民族自决权”〉一文的回答》和《论面目全非的马克思主义和“帝国主义经济主义”》(见本版全集第28卷)这三篇著作中对帝国主义经济主义作了详细的分析和批判。——262。

35 恩格斯在《反杜林论》第2编第3章《暴力论(续)》中谈到资本主义国家时说:“军队变成了国家的主要目的,变成了目的本身;人民之所以存在,只是为了当兵和养兵。军国主义统治着并且吞噬着欧洲。但是这种军国主义本身也包含着自己毁灭的萌芽。”恩格斯接着指出,各国之间的竞争迫使它们一方面在军备上花愈来愈多的钱,从而使它们接近财政崩溃;另一方面,这种竞争迫使它们愈来愈严格地采用普遍义务兵役制，结果使全体人民学会使用武器，这就使人民在一定的时机有了掉转枪口反对统治阶级的现实可能性。“那时，君主的军队将转变为人民的军队，机器将拒绝效劳，军国主义将由于自身发展的辩证法而灭亡。”（《马克思恩格斯文集》第 9 卷第 177—178 页）——263。

36 曼彻斯特主义即自由贸易主义，是历史上工业资产阶级的一种经济政策，主张贸易自由和国家不干涉私人企业主的活动。自由贸易主义早在 18 世纪末就在英国出现。19 世纪 30 年代至 40 年代，曼彻斯特的工业资产阶级成为自由贸易主义的支柱。曼彻斯特纺织厂主理查·科布顿和约翰·布莱特于 1838 年以曼彻斯特商会为核心建立了反谷物法同盟，要求废除谷物法，确立贸易自由。曼彻斯特主义这个名称即由此而来。在垄断资本主义以前，德、法、俄等国也出现过自由贸易主义。关于自由贸易主义，可参看马克思的《关于自由贸易问题的演说》（《马克思恩格斯文集》第 1 卷）和列宁的《评经济浪漫主义》（见本版全集第 2 卷）。——290。

37 《共产党人》杂志（«Коммунист»）是列宁创办的，由《社会民主党人报》编辑部和资助该杂志的格·列·皮达可夫、叶·波·博什共同出版。尼·伊·布哈林也参加了编辑部。杂志于 1915 年 9 月在日内瓦出了一期合刊，刊载了列宁的三篇文章：《第二国际的破产》、《一位法裔社会党人诚实的呼声》、《意大利的帝国主义和社会主义》。列宁曾打算把《共产党人》杂志办成左派社会民主党人的国际机关刊物。可是在杂志筹办期间，《社会民主党人报》编辑部和布哈林、皮达可夫、博什之间很快就发生了严重的意见分歧。杂志创刊以后，分歧愈益加剧。根据列宁的提议，《共产党人》杂志只出这一期就停刊了。——290。

38 《社会主义月刊》（«Sozialistische Monatshefte»）是德国机会主义者的主要刊物，也是国际修正主义者的刊物之一。1897—1933 年在柏林出版。编辑和出版者为右翼社会民主党人约·布洛赫。撰稿人有爱·伯恩施坦、康·施米特、弗·赫茨、爱·大卫、沃·海涅、麦·席佩耳等。第一次世界大战期间，杂志持社会沙文主义立场。——307。

39 工联即英国及其自治领的工会。工联成员作为集体党员加入工党。在第一次世界大战期间,工联领导人大多数持社会沙文主义立场。工联思想家们否认建立无产阶级革命政党的必要性,实际上把工人政党的作用等同于工联的议会代表团。——309。

40 中华民国是 1912 年 1 月 1 日宣告成立的。——336。

41 这里说的关东是指我国旅大地区。1898 年沙皇政府向清朝政府租借了我国旅大地区,不久在旅大租借地设置了"关东州"。沙俄在日俄战争中战败,旅大租借地根据 1905 年的朴茨茅斯条约转让给日本后,仍然称为"关东州"。——336。

42 《前进报》(«Vorwärts»)是德国社会民主党的中央机关报(日报),1876 年 10 月在莱比锡创刊,编辑是威·李卜克内西和威·哈森克莱维尔。1878 年 10 月反社会党人非常法颁布后被查禁。1890 年 10 月反社会党人非常法废除后,德国社会民主党哈雷代表大会决定把 1884 年在柏林创办的《柏林人民报》改名为《前进报》(全称是《前进。柏林人民报》),从 1891 年 1 月起作为中央机关报在柏林出版,由李卜克内西任主编。恩格斯曾为《前进报》撰稿,同机会主义的各种表现进行斗争。1895 年恩格斯逝世以后,《前进报》逐渐转入党的右翼手中。它支持过俄国的经济派和孟什维克。第一次世界大战期间持社会沙文主义立场。俄国十月革命以后,进行反对苏维埃的宣传。1933 年停刊。——347。

43 《人道报》(«L'Humanité»)是法国日报,由让·饶勒斯于 1904 年创办。该报最初是法国社会党机关报,在第一次世界大战期间为法国社会党极右翼所掌握,采取了社会沙文主义立场。1918 年该报由马·加香领导后,反对法国政府对苏维埃俄国进行武装干涉的帝国主义政策。在法国社会党分裂和法国共产党成立以后,从 1920 年 12 月起,该报成为法国共产党中央机关报。——347。

44 这里用双线框起的地方是《笔记"ϑ"("太塔")》的第 1 页,上面记有该笔记目录的缩写。笔记中前3篇摘录有统一的页码(1—10),而雅·里塞尔的《德国大银行及其集中》一书的摘录则单独编了页码(1—16)。因此列宁在《帝国主义是资本主义的最高阶段》一书的大纲中标注引用本笔记材料的页码时,使用了两种符号:“ϑ”和“R”即“里塞尔”(见本卷第239—252页)。——369。

45 《金融资本》一书是鲁道夫·希法亭的主要著作,1910年在维也纳出版。它以银行资本对工业资本的统治为中心来阐明“资本主义发展的最新阶段”和历史趋势,对帝国主义的一些现象,如银行信用、虚拟资本、垄断组织和资本输出等作了极有价值的理论分析。从本卷第239—253页《〈帝国主义是资本主义的最高阶段〉一书的提纲》中可以看出,列宁在写作《帝国主义是资本主义的最高阶段》时多次引证和利用了《金融资本》中的一些论点和实际材料。列宁肯定这本书对帝国主义所作的理论分析,同时也批评了它在帝国主义的一些重要问题上的非马克思主义观点(见本版全集第27卷第329、331、334、361—362、370—371、397、411、424—425、433页)。——369。

46 鲁·希法亭《金融资本》一书的这条注释说:“强加给一定的事物以资本的属性乃是错误的,就如同我们把事物所固有的某种东西强加给空间一样。只有我们的直观赋予事物以空间的形式,同样,只有一定的社会发展阶段赋予事物以货币或者资本的形式。”这里所说的直观赋予事物以空间形式是德国哲学家伊·康德的观点。康德认为,时间和空间不是客观事物本身存在的形式,而是人的认识能力(“感性”)所固有的主观的形式。看来由于这个缘故,列宁在这里批了“康德主义者”一词。——370。

47 鲁·希法亭在他的著作的这条注释里说:“**杜冈-巴拉诺夫斯基**的功绩在于他在其名著《现代英国的工业危机及其原因和对人民生活的影响》中指出了”马克思关于社会生产过程的研究“对于危机问题的意义”。这里标的问号和叹号看来表明列宁对希法亭的这种说法是不赞成的。列宁在《俄国资本主义的发展》第1章第6节《马克思的实现论》中就已指出,米·伊·杜冈-巴拉诺夫斯基在他的上述著作中“不恰当地背离了马克思,并且对马克思的理论说明得不够”(见本版全集第 3 卷第 35 页,并参看第 41 页)。——373。

48 奥古斯特·蒂森是德国鲁尔区最大的工业巨头。他在 1871 年创办的轧钢公司,到第一次世界大战前夕已经发展成为欧洲最大的矿山冶金联合企业。1926 年,蒂森家族对创办德国最大的军工联合企业——钢铁托拉斯起了主要作用。这个家族还积极支持希特勒上台。蒂森钢铁托拉斯同希特勒德国其他大工业和银行垄断组织以及国际垄断资本有密切联系。第二次世界大战后,这个钢铁托拉斯分成“蒂森”和“莱茵钢铁公司”两大康采恩。蒂森垄断集团的钢铁产量居西德首位。

胡戈·斯汀尼斯是德国垄断资本巨头,1893 年开办采矿工业企业,第一次世界大战中靠军需供应发了横财,战后又利用通货膨胀和搞金融投机,建立起巨大的康采恩,包括 1 500 多家各种工业部门的企业,其中 600 家在国外。斯汀尼斯于 1924 年去世,此后不久他创建的这个庞大康采恩就破产了。由于他的继承人得到了美国银行的大力支持,才幸免被清算的命运。第二次世界大战后,斯汀尼斯康采恩主要经营煤矿、海运、内河航运、煤炭批发与零售商业、机器制造业等。——385。

49 阿·瓦格纳是德国政治经济学新历史学派和讲坛社会主义的代表人物。他继承了他的导师约·卡·洛贝尔图斯-亚格措夫的国家社会主义的观点,强调经济生活受法律条件的支配,要求加强国家在经济方面的作用,认为资产阶级国家是超阶级组织,能够调和敌对阶级而不触动资本家的利益,逐步实行“社会主义”。——409。

50 的黎波里塔尼亚战争也称意土战争,是意大利在 1911—1912 年进行的一场掠夺战争。通过这场战争,意大利夺取了奥斯曼帝国在北非的的黎波里塔尼亚和昔兰尼加两省,把它们变成为自己的殖民地(两地后来合称为利比亚)。——424。

51 指巴塞尔国际社会党代表大会。

巴塞尔国际社会党代表大会于 1912 年 11 月 24—25 日举行。这是第二国际在巴尔干战争爆发、世界大战危险日益迫近的形势下召开的非常代表大会。出席代表大会的有来自25个国家的555名代表。大会只讨论一个问题,即反对军国主义与战争危险问题。在代表大会召开的当天,来自巴登、阿尔萨斯和瑞士各地的工人及与会代表在巴塞尔明斯特教堂举行了声势浩大的反战集会。11月25日,代表大会一致通过了《国际局势和社会民主党反对战争危险的统一行动》决议,即著名的巴塞尔宣言(见注4)。——424。

52 《帝国主义》是英国经济学家约·阿·霍布森的主要著作,1902年在伦敦出版。该书分为两篇:第一篇《帝国主义的经济》,第二篇《帝国主义的政治》。书中收有大量实际材料,具体地描述了19世纪末和20世纪初帝国主义国家争夺殖民地、资本输出、以剥削附属国和殖民地为主的经济寄生性的滋长等情况。列宁写作《帝国主义是资本主义的最高阶段》一书时,利用了霍布森的这部著作提供的大量实际材料。列宁认为,该书的"作者所持的是资产阶级社会改良主义与和平主义的观点",但他"对帝国主义的基本经济特点和政治特点作了一个很好很详尽的说明"(见本版全集第27卷331页)。列宁还指出:"霍布森这部论述帝国主义的书一般说来是有益的,特别有益的是它有助于揭露考茨基主义在这个问题上的主要虚伪之处。"(见本卷第105页)

在关于霍布森的这部书的笔记中,有些摘录是娜·康·克鲁普斯卡娅作的。列宁阅读这部分笔记时在一些地方加了着重符号,写了批语,并在页边上作了记号。笔记的页码是列宁统一编的。——450。

53 东京是16—19世纪欧洲人对越南北部地区的习惯称呼。19世纪末,法国吞并了印度支那三国后,把越南划分为东京(原北圻)、安南(原中圻)和交趾支那(原南圻)三部分,同柬埔寨、老挝合并为法属印度支那联邦。东京便成了法国殖民统治下的行政区域名称。——452。

54 指伦理社会主义的拥护者。伦理社会主义是19世纪末德国新康德主义者赫·柯亨、保·格·纳托尔普等人宣扬的一种唯心主义学说,后来成为修正主义代表人物爱·伯恩施坦和德国右翼社会民主党人哲学家卡·福伦德的主要信条之一。伦理社会主义把伊·康德的唯心主义伦理思想当做社会主义学说，它否定社会发展的客观规律和社会主义革命的必然性，宣扬社会主义制度是一种道德理想。参看注 94。——468。

55 布尔战争亦称英布战争，是指 1899 年 10 月—1902 年 5 月英国对布尔人的战争。布尔人是南非荷兰移民的后裔，19 世纪建立了德兰士瓦共和国和奥兰治自由邦。为了并吞这两个黄金和钻石矿藏丰富的国家，英国发动了这场战争。由于布尔人战败，这两个国家丧失了独立，1910 年被并入英国自治领南非联邦。——468。

56 琼果主义即极端沙文主义。19 世纪 70 年代俄土战争期间，在英国流行过一首好战的军国主义歌曲，其歌词中反复出现“by Jingo”（“Jingo”一词音译“琼果”）一语，意即“以上帝的名义起誓”。“琼果”后来就成了表示极端沙文主义情绪的专用名词。——468。

57 狗占牛槽出典于伊索寓言。寓言说，一只狗跳进牛槽，卧在喂牛的干草上，当牛走近要吃草时，这只狗又嗥又叫，凶相毕露。牛就向自己的同伴说：“看，这狗多么自私！他自己不能吃草，也不让能吃的吃。”——476。

58 列宁在本笔记手稿第 41 页的这个地方作了如下的批注：“见前面的补充，本笔记第 7 页。”而在第 7 页的上方空白处也加了批语：“（见本笔记第 41 页）”。《列宁全集》俄文第 4 版和第 5 版编者据此将笔记第 7 页的摘录移至此处（即这里的以下三段黑体字摘录），按照霍布森原著页码顺序重新作了编排。——478。

59 马·桑巴的这本书的摘录是娜·康·克鲁普斯卡娅作的。笔记中的批注、插入语是列宁加的，摘录文字中黑体和着重号是列宁用的，笔记的页码也是列宁编的。——485。

60 泰·德尔卡塞是法国政治家和外交家，曾任法国殖民部长（1894—1895 年）和外交部长（1898—1905 年和 1914—1915 年）。——486。

61 9 月 4 日是革命的代称。普法战争中法军色当惨败之后，1870 年 9 月 4

日巴黎爆发了革命。拿破仑第三被废黜，法兰西第三共和国宣告成立。——490。

62 这个表是列宁阅读格·冯·舒尔采-格弗尼茨这本书的过程中编写的，目的是为了随后作相应的摘录。从本卷第496—512页可以看出，凡列入本表的地方，列宁都作了摘录；但是摘自第229—375页的摘录则是本表没有标出的。这可能是由于本表手稿有一部分丢失的缘故。——495。

63 穆尔塔图利是荷兰作家爱·道·德克尔的笔名。他以描写荷兰殖民主义者的残暴统治而著称于世，代表作有《马格斯·哈弗拉尔，或荷兰贸易公司的咖啡拍卖》（1860年）、《荷兰人在爪哇的末日》（1881年）等。——497。

64 斜堤是军事术语，指工事外壕前面的土堤。此处借用来譬喻那些对英属印度起护卫作用的国家和地区。——497。

65 罗·皮尔是英国19世纪前期的重要政治人物，托利党政治家，曾两度出任首相。在任期内进行过一些重要的财政经济改革。——498。

66 指布尔人领袖保·克吕格尔。克吕格尔于1864年被选为布尔军总司令，1883—1902年任南非德兰士瓦共和国总统，英布战争中出任联军总司令。——504。

67 人民腊德即南非布尔人的议会。——504。

68 兰德即维特瓦特斯兰德，是南非联邦德兰士瓦省南部的一座山岭，一个巨大的采金工业区。——505。

69 卡内基先生是指美国亿万富翁安·卡内基。卡内基原是苏格兰人，1848年移居美国，在美国国内战争中发了横财。——506。

70 表内所列1911年煤炭产量资料，是从1915年《德意志帝国统计年鉴》第33页所载《国际概述》第19表引来的。——517。

71 摩洛哥于1912年沦为法国的保护国。——518。

72 这一栏中的茶和酒精的消费资料是整个澳大拉西亚的，而不仅仅是澳大利亚的。——525。

73 在《帝国主义是资本主义的最高阶段》一书的法文版和德文版序言中，列宁特意强调指出了全世界的铁路统计资料对说明垄断资本主义特点的重大意义。他说："铁路网的分布，这种分布的不平衡，铁路网发展的不平衡，是全世界现代资本主义即垄断资本主义造成的结果。"（见本版全集第27卷第326页）而本卷第536—543页和第545—550页所摘录的材料则表明列宁如何从各种来源收集和加工了1890年和1913年不同国家（列强、独立的和半独立的国家、殖民地）铁路网发展的浩繁资料。列宁把这些资料与生铁和煤的生产增长相比较，揭示了生产力的发展和各国铁路建筑（作为对殖民地垄断的结果）之间的不协调。在《帝国主义是资本主义的最高阶段》一书的第7章里，列宁把铁路统计的研究结果概括成为两个简表，并加以深入的分析（同上书，第409—410页）。——536。

74 参看《马克思恩格斯全集》第1版第22卷。——555。

75 这里说的是结束1866年普奥战争的布拉格和约。这个条约签订于1866年8月23日。

根据布拉格和约第5条，奥地利把在1864年战争中奥地利和普鲁士战胜丹麦以后一直处在奥、普共同占领之下的石勒苏益格-荷尔斯泰因的一切权利让给普鲁士，但北石勒苏益格的当地居民如果通过全民投票同意和丹麦合并的话，则必须重新与丹麦合并。普鲁士没有履行这一条款，而把北石勒苏益格据为己有。1878年，布拉格和约第5条被宣布废除。参看本卷第855页。——559。

76 见《马克思恩格斯文集》第4卷第246页。——560。

77 参看《马克思恩格斯全集》第1版第18卷第624—627页。——560。

78 见《马克思恩格斯文集》第4卷第447—450页。——560。

79 参看《马克思恩格斯全集》第1版第18卷第521—540页。——561。

80 见《马克思恩格斯文集》第3卷第349—356页。——561。

81 见《马克思恩格斯文集》第3卷第392—393页。——563。

82 见《马克思恩格斯文集》第4卷第451—467页。——563。

83 指《汉堡回声报》。

《汉堡回声报》(«Hamburger Echo»)是德国社会民主党汉堡组织的机关报(日报)。1875年创刊时名为《汉堡-阿尔托纳人民小报》,1887年起改用《汉堡回声报》这一名称。第一次世界大战期间,该报采取社会沙文主义立场。1933年3月该报被纳粹政府查封。1946年4月复刊。——564。

84 海·施留特尔是德国和美国工人运动活动家、历史学家。19世纪70—80年代投身于德国社会民主党的报刊工作。1889年移居美国,90年代起为《纽约人民报》编辑部成员。1904年代表美国社会党参加第二国际阿姆斯特丹代表大会,发言反对德国和国际工人运动中的机会主义。

《纽约人民报》(«New-Yorker Volkszeitung»)是美国社会主义工人党的机关报(日报),由亚·约纳斯创办,1878—1932年在纽约用德文出版。——567。

85 这一点看来是阿·维尔特根据传闻写的,并非历史事实。——572。

86 卡菲尔居民是指非洲东南沿海一带说班图语的部分居民(主要是科萨人)。卡菲尔原为阿拉伯语,意为异教徒。布尔人把这部分本地居民称为卡菲尔人。——577。

87 再保险条约指1887年6月3日德俄两国在原"三皇同盟"条约期满后签订的新的秘密协定。这一条约规定:缔约国一方与第三强国处于战争状态时，另一方应保持善意的中立。但如果对奥战争或对法战争是由缔约国的一方对这两国中的一国发动进攻引起的，则另一方不受此约束。条约还规定，德国承认俄国在巴尔干半岛，特别是在保加利亚的历史上的既得权益，并同意在俄国“保护黑海入口”时给予道义上和外交上的支持。德国企图通过这个条约阻止俄法公开联合，并推动俄国同土耳其作战，以达到它反对英国的目的。这个条约被称为再保险条约，是因为德国通过与奥匈帝国和意大利结盟而保险不受俄国和法国的侵犯，现在通过与俄国签订协定仿佛又保了一次险。——582。

88 比利时国王莱奥波德二世直接参加殖民地的掠夺，他在1879—1884年间，用各种手段控制了刚果河流域的大部分地区。1884—1885年的柏林会议承认了莱奥波德在刚果占领的地区的边界。不久，他又宣布刚果为有“独立主权”的刚果自由邦，并自任元首，变刚果为他私人所有。莱奥波德用残暴的手段迫害、掠夺当地的非洲居民。刚果的人口在他统治时期减少了一半。1908年，比利时政府出面接管了刚果自由邦，改称比属刚果。刚果人民经过长期斗争后，于1960年6月30日获得独立。——583。

89 《欧洲通报》杂志(«Вестник Европы»)是俄国资产阶级自由派的历史、政治和文学刊物，1866年3月—1918年3月在彼得堡出版。1866—1867年为季刊，后改为月刊。先后参加编辑出版工作的有米·马·斯塔秀列维奇和马·马·柯瓦列夫斯基等。——589。

90 宪章运动是19世纪30—50年代英国无产阶级争取实行《人民宪章》的革命运动，是世界上第一次广泛的、真正群众性的、政治性的无产阶级革命运动。19世纪30年代，英国工人运动迅速高涨。伦敦工人协会于1836年成立，1837年起草了一份名为《人民宪章》的法案，1838年5月在伦敦公布。宪章提出六点政治要求：(一)凡年满21岁的男子皆有选举权；(二)实行无记名投票；(三)废除议员候选人的财产资格限制；(四)给当选议员支付薪俸；(五)议会每年改选一次；(六)平均分配选举区域，按选民人数产生代表。1840年7月成立了全国宪章派协会，这是工人运动史上第一个群众性的工人政党。宪章运动在1839、1842、

1848 年出现过三次高潮。三次请愿均被议会否决,运动也遭镇压。宪章运动终究迫使英国统治阶级作了某些让步,并对欧洲工人运动的发展产生了重大影响。马克思和恩格斯同宪章运动的左翼领袖乔·朱·哈尼、厄·琼斯保持联系,并积极支持宪章运动。——592。

91 锡利亚即"千年王国"说。"千年王国"的观念出自基督教圣经《新约全书·启示录》,那里说,在"世界末日"到来前会出现一个由基督做王一千年的世界,那时罪恶势力将受到管束。在 16 世纪德国农民战争中,基督教再浸礼派曾宣传说,既没有贫穷也没有剥削的尘世上的千年王国就要到来。——592。

92 中华民国工党是中华民国初年的政党,1912 年 1 月 21 日在上海成立,发起人和领袖是徐企文。该党带有工会性质,曾在南京、芜湖、苏州、杭州、唐山、长沙等地成立支部。1913 年 5 月 29 日,该党在上海举行反袁起义,进攻上海制造局。起义失败后,徐企文被捕,并被押送北京处死,该党也被袁世凯政府下令查禁。——601。

93 中国社会党是中华民国初年的政党,1911 年 11 月 5 日成立,总部设在上海。该党领导人是江亢虎,政纲有"赞成共和,改良法律,尊重个人,破除世袭财产制度,奖励劳工"等 8 条。该党自称有支部 400 余处,党员 50 万人。1912 年 11 月 2 日,以沙淦为首的一批党员脱离中国社会党,另组社会党,主张纯粹社会主义,消灭阶级,破除界限。所谓纯粹社会党就是指这个组织。社会党和中国社会党于 1913 年先后被袁世凯下令解散。中国社会党被解散前,它的北京部主任陈翼龙被袁世凯政府逮捕杀害。1924 年 6 月,江亢虎重组中国社会党,后进行反共活动。——601。

94 新康德主义是在复活康德哲学的口号下宣扬主观唯心主义的资产阶级哲学流派,19 世纪中叶产生于德国。创始人是奥·李普曼和弗·阿·朗格等人。1865 年李普曼出版了《康德及其追随者》一书。该书每一章都以"回到康德那里去!"的口号结束。他还提出要纠正康德承认"自在之物"这一"根本错误"。朗格则企图用生理学来论证不可知论。新康德主义后来形成两大学派：马堡学派（赫・柯亨、保・格・纳托尔普等）和弗赖堡学派（威・文德尔班、亨・李凯尔特等）。前者企图利用自然科学的成就，特别是利用数学方法向物理学的渗透，来论证唯心主义；后者则把社会科学与自然科学对立起来，宣称历史现象有严格的独特性，不受任何规律性的支配。两个学派都用科学的逻辑根据问题来取代哲学的基本问题。新康德主义者从右边批判康德，宣布"自在之物"是认识所趋向的"极限概念"。他们否认物质世界的客观存在，认为认识的对象并不是自然界和社会的规律性，而仅仅是意识的现象。新康德主义的不可知论不是"羞羞答答的唯物主义"，而是唯心主义的变种，断言科学没有力量认识和改变现实。新康德主义者公开反对马克思主义，用"伦理社会主义"对抗马克思主义。他们依据自己的认识论，宣布社会主义是人类竭力追求但不可能达到的"道德理想"。新康德主义曾被爱・伯恩施坦、康・施米特等人利用来修正马克思主义。俄国的合法马克思主义者企图把新康德主义同马克思主义结合起来。格・瓦・普列汉诺夫、保・拉法格和弗・梅林都批判对马克思主义所作的新康德主义的修正。列宁揭露了新康德主义的实质并指出了它同其他资产阶级哲学流派（内在论者、马赫主义、实用主义等等）的联系。——617。

95　隐德来希（希腊文 entelécheia 的音译，意为"完成"）是古希腊哲学家亚里士多德的用语，含义是将潜能变为现实的能动本源。——617。

96　看来是指 1912 年 11 月 3 日沙皇俄国和外蒙当局在库伦签订的《俄蒙协约》。通过这个条约，沙皇俄国控制了外蒙的外交、军事、财政、经济等各方面的大权。列宁当时曾指示杜马中的工人代表要痛斥沙俄强占蒙古的行为（见本版全集第 22 卷第 214 页和第 221 页）。——626。

97　指 1912 年 7 月 8 日沙皇俄国和日本签订的第三次《日俄密约》。这个条约重申了分别于 1907 年 7 月 30 日和 1910 年 7 月 4 日签订的前两次密约的内容（北满为俄国的势力范围，南满为日本的势力范围；沙俄承认日本在朝鲜的"自由行动"，日本承认俄国在外蒙的"特殊利益"，双方同意为维护"满洲现状"采取共同行动或互相给予援助，并对任何外来干涉进行回击等等），同时把两国的侵略范围扩大到中国的内蒙地区。密约规定：以东经 116 度 27 分为界，划内蒙为东西两部分，俄国承认日本在内蒙东部的“特殊利益”，日本支持俄国侵略内蒙西部和外蒙。——626。

98 见《马克思恩格斯文集》第 7 卷第 541 页。——636。

99 参看《马克思恩格斯全集》第 1 版第 19 卷第 163—169 页。下面的摘录，见第 164 页。——649。

100 《世俗纪事》全称为《世俗纪事和自由思想进步年鉴》（«The Secular Chronicle and Record of Free Thought Progress»），是英国的具有无神论和共和倾向的杂志，由第一国际成员哈里埃特·罗在伦敦出版。——650。

101 《社会主义历史文汇》全称为《社会主义和工人运动历史文汇》（«Archiv für die Geschichte des Sozialismus und der Arbeiterbewegung»），是奥地利经济学家和历史学家、社会民主党人卡·格律恩贝格编辑出版的杂志，于 1910—1930 年在莱比锡出版，共出了 15 卷。该杂志的特点是不同流派、不同观点的论著兼收并蓄。——650。

102 指德国社会民主党于 1913 年 9 月 14—20 日在耶拿召开的代表大会。出席会议的代表共 387 名。代表大会的议程是：执行委员会的工作报告；国会党团的工作报告；失业救济问题；捐税问题等。代表大会主要讨论了 1913 年 6 月 13 日国会党团投票赞成两项财产税的问题和政治性群众罢工的问题。关于前一个问题，代表大会通过了关于捐税问题的决议，为国会党团里的机会主义分子辩护。关于后一个问题，执行委员会同工会领导人协商后提出了一项遏制群众罢工的提案。左派罗·卢森堡、卡·李卜克内西、克·蔡特金等提出了反提案，要求宣传政治性群众罢工，“在一切领域采取进攻的、果断的和坚决的策略”，“有意识地把斗争的重点转移到群众运动方面”。代表大会否决了左派的提案，最后通过了执行委员会的提案。

在这次代表大会上，多数代表放弃了反对军国主义和反对战争的斗争，机会主义占了上风。——651。

103 指第二国际于1907年8月18—24日在斯图加特召开的第七次代表大会通过的《军国主义和国际冲突》决议。在代表大会军国主义和国际冲突问题委员会讨论奥·倍倍尔提出的决议案时，列宁同罗·卢森堡和尔·马尔托夫一起对它提出了许多原则性的修改意见。其中最重要的是对决议案的最后一段提出了如下具有历史意义的修改："只要存在战争的威胁，各有关国家的工人及其在议会中的代表就有责任各尽所能，以便利用相应的手段来阻止战争的爆发。这些手段自然是根据阶级斗争和一般政治形势的尖锐化程度的不同而改变和加强。如果战争仍然爆发了的话，他们的责任是迅速结束战争，并竭尽全力利用战争引起的经济危机和政治危机唤醒各阶层人民的政治觉悟，加速推翻资产阶级的统治。"在代表大会正式通过的决议中，这条修改意见除了个别文字改动外被完全采纳。正式通过的决议中这一段文字是："只要存在着战争的威胁，各有关国家的工人阶级及其在议会中的代表就有责任在国际局的促进团结的活动的支持下，各尽所能，以便利用他们认为最有效的手段来阻止战争的爆发，这些手段自然是根据阶级斗争的尖锐化程度和一般政治形势的尖锐化程度的不同而改变。如果战争仍然爆发了的话，他们的责任就是全力以赴迅速结束战争，并尽力利用战争引起的经济危机和政治危机来唤醒人民，从而加速资本主义的统治的崩溃。"——652。

104 指布鲁塞尔"统一"会议。

布鲁塞尔"统一"会议是根据社会党国际局1913年十二月会议的决定于1914年7月3—5日(16—18日)召开的。按照这个决定，召开会议是为了就恢复俄国社会民主工党统一的可能性问题"交换意见"。会议之前，国际局的一些领导人就同取消派商定了反对布尔什维克的共同行动。但列宁认为参加这次会议是必要的，因为不参加就会使俄国工人无法理解。俄国社会民主工党中央委员会届时派出了由伊·费·阿尔曼德、米·费·弗拉基米尔斯基、伊·费·波波夫组成的代表团参加会议。国际局的领导人不让阿尔曼德在这次会议上读完列宁写的俄国社会民主工党中央委员会向会议的报告的全文，她只读了报告的一部分便不得不转到统一的条件问题。会议通过了卡·考茨基提出的关于俄国社会民主工党统一的决议。布尔什维克以通过决议超出会议权限为由拒绝参加表决，并拒绝服从会议的决议。

会后，取消派、托洛茨基分子、前进派、普列汉诺夫派、崩得分子和高加索区域委员会的代表结成了反对布尔什维克的布鲁塞尔联盟，这一联盟没有存在多久就瓦解了。——654。

105 阿·蒂尔皮茨是德国政治家、海军元帅。1896—1897 年任远东分舰队司令，是侵占中国青岛港和在该地建立德国海军基地的倡议者之一。1897—1916 年任海军大臣。第一次世界大战中主张无限制的潜艇战和无情轰炸英国的工业中心和军事目标。因在潜艇战问题上同首相特贝特曼-霍尔韦格有分歧于 1916 年 3 月退休。——657。

106 德国国际社会党人(I.S.D.)是第一次世界大战期间围绕着在柏林出版的《光线》杂志而组成的德国左派社会民主党人集团。它公开反对战争和机会主义，在同社会沙文主义派和中派划清界限方面持最彻底的立场。在齐美尔瓦尔德会议上，该集团代表尤·博尔夏特在齐美尔瓦尔德左派的决议草案上签了名。但该集团与群众缺乏广泛联系，不久就瓦解了。

国际派(斯巴达克派)是德国左派社会民主党人的革命组织，第一次世界大战初期形成，创建人和领导人有卡·李卜克内西、罗·卢森堡、弗·梅林、克·蔡特金、尤·马尔赫列夫斯基、莱·约吉希斯(梯什卡)、威·皮克等。1915 年 4 月，卢森堡和梅林创办了《国际》杂志，这个杂志是团结德国左派社会民主党人的主要中心。1916 年 1 月 1 日，全德左派社会民主党人代表会议在柏林召开，会议决定正式成立组织，取名为国际派。代表会议通过了一个名为《指导原则》的文件，作为该派的纲领，这个文件是在卢森堡主持和李卜克内西、梅林、蔡特金参与下制定的。1916 年至 1918 年 10 月，该派定期出版秘密刊物《政治书信》，署名斯巴达克，因此该派也被称为斯巴达克派。1917 年 4 月，斯巴达克派加入了德国独立社会民主党，但保持组织上和政治上的独立。斯巴达克派在群众中进行革命宣传，组织反战活动，领导罢工，揭露世界大战的帝国主义性质和社会民主党机会主义领袖的叛卖行为。斯巴达克派在理论和策略问题上也犯过一些错误，列宁曾屡次给予批评和帮助。1918年11月，斯巴达克派改组为斯巴达克联盟，12月14日公布了联盟的纲领。1918年底，联盟退出了独立社会民主党，并在1918年12月30日—1919年1月1日举行的全德斯巴达克派和激进派代表会议上创建了德国共产党。——659。

107 《工人政治》杂志(«Arbeiterpolitik»)是德国科学社会主义刊物(周刊)，由以约·克尼夫和保·弗勒利希为首的不来梅左翼激进派(该派于1919年并入德国共产党)创办，1916—1919年在不来梅出版。为杂志撰稿的有尼·伊·布哈林、昂·吉尔波、亚·米·柯伦泰、娜·康·克鲁普斯卡娅、安·潘涅库克、卡·拉狄克和尤·米·斯切克洛夫等人。杂志反对德国和国际工人运动中的社会沙文主义。俄国十月革命后，该杂志广泛介绍苏维埃俄国的情况，发表过列宁的几篇文章和讲话。在德国1918年十一月革命期间，它刊载过列宁的《无产阶级革命的军事纲领》和《国家与革命》两著作的一些章节。——662。

108 见《马克思恩格斯文集》第1卷第365—381页，下面的引文摘自第378页。——665。

109 这一段笔记是列宁对卡·考茨基的《宗教》一文的摘录。考茨基的这篇文章发表于1913—1914年《新时代》杂志第32年卷第1册。文章前一部分载于第182—188页(1913年11月7日第6期)，后一部分载于第352—360页(1913年12月5日第10期)。——667。

110 这两段笔记是列宁对玛·怀·奥文顿《美国黑人的状况》一文的简介和艾·M.雷蒙德《黑人问题》一文的简介的摘录，两则简介分别载于1913—1914年《新时代》杂志第32年卷第1册第382—383页和第592页。——667。

111 美国社会党是由美国社会民主党(尤金·维·德布兹在1897—1898年创建)和以莫·希尔奎特、麦·海斯为首的一批原美国社会主义工人党党员联合组成的，1901 年 7 月在印第安纳波利斯召开代表大会宣告成立。该党社会成分复杂，党员中有美国本地工人、侨民工人、小农场主、城市小资产阶级和知识分子。该党重视同工会的联系，提出自己的纲领，参加选举活动，在宣传社会主义思想和开展反垄断斗争方面作出了贡献。后来机会主义分子(维·路·伯杰、希尔奎特等)在党的领导中占了优势，他们强使 1912 年该党代表大会通过了摒弃革命斗争方法的决议，以威·海伍德为首的一大批左派分子退党。在第一次世界大战期间，社会党内形成了三派。支持美国政府帝国主义政策的社会沙文主义派，只在口头上反对帝国主义战争的中派，站在国际主义立场上反对帝国主义战争的革命少数派。1919 年，退出社会党的左派代表建立了美国共产党和美国共产主义工人党。社会党的影响下降。——667。

112　世界产业工人联合会是美国的工会组织，成立于 1905 年，主要联合各种职业的非熟练工人和低工资工人。美国工人运动的活动家丹·德莱昂、尤·德布兹和威·海伍德积极参加了联合会的创建。总部设在芝加哥，在加拿大、澳大利亚、英国、拉丁美洲和南非也曾建立世界产业工人联合会的组织。成立之初，接近社会主义者，在纲领中强调阶级斗争，反对美国劳联领导人和右翼社会党人所执行的阶级合作政策，在美国组织了一系列群众性罢工(共计 150 多次)。第一次世界大战期间，联合会组织了美国工人阶级的群众性的反战斗争。联合会的某些领导人(海伍德等)欢迎俄国十月社会主义革命，并参加了美国共产党。但是联合会的领导职务从 1908 年起为无政府工团主义分子所掌握，因而在它的活动中也表现出无政府工团主义的特点，如不赞成无产阶级的政治斗争、否认无产阶级政党的领导作用和无产阶级专政的必要性、拒绝在美国劳联所属的工会会员中进行工作等。1920 年，联合会的无政府工团主义领导人曾拒绝共产国际执行委员会向联合会发出的加入共产国际的邀请。在 20 世纪 20 年代，联合会逐步退出政治舞台。——668。

113　见《马克思恩格斯文集》第 3 卷第 335—338 页和第 339—345 页。——668。

114 退教运动又称与教会分离运动，是第一次世界大战前在德国发生的群众性反教会运动。1914 年 1 月，德国社会民主党的理论刊物《新时代》杂志发表了修正主义者保尔·格雷的《与教会分离运动和社会民主党》一文，开始就党对反教会运动的态度问题展开讨论。格雷断言党应当对这一运动采取中立态度，应当禁止党员以党的名义进行反宗教和反教会的宣传。而德国社会民主党的著名活动家在讨论过程中始终没有批判格雷的错误。——668。

115 《国际社会主义评论》杂志（«The International Socialist Review»）是美国社会党人的刊物（月刊），在芝加哥出版。——670。

116 美国社会主义工人党是由第一国际美国支部和美国其他社会主义团体合并而成的。1876 年 7 月在费城统一代表大会上宣告成立，当时称美国工人党，1877 年起改用现名。绝大多数党员是侨居美国的德国社会主义运动参加者，同本地工人联系很少。19 世纪 70 年代末，党内领导职务由拉萨尔派掌握，他们执行宗派主义和教条主义政策，不重视在美国工人群众组织中开展工作，一部分领导人热衷于议会选举活动，轻视群众的经济斗争，另一些领导人则转向工联主义和无政府主义。党的领导在思想上和策略上的摇摆削弱了党。90 年代初，以丹·德莱昂为首的左派领导该党，党的工作有一些活跃。从 90 年代末起，宗派主义和无政府工团主义倾向又在党内占了上风，表现在放弃争取实现工人局部要求的斗争，拒绝在改良主义工会中进行工作，致使该党更加脱离群众性的工人运动。第一次世界大战期间，该党倾向于国际主义。在俄国十月革命的影响下，党内一部分最革命的分子退出了党，积极参加建立美国共产党。此后美国社会主义工人党成了一个人数很少、主要和知识分子有联系的集团。——670。

117 美国劳工联合会（劳联）是美国的工会联合组织，成立于 1881 年。劳联主要联合工人阶级的上层——熟练工人。参加劳联的工会基本是按行会原则组织的。劳联的改良主义领导人否定社会主义和阶级斗争原则，鼓吹阶级合作。第一次世界大战期间，支持帝国主义的战争政策。1935 年发生分裂，矿工联合会、纺织工人联合会等产业工会另组美国产业工会联合会(产联)。1955 年,劳联同产联重新合并,称做美国劳工联合会—产业工会联合会(简称劳联—产联)。——670。

118 《新生活》杂志(«Neues Leben»)是瑞士社会民主党的机关刊物(月刊),1915 年 1 月—1917 年 12 月在伯尔尼出版。该杂志宣传齐美尔瓦尔德右派的观点,从 1917 年初起采取社会沙文主义的立场。——671。

119 指《俄国社会民主工党组织委员会国外书记处通报》。

《俄国社会民主工党组织委员会国外书记处通报》(«Известия Заграничного Секретариата Организационного Комитета Российской Социал-Демократической Рабочей Партии»)是俄国孟什维克报纸,1915 年 2 月—1917 年 3 月在日内瓦出版,共出了 10 号。——679。

120 这篇文章是从 1916 年 7 月 10 日《莱比锡人民报》剪下来贴在《笔记"o"("奥米克隆")》上的,没有注明作者姓名。——680。

121 见《马克思恩格斯文集》第 3 卷第 115、120、127—128 页。——682。

122 见《马克思恩格斯文集》第 10 卷第 349 页。《马克思主义论国家》这本笔记是《国家与革命》一书的准备材料,1917 年 1、2 月间写于苏黎世。因此,此处方括号内说到引证《马克思主义论国家》这本笔记的文字,大概是列宁晚些时候在撰写《国家与革命》一书期间添上去的。——682。

123 参看《马克思恩格斯全集》第 1 版第 17 卷第 301 页。——682。

124 见《马克思恩格斯文集》第 10 卷第 352 页。——682。

125 《新时代》杂志把马克思给路·库格曼写这封信的日期弄错了,应当是 1871 年 2 月 4 日(参看《马克思恩格斯全集》第 1 版第 33 卷第 179 页)。

马克思在上述信中援引了自己 1871 年 1 月 16 日写给《每日新闻》编辑的信,而这封信发表在 1871 年 1 月 19 日《每日新闻》上(参看《马克思恩格斯全集》第 1 版第 17 卷第 299—301 页)。这里列宁把马克思写信的日期误为发表日期了。——682。

126 参看《马克思恩格斯全集》第1版第16卷第475页。——683。

127 参看《马克思恩格斯全集》第1版第33卷第631页。——683。

128 英格尔曼兰是历史地名，位于涅瓦河两岸和拉多加湖西南地区（今俄罗斯列宁格勒州的一部分），1581—1590年、1609—1702年曾被瑞典占领。——690。

129 指普鲁士邦议会社会民主党党团1916年1月17日的声明。——692。

130 《钟声》杂志（«Die Glocke»）是德国社会民主党党员、社会沙文主义者亚·李·帕尔乌斯办的刊物（双周刊），1915—1925年先后在慕尼黑和柏林出版。——693。

131 见《马克思恩格斯文集》第1卷第365—381页。——695。

132 参看《马克思恩格斯全集》第1版第33卷第521页。——697。

133 参看《马克思恩格斯全集》第1版第33卷第526页。——697。

134 马克思写这封信的日期，《新时代》杂志弄错了，应是1874年8月4日（参看《马克思恩格斯全集》第1版第33卷第636页）。——697。

135 指第一国际海牙代表大会。

第一国际海牙代表大会即国际工人协会第五次代表大会，于1872年9月2—7日在海牙举行。出席大会的有15个全国性组织的65名代表。马克思和恩格斯出席并领导这次代表大会。这次代表大会是在马克思主义者同无政府主义者进行激烈斗争的形势下召开的。代表大会的主要议程是关于总委员会的权力和关于无产阶级的政治活动这两个问题。大会从理论上、组织上揭露和清算了巴枯宁派反对无产阶级革命、破坏国际工人运动的种种活动，并把该派首领米·亚·巴枯宁和詹·吉约姆开除出国际。海牙代表大会的决议标志着马克思主义对无政府主义者小资产阶级世界观的胜利，为后来建立各国工人阶级独立的政党奠定了基础。

马克思在海牙代表大会9月3日下午会议讨论英国代表的代表资格时，曾公开谴责英国工联领袖们，说他们已经被资产阶级收买（参看《马克思恩格斯全集》第1版第18卷第724页）。——697。

136　参看《马克思恩格斯全集》第1版第33卷第631页。——697。

137　第二国际哥本哈根代表大会曾决定于1913年夏天在维也纳举行下一次即第十次国际代表大会。巴尔干战争爆发后，社会党国际局在布鲁塞尔会议上作出决定，于1912年11月24—25日在巴塞尔召开一次非常代表大会，同时把原定于1913年在维也纳召开的代表大会延期到1914年举行。1913年12月社会党国际局会议决定这次代表大会于1914年8月举行。但这次代表大会终因爆发了第一次世界大战而未能召开。——701。

138　《先驱》杂志（«Vorbote»）是齐美尔瓦尔德左派的理论机关刊物，用德文在伯尔尼出版，共出了两期：1916年1月第1期和同年4月第2期。该杂志的正式出版人是罕·罗兰-霍尔斯特和安·潘涅库克。列宁参与了杂志的创办和把第1期译成法文的组织工作。杂志曾就民族自决权和“废除武装”口号问题展开讨论。杂志刊载过列宁的《机会主义与第二国际的破产》和《社会主义革命和民族自决权（提纲）》两文（见本版全集第27卷）。——701。

139　1884年底，德国首相奥·俾斯麦为推行殖民掠夺政策，要求帝国国会批准发给轮船公司津贴，以便开辟通往亚洲东部、澳洲和非洲的定期航线。社会民主党党团左翼反对发放航运津贴，而右翼多数则主张发放津贴。1885年3月，在帝国国会讨论这个问题时，社会民主党党团右翼投票赞成开辟通往亚洲东部和澳洲的航线，同时以政府接受它的一些要求，包括新的船只在德国造船厂建造，作为它同意俾斯麦提案的条件。只是在帝国国会否决了这些要求后，整个党团才投票反对政府的提案。党团多数的行为引起了《社会民主党人报》和一些社会民主党组织的强烈反对。争论极为激烈，几乎造成党的分裂。恩格斯给了社会民主党党团右翼的机会主义立场以坚决批评（参看《马克思恩格斯全集》第1版第36卷第

258—259、259—260、265、289、291、314—315、321 页）。——702。

140 参看《马克思恩格斯全集》第 1 版第 36 卷第 321 页。——702。

141 参看《马克思恩格斯全集》第 1 版第 36 卷第 471 页。——702。

142 参看《马克思恩格斯全集》第 1 版第 37 卷第 23 页。——702。

143 见《马克思恩格斯文集》第 10 卷第 576—577 页。——703。

144 参看《马克思恩格斯全集》第 1 版第 37 卷第 350—351 页。——703。

145 参看《马克思恩格斯全集》第 1 版第 39 卷第 54 页和第 164 页。——703。

146 参看《马克思恩格斯全集》第 1 版第 37 卷第 391 页。——703。

147 参看《马克思恩格斯全集》第 1 版第 38 卷第 44 页。——703。

148 参看《马克思恩格斯全集》第 1 版第 38 卷第 150—151 页。——704。

149 参看《马克思恩格斯全集》第 1 版第 38 卷第 181 页。——704。

150 参看《马克思恩格斯全集》第 1 版第 39 卷第 129 页。——704。

151 参看《马克思恩格斯全集》第 1 版第 39 卷第 170—171 页。——704。

152 参看《马克思恩格斯全集》第 1 版第 39 卷第 236—237 页。——704。

153 这里所说的附录是指马克思于 1878 年 2 月 4 日和 11 日就东方问题给威·李卜克内西的两封信（参看《马克思恩格斯全集》第 1 版第 34 卷第 294—297 页和第 297—302 页）。李卜克内西在 1878 年 2 月 27 日把马克思的这两封信作为他的《论东方问题，或欧洲是否应该是哥萨克的？对德国人民的警告》这本小册子第 2 版的《附录》首次发表出来，当时没有注明写信人是谁。下面一大段话列宁摘自上述 1878 年 2 月 11 日的信。——707。

154 马克思指的是南威尔士矿工的特别贫困的状况，那里由于经济危机，许多矿井关闭，大批工人失业。——708。

155 1878 年 2 月 7 日和 8 日，英国议会下院就英国干预俄土战争时给政府追加拨款的问题进行辩论。以威・爱・福斯特和约・布莱特为首的自由党首领们，原先激烈反对拨款，甚至根本反对任何针对俄国的行动，这时却改变了自己的策略，避不参加最后的表决，结果使保守党政府获得了可观的多数。——708。

156 《格吕特利盟员报》(«Grütlianer»)是瑞士格吕特利联盟的机关报，1851—1925 年在苏黎世出版。

格吕特利联盟是瑞士小资产阶级改良主义组织。据传说，瑞士的三个州于 1307 年在格吕特利草地结盟，共同反对哈布斯堡王朝，格吕特利联盟即取名于此。格吕特利联盟于 1838 年在日内瓦成立，1901 年加入了瑞士社会民主党，组织上仍保持独立。第一次世界大战期间，格吕特利联盟持社会沙文主义立场，于 1916 年秋从瑞士社会民主党分裂出去。同年 11 月该党苏黎世代表大会曾通过决议，认为格吕特利联盟进行社会沙文主义活动是同它置身在社会民主党内不相容的。1925 年，格吕特利联盟重新并入瑞士社会民主党。——710。

157 参看《马克思恩格斯全集》第 1 版第 7 卷第 351—354 页。下面一段笔记摘自第 352 页。

哥・金克尔是德国诗人和政论家，小资产阶级民主主义者，1849 年巴登—普法尔茨起义的参加者，曾被普鲁士法庭判处无期徒刑，后越狱逃至伦敦，是小资产阶级流亡者的领袖之一。——717。

158 恩格斯的《波河与莱茵河》于 1859 年在柏林印成了单行本。参看《马克思恩格斯全集》第 1 版第 13 卷第 247—299 页。——717。

159 参看《马克思恩格斯全集》第 1 版第 7 卷第 330—342 页，下面两段笔记摘自第 339 页和第 336 页。——718。

160 参看《马克思恩格斯全集》第 1 版第 7 卷第 492—540 页。下面一段笔记摘自第519页。——718。

161 参看《马克思恩格斯全集》第1版第7卷第254—268页。——719。

162 列宁在《第二国际的破产》一文中对亨·诺·布雷斯福德的《钢和金的战争》一书作了评价,并利用作者列举的事实来揭露社会沙文主义的理论(见本版全集第26卷第235页)。本笔记是娜·康·克鲁普斯卡娅摘录的。——722。

163 诺曼·安吉尔是英国经济学家、国际和平运动活动家,1933年诺贝尔和平奖获得者。——731。

164 指英国政府是否批准英国资本在国外某一地区进行活动。——736。

165 这部分笔记是娜·康·克鲁普斯卡娅摘录的。笔记第15页以前(本卷第739—744页)的着重标记、记号、批语、页码以及笔记本封面上的要目都是列宁加的。从第15页(本卷第745页)起,即从约·罗西利的著作摘录开始,列宁未加任何记号。——739。

166 摘自马克思1851年9月11日给约·魏德迈的信,见《马克思恩格斯文集》第10卷第94—95页。马克思在这里说的"按照'加利西亚的方式'去进行改革",是指奥地利政府采取的利用加利西亚乌克兰族农民和波兰贵族之间的阶级矛盾和民族矛盾来镇压波兰民族解放运动的政策。1846年冬季,波兰国内曾举行起义,争取波兰的民族解放,同时,在加利西亚也爆发了起义。奥地利当局往往能够引导起义的农民去反对波兰的起义队伍。在克拉科夫起义被镇压以后,加利西亚的农民运动也被残酷地镇压下去了。奥地利政府在1848年的革命时期,也企图在反对波兰民族解放运动的斗争中预先取得加利西亚农民的支持,所以在这一年春季宣布废除加利西亚的劳役制和农民的其他一些封建义务。然而这是一种不彻底的改革,它使地主土地占有制依然不可侵犯,并使农民担负巨额赎金,要几十年才能付清。——740。

167 摘自马克思1852年3月5日给约·魏德迈的信,参看《马克思恩格斯全集》第1版第28卷第509页。——740。

168　在外地主是指通常不居住在自己地产上的大地主，这里指那些把自己在爱尔兰地产上的收入挥霍于英国的地主，他们把地产交给土地代理人管理，或者出租给靠投机中饱的经纪人，后者再以苛刻的条件把土地转租给小佃户。——741。

169　摘自马克思1870年4月9日给齐格弗里德·迈耶尔和奥古斯特·福格特的信，见《马克思恩格斯文集》第10卷第326—330页。——743。

170　达摩克利斯剑出典于古希腊传说：叙拉古暴君迪奥尼修斯一世用一根马尾系着一把利剑挂于自己的宝座上方，命羡慕他的权势和尊荣的达摩克利斯坐在宝座上。达摩克利斯顿时吓得面色苍白，如坐针毡，赶快祈求国王恩准离座。后来人们常用达摩克利斯剑来譬喻时刻存在的威胁或迫在眉睫的危险。——752。

171　这本笔记基本上是娜·康·克鲁普斯卡娅摘录的。《帝国主义》这个标题，文中的着重号、批语、封面上的要目和笔记的页码是列宁加的。——756。

172　指1879—1882年埃及民族解放斗争末尾的一些事件。埃及当时名义上属于土耳其而拥有很大的自治权。从1876年起，英法两国取得对埃及的财政控制。1878年进一步由英国人任埃及政府财政部长，法国人任公共工程部长，都有否决权。外国的财政控制和政治干涉损害了埃及人民的利益和民族尊严，成了这场斗争的导火线。这一运动的领导者是埃及政治活动家、军事活动家阿罕默德·阿拉比-帕沙，他提出了“埃及是埃及人的”这一口号，并领导了开罗卫戍部队的起义。由于这次起义的结果，埃及总督被迫于1881年12月召开埃及国会。同年成立的“祖国党”在国会中占多数。该党由阿拉比-帕沙领导，是对外国资本不满的自由派地主和商人同怀有爱国主义情绪的军官和知识分子结成的联盟。1882年2月，埃及组成民族政府，阿拉比任陆军部长。民族政府开始解除外籍官员职务，并计划实行民主改革。但是，1882年夏天，英国挑起了和埃及的冲突，对埃及采取军事行动。虽然埃及军队和人民进行英勇的抵抗，最终还是英国侵略者获得了胜利。英国在1882年9月占领开罗以后，对民族运动参加者进行了野蛮的屠杀。从此埃及实际上变成了英国的殖民地，1914年正式成为英国的“保护国”。——760。

173 见《马克思恩格斯文集》第10卷第480—481页。——760。

174 指恩格斯1882年8月9日给爱·伯恩施坦的信（参看《马克思恩格斯全集》第1版第35卷第343—345页）。——760。

175 列宁是从苏黎世州立图书馆借到哥·埃格尔哈夫的《现代史》一书的。本卷第863页载有列宁借阅此书的两张索书卡，从中可以看出：列宁第一次要求借阅这本书的时间是1916年8月4日，图书馆答应10月底借给他；他10月4日又提出借阅该书1908年版本的要求，得到了同样的答复。由此可以推断，列宁可能是在10—11月间阅读这本书和写关于这本书的笔记的。——769。

176 1907年罗马尼亚的农民起义是罗马尼亚20世纪历史上的重大事件。这次起义是从摩尔达维亚的弗雷门吉村开始的。1907年2月8日，该村农民为抗议庄园总管提出的重订租约的苛刻条件，首先占领了村公所，要求降低地租和用现金代替实物交纳地租。3月10日，起义已席卷整个摩尔达维亚。3月12日，起义在瓦拉几亚以更大的规模兴起。起义农民占领村公所和地主庄园，焚毁租约，赶走大佃户（二地主），并组织了4 000多人的队伍向布加勒斯特进军，提出了把地主土地交给农民的要求。起义是自发的，没有统一的领导，很快就被当局残酷地镇压下去了。许多村庄毁于炮火，11 000多名农民遭屠杀和受酷刑。但这次起义在罗马尼亚历史上留下了深刻的痕迹，并迫使罗马尼亚政府在1907—1912年间颁布了一系列有助于消灭某些封建关系残余的土地法令。——770。

177 韦耳夫派是1866年汉诺威并入普鲁士以后在汉诺威形成的一个党派，

其名称来自古代汉诺威大公韦耳夫家族(这个家族1866年以前一直占据着汉诺威君主国的王位)。韦耳夫派的目的是恢复以韦耳夫家族为首的独立的汉诺威君主国和汉诺威在德意志帝国中的自治权。——771。

178 衰败城镇是指英国18世纪末和19世纪初一些人口减少但仍沿袭旧制享有选举议员权利的小城镇和乡村。"衰败城镇"的议员大多数实际上是由支配着当地居民的大土地贵族指派的。"衰败城镇"的这种特权被1832年和1867年的选举改革所取消。——772。

179 这些资料是从奥·许布纳尔《地理统计表》摘引来的,而许布纳尔在该表中错误地把"本地人"当做中国的一个民族而同汉人、蒙古人并列起来。——803。

180 这本笔记包括古·德莫尔尼和Th.耶格尔的两本书的摘要,是列宁写完《帝国主义是资本主义的最高阶段》一书之后于1916年底或1917年初作的。——817。

181 论文提纲写于1912年或1913年,关于辛迪加的论文显然没有写成。

提纲和下一篇文献写在同一张纸上。——831。

182 奥·倍倍尔的文章《德国、俄国和东方问题》载于1886年《新时代》杂志第4年卷第11期。1914年10月中旬列宁在伯尔尼(或日内瓦)听了崩得分子弗·科索夫斯基(М.Я.列文松)的一次专题报告,其中谈到了倍倍尔的这篇文章的观点(见《列宁文集》俄文版第14卷第132页)。此后列宁阅读了上述倍倍尔的文章,作了以下的摘录。——833。

183 指乔·佩什在1911年1月《皇家统计学会杂志》第74卷第2册上发表的文章《大不列颠在各殖民地和国外的投资》和伯·哈尔姆斯的著作《世界经济问题》(见本卷第432—434页和第312—321页)。——836。

184 欧·菲力波维奇的文章《垄断组织和垄断政策》,载于卡尔·格律恩贝格

1916年出版的《社会主义和工人运动历史文汇》第6卷第157—174页。——847。

185 以《工人报》编辑部的名义发表的《关于帝国主义和民族压迫的提纲》是卡·伯·拉狄克写的，载于1916年4月《先驱》杂志第2期，并转载于《〈社会民主党人报〉文集》第1辑。列宁是根据《先驱》杂志的原文作摘要的。1916年7月，列宁在《关于自决问题的争论总结》一文（见本版全集第28卷）中批评了这个提纲的错误观点。

《工人报》（«Gazeta Robotnicza»）是波兰王国和立陶宛社会民主党华沙委员会的秘密机关报，1906年5—10月先后在克拉科夫和苏黎世出版，由亨·多姆斯基（卡缅斯基）主编，出了14号以后停刊。1912年波兰社会民主党分裂后，出现了两个华沙委员会。两个委员会所办的机关报都叫《工人报》，一家是由在华沙的总执行委员会的拥护者办的，出了4号，另一家是由在克拉科夫的反对派华沙委员会办的，出了11号（最后两号是作为波兰王国和立陶宛社会民主党边疆区执行委员会机关报在苏黎世出版的）。这里提到的《工人报》是指后者。波兰王国和立陶宛社会民主党两派合并后，《工人报》在1918年8月还出了1号。——851。

186 列宁拟在这里援引自己发表在《先驱》杂志和《共产党人》杂志上的两篇文章。一篇是《机会主义与第二国际的破产》，载于1916年1月《先驱》杂志第1期（见本版全集第27卷）；另一篇是《第二国际的破产》，载于1915年《共产党人》杂志第1—2期合刊（见本版全集第26卷）。——852。

187 指奥地利社会沙文主义者弗·奥斯特尔利茨在1915年7月21日《人民论坛报》第29号上发表的《好的意大利人和坏的德国人》一文。

《人民论坛报》（«Volkstribüne»）是站在齐美尔瓦尔德右派立场上的奥地利“国际主义者”的报纸，1891—1919年在维也纳出版。——853。

188 指德国社会民主党内的一个机会主义者用“莫尼托尔”这一笔名在

1915年4月《普鲁士年鉴》第4期上发表的《社会民主党和世界战争》一文和卡·考茨基在1915年11月26日《新时代》杂志第9期上发表的《党团和党》一文。列宁在《机会主义与第二国际的破产》一文中将这两篇文章作了比较(见本版全集第27卷第124—125页)。提纲第10条指的也是上述考茨基的文章。——853。

189 指卡·考茨基的下列著作:《社会革命》(1902年),《爱国主义、战争和社会民主党》(1905年),《民族性和国际性》(1908年),《哥本哈根代表大会》(1910年),《再谈裁军》(1912年)。——853。

190 参看《马克思恩格斯全集》第1版第22卷第433—467页(见本卷第555—559页)。——855。

191 列宁是根据《苏黎世图书馆新增图书目录》(第20年卷,1916年,第1编,1—3月)编成这一部分书目的。——858。

人名索引

A

B

波克罗夫斯基,米哈伊尔·尼古拉耶维奇(Покровский,Михаил Николаевич)——589。
波勒,路德维希(Pohle,Ludwig)——407。
波勒,约翰(Pohler,Johann)——861。
波利,A.(Polly,A.)——865。
波特(Poorter)——224。
波扎多夫斯基(Posadowsky)——614。
伯顿,西奥多·伊莱贾(Burton,Theodore Elijah)——407。
伯恩哈迪,弗里德里希(Bernhardi,Friedrich)——282、605、610。
伯恩施坦,爱德华(Bernstein,Eduard)——348、501、511、587、610、669。
伯格龙,阿伯拉罕(Berglund,Abraham)——229、241。
伯特,托马斯(Burt,Thomas)——708。
伯特格尔,弗兰茨(Böttger,Franz)——431。
伯特格尔,胡戈(Böttger,Hugo)——353。
博丹,皮埃尔(Baudin,Pierre)——21、225。
博尔齐希,奥古斯特(Borsig,August)——639。
博尔夏特,尤利安(Borchardt,Julian)——702。
博兰德(Bolland)——6。
博勒(Bolle)——436。
博勒加尔,皮埃尔(Beauregard,Pierre)——218。
博森尼克,阿尔弗勒德(Bosenick,Alfred)——222。
博维尔,J.M.(Bovill,J.M.)——474。
布德(Budde)——185。
布尔德朗,阿尔伯(Bourderon,Albert)——350。
布尔多,让(Bourdeau,Jean)——221、232。
布尔茹瓦,莱昂·维克多·奥古斯特(Bourgeois,Léon Victor Auguste)——488。
布夫,齐格弗里特(Buff,Siegfried)——408。
布哈林,尼古拉·伊万诺维奇(Бухарин,Николай Иванович)——89、295。
布赫瓦尔德,布鲁诺(Buchwald,Bruno)——408。

C

D

E

F

G

H

霍伊姆,卡尔(Hoym,Karl)——565。

J

基奥扎-莫内,L.G.(Chiozza-Money,L.G.)——406、512。
基德(Kidd)——470。
基尔多夫,埃米尔(Kirdorf,Emil)——10、198、353。
基利阿尼,R.(Kiliani,R.)——859。
基钦纳,霍雷修·赫伯特(Kitchener,Horatio Herbert)——309。
基斯,威廉·S.(Kies,William S.)——28。
基谢廖夫(Киселев)——588。
吉阿拉,路易吉(Chiala,Luigi)——586。
吉贝尔,H.A.(Giebel,H.A.)——863。
吉丁斯,富兰克林·亨利(Giddings,Franklin Henry)——467、468、470。
吉尔贝,乔治(Gilbert,George)——775。
吉尔伯特,詹姆斯·威廉(Gilbart,James William)——407。
吉尔布雷思,弗兰克·邦克(Gilbreth,Frank Bunker)——57、151、154、854。
吉芬,罗伯特(Giffen,Robert)——406、451、456、457、499、500、504、511、725。
加丹(Gardanne)——821。
加尔,麦克斯(Garr,Max)——863。
加斯东,亨利(Gaston,Henri)——223。
加佐,雅克(Gazeau,Jacgues)——863。
杰布,理查(Jebb,Richard)——495、509。
杰克斯,A.(Jax,A.)——600。
捷林,麦克斯(Sering,Max)——765。
金德曼,卡尔(Kindermann,Karl)——865。
金克尔,哥特弗里德(Kinkel,Gottfried)——717。
近卫笃磨——576。
居特勒尔,格哈特(Güttler,Gerhart)——291。
居约,伊夫(Guyot,Yves)——305。
君特,恩斯特(Günther,Ernst)——852。

君特,R.(Günther,R.)——662。

K

卡本特尔,埃德蒙德·简斯(Carpenter,Edmond Janes)——215。
卡尔梅斯,阿尔伯特(Calmes,Albert)——431。
卡尔斯基,尤利乌斯(Karski,Julius)——663。
卡尔韦尔,理查(Calwer,Richard)——172、200、247、425、513、516、753、754。
卡莱尔,托马斯(Carlyle,Thomas)——577、592、863。
卡勒尔,埃米尔(Kaler,Emil)——721。
卡卢什一世(葡萄牙国王)(Carlos I)——795。
卡罗尔,爱德华(Carroll,Edward)——417。
卡梅雷尔,奥托(Kammerer,Otto)——31。
卡内基,安德鲁(Carnegie,Andrew)——197、216、238、506、862。
卡斯尔,厄内斯特(Cassel,Ernest)——49。
卡兹多夫,奥托(Kasdorf,Otto)——438。
凯,罗伯特(Caix,Robert)——586。
凯尔蒂,约翰·司各脱(Keltie,John Scott)——22、545。
凯撒,盖尤斯·尤利乌斯(Cäsar,Gaius Julius)——277。
凯斯门特,罗杰(Casement,Roger)——338。
凯特尔(Kettle)——584。
凯约,约瑟夫(Caillaux,Joseph)——365、724。
凯泽尔,亨利希(Kayser,Heinrich)——864。
坎特利,詹姆斯(Cantlie,James)——625。
坎托罗维奇,威廉(Kantorowicz,Wilhelm)——298。
康德,伊曼努尔(Kant,Immanuel)——6、496。
康拉德,约翰奈斯(Conrad,Johannes)——11、17、209、210、225、226、264、380、381。
康南特,查理·阿瑟(Conant,Charles Arthur)——216、415、418。
康诺利,詹姆斯(Connolly,James)——210。
康斯特布尔(Constable)——209。

L

兰茨贝格,奥托(Landsberg,Otto)——678。

兰斯堡,阿尔弗勒德(阿尔根塔里乌斯)(Lansburgh,Alfred(Argentarius))——40、60、61、63、64、69、70、74、75、89、135、176、177、178、179、181、185、186、189、191、192、222、407、545。

朗格,F.W.(Lange,F.W.)——865。

朗格,弗里德里希·阿尔伯特(Lange,Friedrich Albert)——6。

朗哈尔德,I.(Langhard,I.)——30。

朗纳(Lanna)——639。

朗之万,沙尔(Langevin,Charles)——865。

劳埃德,亨利·德马雷斯特(Lloyd,Henry Demarest)——20、512。

劳芬贝格,亨利希(Laufenberg,Heinrich)——551、563、564、565、566、567。

劳合-乔治,戴维(Lloyd George,David)——63、281、298、312、351、355。

劳尼希,A.G.(Raunig,A.G.)——59。

老尤尼乌斯(Junius Alter)——657。

勒贝尔,A.(Loebell,A.)——662。

勒德利希,弗兰西斯(Rödlich,Franciscus)——861。

勒夫,盖拉尔杜斯·万德尔(Leeuw,Gerardus van der)——30。

勒弗夫尔,雷蒙(Lefèvre,Raimond)——7。

勒基,威廉(Lecky,William)——748。

勒卡庞蒂埃,G.(Lecarpentier,G.)——30。

勒鲁(Leroux)——337。

勒鲁瓦-博利厄,皮埃尔·保尔(Lerou-Beaulieu,Pierre Paul)——11、139、213、215、217、406、412、413、432、452、608、635、636、638、860。

勒太耶尔,欧仁(利西斯)(Letailleur,Eugéne(Lysis))——21、184、203、217、218、226、243。

勒瓦瑟尔,皮埃尔·埃米尔(Levasseur,Pierre Emile)——31。

勒文费尔德,亨利(Lowenfeld,Henry)——431。

勒文施坦,阿尔图尔(Lowenstein,Artur)——43。

雷德斯洛布,罗伯特(Redslob,Robert)——203、261。

雷利,沃尔特(Raleigh,Walter)——745。

M

N

O

P

佩里斯,G.H.(Perris,G.H.)——726。
佩什,乔治(Paish,George)——28、207、217、313、314、374、412、413、432、433、434、725、836。
佩斯尔,丹尼尔(Pesl,Daniel)——865。
皮尔,罗伯特(Peel,Robert)——373、498。
皮朗,保尔(Pilant,Paul)——225。
皮农,勒内(Pinon,René)——222、586。
皮斯,约瑟夫·A.(Pease,Joseph A.)——300。
平内尔,费利克斯(Pinner,Felix)——172、175。
蒲鲁东,皮埃尔·约瑟夫(Proudhon,Pierre-Joseph)——593。
普法伊费尔,爱德华(Pfeiffer,Eduant)——221。
普凡库赫,威廉(Pfannkuch,Wilhelm)——679。
普丰德(Pfund)——436。
普拉多,M.德(Prado,M.de)——865。
普里翁,W.(Prion,W.)——408。
普列汉诺夫,格奥尔吉·瓦连廷诺维奇(Плеханов,Георгий Валентинович)——5、20、299、359、850。
普伦,汉斯(Plehn,Hans)——551、553。
普伦格,约翰(Plenge,Johann)——21、56。
普罗柯波维奇,谢尔盖·尼古拉耶维奇(Прокопович,Сергей Николаевич)——123、124。

Q

齐赫泽,尼古拉·谢苗诺维奇(Чхеидзе,Николай Семенович)——854。
齐库尔施,J.(Ziekursch,J.)——859。
齐默尔曼,阿尔弗勒德(Zimmermann,Alfred)——582。
齐默尔曼,F.W.R.(Zimmermann,F.W.R.)——79。
奇泽姆,乔治(Chisholm,George)——30。
契尔施基,齐格弗里特(Tschierschky,Siegfried)——18、27、57、195、252。
乔治,亨利(George,Henry)——84。

R

S

桑巴特，韦尔纳(Sombart，Werner)——32、34、82、407、414。
桑德斯，W.S.(Sanders，W.S.)——310。
沙德韦尔，A.(Shadwell，A.)——17。
沙赫纳尔，罗伯特(Schachner，Robert)——221。
尚茨(Schanz)——364。
绍克，A.(Saucke，A.)——407。
舍恩费尔德(Schönfeld)——185。
舍恩兰克，布鲁诺(Schönlank，Bruno)——53。
舍尔，约翰·弗里德里希(Schär，Johann Friedrich)——298。
舍里夫，S.(Scherif，S.)——859。
舍内曼(Schönemann)——817。
神户正雄——864。
圣西门，昂利·克洛德(Saint-Simon，Henri Claude)——39、251、255、647、721、862。
施蒂利希，奥斯卡尔(Stillich，Ockar)——4、20、31、55、57、171、244、415。
施尔德尔，齐格蒙德(Schilder，Sigmund)——4、18、56、82、93、249、314。
施留特尔，海尔曼(Schlüter，Hermann)——567。
施曼，泰奥多尔(Schiemann，Theodor)——225。
施米茨，奥斯卡尔(Schmitz，Oskar)——583。
施米特-魏森费尔斯，K.(Schmidt-Weißenfels，K.)——639。
施穆勒，古斯塔夫(Schmoller，Gustav)——186、414、648、649、765。
施奈德，卡尔(Schneider，Karl)——221。
施内贝格尔，弗里德里希·奥斯卡尔(Schneeberger，Friedrich Oskar)——713、715、716。
施尼茨勒尔，阿尔图尔(Schnitzler，Artur)——307。
施泰格尔，J.(Steiger，J.)——12。
施泰因巴赫，鲁道夫(Steinbach，Rudolf)——409。
施泰因曼-布赫尔，A.(Steimmann-Bucher，A.)——186、406。
施陶丁格尔，弗兰茨(Staudinger，Franz)——298。
施陶斯，埃米尔·格奥尔格(Stauß，Emil Georg)——73。

T

W

X

许内瓦德尔,W.(Hünerwadel,W.)——857。
雪恩,约瑟夫(Schön,Joseph)——626。

Y

雅费,埃德加尔(Jaffé,Edgar)——37、51、57、62、137、408、439、512、837。
雅科布,亨利希·爱德华(Jacob,Heinrich Eduard)——864。
雅奈,克洛迪(Jannet,Claudio)——215。
亚聪,保尔(Jason,Paul)——511。
亚里士多德(Aristoteles)——617。
亚历山大·巴滕贝克(保加利亚公爵)(Alexander Battenberg)——833。
亚历山大二世(Александр II)——778、783。
扬哈斯本,弗兰西斯(Younghusband,Francis)——511。
扬曼,安娜(Youngman,Anna)——866。
耶德尔斯,奥托(Jeidels,Otto)——18、25、57、156、169、240、242、371、396、408、416、418。
耶尔根斯,麦克斯(Jörgens,Max)——418。
耶格尔,古斯塔夫(Jäger,Gustav)——649。
耶格尔,Th.(Jaeger,Th.)——817、820、822。
耶克,恩斯特(Jäckh,Ernst)——820、836。
耶克,古斯塔夫(Jaeckh,Gustav)——698。
叶夫列伊诺夫,Г.А.(Евреинов,Г.А.)——590。
叶卡捷琳娜二世(Екатерина II)——689。
伊利,理查·西奥多(Ely,Richard Theodore)——17。
伊施哈尼安,B.(Ischchanian,B.)——17、222、276、291、814。
伊藤博文——574、763。
英格拉姆,阿瑟·弗利·温宁顿(Ingram,Arthur Foley Winnington)——509。
尤拉舍克,弗兰茨(Juraschek,Franz)——21、526。
尤尼乌斯——见卢森堡,罗莎。
尤尼乌斯(法国记者)(Юниус)——606、607。
于贝尔,律西安(Hubert,Lucien)——203、221、229、246。

Z

文 献 索 引

阿德勒,弗·《战争的目的》(Adler,F.Kriegsziele.—«Der Kampf»,Wien,1916,Jg.9,Bd.9,Nr.2.Februar,S.49—54)——692。

阿德勒,格·《帝国主义的社会政策。迪斯累里、拿破仑第三、俾斯麦》(Adler,G.Die imperialistische Sozialpolitik. D'Israeli, Napoleon III, Bismarck. Tübingen,Laupp,1897.44 S.)——551、591—592。

阿恩特,保·《法国资本的实力》(Arndt,P.Die Kapitalkraft Frankreichs.—«Weltwirtschaftliches Archiv»,Jena,1916,I,Bd.7,S.34—52,в отд.:Abhandlungen)——244、295、296。

—《关于国外投资问题的新材料》(Neue Beiträge zur Frage der Kapitalanlage im Auslande.—«Zeitschrift für Sozialwissenschaft»,Leipzig,1915,Neue Folge,Jg.VI,Hft.3—8/9,S.158—174,215—224,297—311,377—387,445—460,532—549)——297。

阿尔特,汉·《煤和铁及其在现代世界战争中的意义》(Arlt,H.Kohle und Eisen und ihre Bedeutung im gegenwärtigen Weltkriege.—« Internationale Monatsschrift für Wissenschaft,Kunst und Technik»,Leipzig—Berlin,1915—1916,Jg.X,Bd.10,Hft.4,1. Januar,S.493—512)——308。

阿加德,欧·《大银行与世界市场。从大银行对俄国国民经济和德俄两国关系的影响来看大银行在世界市场上的经济作用和政治作用》(Agahd,E. Großbanken und Weltmarkt.Die wirtschaftliche und politische Bedeutung der Großbanken im Weltmarkt unter Berücksichtigung ihres Einflusses auf Rußlands Volkswirtschaft und die deutsch-russischen Beziehungen. Berlin,Paschke,1914.XXIV,290 S.)——17、56、106、249。

阿列克辛斯基,格·《俄国经济生活中的外国资本》(Alexinsky,G.Das ausländische Kapital im Wirtschaftsleben Rußlands.—«Die Neue Zeit»,

Stuttgart, 1913, Jg. 32, Bd. 1, Nr. 12, 19. Dezember, S. 435—441)——291。

—《民主俄国和战争》(La Russie démocratique et la guerre. Réponse au Comte Jules Andrássy.—«La Revue Politique Internationale», Lausanne, 1915, N 14, mars—avril, p. 168—186)——552。

阿舍尔,罗·格·《泛美主义。关于美国同欧洲的战胜者之间的不可避免的冲突的预言》(Usher, R. G. Pan-Americanism; a Forecast of the inevitable clash between the United States and Europe's victor. New York, 1915. 419 p.)——847。

埃尔甘,卡·《[书评:]卡尔·马姆罗特〈工业宪制。劳资合同及其国民经济的和社会的意义〉1911 年耶拿(古斯塔夫·费舍)版,IV+126 页》(Ergang, C. [Рецензия на книгу:]«Mamroth, Karl: Gewerblicher Konstitutionalismus. Die Arbeitstarifverträge in ihrer volkswirtschaftlichen und sozialen Bedeutung. Jena (Gustav Fischer), 1911. IV + 126. SS.».—«Jahrbücher für Nationalökonomie und Statistik», Jena, 1912, Folge III, Bd. 43, S. 551—552)——221。

埃格尔哈夫,哥·《现代史。从法兰克福和约到现在》(Egelhaaf, G. Geschichte der neuesten Zeit vom Frankfurter Frieden bis zur Gegenwart. 4. Aufl. (Neuntes bis elftes Tausend). Stuttgart, Krabbe, 1913. X, 640 S.)——769、776、778、863。

埃根施维勒尔,瓦·《关于战争、生产进步和价格变动问题的统计材料》(Eggenschwyler, W. Statistisches zum Problem: Krieg, Produktionsfortschritt und Preisbewegung.—«Jahrbuch für Gesetzgebung, Verwaltung und Volkswirtschaft im Deutschen Reich», Leipzig—München, 1915, Jg. 39, Hft. 4, S. 343—373)——429。

埃克施泰因,古·《当前的要求》(Eckstein, G. Gegenwartsforderungen.—«Die Neue Zeit», Stuttgart, 1912, Jg. 30, Bd. 2, Nr. 42, 19. Juli, S. 569—576)——424。

—《期刊一览》(载于《新时代》杂志第 32 年卷第 1 册第 10 期)(Zeitschriftenschau.—«Die Neue Zeit», Stuttgart, 1913, Jg. 32, Bd. 1, Nr. 10, 5. Dezember, S. 382—384)——668、672。

—《期刊一览》(载于《新时代》杂志第32年卷第1册第16期)(Zeitschriftenschau.—«Die Neue Zeit», Stuttgart, 1914, Jg. 32, Bd. 1, Nr. 16, 16. Januar, S.590—592; Nr.26, 27.März, S.1005—1008. Подпись: G.E.)——668、670。

埃施韦格,路·《财阀和官吏》(Eschwege, L. Plutokratie und Beamtenschaft.—«Die Bank», Berlin, 1911, II. Semester, S.825—832)——180。

—《德国钢铁工业中的革命化趋势》(Revolutionierende Tendenzen im deutschen Eisengewerbe.—«Die Bank», Berlin, 1909, I. Semester, S. 309—318)——185、409。

—《泥潭》(Der Sumpf.—«Die Bank», Berlin, 1913, II. Semester, S. 952—963)——77。

—《女儿公司》(Tochtergesellschaften.—«Die Bank», Berlin, 1914, I. Semester, S.544—551)——65。

—《水泥》(Zement. Zur Berichterstattung der Syndikate.—«Die Bank», Berlin, 1909, I. Semester, S.115—125)——187。

—《托拉斯的爱国主义》(Trust-Patriotismus.—«Die Bank», Berlin, 1912, I. Semester, S.216—223)——175。

—《文化肥料》(Kulturdünger. (Ein Beitrag zur Auswandererfrage).—«Die Bank», Berlin, 1912, I. Semester, S.523—532)——178。

—《一个创业的历史》(Die Geschichte einer Gründung.—«Die Bank», Berlin, 1912, I. Semester, S.420—432)——177。

—《资本主义道德化》(Die Ethisierung des Kapitalismus.—«Die Bank», Berlin, 1912, I. Semester, S.12—19)——176、250。

埃斯泰夫,路·《新的帝国主义心理学:厄内斯特·塞耶》(Estève, L. Une nouvelle psychologie de l'impérialisme: Ernest Seillière. Paris, Alcan, 1913. XIX, 274 p.)——206。

艾斯丘,约·B.《实际的殖民政策》(Askew, J. B. Praktische Kolonialpolitik.—«Die Neue Zeit», Stuttgart, 1911, Jg. 29, Bd. 1, Nr. 16, 20. Januar, S. 552—559)——428。

昂肯,赫·《战争前的历史》(Oncken, H. Die Vorgeschichte des Krieges.—In:

Deutschland und der Weltkrieg,Leipzig—Berlin,Teubner,1915,S.463—535)——591。

奥本海默,费·《英国帝国主义》(Oppenheimer,F.Englischer Imperialismus. Wien.Hof—Verlags—und Univ.-Buchhandlung,1905.64 S.)——283、510。

奥托,瓦·《德国大银行在海外承办贷款、创建和参与的业务》(Otto,W. Anleiheübernahme-,Gründungs- und Beteiligungsgeschäfte der deutschen Großbanken in Übersee.Berlin,Borussia,1911.245 S.)——57、129。

巴比《宣言草案》(Babut.Projet de déclaration.—«Journal de Genève»,1914,17 octobre,в отд.:Entre Pasteurs)——608—609。

巴伦,克·沃·《大胆的战争》(Barron,C.W.The Audacious War.Boston—New York,Mifflin,1915.XIV,192 p.)——210、357、366。

巴洛德,卡·《统计原理(包括人口、经济、金融和贸易统计)》(Ballod,K. Grundriß der Statistik,enthaltend Bevölkerungs-,Wirtschafts-,Finanz- und Handels-Statistik.Berlin,Guttentag,1913.VII,348 S.)——17、56、127。

—《战时和平时的国民饮食状况》(Die Volksernährung in Krieg und Frieden.—«Jahrbuch für Gesetzgebung,Verwaltung und Volkswirtschaft im Deutschen Reich»,Leipzig—München,1915,Jg.39,Hft.1,S.77—112)——648。

巴塞洛缪,约·乔·《世界贸易图表集》(Bartholomew,J.G.Atlas of the World's Commerce.A new series of maps with descriptive text and diagrams showing products,imports,exports commercial conditions and economic statistics of the countries of the world.Compiled from the latest official returns at the Edinburgh geographical institute.London,Newnes,1907,LI,[6],176,42 p.)——513、520。

鲍姆加滕,斐·和梅斯勒尼,阿·《卡特尔和托拉斯》(Baumgarten,F.u. Meszleny,A.Kartelle und Trusts.Ihre Stellung im Wirtschafts-und Rechtssystem der wichtigsten Kulturstaaten.Eine national-ökonomisch-juristische Studie.Berlin,Liebmann,1906.VI,362 S.)——21、229。

鲍威尔,埃·托·《金融市场的沿革(1385—1915)》(Powell,E.Th.The Evo-

Großbanken.—«Die Bank», Berlin, 1910, I. Semester, S. 236 — 245. Подпись: Dr. Wolf Bing-Paris)——183。

伯恩哈德,路·《普鲁士的波兰政策》(Bernhard, L. Die PreuBische Polenpolitik.—«Handbuch der Politik», Berlin—Leipzig, 1912 — 1913, Bd. II, S. 623—633)——587。

伯恩哈迪,弗·《德国与即将到来的战争》(Bernhardi, F. Deutschland und der nächste Krieg. 6. Aufl. Stuttgart—Berlin, Cotta, 1913. VIII, 345 S.)——610。

伯恩施坦,爱·《社会民主党内的修正主义》(Bernstein, E. Der Revisionismus in der Sozialdemokratie.—«Handbuch der Politik», Berlin—Leipzig, 1912—1913, Bd. II, S. 55—58)——587。

伯格龙,阿·《美国的钢铁托拉斯》(Berglund, A. The United States Steel Corporation. A Study of the Growth and Influence of Combination in the Iron and Steel Industry. New York, Macmillan, 1907. 178 p. (Studies in History, Economics and Public Law edited by the Faculty of political Science of Columbia University. Vol. XXVII. No. 2))——229、241。

伯特格尔,胡·《我们政策的发展》(Böttger, H. Ausbau unserer Politik.—«Der Tag», Berlin, 1915, Nr. 82, 9. April)——353。

—《自由工会和政府》(Die freien Gewerkschaften und die Regierung.—«Der Tag», Berlin, 1915, Nr. 93, 22. April)——353。

布劳尔,Th.《战争与社会主义》(Brauer, Th. Krieg und Sozialismus.—«Hochland», München, 1915, V, Hft. 8, S. 176—189)——312、347。

布雷斯福德,亨·诺·《钢和金的战争》(Brailsford, H. N. The War of Steel and Gold. A Study of the Armed Peace. London, Bell, 1914. 340 p.)——722。

布里夫斯,格·《酒精卡特尔》(Briefs, G. Das Spirituskartell. Eine wirtschaftspolitische Untersuchung. Karlsruhe, Braun, 1912. IV, 252 S. (Volkswirtschaftliche Abhandlungen der badischen Hochschulen. Hft. 7))——59、222、233。

布律诺,路·《德国在法国》(Bruneau, L. L'Allemagne en France. Enquêtes

économiques. Paris, Plon—Nourrit, 1914. XII, 343 p.)——223。

措林格尔，瓦·《国际有价证券转移对照表。对瑞士的国际收支和外国投资的研究》(Zollinger, W. Die Bilanz der internationalen Wertübertragungen. Eine Studie über die Zahlungsbilanz und die ausländische Kapitalanlage der Schweiz. Jena, Fischer, 1914. 185 S. (Probleme der Weltwirtschaft. Schriften des königlichen Instituts für Seeverkehr und Weltwirtschaft an der Universität Kiel, Kaiser Wilhelm Stiftung, hrsg. v. B. Harms. Nr. 18))——57、140、244、430。

丹尼尔兹，L.《美国扩大同南美的国际贸易的可能性》(Daniels, L. The United States' Opportunity to increase its Foreign Trade with South America.—«The Annals of the American Academy of Political and Social Science», Philadelphia, 1915, vol. LIX, p. 316—320)——28。

德恩，保·《论德国的殖民政策和世界政策》(Dehn, P. Von deutscher Kolonial- und Weltpolitik. 2. Aufl. Berlin, Allgemeiner Verein für Deutsche Literatur, 1907. 339 S.)——739、749。

德尔布吕克，汉·《美国人的想法》(Delbrück, H. Was Amerikaner glauben.—«Preußische Jahrbücher», Berlin, 1915, Bd. 159, Hft. 3, S. 481—497)——338。

—《政府和人民的意志》(Regierung und Volkswille. Eine akademische Vorlesung. Berlin, Stilke, 1914. 205 S.)——654。

德里奥，爱·《19世纪末的政治问题和社会问题》(1900年版)(Driault, E. Les Problèmes politiques et sociaux à la fin du XIXe siécle. Paris, Alcan, 1900. 388, 32 p.)——211、215、236。

—《19世纪末的政治问题和社会问题》(1907年版)(Les Problèmes politiques et sociaux à 1a fin du XIX siècle. Paris, 1907)——259。

德吕安德尔，恩·[《德吕安德尔先生的信》](Dryander, M. [Lettre de M. Dryander].—«Journal de Genève», 1914, N 286, 18 octobre)——609。

德莫尔尼，古·《波斯问题和战争》(Demorgny, G. La Question persane et la guerre. Les Accords Anglo-Russo-Persans de 1907 et 1912. L'influence française et l'Effort allemand en Perse. Paris, 1916. 304, 42 p.; 1 Karte)——817。

—《在波斯的土耳其—德国方式》(Méthodes turcoallemandes en Perse.—«La Revue de Paris»,1915,an.22,T.2,N 5,1 mars,p.194—224)——312、337。

迪策尔,亨·《世界经济和国民经济》(Dietzel,H.Weltwirtschaft und Volkswirtschaft.Dresden,Zahn u.Jaensch,1900.VIII,120,XLII S.(Jahrbuch der Gehe-Stiftung zu Dresden.Bd.V))——58。

迪尔,卡·《丹麦1915年的战争所得税》(Diehl,K.Die dänische Kriegsgewinnsteuer vom Jahre 1915.—«Jahrbücher für Nationalökonomie und Statistik»,Jena,1915,Bd.50,S.214—216;в отд.:Nationalökonomische Gesetzgebung)——838。

迪乌里奇,乔·《德国银行在国外的扩张及其同德国经济发展的联系》(Diouritch,G.L'Expansion des banques allemandes à l'étranger,ses rapports avec le développement économique de l'Allemagne.Paris—Berlin,Rousseau,Puttkammer u.Mühlbrecht,1909.798 p.)——57、129、244、296。

蒂尔芒,M.《[书评:]皮埃尔·莫里德〈法国国内和国外的公司及大批分公司〉1913年巴黎版》(Turmann,M.[Рецензия на книгу:]«Pierre Moride.Les maisons à succursales multiples en France et à l'étranger.Paris,1913».—«Weltwirtschaftliches Archiv»,Jena,1914,II,Bd.4,Hft.1,S.286—288,в отд.:Literatur)——15。

恩格斯,弗·《波河与莱茵河》(Engels,F.Po und Rhein.Berlin,Duncker,1859.64 S.)——717。

—[《给卡·考茨基的信》(1882年9月12日)]([Brief an K.Kautsky.12.IX.1882].—In:Kautsky,K.Sozialismus und Kolonialpolitik.Eine Auseinandersetzung.Berlin,Vorwärts,1907,S.79—80,в отд.:Anhang.Под загл.:Ein Brief von Friedrich Engels)——756、759。

—《论权威原则》(《论权威》)(Über das Autoritätsprinzip.(Dell'Autorità).—«Die Neue Zeit»,Stuttgart,1913,Jg.32,Bd.1,Nr.2,10.Oktober,S.37—39,в отд.:Ein Beitrag zur Geschichte der Internationale.Zwei unbekannte Artikel von F.Engels und K.Marx.Übersetzt und eingeleitet von N.Rjasanoff)——668。

—《欧洲能否裁军?》(Kann Europa abrüsten? Separat-Abdruck aus dem «Vorwärts».[Nürnberg],Wörlein,1893.29 S.)——551、555。

—《〈人民国家报〉国际问题论文集(1871—1875)》(Internationales aus dem Volksstaat(1871—1875).Berlin,die Expedition des«Vorwärts»,1894.72 S.)——551、560。

—《英国工人阶级状况》(Die Lage der arbeitenden Klasse in England.Nach eigner Anschauung und authentischen Quellen. 2. durchges. Aufl. Stuttgart, Dietz,1892.XXXII,300 S.)——646、665、695。

菲力波维奇,欧·《垄断组织和垄断政策》(Philippovich,E.Monopole und Monopolpolitik.—«Archiv für die Geschichte des Sozialismus und der Arbeiterbewegung»,Leipzig,1916,Jg.6,S.157—174)——847。

菲林,爱·阿·《国际贸易中的共同开拓和担保》(Filene,E.A.Coöperative Pioneering and Guaranteeing in the Foreign Trade.—«The Annals of the American Academy of Political and Social Science»,Philadelphia,1915, vol.LIX,No.148,May,p.321—332)——28。

弗兰克,奥·《东亚大国》(Franke,O.Die Großmächte in Ostasien.—In: Deutschland und der Weltkrieg.Leipzig—Berlin,Teubner,1915,S.435—460)——590、777。

弗里曼,约·《我们对战争应该有什么感觉》(Freeman,J.«How We Ought to Feel about the War».—«The British Review»,London,1915,vol.XI,No. 1,July,p.82—95)——306。

福格尔施泰因,泰·《现代大工业中的资本主义组织形式》第1卷《英美钢铁工业和纺织工业的组织形式》(Vogelstein,Th.Kapitalistische Organisationsformen in der modernen Großindustrie. Bd. 1. Organisationsformen der Eisenindustrie und Textilindustrie in England und Amerika.Leipzig, Duncker u.Humblot,1910.XV,227 S.)——18、58、236—237、241。

—《资本主义工业的金融组织和垄断组织的形成》(Die finanzielle Organisation der kapitalistischen Industrie und die Monopolbildungen.—«Grundriß der Sozialökonomik», Tübingen, 1914, Buch III, Abt. VI, S. 187—246)——53、240。

盖尔登,威·《有价证券交易中交易所成功的秘密》(Gehrden, W. Das Geheimnis des Börsenerfolges im Handel mit Wertpapieren. 2. Aufl. Berlin,1896)——11。

戈尔德施米特,阿·《新西兰的住宅用地和土地政策》(Goldschmidt, A. Bodenbesiedelung und Bodenpolitik in Neuseeland.—«Jahrbücher für Nationalökonomie und Statistik», Jena, 1911, Folge III, Bd. 42, S. 145—177)——221。

戈尔德施米特,库·《论德国煤炭工业的集中》(Goldschmidt, C. Über die Konzentration im deutschen Kohlenbergbau. Eine ökonomische Studie. Karlsruhe, Braun, 1912. VIII, 122, [8] S. (Volkswirtschaftliche Abhandlungen der badischen Hochschulen. Neue Folge, Hft. 5))——59、221、234。

格尔曼,J.《工厂工人的熟练程度》(German, J. Die Qualifikation der Fabrikarbeit.—«Die Neue Zeit», Stuttgart, 1902—1903, Jg. 21, Bd. 2, Nr. 30, S. 106—109)——171。

格拉策尔,F.《外国在加拿大的投资》(Glaser, F. Fremde Kapitalsanlagen in Kanada.—«Die Bank», Berlin, 1912, I. Semester, S. 32—37)——177。

格鲁姆巴赫,索·《齐美尔瓦尔德—昆塔尔的错误》(Grumbach, S. Der Irrtum von Zimmerwald—Kiental. Rede, gehalten am 3. Juni 1916 im Unionssaale des Volkshauses zu Bern. Bern, Benteli, 1916. 95 S.)——701。

格伦采尔,约·《贸易差额、支付差额和经营差额》(Grunzel, J. Handels-, Zahlungs- und Wirtschaftsbilanz. Wien, 1914. (Publikationen der Exportakademie))——81。

格罗伊利希,海·《给霍廷根格吕特利联盟的公开信》(Greulich, H. Offener Brief an den Grütliverein Hottingen.—«Grütlianer», Zürich, 1916, Nr. 230, 2. Oktober, S. 1)——646、710。

古德,埃·《反对在美国的日本人的新非常法》(Gudde, E. Ein neues Ausnahmegesetz gegen die Japaner in den Vereinigten Staaten.—«Die Neue Zeit», Stuttgart, 1913, Jg. 31, Bd. 2, Nr. 38, 20. Juni, S. 410—412)——647、709。

哈尔姆斯,伯·《国民经济和世界经济》(Harms, B. Volkswirtschaft und Weltwirtschaft. Versuch der Begründung einer Weltwirtschaftslehre. Jena, Fischer, 1912. XV, 495 S. (Probleme der Weltwirtschaft. Schriften des Instituts für Seeverkehr und Weltwirtschaft an der Universität Kiel, hrsg. v. B. Harms. VI))——244、312、637。

哈特,阿·布·《门罗主义》(Hart, A. B. The Monroe Doctrine. An Interpretation. London, Duckworth, 1916. 445 p.)——846。

海尔曼,恩·《争论的实质》(Heilmann, E. Der Kern des Streites.—«Die Glocke», München, 1916, Jg. II, Bd. I, Hft. 20, S. 770—786)——646、704、853。

海曼,汉·吉·《德国大钢铁工业中的混合企业》(Heymann, H. G. Die gemischten Werke im deutschen Großeisengewerbe. Ein Beitrag zur Frage der Konzentration der Industrie. Stuttgart—Berlin, Cotta, 1904. IX, 342 S. (Münchener volkswirtschaftliche Studien. 65. Stück))——196、239。

海尼希,库·《电力托拉斯之路》(Heinig, K. Der Weg des Elektrotrusts.—«Die Neue Zeit», Stuttgart, 1912, Jg. 30, Bd. 2, Nr. 39, 28. Juni, S. 474—485)——170、241、375。

赫格曼,C.《法国大银行的发展》(Hegemann, C. Die Entwicklung des französischen Großbankbetriebes. Münster, Theissing, 1908. 103 S.; 7 Tabellen)——57、136、409。

赫勒,保·《世界史的史料学》(Herre, P. Quellenkunde zur Weltgeschichte. Ein Handbuch. Unter Mitwirkung v. A. Hofmeister und R. Stübe. Leipzig, Dieterich, 1910. XII, 400 S.)——691。

赫尼格尔,罗·《德国军事的经济意义》(Hoeniger, R. Die wirtschaftliche Bedeutung des deutschen Militärwesens. Vortrag, gehalten in der Gehe-Stiftung zu Dresden am 15. Februar 1913. Leipzig—Berlin, Teubner, 1913. 35 S. (Vorträge der Gehe-Stiftung zu Dresden. Bd. V, Hft. 2))——204、864。

赫斯,汉·《物理学各门类中的电子》(Hess, H. Das Elektron in den verschiedenen Zweigen der Physik.—«Himmel und Erde», Leipzig—Berlin, 1915, Jg. 27, Nr. 3, Hft. 3, S. 81—90)——840。

黑尔费里希，卡·《1888—1913年德国的国民福利》(Helfferich, K. Deutschlands Volkswohlstand 1888—1913. Berlin, Stilke, 1913. VIII, 127 S.)——641。

亨盖尔，汉·《法国对有价证券的投资，特别是对工商业的投资》(Henger, H. Die Kapitalsanlage der Franzosen in Wertpapieren mit besonderer Berücksichtigung der Kapitalsanlage in Handel und Industrie. Stuttgart—Berlin, Cotta, 1913. 101 S. (Münchener volkswirtschaftliche Studien. 125. Stück))——225、276、283。

亨克《不尽相同，但还是一样》(Henke. Nicht identisch, aber dasselbe.—«Bremer Bürger-Zeitung», 1916, Nr. 140, 17. Juni, S. 9, в отд.: Parteinachrichten)——661。

亨尼希，理·《世界交通》(Hennig, R. Bahnen des Weltverkehrs. Mit 23 Kartenskizzen. Leipzig, Barth, 1909. VII, 304 S. (Wissen und Können))——627、640。

胡埃，奥·《摩洛哥与德国对矿石的需要》(Hue, O. Marokko und der deutsche Erzbedarf.—«Die Neue Zeit», Stuttgart, 1911, Jg. 30, Bd. 1, Nr. 2, 13. Oktober, S. 49—58; Nr. 3, 20. Oktober, S. 84—91)——835。

胡尔夫特格尔，奥·《英格兰银行，特别是储备金问题和英国租金的下降》(Hulftegger, O. Die Bank von England mit besonderer Berücksichtigung der Reservefrage und der Entwertung der englischen Rente. Zürich, Art. Institut Orell Füssli, 1915. XIII, 423 S.)——57、137。

霍布森，约·阿·《帝国主义》(Hobson, J. A. Imperialism. A Study. London, Nisbet, 1902. VI, 400, 4 p.)——17、105、209、211、244—249、254、450、854。

霍夫曼，F.《上世纪的荷属东印度》(Hoffmann, F. Niederländisch-Ostindien im letzten Jahrhundert.—«Weltwirtschaftliches Archiv», Jena, 1914, II, Bd. 4, Hft. 1. S. 121—131)——15。

霍奇，奥·《俄国的土耳其斯坦和现代俄国殖民政策的趋向》(Hoetzsch, O. Russisch-Turkestan und die Tendenzen der heutigen russischen Kolonialpolitik.—«Jahrbuch für Gesetzgebung, Verwaltung und Volkswirtschaft

im Deutschen Reich»,Leipzig—München,1913,Jg.37,Hft.2,S.371—409(903—941);Hft.3,S.343—389(1427—1473))——552、597。

基斯,威·S.《银行分行和我国的对外贸易》(Kies,W.S.Branch Banks and our Foreign Trade.—«The Annals of the American Academy of Political and Social Science»,Philadelphia,1915,vol.LIX,No.148,May,p.301—308)——28。

吉德,Ch.《[书评:]弗兰契斯科·尼蒂〈在意大利的外国资本〉巴里拉泰扎父子公司版,共156页》(Gide,Ch.[Рецензия на книгу:]Francesco Nitti,Il Capitale straniero in Italia.Bari,chez Latezza et fils.156 pages.—«Revue d'Économie Politique»,Paris,1915,N 4,juilletaoût,p.409—410,в отд.:Bulletin bibliographique)——836。

吉尔布雷思,弗·邦·《对动作的研究是增加国民财富的手段》(Gilbreth,F.B.Motion Study as an Increase of National Wealth.—«The Annals of the American Academy of Political and Social Science»,Philadelphia,1915,vol.LIX,p.96—103)——57、154、854。

君特,恩·《德国及其主要对手的经济资源》(Günther,E.Die wirtschaftlichen Hilfskräfte Deutschlands und seiner Hauptgegner.Essen,1915.(Kriegshefte aus dem Industriebezirk.Hft.7))——842—843。

卡尔梅斯,阿·《关于投资的最新著作》(Calmes,A.Neuere Literatur über die Kapitalanlage.—«Jahrbücher für Nationalökonomie und Statistik»,Jena,1914,Folge III,Bd.47,S.522—528,в отд.:Literatur)——431。

卡尔韦尔,理·《世界经济导论》(Calwer,R.Einführung in die Weltwirtschaft.Berlin,Simon,1906.95 S.(Maier-Rothschild-Bibliothek.Bd.30))——172、247、513、516。

卡勒尔,埃·《威廉·魏特林》(Kaler,E.Wilhelm Weitling.Hottingen—Zürich,Volksbuchh.,1887.104 S.(Sozialdemokratische Bibliothek.Nr.XI))——721。

凯尔申施泰讷尔,G.《国立学校》(Kerschensteiner,G.Die Volksschule.—«Handbuch der Politik»,Berlin—Leipzig,1912—1913,Bd.II,S.557—564)——587。

考茨基,卡·《爱国主义、战争和社会民主党》(Kautsky,K.Patriotismus,

Krieg und Sozialdemokratie.—«Die Neue Zeit», Stuttgart, 1905, Jg. 23, Bd.2, Nr.37, S.343—348; Nr.38, S.364—371)——666、698。

—《帝国主义》(Der Imperialismus.—«Die Neue Zeit», Stuttgart, 1914, Jg. 32, Bd.2, Nr.21, 11.September, S.908—922)——285。

—《哥本哈根代表大会》(Der Kongreß von Kopenhagen.—«Die Neue Zeit», Stuttgart, 1910, Jg. 28, Bd. 2, Nr. 48, 26. August, S. 772 — 781) —— 666、668。

—《更正》(Eine Richtigstellung.—«Die Neue Zeit», Stuttgart, 1911, Jg.29, Bd.2, Nr.33, 19.Mai, S.248, в отд.: Notizen)——425。

—《黄金、纸币和商品》(Gold, Papier und Ware.—«Die Neue Zeit», Stuttgart, 1912, Jg.30, Bd.1, Nr.24, 15.März, S.837—847)——423。

—《胶州湾》(Kiaotschau.—«Die Neue Zeit», Stuttgart, 1897 — 1898, Jg. XVI, Bd.II, Nr.27, 2.April, S.14—26)——248、290。

—《莱比锡人民报》(Die«Leipziger Volkszeitung».—«Die Neue Zeit», Stuttgart, 1911, Jg. 29, Bd. 2, Nr. 34, 26. Mai, S. 276 — 277, в отд.: Notizen) ——425。

—《两本用于重新学习的书》(Zwei Schriften zum Umlernen.—«Die Neue Zeit», Stuttgart, 1915, Jg. 33, Bd. 2, Nr. 2, 9. April, S. 33 — 42; Nr. 3, 16. April, S.71 — 81; Nr. 4, 23. April, S. 107 — 116; Nr. 5, 30. April, S. 138 — 146)——289。

—《民族国家、帝国主义国家和国家联盟》(Nationalstaat, imperialistischer Staat und Staatenbund. Nürnberg, Fränkische Verlags-Anstalt, 1915. 80 S.)——357。

—《强盗政策》(Banditenpolitik.—«Die Neue Zeit», Stuttgart, 1911, Jg. 30, Bd.1, Nr.1, 6.Oktober, S.1—5)——424。

—《群众的行动》(Die Aktion der Masse.—«Die Neue Zeit», Stuttgart.1911, Jg.30, Bd.1, Nr.2, 13.Oktober, S.43—49)——602。

—《社会主义与殖民政策》(Sozialismus und Kolonialpolitik. Eine Auseinandersetzung. Berlin, Vorwärts, 1907. 80 S.)——756、758。

—《新策略》(Die neue Taktik.—«Die Neue Zeit», Stuttgart, 1912, Jg.30. Bd.

2, Nr. 44, 2. August, S. 654 — 664; Nr. 45, 9. August, S. 688 — 698; Nr. 46, 16. August, S. 723 — 733)——424。

—《新旧殖民政策》(Ältere und neuere Kolonialpolitik.—«Die Neue Zeit», Stuttgart, 1897 — 1898, Jg. XVI, Bd. I, Nr. 25, 19. März, S. 769 — 781; Nr. 26, 26. März, S. 801 — 816)——289。

—《再论裁军》(Nochmals die Abrüstung.—«Die Neue Zeit», Stuttgart, 1912, Jg. 30, Bd. 2, Nr. 49, 6. September, S. 841 — 854)——424、667、668。

—《战争》(Der Krieg.—«Die Neue Zeit», Stuttgart, 1914, Jg. 32, Bd. 2, Nr. 19, 21. August, S. 843 — 846)——289。

—《战争的影响》(Wirkungen des Krieges.—«Die Neue Zeit», Stuttgart, 1914, Jg. 32, Bd. 2, Nr. 22, 18. September, S. 937 — 948; Nr. 23, 25. September, S. 969 — 982)——288。

—《战争与和平》(Krieg und Frieden. Betrachtungen zur Maifeier.—«Die Neue Zeit», Stuttgart, 1911, Jg. 29, Bd. 2, Nr. 30, 28. April, S. 97 — 107)——426。

—《宗教》(Religion.—«Die Neue Zeit», Stuttgart, 1913, Jg. 32, Bd. 1, Nr. 6, 7. November, S. 182 — 188; Nr. 10, 5. Dezember, S. 352 — 360)——647、667。

考夫曼,埃·《美国的对外实力和殖民威力》(Kaufmann, E. Auswärtige Gewalt und Kolonialgewalt in den Vereinigten Staaten von Amerika. Leipzig, Duncker u. Humblot, 1908. XIII, 244 S. (Staats- und völkerrechtliche Abhandlungen. Bd. VII, Hft. 1))——6。

考夫曼,欧·《法国大储蓄银行的组织》(Kaufmann, E. Die Organisation der französischen Depositengroßbanken.—«Die Bank», Berlin, 1909, II. Semester, S. 849 — 857, 950 — 960)——187。

—《法国银行业,特别是三家大储蓄银行》(Das französische Bankwesen mit besonderer Berücksichtigung der drei Depositengroßbanken. Tübingen, Mohr, 1911. («Archiv für Sozialwissenschaft und Sozialpolitik». Hrsg. v. E. Jaffé. Ergänzungsheft I))——57、134、244。

科尔松,C.《经济机体和社会混乱》(Colson, C. Organisme économique et Désordre social. Paris, Flammarion, 1912. 364 p. (Bibliothèque de Philosophie

scientifique))——260。

科拉迪尼，恩·《意大利的民族主义》(Corradini, E. Il nazionalismo italiano. Milano, Treves, 1914. VII, 264 p.)——835。

科珀.H.《[书评：]恩斯特·路特希尔德〈卡特尔、工会和合作社及其在经济生活中的内部联系〉》(Köppe, H.[Рецензия на книгу:]«Rothschild, Ernst: Kartelle, Gewerkschaften und Genossenschaften nach ihrem inneren Zusammenhang im Wirtschaftsleben. Versuch einer theoretischen Grundlegung der Koalitionsbewegung. Berlin 1912. gr. 8. 143 SS.».—«Jahrbücher für Nationalökonomie und Statistik», Jena, 1913, Folge III, Bd.46, S. 271 — 273, в отд.: Übersicht über die neuesten Publikationen Deutschlands und des Auslandes. 9. Soziale Frage)——226。

科特根，J.《期刊一览》(Köttgen, J. Zeitschriftenschau.—«Die Neue Zeit», Stuttgart, 1914, Jg. 32, Bd. 1, Nr. 19, 6. Februar, S. 710 — 712)——552、600。

克勒芒德，埃·《不列颠帝国同德意志帝国的经济关系》(Crammond, E. The Economic Relations of the British and German Empires.—«Journal of the Royal Statistical Society», London, 1914, vol. LXXVII, part 8, July, p. 777—807)——246、413、443。

克龙，H.F.《英德经济斗争中的阿根廷》(Crohn, H. F. Argentinien im deutsch-englischen Wirtschaftskampf.—«Jahrbuch für Gesetzgebung, Verwaltung und Volkswirtschaft im Deutschen Reich», Leipzig—München, 1915, Jg. 39, Hft. 2, S. 223—256(781—814))——413、430。

克罗美尔，伊·巴·《古代帝国主义和现代帝国主义》(Cromer, E. B. Ancient and Modern Imperialism. London, Murray, 1910. 143 p.)——631、643。

克尼夫，约·《德国国际社会党人和国际派》(Knief, J. I. S. D. und Intern. Gruppe.—«Bremer Bürger-Zeitung», 1916, Nr. 139, 16. Juni, S. 7)——659。

克斯特纳，弗·《强迫加入组织》(Kestner, F. Der Organisationszwang. Eine Untersuchung über die Kämpfe zwischen Kartellen und Außenseitern. Berlin, Heymann, 1912. XII, 395 S.)——4、23、240。

克瓦德弗利格，弗·《1774—1914年俄国的扩张政策》(Quadflieg, F. Russische Expansionspolitik von 1774 bis 1914. Berlin, Dümmler, 1914. 259 S.)——761。

孔特，瓦·《我国海外贸易的前途》(Kundt, W. Die Zukunft unseres Überseehandels. Eine volkswirtschaftliche Studie. Berlin, Siemenroth, 1904. 148 S.)——59。

库兹涅佐夫，彼·《中亚不同文明和语言的斗争》(Kouznietsow, P. La lutte des civilisations et des langues dans l'Asie Centrale. Paris, Jouve, 1912. 357 p.)——7、219。

[奎尔奇，哈·]《战争蠢行与和平的前景和危险》([Quelch, H.]Die Torheit des Krieges und die Möglichkeiten und Gefahren des Friedens. [Аннотация].—«Die Neue Zeit», Stuttgart, 1911, Jg. 29, Bd. 2, Nr. 52, 29. September, S. 943—944, в отд.: Zeitschriftenschau)——425。

拉帕尔，威·埃·《论民族协定》(Rappard, W. E. Zur nationalen Verständigung. Zürich, 1915. (Schriften für schweizerische Art und Kunst. 26))——846。

拉维斯泰因，威·万·《巴尔干问题》(Ravesteijn, W. van. Balkanprobleme.—«Die Neue Zeit», Stuttgart, 1912, Jg. 31, Bd. 1, Nr. 7, 15. November, S. 221—229)——3、8。

莱尔，莫·《德国帝国主义》(Lair, M. L' Impérialisme allemand. Paris, Colin, 1902. VII, 341 p.)——217、232、860。

莱斯居尔，让·《法国储蓄业》(Lescure, J. L'Épargne en France. Paris, Tenin, 1914. VIII, 114 p.)——207、244。

兰斯堡，阿·《参与制的危险》(Lansburgh, A. Die Gefahren des Beteiligungssysterns.—«Die Bank», Berlin, 1910, II. Semester, S. 619—627. Подпись: A. L.)——181。

—《从十亿公债所想到的》(Gedanken über die Milliardenanleihe.—«Die Bank», Berlin, 1914, II. Semester, S. 932—940. Подпись: A. L.)——60。

—《德国的国民财产有多大?》(Wie groß ist das deutsche Volksvermögen.—«Die Bank», Berlin, 1909, I. Semester, S. 319—326. Подпись: A. L.)——186。

—《德国的国外投资》(Deutsches Kapital im Auslande.—«Die Bank»,

Berlin,1909,II.Semester,S.819—833)——189。

—《德国是食利国》(Der deutsche Rentnerstaat.—«Die Bank»,Berlin,1911,I.Semester,S.1—13)——178。

—《德国银行业中的参与制》(Das Beteiligungssystem im deutschen Bankwesen.—«Die Bank», Berlin, 1910, II. Semester, S. 497 — 508)——135、181。

—《对银行统计的思考》(Nachdenkliches zur Bankstatistik.—《Die Bank》,Berlin,1911.II.Semester,S.813—824)——180。

—《公爵托拉斯的金融事业》(Die Finanzgeschäfte des Fürstentrusts.—«Die Bank»,Berlin,1912,I.Semester,S.223—230.Подпись:A.L.)——176。

—《国家与外国债券》(Der Staat und die Auslandsanleihen.—«Die Bank»,Berlin,1913,II.Semester,S.623—637)——75。

—《交易所特有的预见才能》(Die Divinationsgabe der Börse.—«Die Bank»,Berlin,1910,I.Semester,S.211—223)——545。

—《金融的民族主义》(Finanzieller Nationalismus.—«Die Bank»,Berlin,1914,I.Semester,S.313—321)——69。

—《金融托拉斯》(Der《Money Trust》.—«Die Bank», Berlin, 1912, I. Semester,S.432—438.Подпись:A.L.)——177。

—《军费的抵补和抵补的来源》(Die Kriegskosten-Deckung und ihre Quellen.—«Die Bank»,Berlin,1914,II.Semester,S.997—1009,1097—1115)——63。

—《拉特瑙制》(System Rathenau.—«Die Bank»,Berlin,1908,II.Semester,S.765—775.Подпись:A.L.)——67。

—《伦敦这个世界票据交换所的被排挤》(Die Ausschaltung Londons als Clearinghaus der Welt.—«Die Bank»,Berlin,1914,II.Semester,S.903—920)——61。

—《论奥地利银行业的特点》(Zur Charakteristik des österreichischen Bankwesens.—«Die Bank»,Berlin,1911,I.Semester,S.217—227)——179。

—《曲意逢迎的经济影响》(Die wirtschaftliche Bedeutung des Byzantinismus.—«Die Bank»,Berlin,1909,I.Semester,S.301—309)——185。

—《通过银行对国民财富的控制。银行调查》(Die Verwaltung des Volksvermögens durch die Banken. Zur Bankenquête.—«Die Bank», Berlin,1908,I.Semester,S.134—145.Подпись:A.L.)——40、407。

—《危机的起因》(Krisen-Erreger.—«Die Bank», Berlin,1914,I.Semester,S. 1—16)——70。

—《五年来的德国银行业》(Fünf Jahre deutsches Bankwesen.—«Die Bank», Berlin,1913,II.Semester,S.725—736)——74。

—《现代企业中的趋势。兼评两本书》(Die Tendenzen in der modernen Unternehmung. Zwei Bücher.—«Die Bank», Berlin, 1909, II. Semester, S. 1043—1052.Подпись:A.L.)——192。

—《一家有3亿资本的银行》(Die Bank mit den 300 Millionen.—«Die Bank», Berlin,1914,I.Semester,S.415—426)——64。

—《1913年柏林的大银行》(Die Berliner Großbanken im Jahre 1913.—«Die Bank», Berlin,1914,I.Semester,S.338—345.Подпись:A.L.)——68。

—《银行为民族经济服务》(Die Bank im Dienste der nationalen Wirtschaft.—«Die Bank», Berlin,1910,I.Semester,S.401—412)——181。

—《英国银行的20年》(Zwanzig Jahre englisches Bankwesen.—«Die Bank», Berlin,1911,II.Semester,S.605—616,726—736.Подпись:A.L.)——179。

劳芬贝格,亨·、沃尔弗海姆,弗·和赫尔茨,卡·《组织、战争和批评》(Laufenberg,H.,Wolffheim,F.u.Herz,C.Organisation,Krieg und Kritik. Dokumente zu den Hamburger Parteidebatten. Zur Abgabe nur an Parteimitglieder gegen Vorzeigung des Mitgliedsbuches. Hamburg, Laufenberg, 1915. 77 S.)——563。

勒鲁瓦-博利厄,皮·《法国在国外的资产》(Leroy-Beaulieu, P. La Fortune Française à l'étranger. (Premier article).—«L'Économiste Français», Paris,1902,an.30,vol.2,N 40,p.449—451,в отд.:Partie économique)——635。

雷德斯洛布,罗·《附属国》(Redslob,R. Abhängige Länder. Eine Analyse des Begriffs von der ursprünglichen Herrschergewalt. Zugleich eine staatsrechtliche und politische Studie über Elsaß-Lothringen,die österreichischen Königreiche

und Länder, Kroatien-Slavonien, Bosnien-Herzegowina, Finnland, Island, die Territorien der nordamerikanischen Union, Kanada, Australien, Südafrika. Leipzig, Veit, 1914. 352 S.)——261。

雷韦尔,C.T.《拉丁美洲的贸易可能性》(Revere, C. T. Latin-American Trade Possibilities.—«The North American Review», New York, 1915, vol. CCI, No.1, January, p.72—81)——206。

雷文特洛,恩·《1888—1913年德国的对外政策》(Reventlow, E. Deutschlands auswärtige Politik. 1888—1913. Berlin, Mittler, 1914. XVI, 402 S.)——756。

李卜克内西,威·《论东方问题,或欧洲是否应该是哥萨克的? 对德国人民的警告》(Liebknecht, W. Zur orientalischen Frage oder Soll Europa kosakisch werden? Ein Mahnwort an das deutsche Volk. 2. Aufl. Leipzig, Höhme, [1878]. 63 S.)——707。

里塞尔,雅·《德国大银行及其随着德国整个经济发展而来的集中》(1910年版)(Riesser, J. Die deutschen Großbanken und ihre Konzentration im Zusammenhange mit der Entwicklung der Gesamtwirtschaft in Deutschland. 3. völlig umgearb. und stark verm. Aufl. Jena, Fischer, 1910. XV, 715 S.; 1 Karte)——36、129、139、240—244、245、250、251、255、296、297、318、369、379、382、388、389、406。

—《德国大银行及其随着德国整个经济发展而来的集中》(1912年版)(Die deutschen Großbanken und ihre Konzentration im Zusammenhange mit der Entwicklung der Gesamtwirtschaft in Deutschland. 4. verb. und verm. Aufl. Jena, Fischer, 1912. XIII, 768 S.; 1 Karte)——382、384、386、389、392、395、398—399、402、403、411。

利夫曼,罗·《参与和投资公司。对现代资本主义和有价证券业的研究》(Liefmann, R. Beteiligungs- und Finanzierungsgesellschaften. Eine Studie über den modernen Kapitalismus und das Effektenwesen (in Deutschland, den Vereinigten Staaten, England, Frankreich, Belgien und der Schweiz). Jena, Fischer, 1909. X, 495 S.)——244、318、414。

—《法兰克福五金贸易的国际组织》(Die internationale Organisation des Frankfurter Metallhandels.—«Weltwirtschaftliches Archiv», Jena, 1913,

I, Bd.I, Hft.I, S.108—122)——4、12。

—《卡特尔与托拉斯以及国民经济组织今后的发展》(Kartelle und Trusts und die Weiterbildung der volkswirtschaftlichen Organisation. 2., stark erweiterte Aufl. Stuttgart, Moritz, 1910. 210 S.)——4、18、35、101、240、241、251。

—《战争是不是使我们接近社会主义?》(Bringt uns der Krieg dem Sozialismus näher? —«Der Deutsche Krieg», Stuttgart—Berlin, 1915, Hft.56, S. 1—44)——836。

利沙加勒《1871年公社史》(Lissagaray. Geschichte der Kommune von 1871. 2. vom Verfasser durchges. Aufl. Mit einem Nachtrag: Die Vorgeschichte und die innere Triebkräfte der Kommune von S. Mendelson. Stuttgart, Dietz, 1894. XIV, 550 S.)——672。

利西斯《反对法国金融寡头》(Lysis. Contre l'Oligarchie financière en France. Préf. de J. Finot. Paris, «La Revue», 1908. XI, 260 p.)——21、217、226、243。

林克,恩·《储金局是不是慈善机关?》(Link, E. Sind Sparkassen Wohlfahrtseinrichtungen? —«Die Neue Zeit», Stuttgart, 1911, Jg. 30, Bd. 1, Nr. 2, 13. Oktober, S.58—62)——602。

菱田政治《日本作为强国的国际地位》(Hishida, S. The International Position of Japan as a Great Power. New York, Macmillan, 1905. 289 p. (Studies in History, Economics and Public Law. Edited by the Faculty of Political Science of Columbia University. Vol. XXIV, No. 3))——7、208、250。

卢卡斯,查·普·《大罗马和大不列颠》(Lucas, C. P. Greater Rome and Greater Britain. Oxford, Clarendon Press, 1912. 184 p.)——629。

[卢森堡,罗·]《社会民主党的危机》([Luxemburg, R.] Die Krise der Sozialdemokratie. Anhang: Leitsätze über die Aufgaben der internationalen Sozialdemokratie. Zürich, Verlagsdruckerei Union, 1916. 109 S. После загл. авт.: Junius)——339。

—《尤尼乌斯的文章》(Le Billet de Junius.—«L'Écho de Paris», 1914, N 11016, 13 octobre, p.1. Подпись: Junius)——606。

鲁布纳，麦·《报告》(Rubner，M. Bericht.—In：Volksernährung. Massenspeisung. Berlin，1916，S.27)——855。

路易，保·《帝国主义概论》(Louis，P. Essai sur l'impérialisme.—«Le Mercure de France»，Paris，1904，15-e an.IV，t.L，p.100—114)——217、248、266。

吕多费尔，J.J.《当代世界政治的主要特征》(Ruedorffer，J.J. Grundzüge der Weltpolitik in der Gegenwart. Berlin—Stuttgart，Deutsche Verlags-Anstalt，1914.XIII，252 S.)——605、616。

吕西埃，昂·《大洋洲的瓜分》(Russier，H. Le Partage de l'Océanie. Paris，Vuibert et Nony，1905.XI，370 p.)——7、235。

伦茨，弗·《现代战争的历史前提》(Lenz，F. Die geschichtlichen Voraussetzungen des modernen Krieges.—«Deutsche Rundschau»，Berlin，1914，Bd.CLXI，Oktober，S.1—37)——300。

—《现代战争的政治前提》(Die politische Voraussetzungen des modernen Krieges.—«Deutsche Rundschau»，Berlin，1915，Bd. CLXII，Januar，S. 80—105；Februar，S.211—231)——367。

伦纳，卡·《是现实还是妄想?》(Renner，K. Wirklichkeit oder Wahnidee? —«Der Kampf»，Wien，1916，Jg.9，Bd.9，Nr.1，Januar，S.15—25)——693。

伦施，保·《德国社会民主党和世界大战》(Lensch，P. Die deutsche Sozialdemokratie und der Weltkrieg. Eine politische Studie. Berlin，Vorwärts，1915.64 S.)——359。

—《民兵制和裁军》(Miliz und Abrüstung.—«Die Neue Zeit»，Stuttgart，1912，Jg. 30，Bd. 2，Nr. 47，23. August，S. 765—772)——424、646、664、668。

—《社会民主党，它的终结和成就》(Die Sozialdemokratie，ihr Ende und ihr Glück. Leipzig，Hirzel，1916.X，218 S.)——673。

罗尔巴赫，保·《为什么这次战争是德国的战争!》(Rohrbach，P. Warum es der Deutsche Krieg ist! —«Der Deutsche Krieg»，Stuttgart—Berlin，1914，Hft. 1，S.1—30)——634。

罗特施坦，Th.《社会民主党、海德门和军备问题》(Rothstein，Th. Die S.D.P.，Hyndman und die Rüstungsfrage.—«Die Neue Zeit»，Stuttgart，1911，Jg.

29,Bd.2,Nr.32,12.Mai,S.179—186)——428、668。

洛伦茨,雅·《论在瑞士的意大利人问题》(Lorenz,J.Zur Italienerfrage in der Schweiz.Zürich)——298、670。

—《在瑞士的波兰工人》(Polnische Arbeiter in der Schweiz.Zürich,1910)——671。

洛伊特纳,K.《俄国的民族帝国主义》(Leuthner,K.Russischer Volksimperialismus.—«Die Neue Rundschau»,Berlin,1915,Jg.XXVI,Hft.5,Mai,S.574—590)——850。

马尔卡尔德,K.《[书评:]尤利乌斯·希尔施〈零售业中的分支企业(主要是德国和比利时的资本主义大型分支企业)〉》(Marcard,K.[Рецензия на книгу:]«Hirsch,Julius:Die Filialbetriebe im Detailhandel(unter hauptsächlicher Berücksichtigung der kapitalistischen Massenfilialbetriebe in Deutschland und Belgien».)—«Jahrbücher für Nationalökonomie und Statistik»,Jena,1914,Folge III,Bd.48,S.276—279,в отд.:Übersicht über die neuesten Publikationen Deutschlands und des Auslandes. 6. Handel und Verkehr)——226。

马尔什,L.《发动机马力的国际统计》(March,L.La statistique internationale des forces motrices.—B кн.:Bulletin de l'Institut international de statistique.T.XIX—l[re] Livraison.La Haye,Van Stockum,[1912],p.374—386)——519。

马凯,B.L.《中国、中华民国。它的问题和前途》(Mackay,B.L.China,die Republik der Mitte.Ihre Probleme und Aussichten.Mit neunzehn Nachbildungen chinesischer Originale.Stuttgart—Berlin,Cotta,1914.VII,264 S.17 Bilder)——605、625。

马克罗斯蒂,亨·W.《不列颠工业中的托拉斯》(Macrosty,H.W.Das Trustwesen in der britischen Industrie.Übersetzt v.F.Leo.Berlin,Heymann,1910.XII,308 S.(Moderne Wirtschaftsprobleme.Internationale Beiträge zur neueren Wirtschaftsentwicklung. Hrsg. V. Leo. Berlin,1910. Bd.IV))——17、229。

马克思,卡·《法兰西内战。国际工人协会总委员会宣言》(Marx,K.Der Bür-

gerkrieg in Frankreich. Adresse des Generalrats der Internationalen Arbeiter-Assoziation. 3. deutsche Aufl. verm. durch die beiden Adressen des Generalrats über den deutschfranzösischen Krieg und durch eine Einleitung. Berlin, die Expedition des «Vorwärts», 1891. 71 S.)——647、681、682。

—《给路·库格曼医生的书信》(Briefe an Dr. L. Kugelmann.—«Die Neue Zeit», Stuttgart, 1901—1902, Jg. 20, Bd. 2, Nr. 1(lauf. Nr. 27), S. 26—32; Nr. 2(lauf. Nr. 28), S. 60—64; Nr. 3(lauf. Nr. 29), S. 91—96; Nr. 4(lauf. Nr. 30), S. 125—128; Nr. 6(lauf. Nr. 32), S. 188—192; Nr. 7(lauf. Nr. 33), S. 221—224; Nr. 12(lauf. Nr. 38), S. 381—384; Nr. 13(lauf. Nr. 39), S. 412—416; Nr. 15(lauf. Nr. 41), S. 472—480; Nr. 17(lauf. Nr. 43), S. 541—544; Nr. 19(lauf. Nr. 45), S. 604—608; Nr. 25(lauf. Nr. 51), S. 797—800)——647、682、697。

—[《给迈耶尔和福格特的信》(1870年4月9日)]([Ein Brief an Meyer und Vogt, 9. IV. 1870].—«Die Neue Zeit», Stuttgart, 1907, Jg. 25, Bd. 2, Nr. 33, S. 226—228, в ст.: Mehring F. Neue Beiträge zur Biographie von Karl Marx und Friedrich Engels.)——741—743。

—《给威·李卜克内西的信》(Ein Brief an W. Liebknecht.—In: Liebknecht, W. Zur orientalischen Frage oder Soll Europa kosakisch werden? Ein Mahnwort an das deutsche Volk. 2. Aufl. Leipzig, Höhme, 1878, S. 57—59)——646、707、708。

—《给魏德迈的信》(1851年9月11日)(Ein Brief an Weydemeyer, 11. IX. 1851.—«Die Neue Zeit», Stuttgart, 1907, Jg. 25, Bd. 2, Nr. 28, S. 58—59, в ст.: Mehring, F. Neue Beiträge zur Biographie von Karl Marx und Friedrich Engels)——739—740。

—[《给魏德迈的信》(1852年3月5日)]([Ein Brief an Weydemeyer, 5. III. 1852].—«Die Neue Zeit», Stuttgart, 1907, Jg. 25, Bd. 2, Nr. 31, S. 163—165, в ст.: Mehring, F. Neue Beiträge zur Biographie von Karl Marx und Friedrich Engels)——740。

—《揭露科隆共产党人案件》(Enthüllungen über den Kommunisten Prozeß

zu Köln. Neuer Abdruck mit Einleitung v. F. Engels. Hottingen—Zürich, Volksbuchhandlung, 1885. 88 S.)——560。

—《乔治·豪厄尔先生的国际工人协会史》(Mr. George Howells Geschichte der Internationalen Arbeiter-Assoziation.—«Die Neue Zeit», Stuttgart, 1902, Jg. XX, Bd. I, Nr. 19, 8. Februar, S. 585—589; в отд.: Beiträge zu einer Geschichte der Internationale)——649。

—《政治冷淡主义》(Der politische Indifferentismus. (L'indifferenza in materia politica).—«Die Neue Zeit», Stuttgart, 1913, Jg. 32, Bd. 1, Nr. 2, 10. Oktober, S. 40—44, в отд.: Ein Beitrag zur Geschichte der Internationale. Zwei unbekannte Artikel von F. Engels und K. Marx. Übersetzt und eingeleitet von N. Rjasanoff)——668。

迈耶尔,阿·《投资。若干原则上的探讨》(Meyer, A. Die Kapitalanlage. Einige grundsätzliche Erörterungen. Zürich, 1912)——3、11、431。

梅林,弗·《卡尔·马克思和弗里德里希·恩格斯传记的新材料》(Mehring, F. Neue Beiträge zur Biographie von Karl Marx und Friedrich Engels.—«Die Neue Zeit», Stuttgart, 1906—1907, Jg. 25, Bd. 2, Nr. 27, S. 15—21; Nr. 28, S. 53—59; Nr. 29, S. 98—103; Nr. 31, S. 160—168; Nr. 32, S. 180—187; Nr. 33, S. 222—228)——739。

—《新黑格尔分子》(Die neuen Hegelingen.—«Die Neue Zeit», Stuttgart, 1914, Jg. 32, Bd. 1, Nr. 26, 27. März, S. 964—973)——656。

梅伦斯,伯·《法国大信用机关的产生和发展,特别是它们对法国经济发展的影响》(Mehrens, B. Die Entstehung und Entwicklung der großen französischen Kreditinstitute mit Berücksichtigung ihres Einflusses auf die wirtschaftliche Entwicklung Frankreichs. Stuttgart—Berlin, Cotta, 1911. IX, 360 S. (Münchener volkswirtschaftliche Studien, hrsg. v. L. Brentano u. W. Lotz. 107. Stück))——21、57、138、244。

梅维尔,安·《从法兰克福和约到阿尔赫西拉斯会议》(Mévil, A. De la Paix de Francfort à la conférence d'Algésiras. Ed. 10. Paris, Plon-Nourrit, 1909. XI, 328 p.)——586。

梅伊,R.E.《大众的消费与"老百姓"、有钱人和富人消费的比例及马克思主义

学说》(May,R.E.Das Verhältnis des Verbrauches der Massen zu demjenigen der «kleinen Leute», der Wohlhabenden und Reichen und die Marxistische Doktrin.—«Jahrbuch für Gesetzgebung, Verwaltung und Volkswirtschaft im Deutschen Reich», Leipzig—München, 1899, Jg.23, Hft.1, S.271—314)——397、407。

—《1890年以来汉堡生活资料费用以及收入情况的增长》(Kosten der Lebenshaltung und Entwicklung der Einkommensverhältnisse in Hamburg seit 1890.—«Schriften des Vereins für Sozialpolitik», München—Leipzig, 1915, Bd.145, T.IV, S.259—524)——840。

孟德斯鸠,利·《美国的债券和法国的证券总存量》(Montesquiou, L. Les Obligations américaines et le portefeuille français. Paris, Rivière, 1912, 109 p.)——206。

米尔豪普特,恩·《牛奶卡特尔。关于卡特尔和牛奶价格的问题》(Mülhaupt, E.Der Milchring. Ein Beitrag zur Kartell- und Milchpreisfrage. Karlsruhe, Braun, 1912. 111 S. (Volkswirtschaftliche Abhandlungen der badischen Hochschulen, hrsg. v. K. Diehl und anderen. Neue Folge. Hft. 9))——413、435。

莫尔,艾·《1907/08—1911/12年间德国股份公司的业务总结》(Moll, E. Die Geschäftsergebnisse der deutschen Aktiengesellschaften in den Jahren 1907/08 bis 1911/12.—«Bank-Archiv», Berlin, 1914, Jg. XIII, Nr. 18, S. 299—303)——4、22。

莫里德,皮·《法国国内和国外的公司及大批分公司》(Moride, P. Les Maisons à succursales multiples en France et à L'Étranger. Paris, Alcan, 1913. 234, 36 p.)——4、15。

莫里斯,亨·C.《从上古到今日的殖民史》(Morris, H.C. The History of Colonization from the Earliest Times to the Present Day. New York, Macmillan, 1900. 2 vol.)——246、268、451、453。

莫利,约·《理查·科布顿的一生。纪念版》(Morley, J. The Life of Richard Cobden. Jubilee Edition. Vol. I—II. London, Unwin, 1896. 2 v.)——510。

莫斯,斐·《法国的信用机关和法英在国外的投资》(Moos, F. Die französischen

Kreditinstitute und die französischen und englischen Kapitalanlagen im Ausland.—«Jahrbücher für Nationalökonomie und Statistik»,Jena,1910, Folge III,Bd.39,S.237—256)——141、217、249、432。

纳阿斯,约·F.《埃及农民的经济和社会状况》(Nahas,J. F. Situation économique et sociale du Fellah Égyptien. Thèse par le doctorat. Paris, Rousseau,1901.202 p.(Université de Paris.—Faculté de droit))——601。

奈马尔克,阿·《有价证券的国际统计》(Neymarck,A. La Statistique internationale des Valeurs Mobilières. IX-e Rapport… Première Partie. Exposé général du rapport.—В кн.:Bulletin de l'Institut international de statistique. T. XIX— 2e Livraison. La Haye, Van Stockum,[1912],p. 201—475)——56、57、79、81、140、142—143、144、207、244、296、430。

尼布尔,赫·耶·《[书评:]〈民族和从属种族〉1911年伦敦版》(Nieboer,H.J. [Рецензия на книгу:]«Nationalities and Subject Races. London, 1911».—«Weltwirtschaftliches Archiv»,Jena,1913,II,Bd.2,Hft.1,S.193—195,в отд.:Literatur)——4、14、249、251。

尼尔林,斯·《美国工资的相称性》(Nearing,S. The Adequacy of American Wages.—«The Annals of the American Academy of Political and Social Science»,Philadelphia,1915,vol.LIX,p.111—124)——28。

诺伊曼-施帕拉尔特,弗·X.《世界经济概述》(Neumann-Spallart,F. X. Übersichten der Weltwirtschaft. Jg. 1883—84. Stuttgart, Maier, 1887. XIV,574 S.)——524、546。

帕图叶,约·《美国帝国主义》(Patouillet,J. L'Impérialisme américain. Thèse pour le doctorat.(Sciences politiques et économiques).Dijon,«Petit Bourguignon»,1904.388 p.(Université de Dijon.—Faculté de droit))——7、211、215、250、251。

潘涅库克,安·《国家支出的抵补问题和帝国主义》(Pannekoek,A. Deckungsfrage und Imperialismus.—«Die Neue Zeit»,Stuttgart,1913,Jg.32,Bd.1, Nr.4,24.Oktober,S.110—116)——276、292。

—《群众行动与革命》(Massenaktion und Revolution.—«Die Neue Zeit», Stuttgart,1912,Jg.30,Bd.2,Nr.41,12.Juli,S.541—550;Nr.42,19.Juli,S.

585—593;Nr.43,26.Juli,S.609—616)——424。

—《我们当前的要求的实质》(Das Wesen unserer Gegenwartsforderungen.—«Die Neue Zeit»,Stuttgart,1912,Jg.30,Bd.2,Nr.48,30.August,S.810—817)——424。

佩兰·德·布萨克,R.《论殖民军。殖民军与殖民化的关系》(Perrin de Boussac,R.De l'Armée coloniale.Ses Rapports avec la colonisation.Thèse pour le doctorat.Paris,Rousseau,1901.151 p.(Université de Paris.—Faculté de droit))——677。

佩珀,Ch.M.《南美的市场》(Pepper,Ch.M.South American Markets.—«The Annals of the American Academy of Political and Social Science»,Philadelphia,1915,vol.LIX,p.309—513)——28。

佩什,乔·《大不列颠在各殖民地和国外的投资》(Paish,G.Great Britain's Capital Investments in Individual Colonial and Foreign Countries.—«Journal of the Royal Statistical Society»,London,1911,vol.LXXIV,part 2,January,p.167—187)——207、313、413、432、434。

平内尔,费·《冯·格温纳先生的煤油垄断》(Pinner,F.Herrn v.Gwinners Petroleummonopol.—«Die Bank»,Berlin,1912,II.Semester,S.1032—1047)——73。

—《煤油战略》(Petroleum-Strategie.—«Die Bank»,Berlin,1912,II.Semester,S.629—638)——175。

—《是煤油垄断还是卡特尔法?》(Petroleummonopol oder Kartellgesetz?—«Die Bank»,Berlin,1913,II.Semester,S.736—747)——74。

普伦,汉·《不列颠帝国主义》(Plehn,H.Der britische Imperialismus.—«Handbuch der Politik»,Berlin—Leipzig,1912—1913,Bd.II,S.731—735)——587。

—《大不列颠的对外政策》(Großbritanniens auswärtige Politik.—England und Deutschland.—«Handbuch der Politik»,Berlin—Leipzig,1912—1913,Bd.II,S.726—731)——587。

—《世界政治。英日结盟后的世界现代史纲要》(Weltpolitik.Abriß der neuesten Weltgeschichte nach dem englischjapanischen Bündnis.3.Aufl.

Berlin,Curtius,1907.VII,214 S.)——551、553。

齐默尔曼,F.W.R.《有价证券及其发行的国际统计》(Zimmermann,F.W.R. Die internationale Statistik der Wertpapiere und der Wertpapien—Ausgabe.—«Bank-Archiv»,Berlin,1912,Jg.XI,Nr.19,S.299—303;Nr.20,S. 317—321)——79。

契尔施基,齐·《卡特尔与托拉斯》(Tschierschky,S.Kartell und Trust. Vergleichende Untersuchung über deren Wesen und Bedeutung. Göttingen, Vandenhoeck u.Ruprecht,1903.129 S.)——27、57、195、252。

萨尔托里乌斯·冯·瓦尔特斯豪森,奥·《国外投资的国民经济制度》(Sartorius von Waltershausen,A.Das volkswirtschaftliche System der Kapitalanlage im Auslande.Berlin,Reimer,1907.442 S.)——246、249、605、635。

塞尔,查·V.《关于日本的一些统计材料》(Sale,Ch.V.Some Statistics of Japan.—«Journal of the Royal Statistical Society»,London,1911,vol.LXXIV,part V,April,p.467—534)——413、446。

桑巴,马·《不是保障和平,就是产生国王》(Sembat,M.Faites un Roi sinon Faites la Paix.12 ed.Paris,Figuière,[1913].XIV,278 p.)——485。

施蒂利希,奥·《大工业企业的政治经济研究》(Stillich,O.Nationalökonomische Forschungen auf dem Gebiete der großindustriellen Unternehmung.Bd.I—II.Berlin—Leipzig,1904—1906.2 Bd.)——20、32、57、171。

第1卷《钢铁工业》(Bd.I.Eisen- und Stahl-Industrie.Berlin,Siemenroth, 1904.XII,238 S.)——20、32、57、171。

第2卷《煤炭工业》(Bd.II.Steinkohlenindustrie.Leipzig,Jäh u.Schunke, 1906.VI,357 S.)——20、57、171。

—《货币银行业。教科书》(Geld- und Bankwesen.Ein Lehr- und Lesebuch. Berlin,Curtius,1907.267 S.)——4、31、415。

施尔德尔,齐·《世界大战的世界经济前提》(Schilder,S.Weltwirtschaftliche Hintergründe des Weltkrieges.—«Weltwirtschaftliches Archiv»,Jena, 1915,I,Bd.5,Hft.1,S.1—22)——4、18。

—《世界经济发展趋势》(Entwicklungstendenzen der Weltwirtschaft.Bd.1. Planmäßige Einwirkungen auf die Weltwirtschaft.Berlin,Siemenroth,

1912.VIII,393 S.)——56、82、249、314。

施穆勒,古·《弗里德里希·恩格斯和卡尔·马克思。他们1844年至1883年的通信》(Schmoller, G. Friedrich Engels und Karl Marx. Ihr Briefwechsel von 1844 bis 1883.—«Jahrbuch für Gesetzgebung, Verwaltung und Volkswirtschaft im Deutschen Reich», Leipzig—München, 1915, Jg.39, Hft.1, S.423—432)——649。

施塔姆哈默尔,约·《社会主义和共产主义书目》(Stammhammer, J. Biblrographie des Sozialismus und Kommunismus. Bd. III: Nachträge und Ergänzungen bis Ende des Jahres 1908. Mit einem vollständigen Sachregister über alle drei Bände. Jena, Fischer, 1909. 473 S.)——662。

施特芬,古·《世界大战和帝国主义》(Steffen, G. Weltkrieg und Imperialismus. Sozialpsychologische Dokumente und Beobachtungen vom Weltkrieg 1914/1915. Jena, Diederichs, 1915. 254 S.(Politische Bibliothek))——276。

施瓦尔茨,O.《列强的财政体制(各国国家的和社区的财务)》(Schwarz, O. Die Finanzsysteme der Großmächte. (Internationales Staats- und Gemeinde-Finanzwesen). Bd. I—II. Leipzig, Göschen, 1909. (Sammlung Göschen). 2 Bd.)——22、513。

施维德兰德,欧·《工商业经营形式的竞赛》(Schwiedland, E. Der Wettkampf der gewerblichen Betriebsformen.—« Grundriß der Sozialökonomik », Tübingen, 1914, Buch III, Abt. VI, S.24—53)——22、51。

—《[书评:]爱德华·德里奥〈现代世界。政治和经济概论〉1909年巴黎(阿尔坎)版,共372页》([Рецензия на книгу:]«Driault, Edouard: Le Monde actuel. Tableau politique et économique. Paris (Alcan), 1909. Pp. 372».—«Jahrbücher für Nationalökonomie und Statistik», Jena, 1911, Folge III, Bd.41, S. 269—270, в отд.: Übersicht über die neuesten Publikationen Deutschlands und des Auslandes)——220。

—《[书评:]保尔·帕萨马〈工业集中的新形式〉1910年巴黎版》([Рецензия на книгу:] «Passame, Paul: Formes nouvelles de concentration industrielle. Paris. 1910».—«Jahrbücher für Nationalökonomie und Statistik», Jena, 1912, Folge III, Bd.44, S.818—819, в отд.: Übersicht über die neuesten

Publikationen Deutschlands und des Auslandes)——222。

舒尔采,恩·《美国入境移民的波动》(Schultze, E. Die Schwankungen der Einwanderung in die Vereinigten Staaten.—«Jahrbücher für Nationalökonomie und Statistik», Jena, 1915, Folge III, Bd. 49, S. 527—541, в отд.: Miszellen. XV)——226。

—《在俄国的法国资本》(Das französische Kapital in Rußland.—«Finanz-Archiv», Stuttgart—Berlin, 1915, Jg. 32, Bd. 1, S. 125—133)——364、428。

舒尔采-格弗尼茨,格·《德国信用银行》(Schulze-Gaevernitz, G. Die deutsche Kreditbank.—«Grundriß der Sozialökonomik», Tübingen, 1915, Buch III, Abt. V, T. II, S. 1—189, в отд.: A. Güterverkehr. II. Bankwesen)——3、4、37、244、250、251、422。

—《20世纪初的不列颠帝国主义和英国自由贸易》(Britischer Imperialismus und englischer Freihandel zu Beginn des zwanzigsten Jahrhunderts. Leipzig, Duncker u. Humblot, 1906. 477 S.)——21、373、485、495、496、700。

舒尔特斯《欧洲历史纪事》(Schulthess. Europäischer Geschichtskalender. Neue Folge. Jg. 25, 1909. (Der ganzen Reihe, Bd. L). Hrsg. v. L. Rietz. München, Beck, 1910. XV, 739 S.)——582。

斯佩克塔托尔《从商业经济看欧洲列强殖民地》(Spectator. Die Kolonien der europäischen Mächte in handelswirtschaftlicher Beziehung.—«Die Neue Zeit», Stuttgart, 1916, Jg. 34, Bd. 2, Nr. 1, 7. April, S. 16—20; Nr. 2, 14. April, S. 51—58)——105。

—《[书评:]欧·阿加德〈大银行与世界市场〉1914年柏林版》([Рецензия на книгу:]«E. Agahd: Großbanken und Weltmarkt. Berlin, 1914».—«Die Neue Zeit», Stuttgart, 1914, Jg. 33, Bd. 1, Nr. 2, 16. Oktober, S. 61—63)——106。

苏潘,亚·《欧洲殖民地的扩展》(Supan, A. Die territoriale Entwicklung der Europäischen Kolonien. Mit einem kolonialgeschichtlichen Atlas von 12 Karten und 40 Kärtchen im Text. Gotha, Perthes, 1906. XI, 344 S.; 12 Karten)——253、322、324。

塔迪厄,安·《法国和同盟。争取均势的斗争》(Tardieu, A. La France et les Alliances. La lutte pour l'équilibre. Paris, Alcan, 1909. III, 365 p.)——584。

塔弗尔，保·《北美托拉斯及其对技术进步的影响》(Tafel, P. Die Nordamerikanischen Trusts und ihre Wirkungen auf den Fortschritt der Technik. Stuttgart, Wittwer, 1913. 74 S.)——56、101、240。

泰里，埃·《欧洲经济》(Thery, E. L'Europe économique. Ed. 2. Paris, Économiste européen, 1911. 332 p. (Études économiques et financières))——203、205、221、246。

泰罗，弗·温·和瓦利希斯，阿·《企业的(特别是工场的)管理》(Taylor, F. W. u. Wallichs, A. Die Betriebsleitung insbesondere der Werkstätten. Autorisierte deutsche Bearbeitung der Schrift «Shop management» von F. W. Taylor von A. Wallichs. 2. verm. Aufl. Berlin, Springer, 1912. VII, 137 S.)——57、146、252。

特勒尔奇，W.《战时的德国工会》(Troeltsch, W. Die Gewerkschaften Deutschlands im Kriege.—《Recht und Wirtschaft》, Berlin, 1915, Jg. 4, Nr. 6, S. 137—141)——307。

梯什卡，卡·《19世纪西欧的工资和生活费用》(Tyszka, C. Löhne und Lebenskosten in Westeuropa im 19. Jahrhundert. (Frankreich, England, Spanien, Belgien).—«Schriften des Vereins für Sozialpolitik», München—Leipzig, 1914, Bd. 145, T. III, S. 1—291)——839。

通内拉，厄·《德国在欧洲以外的扩张。美国、巴西、山东、南非》(Tonnelat, E. L'Expansion allemande hors d'Europe. États-Unis, Brésil, Chantoung, Afrique de Sud. Paris, Colin, 1908. XI, 277 p.)——203、258。

瓦尔德克尔《[书评:]A. H. 扎克〈俄国工业中的德国人和德国资本〉》(Waldecker. [Рецензия на книгу:] «A. N. Sack: Die Deutschen und das deutsche Kapital in der russischen Industrie».—«Jahrbücher für Nationalökonomie und Statistik», Jena, 1915, Folge III, Bd. 49, S. 351—362, в отд.: Miszellen. X)——264。

瓦利希，保·《德国银行业的集中。论当代经济组织的历史》(Wallich, P. Die Konzentration im deutschen Bankwesen. Ein Beitrag zur Geschichte der gegenwärtigen Wirtschaftsorganisation. Berlin—Stuttgart, Cotta, 1905.

VIII,173 S.(Münchener volkswirtschaftliche Studien,hrsg.v.L.Brentano u.W.Lotz.74.Stück))——57、139。

威纳尔,G.《鲁尔采矿工业的资本集中》(Werner,G.Die Kapitalskonzentration im Ruhrbergbau.—«Die Neue Zeit»,Stuttgart,1912,Jg.31,Bd.1,Nr.4, 25.Oktober,S.138—144)——3、8、169。

韦格讷,格·《今日印度。英国在印度的统治的基础和问题》(Wegener,G. Das Heutige Indien. Grundlagen und Probleme der britischindischen Herrschaft. Nach Studien und Beobachtungen während der Indienreise seiner kaiserlichen und königlichen Hoheit des Kronprinzen des Deutschen Reiches und von Preußen. Berlin, Süsserott, 1912. 52 S.; 1 Karte) ——551、553。

维伯,奥·D.《新统计词典》(Webb,A.D.The New Dictionary of Statistics. A Complement to the fourth edition of Mulhall's «Dictionary of Statistics». London—New York,Routledge,1911.XI,682 p.)——138。

维尔特,阿·《德国的经济扩张和海外意图》(Wirth, A. Deutschlands wirtschaftliche Expansion und überseeische Bestrebungen.—«Handbuch der Politik»,Berlin—Leipzig,1912—1913,Bd.II,S.704—712)——587。

—《世界现代史》(Weltgeschichte der Gegenwart(1879 — 1913). 4. Aufl. Leipzig,1913.)——569。

魏尔,乔·《[书评:]O.费斯蒂〈七月王朝建立初期的工人运动〉1908年巴黎科内利出版社版,共359页》(Weill,G.[Рецензия на книгу:]«O.Festy. Le mouvement ouvrier au début de la monarchie de Juillet. Paris, Cornély, 1908.359 p.».—«Archiv für die Geschichte des Sozialismus und der Arbeiterbewegung»,Leipzig,1915,Jg.5,Hft.1 u.2,S.276—278,в отд.:Literaturbericht)——651。

魏尔曼,莫·鲁·《现代工业技术的经济特点》(Weyermann, M. R. Die ökonomische Eigenart der modernen gewerblichen Technik.—«Grundriß der Sozialökonomik»,Tübingen,1914,Buch III,Abt.VI,S.136—186)——52。

乌布利希,埃·《世界强国和民族国家》(Ulbricht,E.Weltmacht und Nationalstaat. Eine politische Geschichte der neueren Zeit von 1500 bis 1815. Vol-

lendet und hrsg. v. G. Rosenhagen. Leipzig, Dieterich, 1910. XXIII, 685, 7 S.)——646、683。

乌尔,K.《[书评:]瓦尔特·施特劳斯〈德国区际电站及其作为农业和手工业小型企业能源的经济意义〉1913 年柏林版》(Uhl, K. [Рецензия на книгу:] «Straus, Walter: Die deutschen Überlandzentralen und ihre wirtschaftliche Bedeutung als Kraftquelle für den Kleinbetrieb in Landwirtschaft und Gewerbe. Berlin, 1913».—«Jahrbücher für Nationalökonomie und Statistik», Jena, 1914, Folge III, Bd.48, S.544—545, в отд.: Übersicht über die neuesten Publikationen Deutschlands und des Auslandes. 5. Gewerbe und Industrie)——226。

西格弗里德,安·《新西兰。社会经济政策调查》(Siegfried, A. Neuseeland. Eine sozial- und wirtschaftspolitische Untersuchung. Übersetzt und in einzelnen Teilen erweitert v. M. Warnack. Berlin, Heymann, 1909. XVI, 351 S. (Moderne Wirtschaftsprobleme. Internationale Beiträge zur neueren Wirtschaftsentwicklung. Hrsg. V. Leo. 1909. Bd. III))——552、594。

西利,约·罗·《英国的扩张。两次讲座》(Seeley, J. R. The Expansion of England. Two Courses of Lectures. Leipzig, Tausnitz, 1884. 320, 32 p.)——739、745。

希尔,戴·杰·《欧洲国际关系发展中的外交史》(Hill, D. J. A History of Diplomacy in the International Development of Europe. Vol. 1. The Struggle for universal Empire. With maps and tables. New York—London—Bombay, Longmans, Green, 1905. XXIII, 481 p.)——251、268。

希尔德布兰德,格·《工业统治地位和工业社会主义的动摇》(Hildebrand, G. Die Erschütterung der Industrieherrschaft und des Industriesozialismus. Jena, Fischer, 1910. VI, [4], 244 S.)——56、98、249、251。

希法亭,鲁·《金融资本。资本主义发展的最新阶段》(Гильфердинг, Р. Финансовый капитал. Новейшая фаза в развитии капитализма. Авторизов. пер. с нем. и вступит. статья И. Степанова. М., Знаменский, 1912. XXIX, 576, 3 стр.)——369—375。

—《论联合的理论》(Hilferding, R. Zur Theorie der Kombination.—«Die Neue Zeit», Stuttgart, 1912, Jg. 30, Bd. 1, Nr. 16, 19. Januar, S. 550—557)

——375。

—《商品和货币》(Geld und Ware.—«Die Neue Zeit», Stuttgart, 1912, Jg. 30, Bd. 1, Nr. 22, 1. März, S. 773—782)——370、423。

—《是幻想还是博学?》(Phantasie oder Gelehrsamkeit? (Auch eine mitteleuropäische Frage).—«Der Kampf», Wien, 1916, Jg. 9, Bd. 9, Nr. 2, Februar, S. 54—63)——694。

席佩耳,麦·《俄国的梦魇和德国的民主》(Schippel, M. Russischer Alp und deutsche Demokratie.—«Sozialistische Monatshefte», Berlin, 1916, Jg. 22, Bd. 3, Hft. 21, S. 1091—1097)——707。

熊彼特,约·《经济发展论》(Schumpeter, J. Theorie der wirtschaftlichen Entwicklung. Leipzig, Duncker u. Humblot, 1912. V, 548 S.)——58。

许布纳尔,奥·《世界各国地理统计表》(1914 年版)(Hübner, O. Geographisch-statistische Tabellen aller Länder der Erde. Fortgeführt und ausgestaltet von F. v. Juraschek. 63. umgearb. Ausgabe für das Jahr 1914. Frankfurt a. M., Keller, 1914. XV, 155 S.)——322、324、326、333。

—《世界各国地理统计表》(1916 年版)(Geographisch-statistische Tabellen aller Länder der Erde. Fortgeführt und ausgestaltet von F. v. Juraschek. 64. Ausgabe. (Kriegs-Ausgabe). Im Druck vollendet Ende 1915. Frankfurt a. M., Keller, 1916. XV, 158 S.)——801。

雅费,埃·《英国的银行业》(Jaffé, E. Das englische Bankwesen. Leipzig, Duncker u. Humblot, 1905. X, 245 S. (Staats- und sozialwissenschaftliche Forschungen, hrsg. v. G. Schmoller und M. Sering. Bd. XXIII, Hft. 4. (Der ganzen Reihe, Hft. 109)))——57、62、137、408、512。

—《英国、美国和法国的银行业》(Das englisch-amerikanische und das französische Bankwesen.—«Grundriß der Sozialökonomik», Tübingen, 1915, Buch III, Abt. V, T. II, S. 191—231, в отд.: A. Güterverkehr. II. Bankwesen)——37、51。

耶德尔斯,奥·《德国大银行与工业的关系,特别是与冶金工业的关系》(Jeidels, O. Das Verhältnis der deutschen Großbanken zur Industrie mit besonderer Berücksichtigung der Eisenindustrie. Leipzig, Duncker u. Hum-

blot,1905. XII,271 S.(Staats- und sozialwissenschaftliche Forschungen, hrsg. v. G. Schmoller und M. Sering. Bd. 24, Hft. 2(Der ganzen Reihe, Hft. 112)))——18、25、57、156—171、241—242、371、408、416、418。

耶格尔,Th.《波斯和波斯问题》(Jaeger, Th. Persien und die Persische Frage. Weimar, Kiepenheuer, 1916. 180 S.; 1 Karte)——820。

耶克,古·《国际。纪念国际工人协会创建四十周年》(Jaeckh, G. Die Internationale. Eine Denkschrift zur vierzigjährigen Gründung der Internationalen Arbeiter-Assoziation. Leipzig, Leipziger Buchdruckerei. 1904. 236 S.)——698。

—《国际在英国的终结》(Das Ende der Internationale in England.—«Die Neue Zeit», Stuttgart, 1905, Jg. 23, Bd. 2, Nr. 27, S. 28—32)——698。

伊施哈尼安,B.《俄国国民经济中的外国成分。外国人在俄国的历史、分布状况、职业分类,以及他们的利益和经济文化意义》(Ischchanian, B. Die ausländischen Elemente in der russischen Volkswirtschaft. Geschichte, Ausbreitung, Berufsgruppierung, Interessen und ökonomisch-kulturelle Bedeutung der Ausländer in Rußland. Berlin, Siemenroth, 1913. XVIII, 300 S.)——222、276、291。

尤尼乌斯——见卢森堡,罗·。

于贝尔,律·《德国的努力。从经济角度看德国和法国》(Hubert, L. L'Effort allemand. L'Allemagne et la France au point de vue économique. Paris, Alcan, 1911. 236, 36 p.)——221、229、246。

于贝斯贝格尔,汉·《俄国和泛斯拉夫主义》(Übersberger, H. Rußland und der Panslawismus.—In: Deutschland und der Weltkrieg. Leipzig—Berlin, Teubner, 1915, S. 393—423)——588。

约林盖尔,O.《殖民地债务和殖民地贷款》(Jöhlinger, O. Kolonialschulden und Kolonialanleihen.—«Finanz-Archiv», Stuttgart—Berlin, 1914, Jg. 31, Bd. I, S. 1—32)——429。

宰德尔,M.《一些欧洲国家的储金业的立法、结构和成就》(Seidel, M. Das Sparkassenwesen einiger europäischer Staaten in Gesetzgebung, Einrichtungen und Ergebnissen.—«Die Bank», Berlin, 1914, I. Semester, S. 234—243, 329—337, 441—446)——68。

扎列夫斯基，卡·《论民族问题》(Залевский，К. К национальному вопросу.—«Наше Слово»，Париж，1915，№11，10 февраля，стр. 1—2)——19。

佐伊伯特，鲁·《泰罗制的实行情况。对于该制度在费拉德尔菲亚的塔博尔工业公司实施情况的详细描述》(Seubert，R. Aus der Praxis des Taylor-Systems mit eingehender Beschreibung seiner Anwendung bei der Tabor Manufacturing Company in Philadelphia. Berlin，Springer，1914. VI，160 S.)——57、151。

E. Th.《述评》(E. Th. Überblick.—«Schweizerische Metallarbeiter-Zeitung»，Bern，1916，Nr. 40，30. September，S. 2)——715。

G. H.《是党还是格吕特利联盟?》(G. H. Partei oder Grütliverein? —«Grütlianer»，Zürich，1916，Nr. 244，18. October，S. 3—4)——713。

W.《到目前为止战争耗费了多少钱》(W. Die bisherigen Kosten der Kriegsführung.—«Volksrecht»，Zürich，1914，Nr. 241，16. Oktober)——607。

*　　*　　*

《阿尔伯·托马先生的演说》(Discours de M. Albert Thomas.—«Le Temps»，Paris，1915，6 décembre)——312、349。

《爱丁堡评论，或批评杂志》(爱丁堡—伦敦)(«The Edinburgh Review of Critical Journal»，1915，vol. 222，No. 454，October，p. 248—272)——16。

《奥匈帝国农业的发展前景》(Entwicklungsmöglichkeiten der österreichisch-ungarischen Landwirtschaft.—«Arbeiter-Zeitung»，Wien，1916，Nr. 112，22. April，S. 6)——848。

《巴格达铁路》(Bagdad-Bahn.—«Die Bank»，Berlin，1909，II. Semester，S. 1101—1102，в отд.：Bank und Börse)——188。

《巴黎回声报》(巴黎)(«L'Écho de Paris»，1914，N 11016，13 octobre，p. 1)——606。

《巴黎评论》杂志(巴黎)(«La Revue de Paris»，1915，an. 22，t. 2，N 5，1 mars，p. 194—224)——312、337。

《巴塞尔国际社会党非常代表大会(1912 年 11 月 24—25 日)》(Außerordentlicher Internationaler Sozialistischer Kongreß in Basel 24—25. XI.

1912.—«Archiv für die Geschichte des Sozialismus und der Arbeiterbewegung»,Leipzig,1915,Jg.5,Hft.1 u.2,S.305—311,в отд.:Chronik.Juli 1912—Juni 1914 und Nachträge für Juli 1911—Juni 1912)——645、651。

《巴塞尔前进报》(«Basler Vorwärts»,1917,26.Januar)——856。

《百年来的钢铁工业》(Ein Jahrhundert Eisenindustrie.—«Die Bank»,Berlin,1911,I. Semester, S. 94—95, в отд.: Aus den Statistischen Ämtern)——181。

《报告提纲:瑞士格吕特利联盟的纲领》(Thesen zum Referate:Programm des Schweiz.Grütlivereins.—«Grütlianer»,Zürich,1916,Nr.235,7.Oktober,S.1)——712。

《北德城市和工业区的牛奶供应》(Die Milchversorgung norddeutscher Städte und Industriegebiete.—« Schriften des Vereins für Sozialpolitik »,München—Leipzig,1914,Bd.140,T.II,S.1—560)——840。

《北美评论》杂志(纽约)(«The North American Review»,New York,1915,vol.CCI,No.1,January,p.72—81)——206—207。

《辩论日报》(巴黎)(«Journal des Débats»,Paris,1915,11 novembre)——346。

—1915,7 décembre.——350。

《不来梅的又一种期刊》(Noch eine Blattgründung in Bremen.—«Bremer Bürger-Zeitung»,1916,Nr.141,19.Juni,S.7,в отд.:Parteinachrichten)——662。

《不来梅市民报》(«Bremer Bürger-Zeitung»,1915,Nr.291,13.Dezember,S.1)——841。

—1916,Nr.139,16.Juni,S.5.——659。

—1916,Nr.140,17.Juni,S.9.——661。

—1916,Nr.141,19.Juni,S.7.——662。

《不列颠评论》杂志(伦敦)(«The British Review»,London,1915,vol.XI,No.1,July,p.82—95)——306。

《储金局的银行业务》(Die bankgewerbliche Tätigkeit der Sparkassen.—«Die Bank», Berlin, 1913, II. Semester, S. 1022—1024, в отд.: Umschau)——77。

《储金局和银行》(Sparkassen und Banken.—«Die Bank»,Berlin,1913,II. Semester, S.811—812, в отд.: Aus den Handelskammern)——77。

《大银行业中的集中》(Zentralisation im Großbankgewerbe.—«Die Bank», Berlin, 1914, I.Semester, S.298—300, в отд.: Bank und Börse)——69。

《德国的战争》(斯图加特—柏林版)(«Der Deutsche Krieg», Stuttgart—Berlin, 1914, Hft.1, S.1—30)——634。

—1915, Hft.56, S.1—44.——836。

《德国和世界大战》(Deutschland und der Weltkrieg. Leipzig—Berlin, Teubner, 1915. VI, 686 S.)——551、587、590、591、777。

《德国牛奶的社会供应》(Die gemeinnützige Milchversorgung in Deutschland. Mit Beiträgen von Dr. A. Witzenhausen und Professor Dr. Kamp.—«Schriften des Vereins für Sozialpolitik», München—Leipzig, 1914, Bd.140, T.V, S.1—164)——840。

《德国评论》杂志(柏林)(«Deutsche Rundschau», Berlin, 1914, Bd. CLXI, Oktober, S.1—37)——300。

—1915, Bd. CLXII, Januar, S.80—105.——367、368。

—1915, Februar, S.211—231.——367。

《德国在国外的租让企业》(Deutsche Konzessionen im Auslande.—«Die Bank», Berlin, 1910, I.Semester, S.288—289, в отд.: Aus den Handelskammern)——183。

《德意志帝国立法、行政和国民经济年鉴》(莱比锡—慕尼黑)(«Jahrbuch für Gesetzgebung, Verwaltung und Volkswirtschaft im Deutschen Reich», Leipzig—München, 1899, Jg.23, Hft.1, S.271—314)——397、407。

—1913, Jg.37, Hft.2, S.371—409(903—941); Hft.3, S.343—389(1427—1473).——552、597。

—1915, Jg.39, Hft.1, S.77—112, 423—432.——648。

—1915, Jg.39, Hft.2, S.223—256(781—814).——413、430。

—1915, Jg.39, Hft.4, S.343—373(1951—1981).——413、429。

《德意志帝国统计年鉴》(柏林)(«Statistisches Jahrbuch für das Deutsche Reich», Berlin, 1903, Jg.24, S.25)——521。

—1915, Jg.36. XXXVI, 480, 114 S.——20、247、530、531、534、536。

《帝国主义和民族思想》(Империализм и национальная идея.—«Наше Слово»,Париж,1915,№82,6 мая,стр.1)——19。

《斗争》杂志(维也纳)(«Der Kampf»,Wien,1916,Jg.9,Bd.9,Nr.1,Januar,S.15—25)——693。

—1916,Jg.9,Bd.9,Nr.2,Februar,S.49—54,54—63.——692、694。

《独立工党和战争》(Independent Labour Party and the War.—«The Daily Telegraph»,London,1914,December 29)——306。

《对证券发行的统计的批评》(Kritik der Emissionsstatistik.—«Die Bank»,Berlin,1914,I.Semester,S.496—498,в отд.:Umschau)——69。

《俄国》(Russia.—«The Economist»,War Supplement,London,1914,vol.LXXIX,No.3,721,December 19,p.9—11.——302。

《俄国的财政》(Russian finances.(From a Correspondent).Petrograd,December 19.—«The Economist»,London,1915,vol.LXXX,No.3,724,January 9,p.66—67)——306。

《法国经济学家》杂志(巴黎)(«L'Économiste Français»,Paris,1902,an.30,vol.2,N 40,p.449—451)——635。

《法和经济》杂志(柏林)(«Recht und Wirtschaft»,Berlin,1915,Jg.4,Nr.6,S.137—141)——306。

《法兰西信使》杂志(巴黎)(«Le Mercure de France»,Paris,1904,15-e an.,t.L,p.100—114)——217、248、266。

《反对两个尤尼乌斯》(Gegen den beiden Juniusse.—«Volksstimme»,Chemnitz,1916,Nr.131,8.Juni)——657。

《冯·德尔·海特殖民地手册》(Von der Heydt's Kolonial-Handbuch.Jahrbuch der deutschen Koloniai- und Übersee-Unternehmungen.Hrsg.v.Fr.Mensch und J.Hellmann.Berlin—Leipzig—Hamburg,verl.für Börsen- und Finanzliteratur A.-G.,1913.XLVIII,382,12 S.)——78。

《高原》(慕尼黑)(«Hochland»,München,1915,V,Hft.8,S.176—189)——312、347。

《格吕特利盟员报》(苏黎世)(«Grütlianer»,Zürich,1916,Nr.216,15.September,S.2)——713。

—1916,Nr.230,2.Oktober,S.1.——646、710。

—1916,Nr.235,7.Oktober,S.1.——712。

—1916,Nr.237,10.Oktober,S.1.——712。

—1916,Nr.242,16.Oktober,S.1—2.——713。

—1916,Nr.243,17.Oktober,S.2.——712、713。

—1916,Nr.244,18.Oktober,S.3—4.——713。

—1916,Nr.248,23.Oktober,S.1.——712。

—1916,Nr.249,24.Oktober,S.1.——712。

—1916,Nr.253,28.Oktober,S.1.——711。

—1916,Nr.255,31.Oktober,S.1.——711。

《工厂和战争》(The Workshops and the War.—«The Edinburgh Review or Critical Journal»,1915,vol.222,No.454,October,p.248—272)——16。

《工会和军事问题》(Die Gewerkschaften und die Militärfrage.—«Grütlianer»,Zürich,1916,Nr.216,15.September,S.2)——713。

《工人报》(维也纳)(«Arbeiter-Zeitung»,Wien,1916,Nr.101,11.April,S.1—2)——4、27。

—Nr.112,22.April,S.6.——848。

《〈工人报〉编辑部的〈关于帝国主义和民族压迫的提纲〉》(Thesen über Imperialismus und nationale Unterdrückung der Redaktion der«Gazeta Robotnicza».—«Vorbote»,Bern,1916,Nr.2,April)——851。

《工业利润》(Industrial Profits.—«The Economist»,London,1915,vol.LXXX,No.3,724,January 9,p.54—55)——302。

《估计上的原则分歧》(Die grundsätzlich abweichende Beurteilung.—«Grütlianer»,Zürich,1916,Nr.253,28.Oktober,S.1)——711。

《谷类作物的产量》(La production des céréales.—«Journal de Genève»,1916,N 108,18 avril,p.2)——848。

《关于佩什先生的文章的讨论》(Discussion on Mr.Paish's Paper.—«Journal of the Royal Statistical Society»,London,1911,vol.LXXIV,part 2,January,p.187—200)——434。

《国际科学、艺术和技术月刊》(莱比锡—柏林)(«Internationale Monatsschrift

für Wissenschaft, Kunst und Technik», Leipzig—Berlin, 1915—1916, Jg. X, Bd.10, Hft.4, 1. Januar, S.493—512)——308。

《国际统计研究所公报》(Bulletin de l'Institut international de statistique. T. XIX—1[e] Livraison. La Haye, Van Stockum, [1912], p.374—386)——519。

—2[e], L., p.201—475.——56、57、79、81、140—146、207、244、249、430。

《国际政治评论》(洛桑)(«La Revue Politique Internationale», Lausanne, 1915, N 14, mars—avril, p.168—186)——552。

《国民经济和统计年鉴》(耶拿)(«Jahrbücher für Nationalökonomie und Statistik», Jena, 1910, Folge III, Bd.39, S.237—256)——141、217、249、432。

—1911, Folge III, Bd.41, S.269—270.——220。

—1911, Folge III, Bd.42, S.145—177.——221。

—1912, Folge III, Bd.43, S.551—552.——221。

—1912, Folge III, Bd.44, S.269—270, 818—819.——222。

—1913, Folge III, Bd.45.——222、226。

—1913, Folge III, Bd.46, S.271—273.——225。

—1914, Folge III, Bd.47, S.522—528.——226。

—1914, Folge III, Bd.48, S.276—279, 544—545, 648—651.——226。

—1915, Folge III, Bd.49, S.351—362, 527—541.——226、264。

—1915, Folge III, Bd.50, S.214—216.——838。

《国民饮食状况。群众饮食状况》(Volksernährung. Massenspeisung. Berlin, 1916, S.27)——855。

《国外工资的降低与国际》(Die Lohndrücker des Auslandes und die Internationale.—«Die Neue Zeit», Stuttgart, 1906—1907, Jg.25, Bd.2, Nr.41, S. 510—512, в отд.: Notizen)——744。

《国外消息》杂志(莱比锡)(«Die Grenzboten», Leipzig, 1915, Nr.9, 3. März, S. 265—272)——363。

《哈布斯堡王朝的国家》(The Realms of the Habsburgs.—«The Economist», London, 1915, vol. LXXX, No.3, 723, January 2, p.11—12)——305。

《皇家统计学会杂志》(伦敦)(«Journal of the Royal Statistical Society», London, 1911, vol. LXXIV, part II, January, p.167—187, 187—200)——

S.311—316,в отд.:Chronik.Juli 1912—Juni 1914 und Nachträge für Juli 1911—Juni 1912.II.Deutsches Reich)——646、650。

《克·沃·巴伦的〈大胆的战争〉》(The Audacious War. By C.W. Barron.—«The Economist»,London,1915,vol.LXXX,No.3,733,March 13,p.562)——366。

《矿物的生产。石油》(Mineral production. Petroleum.—«Statistical Abstract of the United States»,Washington,1912,Number 34,No.117)——832。

《莱比锡人民报》(«Leipziger Volkszeitung»,1916,Nr.151,10.Juli,S.3)——679。

《劳工宣言》(Labour Manifesto.—«The Daily Telegraph»,London,1915,No.18,873,October 7,p.9)——309—310。

《劳合-乔治在下院》(Lloyd George in the House of Commons.—«The Daily Telegraph», London, 1915, April 22, May 5)——312、351—352、355—356。

《列诺得尔先生的演说和〈前进报〉》(Le Discours de M. Renaudel et le «Vorwärts».—«Le Temps»,Paris 1915,13 novembre)——312、347。

《罗马尼亚和战争》(Roumania and the War.—«The Economist»,London,1915,vol.LXXX,No.3,724,January 9,p.57—58,в отд.:Notes on Business and Finance)——305。

《煤油喜剧》(Die Petroleum-Komödie.—«Die Bank»,Berlin,1913,I.Semester,S.388—391,в отд.:Umschau)——73。

《每日报》(柏林)(«Der Tag»,Berlin,1915,Nr.82,9.April)——353。

—1915,Nr.93,22.April.——353。

《每日电讯》(伦敦)(«The Daily Telegraph»,London,1914,November 17)——299。

—1914,No.18,631,December 29.——306。

—1915,March 15.——338。

—1915,April 22.——351。

—1915,April 23.——352。

—1915,May 5.——355。

—1915,No.18,873,October 7,p.9.——309。

—1915,No.18,875,October 9,p.11.——311。

—1915,No.18,880,October 15,p.4.——311。

《美国的军火商人》(Amerikanische Kriegslieferungen.—«Neue Zürcher Zeitung»,1915,Nr.485,23.April,I.Morgenblatt)——350。

《美国统计汇编》(华盛顿)(«Statistical Abstract of the United States»,Washington,1912,Number 34,No.117)——832。

《美国政治和社会科学学院年刊》(费拉德尔菲亚)(«The Annals of the American Academy of Political and Social Science»,Philadelphia,1915,vol. LIX,p.96—103,111—124,301—308,309—315,316—320,321—332)——27—29、57、154。

《民权报》(苏黎世)(«Volksrecht»,Zürich,1914,Nr.241,16.Oktober)——607。

《民族和从属种族。卡克斯顿厅代表会议报告》(Nationalities and Subject Races. Report of Conference held in Caxton Hall.Westminster,June 28—30,1910. London,King,1911.XII,178 p.)——4、14。

《欧洲的财政协定和军事债务》(Financial Arrangements and the War Debts of Europe.—«The Economist»,London,1915,vol.LXXX,No.3,729,February 13,p.262—263)——449。

《欧洲付出的战争的代价》(Cost of the War to Europe.—«The Economist»,London,1915,vol.LXXX,No.3,724,January 9,p.50—51)——304。

《欧洲各主要国家近十年间畜牧业发展状况》(Die Entwicklung des Viehstandes während der letzten Dezennien in den hauptsächlichsten Staaten Europas.—«Jahrbücher für Nationalökonomie und Statistik»,Jena,1914,Folge III,Bd. 48,S.648—651,в отд.:Miszellen)——226。

《"欧洲国家同盟"?》(Ein«Europäischer Staatenbund»? —«Die Grenzboten»,Berlin,1915,Nr.9,3.März,S.265—272)——363。

《欧洲走上了绝路》(The European Deadlock.—«The Economist»,London,1915,vol.LXXX,No.3,724,January 9,p.46—47)——302、304。

《叛党——叛国》(载于1916年7月8日《人民呼声报》第156号)(Parteiverrat—Landesverrat.—«Volksstimme»,Chemnitz,1916,Nr.156,8.Juli. Beilage 1)——677。

《叛党——叛国》(载于1916年7月10日《莱比锡人民报》第151号)(«Parteiverrat—Landesverrat».—«Leipziger Volkszeitung»,1916,Nr.151,10.Juli,S.3,в отд.:Aus der Partei)——680。

《平等》杂志(斯图加特)(«Die Gleichheit»,Stuttgart,1914,Jg.24,Nr.23,S.353,353—354,363—364)——651、652、653—654。

《破产统计》(Zur Konkursstatistik.—«Die Bank»,Berlin,1914,I.Semester,S.94—95,в отд.:Aus den Statistischen Ämtern)——70。

《普鲁士年鉴》(柏林)(«Preußische Jahrbücher»,Berlin,1915,Bd.159,Hft.3,S.481—497)——338。

《企业家的爱国主义义务》(Patriotic Pledge by Employers.—«The Daily Telegraph»,London,1915,April 23)——352。

《前进报》(柏林)(«Vorwärts»,Berlin,1916,Nr.103,13.April,S.1)——246、513、514。

《人民呼声报》(开姆尼茨)(«Volksstimme»,Chemnitz,1916,Nr.131,8.Juni)——657。

—1916,Nr.133,10.Juni.——658。

—1916,Nr.156,8.Juli.1.Beilage.——677。

《日内瓦日报》(«Journal de Genève»,1914,N 285,17 octobre)——608—609。

—1914,N 286,18 octobre.——610。

—1915,N 95,7 avril,p.1.——354。

—1916,N 108,18 avril,p.2.——848。

《瑞士的国外投资》(Schweizerische Kapital im Auslande.—«Basler Vorwärts»,1917,26.Januar)——856。

《瑞士五金工人报》(伯尔尼)(«Schweizerische Metallarbeiter-Zeitung»,Bern,1916,Nr.40,30.September,S.2)——715。

—1916,Nr.41,7.Oktober,S.1—2.——715。

《筛除"国际社会主义小麦"中的"民族主义糠秕"》(Die«nationalistische Spreu» scheidet vom«internationalen sozialistischen Weizen».—«Grütlianer»,Zürich,1916,Nr.248,23.Oktober,S.1)——712。

《社会党人与和平》(Les socialistes et la paix.—«Journal des Débats»,Paris,

год».Спб.,[1911],стр.681,в отд.:III.Горная и горнозаводская промышленность)——832。

《时报》(巴黎)(«Le Temps»,Paris,1915,13 novembre)——312、346。

—1915,6 décembre.——312、349。

—1915,7 décembre.——312、349。

《世界经济》(莱比锡—柏林)(«Die Weltwirtschaft»,Leipzig—Berlin,1906,Jg. I,T.I—III)——171。

—1907,Jg.II,T.I—III.——171。

—1908,Jg.III,T.I—III.——171。

《世界经济文汇》(耶拿)(«Weltwirtschaftliches Archiv»,Jena,1913,I,Bd.1, Hft.1,S.108—122)——4、12。

—1913,II,Bd.2,Hft.1,S.193—195.——4、14、249、251。

—1914,I,Bd.3,Hft.2,S.217—255.——15。

—1914,II,Bd.4,Hft.1,S.121—131,286—288.——15、16。

—1915,I,Bd.5,Hft.1,S.1—22.——4、18。

—1916,I,Bd.7,Hft.1,S.34—52.——244、295、296。

《世界贸易中的粮食》(Das Getreide im Weltverkehr. Vom K. K. Ackerbauministerium vorbereitete Materialien für die Enquête über den börsemäßigen Terminhandel mit landwirtschaftlichen Produkten. I—III. Wien, Frick,1900.1095 S.;2 Diagr)——513、526。

《世界政治大事记》(Chronik der Weltpolitik(vom 15. November 1913 bis 15. Februar 1914).—«Weltwirtschaftliches Archiv»,Jena,1914,I,Bd.3,Hft. 2,S.217—255,в отд.:Chronik und Archivalien)——15。

《是石头而不是面包！一个工会工作者著》(Steine statt Brot! Von einem Gewerkschafter.—«Grütlianer»,Zürich,1916,Nr.255,31. Oktober,S.1)——711。

《[书评:]埃利斯·鲍威尔〈金融市场的沿革(1385—1415)〉1915年伦敦版》([Critique on the book:]«Ellis Powell:The Evolution of the Money Market(1385—1415).London,1915».—«The Daily Telegraph»,London, 1915,No.18,880,October 15)——311。

—Hft.3,März.80 S.——716。

—Hft.4,April.79 S.——716。

—Hft.5—6,Mai bis October.180 S.——716、718。

《新评论》杂志(柏林)(«Die Neue Rundschau»,Berlin,1915,Jg.XXVI,Hft.5,Mai,S.577—590)——850。

《新时代》杂志(斯图加特)(«Die Neue Zeit»,Stuttgart,1886,Jg.IV,Nr.11,S.502—515)——833。

—1897—1898,Jg.XVI,Bd.I,Nr.25,19.März,S.769—781;Nr.26,26.März,S.801—816.——289。

—1897—1898,Jg.XVI,Bd.II,Nr.27,2.April,S.14—26.——248、290。

—1900—1901,Jg.XIX,Bd.I,Nr.8,24.November,S.247—250.——646、647、668。

—1900—1901,Jg.XIX,Bd.I,Nr.26,30.März,S.804—811.——669。

—1901—1902,Jg.XX,Bd.I,Nr.19,8.Februar,S.585—589.——649。

—1901—1902,Jg.20,Bd.2,Nr.1(lauf.Nr.27),S.26—32;Nr.2(lauf.Nr.28),S.60—64;Nr.3(lauf.Nr.29),S.91—96;Nr.4(lauf.Nr.30),S.125—128;Nr.6(lauf.Nr.32),S.188—192;Nr.7(lauf.Nr.33),S.221—224;Nr.12(lauf.Nr.38),S.381—384;Nr.13(lauf.Nr.39),S.412—416;Nr.15(lauf.Nr.41),S.472—480;Nr.17(lauf.Nr.43),S.541—544;Nr.19(lauf.Nr.45),S.604—608;Nr.25(lauf.Nr.51),S.797—800.——647、682、697—698。

—1902—1903,Jg.21,Bd.2,Nr.30,S.106—109.——171。

—1904—1905,Jg.23,Bd.2,Nr.27,S.28—32.——698。

—1904—1905,Jg.23,Bd.2,Nr.37,S.343—348;Nr.38,S.364—371.——666、698。

—1906—1907,Jg.25,Bd.2,Nr.27,S.15—21;Nr.28,S.53—59;Nr.29,S.98—103;Nr.31,S.160—168;Nr.32,S.180—187;Nr.33,S.222—228.——739、740。

—1906—1907,Jg.25,Bd.2,Nr.41,S.510—512.——743。

—1910,Jg.28,Bd.2,Nr.48,26.August,S.772—781.——666、668。

—1911,Jg.29,Bd.1,Nr.16,20.Januar,S.552—559.——428。

—1911,Jg.29,Bd.2,Nr.29,21.April,S.96.——427。

—1911,Jg.29,Bd.2,Nr.30,28.April,S.97—107.——426。

—1911,Jg.29,Bd.2,Nr.32,12.Mai,S.179—186.——428。

—1911,Jg.29,Bd.2,Nr.33,19.Mai,S.248.——425。

—1911,Jg.29,Bd.2,Nr.34,26.Mai,S.276—277.——413、425。

—1911,Jg.29,Bd.2,Nr.52,29.September,S.943—944.——425。

—1911,Jg.30,Bd.1,Nr.1,6.Oktober,S.1—5.——423。

—1911,Jg.30,Bd.1,Nr.2,13.Oktober,S.43—49.——602。

—1911,Jg.30,Bd.1,Nr.2,13.Oktober,S.49—58;Nr.3,20. Oktober,S.84—91.——835。

—1911,Jg.30,Bd.1,Nr.2,13.Oktober,S.58—62.——602。

—1912,Jg.30,Bd.1,Nr.16,19.Januar,S.550—557.——375。

—1912,Jg.30,Bd.1,Nr.22,1.März,S.773—782.——370、423。

—1912,Jg.30,Bd.1,Nr.24,15.März,S.837—847.——423。

—1912,Jg.30,Bd.2,Nr.39,28.Juni,S.474—485.——241、375。

—1912,Jg.30,Bd.2,Nr.41,12.Juli,S.541—550;Nr.42,19.Juli,S.585—593;Nr.43,26.Juli,S.609—616.——424。

—1912,Jg.30,Bd.2,Nr.42,19.Juli,S.569—576.——424。

—1912,Jg.30,Bd.2,Nr.44,2. August,S.654—664;Nr.45,9. August,S.688—698;Nr.46,16.August,S.723—733.——424。

—1912,Jg.30,Bd.2,Nr.47,23. August,S.765—772.——424、646、664、668。

—1912,Jg.30,Bd.2,Nr.48,30.August,S.810—817.——424。

—1912,Jg.30,Bd.2,Nr.49,6.September,S.841—854.——424、667、668。

—1912,Jg.31,Bd.1,Nr.4,25.Oktober,S.138—144.——3、8—9、169。

—1912,Jg.31,Bd.1,Nr.7,15.November,S.221—229.——3、8。

—1913,Jg.31,Bd.2,Nr.38,20.Juni,S.410—412.——647、709。

—1913,Jg.32,Bd.1,Nr.2,10.Oktober,S.37—39.——668。

—1913,Jg.32,Bd.1,Nr.2,10.Oktober,S.40—44.——668。

—1913,Jg.32,Bd.1,Nr.4,24.Oktober,S.110—116.——276、292。

—1913,Jg.32,Bd.1,Nr.6,7.November,S.182—188;Nr.10,5.Dezember,S. 352—360.——647、667。

—1913,Jg.32,Bd.1,Nr.10,5.Dezember,S.382—384.——667、672。

—1913,Jg.32,Bd.1,Nr.12,19.Dezember,S.435—441.——291。

—1914,Jg.32,Bd.1,Nr.16,16.Januar,S.590—592;Nr.26,27.März,S. 1005—1008.——668、670。

—1914,Jg.32,Bd.1,Nr.19,6.Februar,S.710—712.——552、660。

—1914,Jg.32,Bd.1,Nr.26,27.März,S.964—973.——656。

—1914,Jg.32,Bd.2,Nr.19,21.August,S.843—846.——289。

—1914,Jg.32,Bd.2,Nr.21,11.September,S.908—922.——285。

—1914,Jg.32,Bd.2,Nr.22,18.September,S.937—948;Nr.23,25. September,S.969—982.——288。

—1914,Jg.33,Bd.1,Nr.2,16.Oktober,S.61—63.——106。

—1915,Jg.33,Bd.2,Nr.2,9.April,S.33—42;Nr.3,16.April,S.71—81;Nr. 4,23.April,S.107—116;Nr.5,30.April,S.138—146.——289。

—1916,Jg.34,Bd.2,Nr.1,7.April,S.16—20;Nr.2,14.April,S.51—58. ——105。

《新苏黎世报》(«Neue Züricher Zeitung»,1915,23.April.1.Morgenblatt)——350。

《言多有害》(Trop parler nuit.—«Journal de Genève»,1915,N 95,7 avril,p.1, в отд.:Bulletin.Подпись:Alb.B.)——355。

《〈言语报〉年鉴(1912 年)》(圣彼得堡)(«Ежегодник газеты«Речь»на 1912 год».Спб.,[1911].XII,712,44 стр.)——832。

《1913 年国民经济纪事》(Volkswirtschaftliche Chronik für das Jahr 1913.Abdruck aus den«Jahrbüchern für Nationalökonomie und Statistik»,Jena, 1914,Folge III,Bd.45—47.1109 S.)——381。

《1913 年劳动书目》(Labor Bibliography 1913.Boston,Wright and Potter Printing Company,1914.150 p.(The Commonwealth of Massachusetts Bureau of Statistics.Labor Bulletin No.100.(Being Part IV of the Annual Report on the Statistics of Labor for 1914)))——677。

《1915—1916 年度的工会运动;战争持续进行期间劳动市场的发展;货币工资与实物工资的构成;社会福利状况;工会对战争问题的态度》(Die Gewerkschaftsbewegung im Jahre 1915/16;die Entwicklung des Arbeitsmarktes während des weiteren Kriegsverlaufs;die Gestaltung der Geld- und Reallöhne;die sozialpolitische Lage;das Verhalten der Gewerkschaften zu den Problemen des Krieges.—«Archiv für Sozialwissenschaft und Sozialpolitik»,Tübingen,1916/1917,Bd.42,S.285—344,в отд.:Sozialpolitische Chronik)——849。

《以战争对付战争》(Krieg dem Kriege.—«Die Gleichheit»,Stuttgart,1914,Jg.24,Nr.23,S.353)——652。

《银行存款和储金局存款统计》(Statistik der Depositen-und Spargelder.—«Die Bank»,Berlin,1910,II.Semester,S.1200,в отд.:Umschau)——184。

《银行文汇》(柏林)(«Bank-Archiv»,Berlin,1912,Jg.XI,Nr.19,S.299—303)——79—80。

—1912,Jg.XI,Nr.20,S.317—321.——79—81。

—1914,Jg.XIII,Nr.18,S.299—303.——22。

《银行盈利》(Bankgewinne.—«Arbeiter-Zeitung»,Wien,1916,Nr.101,11. April,S.1—2)——4、27。

《银行与帝国邮政》(Banken und Reichspost.—«Die Bank»,Berlin,1914,II.Semester,S.713—714,в отд.:Aus den Handelskammern)——60。

《银行》杂志(柏林)(«Die Bank»,Berlin,1908,I.Semester,S.134—145)——40、407。

—1908,II.Semester,S.765—775.——67。

—1909,I.Semester,S.79,115—125,301—309,309—318,319—326.——185—187、409。

—II.Semester,S.799—800,819—833,849—857,950—960,1043—1052,1101—1102.——187—189、190、192—193。

—1910,I.Semester,S.211—223,236—245,288—289,401—412.——181、183、544。

—II.Semester,S.497—508,619—627,1200,1202—1203.——135、

《列宁全集》第二版第 54 卷编译人员

译文校订：张启荣

资料编写：丁世俊　张瑞亭　孔熙忠　刘淑春

编　　辑：江显藩　钱文干　孔令钊　许易森　韦清豪　李京州

译文审订：岑鼎山

《列宁全集》第二版增订版编辑人员

李京洲　高晓惠　翟民刚　张海滨　赵国顺　任建华　刘燕明　孙凌齐　门三姗　韩　英　侯静娜　彭晓宇　李宏梅　付　哲　戢炳惠　李晓萌

审　　定：韦建桦　顾锦屏　柴方国

本卷增订工作负责人：赵国顺　任建华

项目统筹：崔继新
责任编辑：杜文丽
装帧设计：石笑梦
版式设计：周方亚
责任校对：胡　佳

图书在版编目(CIP)数据

列宁全集.第54卷/(苏)列宁著;中共中央马克思恩格斯列宁斯大林著作编译局编译.—2版(增订版)-北京:人民出版社,2017.3(2024.7重印)
ISBN 978-7-01-017139-5
Ⅰ.①列…　Ⅱ.①列…②中…　Ⅲ.①列宁著作-全集　Ⅳ.①A2
中国版本图书馆CIP数据核字(2016)第316467号

书　　名　列宁全集
LIENING QUANJI
第五十四卷
编 译 者　中共中央马克思恩格斯列宁斯大林著作编译局
出版发行　人民出版社
(北京市东城区隆福寺街99号　邮编 100706)
邮购电话　(010)65250042　65289539
经　　销　新华书店
印　　刷　北京新华印刷有限公司
版　　次　2017年3月第1版增订版　2024年7月北京第2次印刷
开　　本　880毫米×1230毫米 1/32
印　　张　32.375
插　　页　5
字　　数　814千字
印　　数　3,001—6,000册
书　　号　ISBN 978-7-01-017139-5
定　　价　77.00元